芙蓉年鉴 2018

长沙市芙蓉区年鉴编纂委员会　编

方志出版社
Publishing House of Local Records

芙蓉区行政区划图

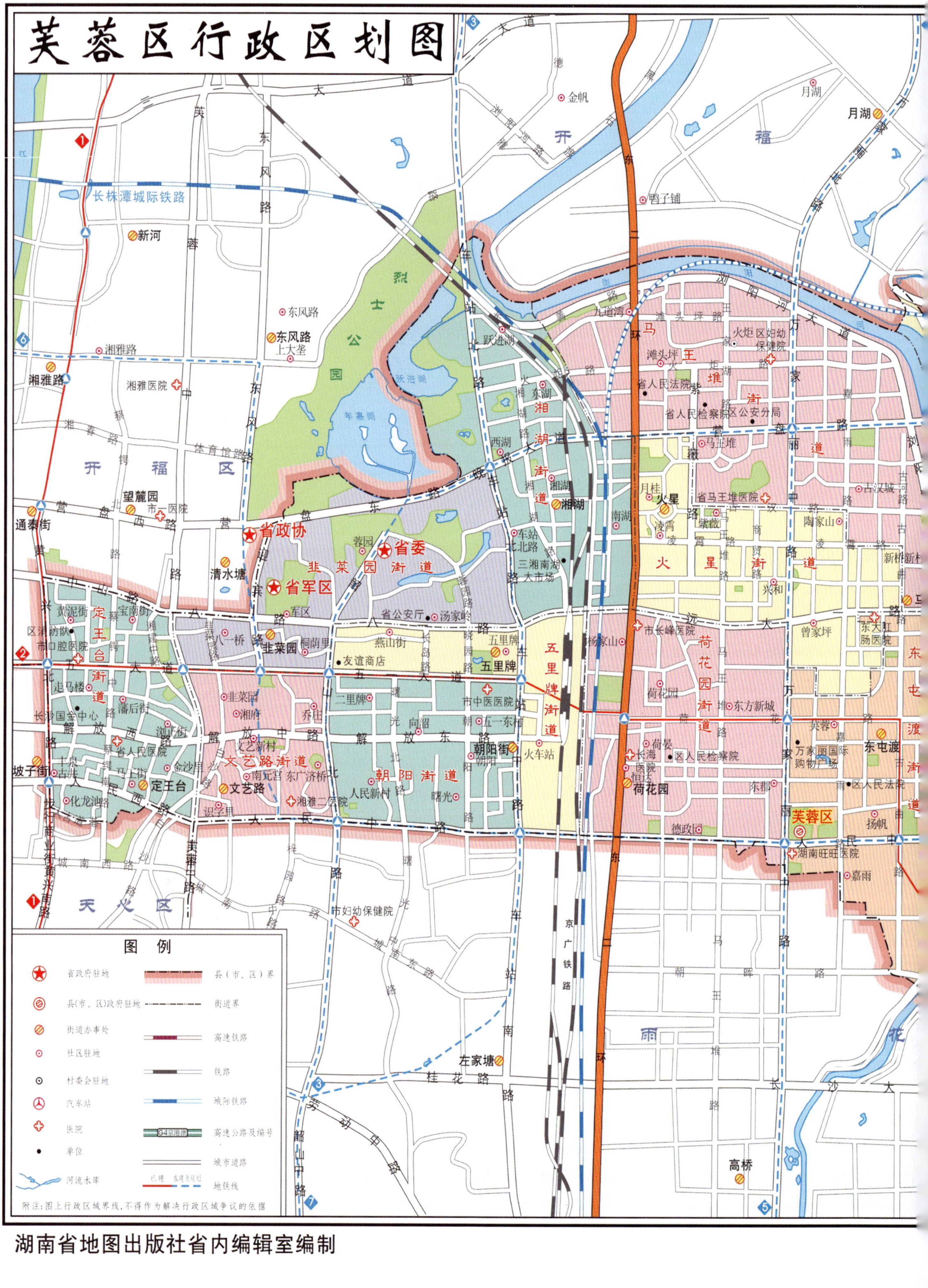

湖南省地图出版社省内编辑室编制

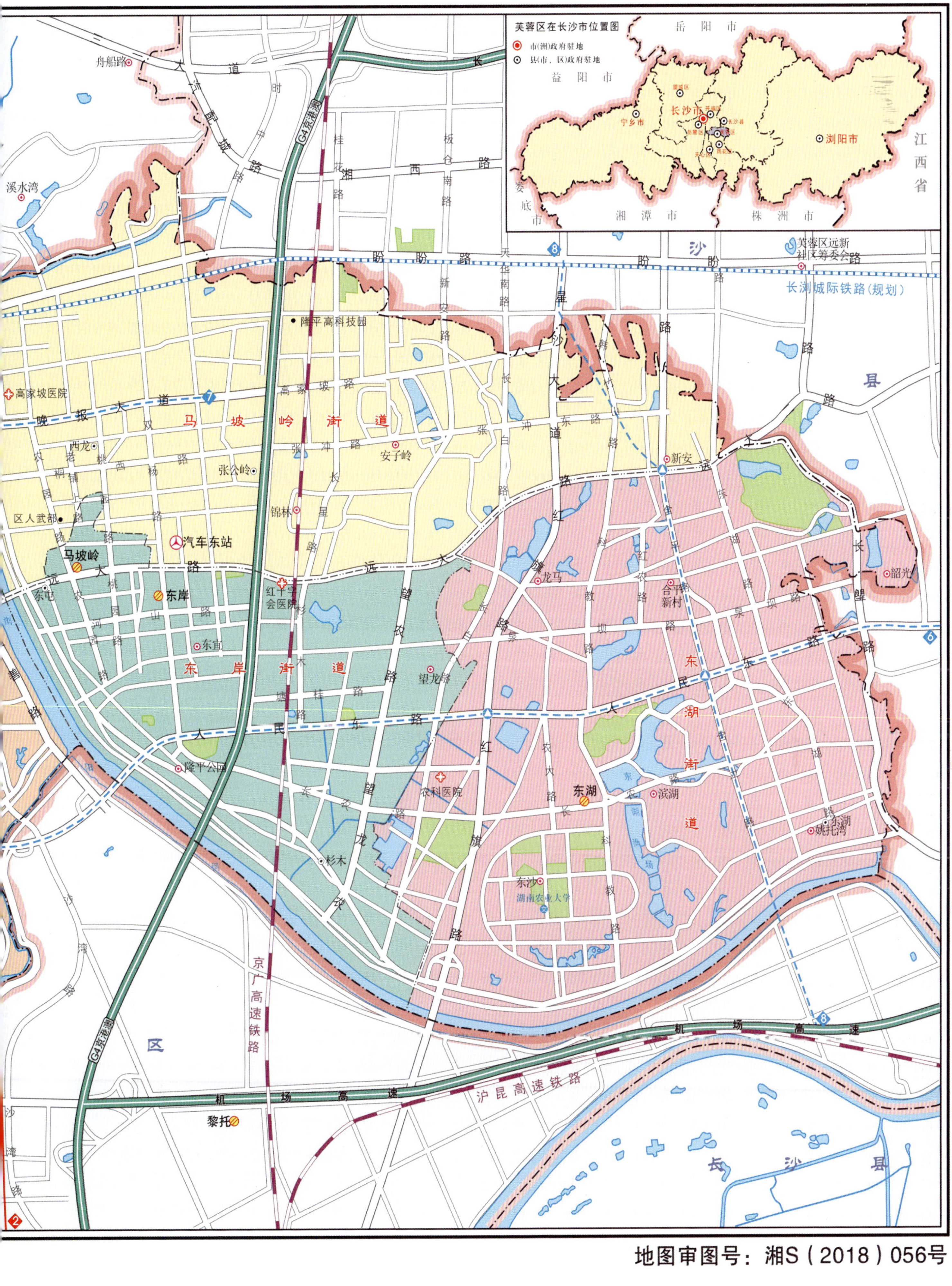

地图审图号：湘S（2018）056号

6月27日，长沙市首台大型田园实景情境演出《浏阳河上》在芙蓉区隆平文化公园开幕，该节目分为《星空》《河源·汉宫秋月》《河韵·浏水人家》《河魂·骄杨之恋》和《天赐之美》等篇章

2017年年底，位于芙蓉区黄兴路与解放路交汇处西北角，由香港九龙仓集团投资建设的长沙国际金融中心竣工，该项目主塔楼95层，楼高452米，成为湖南第一高楼

2017年，位于浏阳河大桥东岸南侧的隆平水稻博物馆接待中外观众2000人次

隆平水稻博物馆夜景

隆平水稻博物馆外景

《芙蓉年鉴（2018）》编纂委员会

《芙蓉年鉴（2018）》编审人员

《芙蓉年鉴（2018）》组稿人员

（姓名按栏目顺序排列）

李永晟	谭　颖	覃婷婷	刘　翀	黄丹旭	王　凯	苏　洁	王志国
文程遥	罗　萍	肖　俊	李文芳	邓蓓莉	黄　忠	向　兰	谭　怿
陈　银	温　娟	章　余	喻　林	李文英	温小慧	谭丽霞	邬凯文
谭　芳	陈林林	周　原	尹振声	黄　斌	黄　弋	李晓青	吴　娜
许　超	刘　菲	丁文兵	吴彩练	陈　静	张莉华	廖韶峰	李静锋
丁　玲	周　偲	薛文辉	罗伊凡	李恩星	袁丹丹	黄　珣	廖月鹏
王泽洲	章　杰	戴玲玲	宁　倩	陈丽娜	谢　丹	刘　歆	杨　冲
童　舒	胡再平	曹祎靖	谭瑞英	陈　哲	阳　硕	刘丽君	杨　亮
张　滔	肖　蓉	周　伟	旷清平	毛　婷	唐　敏	陈晓宇	陈佳豪
高铭阳	罗金群	钱　磊	刘玉陶	庞　听	哈倩妮	李　高	彭新艳
毛思瑾	黎　佳	徐　军	邓雪晴	施灿频	廖　薇	陈　苗	孙　业
徐　跃	邓子军	黄昕格	黄卫清	欧阳入嘉	谭　平	易　江	黄　晓
谭跃平	王　雪	邓少波	周　亮	戴　颖	陈玄灿	杨　芳	李方方
黄　波	李成竹	陈观军	马　雷	刘佳宜	郑仕清	彭火荣	梁才兴
欧　芳	卢雅靖	魏　聪	刘　勇	孙中华	蔡　巍	潘才华	路　通
阮　贞	王　宁	丁　俊	邓　莎	陶红军	谭　宇	夏红艳	范雅茹
柳　煌	蒋文斌	袁　霞	王志广	祝　波	甘　泉	吴　玥	曾　尚
宋　凯	曹　倩	董春梅	彭远潺	姚艺丹	邓　洁	欧阳金慧	夏婉清
孙如阳	刘夏娃	刘　树	罗　娟	王　骁	张定浙		

编 辑 说 明

一、《芙蓉年鉴（2018）》是由湖南省长沙市芙蓉区人民政府主办，芙蓉区年鉴编纂委员会编纂的地方综合性年鉴，全面、准确记述了2017年该区自然、政治、经济、文化、社会发展状况。本书可为社会各界认识、了解该区提供全面、准确、权威的信息，并为续修地方志积累资料。

二、本年鉴采用分类编辑法，主要分为类目、分目、子目3个层次，其下的条目为基本记叙层次。根据内容需要，适当增设专记、图表等栏目。书中插排图片专版。本卷对栏目作了适当调整，共设有32个类目、116个分目、29个子目、872个条目和32份表格，插排57个图片专版，21幅随文图片，编有索引1117条。

三、本年鉴所载资料由区直各部门和各街道专人负责收集、撰写，经领导审核后上报。年鉴编辑部加工整理后，再反馈原单位核对。最后由编委会定稿。

四、本年鉴编委、编审人员和各单位组稿人在书中设专版记载。各类目责任编辑在正文末尾注明。撰稿人姓名在条目文尾括注，除概述、概况外，相邻条目若为同一人撰写，则未逐条括注。书中的图片均由编辑人员和相关单位撰稿人提供，未注姓名。

五、本年鉴收录的区直各部门和各街道负责人名单均以上年度在职者为准，有任免的分别加以注明。名单由区委组织部审定后，分别插排在相关栏目内。

目　录

特　载

综　述

大事记

中共长沙市芙蓉区委员会

长沙市芙蓉区人民代表大会常务委员会

长沙市芙蓉区人民政府

政协长沙市芙蓉区委员会

中共长沙市芙蓉区纪律检查委员会

群众团体

法 治

军　事

综合经济管理

工业・园区

农业・水利

城市建设

城市管理

园林绿化

国土管理·环境保护

国土资源管理

环境保护与治理

商贸服务·金融

招商引资

商贸流通

金 融

交通·邮电

教 育

科 技

文　化

体　育

卫生和计划生育

社会生活

街　道

社　区

人　物

统计资料

文件选编

附　录

索　引

图片专版目录

Main Contents

Commission for Discipline Inspection of Furong, Changsha

Mass Organization

Rule of Law

Military

Integrated Economic Management

Industry & Industrial Park

Agriculture & Water Conservancy

Urban Construction

City Management

Land and Resources Management & Environmental Protection

Business Services & Finance

Transportation & Post and Telecommunication

Education

Science and Technology

Culture

Sports

Health and Family Planning

Social Life

Sub-district

Community

Characters

Statistical Data

Literature Selection and Edition

Appendix

Index

特　　载

在全区负责干部大会暨创建国家中心城市推进“三大工程” 打造“四个芙蓉”动员大会上的讲话

区委书记　于新凡

（2017 年 2 月 3 日）

图 1　中共长沙市芙蓉区委书记　于新凡

同志们：

今天是正月初七。首先，我代表区“四大家”给大家拜年！祝大家新春愉快、阖家幸福、工作顺利、万事如意！

按照惯例，我们在农历新年上班第一天召开全区动员大会，主要目的就是要定下全年的“调子”，谋划全区的“盘子”，理清发展的“路子”，迈出扎实的“步子”。所以，今天的会议既是一次收心会，也是一次动员会，更是一次誓师会，象征着辞旧迎新、开局起步、继往开来。

回顾刚刚过去的 2016 年，是芙蓉区发展历史上非常重要的一年。全区上下攻坚克难，砥砺奋进，实现了“十三五”精彩开局。过去的一年，是集中换届之年，换出了精气神，换出了正能量。我们以换届为契机，加强了党的建设，凝聚了发展共识，提出了“四化四统筹”发展战略和“四个芙蓉”奋斗目标，为未来五年的发展明确了时间表和路线图。过去的一年，是成果丰硕之年，提升了发展品质，赢得了人民支持。一批事关结构调整、转型升级，事关城市品质、芙蓉形象，事关群众利益、百姓福祉的大事、好事、实事抓紧实施，一系列工作取得新的突破，用“芙蓉品质”生动诠释了“长沙品质”。过去的一年，是奋进之年，激发了干事活力，彰显了责任担当。各级干部真正把激发出来的热情、激情、干劲、合力用到推动干事创业之中，呈现出心齐气顺、和衷共济的良好局面，彰显出全区干部群众强大的向心力和凝聚力，干事创业氛围更加浓厚，党风政风更加清正。

成绩来之不易，经验弥足珍贵，局面催人奋进。2017年，是党的十九大召开之年，是推进供给侧结构性改革的深化之年，是全面贯彻落实省、市、区党代会精神的开局之年，也是新一届“四大家”全面施政履职的起步之年。新的一年要有新追求、新作为、新形象。为此，区委、区政府决定2017年在全区深入实施以强党建、提品质、惠民生为主题的“三大工程”，协调推进“九大行动”，推动党的建设和经济社会各项事业协调发展。围绕这一主题，区委、区政府印发了2017年“一号文件”，作为全年的行动纲领和工作指南。全区上下要强化“一盘棋”意识，把思想统一到区委、区政府的决策部署上来，形成系统谋划、重点推进的统一步调，在最核心、最迫切、最根本的问题上集中发力，以重点攻坚撬动全局突破。

刚才，春晖同志作了一个全面的报告，对“三大工程”和“九大行动”作了全面的铺排，我都同意，请大家认真领会。“一号文件”内容非常丰富，涉及到党的建设和经济社会发展的方方面面，请大家回去之后认真研究，结合本区域、本部门的实际，拿出切实可行的实施方案，抓好贯彻落实。下面，我再谈三个问题：

一、准确理解“三大工程”和“九大行动”的内在关系

我们推出“三大工程”和“九大行动”，是对全年工作的系统性安排，共同构成了全年工作的总体框架。推进“三大工程”和“九大行动”，是落实稳中求进工作总基调的需要，是加快推进转型升级的需要，是全面提升发展品质的需要，是增进人民福祉的需要，我们必须深刻理解其中的内在关系。

1.“强党建”工程是头号工程、书记工程。党建工作水平的高低，直接决定着全区干部的精气神和战斗力，决定着党风、政风、民风的好坏，决定着全区各条战线、各个板块的工作氛围和发展势头。所以，我们把“强党建”工程作为头号工程、书记工程来抓。“强党建”的核心要求在于全面从严，核心动力在于基层基础，根本抓手在于群众路线。为此，我们在“强党建”工程之下安排了三大行动，即全面从严治党“先锋”行动、基层党建“堡垒”行动、群众工作“连心”行动，就是要坚持党要管党，主动适应全面从严治党新常态，让全面从严治党延伸到每一个支部和每一个党员，为加快发展提供坚强的组织保障。

2.“提品质”工程是基础工程、核心工程。“建设具有国际品质和湖湘文化特色精品之区”，是省委和市委对芙蓉区的发展提出的基本定位。在这一目标之中，“品质”是最基础、最核心的要求。为此，我们在“提品质”工程之下安排了三大行动，即产业品质“提升”行动、城市建设“攻坚”行动、城市管理“提质”行动，就是要按照创建国家中心城市的品质标准，坚定不移地提升经济社会各领域的发展品质，始终用“芙蓉品质”代表和引领“长沙品质”。

3.“惠民生”工程是民心工程、德政工程。发展成效怎么样，群众最有发言权。我们更加深切地体会到，在全力以赴抓经济建设的同时，必须抓紧补齐短板和薄弱环节，尤其要重视民生、服务民生、改善民生。所以，要把民生工作作为一切工作的出发点和落脚点，深入开展社会事业“惠民”行动、社会保障“利民”行动、社会治理“安民”行动，最大限度激发社会活力，最大限度增加和谐因素，彻底消化一批历史欠账，密切党群干群关系，真正使建设“四个芙蓉”的过程变成着力改善民生的过程。

二、凝聚推进“三大工程”和“九大行动”的强大合力

我们把“强党建、提品质、惠民生”作为2017年的工作主题，既体现了管党治党的政治自觉，又体现了稳中求进的责任担当，还体现了为民服务的根本宗旨。全区上下务必统一思想，提高认识，心往一处想，劲往一处使，凝聚“三大工程”“九大行动”稳步推进的强大合力。

1.要收心静气、统一思想、凝聚共识。虽然今天是农历新年的第一个工作日，但2017年已经过去一个多月，稍有放松，一季度的任务就很难完成。各级各部门务必迅速从节日氛围中解脱出来，自觉把主要时间、主要精力放到“三大工程”“九大行动”上来，做到早部署、早动员、早动手，抓推进、抓落实、抓效果。各级各部门要深入发动，浓厚氛围，迅速贯彻传达今天的会议精神，引导广大党员干部在精力上再集中、在思想上再统一、在力量上再加强，自觉与区委、区政府保持步调一致，迅速掀起“三大工程”和“九大行动”快速推进的热潮。

2.要传导压力、协调配合、分级落实。“三大工程”和“九大行动”是一个非常复杂的系统工程，需要全区上下齐心协力、瞄准目标、共同努力，必须全区动员、压力传导、责任共担。全体县级领导要按照“一号文件"的安排，主动领命、靠前指挥、精心调度，形成"一级带着一级干、一级干给一级看"的良好局面。各个街道、区直部门要对照文件精神和工作要求，制定更加明确具体的实施方案，积极作为、及早铺排、落实责任，确保各项工作目标落到实处。全区各级各部门都要迅速对号入座，按照项目化、节点化、指标化的要求，认真组织实施，确保可操作、接地气。要加强协调配合，既分工明晰，又相互支持，做到分工不分家、协作增合力。

3. 要时不我待、只争朝夕、敢为人先。电影里有一句话："天下武功，唯快不破"。这句话用在干事创业上也是合适的。快一点，就事半功倍；慢一拍，就事倍功半。要以等不起、慢不得、坐不住的紧迫感对待工作，做到快谋划、快推进、快见效，占据优势地位，抢占发展先机。新的一年，我们再一次和兄弟区县站在同一起跑线上，要想笑到最后，就必须早人一步、快人一招。尤其是对于征地拆迁、项目建设、招商引资等工作，越快越主动，越慢越被动，要把进度抢在前面，把主动权牢牢掌握在自己手中。

三、以"三大工程"和"九大行动"为抓手，推进2017年各项工作精彩开局

一年之计在于春。起步至关重要，决定了全年的主题，决定了开局的气势，关系到起跑线上的输赢问题。开局顺，则事事顺；出师不利，则节节败退。所以，必须立足抢先抓早，集中精力做好开局起步的各项工作，扎扎实实打好开局战，努力赢得"三大工程"和"九大行动"的"开门红"。

1. 要用好绩效考核这个指挥棒。一方面，要根据"三大工程"和"九大行动"的要求，科学制定区内绩效考核体系，按照考出导向、考出动力、考出压力的要求，加大督查考核力度，力求考严考实。要坚持把逐月逐季的阶段性、交叉性考核与"年考"结合起来，加大项目观摩、横向评比力度，比一比进度，晒一晒差距，以成绩论英雄，力争更准确、更客观地对每一个单位的工作作出令人信服的评价。另一方面，要主动介入市对区绩效考核，早一点和上级部门对接，尽早掌握"游戏规则"，争取上级准确客观地下达绩效考核指标，把指标定得实际一点、可行一点、科学一点，为年终超额完成任务预留空间、争取主动。

2. 要扭住项目建设这个牛鼻子。春节期间，绝大多数项目都处于停工状态，要立即采取强有力的措施迅速扭转这一局面。各大项目指挥部要立即恢复运行，相关人员会后要立即各就各位，马上进入工作状态。对于各大续建项目，要逐一走访，督促投资方、建设方尽快复工，掀起新一轮开发建设的新热潮。纳入年度计划但尚未开工的项目，该报批的要尽快报批，该立项的要尽快立项，具备开工条件的要尽快开工，一律从快要求、从快推进。要牢牢把握住年初指标相对宽松、资源相对丰富的有利时机，为项目建设争取更多资金，努力为项目排忧解难，推动一批停产项目恢复建设。

3. 要把握群众路线这个着力点。群众工作"连心"行动是"一号文件"明确的"九大行动"之一，也是全年工作的重要支点。总体思路是，动员全区党员干部把全区普通群众家庭走访一遍，深入一线倾听民意，化解矛盾，解决问题，拉近干群关系，促进社会和谐。要将这一主题活动作为2017年的重点工作，强力推进，抓出特色，抓出成效。群工办要尽快编制更加详细具体的联点走访工作方案，按照每个干部联点走访15—20户的要求，把任务铺排下去，各个街道、社区（村）要做好具体组织工作，挨家挨户地走，逐门逐院地谈，把群众路线沉到基层、落到实处。

4. 要念好作风建设这个紧箍咒。春节前后，党政机关的作风问题是人民群众和各大媒体关注的焦点，必须引起高度重视。区纪委、区委政府督查室、机关工委要加强对各单位的考勤，确保工作状态、精神面貌全面调整到位。尤其是各窗口服务单位，要特别注意工作人员的服务质量和办事效率，确保不出现任何负面新闻舆论事件。要以春节为契机，狠抓党风廉政建设和反腐败斗争，认真履行全面从严治党主体责任，严格执行各项纪律规定，对违规违纪行为特别是隐形变异"四风"问题严肃查处，严防节日腐败。

同志们，"三大工程"和"九大行动"是事关今年和今后一段时期全区发展的工作主线，是加快建设"四个芙蓉"的具体举措，责任重大、使命光荣。全区上下要统一思想、真抓实干、奋发有为，在强党建上当先锋，在提品质上树标杆，在惠民生上作示范，不断推动我区各项工作创造新业绩、迈上新台阶。让我们拧起袖子加油干，为长沙创建国家中心城市实现基本现代化贡献更新更大的力量，以优异的成绩迎接党的十九大胜利召开！

政府工作报告

——在长沙市芙蓉区 第五届人民代表大会第二次会议上

区长　周春晖

（2017年2月16日）

图2　芙蓉区人民政府区长　周春晖

各位代表：

现在，我代表区人民政府向大会报告工作，请予审议，并请各位政协委员和其他列席人员提出意见。

2016年工作回顾

一年来，在市委、市政府和区委的坚强领导下，在区人大、政协的监督支持下，我们始终围绕"建设具有国际品质和湖湘文化特色的精品之区"总体目标，紧扣"品质提升年"工作主题，真抓实干，锐意进取，奋勇争先，顺利实现了"十三五"良好开局。

一、加快转型升级，经济质量稳步提升。坚持发展第一要务，全力以赴稳增长。主要指标稳中有进。全年实现地区生产总值1159.8亿元，同比增长10.4%；完成一般公共预算收入111.2亿元，同比增长9.1%；全社会固定资产投资501.5亿元，同比增长15.1%；社会消费品零售总额788.5亿元，同比增长10.7%；规模以上工业总产值454.4亿元，同比增长5.5%；城镇居民人均可支配收入4.6万元，同比增长8.6%。产业结构更加优化。第三产业主导地位凸显，完成增加值991.2亿元，占经济总量比重达85.5%。省金融创新特色产业园完成平台建设并投入使用，成功举办中国金融科技峰会，创建省金融创新中心，金融业税收贡献率达42.6%。打造律政服务、文化创意等专业楼宇，湖南影像创客空间成为全市示范，楼宇经济税收贡献率突破60%。隆平高科技园加速转型升级，人民东路隆平现代产业园完成概念性规划设计，"中国种业硅谷"[1]建设上升为国家战略。全区完成高新技术产业增加值339.7亿元，创历史新高。招商引资成效显著。大力实施精准招商，举办"浏河之芯·财富芙蓉"上海招商推介会，引进中国国旅、万和证券、华夏交易所等企业总部和金融机构。新引进投资过10亿元项目3个，新增商事主体1.5万家、"新三板"上市公司7家、楼宇企业550余家。实际到位外资6.4亿美元，省外境内到位资金98亿元，市外境内固定资产投资267亿元。

二、增强承载能力，城市建设协调推进。以"一带两区"为发展重心，实施各类重点项目173个，完成投资281亿元。产业项目加快建设。湖南第一高楼长沙国金中心顺利封顶并启动招商。世茂广场等城市综合体加快建设，新增商务楼宇面积152.3万平方米，楼宇总量全市领先。浏阳河文化旅游产业带建设取得重大突破，隆平文化园、龙舟文化馆、汉文化广场等核心项目基本竣工，婚庆园二期完成主体工程，世界首个以水稻为主题的隆平水稻博物馆建成开馆。成功承办首届浏阳河文化艺术节，浏阳河品牌影响力进一步扩大。英氏孕婴童产品产业园一年内实现建设投产，特格尔医药产业园、湘粤先进技术产业园等重大项目顺利推进，申通快递、苏宁云商等物流中心投入运营。基础设施日益完善。新建通车道路15.8公里，龟山北路、杉木南路等竣工通车，火炬路、嘉雨路等完成建设，白竹坡路、东湖路一期等加快建设。建成港湾式公交站11个、公交专用道20余公里，新增停车位3380余个，公交都市建设走在全市前列。隆平高科技园投入5000万元，完成建成区11条道路提质改造，建设雨污分流系统及省内首个路灯共杆系统样板工程，园区品质显著提升，企业获得感明显增强。征拆工作有力推进。完成棚改3341户、40万平方米，火星镇、蔡锷中路两厢、五里牌肉联厂等新增项目有序推进，黄土塘、友谊东、火炬村等项目加快扫尾。实施103号令征拆项目16个，征地1321亩。农科村、新桥村等城中村改造实现验收达标。团购、统购商品房安置被征地农民20批次，申购限价商品房133套，共安置3015人。办结农民安置房栋证757栋，发放分户证4000户，完成国有土地房产证处遗3146户。东屯渡高层安置小区、芙蓉生态新城三号安置小区实现分房入住，二号安置小区获评省安全生产示范工程。

三、提升宜居品质，城区面貌精致精美。坚持加强管理、完善功能，充分彰显中心城区品质。城市管理更加精细。深化“大城管”格局，推动城管工作重心下移。执行最严城管，开展城郊结合部环境综合整治“百日会战”[2]“九路一环”立面斑点整治[3]等攻坚行动，拆除违法建筑21.3万平方米、违章广告招牌1820处。常态化开展“周末看城管”行动[4]，助推市容环境不断改善。提质力度明显加大。完成首批14个社区提质提档，提质改造28个社区服务阵地。社区办公服务用房全面达标，平均面积731平方米。投入2.5亿元提质改造第三批老旧农安小区，整治立面151栋，亮化楼宇192栋，惠及居民群众4万余户。燕山街等3个农贸市场完成改造并投入使用。基本完成芙蓉路、韶山路、解放路等5条主干道“六位一体”提质改造[5]。打造营盘路、恒达路、凌霄路等26条特色街巷，“一街一品一特”的特色街巷群靓丽呈现。铺设修补路面和人行道7万平方米，疏浚下水管网107公里。环境质量不断改善。“三年造绿大行动”顺利收官，新增提质绿地62公顷，拆违复绿220万平方米。建成全市首个“环卫作业车辆车载GPS综合管理系统”，新建改造垃圾站厕16座。改造居民家庭油烟净化设施2100余户，全面清零燃煤锅炉和散煤制销点，餐饮行业清洁能源改烧率达94%。开展黄标车“百日清零”整治行动，淘汰黄标车2556辆。查处、清理、整治环保违规建设项目4124个。整治黑臭水体13处，关停污染企业334家，浏阳河芙蓉段11个排污口实现截污，空气质量优良率提升3.5个百分点。

四、促进民生改善，人民生活幸福和谐。累计投入民生资金42.9亿元，占财政支出的79%。社会事业全面发展。长郡芙蓉实验中学、大同瑞致小学等5所学校（幼儿园）建成开学，大同小学完成改扩建，新增学位7000余个。打造“幸福教育”特色品牌，发布《芙蓉教师宣言》，承办全省师德师风建设现场会，在学生艺术展演、社区全民教育等方面获得国家级荣誉。促进科技成果转化，专利申请量2788件、授权量1409件。产学研合作成效显著，获国家科技进步二等奖4项、省科技进步奖23项，获评全国科普日活动优秀组织单位和省先进集体。提质改造一批街道综合文化站和社区文化服务中心，湖南和平解放史事陈列馆授牌为民革中央党史教育基地。完成区医院改革，东屯渡、文艺路社区卫生服务中心投入使用。中医药服务能力得到提升，健康管理家庭契约式服务签约1万余户。社会保障日益健全。成立全市首个失地农民创业就业服务指导中心。新增城镇就业1.7万人、创业主体9250户，发放创业担保贷款1461万元。区本级社会保险费征缴15亿元，养老保险参保12.4万人。精准帮扶特殊困难群体，发放各类救助资金5586万元。慈善救助低保家庭覆盖范围全省最广，补贴标准高于全市平均水平。率先全省为80岁以上老人发放春节慰问金400余万元。新增街道日间照料中心5家，区社会福利中心启动建设。筹集保障性住房717套，新增经济适用房货币补贴保障529户。社会治理有效加强。着力加强社区建设，打造“东湖夜话”“庭院理事会”等社区自治品牌，荷晏、马王堆、东沙、东宜等社区获得全国表彰。开展“六打六治”[6]等专项行动，排查整改安全隐患1100多处，二环线以西烟花爆竹零售门店全面退出。大力创建国家食品安全城市示范区，深入开展“利剑整治”专项行动，20家农贸市场（生鲜超市）安全快检室建成并投入使用。率先全市成立物业纠纷调处中心。统筹抓好社会治安防控体系建设，创建零发案社区36个、平安社区22个，化解信访积案30余件。荣获全省社会管理综合治理先进区和安全生产先进区。有效开展道路交通堵点整治，区交警大队获评全省规范执法示范单位。成功举办全省警务机制改革现场观摩会，区公安分局被推荐申报全国公安优秀集体。

五、强化政府治理，自身建设务实提效。扎实开展“两学一做”[7]学习教育，机关作风建设全面加强。改革活力充分释放。顺利完成103项改革任务，在园区管理体制、国地联合办税、互联网金融创新等关键领域取得突破，获批全省相对集中行政许可权改革唯一试点区。顺利完成公务用车制度改革。法治建设深入推进。自觉接受区人大及其常委会和区政协监督，认真落实区人大及其常委会的决议决定，办理建议、提案134件，满意率达100%。审查政府规范性文件、政府合同374件，信息公开回复211件。推进普法宣传，全民法治意识不断增强。作风效能加快提升。与中国人民大学实现智库战略性合作。审计政府投资项目365个，核减资金3.4亿元。积极推行政务公开，创新实施微信APP宣传，办结“12345”热线工单3940件。顺利完成政府换届，实现了组织意图和人民意愿的高度统一。

同时，妇联、科协、工商联、民宗外侨等单位荣获全国先进，人防、总工会、共青团、关工委、红十字会等工作获得省级荣誉。国防动员和后备力量建设得到新的加强。人事编制、史志档案、机关后勤等方面取得新的成效。残联、老年大学、老体协等事业实现新的进步。

各位代表！一年来，尽管面临经济下行的巨大压力，我们团结和依靠广大干部群众，埋头苦干、迎难而上，全区呈现出经济稳中有进、社会稳定有序、民生稳步改善的良好态势。这是市委、市政府和区委坚强领导，区人大代表和政协委员监督支持，全区干部群众和社会各界共同努力的结果。在此，我谨代表区人民政府，向奋斗在各条战线的全区人民，向全体人大代表、政协委员和各民主党派、工商联、无党派人士及人民团体，向驻区部队及离退休老同志，向所有为芙蓉发展作出贡献的同志们、朋友们，表示衷心的感谢，并致以崇高的敬意！

同时，我们也清醒地认识到，发展道路上还存在一些不容忽视的困难和问题：经济保持中高速增长面临较大压力，发展后劲有待增强；隆平新区基础设施相对薄弱，城中村、棚户区改造任务依然繁重；民生诉求日益多元，社会治理创新与服务能力提升仍需加强；政府效能提升任重道远，创新意识、务实作风等方面亟待改进。对此，我们将直面存在问题，采取有力措施，切实加以解决。

2017年工作重点

2017年是供给侧结构性改革的深化之年，是长沙创建国家中心城市、实现基本现代化的开局之年，是芙蓉区“建设具有国际品质和湖湘文化特色的精品之区”的关键之年。综合分析当前形势，尽管宏观环境不确定不稳定因素依然存在，区域竞争仍然十分激烈，希望和困难并存，但希望大于困难，机遇大于挑战。中央稳中求进的工作总基调没有改变，湖南创新引领、开放崛起的态势更加强劲，长沙创建国家中心城市、实现基本现代化的步伐坚定有力。芙蓉区的发展已经站在一个新的起点，我们自当百尺竿头，激流勇进，努力把芙蓉区发展得更好、更快、更强、更美。

今年政府工作的总体要求是：全面贯彻中共十八大和十八届三中、四中、五中、六中全会精神，深入学习习近平总书记系列重要讲话精神，认真落实中央和省市区委经济工作会议精神，围绕建设“四个芙蓉”[8]目标定位，大力实施“四化四统筹”[9]发展战略，坚持“稳住、进好、调优”总要求，以强党建、提品质、惠民生“三大工程”为主线，突出创新引领、聚焦产业升级，强化建设管理、推动品质提升，加强民生保障、夯实基层治理，实现区域经济社会平稳健康有序发展，为长沙创建国家中心城市、实现基本现代化作出新的贡献。

今年经济社会发展的主要预期目标是：地区生产总值同比增长9%左右；一般公共预算收入增长6%左右；全社会固定资产投资增长12%左右；社会消费品零售总额增长10.5%左右；规模以上工业总产值增长6%左右；城镇居民人均可支配收入增长8.5%左右。

实现上述目标，我们要突出抓好四个方面工作：

一、以转型升级为动力，实现更有质量的经济增长

坚持以楼宇经济为载体，以项目建设为引擎，推进产业品质提升，加快把芙蓉中央商务区培育成引领高端产业发展的服务业示范集聚区。

壮大现代服务业。做强现代金融，推动省金融创新特色产业园建设，发展银行、证券等传统金融机构，引进非银行支付机构、私募基金等新型业态，创新金融科技、资产评级等中介服务，完善金融产业链。创建金融安全区和金融生态区，实现金融业增加值160亿元左右，让金融更好地服务实体经济。做优现代商贸，推动长沙国金中心顺利开业，整体提升周边环境，打造核心商业街区。提质芙蓉广场、袁家岭、火车站等传统商圈，培育万家丽广场、马王堆、马坡岭等新兴商圈。做活文化旅游，加强浏阳河文化旅游产业带基础设施建设，加快汉桥、汉文化主题街区等重点项目建设。促成实景情境剧“浏阳河上”常态化演出，承办中华龙舟大赛，推动国际种子博览会顺利落户。打造精品旅游线路，积极创建全域旅游示范区。做大园区经济，重点发展生物育种、精准医疗、现代物流等产业，全力建设“中国种业硅谷”，推动隆平高科技园向技工贸总收入千亿级行列迈进。

聚焦楼宇经济。按照“心中有楼、政策进楼、服务上楼、企业满楼”的总体思路，加快推进楼宇产业集聚、企业集中、功能集成，打造楼宇经济升级版。出台促进楼宇经济发展办法，建立楼宇经济工作联席会议制度，推行重点楼宇“楼长制”[10]。深化培育专业特色楼宇。设立楼宇服务中心，推进银华大厦等老旧楼宇提质改造。为驻楼企业提供补贴，对物业管理公司进行扶持，为重点税源企业提供更加便捷的生活、文化、教育、医疗等社会公共服务。出台商务楼宇等级评定标准，加大产业招商支持力度，着力降低楼宇空置率，提高税收贡献率。实现楼宇总量770万平方米以上，税收亿元楼宇10栋以上，楼宇经济税收60亿元以上。

主攻项目建设。全年计划实施重点项目160个，预估投资255亿元。加大项目策划力度，积极对接长沙市东部开放型经济走廊规划实施，争取地下综合管廊、海绵城市[11]等项目试点。优化项目设计，推动项目提速，加快启动隆平现代产业园一期建设，完成华智生物分子育种平台、隆平高科综合研发中心等重大项目主体建设，推进药圣堂中药产业园、凯德智能制造产业园、广发隆平创新创业产业园等项目建设。严格落实县级领导联系社会投资重点项目制度，加大督促帮扶力度，推动新楚擎天广场、报业文化大厦等项目尽早复工建设。优化招商引资，开展“大招商年”活动。全面落实园区、街道主体责任，注重以商招商、二次招商、亲商留商。力争引进省外境内资金100亿元左右，市外境内固定资产投资290亿元左右，实际到位外资6.9亿美元以上。

深化改革创新。主动对接落实中央、省市部署的改革任务，全面完成年度改革清单。深化供给侧结构性改革，大力推进“三去一降一补”[12]。落实房价调控措施，加大商务楼宇去库存力度。推进财政分配制度改革，聚焦保民生、保重点、保运转，按照贡献大小、增长比率、企业留引等方面，出台奖励政策，调动争取资金的积极性。探索运用PPP模式[13]，撬动更多社会资本投入项目建设。推进城管体制改革，实现人财事一致、责权利对等。以城管网格化管理为切入点，推进区域治理网格化。完成相对集中行政许可权改革试点任务，成立行政审批局，构建“一窗受理、集中审批、审管分离”的运行模式，降低制度性交易成本，激发市场活力和社会创造力。

二、以品质提升为主题，建设更高水准的精品之区

坚持建管并举，不断推进建设攻坚、管理提质，打造更加宜居宜业、精致精美、人见人爱的魅力芙蓉。

完善基础设施。加快完善浏阳河东片路网，完成白竹坡路、红杉路等道路建设，开工建设东湖路、红湖路，打通杉木路、大河路、望龙路、合平路等瓶颈路，全线贯通滨河路。完善中心城区公共交通，畅通内部微循环，对蔡锷中路、人民东路、迎宾路、高岭街等14条主次干道和支路街巷进行提质改造，新建自行车道10公里、慢步道30公里。改建港湾式公交站10个，实现城区公交站点500米覆盖率95%以上。确保九如巷、都正街（二期）地下车库年内投入运营。全力支持地铁3、5、6号线、住宅小区电力“专改公”[14]等省市重点工程。

推进征拆安置。承接全市棚改新三年行动计划。完成棚改1219户，投资27.5亿元。实现黄土塘、友谊东、火炬村、火星镇、蔡锷中路两厢、五里牌肉联厂等项目征收扫尾清零，确保项目全面开工建设。推动长沙火车站周边综合提质，加快办理五里牌蒸菜街棚改项目前期手续，争取年内启动。全面实施白果园、化龙池历史步道建设，恢复长沙记忆。加快推进103号令征拆安置，铺排征地拆迁项目19个，腾地1900亩，安置2500人。完成望龙村、合平村、东岸村等城中村改造，加大集体土地拆迁货币化安置力度。着力研究解决60号令遗留问题。完成二号安置小区一期建设，实现分房入住。加强与农大、农科院等驻区单位的土地资源整合。

提升管理水平。巩固城管工作重心下移成果，持续开展“周末看城管”。完善城管数字化平台，提高智慧管理的精细化水平。针对城市斑点、违法建设、违章停车、违规夜市等，开展十大专项治理，保持文明创建工作常态长效。全面推动社区提质提档，重点建设识字里、车站北路等10个精品社区，打造走马楼、荷晏等2个示范社区，建设紫薇路、韭菜园路等4条特色街巷。按照“六位一体”要求，重点完成八一路－远大路、五一大道等主干道的提质改造。有序推进荷花园、东岸街道生活垃圾分类试点，实现餐厨垃圾收集运输处理全覆盖。提高清扫保洁和维护作业水平，确保城区干净整洁。

保护生态环境。高标准开展“新三年造绿大行动”[15]。积极推进屋顶绿化，着力建设绿色庭院、绿色街巷、绿色社区、绿色学校。完成人民东路、营盘路浏阳河桥等出入城口的立体绿化，重点打造杉木路绿带，建设林荫道路6条，新增和提质绿地面积37公顷以上。扎实开展“春雷行动”[16]，铁腕治理环境污染。做好中央环保督察迎检工作，创建区域环境噪音污染治理示范区。推进东湖800亩湿地水系治理，加快长善垸污水处理厂二期建设，完善沿河泵站及污水管网体系，完成农大农科院片区雨污分流管网年度改造任务。推广老旧小区居民家庭餐厨油烟净化治理成果，倡导两型生产生活理念。

三、以共建共享为目的，打造更加殷实的民生福祉

坚持以人民为中心的发展思想，加大精准保障力度，让发展更有温度、让幸福更有质感。

优化公共服务。重点谋划东片学校布局，促进教育优质均衡。加快推进火炬中学、河山小学、马坡岭小学等7所学校建设，确保双新小学、东风小学建成并投入使用，新增学位2500余个。在省劳动人事学校原址改建东岸高中，启动东湖高中规划设计，改写东片区无高中历史。推进标准化科普社区建设，提升全民科学素养。建立全区创新创业联盟，引导金融资本服务小微企业发展。打造协同创新平台，促进专利产业化，实现科技成果转化率40%以上。加快区文体中心和老干活动中心建设，实现隆平水稻博物馆全面开馆。办好区全民健身运动会，参加市第九届运动会。启动长沙戏剧中心建设，完善现代公共文化服务体系。推进健康芙蓉建设，提升疾病防控和卫生应急能力。启动东片综合性医院建设前期工作。积极创建全国基层中医药工作先进单位。提升妇幼健康计划生育服务水平，推进计生服务管理转型。

完善社会保障。实施更加积极的就业政策，持续开展“春风行动”[17]等品牌活动，突出抓好高校毕业生、失地农民等重点群体就业，新增城镇就业1.6万人以上。有序推进机关事业单位工作人员养老保险制度改革。完善医疗、优抚、慈善、救助等社会保障体系，加快实现全民参保。率先出台精准救助帮扶办法，提高救助标准，对困难群众基本生活实现全面兜底。加快区社会福利中心建设，形成覆盖全区的养老服务网络。加大住房保障力度，有效解决困难群众住房问题。切实完成市委市政府下达的对口扶贫任务。

提升治理能力。加大政府购买公共服务力度，引导培育社会组织参与社会治理。打造“三社联动”[18]项目25个。推动区社会组织孵化基地建成运营，孵化社区社会组织8家，促进社会治理多元化。完善社会矛盾调处、重大决策社会稳定评估机制，深入实施“三调联动”，积极推广朝阳街道“1+X”矛盾纠纷大调解模式[19]。推动住宅小区物业管理改革，发挥区物业矛盾调处中心职能，着力化解群众反映强烈的物业纠纷问题。推行定王台书市“审读”机制[20]，净化文化市场环境。扎实开展“七五普法”。提升社区戒毒康复工作水平，争创全国戒毒康复工作示范单位。稳妥推进社区、村同步换届选举，提高基层组织服务能力。完成交通整治年度工作任务，建设畅通芙蓉。

促进社会和谐。完善安全生产监管机制，构建事故严防严控体系，重点抓好道路交通、危险化学品、建筑工地、特种设备等行业领域的安全监管。推动重大火灾隐患单位整改工作，完成消防安全全员普训。创建省级安全生产示范城区。推进街道食药监所改革，提升基层监管能力，在创建国家食品安全示范城市中率先全面达标。强化信访源头治理，加大依法治访和信访积案化解力度。深入推进警务机制改革和数字警务工程，完成天网工程三期建设。健全应急管理体系，妥善应对信息化时代网络安全和群体性事件。加强国防和后备力量建设，推进军民融合创新发展。保障妇女、儿童、老年人、残疾人合法权益。支持工会、共青团、工商联、科协、侨联、社科联等群团组织工作。加强人民防空、国家安全、民宗外侨、史志档案、机关后勤等工作，汇聚推动芙蓉发展的强大正能量。

今年，我们重点办好十件民生实事：一是全面启动53个社区提质提档。二是完成浏阳河芙蓉区段水环境综合整治及13处黑臭水体治理。三是新增都正街等公共停车场20个以上，新增停车位4000个左右。

四是启动望龙农贸市场建设，完成曙光、火星、浏城桥等3家农贸市场周边环境整治，新建农贸市场（生鲜超市）安全快检室6家。五是完成育英西垅小学、大同古汉城小学等13所标准化学校建设。新增10所公办园和普惠民办园，实现占比达72%以上。从今年春季入学开始，推行区属公办高中免费入学。六是新建锦林小区、龙马社区等站厕6座，改造黄泥坑、滩头坪等站厕10座。七是每个街道建成1家日间照料中心。八是筹建1个街道社区卫生服务中心。九是新建柳子明纪念园、滨河游园等社区公园（游园）10个。十是对丧失劳动能力的特殊困难家庭进行常态化精准救助帮扶。

四、以人民满意为宗旨，锻造更富效能的工作作风

完成全年目标任务，必须着力改进作风，努力建设法治型、效能型、服务型、廉洁型的人民满意政府。

坚持创新引领。把解放思想、创新引领作为政府工作的基本要求。坚持用一流的标准、开放的理念、系统的思维、市场的办法，来研究和解决发展中的问题。大力推进思想理念、体制机制、方式方法等方面的创新，改进政府配置资源方式，开展政府工作“微改革微创新”，营造创新创业的浓厚氛围，推动创新能力不断提升。

狠抓工作落实。把崇尚实干、拒绝空谈作为政府工作的基本追求。牢固树立“马上就办、办就办好”的理念，自觉践行“一线工作法”。扎实开展群众工作“连心”行动[21]，着力解决人民群众普遍关心的突出问题。对真抓实干成效明显的单位加大激励支持力度，把精力用在促发展上，把功夫下在抓落实上，推动各项工作落地生根、开花结果。

加强廉政建设。把遵纪守法、廉洁自律作为政府工作的基本遵循。自觉接受区人大、政协和社会各界监督，严格遵循重大行政决策法定程序，依法全面履行政府职责。扎实推进党风廉政建设，加大对招投标、征地拆迁、政府投资工程等重点领域的监管力度，纠治侵害群众利益的不正之风。严控“三公经费”，把每一分钱都用在刀刃上，用政府的紧日子换来群众和企业的好日子。

各位代表！百舸争流，奋楫者先；千帆竞发，勇进者胜。让我们在市委、市政府和区委的正确领导下，紧紧依靠和团结全区人民，撸起袖子加油干，共同为建设代表国家中心城市发展水平、具有国际品质和湖湘文化特色的精品之区，加快打造“四个芙蓉”而努力奋斗，以优异成绩迎接中共十九大胜利召开！

注释

[1] 中国种业硅谷：2016年11月24日，隆平高科技园正式发布《“中国种业硅谷”建设规划纲要》，提出要把隆平新区建设成中国一流的生物育种技术及产业聚集区。12月26日，国家发改委发布《促进中部地区崛起“十三五”规划》，明确提出要推广生物育种技术，建设长沙现代种业基地。

[2] 城郊结合部环境综合整治“百日会战”：2016年3月15日起，用100天左右时间，针对城乡结合部范围内的老旧农安小区、建筑工地、路道、河道、出入城口及周边等开展环境综合整治行动。

[3] “九路一环”立面斑点整治：对芙蓉路、韶山路、五一路、万家丽路、解放路、营盘路、人民路、八一路、车站路、东二环，进行立面综合整治。

[4] “周末看城管”行动：由区政府主要领导、分管领导带队，每周末利用半天时间，随机抽取街道（局），对城管工作进行现场督查。

[5] “六位一体”提质改造：对道路路面、人行道、立面、绿化、亮化、管线综合提质改造。

[6] 六打六治：突出对危险化学品、烟花爆竹、交通运输、建筑施工、消防、粉尘防爆等重点行业领域，集中开展打非治违。

[7] 两学一做：学党章党规、学系列讲话，做合格党员。

[8] 四个芙蓉：建设转型升级的财富芙蓉、创新驱动的智慧芙蓉、精致秀美的魅力芙蓉、全面共享的幸福芙蓉。

[9] 四化四统筹：推进产业高端化，统筹发展传统产业和新兴产业；实现全面城市化，统筹建设中心城区和隆平新区；紧扣品质国际化，统筹推进城市建设和城市管理；突出服务精准化，统筹对接公共供给和群众需求。

[10] 重点楼宇“楼长制”：每个县级领导联系一栋重点楼宇，负责楼宇的招商选资、配套服务与提质改造。

[11] 海绵城市：新一代城市雨洪管理概念，是指城市在适应环境变化和应对雨水带来的自然灾害等方面具有良好的“弹性”，也可称之为“水弹性城市”。

[12] 三去一降一补：去产能、去库存、去杠杆、降成本、补短板。

[13] PPP模式：政府与社会资本合作，是公共基础设施中的一种项目融资模式。

[14] 专改公：将小区专用变压器改造为公共电网变压器，对小区业主供电可实现一户一表。

[15] 新三年造绿大行动：2017-2019年，全区建成区绿地率达到37.1%，绿化覆盖率达到44.5%，建成区人均公园绿地达到12平方米以上。

[16] 春雷行动：长沙市环委会决定从2017年1月1日起，开展为期3个月的环保“春雷行动”，加快解决突出环境问题，为长沙创建国家中心城市提供良好的生态保障和环境支撑。

[17] 春风行动：人力资源和社会保障部、国务院扶贫办、全国总工会、全国妇联组织发起的促进农村劳动力特别是农村贫困人口转移就业创业和用人单位招工用工的主题活动。

[18] 三社联动：以政府购买服务为牵引，以社区为平台，以社会组织为载体，以社会工作者为骨干，以满足居民需求为导向，通过社会组织引入专业资源和社会力量，通过提供专业化、有针对性的服务，把矛盾化解在社区，把多元服务供给实现在社区的一种新型社会治理模式、社会服务供给方式和全新社会动员机制。

[19] “1+X”矛盾纠纷大调解模式：建立“工委统一领导，综治牵头协调，部门单位协作联动”的社会矛盾纠纷大调解新格局。“1”指以驻所调解室为核心处理纠纷，“X”就是矛盾纠纷调解领导小组下面的成员单位。

[20] “审读”机制：按照“全面报备，有效审读”的管理原则，对书市经营单位、图书刊物进行全方位审读。

[21] 群众工作“连心”行动：动员全区干部对普通群众家庭进行全面联户走访，当好政策理论“宣传员”，暖心政策连到家；当好社情民意“信息员”，交心平台连到家；当好矛盾纠纷“调解员”，热心调处连到家；当好群众诉求“办事员”，用心办事连到家；当好党员群众“服务员”，贴心服务连到家。

图3 水云间住宅小区

综　述

建置区划

【概述】 芙蓉区为湖南省长沙市辖行政区。1933年设长沙市。1934年，长沙市置第一至第四区。第一区大部分为现芙蓉区辖范围，即东边沿浏阳河湖迹渡、沙湖桥、杨家山、长岭，南边经子弹库、识字岭、古家巷、柑子园、青石桥、鱼塘街口，西边过八角亭、走马楼、南阳街、府正街、老照壁，北边至中山东路西段、乐古道巷、经武路、喜鹊桥、姚家巷等，所圈成的区块，其中包括长沙城东部和东面近郊区大片地域。区下设坊，坊下设保，保下设甲。第一区下设4坊14保。1937年，长沙市改四区为八镇四乡，原第一区城区地段划分为端履镇和南阳镇，郊区部分划入文艺乡。改区、坊、保、甲四级为镇、保、甲三级，取消坊公所。1938年，长沙市设两镇、两乡。原端履镇和南阳镇属城南镇。1942年1月，长沙市设9镇，城东镇辖原端履镇和南阳镇地区范围。同年，改镇为区。1945年2月，改区为镇，城东地区成立日伪政权城东镇公所，至当年8月，为短暂的日伪统治时期。1945年12月，长沙市置8区，原城东镇更名为城东区。1949年，城东区面积仅1.06平方千米，下设9保、192甲。

新中国成立初，城东区沿用旧保甲制。1950年8月废除保、甲，设居民委员会新制（今街道办事处前身）。共设浏正街、犁头街、解放路、东站路、府后街5个居民委员会，下设328个居民小组。1951年，城西区皇仓湾一带划入城东区，从南区划入织机街居委会、从文艺区划入衡湘里居委会、韭菜园居委会，全区共8个居民委员会；原区辖居然里一带划入北区。1952年，撤销居民委员会，成立8个街道人民代表会议办事处，1955年12月又改为街道办事处。全区8个街道办事处，下辖87个居民委员会。1956年10月撤销浏正街、犁头街两个办事处，全区为6个街道办事处。1957年区划小调整，东区管辖的火药局、稻香别墅划入南区；北区的蔡家铺子划入东区。1960年4月，东区改置为天心阁人民公社，下置5个分社，即城内解放路、都正街办事处合并为解放路分社；东站路、府后街办事处合并为长治路分社；韭菜园、文艺路街道办事处分别改为中心点、东大路分社，郊区万年红公社文艺乡部分划入设五里牌分社（后改为东屯渡分社）。城区分社下设管理区，东屯渡分社下改大队。1961年9月天心阁人民公社撤销，东屯渡分社仍划归郊区管辖；城区4个分社恢复为东站路、长治路、东茅街、都正街、东大路、中心点6个街道办事处。1964年7月，东大路、中心点两街道办事处更名为文艺路、韭菜园街道办事处。1976年，长沙市新建火车站，城区向东拓展，郊区五一、火星两个菜农大队地域划入东区，并于1977年新设朝阳新村街道办事处，后更名朝阳街道办事处。全区共7个街道办事处，行政区域东起现京广铁路，西至黄兴路，南起现雨花区妹子山、长岭、人民路、大古道巷一线，北达中山东路、八一路，折至迎宾路北段转向中共湖南省委大院北墙。1995年1月，长沙市郊区马王堆乡五一村划入东区，辖区面积为8平方千米。同年4月，将朝阳、韭菜园两个街道办事处的部分辖区划出，新设五里牌街道办事处。

1996年7月，长沙市实行区划调整，撤销东区，置芙蓉区。芙蓉区所辖范围含原东区8个街道和长沙市郊区东岸乡、火星镇、东屯渡农场以及马王堆乡（新桥村、农科村、火炬村、新合村、东屯渡居委会），同时，五一村划入雨花区。1997年，撤销火星镇、马王堆乡，设火星、马王堆两个街道办事处，增设东屯渡街道办事处，长岭、王公塘地段划入雨花区。1999年，长沙市将湘湖管理局行政管辖权移交芙蓉区，并于年底设立湘湖街道办事处。至此，芙蓉区辖12个街道办事处和1个乡，117个居民委员会、19个村（场）。行政区域东起东湖路与长沙县相接；南沿浏阳河、圭塘河、西街花园及湖南旺旺医院南面、人民路、天心阁西侧、大古道巷一线，与雨花区、天心区毗邻；西至黄兴路，与天心区、开福区交界；北经中山路、八一路、迎宾路中段与北段、省委大院北墙、烈士公园东侧、窑洞子、浏阳河段、杨家湾路一带，与开福区、长沙县接壤。2001年，芙蓉区实施社区居委会整合，将原123个居民委员会整合成52个社区。2010年，芙蓉区辖解放路、都正街、府后街、浏正街、文艺路、韭菜园、朝阳、五里牌、马王堆、东屯渡、火星、湘湖12个街道和东岸乡，管理长沙高新技术产业开发区隆平高科技园（管理委员会为正县级单位）。其中，湘湖地区既设街道办事处，又设管理局（副县级单位），行政人员为一套人马，两个班子。2011年12月，芙蓉区实施街道办事处行政区划调整。原解放路、府后街、都正街、浏正街4个街道办事处合并为定王台街道办事处；原马王堆街道办事处析置为马王堆与荷花园两个街道办事处；原东岸乡撤乡设街并析置为东岸、马坡岭、东湖三个街道办事处。同时，对湘湖、韭菜园、五里牌、火星、东屯渡5个街道范围予以调整。2017年，全区辖13个街道办事处、72个社区、6个行政村。全区常住人口60万人，其中少数民族人口13073人（非人口普查数据）。

芙蓉区位于长沙市区中东部，浏阳河以西为城市中心区。京广铁路由北向南穿境而过，长沙火车站位居其中。黄花国际机场毗邻东头。城区东西轴线五一大道与南北轴线芙蓉路交汇贯通，形成得天独厚的“金十字”枢纽。另有东西向的人民路、远大路和南北向的万家丽路、东二环、车站路、韶山路等主干道穿区而过。东片城区，隆平新区构建“五纵四横”的路网（连接南北的滨河路、京港澳高速、红旗路、合平路、长榔路，横贯东西的高家坡路、远大路、黄元路、人民路），成为区域脉络通达的财富大道。交通便捷、人流密集，良好的商贸经济发展环境。省委、省军区、省法院、省检察院等省、市领导机关和办事机构多入驻区域内。工商银行、农业银行、建设银行的湖南总部入驻区内。华天、通程、富丽华等知名大酒店也驻于区内。

自然环境

【概述】　芙蓉区位于湖南省长沙市中部，周边与长沙县、雨花区、天心区、开福区接壤。其经纬位置为东经110° 53’—114° 05’、北纬27° 51’—28° 40’。东西最长约12.8千米，南北最宽约4.8千米，面积42.8平方千米。地貌为湘江长年冲积形成的平原，地势平缓，平均海拔高度约为40米。东部原有小片丘陵山地，已因开发建设推平。浏阳河由东而西向北再向西贯穿区而过，将区境分为东西两片。东部有东湖、红旗水库，水面积约2.5平方千米。属亚热带季风气候区，雨水集中，春湿秋爽，暑热期长，严寒期短，四季分明，春季约70天，夏季约120天，秋季约70天，冬季约100天。日极端最低与最高气温分别达-10℃和40℃左右。年平均降雨量约1500毫米，年平均日照1200~1600小时。植被属于亚热带针阔混交林区，境内留有古樟、白果树等名木。

历史文化

【概述】　芙蓉区辖区自古以来就是长沙这座历史文化名城的中心，长沙的府治、县治均设其境，王都藩府遗迹随处可寻，商业老街故巷沿袭至今。辖区内马王堆汉墓发掘是中国乃至世界重大考古发现，走马楼出土的三国孙吴纪年简牍被誉为中国古代研究文献资料的五次大发现。芙蓉区还是黄兴、毛泽东、徐特立等早年从事革命活动的地方。毛泽东曾在辖区内修业小学创办《湘江评论》周刊，写出著名的《湖南农民运动考察报告》。辖区内有八路军驻湘通讯处、程潜公馆湖南省重点文物保护遗址，2016年~2017年程潜公馆被授牌为湖南省和平解放史陈列馆、民革党史教育基地。辖区东部的浏阳河西岸风光带全长约9.5公里，长堤上的花草树木秀丽葱茏，风景别致。位于古汉路与浏阳河路交汇处的马王堆汉文化广场，矗立高14米的辛追夫人（马王堆一号墓墓主）复原雕像，广场建有汉文化数字化展示厅，通过4D技术还原长沙国丞相利苍及其夫人辛追的生活“场景”。沿河的婚庆文化园是芙蓉区 AAA 级旅游景区，为青年男女约会相亲、举办婚礼的理想场地。浏阳河东岸风光带建成隆平中央公园，由滨河休闲区、儿童活动区、稻作文化区、田园生活区等区域组成。其中隆平水稻博物馆，包括中国水稻历史与文化、水稻科技、袁隆平与杂交水稻 3 个基本展厅。2016 年 5 月开馆至 2017 年年底，接待国内外各级官员、学者、大中小学生数千人，成为长沙又一张人文名片。位于长沙火车站西侧的晓园公园，是候车旅客短暂休闲的好去处。解放西路的酒吧一条街夜景宜人，游人可尽情品尝长沙风味的特色美食。（年鉴编辑部）

国民经济与社会发展

【年度概述】 2017 年，芙蓉区围绕建设“财富芙蓉、智慧芙蓉、魅力芙蓉、幸福芙蓉”的战略目标，攻坚克难，真抓实干，完成了中央环保督察问题整改、抗击洪涝灾害、棚改征收扫尾清零、信访积案化解百日攻坚、全国文明城市测评迎检等重大任务，实现了第五届政府各项工作平稳开局。

经济发展 全年实现地区生产总值 1301.59 亿元，比 2016 年增长 9.0%；完成一般公共预算收入 116.67 亿元，同比增长 4.9%；全社会固定资产投资 586.79 亿元，同比增长 13.5%；社会消费品零售总额 855.86 亿元，同比增长 9.2%；城镇居民人均可支配收入 50185 元，同比增长 8.2%。实施重点楼宇“楼长制”，县级领导联系商务楼宇 31 幢。建立楼宇服务中心，上线长沙首个楼宇经济（商贸）信息平台。建成湖南投资大厦等高端楼宇，推动恒大珺悦府等楼宇项目复工。培育扶持文化创意、律政服务、房产总部等专业特色楼宇。提质改造银华大厦、赛格电子、华海 3C 等重点楼宇。商务楼宇总量 776 万平方米，新引进楼宇企业 507 家，楼宇经济税收贡献率超过 60%。隆平高科技园区全年实现技工贸总收入 650 亿元，同比增长 8.3%。亩均产值和税收位居全省园区前列。“一主一特”产业功能分区更加明晰。以电子商务、快递物流等为支撑的现代服务业实现营业收入 200 亿元，同比增长 23%；以隆平高科、华智水稻等为代表的生物育种企业 60 家，实现产值 125 亿元，增长 24%。成立中小微企业服务中心，设立全省首个文化产业基金。湖南第一高楼长沙国金中心完成商业招商 95% 以上，签约国际国内一线品牌 300 余家。湖南担保、泰康人寿、潇湘支付等金融机构相继落户，引进私募股权基金 7 家。实现绝味食品股份有限公司 A 股主板上市、湖南咖啡之翼品牌管理股份有限公司新三板挂牌。组团参加“港洽周”等商贸活动，成功引进中海重工、英孚教育等一批优质企业。全区实际利用外资 6.8 亿美元，省外境内到位资金 111 亿元，市外境内资金完成固定资产投资 299 亿元，外贸进出口 12.6 亿美元。新增市场主体 1.8 万家。

项目建设 实施重点项目 172 个，完成投资 308 亿元。浏阳河文旅产业带加快形成，汉桥主体完工，汉街、汉文化广场完成建设。全市首台城市实景情境剧《浏阳河上》实现常态化演出，成为长沙文化旅游新名片。中央商务区加快提质，湖南第二高楼世茂广场 A 座封顶，宇成朝阳等商业综合体建成投产，东盈商业广场等项目稳步推进。隆平新区建设和智慧园区建设取得成效，特格尔健康产业园、芙蓉中央产业园（一期）竣工运营。完成棚改 1274 户，腾地 56.67 公顷。黄土塘、友谊东、火炬村、火星镇等棚改项目实现清零。实施 103 号令拆迁项目 13 个，腾地 99.8 公顷，拆迁安置 3743 人。温州商贸城项目启动拆迁。新安村、望龙村、合平村完成整村安置。60 号令安置房幢证办理 3693 户。全年完成国有土地房产办证处遗 3255 户。东驿竹园、东岸梅园 D 区等安置小区回迁入住 1197 人。建成白竹坡路等 16 条道路，完成 48 条道路规范命名立牌。建成港湾式公交站 6 个，公交专用道总里程 25 千米。区文体中心、社会福利中心启动建设。大同小学、鑫科明珠幼儿园建成开学。辖区交巡警业务用房投入使用。

城市管理 推行城市管理网格化，建立覆盖全区的三级网格体系。集中力量开展火车站周边综合治理，改善站区环境。推进城乡环境卫生整洁“百日会战”，区域内再生资源回收场所基本实现清零。开展人行道清障、共享单车乱停乱放、非法营运等专项整治，拆除违规广告招牌和违章建筑 10 万余平方米。建成防涝排渍管理信息系统，完成 17 条主干道下水清淤，疏浚管网 40.7 千米。与中铁五局实现战略合作，实施“魅力芙蓉 · 城市双修”PPP 项目。率先全市发布社区提质提档“芙蓉标准”，打造走马楼、识字里、荷晏等示范社区。推进人行道标准化建设，综合提质改造车站北路、迎宾路。建设紫薇路、乔庄巷等支路街巷。凌霄特色花街建成开放。实现餐厨垃圾收运处理全覆盖，推进荷花园、东岸街道生活垃圾分类试点工作。完成51个造绿复绿项目，新增、提质绿地面积31.4公顷。完成“围而未建”整治任务，新建小游园13个，复绿12万平方米。全力配合中央环保督察，集中整治群众身边的突出环保问题，148件信访件全部整改销号。推进大气污染防治，完成4015台黄标车淘汰任务，在全市中心城区率先实现清零。扎实推进“河长制”，实施区级河长常态化巡河，开展河湖“六大专项治理”，水环境明显改善。

社会民生 全年投入民生资金42.5亿元，占财政支出79.2%。完成十件重点民生实事。提质提档浏阳河以西24个社区；完成黑臭水体治理任务，生态修复罗溪港、姚托撇洪渠等明排渠6条；新增停车位3500余个，建成九如巷等地下停车场；新建东屯渡、火炬南三片等农贸市场、生鲜超市安全快检室10家；率先全市实现区属公办高中免费入学，完成育英西垅、大同古汉城等13所学校标准化建设，公办和普惠性民办幼儿园占比75%；新建、改造鱼塘村、燕山街等站厕11座；投入2200万元新建街道日间照料中心12家；完成马坡岭街道社区卫生服务中心立项；新建东驿公园、五一广场等社区公园（游园）10个；推出“助困、助医、助学、助老、助贫、助葬、助急、助无”八大慈善救助项目，发放各类救助资金5000万元，实现了对特殊困难群体的兜底保障。成功举办中华龙舟大赛（长沙·芙蓉站），向全世界展示浏阳河风采。参加长沙市九运会，奖牌、金牌和总分全市第一。湖南和平解放史事陈列馆被授牌“民革中央党史教育基地”。隆平水稻博物馆试运行上榜“感动长沙”十大年度事件。慢性病综合防控、基层中医药工作通过国家级评审，流动人口管理服务工作经验在全省推介。完成芙蓉公寓、新桥村等16个小区7268户的电力“专改公”。全年新增城镇就业1.7万人，失业人员再就业6500人。发放创业担保贷款1550万元，新增创业主体1万余家，带动城乡就业2.4万人。社保征缴总额达14.5亿元。经济适用房货币补贴保障7224户。完成77个社区（村）换届选举。构建“1+X”大调解工作机制，成功调处各类矛盾纠纷2700余起。“东湖夜话”信访听证模式获得国家信访局领导肯定。开展国家食品安全示范城市、全省安全生产示范区创建工作。打击违法犯罪“夏季攻势”、重点交通违法行为“百日会战”、金融风险专项整治等行动取得成效，全区火灾事故发生率下降84%，非法集资发案数下降93%。面对40.08米的浏阳河历史最高水位，全区上下万众一心、众志成城，成功处置了圭塘河花桥钢便桥等16处重点险情，排除城区30多处积水堵点，全区人民群众的生产生活基本没有受到影响，保证了一方平安。组织人力、物力支援武广高铁浏阳河隧道渗水险情处置和部分区县灾后重建。（李永晟）

精神文明建设

【年度概述】 2017年，芙蓉区以全国文明城市复检为契机，推进高水准的文明城市建设，文明创建成绩继续排名全市前列，城区文明程度和公民道德素质稳步提升。

总体定位瞄准一流。年初，区文明委主要领导分别带队学习考察上海、杭州等地的文明创建、城市管理工作。制定出台《长沙市芙蓉区社区全面提质提档“芙蓉标准”体系》，对发展理念、人居环境、社区功能等提出“芙蓉标准”。区文明委发文对公益广告、街道社区阵地建设、资料台帐、志愿服务等基础工作进一步规范和夯实。推进以“魅力芙蓉·城市双修”为主题的城市更新，投入资金30亿元，对浏阳河以西61个社区进行高标准、全覆盖的整体提质改造，打造德政园社区、西湖社区等一批市级红旗、示范社区。

道德建设示范引领。注重先进典型的挖掘和推介，全年共推出孙锦秀、黄跃佳等中国好人、湖南好人、长沙市道德模范等12人次。孙锦秀、池凤英的典型事迹分别在《人民日报》、中国文明网专题刊发，叶小兰、刘头仔等人物故事在省委宣传部网站《点亮微心愿》栏目、湖南文明网传播。成立芙蓉好人宣讲团，深入街道社区、窗口行业、中小学校，开展宣讲活动30余场次。利用户外电子显示屏、宣传橱窗等媒介，宣传好人故事，建设好人文化。开展“我是党员我带头”志愿服务行动，在抗洪抢险、抗冰救灾、拆迁维稳、文明创建等方面示范引领，带动群众支持、参与志愿服务工作。开展“连心行动”，为群众办实事、办好事。

基层工作突出特色。提升社区软硬件建设水平，丰泉古井社区获评全国文明单位。社区提质提档和文明创建工作获得省委书记杜家毫批示表扬，深化文明校园建设，大同小学获首届全国文明校园，是被中央电视台《焦点访谈》采访并报道的唯一一所小学。推进志愿服务常态化，“慈娭驰乘务岗”“交警大队日行一善”等一批志愿服务品牌蓬勃发展，文艺路街道“七色花”志愿服务行动获评全国百佳志愿服务项目。打造“回家路上”有声阅读，依托“文明长沙”“芙蓉发布”等新媒体平台，全年发布有声读物100期。该做法获评中国文明网全国新媒体十大创新案例。

问题整改常态长效。启动问责机制，由区纪委、区绩效办、区委督查室、区政府督查室、区文明办组成效能监督组，常态化开展创建工作效能督察。指导各单位成立督察组。全年开展区级督察300余次，编发督察通报104期，各级各单位对市、区两级督察通报2万余个问题立行立改，问题整改率达到100%。推进文明创建“百日提升”等专项行动，开展不文明行为集中整治，劝导市民不文明行为1.5万余人次，责令各类问题整改2000余起。

加强文明城市建设。把文明创建工作融入区委强党建、提品质、惠民生“三大工程”中心工作中，全域推进、全面部署。继续推行城市管理网格化。开展人行道清障、非法营运等专项整治，拆除违规广告招牌和违章建筑10万余平米。集中力量开展火车站周边、省委周边综合治理，环境秩序得到明显改善。抓特色街巷建设，区域内凌霄路孝文化街、乔庄小巷“榜样的力量”、丰盈西里彩绘墙等26条特色街巷，形成了“一街多品”特色街巷群。推进公益广告提质工程，建成市级公益广告提质示范点3个，区级公益广告主题街巷、广场、公园、楼道等32个。

全民动员迎接国检。以国检为契机，全民动员、全域推进，分别召开区文明委全会、调度会、讲评会等会议和培训36次，制定并下发了迎国检工作方案、不文明行为整治等规范文件。成立11个迎国检工作组，明确文明创建以全体县级领导和各单位一把手为重点和关键。与13个街道、18家重点职能部门一把手签定了文明创建责任书，细化考核指标，明确创建责任。国检期间，区文明委主要领导带头一线调度，各县级领导每周至少3天以上督促指导创建工作。强化创建工作的人力、资金和物资保障，形成强大迎检保障和应急处置能力。9月底，芙蓉区顺利通过全国文明城市复检测评。

（谭　颖）

（责任编辑：谭永华）

图4　浏阳河大桥

大事记

1月

1日　芙蓉区国税、地税局“一人一窗办税”模式正式运行。

12日　中华全国总工会劳动和经济工作部副部长闵迎秋、劳模管理处处长陈伶浪一行6人到荷花园街道恒达社区“朝辉劳模创新工作室”考察社会管理创新工作。

13日　区委书记于新凡带领相关部门和各街道负责人到文艺路街道、马王堆街道现场观摩调研社区提质提档工作。

18日　副省长何报翔到荷花园街道考察社会治安工作。

△　在区政府会议中心举行2017年统一战线迎新汇报会。省、市统战部领导，芙蓉区四套班子成员，区各民主党派、工商联、侨联及各界人士代表500余人参加联谊活动。

△　区人社局联合区残联在万家丽广场联合举行就业援助月启动仪式暨“就业帮扶，真情相助”大型招聘会，120家企业提供3000余个岗位。

△　由长沙市文明办、芙蓉区文明委主办，区文明办、区卫生局承办的芙蓉区“以德为先 为民服务”主题道德讲堂活动在区卫生局开讲，60余人参加活动。

19日　区委书记于新凡带领相关部门负责人到朝阳街道朝阳社区调研指导朝阳诚信文化街、朝阳农贸市场、朝阳后街提质改造工作。

20日　区委召开2017年工作务虚会暨经济工作会议，区四套班子成员参会。会议计划铺排2017年重大项目115个。

△　区城管局和区文明办组织区直机关各部门、各街道开展“洁净大长沙，清爽迎新年”卫生大扫除活动，包括门店业主、居民群众，全区动员3.6万人参加。

22日　市委书记易炼红到朝阳街道考察朝阳社区提质改造工作。

25日　市委书记易炼红到区消防大队，慰问基层一线消防战士。他要求官兵们以战斗姿态，保证春节期间消防安全。

2月

3日　区委书记于新凡到马王堆街道调研火炬村农安小区提质改造工作。

△　区委召开全区负责干部大会暨推进“三大工程”“九大行动”动员会，会议印发区委一号文件《关于创建国家中心城市，推进“三大工程”，打造“四个芙蓉”的实施意见》。

4日　市委宣传部部长黎春秋到定王台街道检查文化宣传工作以及文化场所安全工作。

8日　由长沙市文明办、区委宣传部、马王堆街道办事处承办，古汉城社区协办的“学道德模范，创文明家庭”——“我们的节日·元宵节”主题志愿服务活动在马王堆街道古汉城社区沁园夜宵一条街举行。

9日　省国税局局长刘明权、市国税局局长文延风到辖区走访全国人大代表黄志明、秦希燕，听取他们对税收工作意见和建议。

9—10日　中共长沙市芙蓉区第五届纪委第二次全会召开。

15—16日　政协长沙市芙蓉区第五届委员会第二次会议召开。区领导，区政协委员，区各单位、街道负责人400余人参加开幕式。区政协主席郑明作政协常委会工作报告，3名委员作参政议政发言。

16日　市文明办主任郭润葵到荷花园街道考察验收德政园社区创建文明示范社区工作。

16—17日　芙蓉区第五届人民代表大会第二次全体会议召开。区领导，区人大代表，区政协委员，全区各单位、街道负责人600余人参加开幕式。区长周春晖作《政府工作报告》，人大常委会主任廖铁成作人大常委会工作报告。

20日　《人民日报》湖南分社社长杜若原到马王堆街道考察社区提质改造工作和食品药品安全工作。

△　省环保厅副厅长潘碧灵到马王堆街道古汉城社区现场检查污染防治工作。

21日　市委副书记徐宏源一行到朝阳街道考察基层党建工作。

△　区委举办中心组（扩大）集体学习暨芙蓉名家讲坛活动。省委宣传部副部长孔和平作《领导干部应具备的新闻素养——答记者问的常识和技巧》专题报告。

22日　芙蓉区召开创建湖南省安全生产示范区动员大会暨2017年一季度安全生产工作例会，全面启动安全生产示范创建工作。

3月

2日　国家新闻出版广电总局印刷复制处处长路洲到定王台书市开展全国“两会”前的专项督察。

△　区委统战部部长易新宇、副部长易淑珍、民革芙蓉区主委黄艳等芙蓉区民革党员一行调研湖南和平解放史事陈列馆。

9日　全区举行全民义务植树活动。区领导于新凡、周春晖、廖铁成、郑明与机关干部和居民群众200余人共种植香樟、栾树300余株。

△　区长周春辉到马王堆街道现场调研滩头坪社区提质改造工作。

10日　区委书记于新凡到东湖街道龙马社区调研群众工作“连心”工作。

15日　市文体新局局长杨长江到荷花园街道杨家山社区考察群众文化活动情况。

17日　岳阳县委书记田文静、县长曾平原到隆平水稻博物馆参观展厅陈列物品与文献资料。区委书记于新凡陪同。

20日　市委副秘书长谭慧慧到文艺路街道识字岭社区考察提质提档工作。

21日　全国文明城市巡礼媒体宣传团到荷花园街道德政园社区采访。

22日　市委书记易炼红到芙蓉区考察经济社会发展情况。

24日　山东省济宁市市委书记王艺华，市长傅明先一行47人到芙蓉区湖南影像创客空间考察交流互鉴。

△　区委书记于新凡到朝阳街道调研文化大厦二期项目、华天后街“孝文化一条街”特色街巷建设情况。

△　区长周春辉到火星街道调研马王堆蔬菜市场地块项目建设。

27日　区委书记于新凡调研东片区建项目建设情况，实地察看浏阳河人行景观桥（汉桥）、芙蓉生态新城安置小区、华智水稻分子育种中心等重点项目。

28日　市药监局领导到马王堆街道检查“H7N9禽流感”传染病防控工作。

△　区长周春晖到车站北路考察提质改造、城区主干道立面改造和国金中心周边提质工作。

29日　由市、区文明委主办，五里牌街道承办的“好人来了——传承雷锋精神 圆梦微心愿”组团志愿服务活动在晓园党建文化主题公园举行。

31日　市政协主席文树勋到长沙火车站地区考察综合治理工作。

△　市委统战部长谭小平到火星街道慰问抗美援朝老兵王仲棋。

4月

1日　市人大常委会主任程水泉带领市直属机关相关部门负责人到荷花园街道实地考察荷晏社区提质提档工作。

9日　2017年中华龙舟大赛（长沙·芙蓉站）赛事组委会在浏阳河东岸赛场举行龙舟下水仪式。省体育局副局长孙平波、市体育局副局长覃事平出席。

11日　宁夏回族自治区银川市委组织部副部长陈华到马王堆街道马王堆社区考察城市基层党建工作。

12 日 区委书记于新凡、区长周春辉带领区直属机关相关部门负责人到文艺路街道调研识字里社区提质提档工程进度及施工难点情况。

13 日 市委组织部党管处处长何晓芳到朝阳街道考察社区党组织换届选举工作。

14 日 区国税局在步步高超市开展“税法宣传进超市”活动，现场接受纳税人咨询并发放宣传资料。

15 日 2017 中华龙舟大赛（长沙 · 芙蓉站）在浏阳河芙蓉区段正式开赛。

△ 五里牌街道在阿波罗商业广场前坪开展“全民国家安全教育日”宣传活动。

17 日 湖南省“十三五”教育信息技术研究课题开题论证会在区教育局育英西垅小学举行。

20 日 区国税局办税服务厅被授予“全国巾帼文明岗”称号。

△ 区教育局党委在育才三小召开中心组（扩大）2017 年第三次集中学习暨推进党风廉政建设与规范财务管理工作会。

21 日 全区中小学“全员阅读”活动暨试点校授牌仪式在育才小学举行。

24 日 河南省汝州市党政代表团到芙蓉区考察交流特色街巷、棚户区改造和城市建设管理等方面工作。

26 日 共青团长沙市委副书记带领长沙市青年社会组织孵化中心工作人员到文艺路街道侨庄社区考察共青团工作。

28 日 市人大常委会副主任彭金城到马王堆街道考察社区提质改造工作。

△ 市委统战部部长谭小平到东岸街道东宜社区考察“党建文化长廊”和“两型特色花街”项目建设情况。

5月

1 日 大型田园实景情境剧《浏阳河上》在芙蓉区隆平公园正式演出。

5 日 区委书记于新凡到韭菜园街道调研黄土塘项目建设实施情况。

△ 区长周春辉到韭菜园街道域内银华大夏调研楼宇经济工作，重点了解楼宇经济发展瓶颈问题。

10 日 市安居工程和棚户区改造工作领导小组常务副组长刘新程，带领相关部门负责人到区五里牌肉联厂和火星镇棚改项目现场检查指导工作。

16 日 区长周春晖到马王堆街道督察围而未建实体围墙整治工作。

△ 市纪委书记蔡亭英到湘湖街道车站北路社区考察提质提档工作，实地察看红色历史文化墙、廉政文化长廊、科普文化馆、翡翠英工作室特色建筑。

17 日 公安部禁毒局局长梁云等一行 5 人，在省公安厅副厅长李介德陪同下到定王台街道考察社区戒毒（康复）指导站工作。

19 日 区史志档案局举办《湖南省乡镇（街道）简志》动员暨撰写业务培训班。

23 日 市委政法委书记钟钢到火星街道指导陶家山社区（村）“两委”换届选举工作。

24 日 市委宣传部部长高山到芙蓉区考察宣传思想文化工作。

25 日 由市人大常委会主任程水泉带队考察定王台街道社区戒毒（康复）指导站工作。

6月

5 日 长沙市第三届环保文化节在芙蓉区隆平水稻博物馆开幕。

△ 区长周春晖到区教育考试中心和长沙实验中学、长沙铁路第一中学考点调度高考组考工作。

5-9 日 区委组织部和区委党校联合举办 2017 年社区（村）党组织书记推进“两学一做”学习教育常态化制度化专题培训班。

6 日 区政府召开《浏阳河上》实景情境剧首演工作调度会。

7 日 市委统战部部长谭小平到湘湖街道考察“大汉海派”项目建设。

7—8 日 区长周春晖分别到韭菜园、文艺路街道调研工作，实地走访湖南迪策创业投资有限公司，听取街道工作情况汇报和对区政工作的意见建议，逐一解答街道的困惑和问题。

8 日 区委书记于新凡带队到湘西土家族苗族自治州龙山县开展对口帮扶工作，实地考察土家文化旅游产业项目、九年制学校、农业产业园项目。

9 日 湖南省纪委党风政风监督室副主任郭罡带队到芙蓉区开展村（社区）“两委”换届选举风气巡回督察。

10 日　国家信访督察专员孙宽平，研究室调研处马永辉、丹彤一行到区考察信访公开听证会工作。

12 日　市人大常委会主任程水泉带队检查全区防汛工作。实地查看了砂咀子泵站、东岸垸大提、杉木港泵站和防汛仓库，听取芙蓉区防汛工作情况汇报。

△　人民东路产业园项目规划方案汇报会召开。该次会议共商了“中国种业硅谷”发展大计、项目规划方案优化事宜。

13 日　市优化办主任申洁带队调研隆平园企业，听取顺丰速运、养乐多公司的情况汇报，研究增发货车通行证、制定快递非机动车市内通行规范共性问题。

14 日　市委副书记徐宏源到文艺路街道识字里社区考察提质提档工作。

13-14 日　区长周春晖到五里牌、朝阳街道调研，听取街道上半年工作总结、下半年工作计划及基层对区政工作的意见建议。

15 日　省信访局局长许忠建到东湖街道考察群众信访工作。

△　全区安全生产志愿者进社区活动启动仪式在荷花园街道举行，市文明办副主任丁德喜，市安监局副局长唐五一，区宣传部部长伍艳飞出席。

16 日　市安全生产监察支队长陈志球到马王堆街道考察驻域内企业—白沙物流公司的安全工作。

20 日　国家信访局局长舒晓琴到芙蓉区考察“东湖夜话”工作。

△　省节能监察中心副主任罗赛强到文艺路街道域内重点用能单位——湘雅二医院开展专项节能监察。

27 日　市委书记易炼红到芙蓉区考察凌霄路特色街巷及东驿公园建设情况。

29 日　长沙市“史志之家”授牌暨方志文化进社区活动在东屯渡街道白沙湾社区举行。

30 日　国家教育体制改革领导小组督察团到芙蓉区指导义务教育城乡一体化改革工作。

△ 韭菜园街道蓉园社区值班员在巡查中发现省委大院宿舍区一区 7 幢严重积水后，第一时间上报至韭菜园街道，并联系省委行管办对积水问题实行协商处理。区长周春晖连夜赶到现场督察抢险工作。

7月

8 日　全区召开防汛工作会议，传达贯彻落实市委常委会（扩大）会议精神。

△　长沙市芙蓉区“高校毕业季”大学生专场招聘会在湖南省展览馆举行。

10 日　区委副书记陈计伟一行到文艺路识字里社区考察提质提档工作。

△ 区教育局在育才二小举办 2017 年党委中心组（扩大）第四次集中学习暨纪念建党 96 周年表彰会。

12 日　“文化惠民——音乐剧《袁隆平》暨 2017 年抗洪抢险爱心义演”在区政府会议中心上演。550 余名参与抗洪抢险的一线人员及各街道居民代表观看了演出。

13 日　开展为期三个月的“阳光暑假 2017”网吧专项整治行动。

△　安徽省食药监局局长朱应国、安徽省安庆市迎江区副区长刘文祥到芙蓉区食药监局开展交流互鉴。

23 日　芙蓉区第三届甲、乙级俱乐部羽毛球比赛在曙光 798 宇凡羽毛球馆举行。

24—28 日　香港澳门青少年游学推广活动暨内地游学联盟大会专场演出在隆平文化公园举行。

25 日　副市长邱继兴率队到定王台街道走马楼社区考察青石井巷、犁头街、东牌楼街、走马楼巷改造建设以及社区“三社联动”“筑美家园”未成年人公益托管项目情况。

26 日　住房和城乡建设部副部长倪虹一行人实地考察五里牌街道燕山街建筑垃圾资源化利用项目情况。

27 日　由国家税务总局财产和行为税司司长蔡自力带队的 6 省 50 余名代表到芙蓉区国税局考察国地税合作工作经验做法，以及“一窗一人”联合办税工作情况。

31 日　省卫计委主办，市卫计委、区政府承办的“湖南省基本公共卫生服务宣传月暨启动仪式”在东屯渡街道婚庆公园广场举行。省卫生计生基层处处长陈卫红出席活动。

8月

1 日　省文明办主任刘进能一行人到大同小学检查评估该校创建全国文明校园工作。

2 日　区委书记于新凡到蔡锷路两厢项目指挥部、张公岭村改造指挥部等地，看望慰问一线工作人员，送上防暑降温用品。

△ 市委组织部长张宏益到五里牌街道晓园党建文化主题公园，参观晓园党建文化主题公园“红色记忆、红色洗礼、红色氧吧、红色步道、红色宣誓形象墙”五大主题版块。

3 日 区总工会举行 2017 年赈灾职工救助金发放仪式。隆平高科技园党工委书记王曙光、区总工会主席李凤英出席活动。

△ 区委副书记陈计伟到定王台街道调研走马楼社区环境卫生、路面秩序、宣传工作。

3—4 日 芙蓉区组织全体县级领导干部，各部门和街道负责人共 130 余人，对涉及基层党建、城区品质、民生工程的 14 各特色项目开展观摩、点评和考核工作。

4 日 区委书记于新凡带领区机关和各街道负责人到文艺路街道和定王台街道观摩改建提质项目。

5 日 由芙蓉区承办的长沙市第九届运动会自行车比赛暨环浏阳河自行车赛在浏阳河芙蓉区段赛道举行。

7 日 市委宣传部部长高山到区调研信访积案化解工作。

9 日 市委组织部长张宏益到荷花园街道和定王台街道丰泉古井社区调研党建工作。

△ 市委组织部部长张宏益，副部长、基层部主任杨俊一行人考察湖南和平解放史事陈列馆。张宏益要求，要发挥党建文化主题教育基地功能，持续开展好党员教育活动。

13 日 区委中心学习组召开专题会议，邀请武汉大学副校长、博士生教授周叶中作《坚持依法治国，建设法治中国》专题报告。

14 日 市工商联经济联络处处长黄羽陪同广东江苏商会副会长和广东宾翰投资有限公司董事长黄汉兵一行人到芙蓉区洽谈投资事项。

16 日 区长周春晖到荷花园街道现场调研荷晏社区提改造工程情况。

17 日 广西壮族自治区北海市合浦县文物局局长庞华强一行人到芙蓉区考察马王堆汉墓遗址，学习文物保护与开发利用工作。

△ 区长周春晖到火星街道调研月桂社区城市双修 PPP 项目。

22 日 区委书记于新凡到荷花园街道督察德政园市场文明创建工作。

△ 区政府召开黄标车淘汰工作调度会。

23 日 市委副秘书长谭慧一行人到荷花园街道、文艺路街道考察社区提质提档工作。

24 日 国务院安委办国家安全监管总局监管二司监察专员王力争带队到芙蓉区督导安全生产工作。

25 日 省信访局副局长王梦辉一行人到马王堆街道督察街道信访工作。

△ 芙蓉区“魅力芙蓉·城市双修”PPP 项目签约并正式动工。

26 日 中国农业部种子局局长张延秋就筹办中国种子交易大会考察隆平水稻博物馆。

△ 市委书记胡衡华带队到荷花园街道恒达社区德政园农贸市场及长沙火车站调研文明城市创建工作。

28 日 芙蓉区“青春有约·缘定‘七夕’”青年联谊交友活动在大汉海派举行。

29 日 市委宣传部长高山考察定王台书市出版发行工作。

△ 区总工会举行 2017 年“金秋助学”助学金发放仪式。

△ 区发改局组织纳入东湖、定王台、文艺路、荷花园、韭菜园 5 个街道的餐厨油烟净化综合治理项目负责人召开工作部署会议。

△ 市教育局局长卢鸿鸣、区长周春晖及有关部门负责人到湘一芙蓉中学调度提质改造工作。

30 日 省委组织部副部长蔡建和一行人到荷花园街道考察基层党建工作。

31 日 湖南生物机电学院非洲英语国家农村发展研修班一行 40 余人到隆平水稻博物馆参观袁隆平院士的生平事迹及杂交水稻的研究历程。

△ 省委宣传部副部长刘进能一行人到定王台街道考察丰泉古井社区文明创建工作。

△ 市委副秘书长曹再兴一行到区行政审批局调研指导芙蓉区开展的相对集中行政许可权改革试点工作。

△ 由区委宣传部、文体新局举办，文化馆承办的“欢乐潇湘 品质长沙 幸福芙蓉”大型群众文艺会演暨总决赛在芙蓉区机关会议中心举行，展演了 12 个群众文艺精品节目。

△ 区政府召开全区公共站厕建设调度会。

9月

5 日 市长陈文浩带队到定王台街道域内的世茂工地检查安全生产工作。

△ 区文体新局、区文化市场综合执法局根据“扫黄打非 护苗行动”计划安排，联合市文化市场综合执法局对定王台书市开展专项执法检查，重点查处销售非法盗版少儿读物和教材教辅等违规违法行为。

6日 市环委会督查组一行到区督察2017年生态环境保护项目实施进展情况。

7日 市委副秘书长曹再兴一行到马王堆街道考察基层组织管理工作和退役军人之家建设情况。

△ 区委、区政府举行庆祝第33个教师节暨“践行《芙蓉教师宣言》，做好学生引路人”主题教育活动，区四套班子领导及分管领导出席。

8日 市委书记胡衡华一行人到区教育局大同小学开展第33个教师节慰问活动。

9日 区长周春辉到马王堆街道滩头坪社区现场调研社区提质改造工作。

11日 长沙市“第二十届全国推广普通话宣传周”启动仪式在朝阳街道朝阳小学举行。

12日 市委宣传部副部长龙钢跃一行到曙光798文化创意园考察调研湘绣红木馆、造梦师婚礼、艾特婚纱、艺风传媒教育、江山击剑馆等园区企业。

13日 国家反恐办第26督导组组长、武警部队副参谋长张锁明到长沙火车站地区检查联勤联动反恐防暴工作。

△ 区长周春晖专题调度2017年市重大项目建设工作。实地查看合平路二期、桐西小学、特格尔医药产业园等9个市重大项目建设情况。

△ 隆平高科技园第二届“隆平杯”职工篮球赛在湖南生物机电职业技术学院东湖校区体育馆开幕。

△ 马坡岭街道桐西小学建设项目征收工作启动。

14日 区委书记于新凡督察九如巷地下停车库、都正街停车场、河山小学、马坡岭小学、滨河小学、火炬中学等重点项目建设情况。

△ “芙蓉杯”首届科技创新创业大赛暨星创同行2017年长沙市第二届科技创新创业大赛(芙蓉赛区)举行。

15日 区长周春晖带领区级河长、街道总河长及河长办成员单位负责人对浏阳河（芙蓉段）开展总河长全流域巡河，并召开工作调度会。

18日 以“创新驱动发展 科学引领生活”为主题的2017年芙蓉区全国科普日活动在定王台街道都正街大剧场开幕。

△ 中国好人声音故事进机关暨社区新媒体平台启动仪式在韭菜园街道蓉园社区举行。

19日 副市长刘明理一行人到韭菜园街道蓉园社区考察提质改造工作。

△ 芙蓉区2017年全国科普日启动式在万家丽家居建材市场举行。

20日 区委书记于新凡一行人到荷花园街道督察东方新城社区文明创建工作。

△ 2017年芙蓉区全国科普日活动之“科学助力成长航模机器人秀”在五里牌街道东晖小学举行。

21日 内蒙古自治区巴彦淖尔市政协副主席陶淑兰、副秘书长贾利平等一行人到芙蓉区学习考察行政审批局现场办公场所。

△ 区纪委负责人带队，督察东屯渡街道白沙湾社区文明创建中建筑垃圾处理、共享单车停放、社会主义核心价值观标识牌张贴以及芙蓉公寓提质提档进度等事项。

△ 区委召开文明创建迎国检调度会议部署迎“国检”工作。

22日 区委书记于新凡到定王台街道督察文明创建工作。

25日 区委书记于新凡到东湖街道龙马社区居民家中展开“连心”走访。于新凡与居民拉家常、话真情，访民情、解难题。

△ 区文体新局被评为“2013—2016年度全国群众体育先进单位”。

△ 区地税局第二税务分局被评为“全省地税系统基层党支部标准化建设示范点单位”。

26日 区长周春辉、区人武部政委何元良、部长方学文一行到韭菜园街道军区社区督察新办公用房场地建设。

27日 隆平高科技园举行工业地产招商暨芙蓉中央产业园项目推介会，总投资10亿元的芙蓉中央产业园正式发布产品并对外招商，首批6家企业签约入驻，招商引资2亿元。

△ 区民宗外侨局，长沙市民族联谊会芙蓉区分会联合举办“民族情深．与梦同行”民族歌手比赛。

29日 “喜迎十九大 做红色传人”——庆祝中华人民共和国成立68周年活动“向国旗敬礼”暨“牵手芙蓉”广场文化月月演主题活动在马坡岭街道汇一城广场举行。

△ 区长周春晖调研马王堆街道九道湾社区货运物流市场整治工作。

△　全省流动人口计划生育服务管理重点工作推进会在芙蓉区召开。

△　区教育局党委举办基层党组织书记培训班开展“四微”（微党课、微讲座、微宣讲、微测试）学习活动，迎接中共十九大召开。

30日　区长周春晖到韭菜园街道指导省委大院提质改造施工并到定王台街道丰泉古井社区开展国庆节前连心走访，带队查看社区危房，并走访社区老党员、困难户、残疾人家庭。

10月

9日　区委书记于新凡到文艺路街道识字里社区调研提质提档工作，与施工现场负责人交流，希冀把识字里社区打造成宜居精品社区。

13日　省委秘书长谢建辉到韭菜园街道蓉园社区考察提质改造工作，他要求要狠抓施工安全、施工质量和施工进度，确保高标准完成任务。

△　市安居工程和棚户区改造工作领导小组常务副组长刘新程考察五里牌肉联厂及周边棚改工作，并现场召开专题工作会议。

16日　大同小学校长龙继红接受长沙市首批名校长工作室授牌。

17日　区委组织部、区直机关工委举办“喜迎十九大感受新变化”主题党日暨机关党建展风采活动。

△　区人大常委会、区文体新局相关领导一行到东岸街道东岸乡的西龙村连心广场，调研连心广场公共健身设施建设情况。

△　中共十九大召开前夕，“牵手芙蓉”广场文化月月演暨“喜迎十九大·不忘初心跟党走”文艺汇演活动在定王台街道都正街剧场开场。

19日　市长陈文浩、副市长邱继兴一行人到区教育局白沙湾幼儿园考察食品安全工作。

△　区委书记于新凡调研马王堆汉文化广场和浏阳河人行景观桥建设情况。

△　市安居棚改领导小组常务副组长刘新程一行人到友谊东棚改项目现场考察。

21日　辽宁省沈阳市铁西区考察团到文艺路街道考察识字里社区提质改造工作。

23日　区长周春晖带队调研湖南投资大厦、国金中心，详细询问其整体建设和招商情况。

24日　区委副书记陈计伟带队调研定王台街道马楼社区、文艺路街道识字里社区、荷花园街道荷晏社区提质提档工作，实地查看社区人居环境项目等硬件建设及软件特色情况，并召开调度会。

26日　中央编办三司副司长陈峰一行人到芙蓉区考察指导相对集中行政许可权改革试点工作，并实地查看区政务服务中心办事大厅。

27日　省住建厅住房保障处处长彭国安一行人到定王台街道考察白果园化龙池有机棚改及历史步道建设项目。

△　由区文体新局纪检组长刘益文带队开展重点文物保护单位秋季专项安全检查。

△　区教育局召开党委中心组（扩大）2017第六次集中学习会议。

29日　市警备区政委曹友华一行人到区东屯渡街道考察指导基层武装工作。

△　区委副书记陈计伟带队到文艺路街道识字里社区督察提质提档工作。

30日　市提质提档联席办主任杨文斌一行人到定王台街道走马楼社区实地查看蔡锷路、东牌楼路及解放西路项目进展情况。

△　区长周春晖带领相关人员巡察杉木港、东湖，并主持召开了2017年芙蓉区第一次总河长会议。

31日　区委书记于新凡到荷花园街道督察荷晏小区、连心广场、恒业巷等观摩圈路线施工现场提质提档工作。

11月

1日　全国人大办公厅联络处副处长龙湘林到荷花园街道走访基层人大代表，会见省人大代表刘朝辉和区人大代表陈建。

△　市委宣传部副部长、市文明办主任郭润葵到韭菜园街道查看汤家岭社区“好人长廊”。

△　市委党校第147期县级领导干部进修班全体学员及教师一行49人到区参观考察湖南投资大厦。

△　隆平高科技园党工委书记王曙光在特格尔健康产业园项目工地主持召开现场办公会，为重点项目建设“会诊”，解决项目建设中的一批具体问题。

△　区工务局组织实施的杉木南路南延线（长农路—滨河路）项目工程顺利完工，通过竣工验收。

2 日　区委书记于新凡带领相关区机关部门负责人到定王台街道实地查看走马楼社区“魅力芙蓉 . 城市双修”改造项目。

3 日　市委副秘书长、办公厅主任曹再兴到文艺路街道调研社区提质改造工作。

△　区政府召开创建国家食品安全示范城市工作推进会议。

△　“书香芙蓉——全民终身学习活动周”在步步高超市广场举行。

4 日　副区长谭雄伟到定王台街道走马楼社区调研提质提档工作。

5 日　省委组织部副部长胡伯俊到荷花园街道德政园社区考察基层党建工作。

7 日　区委书记于新凡到韭菜园街道调研黄土塘棚改项目。

△　副区长彭尚松到红旗路调研港湾式公交站改造项目施工情况，并查看红旗路农科院站的施工现场。

△　市食药监局对芙蓉区申报创建“放心肉菜示范超市”大润发超市、家乐福芙蓉店通过明查和暗访的方式实行了现场考评。

8 日　副区长谭雄伟到朝阳街道五一东村社区，调研提质提档工作，与街道、社区负责人及设计方、施工方详细探讨了五一东村社区提质改造的细节问题。

9 日　国家信访局办信司副司长陈雪松带领调研组一行人到东湖街道，实地查看“东湖夜话”场地、宣传展板及相关视频，翻阅相关资料，听取了区、街负责人介绍东湖街道信访公开听证会及“东湖夜话”相关工作开展情况。

△　区长周春晖到荷花园街道荷晏社区巡察连心广场、荷晏小区、恒业巷等提质提档的改造项目。

10 日　副区长练大智到定王台街道走马楼社区调研指导提质提档工作，实地查看解放西路长沙国金中心周边提质提档施工现场。

14 日　山东省济南市历下区副区长石勇先一行到文艺路街道考察交流社区提质提档工作。

△　辽宁省盘锦市兴隆台区城市管理行政执法局局长魏巍一行到芙蓉区交流互鉴城管执法工作。

△　湖南省第一师范学院民族民间艺术进校园暨“湖南省民族民间艺术普及与传承基地示范学校”授牌仪式在朝阳街道朝阳小学举行。

15 日　福建省厦门市思明区委统战部部长胡延洵，区工商联（商会）主席（会长）邹剑寒带领企业家一行 10 人到芙蓉区考察交流构建“亲清”政商关系。

△　市科协 2017 年学术年会芙蓉区分会场—长沙市都市农业发展与实践研讨会在湖南省茶叶集团公司召开。

16 日　由市、区文明办组织的“深入学习十九大 巩固创建保常态”“四保十看四查”专题座谈会在文艺路街道办事处召开。

17 日　海南省海口市政府副秘书长一行人到芙蓉区考察马王堆街道沁园夜市街食品安全规范化管理及沁园夜宵街营业场所后厨。

△　区直机关干部职工趣味运动会在湖南生物机电职业技术学院内开幕。

△　韭菜园街道八一桥社区举办以“弘扬传统美德 倡导文明新风”为主题的文明素质提升活动。

18 日　育英西垅小学创客教育成果在湖南省创客教育中心成立大会上交流。

20 日　区委巡察第一组到文艺路街道召开专题会议，启动巡查街道的各项工作。

21 日　五里牌街道邀请市委党校博士陈果以“新时代中国特色社会主义思想”为主题，开展“党的声音进万家”的十九大精神宣讲活动。

22 日　区委副书记陈计伟带领区提质提档办、区城管办相关负责人到荷花园街道东方新城社区调研提质提档工作。

23 日　区史志档案局举办 2017 年全区档案业务培训。

△　区长周春晖，副区长谭雄伟到定王台街道，查看解放西路长沙国金中心项目周边改造情况。

25 日　区政府召集相关部门举行辖区中小学（幼儿园）专项督察工作调度会议。

26 日　芙蓉区域内 6 处港湾式公交站提质改造工程竣工，并投入使用。

27 日　市科协副主席易方陪同陕西省西安市科协副主席王晓红一行考察交流湘湖街道西湖社区科普信息化建设以及社区科普站建设情况。

28 日　区长周春晖到定王台街道现场调研长沙国金中心项目及走马楼社区提质提档工作。

12月

1 日　马王堆街道联合长沙市文联和长沙市书法

家协会，在新桥新村社区举行成立新桥新村社区文化大讲堂和长沙市书协新桥培训基地启动仪式。

△　市委组织部副部长易敏华到定王台街道调研“两新”党建工委，实地查看楼宇党建宣传阵地建设和楼宇党群服务中心设施。

△　区委副书记陈计伟到文艺路街道乔庄社区督察社区提质提档工作，实地查看老文艺路、东二里牌巷，参观社区的政务服务大厅。

4日　市地方志办副主任肖清平带领年鉴处副处长尚畅到区史志档案局调研2017年度年鉴编纂工作。

5日　区委书记于新凡、区长周春晖分别以暗访、会议调度的形式，部署火车站周边整治工作。

△　湖南省粮食局局长张亦贤考察湖南和平解放史事陈列馆。他对该馆原居住的粮食局退休老职工搬迁安置后的情况，以及科学合理保护利用文物建筑，为民众提供公共文化服务给予了肯定。

6日　马来西亚沙巴州兵南邦区的“育幼幼儿园”董事长洪子威，园长拿汀张素凤一行到芙蓉区考察马王堆国际幼儿园和德政园幼儿园。

△　市城管局副局长赵建军一行人到五里牌街道燕山街社区PPP项目施工现场指导工作。

6—7日　由副区长黄金国，隆平高科技园管委会副主任谭利辉带队的隆平高科技园招商小分队，到广州市开展产业链招商引资工作。

8日　国家体育总局青少年体育司司长刘扶民一行到区教育局育英西垅小学考察青少年体育工作。

△　区委办主任许凡到定王台街道走马楼社区调研长沙国金中心项目建设工作，实地查看解放西路沿线建设施工情况。

10日　省外事侨务办主办，龙山县政协、龙山县残联、芙蓉区民宗外侨局、龙山县靛房镇政府承办的2017年芙蓉区“民族情深 与梦同行”爱心公益活动在芙蓉区对口帮扶靛房镇学校举行。

12日　市委秘书长夏建平一行到隆平高科技园考察特格尔健康产业园项目建设工作。

△　区委副书记陈计伟到朝阳街道人民新村社区指导提质提档工作。

13日　市政协主席文树勋带队到区考察创建国家食品安全示范城市工作，实地查看马王堆街道沁园夜宵一条街、育才第三小学的食品安全工作情况。

14日　市民政局长伍仁华一行到荷花园街道考核验收和谐社区创建工作。

△　共青团芙蓉区委举行2017年基层团干部培训班开班仪式。

△　市委党校校长徐宏源一行到荷花园街道荷晏社区考察提质提档工作。

△　区长周春晖组织召开浏阳河以东地区规划建设和发展工作协商会，专题商议东片地区的基础设施建设、产业布局、招商引资、民生保障问题。

△　区委组织部长周虔到湘湖街道调研指导党建工作。

15日　市委副书记徐宏源到区考察提质提档工作。

△　区总工会举办“爱岗敬业、无私奉献”道德讲堂活动，区直各单位、各街道、园（局）工会会主席及规模以上企业工会主席200余人参加。

△　东屯渡街道嘉雨社区举办以“家文化”为主题的第一届艺术节暨庆元旦迎新年联欢会。

△　区金融办、科技局、韭菜园街道共同主办的“创新驱动与资本引领”交流沙龙活动在银华大酒店举办，辖区上百家企业参加。

17日　区人力资源和社会保障局、民政局和编办联合举办“2017年芙蓉区下岗、失业转业志愿兵和转业士官再就业专场招聘会”。

18日　区委书记于新凡组织召开2018年街道工作务虚会。区领导周春晖及相关部门负责人出席。

△　市委书记胡衡华带领相关部门负责人和各区县（市）、园区党政负责人组成的观摩团一行120余人到隆平高科技园，观摩了特格尔健康产业园项目。

△　长沙市2017年重点项目观摩会在隆平高科技园特格尔健康产业园召开。

19日　区财政局财政投资预决算评审中心在长沙市建设工程造价管理协会第五届四次会员代表大会上被评为“工程造价管理先进单位”。

20日　区商务旅游局局长戴静带队到长沙九龙仓国金中心项目调研招商工作。

△　由隆平水稻博物馆委托制作花样米制仿真食品项目通过验收，并登记入库。

22日　副区长谭雄伟督察荷花园街道恒达社区服务用房和“朝辉劳模工作室”的建设与配套情况，实地查看了恒达社区服务用房提质提档情况。

△　五里牌街道在阿波罗广场前坪举行“美丽长沙，践行绿色生活”主题活动。

△　隆平高科技园党工委书记王曙光到华智生物国家水稻分子育种中心项目工地召开现场调度会。

25 日　“诵童谣经典 做文明少年”芙蓉区未成年人思想道德建设主题教育活动在长郡芙蓉中学举办。

26 日　韭菜园街道食安办、食药所结合节前食品消费特点，检查域内部分超市、农贸市场、大中型餐饮门店，重点检查了与节日消费紧密相关的副食品、粮油制品、肉及肉制品、酒水饮料、糖果等散装食品。

△　“非遗点亮美好生活——2017 年湖南非遗传统手工艺博览会”在芙蓉区大麓珍宝古玩城开幕。

△　区审计局开展“十九大精神进机关”主题党日活动。

27 日　区妇联主席吴彩炼到东岸街道东宜社区、马王堆街道古汉城社区、马坡岭街道西龙村调研考察“妇女儿童之家”建设情况，并为 3 家“长沙市示范妇女儿童之家”社区授牌。

27 日　第三届芙蓉区“百姓大舞台，有艺你就来”市民才艺大赛活动在定王台街道都正街剧场开赛。

（责任编辑：裘　可）

图 5　浏阳河岸

中共长沙市芙蓉区委员会

① ②
③
④
⑤ ⑥

①1月9日，全区负责干部大会召开，学习传达市“两会”精神
②1月13日，区委书记于新凡参加芙蓉区特色街巷项目现场观摩活动
③2月3日，芙蓉区召开负责干部大会暨推进“三大工程”“九大行动”动员会
④3月7日，芙蓉区召开社区（村）“两委”换届选举工作动员大会
⑤6月27日，市委书记易练红到区考察
⑥10月13日，市委书记胡衡华到区考察长沙市重大产业项目

（区委办 供稿）

长沙市芙蓉区人民代表大会常务委员会

①	②
	③
	④
⑤	⑥

①2 月 15—17 日，芙蓉区召开第五届人民代表大会第二次会议

②2 月 21 日，区人大常委会主任会议成员考察隆平高科技园企业

③4 月 18 日，芙蓉区召开 2017 年度人大代表履职培训班

④6 月 16 日，区人大常委会主任廖铁成走访市人大代表

⑤7 月 17 日，芙蓉区人大常委会支援宁乡灾后重建工作并送去慰问金

⑥12 月 14 日，召开五届人大常委会主任会议，听取区公安分局工作情况汇报

（区人大办　供稿）

长沙市芙蓉区人民政府

①	②
	③
	④
⑤	⑥

①3 月 21 日，芙蓉区召开“转型创新发展，共建财富芙蓉”政企座谈会
②5 月 5 日，区长周春晖到银华大厦调研楼宇经济工作
③9 月 29 日，区长周春晖一行调研马王堆街道九道湾货运市场
④10 月 13 日，在隆平高科技园召开长沙市重大产业项目集中开工动员会
⑤12 月 5 日，召开芙蓉区政府第五届第二次全体（扩大）会议暨政府务虚会议
⑥12 月 25 日，芙蓉区召开议军会议

（区政府办　供稿）

政协长沙市芙蓉区委员会

①	②
	③
	④
⑤	⑥

①5月5日，区政协主席会议成员及部分委员考察长沙国金中心项目

②6月13日，协商德政园社区杨帆居家养老中心提案的实施

③7月26日，召开区政情通报会

④8月11日，在长沙农商银行浏阳河支行召开政协银企对接专题协商会

⑤8月30日，在区机关会议中心召开区政协常务委员会专题协商会

⑥11月23日，组织区政协委员到龙山县靛房镇开展扶贫帮困爱心活动

（区政协办　供稿）

中共长沙市芙蓉区委员会

区委主要机构及领导人员

书　记　于新凡
副书记　周春晖
　　　　陈计伟
常　委　王曙光（挂职）
　　　　周　虔（女）
　　　　刘文立
　　　　伍艳飞（女）
　　　　袁伟洁
　　　　谭雄伟
　　　　何元良
　　　　许　凡
　　　　易新宇
　　　　周治国（挂职）

区委部门

区委办

主　　任　许凡
常务副主任　张　亚（2017.05 免）
　　　　　李启杰（2017.05 任）
副 主 任　李启杰（2017.05 免）
　　　　　周裕熊（2017.05 任）
　　　　　廖　侃（2017.08 任）

区委组织部

部　　长　周　虔（女）
常务副部长　许琼山
副 部 长　唐宇平（兼）
　　　　　周云丽（女，兼，2017.05 免）
　　　　　彭良厚（女，兼）
　　　　　田松柏
　　　　　邓春兰（女，兼）
　　　　　钟海荣（女，2017.05 任）

区委宣传部

部　　长　伍艳飞（女）
常务副部长　李向华
副 部 长　易利平（女）
　　　　　钟海荣（女，2017.05 免）
　　　　　刘　彦（女，2017.05 任）

区委统一战线工作部

部　　长　易新宇
常务副部长　易淑珍（女，2017.05 免）
　　　　　毛远强（2017.05 任）
副 部 长　毛远强（2017.05 免）
　　　　　张德林（2017.05 任）

区委政法委员会

书　　记　刘文立
常务副书记　李　清
副 书 记　刘自军（兼，2017.05 免）
　　　　　王均全（兼，2017.05 免）
　　　　　解支越
　　　　　刘汉祥
　　　　　李跃红（2017.05 免）
　　　　　周　炫（兼，2017.05 免）

区直机关工委

书　记　宾雪丰（女，2017.05 免）
　　　　杨幸子（女，2017.05 任）
副书记　王　琼（女）
　　　　汤德奇（2017.02 任）

区编委办（事业单位管理登记局）

主　任　江　红（女）
副主任　娄志兰（女，2017.05 免）
　　　　胡永清（2017.09 免）
　　　　李　菁（女，2017.05 任）
　　　　刘　婷（女，2017.09 任）

区信访局

局　　长　张　敦
副 局 长　莫海平
　　　　　刘　烛（2017.09 任）
　　　　　陶长武
　　　　　廖　攀
纪检组长　刘　烛（2017.09 免）

区巡察办

主　任　孔　飙（2017.05 任）
副主任　李　鑫（2017.05 任）
巡察一组组长　陈　新（2017.09 任）
巡察一组副组长　张　彤（2017.09 任）
巡察二组组长　杜国荣（2017.09 任）
巡察二组副组长　刘　岳（2017.09 任）

区老干局

局　长　彭良厚（女）
副局长　鲁素爽（女，2017.05 任）
　　　　江　平
　　　　喻　华（女）
　　　　杨　芬（女，2017.05 免）

区防范和处理邪教问题领导小组办公室

主　任　周　炫
副主任　刘　颖（女）

区委直属事业单位

区史志档案局

局　长　谭永华
副局长　鲁素爽（女,2017.05 免）
　　　　曾平江
　　　　袁　可（女，2017.05 任）

区委党校

校　　长　陈计伟
常务副校长　贺达斌
副　校　长　熊曙光
　　　　　　李春灵（女，2017.05 免）
　　　　　　刘　瑜（女，2017.05 任）

重要会议

【芙蓉区工作务虚会暨经济工作会议】 1 月 20 日，区委召开 2017 年工作务虚会暨经济工作会议，区四大家班子成员等参会。会上，四大家班子主要领导总结 2016 年各自工作成绩，提出 2017 年工作任务。区委书记于新凡分析了当前发展面临的形势，强调 2017 年要围绕“强党建、提品质、惠民生”工作主题，聚焦产业转型升级、城区品质和政务环境提升；培养为民情怀，多办民生实事，增强群众幸福感和获得感，在建设“四个芙蓉”和党要管党、从严治党上实现新突破。区委副书记、区长周春晖总结 2016 年全区经济工作，安排部署 2017 年区政工作，重点做好项目投资、产业升级、招商引资、财税收入、环境优化、城市建管、民生改善、安全稳定八方面工作。

【推进“三大工程”“九大行动”动员会议】 2 月 3 日（农历正月初七），区委召开全区负责干部大会暨推进“三大工程”“九大行动”动员会，全体县级领导，区直各单位班子成员，区人大、区政协各委、办主任，垂直管理单位主要负责人，湘湖管理局、各街道班子成员，以及各社区（村）党支部书记参加会议，区委副书记陈计伟主持。会议印发区委一号文件《关于创建国家中心城市，推进“三大工程”，打造“四个芙蓉”的实施意见》。“三大工程”即：强党建、提品质、惠民生，“九大行动”：协调推进全面从严治党先锋行动、基层党建堡垒行动、群众工作连心行动，同时加速实施产业品质提升行动、城市建设攻坚行动、城市管理提质行动，全面开展社会事业惠民行动、社会保障利民行动、社会治理安民行动。会上，区委副书记、区长周春晖作推进“三大工程”“九大行动”动员报告，提出了“在解放思想中抓落实、在强化责任中抓落实、在时间坐标中抓落实、在工作一线中抓落实、在约束条件下抓落实、在督查督办中抓落实、在奖惩兑现中抓落实”7 个方面的要求，并安排部署相关具体工作。区委书记于新凡讲话，他全面分析了“三大工程”“九大行动”的内在关系，对“绩效考核”“项目建设”“群众工作”“作风建设”4 项工作提出明确要求。这是芙蓉区连续 6 年在春节后上班第一天召开全区负责干部大会。

【创建湖南省安全生产示范区动员大会】 2 月 22 日，芙蓉区召开创建湖南省安全生产示范区动员大会暨 2017 年一季度安全生产工作例会，全面启动安全生产示范创建工作。长沙市安委办主任、长沙市安监局局长胡春山，芙蓉区委书记于新凡，区长周春晖，副区长谭雄伟出席，区安委会成员单位主要负责人，各街道（园、局）党（工）委书记、分管领导，辖区重点企业主要负责人等 80 余人参加会议。周春晖首先就创建工作作动员讲话，随后，会议向所有街道（园、局）和相关责任部门下发 2017 年安全生产目标管理责任书，芙蓉区安监局，区消防大队，荷花园街道和嘉吉饲料（长沙）有限公司负责人作表态发言。胡春山讲话肯定芙蓉区工作，提出创建工作建议，表示长沙市安委办将全力支持芙蓉区的示范创建工作。于新凡对做好芙蓉区的示范创建工作提出了三点意见：要强化“红线”意识、“归零”意识和担当意识，凝聚创建工作的强大合力；要通过健全责任体系，强化监管执法，夯实基层基础，提升创建工作的整体水平；要对照创建要求，深化改革创新，发动全民创建，全力以赴完成示范创建工作目标。

【社区（村）“两委”换届选举工作动员大会】 3 月 7 日，区委召开社区(村)“两委”换届选举工作动员会。芙蓉区委书记于新凡，组织部部长周度，区纪委负责人出席会议，区直有关部门主要负责人，区委社区(村)“两委”换届选举风气监督组和业务指导组成员，各街道(局)党(工)委书记、分管组织工作负责人、分管民政工作负责人、组织专干、民政专干，各社区(村)书记、主任近260人参加会议。周度布置社区(村)“两委”换届选举工作，会议由区委组织部对换届选举工作开展业务培训。于新凡在会上讲话。他要求全区上下要拧成一股绳，抓好换届选举工作，打牢基层基础，激发基层活力，推动“四个芙蓉建设”。

【加快现代服务业暨楼宇经济发展工作大会】 3月22日，芙蓉区政府在机关二楼会议室召开加快现代服务业暨楼宇经济发展工作大会。区长周春晖，副区长谭雄伟、黄金国出席，相关区直部门、垂直管理部门、隆平高科技园、湘湖管理局、各街道主要负责人参加会议，54家楼宇业主、驻楼企业、物业管理公司代表主要负责人特邀参会。

2017年，芙蓉区致力推动现代服务业发展，突出楼宇经济的主要载体和关键抓手地位，培育芙蓉中央商务区等年营业收入“百亿级”“千亿级”的服务业集聚区，形成以集聚区为载体、重点企业为核心、重点品牌为支撑的服务业发展体系。2017年，芙蓉区为此出台了一系列政策促进楼宇经济发展政策文件。《促进产业发展的扶持办法》中设立了楼宇经济发展专项资金，对新建楼宇、老旧楼宇提质改造、楼宇配套服务、引进物业服务等多方面进行补贴，并给予相关奖励。制定《楼宇经济工作联席会议制度》《县级领导联系重点楼宇工作方案》，建立加速推进现代服务业发展和楼宇经济工作领导小组，制定联席会议制度、县级领导联系重点楼宇制度。《关于加速推进现代服务业发展的实施意见》中明确了全区服务业发展的主要目标、工作重点和保障措施。创新楼宇经济服务方式，建立县级领导联系重点楼宇制度——“楼长制”。通过走访、调研、座谈、现场办公等形式，“楼长”及时了解重点楼宇、在建楼宇项目基本情况和楼内企业生产经营状况，为企业家深谋划、找商机。

【创建国家食品安全示范城市推进会】 6月21日，芙蓉区委、区政府召开创建国家食品安全示范城市暨社区全面提质提档工作推进会，对食安创建工作进行再动员再部署。区领导于新凡、陈计伟、谭雄伟等出席了会议。区食安委各成员单位负责人、各街道(园、局)主要负责人、分管负责人和食安办主任、社区书记、企业代表参加会议。会议由区委常委、常务副区长谭雄伟主持。会上，黄金国副区长对芙蓉区国家食品安全示范城市创建工作作动员部署。荷花园街道、区农林水局分别代表街道和部门作表态发言，食安委成员单位和各街道(园、局)签订了责任书。于新凡书记就如何扎实推进创建国家食品安全示范城市工作提出要求。

【庆祝建党96周年暨基层党建工作推进会】 7月1日，区委在会议中心举行庆祝建党96周年暨基层党建工作推进会，区委、区人大、区政府、区政协全体县级领导出席。区委副书记陈计伟主持会议。2017年，芙蓉区成功承办中华龙舟大赛，《浏阳河上》大型实景情境剧实现常态化演出，完成全市造绿复绿现场观摩会工作任务，社区全面提质提档工作成为全市先进典型，全省第一家行政审批局成立。党组织把主题党日活动作为“两学一做”学习教育的基本载体，实现“三会一课”的全面回归，成立近800个“学习小组”，全区党组织和广大党员的凝聚力、战斗力和执行力不断增强。会上，51个“两学一做”先进基层党组织、100名“两学一做”优秀共产党员和党务工作者受到表彰。区委书记于新凡讲话强调，要坚持“一切工作到支部”，不断夯实基层党建；要进一步提高抓基层党建的政治站位，提升抓基层党建的整体水平，落实抓基层党建的工作责任，提升抓基层党建的保障能力。

【区委五届十次全体会议】 12月29日，芙蓉区委五届十次全体会议暨经济工作会议召开，芙蓉区全体县级干部，中共芙蓉区五届区委委员，各部门、各街道主要负责人参加会议。会议回顾总结2017年工作并科学谋划2018年工作。区委书记于新凡受区委常委会委托作工作报告，区委副书记、区长周春晖传达中央、省委、市委经济工作会议精神并部署2018年经济工作。全会以习近平新时代中国特色社会主义思想为指导，全面贯彻落实中共十九大、省委十一届四次全会、市委十三届六次全会精神，以及中央、省委、市委经济工作会议精神，会议审议通过《关于深入学习贯彻党的十九大精神奋力谱写全面建设“四个芙蓉”新篇章的实施意见》。

（覃婷婷）

组 织

【概况】 2017年，芙蓉区委组织工作坚持思想建党与制度治党相结合，服务大局、聚焦主业，为区委战略部署实施发挥组织职能和政治保证作用。

干部工作。培养年轻干部，组织2017年中青班暨青年训练营，选派3名优秀干部对口帮扶龙山县精准脱贫，选派6名年轻干部挂职锻炼，公选2名“90后”副科职干部。完成“三超两乱”（超职数配备干部、超机构规格提拔干部、超审批权限设置机构，擅自提高干部职级待遇、擅自设置职务名称）整治任务，把住干部因私出国（境）审批关，执行干部请假报告制度，领导干部个人有关事项报告范围延伸到科级后备干部。干部管理实行约束和激励并重，提醒谈话42人、函询35人、诫勉6人、免职处理3人，职级晋升38人。常态化开展干部谈心谈话。引智和育才并举，引进中国工程院院士1名、国家“千人计划”1名。

基层党建。推进“两学一做”学习教育常态化制度化，每月20日确定为“芙蓉先锋”主题党日，建立主题党日活动预告、报备制度，实行主题党日活动痕迹管理。完成72个社区5个村“两委”换届，推进社区党建网格化，20个社区党总支升为党委。开展在职党员进社区认领微心愿活动，建成20个“芙蓉先锋”社区党建服务中心，打造楼宇党群服务中心。全省城市基层党建工作经验交流座谈会到德政园社区现场观摩。

“两新”党建。全区共有“两新”（新经济、新社会）组织党的机构421家、党员3480人。2017年，芙蓉区“两个覆盖”（党的组织覆盖和工作覆盖）、“两新”党建APP管理全市领先，示范项目培育得到市委组织部领导肯定。出台《全区关于加强“两新”党建工作的实施意见》，开展中共十九大精神进“两新”活动90余次，组建“两新”宣讲团，分期培训党务工作者800余人次。选拔树立刘湘宁（广发隆平高科技创业园党委书记）等一批专业型书记，开展双述双评（向上级组织述职、向群众述职，接受上级组织评价和群众评价），深化积分制管理考核，推动全面从严治党责任压力层层传导。下发《“两新”组织党建工作标准》，249名党建指导员分片包干，推动“三会一课”全程纪实，评选5家“红旗党组织”，完成128个党组织全面提质。2017年长沙洪涝灾害中，“两新”领域200余个党组织合计捐赠款物635万元。打造定王台楼宇党群服务中心，发挥7个党建联席分会的纽带作用，整合100余家党组织，形成“结对共建”“红色沙龙”等工作品牌。“芙蓉两新”全年推送信息500余条，在市级以上平台推介经验30余次。打造三湘南湖大市场党群服务中心，协调解决劳务纠纷等问题。成立民办教育行业党委，实行教育、民政部门信息联动。推行“先锋物业”，助推诚信市场、平安小区建设。推行“大工委”制，组建61家，党组织覆盖率全市达标。设立火炬中学项目党群服务站，实行流动党员报到制。

绩效考核。科学制定考核目标，优化改进考核办法，强化日常考核督察，提高全区绩效考核的科学化水平。落实《芙蓉区全员绩效考核管理实施意见》和《芙蓉区社区（村）主职年度绩效考核实施意见》，对标《芙蓉区党政领导班子绩效考核目标体系》。修改完善2017年度绩效考核办法，按照市对区考核指标目标、区委区政府工作目标责任分解量化。建立警示追踪机制，建立指标进度台账；对存在问题和困难，纳入预警追踪体系，在《芙蓉要情》上发布指标预警。考核全区13个街道（局）、63个区直部门、10个市垂管单位、577名科级领导干部工作绩效。年度评定街道（局）一等班子4个（荷花园街道、朝阳街道、文艺路街道、定王台街道），二等班子9个（东屯渡街道、东湖街道、马王堆街道、五里牌街道、韭菜园街道、湘湖管理局、火星街道、东岸街道、马坡岭街道）；评定区直部门一等班子25个（隆平园、纪委、区委办、组织部、宣传部、统战部、政法委、人大办、政协办、法院、检察院、政府办、农林水局、征收办、财政局、安监局、食药监局、教育局、环卫局、文体新局、审计局、金融办、总工会、编委办、史志档案局），二等班子36个〔CBD办、发改局、科技局（科协）、统计局、工务局、城建投、棚改办、经信局、商务旅游局、城乡建设局、信访局、园林局、人社局、民政局、交通局、卫计局、市政局、城管局、城管执法大队、环保局、司法局、行政审批局、住保局、机关后勤中心、民宗局、610办、火车站综管办、人防办、老干局、残联、区直机关工委、团委、妇联、红十字会、工商联、党校〕，三等班子2个（征地办、政务中心）。科级领导干部评出一等个人145名，二等个人426名，三等个人4名，四等个人2名。垂管单位评定一等班子4个（交警大队、公安分局、规划分局、国税局），二等班子6个（地税局、质监分局、消防大队、经侦大队、工商分局、国土分局）。（肖　俊）

·表1·　2017年芙蓉区党的基层组织、党员基本情况统计表

党的基层组织	个数	党支部分类	个数	党员	人数
总数	961	机关	108	总数	17798
党委	51	事业单位	120	2017年发展	199
总支	38	企业	403	转入转出净减少	177
支部	872	其他	241	死亡	133

【“两学一做”学习教育】2017年，“两学一做”学习教育向常态化制度化推进。区委制定出台“一方案一清单一指南”，即《关于推进“两学一做”学习教育常态化制度化的实施方案》《芙蓉区2017年“两学一做”学习教育常态化制度化任务清单》和《“两学一做”学习教育常态化制度化工作指南》。区委常委会出台《落实“两学一做”学习教育常态化制度化“十个表率”》，各级党组织书记坚持一级抓一级，层层传导压力，把抓学习、抓整改的各项工作和要求落实到每一个支部、每一名党员。探索“学习小组”建设，全区近800个党支部成立“学习小组”。在芙蓉手机报开设“两学一做”专栏，在“芙蓉发布”微信公众号开设“学习声音”专栏。推行“主题党日”，每月20日固定为主题党日时间，制订年度主题党日指导计划，建立主题党日活动预告、报备制度，实行纪实和痕迹管理。将主题规定为“7+3+X”，主题党日一般围绕集中缴纳党费、加强理论武装、强化党性锻炼、严肃组织生活、联系服务群众、民主议事决策、落实党内关怀等7个方面内容开展，把“重诵入党誓词”“重读入党志愿书”“重温入党过程”作为重要程序实化固化，鼓励基层党组织积极探索简便易行、务实管用、党员欢迎的活动模式。建设标准化、集成式、多功能社区党建服务中心——芙蓉先锋近40个。打造晓园党建文化主题公园、“红色芙蓉”展示厅、湖湘红色文化墙、政治生活学习馆、东岸红色记忆等主题党建文化基地近20个，首批授牌十大主题党建文化基地。开辟红色辉煌教育线、和谐社区教育线、人文历史教育线和精美芙蓉教育线主题党日活动资源。自3月主题党日活动启动以来，全区有4138个基层党组织常态化开展活动，参加党员人数7.03万人次。以群众工作“连心”行动为载体，全区4372名党员干部结对联系5.93万户家庭，至年底，走访入户12.1万余次，解决群众意见建议诉求2200条。

学习宣传中共十九大精神。组织集中观看中共十九大开幕会，开展中共十九大报告学习讨论。依托“芙蓉周末补钙大课堂”，邀请中央党校、清华大学、中国人民大学等专家教授辅导，组织500余名科职干部集中培训，分数批培训125名区党代表、175名党务干部和180名“两新”党组织书记。依托红星云、“芙蓉党建”APP、学习小组等载体，开展中共十九大精神网络学习、知识测试。

【社区（村）“两委”换届工作】2017年，全区72个社区和5个村党组织、第九次社区居民委员会和第十次村民委员会同步换届选举。3月7日，出台选举工作方案，召开动员大会，举行业务培训。成立区委书记于新凡任组长的领导小组，17个相关部门为成员单位，领导小组下设办公室，周虔兼任办公室主任。下设4个业务指导组、13个驻点监督组和2个巡回督察组。2个巡回督察组应点对标，对片区内各街道、社区（村）换届选举工作开展至少5个轮次以上的巡回督察。社区党组织、社区居民委员会、社区公共服务中心一体，社区“两委”

成员实行居民化、义务化的模式；社区公共服务中心工作人员实行聘用制。提高换届知晓率，全区共悬挂横幅标语270条，制作专题宣传栏160个，张贴督察公告240份，发放告知信近10万份。通过手机短信（微信）群发党组织换届、居（村）民代表推选等通知近万余条。主导政策制定。统筹换届与基层组织建设，20个社区党组织升格为党委；统筹整顿软弱涣散党组织，3个村（社区）作为整顿重点；统筹提升社区公共服务能力，公共服务中心编制按照常住人口数和配备专职副书记情况，相应增加1~2人。主导班子配备，57个社区党委（总支）设专职副书记岗位40个；523个“两委”职数中，党组织职数358个，占比70%。主导人选把关，明确初始门槛，全程把好街道党工委初审、部门集中复审、区委复核“三道关口”。拿出9个社区书记岗位，打破身份门槛和地域限制，实行公推公选。把素质高、年纪轻、善治理的人才充实到“两委”班子。注重从街道机关干部中选拔主职人选，从现任“两委”中推荐专职副书记和主职人选，从社区专职工作人员中推荐“两委”成员提名人选，从外出务工经商人员、致富能手和转业军人等各类人才资源中寻找合适人选。选举中，党员以无记名投票、按照不低于委员职数20%的差额比例选举产生新一届委员会。截至4月24日，全区参与社区（村）换届选举党员平均到会率90.7%，选举产生党组织委员354人，党员大会上委员平均得票率92.3%，书记平均得票率96.6%。在选举产生的354名党组织委员中，35岁以下的124人，占35.02%；35岁以下的党组织书记15人，占19.48%；本科以上学历的170人（其中研究生以上学历9人），占48.02%。实现班子年龄结构和学历结构的“双优化”。4月26日再次召开推进会，72个社区、5个村全面实行直选，居（村）民委员会由居（村）民直接选举产生。至5月25日，芙蓉区72个社区、5个村完成居（村）委员会换届选举工作，均一次性选举成功，成功率100%。全区共登记选民19.7万人，参加投票的选民17.14万人，参选率88.1%。发出选票169774张，收回选票168049张，有效票164607张，平均得票率91.6%。选举出居（村）委会成员333人，其中主任77人，副主任42人，委员214人，平均年龄38岁。新一届居（村）委会班子中，女性216人，占比65%；党员255人，占比76.6%；大专以上学历占87.4%，比上届提高13个百分点，本科学历占38.4%，比上届提高了5个百分点。新当选的社区（村）委会成员有200人，占60%。整个选举过程稳定、有序，无违法、有意破坏选举的事件发生。社区“两委”班子换届选举结束后，选聘社区公共服务中心工作人员。（肖　俊）

【开展主题党日活动】3月20日，芙蓉区启动学习小组建设暨主题党日活动。长沙市委宣传部副部长李卫政，组织部党员管理处处长何晓芳，市委宣传部理论教育处处长王青，芙蓉区委全体常委出席主题党日活动启动仪式。区属各党（工）委（党组）书记，区属各党（工）委分管组织宣传工作的班子成员、组织专干、宣传专干，部分基层党组织书记和普通党员代表，区级党建指导员和第一批主题党建文化基地负责人参加活动。开展学习小组建设暨主题党日活动，是全区实施“强党建工程”、基层党建“堡垒”行动的重要内容，也是推进“两学一做”学习教育常态化制度化的关键抓手。该区提出全面建设学习小组建设，全区以党支部为单位成立学习小组，面向全体党员，通过专家辅导、学习沙龙、读书会、智享会等形式，常态组织开展习近平系列讲话精神的学习，突出思想引领，实现学习常态化。决定在每月20日开展主题党日活动，每次活动时间不少于半天。主题党日活动内容包括集中缴纳党费、党章学习交流、党性锤炼教育、党员民主评议、批评和自我批评、群众工作“连心”行动、民主议事决策等。区委常委以普通党员的身份参加联点社区（村）专题组织生活会。鼓励各级党组织拓展主题党日活动的内涵，创新方式方法，并把主题党日制度作为各级党组织书记抓基层党建述职评议考核的重要内容，纳入年度党建工作考核，实行“一月一督察、一月一通报”，推动建立健全主题党日长效机制。（覃婷婷）

宣　传

【概况】2017年，芙蓉区宣传思想文化工作围绕中心、服务大局，为建设“四个芙蓉”（财富芙蓉、智慧芙蓉、魅力芙蓉、幸福芙蓉）提供舆论支持和文化条件。

思想理论建设。区委中心组开展主题集体（扩大）学习14次。通过常委会、学习讨论会等方式学习习近平总书记7.26重要讲话精神、廖俊波先进事迹等内容，发放《习近平总书记系列重要讲话读本》《胡锦涛文选》等学习资料5000余册。各级党委（党组）中心组累计开展“跟学”200余次，召开座谈会、读书会100余次。在全区833个党支部全面推进“学习小组”建设，围绕“学习宣传贯彻习近平系列重要讲话精神”“党的十九大”等主题因地制宜开展基层“短平快”式宣讲、理论研讨等活动500余次，重点举办“学习声音”展播、“微理论·微宣讲”技能比拼等主题活动。开展“芙蓉学习日”“书香芙蓉”全民阅读等活动，打造都正街剧场、幸福里庭院、古塔书吧等35个学习主阵地以及“睦邻锋尚”“回家路上”“梧桐夜校”等20余个学习品牌。涌现出张定浙、周海云、李鑫等一批基层学用先进典型。工作案例《东湖夜话——把话筒交给老百姓》获中国政研会优秀研究成果优秀奖。

意识形态工作。区委常委会专题研究意识形态工作5次，区委出台《长沙市芙蓉区意识形态十项推进机制实施方案》等文件，实化意识形态工作操作流程，明确意识形态考核办法。每季度召开意识形态分析研判会议，通报讲评意识形态工作落实情况。把党管意识形态工作原则落实到七大阵地〔新闻舆论、文化文艺、社科理论、网络、学校思想、宗教思想、户外广告（信息发布）〕监管之中，防范管控敏感群体、重点人群和重点领域，加大户外广告（信息）发布监管和审查力度，将问题突出且整改不及时不到位的社会组织纳入“异常名录”或“黑名单”。创新探索“民情快递员”“大工委红网格”等工作模式，以阵地监管为重点，把意识形态工作责任制落实在基层。全区开展意识形态领域各类督察13次，对工作履责不到位的约谈3人次。整改“来吃吧”美式餐吧装饰画、万家丽“文化大观园”和“中华一家亲”墙面装饰画等违规内容，协同处置袁某某等人破坏社会公共秩序案。

新闻舆论工作。围绕“四个芙蓉”建设，组织集中采访30余次，在各级各类媒体上稿6500余篇，其中专版49个，《湖南日报》头版头条、《湖南日报》市州版头条、《长沙晚报》头版头条信息15个。楼宇经济、精准救助、幸福教育、微宣讲微党课、社区医疗服务、行政审批改革等工作获新华社、《人民日报》《光明日报》、中央电视台等核心媒体重点报道。制定突发事件舆论引导流程及应对口径模板，出台加强和改进突发事件新闻发布和舆论引导工作新规。定制舆情应急管理指挥平台，监测处置重点负面舆情585条，编辑《舆情专报》《舆情周报》《舆情日报》268期，全年未出现负面舆情扩展。落实24小时值班监看制度、突发事件应急处置制度，确保文明创建国检、中共十九大召开等重要时期舆情“零差错”“零失误”。组建“新湖南”工作站，打造区级核心新闻客户端“新芙蓉”，构建“两微、两网、一报、一端”（“芙蓉发布”微信公众号、长沙微芙蓉官方微博、长沙市芙蓉区人民政府门户网、芙蓉新闻网、芙蓉手机报、“新芙蓉”（手机应用客户端）新媒体集群。出台《芙蓉区政务新媒体管理办法》。

文明城市建设。坚持县级领导联点分管责任制和“日督查、周通报、月讲评”工作机制。区文明委全会、区委常委会专题研究文明创建工作8次，在人、财、物方面给予充分保障。开展阵地建设观摩、资料台账交流、街道部门交叉督查、专项讲评、业务培训等80余次。丰泉古井社区、大同小学、“七色花”志愿服务行动分别获评全国文明单位、全国文明校园、全国百佳志愿服务项目。推出中国好人池凤英及长沙市道德模范等11人次。恒达社区群众性精神文明创建经验被省委常委、市委书记胡衡华批示。大同小学创建全国文明校园工作获中央电视台《焦点访谈》专访报道，“中国好人”孙锦秀的典型事迹获《人民日报》专题推介。开展学雷锋志愿服务“双十”创评、“回家路上”有声阅读、排队礼让等主题活动500余场次，参与群众10万余人次。实施公益广告提质工程，建成市级公益广告提质示范点3个，打造区级公益广告主题街巷、楼栋、广场等32个。发布社区全面提质提档“芙蓉标准”。

群众文化和文化产业。开展群众文化活动186场次，参与群众4.5万余人次，组织“文化惠民——音乐剧《袁隆平》”暨2017年抗洪抢险爱心义演等文艺演出。建设街区自助图书馆和“书香地铁”自助图书馆等公共阅读场所，区文体活动中心进入施工阶段，新增安子岭社区、兴和社区等5个示范性社区（村）综合文化服务中心。邓东源创作的歌曲《信仰》《铸魂》作品入选湖南省精神文明建设“五个一”工程。大型歌舞《同心共圆中国梦》获省汇演金奖，原创舞蹈《相亲》荣获银奖，《鸡飞狗跳》《云朵上的羌寨》获市全民健身广场舞大赛银奖。浏阳河文旅产业带东岸风光带、汉文化广场、浏阳河生态林景观游园建成开放，汉文化街、汉桥建设进展顺利，《浏阳河上》大型实景情境剧实现常态演出。新南天·古汉国际广场文化创意大楼初具规模。美伦湘绣、大红陶瓷分别入展十三届深圳文博会国家大师馆和湖南馆。区文创协会牵头举办创客沙龙、艺术展览等活动10余场次。

存在的主要问题。中共十九大精神学习宣传存在局限性，宣讲人员主要以党员领导干部为主，基层普通百姓、行业代表在宣讲中的主体作用发挥不明显；宣讲以集中授课、报告会的形式为主，课堂形式比较单一；参学人员积极性调动不够充分。志愿服务人员负担较重，社会力量参与不多，群众积极性不高，存在老同志多、青壮年少，女性多、男性少的现象，群众文艺团队年龄结构偏大。

（黄丹旭）

【“新湖南”芙蓉工作站挂牌】3月1日，湖南日报社新闻客户端“新湖南”首个区县级地方工作站在芙蓉区委宣传部挂牌成立，成为“新湖南”发展史上的里程碑和新起点。湖南日报社党组成员、副总编辑颜斌，芙蓉区委书记于新凡为工作站揭牌；湖南日报长沙分社社长周云武，芙蓉区委宣传部部长伍艳飞出席活动。“新湖南”芙蓉工作站由“新湖南”派驻3~4名记者负责芙蓉区日常报道和重大新闻报道的采写推介工作，同时负责芙蓉新闻网、“芙蓉发布”微信公众号等区级平台的维护运营。至年底，“新湖南”芙蓉工作站累计发布全区工作信息动态4000余条，深挖精编民生、党建、经济、城建城管、文明创建等重点主题报道300余篇。

（李文芳）

【芙蓉区学雷锋“双十”创评颁奖活动】 3月3日，由长沙市文明办、芙蓉区文明委主办，芙蓉区委宣传部、区文明办承办的“德耀星城 爱满芙蓉”学雷锋“双十”创评颁奖活动在区会议中心举行。省志愿服务工作委员会办公室副主任、省文明办志愿服务处处长李仕铭，市委宣传部副部长、市文明办主任郭润葵，市文明办副主任丁德喜，区文明委全体成员，区直各部门、各街道主要负责人，各街道分管领导、文明创建专干，各社区（村）书记，辖区居民代表、文明单位、志愿服务团队代表等500余人参加。活动通过视频播放、现场采访、情景再现等形式，展示优秀志愿服务项目、个人代表的先进事迹。文艺路街道七色花志愿者俱乐部等10个项目被评为“芙蓉区十佳学雷锋志愿服务项目”，民警刘头仔等10名党员群众获评“芙蓉区十佳学雷锋志愿服务个人”。（谭　颖）

【区文明委全体（扩大）暨迎国检动员会议召开】 3月8日，芙蓉区召开文明委全体（扩大）暨迎国检动员会议。市委宣传部副部长、文明办主任郭润葵，区委书记、区文明委主任于新凡出席并讲话。区文明委领导及区文明委各成员单位主要负责人共90余人参加。会议由区委副书记、区长周春晖主持，区委、宣传部部长伍艳飞向大会作区文明委工作情况报告。会上，各街道、各部门递交文明创建迎国检工作责任书，重点街道、部门代表作表态发言。会议讲评了前期文明创建工作情况，部署迎国检和全年文明委工作。会后，全体县级领导进入一线指挥调度，各街道、各部门开展全面迎国检工作。（谭　颖）

【“学习小组”建设暨主题党日活动启动】 3月20日，“做合格党员 当芙蓉先锋”——芙蓉区“学习小组”建设暨2017年3月主题党日活动在水稻博物馆启动。为推动“两学一做”学习教育常态化制度化，提升“书香芙蓉”品质，芙蓉区在全区833个党支部都成立“学习小组”，以学习宣传习近平系列重要讲话精神为主题，支部书记为第一责任人。市委宣传部副部长李卫政，全体区委常委出席启动式。区委书记于新凡在致辞中强调，要通过成立学习小组，学深学透习总书记讲话精神实质；通过固定开展主题党日活动，让参加党内政治生活成为一种自觉、一种习惯和一种责任。现场为全区第一批十大主题党建文化基地授牌，为4名区级党建指导员颁发聘书，通过诗朗诵、情景剧、党员故事会等方式，展现了党员的模范形象和先锋历程。

（邓蓓莉）

【“回家路上”有声阅读网络文明传播活动】4月10日—9月1日，

由长沙市文明办、芙蓉区文明委主办，芙蓉区委宣传部（文明办）、马王堆街道办事处、星辰在线、长沙文明网承办，“回家路上”有声阅读网络文明传播活动举行。通过马王堆社区广播站、中国文明网、“喜马拉雅”APP等，连续推出了“回家路上”有声阅读100期原创音频节目。100期由辖区党员原创的声音故事分为“家风家训”“好人故事”“党旗飘飘”“国学课堂”四个版块，由100余位年龄不同、职业不同的志愿者诵读亲子之间、师生之间感人故事。“回家路上”有声阅读获评2017年中国文明网地方精神文明建设网络宣传十大优秀栏目。

（谭　颖）

【出台社区提质提档标准体系】 4月19日，芙蓉区召开全区社区全面提质提档工作推进会。会上，出台《长沙市芙蓉区社区全面提质提档“芙蓉标准”体系》。“芙蓉标准”从社区党建、人居环境、公共服务、和谐稳定、群众评价5个方面实行细化、分解、提标。该体系是开展社区全面提质提档工作的指导性文件，推进社区人居环境提质、办公服务用房建设、配套基础建设和社会治理机制完善。

（苏　洁）

【长沙市“微理论·微宣讲”巡回赛芙蓉区专场比赛】 5月10日，2017年长沙市学习宣传贯彻习近平系列重要讲话精神“微理论·微宣讲”巡回赛芙蓉区专场在都正街剧场举行。长沙市委宣传部副部长李卫政，市委讲师团主任刘莉霞，市委讲师团副主任刘菊娥，芙蓉区委宣传部部长伍艳飞等出席活动。辖区13个街道分管领导、专干、群众代表120人参加并担任现场评委。活动中，来自长沙市各区县的九名选手以“创新发展在长沙”为主题参赛，市委宣传部副部长李卫政现场点评。最终，芙蓉区选手文斯一以《打造生态文明新常态》为题的宣讲获得一等奖。

（邓蓓莉）

【高山调研芙蓉区宣传思想文化工作】 5月24日，市委宣传部部长高山到芙蓉区调研宣传思想文化工作，市委宣传部副部长赵柏林、市文明办主任郭润葵等参加调研。区领导于新凡、周春晖、陈计伟、伍艳飞陪同。高山一行人实地考察程潜公馆、湖南影像创客空间、德政园社区。在调研座谈会上，高山要求切实担负起意识形态工作主体责任；深刻认识新闻网宣工作的重要性，创新推动新媒体宣传和网络文化建设；把《浏阳河上》演出作为惠民民生工程，力争将其打造成具有湖湘特色的国内一流实景剧，推动区域文化事业发展。

（李文芳）

【学习小组建设主题演讲比赛】 6月23日，芙蓉区在区机关二楼会议室举行“学讲话 强信念 促发展”学习小组建设主题演讲比赛，市委宣传部副部长李卫政，芙蓉区领导于新凡、陈计伟、周虔、伍艳飞出席。全区60余个区直部门主要负责人和13个街道党（工）委书记、分管领导参加活动，9名选手参加比赛。区委书记于新凡在致辞中强调，要突出重点，勤于学习；联系问题，善于思考；深入基层，勇于实践，在全区掀起学习小组建设高潮，推进党的建设和经济社会事业协调发展。现场通过宣传片展播、选手亮相、主题宣讲、观众互动等环节，展现芙蓉区各党支部学习小组运用习近平系列重要讲话精神武装头脑、指导工作的生动实践。区委宣传部的李文芳以《让文明的力量更恒定》为题的演讲获得一等奖。

（邓蓓莉）

【《浏阳河上》演出常态化】 6月27日，长沙市首台大型田园实景情境演出《浏阳河上》在芙蓉区隆平文化公园开幕。省委常委、市委书记易炼红，市委副书记、市长、湖南湘江新区党工委书记陈文浩出席观看。长沙市领导程水泉、文树勋、谢树林、曹立军、张迎春、钟钢、夏建平、付胜华、王忠斌、黎春秋、张宏益等出席。《浏阳河上》是芙蓉区落实长沙市委书记易炼红“不负浏阳河天赐之美，追逐艺术梦想，共建品质长沙”的指示，与中广天择传媒股份有限公司合作，历时2年打造的文化名片。该次演出分为《星空》《河源·汉宫秋月》《河韵·浏水人家》《河魂·骄杨之恋》和《天赐之美》等篇章。全剧通过焰、水、俗、雅等元素，展示了长沙文化名城山水特色、创新活力与魅力，打造了长沙独特的文化名片。9月2日，该剧实现了常态化演出。截至10月28日，演出21场次、观众3万人次。

（黄丹旭）

【“文明从排队礼让开始”主题行动】 根据市文明委工作部署，芙蓉区在全区开展文明排队礼让宣传行动。区文明委制定《芙蓉区开展“文明从排队礼让开始”主题市民素质提升行动实施方案》，确定首批50个文明排队礼让示范点，在每月特定日，组织志愿者到主要交通路口、街道和人流量大的公交站点，常态开展排队礼让劝导工作。11月1日，芙蓉区率先全市在汽车东站前坪举办“排队礼让从我做起 有礼有序文明出行”活动启动仪式。来自辖区干部职工、志愿者、居民群众代表200余人参加。活动向全社会倡议文明排队礼让，文明出行，为创建全国文明城市贡献力量。中国文明网、湖南卫视、红网、新湖南、《长沙晚报》等媒体报道推介该活动。截至年底，开展排队礼让文明劝导3万余次，在全社会树立了排队礼让、文明出行的新风尚。（谭 颖）

【“新芙蓉”APP上线运营】11月9日，芙蓉区首个区级新闻客户端——“新芙蓉”APP正式上线运营。“新芙蓉”APP由“新湖南”芙蓉工作站管理维护和运营，依托《湖南日报》社开发建设的“新湖南云”数据资源，开设“新闻”“政务”“服务”3大主体板块及“动态”“党建”“园区”“民生”“街道”“映像”“精选”7个主题频道，全方位、多角度宣传报道财富芙蓉、智慧芙蓉、魅力芙蓉、幸福芙蓉的丰硕成果，是芙蓉区推进媒体融合，占领舆论主阵地的创新举措。2017年，“新芙蓉”APP共计刊发转载新闻类稿件1300余篇，权威发布各级各类政务信息40余条。（李文芳）

【党代表李发美到芙蓉区宣讲中共十九大精神】11月13日，中共十九大代表、省委宣讲团成员、省委宣传部原常务副部长李发美到定王台街道丰泉古井社区宣讲中共十九大精神，市委常委、宣传部部长高山出席。区委书记于新凡主持，市委宣传部副部长李卫政，区长周春晖，区委宣传部部长伍艳飞，全区各行业先进典型代表、党员群众代表50余人参加。李发美用“中国气派”及“新时代”两个关键词，谈自身感受，围绕着大会主题的丰富内涵、中国特色社会主义进入新时代、社会主要矛盾变化等几个方面，解读中共十九大精神，并围绕基层党组织建设、文化建设等问题与大家互动交流。高山在讲话中要求，精心组织、周密部署、广泛动员、迅速掀起学习宣传贯彻中共十九大精神的热潮，切实推动中共十九大精神在长沙落实落地。于新凡表示，要践行以人民为中心发展理念，抢抓机遇、补齐短板，全力打造“四个芙蓉”。（邓蓓莉）

统 战

【概况】2017年，芙蓉区委统战部继续开展“两学一助”学习教育，推进“四同创建”（同心园区、同心项目、同心乡村、同心社区），夯实统一战线基层基础，促进基层协商民主和实践创新，各项工作取得新成绩。

思想政治引领。全区各民主党派、工商联、无党派人士和统战组织继续开展“两学一助”（学系列讲话，学优良传统，助力新芙蓉）主题实践并总结提升。区统战部每季度组织党派负责人开展集中学习并进行统战知识测试，利用重要时间节点开展学习教育。年内先后组织开展“同心聚力 筑梦芙蓉”统一战线迎新汇报会和统一战线各界人士“迎中秋庆国庆”座谈会；中共十九大召开前后组织学习习近平“7·26”重要讲话精神和中共十九大会议精神。组织民主党派、工商联负责人到龙山县靛房镇开展“谈心调研周”活动，加强与各民主党派、工商联的联系沟通。

统战品牌建设。2017年，创建五里牌社区、曾家坪社区2个市级“同心社区”，创建德政园社区1个市级凝心聚力“十三五”行动示范点。授牌乔庄社区、桐荫里社区、龙马社区、滩头坪社区4个区级“同心社区”，确定民革中央党史教育基地（程潜公馆）、律政服务大楼、大汉海派大楼、火星街道同心公园、柳子明故居、五里牌同心社区6个区级凝心聚力“十三五”行动创建示范点。推荐西湖社区“谊园议事厅”和古汉城社区“同心广播站”两个项目参与全市2017年度“凝心聚力·同心同行”优秀成果评选，其中“同心广播站”获二等奖。引导各民主党派共驻共建1～2个“同心社区”，推动党派服务向基层延伸。

经济统战工作。组织调研走访重点非公企业、商会，宣传政策、搜集意见建议、解决实际困难。组织编印《乘风破浪正当时——芙蓉区非公企业巡礼》。走访10余家在芙蓉区办公的外地商会。打造律政服务大楼“律政同心公益联盟”、文化创意大厦和大汉海派大楼归国留学生众创空间项目：律政服务大楼入驻律政企业33家，其中23家正式营业；新南天古汉国际广场引进文化创意企业10余家。引进徐记海鲜、良品铺子等4个项目进入芙蓉区。

基层统战工作。走访全区13个街道、17个社区、33家非公有制经济企业（侨企、台企）以及23名重点统战对象、代表人士。采取"考察统战示范社区+专题会议+实例培训+考试"的培训模式，培训260余人次。组织基层统战工作者到荷晏社区、古汉城社区和开福区江湾社区等统战工作先进社区现场观摩学习。

涉台涉侨工作。引导西湖社区、育才小学两个涉台教育基地开展涉台教育宣传，举办台海形势报告会，支持文艺新村社区积极创建市侨联侨务工作示范社区。在春节等传统节日走访慰问归侨侨眷、台胞台属、侨界空巢老人等群体，走访慰问326人次，发送慰问金及物资3万余元。争取财政支持，提高1987年前回长定居台胞朱某某生活补助至2300元/月。设立芙蓉区侨联公众微信平台，宣传区侨联工作，收集区内侨界群众信息及需求。推选3名优秀侨界代表参加市侨联侨界人物风采展示活动。全年接待台胞侨胞来访30余人次。

统战宣传工作。制定出台《芙蓉区统一战线理论调研、信息和宣传工作考评奖励办法》。年内向中央、省、市报送统战信息120余条，其中中央统战部采用2条，省委统战部采用4条，市委统战部采用39条。在《长沙统一战线》刊物发稿4篇，在和网发布统战工作动态宣传69条，申报市委统一战线理论政策研究课题4篇。

扶贫赈灾工作。组织工商联爱心企业家看望慰问永顺县响塘村小学、官坝镇官坝小学师生，捐赠办公设备等物品，资助特别贫困家庭学生，捐款捐物10.5万元。组织民主党派、工商联负责人赴龙山县靛房镇开展精准扶贫活动。深入特困群众、贫困学生家中开展"扶困助学"行动，捐款1.1万元。6~7月，长沙遭受特大洪水时，全区统一战线人士投身查险抢险、巡堤值守、防汛救灾等工作，向宁乡捐款捐物近300万元。（黄　忠）

【统一战线迎新汇报会】 1月18日，在区政府会议中心举行2017年统一战线迎新汇报会。中共湖南省委统战部副部长、省社会主义学院党组书记邓焕生，中共省委统战部经济处副处长唐求光，省委统战部凝心聚力"十三五"行动办调研员唐盛华，中共长沙市委统战部常务副部长刘映群和芙蓉区四套班子成员等领导出席汇报会。芙蓉区各民主党派，区工商联、侨联，区党外知识分子联谊会、少数民族联谊会等各界人士代表及基层统战工作对象代表500余人参加。汇报会播放《同心聚力 筑梦芙蓉——芙蓉区统战工作掠影》视频片，举行现场统战知识抢答，各民主党派登台演出。汇报会为2016年度"四同创建"示范点授牌，其中2个市级、5个区级；为1处市少数民族群众服务站授牌。

【统战"大部制"改革调研】 3月7日，市委统战部副部长饶福明、市委统战部研究室主任鲁海文等一行4人到访芙蓉区开展县级统战"大部制"改革调研，指导五里牌街道创建市级凝心聚力"十三五"行动示范点工作。区委统战部部长易新宇等领导陪同。该调研是为落实中央统战部、省委统战部要求，了解统战部、台办、侨联、工商联、民宗局机构设置情况，探索区县（市）统战"大部制"改革。饶福明一行查看了一站式服务大厅创建点、同心工作室等标准化站室，听取创建工作进展情况汇报。易新宇汇报芙蓉区统战系统现行机构设置情况、存在问题及县级探索统战"大部制"改革建议诉求。饶福明与芙蓉区统战系统负责人交流探讨"大部制"改革和"凝聚行动"示范点创建重点、难点问题。

【统战业务培训会】 3月30日，芙蓉区委统战部在区委党校举行统战业务培训会。芙蓉区委常委、统战部部长易新宇，常务副部长易淑珍出席。区各民主党派、工商联、区台办、侨联、区民宗外侨局、知联会等统战系统基层单位相关负责人，全区统战干部及统战信息员50余人参加会议。易淑珍主持会议，易新宇作培训动员讲话。培训会上，长沙市委统战部政研室副主任伍文辉作统战信息宣传工作培训，湖南省委统战部"凝聚行动"办主任唐盛华作示范点创建工作专题辅导。该次培训旨在拓宽工作视野，推进全区统一战线凝心聚力"十三五"行动及"四同创建"工作。

【民革党史教育基地授牌】 5月15日，中国国民党革命委员会党史教育基地授牌仪式在长沙市湖南和平解放史事陈列馆（程潜公馆）举行。全国人大常委会委员、民革中央副主席修福金，团结出版社社长梁光玉、副社长赵广宁，中共湖南省委统战部副部长、省社会主义学院党组书记邓焕生，民革湖南省委专职副主委雷震宇，程潜亲属代表、湖南省政府参事室原副主任程不吾，长沙市委统战部部长谭小平等出席。民革中央宣传部、团结出版社、中共湖南省委统战部有关部门负责人，民革湖南省委、民革长沙市委机关干部、部分民革成员，长沙市和芙蓉区有关部门负责人共80人参加授牌仪式。中国工程院副院长、民革湖南省委主委田红旗主持仪式。修福金、邓焕生向民革党史教育基地程潜公馆授牌，修福金宣读《关于将湖南和平解放史事陈列馆（程潜公馆）命名为民革党史教育基地的决定》。谭小平在讲话中表示，长沙市要努力把程潜公馆打造成为爱国主义教育的重要阵地、青少年革命传统教育的重要课堂和多党合作历史宣传的重要场所。

【民进芙蓉区工委农大支部成立】 5月23日，中国民主促进会芙蓉区工委湖南农业大学支部成立大会在湖南农业大学会议室举行。民进湖南省委副主委汤泽培，中共湖南农业大学党委书记周清明、党委副书记卢向阳、统战部部长陶栋材，芙蓉区统战部部长易新宇，民进长沙市委专职副主委李素娥，区工商联党组书记易淑珍等出席，民进芙蓉区工委主委、芙蓉区民族宗教事务管理局局长张璎主持会议。会上，民进长沙市委组织处干部周浩哲宣读《民进长沙市委关于成立湖南农业大学支部的决定》，民进长沙市委组织处处长陈康就支部成立和委员人选情况作说明。会议选举产生民进芙蓉区工委湖南农业大学支部第一届支部委员会委员，肖深根、李丹当选委员。

【澳门“星议政联盟”到区交流】 8月23日，来自澳门“星议政联盟”活动的20名优秀师生到芙蓉区学习交流，区侨联与蓉园社区接待，区侨联主席周芸，蓉园社区书记王艳辉、主任贺芳出席交流活动。该次活动由中华青年进步协会组织，旨在增进澳门青年学生对国家政治制度、法治建设和经济社会发展等情况的了解，培养爱国情怀，增强参政议政意识。交流团一行参观了营盘东路特色街巷、蓉园社区综合文化服务中心阵地建设，双方互相提问，就国家政治制度、法治建设和经济发展等方面开展交流。

【新的社会阶层代表人士座谈会】 9月6日，芙蓉区召开新的社会阶层代表人士座谈会，区委统战部全体班子成员出席会议。会上，大家学习了中央、省、市新的社会阶层人士统战工作会议精神，12位新的社会阶层代表人士谈体会、提建议。区统战部部长易新宇就如何做好芙蓉区新的社会阶层人士统战工作提出要求：要发挥引领作用，强化沟通交流；要提升服务水平，帮助解决新的社会阶层人士企业的实际困难；要坚持党的领导，增进政治共识。

【“迎中秋庆国庆”座谈会】 9月29日，芙蓉区召开统一战线各界人士“迎中秋庆国庆”座谈会。区委书记于新凡，区委统战部部长易新宇，区人大常委会副主任、九三学社区工委主委罗尔曼，区政协副主席、工商联主席洪曙光出席会议。各民主党派区工委负责人、无党派代表人士，区知识分子联谊会、欧美同学会、黄埔后裔联谊会、商会、台胞（台属）、归侨（侨眷）、少数民族、非公经济等统一战线代表人士20人参加会议。会议由易新宇主持。座谈会上，与会代表结合自身实际和各自代表的领域，提建议、谈体会，共同庆祝国庆、中秋佳节。于新凡代表区委、区人大、区政府、区政协向全区统一战线人士致节日祝福，并向大家介绍芙蓉区经济社会建设发展成果。

【社区教学基地授牌】 12月19日，湖南省社会主义学院教学基地授牌仪式在芙蓉区省级“同心社区”马王堆街道古汉城社区举行。省委统战部副部长、省社会主义学院党组书记邓焕生，省社会主义学院副院长黄自荣，芙蓉区委统战部部长易新宇，马王堆街道工委书记曾志伟等出席授牌仪式。省社会主义学院教研部主任周批改介绍教学基地及结对共建有关情况，双方签订结对共建协议书，举行授牌仪式。学院系中共湖南省委领导的统一战线性质的高等政治学院，民主党派和无党派人士的联合党校。古汉城社区基地授牌，旨在引入湖南省社会主义学院独特资源优势，推进芙蓉区党外代表人士“两学一助”学习教育，加强统一战线自身建设。 （黄　忠）

机构编制

【概况】 2017年，芙蓉区机构编制办公室围绕全区中心工作，开拓创新，完成各项工作任务。探索成立全省首家行政审批局，改革经验得到《内政参考》《瞭望》、新华网、湖南卫视、《长沙晚报》《中国机构改革与管理》、省改革办《改革专报》《湖南机构编制》等媒体报道。

开拓进取，试点改革。加强与各级各部门的联系对接，征求各方意见，反复修改完善，并与省市部门沟通协调，改革方案较短时间内得到上级批复。确定行政审批局机构人员编制和职能划转，分散在21个部门的142项行政许可和行政备案划转至三个审批科室集中行使；会同区行政审批局、法制办及时协调和解决行政审批局在运行过程中的困难和问题。成效凸显得到广泛关注。中央编办、省编办等有关领导到区调研指导，对改革试点工作成效予以肯定；外省、市单位到区学习交流；中央及省市各级主流媒体对改革试点工作予以宣传推介。

求真务实，多措并举。开展减证便民专项行动。全面清理区直部门及街道、社区在为民办事过程中要求群众提供的各类证明材料，解决“重复证明”“奇葩证明”等问题。承接市级下放的经济管理权限。各区直部门承接市政府下放的行政职权41项，隆平高科技园承接市政府下放的行政职权51项、区政府下放的行政职权10项。稳步推进街道体制改革。指导试点街道改革、机构和人员划转等工作。抓好两个平台建设。举办机构编制云平台建设动员暨培训会议，完成云平台事项录入及审核工作；配合区政务中心11月底完成互联网+政务服务平台录入，两个平台建设顺利进行。

统筹兼顾，优化服务。为职能部门提供政策支持，2017年新增区行政审批局、巡察办等科级机构4个，新增科级领导职数27名。配合各项改革。与区纪委等部门密切配合，推进纪检派驻监督体制改革、监察体制改革等各项工作。优化办事程序。夯实机构编制实名制基础性工作，实时更新工作台账和平台信息。开展事业单位登记管理。完成全区事业单位年度报告公示、单位法人存量代码转换、中文域名注册和网站标识管理工作，全面完成党政群机关和事业单位赋码193个；注册74个政务域名和180个公益域名，悬挂网站标识8个。

（向　兰）

【魏旋君调研芙蓉区行政审批改革工作】 10月17日，省委副秘书长、省编办（省政府审改办）主任魏旋君一行到芙蓉区调研相对集中行政许可权改革试点推进工作。市委常委、组织部长张宏益，市编办主任彭民安、区领导于新凡、周春晖、周虔、谭雄伟、许凡陪同。魏旋君主任一行人实地考察区行政审批局政务大厅，与窗口工作人员交流，了解相关工作情况。芙蓉区行政审批局成立后，行政审批资料精简30%，办理时限减幅达60%。魏旋君肯定了芙蓉区改革试点的良好成效。她希冀，芙蓉区要在今后的改革工作中从“优流程、转作风、重便民、提效能”四个方面着手，进一步提升企业和群众的获得感和满意度，形成可推广、可复制的改革经验。

【政府部门公共服务事项清单发布】 8月16日，区政府印发《长沙市芙蓉区人民政府关于公布〈长沙市芙蓉区人民政府部门（单位）公共服务事项目录〉的通知》，并对外公开发布。芙蓉区从2016年起为简化优化公共服务流程方便基层群众办事，提出编制公共服务事项清单、简化优化公共服务流程、积极推行“互联网+公共服务”三大核心任务。区编办对全区涉及公共服务事项的部门，逐一实施申报和编制方法的业务培训，要求对各部门权力清单和责任清单内，符合公共服务事项概念内涵的事项逐条予以核对。经过多轮清理，确定和公布21个区直部门直接面向社会公众提供的具体办事服务事项168项。

【推进机构编制云平台建设】 为加快推动全区机构编制信息化建设和电子政务建设，芙蓉区编办10月13日举办机构编制云平台建设动员暨培训会议，区直机关单位、街道办事处机构编制专干91人参训。通过全面组织开展工作，至11月底260家行政和事业单位“三定清单”“权力清单”“责任清单”等信息的录入及审核工作完成，数据成功导入由中央编办管理的机构编制云平台。芙蓉区机构编制云平台基础数据库初步建立。

【推进纪检派驻工作】 为贯彻中央及省、市有关精神，芙蓉区推进纪检派驻监督改革及监察体制改革。经呈请市编办批复，2017年12月，区编委正式发文设立9个派驻纪检组及2个区委巡察组，驻在区委办、区政府办、区人大机关、区政协机关、区委政法委、区城乡建设局、区财政局、区行政审批局、区城市管理和行政执法局9个单位，综合监督全区55家单位。按照“编随事走、人随编走”的原则，核定派驻纪检组36名行政编制、巡察组4名行政编制，同时区纪检监察信息中心全额拨款事业编制增加4名，人员从全区调剂划转，原26名纪检领导职数予以核销精简。

【推进监察体制改革】 为落实党中央关于在全国推进国家监察体制改革试点的决策部署，芙蓉区委成立区深化监察体制改革试点工作小组及区深化监察体制改革试点工作小组办公室，办公室下设6个工作组。区编办作为组织组成员单位，负责区人民检察院涉改机构及人员的转隶工作。2017年12月，区检察院反贪污贿赂局、反渎职侵权局和职务犯罪预防科19名编制及人员整体转隶至区纪委监委机关，为监察体制改革提供坚实的机构编制保障。

（向　兰）

信　访

【概况】 2017年，芙蓉区坚持一手抓发展，一手抓稳定，信访工作呈现出“四降一升”的良好态势，即进京非访（非正常上访）、赴省集访、到市上访、来区上访明显下降，来信、网信明显上升，所有信访事项按要求办结。国家信访局领导分别3次到区视察，充分肯定芙蓉区工作。中共十九大特护期信访工作实现省市提出“四零”目标（北京非访零登记、北京社会面分流零记录、北京信访零滋事和长沙社会面防控零事故）。在全市信访工作季度讲评中，区信访局获评“红旗单位”和“先进单位”各2次。在全市信访工作年度考核中，芙蓉区获评“信访工作目标管理考核优秀单位”，4人获评“优秀个人”。在全省信访工作基础业务“双百”竞赛活动中，1人被授予“百佳业务能手”称号。

落实决策部署，强化领导责任。认识新时期信访工作的极端重要性，及时传达学习中央、省、市各项精神和指导意见。6月，组织全体区级领导、各街道、各部门主要负责人集中收看舒晓琴作习近平关于信访工作的重要指示精神专题辅导报告，在区委常委会议上组织学习讨论。区委常委会、区政府常务会每季度集中研究一次信访工作，分析形势、部署工作。区委、区政府主要领导定期调度信访维稳、积案化解工作，区联席会议每月调度一次以上信访工作。信访工作纳入绩效考核，与各街道签订信访工作目标管理责任状，明确各项工作的细化指标，把责任推进压实。全面落实区级领导接访、下访制度。年内，区级领导接待来访群众218批次520人次，全部按要求落实首接、首办责任。

注重源头治理，控制信访增量。落实诉访分离，对应当或已导入法定途径依法处理的信访事项，纳入法治轨道解决，形成“行政范畴的信访问题严格按信访程序依法办结；民事纠纷的问题通过人民调解和司法调解协调解决；涉法涉诉信访纳入法治轨道解决”的良性局面。所有信访事项纳入网上流转，实现“可查询、可跟踪、可督办、可评价”，提升群众满意率。从信访公开听证的角度切入，利用“东湖夜话—把话筒交给群众”的民主议事平台，以夜话座谈的形式汇聚民意。累计组织“夜话”活动160余期，吸纳民意1500余条，化解民生问题1000余个。规范初信初访，创新群众工作方法，干部与群众实现面对面交流。6—11月，国务院副秘书长、国家信访局局长舒晓琴，国家信访局督办专员孙宽平，国家信访局办信司副司长陈雪松等领导3次到芙蓉区视察指导信访工作，对芙蓉区信访领域的创新做法给予充分肯定。

着眼“清仓见底”，化解信访积案。区级领导主动作为，为化解信访积案提供坚强保障。市交办的35件积案分为东、西两个片区，由区委书记和区长分别牵头负责，下大力气解决。年内办结市里交办的信访积案33件，化解区本级信访积案18件。每件信访积案均安排1名区级领导牵头负责。区级领导组织召开调度会近百次，约谈上访对象（或亲属）190余人次，其中最多一户约谈21次。区直部门、垂直管理单位和各街道（局）各司其职，协同配合。

结合区情实际，健全工作机制。建立信访积案排查调处和化解对接机制，成立集体土地、国有土地、社会面专项工作组，由3名分管副区长分别担任组长，推进信访积案化解。以教育、疏导、劝返为主，明确各方责任，对重点对象落实稳控措施。组织政法系统有关单位到吉林省四平市学习“郭洪伟”案办案经验，推进

“专案经营”工作。处置涉稳重点对象非正常上访的违法行为，对7人采取刑事措施，行政拘留59人次，法制教育训诫136人次。区联席办领导约谈信访工作负责人19人次。区纪委在全国“两会”“一带一路”高峰论坛特护期间，对发生进京上访的街道责任领导诫勉谈话8人次。

存在问题和困难：由于农村土地征收和棚户区改造进度加快，引发较多信访问题，信访总量仍处高位。（谭　怿）

【区政协调研信访工作】 6月15日，区政协主席郑明带领芙蓉区政协主席会议成员一行到区信访局调研信访工作，副区长彭尚松陪同。郑明一行人到区信访局视察信访接待大厅，观看并听取区信访局局长张敦介绍“视屏信访系统”，了解信访事项处理流程及领导接访工作的开展情况。视频信访系统，依托湖南省电子政务视频云平台，在湖南省电子政务外网之上于2017年7月建设，具有测试会议、会商、培训、视频接访、领导接访情况远程检查等五大功能。考察组在政协机关会议室举行座谈会，张敦汇报芙蓉区开展信访工作情况，政协委员对进一步做好信访工作提出建议。彭尚松感谢区政协对信访工作关心、支持，简要介绍区当前信访工作形势。郑明在讲话中肯定芙蓉区信访工作并提出建议：要研判工作形势，扎实基础工作，做到心中有数；要压实工作责任，层层传导压力，戒“喊口号”，强“行动力”；要立足化解积案，多渠道、多部门联合、多措并举有效化解；要提高工作效率，强化业务素质，以务实的作风打通信访工作的“最后一公里”。

（陈　银）

党　校

【概况】 2017年，芙蓉区委党校坚持党校姓党的原则，贯彻落实省、市党校工作会议精神，服务区委战略部署，全面提高干部队伍综合素养，推进新一轮干部培训工作。全年共举办主体班13期，培训干部906人次；举办入党发展对象培训班1期，培训人数230人；为区直各部门提供教学服务、场地设施，协助办班31期，培训1845人次。

教学组织。按照“围绕芙蓉区工作的大局、围绕时代发展的特点、围绕学员的实际需求”开设课程。举办“群众工作大课堂”干部培训班2期，培训对象区直各部门、各街道科级干部，每期4天，培训邀请省、市委党校、省社会主义学院有关专家教授，讲授“新形势下的统一战线理论与政策”“十八届六中全会精神”“长沙创建国家中心城市的思考与建议”“国学经典与干部自身修养”课程。举办“学习贯彻十八届六中全会精神暨连心行动大课堂”及“学习贯彻十九大精神暨连心行动大课堂”科级干部培训班7期，每期2天，由省、市委党校教授讲授习近平系列讲话、习近平新时代中国特色社会主义思想、中共十八届六中全会及中共十九大精神以及长沙经济社会发展热点问题。举办入党发展对象培训班1期230人，历时3天，按照《新编入党培训教材》教材，除讲解党的基本知识外，邀请市委党校教员讲授“中共党史”及“苏共亡党历史教训及启示”课程。与区委组织部、团区委联合制订方案并组织区直及街道机关30岁及以下60余人青年训练营，为期2个月，主要利用非工作时间，通过多种教学形式，丰富的教学内容，全方位提升青年干部综合能力。与外地党校联合办班，组织优秀干部赴西柏坡、遵义革命纪念地举办党性锻炼培训班2期，每期6天。在教学上实行集中学习和参观考察相结合、主题辅导与座谈讨论相结合、校内培训和异地培训相结合、理论学习与实际工作相结合。开展微论坛、主题班会、互动研讨等教学活动，组织情景模拟教学、辩论赛、演讲比赛、诗词诵读等多种教学形式，提升学习兴趣和学习效果。组织数批学员到韶山、雷锋纪念馆、省党史陈列馆、井冈山、西柏坡、遵义开展党性教育活动。

教学管理。贯彻中组部《关于在干部教育培训中进一步加强学员管理的规定》，保证学员在学习期间的政治组织纪律。按照《芙蓉区科级领导干部德才绩量化考核实施办法》有关规定，对参训学员管理和考核。每个主体班安排班主任和辅导员老师全程跟班，对培训期较长的青年训练营组建临时党委和班委会。实行严格的请假制度、考勤制度、手机管理制度、考核计分制度。要求每位参训学员结束时以区委区政府中心工作或本单位工作难点为主题提交调研报告（不少于3000或4000字），调研报告由外聘专家组统一评审。培训情况与干部年底绩效考核挂钩。

教学科研。坚持“教学、课题、成果”三位一体，在科研协作、教研队伍建设、调研成果进课堂、服务全区经济社会发展上做文章。年内完成两个市级课题结项，申报一个省级课题，完成4篇科研论文。其中，“干部容错机制的建构探析”获省党校行政学院系统理论研讨会二等奖和市党校行政学院系统2017年度“创建国家中心城市”主题征文二类论文，“文化科技融合下芙蓉区文化产业发展的现状与建议”获省党校行政学院理论研讨会三等奖。

师资队伍建设。根据党校事业发展需要，年内引进了2名新教师，派出1名教师到长沙市党校进修学习，1名教师到成都市都江堰交流基层工作和党性教育工作经验，为教师的发展提供学习机会和锻炼平台。落实全区的群众工作“连心”行动，坚持在“群众工作日”到定点安子岭社区了解社区基本情况，每名教职员工联系走访群众15户。开展基层宣讲，年内组织教师对外宣讲10余场。6月党校搬迁至位于东岸街道的大同瑞致小学过渡。（章　余）

【组织干部到西柏坡党性锻炼】4月23—28日，区委党校和石家庄市委党校联合办班，组织2016年度芙蓉区绩效考核优秀的副科实职以上干部39名到西柏坡开展“重走赶考路”党性锻炼学习。培训采用专家讲授、现场教学、情景模拟、互动研讨的教学方式。学员们从西柏坡出发，沿着党中央、毛主席当年“进京赶考”的路线一路走去，参观西柏坡纪念馆、中共中央旧址、白求恩纪念馆、狼牙山五壮士纪念馆、驻涿纪念馆、双清别墅等革命旧址，把革命旧址转化为直观的课堂。通过亲走、亲看，接受党性锻炼和革命传统教育。

【举办2017青年干部集训营】为全面提升青年干部综合素质，拓宽工作视野，2017年中青班暨青年训练营于5月8日—7月7日举行。该训练营由区委组织部、区委党校、区团委共同制订方案并组织实施的，培训对象为“87后”青年干部61名。主要利用非工作日时间及工作日的晚上，培训分“基本理论”“党性教育”“党性锻炼”“经济与社会发展”“能力素养”等教学板块。集训形式有课堂教学、流动课堂、革命根据地现场教学、微论坛、读书沙龙、主题班会、情景模拟、调研活动等。课堂学习由市党校教员讲授“习近平总书记治国理政战略思想”“十八届六中全会精神解读”及“提升思维能力，增强为政智慧”“贯彻五大理念，建设四更长沙”“以‘互联网+’推进智慧长沙建设”“长沙创建国家中心城市的思考与建议”等课程。邀请区领导介绍区情，学员与区领导开展交流。组织到芙蓉区工业园、芙蓉区特色街道开展调研。举办微论坛3次，读书沙龙5次，主题班会2次，举行“党在我心中”演讲比赛2次，辩论赛2次。组织培训班到新民学会旧址开设流动课堂，学习青年毛泽东的成长之路的启示；到省社会主义学院开设情景模拟课，模拟新闻发布会、会见、访谈情景。其间，培训班分别到井冈山、韶山开展拓展训练和党性锻炼。每位学员撰写关于芙蓉区经济社会发展的调研报告，以及自我剖析党性分析材料。培训结束，评选优秀学员16名，优秀班干部2名，优秀调研报告6篇。

【组织干部到遵义党性锻炼】11月6—11日，区委党校组织2016年度芙蓉区绩效考核优秀的副科实职以上干部和社区书记、主任37人到遵义开展“不忘初心、牢记使命”学习贯彻中共十九大精神党性锻炼。在为期6天的培训中，围绕党性教育主题，由专业人员讲授《发扬遵义会议精神》《星火点亮赤水——中共赤合特支》等课程。党性锻炼利用遵义及周边特有的革命历史资源，组织学员现场参观遵义会议会址、息烽集中营、四渡赤水纪念馆、苟坝会议会址、娄山关等革命旧址，共同诵读毛泽东诗词《忆秦娥·娄山关》，在感化室里齐诵《囚歌》。学习结束，每位学员撰写1份党性分析报告。（章　余）

政策研究

【概况】2017年，区委政策研究室履行决策参谋、综合调研、课题研究等职能，不断强化以文辅政能力，较好完成各项目标任务。牵头起草区委“一号文件”、区委全会工作报告等一批重要文稿，起草各类会议、活动讲话稿70多篇。围绕基层党建、群众工作、深化改革等重点难点问题开展课题研究4项，研究成果在《省委改革简报》《长沙调研》《市委内情参考》等内刊上发表，在《湖南工作》《长沙晚报》《长沙通讯》等党报党刊上发表署名文章8

篇。审核校对印刷各类区委文件100余份，完成区委规范性文件备案19份。（喻 林）

【芙蓉区实施"三大工程""九大行动"】2017年区委区政府发布1号文件谋划新一轮发展，实施"三大工程"，推进"九大行动"，2月3日召开全区动员大会。三大工程即"强党建、提品质、惠民生"，九大行动为"全面从严治党先锋行动、基层党建堡垒行动、群众工作连心行动、同时加速实施产业品质提升行动、城市建设攻坚行动、城市管理提质行动、全面开展社会事业惠民行动、社会保障利民行动、社会治理安民行动"。九大行动方案中每一个项目分解到责任人，实施行动制定出路线图和时间表，各项目落实情况成为全年绩效考核的重要内容。至年底，区委区政府该项战略部署实施成效显著。全年铺排重点项目116个，启动53个社区提质提档工作，重点建设走马楼社区、识字里社区等10个精品社区，建设紫薇路、东牌楼、韭菜园路等特色街巷。推进7所学校建设，新增学位2500余个。建立全省首个"新湖南"区级工作站，发布"新芙蓉"APP(应用程序)。开展"芙蓉先锋"主题党日活动，建设主题党建文化基地近20个，社区党建经费提高到20万元。选派4372名党员干部结对联系全区约6万户普通群众家庭，走访18.1万人次。引进楼宇企业507家，新增市场主体1.8万家，三产、楼宇税收占税收总额比重分别为九成、六成，投入30亿元启动"魅力芙蓉·城市双修"项目建设。成功承办中华龙舟大赛，长沙首台大型实景情境剧"浏阳河上"实现常态化演出；涌现出中国好人池凤英、全国特级优秀人民警察刘辉等一批全国模范。投入民生资金41.3亿元，新增城镇就业1.7万人，居民人均可支配收入50138元，同比增长8.1%。构建"1+X"大调解机制（"1"即驻街派出所调解室，"X"即矛盾纠纷调解领导小组成员单位），推进信访积案化解百日攻坚，实施打击违法犯罪"夏季攻势"、重点交通违法行为"百日会战"、金融风险专项整治等行动，信访总量、刑事立案量、火灾事故发生率、非法集资发案数等指标大幅下降。推进国家食品安全示范城市创建，群众对食品安全满意率排名五区第一。（喻 林）

史志档案

【概况】2017年，史志档案局履行工作职责，完成各项任务。《芙蓉年鉴（2015）》在第四届全国地方志优秀成果（年鉴类）质量评审中，被中国地方志指导小组、中国地方志学会评为三等年鉴，档案宣传教育工作被评为省先进单位，党史工作被评为"2016年度全省党史系统'以史铸魂'平台建设组织工作先进单位"、市先进单位。

党史工作。为纪念中国人民解放军建军90周年，区委党史联络组区史志档案局联合编印纪念专辑《致敬军旗》，7月底发至区直机关各单位、街道、社区和区属中学。申报市委党史研究室《长沙市改革开放实录》项目课题，经审批确定区政府研究室、发改局、教育局、文体新局、中央商务区办和金融办6家单位为编撰课题责任单位。6项编撰课题如实记录芙蓉区改革开放成果，11月底完成初稿。为市党史办课题《长沙市拆违控违工作纪实（二）》芙蓉区部分组稿，上报8个专栏，27篇稿件、197幅图片、1篇拆违控违大事记。完成省委党史研究室"毛泽东与秋收起义"学术研讨会征文2篇，分别被省、市相关刊物各采纳1篇。收集区域内在世抗日老战士24人资料，整理出在世抗日老战士口述文章9篇，收录在长沙市档案局《峥嵘岁月继往开来》——纪念中国人民解放军建军90周年征文作品集。芙蓉区部门史丛书之《长沙市芙蓉区韭菜园街道发展史》（26.6万余字）6月出书内部发行，《长沙市芙蓉区民政发展史》11月出样书。

地方志工作。编纂《芙蓉年鉴（2017）》，根据实际情况及方志出版社意见对内容栏目、版面设计小部分调整，11月由方志出版社出版。完成《湖南乡镇（街道）简志·长沙卷》芙蓉篇组稿工作。全书按13个街道设13个分目，正文有区域概况、经济发展、基础设施、社会事业、特色地情五大板块。样稿10月送交市地方志办公室。编纂《长沙市志（1988—2012）·人物篇》，12月底完成人物传28人、烈士名录2人初稿编撰。为《湖南年鉴》和《长沙年鉴》区县条目组稿。提交《长沙年鉴》条目10篇、照片14张，《湖南年鉴》条目4篇。传播地方志文化，在东屯渡街道白沙湾社区举办方志文化进社区活动，市地方志办公室领导向社区授牌"史志之家"。

档案工作。2017年区档案馆接收文件级档案1110件，案卷级档案273卷，现行文件97件，通过查档窗口、函电代查等方式，接待查档3000人次，利用档案5500卷（件）次，为拆迁查证、纠纷处理、补贴申请、资料编撰等提供依据。配合蔡锷路拆迁指挥部等重点项目在全市查档70人次。10—11月，配合区编制清查，为区40家单位查阅利用档案710卷（件）次。制定印发《关于切实加强本区档案整理业务管理的意见》，指导各单位档案业务外包工作。组织全区各单位档案员开展档案业务培训，培训100人次。提供档案业务指导90次。第六期馆藏档案数字化工作于9月启动，11月完工，条目录入1.37万条、原文扫描15.39万页。联合区委督察室在全区范围内开展档案行政执法督察，现场检查8家单位档案管理情况，检查结果在全区范围内通报。以国际档案日为契机，在区政府二楼大厅开展“档案——我们共同的记忆”主题宣传活动，展出展板9块。规范化整理馆藏资料，包括80册照片档案、500本书籍。梳理完善档案馆管理制度，增加档案柜12组，最大限度利用馆库空间，实行馆藏档案集中统一管理。（李文英）

【方志文化进社区活动】 6月29日，长沙市地方志办公室主办，芙蓉区史志档案局和东屯渡街道白沙湾社区承办的长沙市“史志之家”授牌暨方志文化进社区活动在白沙湾社区举行。市地方志办公室党组书记、主任王习加，市地方志办公室副主任贺国成、肖清平及相关工作人员，区史志档案局局长谭永华及史志科全体工作人员，东屯渡街道及白沙湾社区主要负责人，社区群众代表等近100人参加活动。活动由贺国成主持。市志办与区史志档案局领导共同向白沙湾社区赠送《湖南年鉴（2016）》《长沙年鉴（2016）》《芙蓉年鉴（2016）》《长沙年鉴年度人物、年度事件（2011—2015）》《长沙史话》等地方志书籍，为社区提供地方志知识与地情概貌的咨询服务。白沙湾社区就地方志法规和芙蓉区的历史文化组织方志知识抢答活动。现场设置宣传展板，提供地方志工作咨询，发放宣传资料。现场还设有喷绘方志墙，刊载地方志介绍、优秀地方志书籍推荐等内容。（苏　洁）

【编印《致敬军旗》】 为纪念中国人民解放军建军90周年，区委党史联络组和区史志档案局联合编印了纪念专辑《致敬 军旗》，于7月31日发放给区直机关各单位、街道、社区和区属中学。《致敬 军旗》以峥嵘岁月、浴血荣光、不忘初心历史节点为基石，立足芙蓉区的人和事，收录了《南昌起义芙蓉第一人》《战地日记选编》《不忘初心的家国情怀》等11篇文章，回忆了人民军队建设和发展的光辉历程。区委办主任许凡担任编委会主任，张定浙任主编，全书90页约4.5万字。（温小慧）

【《芙蓉年鉴（2015）》获三等奖】 8月，在第四届全国地方志优秀成果（年鉴类）质量评审中，《芙蓉年鉴（2015）》被中国地方志指导小组、中国地方志学会评为三等奖。《芙蓉年鉴》是由芙蓉区委、区政府主办，区史志档案局组织编辑出版的综合性年度资料性文献，涵盖辖区80余个单位（含垂直管理单位），内容包括自然、政治、经济、文化、社会。芙蓉区2014年启动年鉴编纂工作，至2017年底，出版发行4卷。首次2014卷由湖南人民出版社出版。2015卷起由方志出版社出版。2015卷设部目30个，分目106个，子目37个，条目628个，统计表27个，附有彩图专版，全书近90万字。方志出版社对该书的审核意见：该书全面、翔实地记录芙蓉区的基本面貌和发展状况，为社会各界和海外人士了解、研究芙蓉区提供了基本资料，也为编纂各类史书积累了丰厚资料；《芙蓉年鉴（2015）》编纂质量良好，语言简洁，具有地方特色。该卷年鉴在湖南省地方志编纂委员会主办的全省第四届年鉴评审中，获县市区级地方综合年鉴二等奖。（苏　洁）

老干部工作

【概况】 2017年，芙蓉区委老干部局把握“为党和人民事业增添正能量”的价值取向，在服务老干部、凝聚老干部和引导老干部上落细、落小、落实，全区老干部的满意度和幸福指数不断提高。区老干局获评2017年度长沙市老干部工作“红旗单位”。荷花园街道德政园社区党委明心苑支部被评为全省第二批示范离退休干部党支部，定王台街道丰泉古井社区第一党支部等5个党支部被评为全市离退休干部党组织标准化建设“示范离退休干部党支部”，荷花园街道德政园社区“慈娭驰乘务岗”被定为全市老干部教育培训基地，湘湖街道车站北路社区裴翠英工作室等6个团队被评为全市第六批“发挥五老作用”示范阵地，朝阳街道曙光社区等5个社区被评为全市第四批老年教育网络课堂示范站点。

老干基础工作。区委出台《关于进一步加强和改进离退休干部工作的实施意见》，成立区委离退休干部工作委员会。健全完善老干工作联席会议、涉老组织负责人联席会议制度、协会管理制度、干部分片联点制度、“五必访”工作制度、阅文制度、困难帮扶制度等。召开全区老干工作推进会，从活动、待遇、生日慰问、住院探视、丧葬处理等方面规范服务管理工作。健全“五老”人员和离退休干部党员两个动态信息库，建立以老干局、原单位、街道、社区、家庭为主的五位一体服务网络。为涉老组织负责人和80岁以上的离退休老同志购买意外伤害保险，发放春节暖心红包。离退休干部党建工作经费实行单列，足额予以保障。七个涉老组织完成换届。

老干党建工作。离退休干部党建工作纳入区委党建工作整体规划和全区各单位党工委的绩效考核，实行分级负责、分层管理。继续做实老干部大课堂、银发先锋大课堂、支部书记培训、情况通报、座谈会等工作，推出《芙蓉工作动态》老干部专辑，每季一期，宣传上级精神及区委、区政府大政方针、重大活动，区域内经济社会发展取得的工作成果和变化。结合中共十九大宣传系列活动开展创建“五好”离退休干部党支部和“五好”离退休党员活动。开设银龄E支部和银发先锋微信群，每天发布中共十九大精神问答题、党建知识、典型事迹等各类学习内容，群内成员讨论交流。推广“芙蓉党建”应用程序（APP），打造“指尖上的党建阵地”。结合“两学一做”和“主题党日”活动，打造“古塔书吧”“党章文化园”等户外党建“微基地”；搭建“悦读时光”的“微平台”。上好每月“微党课”，讲好党员故事，传播党员好声音和党建正能量，涌现“东湖夜话”“1030”微党课等品牌。2月14日，中央电视台《新闻联播》以“微党课成为党员加油站”为题，专门报道张定浙、池凤英、刘雄等老党员微党课宣讲。学习贯彻中共十九大精神。以离退休干部党支部为单位，开展“组织一次集中学习，安排一次学习辅导，撰写一篇心得体会，召开一次座谈交流，开展一次宣讲活动，举办一次主题党日活动”为内容的“六个一”活动。年内，离退休党员干部撰写学习中共十九大报告心得体会1210篇，组织学习讨论168场次，开展辅导宣讲350场次，在离退休干部党员中掀起了学习宣讲贯彻中共十九大精神的热潮。

困难和问题：老干部工作的转型和创新发展不够，离退休干部队伍结构发生变化，离退休人员思想观念跟不上形势。（王　凯）

【发挥老干部余热工作】2017年，开展各种活动吸引人心，发挥老干部作用。老干局下辖十大涉老组织，开展“走基层、看变化、促发展”系列活动。聘请政治素质高、党建业务精的退休干部为基层党建指导员，分片联点指导开展党建工作。整合各类资源，开展专题宣讲、主题征文、诗歌征集、微宣讲赛课、参观工农业生产（项目建设）、诗词大赛、书画展、志愿者公益视频大赛八大类活动，共计650场次。组织参加第五届老干运动会，获乒乓球女子团体第一、男子团体第二。获市第九届老年运动会女子地掷球第三名。抓好老年教育工作，开展网络课堂社区站点管理员的培训。

区关工委在青少年中开展“学史明理 立德树人”主题教育。举办“咏诵中华诗词 弘扬传统文化”中小学生诗词大赛，现场500余人参加。开展“放飞梦想 喜迎党的十九大”亲子体验活动。张定浙、刘雄、黄智仁等一大批“五老”深入机关、学校、社区、企业讲党史、讲国史、做普法宣传300余场次，受教育青少年3万余人。各级关心下一代工作委员会加强阵地建设，开展精准关爱工作。全年慰问困境儿童90人，走访学校2所，发放助学金近8万元，推荐6名贫困大学新生参加市关工委“金秋扶贫助学”行动。推出“小候鸟流动儿童城市融入计划”“爱心存折”“红色芙蓉陈列馆”“筑美家园”等一批品牌项目，推动全区关心下一代工作水平提升。持续开展寻找身边最美“五老”活动。产生“慈嫔驰乘务岗”“裴翠英工作室”等208支“银发先锋”服务队。在防汛抗洪期间，银发先锋服务队主动捐款捐物积极参与应急后勤保障工作。4月20日《长沙晚报》整版刊发《“银发先锋”唱响最美夕阳红》一文，宣传芙蓉区“五老”

热心服务社会的精神风貌。全年在中央、省、市级各类新闻媒体、宣传报道180余条。

【中小学诗词大赛】 5月26日，以“咏诵中华诗词 弘扬传统文化”为主题，芙蓉区2017年中小学生诗词大会总决赛暨庆“六一”表彰大会在马王堆小学举行，该活动由区关心下一代工作委员会、区教育局联合举办。湖南省关工委副主任罗海藩、办公室主任徐向东，长沙市关工委常务副主任刘耀杰、长沙市委老干部局副局长艾明旺、团市委学校部副部长张国金，芙蓉区委书记于新凡、宣传部部长伍艳飞，区关工委主任罗树林、区教育局局长谢小红，以及参赛学生代表、志愿者代表，家长代表等近500人参加。于新凡代表区委、区政府向在座及全区的少年儿童致以节日的祝贺。比赛项目分为有问必答、争分夺秒、步步为赢、千钧一发、飞花令等环节。在小学组赛区，楚怡小学、育英小学、燕山二小、育才三小、大同三小参赛。育英学校获得特等奖，其他4所学校获一等奖。在中学组赛区，长郡芙蓉实验获得中学组特等奖，湘一芙蓉中学获一等奖。比赛结束后，举行芙蓉区“最美少先队员”“最美辅导员”“动感中队”代表以及该次诗词大赛获特等奖和一等奖的队伍颁奖仪式。

【全区老干部工作推进会】 9月6日，召开了全区老干工作推进会，区委、组织部部长周虔出席会议并讲话，区直各部门、湘湖管理局、各街道办事处等相关负责人近80人参加，老干部局局长彭良厚主持。会议传达中央、省、市老干部工作“双先”表彰会议精神，传达芙蓉区《关于进行一步加强和改进离退休干部工作的实施意见》主要精神，该文件从活动、待遇、生日慰问、住院探视、丧葬处理等方面进一步规范了服务管理工作。会议总结前段全区老干工作，研究部署下一阶段主要工作任务。老干部局副局长鲁素爽解读老干部工作及离退休干部党建工作相关事项《备忘录》。

【“五老”工作总结表彰大会】 10月25日，由区关工委、区离退休干部党工委、区委老干部局联合举办“银发遐龄 乐学乐为建新功”总结大会，区委组织部部长周虔出席会议并讲话，市关工委副主任刘耀杰，区关工委主任罗树林出席，各街道、区直相关单位的分管领导及工作专干共200余人参加，会议由芙蓉区老干局局长彭良厚主持。会议表彰了为推进全区经济社会发展做出贡献的20名最美“五老”、10名美德少年、50名银发先锋，15个离退休干部党组织标准化建设示范党支部、11个“发挥五老作用”示范阵地、13个老年教育网络课堂示范社区站点。罗树林向获奖代表颁发荣誉证书、奖牌。

（王　凯）

【老干部大学】 芙蓉区老干部大学位于区政府院内，有教室5间，招生对象主要面向芙蓉区中老年人。2017年，学校校委会9人，负责学校全面管理；学委会7人，负责学员与学校之间联系，反映和协助解决各班级和学员中出现的问题；原区人大常委会副主任卢涛担任校长。学校自办校刊《晚霞》，设晚霞志愿服务队1个20人，艺术团4个（合唱、舞蹈、模特、葫芦丝）。年内，开设包括声乐、器乐、舞蹈、绘画、摄影、模特、中医、英语、电脑等19个门类课程，学年开班123班次，在册学员7075人次，聘请教员28人。学校推进老干部大学规范化、制度化建设，创新发展理念，繁荣校园文化建设，实现“老有所教、老有所学、老有所乐、老有所为”的办学宗旨。

校园文化建设。发挥老干部大学艺术团、学校文化长廊、《晚霞》校刊、校园信息平台作用，加强校园文化建设。围绕“点赞新长沙、喜迎十九大” 主题开展作品征集，组织全校学员开展诗歌、散文、美术、书法、摄影创作活动，收到百余件作品在学校文化长廊中展示。校临时党委在校区内开辟宣传栏，紧跟形势不定期更换内容，宣传中共十九大精神。校刊《晚霞》坚持每季一期，办刊十年，截至2017年年底出刊42期。学校摄影班利用班级的微信圈举办“学长聊天”平台。组织学校艺术团4支队伍参加演出，在“芙蓉区新节目大赛”中获多项奖励，学校获“优秀组织奖”。合唱团参加长沙市社区合唱赛进入前8名，获得季军。舞蹈队参加国家体育总局主办的全国广场舞大赛进入全国总决赛并获三等奖。

教学管理探索。明确学制。各学科根据学员的学习时长与学习能力水平，设立了提高班、中级班与初级班，提高班和中级班实行考核入学，每一个层次设置学习年限、教学目标与要求。年内实现分级的学科有声乐、舞蹈、模特、二胡、英语、葫芦丝。分层次教学使老师教学定位准确，有的放矢，有利于提升老年教育教学质量。建立"常规教学监控"，把教学监督权交给班级和学员，每个学期如实反馈。建立班级活动报备制度。挖掘空间潜力，解决教室紧张问题。提高现有教室的利用率：同一教室每半天安排2个班次，电脑教室实行一室多用。落实制度管理，实施班级到课率检查并公布结果。

学校队伍建设。注重教师队伍建设，更多聘请年轻、大学本科毕业、专业优秀的教师担负教学工作，给教学注入新的活力。加强学员自我管理队伍的建设，充实学委会，人员分布在各个学科。规范班委会组成人员数量、要求、职责、分工。年内组织志愿服务队开展学习、培训、交流等多种活动。（谭丽霞）

区直机关党建

【概况】 2017年，芙蓉区直机关工委下辖92个党组织（包括1个党委，5个党总支，86个党支部），党员总数1862人（其中在职党员1251人，离退休党员611人）。年内，打造机关党建品牌20个，挖掘培树区级先进机关基层党组织5个，区级先进党员、党务工作者、学习标兵7名。

思想组织建设。组织机关党员干部通过看录像、听报告、集体研讨等方式，学习廖俊波先进事迹，习近平总书记"7·26"重要讲话精神；开展"党的十九大精神进机关"系列活动，邀请市委党校老师作专题讲座。建立短信发送制度，将区委书记、区委常委在所在支部讲党课，以及各支部学习教育最新动态通过短信形式发送给党组书记、支部书记。持续推进基础工作规范。组织入党积极分子14人参加培训，19名发展对象参加组织部、党校培训；接收17名预备党员，批准10名预备党员转正。按最新要求规范，全年收缴党费61.6万元。年内机关党组织变更，46个党组织按要求换届改选，新成立党支部2个，划入党支部1个，转出党支部1个，撤销、合并党支部2个。对6位新任的机关党支部书记实行任职谈话。制定《区直机关2017年党组织"三会一课"安排表(参考版)》。推动先进典型培树，继续开展"七一"评优表彰活动。举办"喜迎十九大 感受新变化"主题党日暨机关党建展风采活动。

队伍作风建设。制定下发"责任清单"，不定期开展新任党组织书记交心谈心，严格机关党组织书记述职评议。组织136名党务工作者到红色教育基地接受党性教育。评选优秀微党课并集中展示。建立工委书记联系点，对机关党组织开展全面督导三次。完善《区直机关工委2017年度党建工作督查细则》，落实各支部工作。强化警示教育。组织机关党务工作者参观静园廉政警示教育基地，观看《永远在路上》《绝不饶恕》影视片。根据区纪委统一部署，开展作风建设专项督察5次，文明创建督察1次。纪工委办理党员违纪案件和信访案件各1件，处分党员2名。

群团老干工作。组织开展干部职工"趣味运动会"，组织在职及离退休女职工1200余名参加"三八"节健步走比赛。机关团支部组织青年团员参加区团委主题活动，推荐1名优秀机关团员获评芙蓉区青年岗位能手。慰问干部职工及其直系亲属、困难党员100人次。机关工会为1378名在职在编干部职工购买补充医疗保险44.1万元，其中200名干部职工获得保险理赔10多万元。妇委会为全区584名女职工购买女性安康保险8.76万元，为217名干部职工发放独生子女保健费2.46万元，为215名干部职工的独生子女购买安康保险1.29万元。组织老同志学习，每季度定期召开离退休支部书记会议，开展集中政治学习。关心老同志生活，分批次组织近500名离退休人员开展重阳节活动。

机关党建新探索。深入区财政局、园林局、审计局等机关支部开展调研，探索党建工作与业务工作、中心工作融入融合的经验做法。围绕"融合式机关党建工作"主题，承办长沙市机关党建工作交流会，为市直工委加强对区县（市）机关党建工作的指导以及推进区县（市）间机关党建工作交流打开通道。机关工委《着眼融入融合 不断创新方法 努力推进机关党建工作向纵深发展》经验交流材料在《长沙机关党建》刊登。

存在的困难和问题。思想重视不够，基层党务工作者队伍建设有待加强。基层党务工作不够精，党建基础工作有待夯实。基层党建品牌不多，工作创新力度有待提高。（邬凯文）

【承办市机关党建工作现场交流会】2月23日，长沙市各区县（市）机关党建工作现场交流会在区机关会议室召开。长沙市直工委常务副书记易权吉出席，各区县（市）机关工委负责人16人参加会议。芙蓉区直机关工委书记宾雪丰、工委副书记王琼、汤德奇出席。与会人员实地查看芙蓉区园林局、财政局的党建特色成果展示，听取宾雪丰关于芙蓉区推进机关党建与业务工作深度融合方面的经验介绍。各区县（市）直工委书记结合实际开展讨论，提出机关党建工作中存在的难点问题，推进融入融合抓党建的思路和方法。会上，易权吉对芙蓉区机关工委党建工作表示肯定，认为芙蓉区机关党建典型树得好，基础工作实，特色经验足，具有很好的代表性，值得推广；现场交流会准备充分，组织严密，规格高，启发大。

【湘江新区机关党委一行人到区交流】 3月15日，湖南湘江新区机关纪工委副书记、纪检监察室主任文山虎，政务服务中心副主任丁思明，机关工委专职副书记、调研员洪军等一行近30人，到芙蓉区交流学习党建工作。湘江新区是2015年4月经国务院批复设立的中国第12个、中部地区首个国家级新区，位于长沙市湘江河以西。交流组一行参观芙蓉区财政局的电子公开栏、廉政文化走廊、党建学习成果展板、阅览室、党员活动室；区园林局的党建文化照片墙、“我的入党故事”作品展示、廉政活动室，翻阅党建工作相关资料。交流组分别听取芙蓉区财政局、园林局相关领导作机关党建工作介绍，双方开展现场座谈交流。湘江新区一行人对芙蓉区机关党建工作取得的成绩给予肯定，洪军希望进一步加强联系，相互学习，共同促进机关党建工作水平不断提升。芙蓉区机关工委、财政局、园林局相关领导陪同。

【区直机关党建工作会议】 3月23日，区直机关工委在区党校会议室召开2017年区直机关党建工作会议，区委副书记陈计伟出席，机关工委全体班子成员、区直机关各党组织书记70人参加会议。会议由工委副书记王琼主持，工委书记宾雪丰作工作报告。报告回顾了2016年机关党建工作所取得的成绩，并对2017年区直机关党建工作安排部署。陈计伟在会上讲话要求：抓思想，抓好党建促业务；抓规范，格规范党内政治生活；抓服务，党员干部做到服务中心敢担当。

【火炬中学项目临时党支部成立】3月，经芙蓉区直机关工委批准，芙蓉区火炬中学项目临时党支部成立，有党员8人。火炬中学工程项目是芙蓉区重点工程项目，2016年开工建设。为有效发挥基层党组织的战斗堡垒作用和共产党员的先锋模范作用，区直机关工委和区工务局共同商议提出建立临时党支部。党支部书记李安民在项目板房中开辟宣传小阵地。为支持临时党支部的建设，5月25日，区直工委书记宾雪丰带领工委全体党员，向火炬中学临时党支部捐赠一批党建图书。宾雪丰要求，要引导广大支部党员聚焦区委战略部署，推进支部“两学一做”学习教育，团结带领全体党员拧成一股绳，为芙蓉区经济建设发展作出更大贡献。

【基层党务工作者培训班】 4月19日，由芙蓉区直机关工委举办的2017年区直机关基层党务工作者能力提升培训班在区党校开班。区直机关各党组织负责人、党建专干120人参加培训。区委组织部副部长许琼山参加开班式并作动员报告。培训班采取集中授课和现场教学相结合的方式，邀请省、市委党校教授围绕习近平总书记系列讲话精神、十八届六中全会精神授课，邀请市直工委领导就提升机关党建日常工作规范化水平开展专题辅导。湖南中医药大学教授作机关工作人员预防疾病保持健康的专题讲座。该培训还组织学员到第一师范学习青年毛泽东的成长历史，到长沙市廉政教育基地接受党风廉政教育。

【优秀微党课展示活动】 6月20日，由长沙市文明办主办，芙蓉区文明委、文明办、区直机关工委承办的芙蓉区直机关“崇德明礼 勤政为民”道德讲堂暨主题党日之“两学一做”优秀微党课展示活动在区机关会议室举行。区委宣传部部长伍艳飞，市文明办综合处处长刘爱梅出席活动，区直机关各单位党组织书记及党员代表150人参加。活动由江丹主持。该次活动把道德讲堂与主题党日紧密结合，分诵经典、学模范、微宣讲、学知识四个环节进行。在微宣讲环节，芙蓉区首届“感动社区人物”、芙蓉好人宣讲团成员池凤英讲述自己的故事，通过诉说身边平凡的小事例，展现文明做人的大道理。在学知识环节，结合“芙蓉先锋”主题党日制度，开展“区直机关党组织书记优秀微党课集中展示”。区团委、民政局等单位的6名党支部书记围绕“两学一做”主题为大家上微党课。

【主题党日暨机关党建风采展活动】 10月17日，由芙蓉区委组织部主办，芙蓉区直机关工委承办的“喜迎十九大 感受新变化”主题党日暨机关党建展风采活动在区机关会议室举行。芙蓉区委书记于新凡，区委组织部部长周虔，区委办主任许凡出席活动。活动分为主题活动和机关党建风采展两部分。主题活动从沙画《四个芙蓉谱新篇》开始，展现芙蓉区近十年间的巨大变化和发展历程。4名青年党员朗诵原创诗歌《美丽的白沙湾》，展现中共十八大以来白沙湾社区的变化。8名青年党员在党旗下宣誓，区直机关工委、区审计局、区园林局、区财政局机关党组织代表分别介绍本单位的“红色礼包”、党员先锋岗“三亮三比”“绿色先锋队”“学习驿站”特色党建品牌。通过区直机关工委制作的视频，展示芙蓉干部不忘初心，砥砺前行的奋斗历程，讲述芙蓉党员勤政为民、无私奉献的感人事迹。活动现场表彰“学‘习’讲话 芙蓉担当”主题征文优秀作品10篇。最后情景剧《走访》，讲述机关党员干部积极参与“连心”行动的真实故事。机关党建风采展板设置在二楼大厅，分四个板块，集中展示中共十八大以来芙蓉区直机关党建工作及取得的成绩。

【区直机关干部职工趣味运动会】 11月17日，由芙蓉区直机关工委主办的区直机关干部职工趣味运动会，在湖南生物机电职业技术学院内举行。运动会主题为“运动、快乐、聚力、奔梦”，旨在激发机关干部职工热爱运动、参与运动的积极性。来自区直各部门的近40支队伍500余人参赛。比赛设置鸿运彩球、超级汉诺塔、车轮滚滚、龟兔赛跑、众星捧月、趣味接力6个项目。区纪委代表队、区城管、人防、轨道办联合代表队获一等奖。

【“党的十九大精神进机关”专题宣讲】 11月30日，区直机关工委在区机关会议室举行“党的十九大精神进机关”专题宣讲活动，区直机关各党组织书记、党建专干120余人参加。区直机关工委书记杨幸子主持。市委党校教务处处长、副教授姚庆武围绕《迈入新时代 开启新征程》主题，用数据和案例，从新时代中国特色社会主义的历史方位、理论指南、战略部署三个方面，宣讲中共十九大精神。会上，杨幸子就区直机关各党组织学习中共十九大精神提出要求。 （邬凯文）

（责任编辑：谭丽霞）

长沙市芙蓉区人民代表大会常务委员会

第五届区人大常委会机构及领导人员

主　任　廖铁成
副主任　宋晋武
　　　　陈忍冬
　　　　严国益
　　　　马京沙（女）
　　　　罗尔曼（女）
委　员　许琼山
　　　　张　军
　　　　刘建军
　　　　陈　蓉（女）
　　　　黄　萍（女）
　　　　孙立荣
　　　　赵文楷
　　　　段向阳
　　　　杨　兵
　　　　朱向东
　　　　侯　建
　　　　王秀贵
　　　　尹国杰
　　　　莫昊锋
　　　　易　琰（女）
　　　　朱金秀（女）
　　　　周彩霞（女）
　　　　孔伏军
　　　　张　宇
　　　　彭　坚
　　　　邓　龙
　　　　盛小芳（女）
　　　　柳沣原

区人大常委会工作机构

办公室

主　任　张　军
副主任　胡尚德
　　　　周　率（2017.06免）
　　　　谭　芳（女）（2017.06任）

法制委员会

主　任　刘建军

财政经济委员会

主　任　陈　蓉（女）

城建环保工委

主　任　赵文楷
副主任　陈　旭（女）

教科文卫工委

主　任　孙立荣
副主任　朱　峰（女）
　　　　（2017.06任）

内务司法工委

主　任　黄　萍（女）
副主任　耿　铭

选举任免联络工委

主　任　段向阳

【概述】 2017年，芙蓉区第五届人大常委会围绕区委战略部署，履行法定职责。召开常委会议7次，主任会议27次；审查专项工作报告39项，听取审议工作报告40项；开展专题视察7次、调研10次，执法检查12次，作出决议8项；任免国家机关工作人员32人次、人民陪审员122人次，督办代表建议71件。

依法行使职权。区人大以全区中心任务和群众关注热点作为监督重点，推促“一府两院”依法行政、公正司法。助力经济发展转型升级。开展对产业发展、楼宇经济、政府融资、政府债务等领域工作的监督，组织主任会议成员深入隆平高科技园开展视察调研，提出“加快总部经济发展、着力打造中国种业硅谷”的调研意见和建议。听取定王台、文艺路、韭菜园、五里牌等街道关于棚改征收、楼宇服务和落实《关于加速推进现代服务业发展的实施意见》等情况的汇报，支持中央商务区高端现代服务业发展。主任会议专题审议政府融资事项，规范政府举债行为2次。建立审计查出问题整改情况向人大常委会报告制度，专题听取审计财政预算执行及其他审计情况、审计问题整改情况工作汇报2次。组织主任会议成员视察调研财政、国税、地税等部门工作。推进宜居城区建设。听取政府贯彻实施新《中华人民共和国环境保护法》情况的专项报告，组织主任会议成员开展执法检查，对接中央环保督察组督导行动，现场督办中央环保督查组交办的重点问题。组织对城市建设和城市管理、三年造绿大行动、社区提质提档工程开展集中视察和专题调研。把医疗卫生、安全生产、食品安全、教育均衡等社会热点问题纳入监督计划。组织开展对《中华人民共和国科学技术普及法》《中华人民共和国老年人权益保障法》《湖南省科学技术普及条例》《湖南省公共文化体育设施条例》等法律法规贯彻落实情况的执法检查。维护法治环境公平正义，推进“司法公正长沙行”活动，组织专题视察审判监督与执行、查办和预防职务犯罪工作，专题调研基层派出所建设，支持公安部门实施警务体制改革，推动“平安芙蓉”建设。运用法治方式解决信访问题，接处群众来信来访50余批(次)，处理一批涉法涉诉和关系群众日常生活的信访案件。以依法合规为准则，提升重大决策和人事任免的科学化、规范化水平。常委会议和主任会议依法审议批准区政府关于用政府购买服务方式实施“浏阳河东岸风光带”“滨河路道路”“隆平水稻博物馆”建设项目，以及《将社区提质提档PPP模式中政府付费或补贴纳入中长期财政预算》等议案，支持区域经济发展。制定《关于在全区公民中深入开展法治宣传教育第七个五年规划的决议》，明确把法治宣传教育纳入全区经济社会发展规划。规范性文件备案审查9件。依法开展人事任免工作，坚持党管干部和依法任免有机结合的原则。把好主任会议初审、任前法律考试、个人陈词、任免审议等关口，任免人员全部全票通过。强化任后监督，首次听取和审议区教育局长和民政局长述职报告并进行满意度测评，组织代表参与对政府职能部门工作评议。依法贯彻区委战略部署，参与中心工作，在棚改征收、抗洪救灾、文明创建、积访化解、楼宇服务等工作中主动作为。全体代表投身抗洪抢险，参加赈灾募捐，捐款捐物300余万元。

图6　2月9日，芙蓉区人大常委会召开五届常委会议，研究五届人大二次会议筹备情况，审议《区人大常委会工作报告》《区人大常委会2017年工作要点》及区人大常委会有关制度

改进代表工作。走访联系市、区两级人大代表，覆盖率95%以上。健全代表列席常委会议制度，组织代表开展视察调研、执法检查、会前视察，参与政府咨询座谈、考核测评等工作和法院检察院开放日、员额法官检察官向宪法宣誓仪式等活动。支持和保障代表定期走访群众、选民联系日接待群众、年底向选民述职等履职行为。提高代表履职能力，完成全部代表初任培训，举办培训班2期。出台并落实《进一步完善街道人大阵地建设实施办法》，强化街道人大工作经费保障，13个街道代表活动室和77个社区(村)民情联络站全部按新“六有”标准升级到位。首次组织召开区“一府两院”半年度工作情况向区人大代表集中通报会。发挥街道人大工委作用，组织代表参与辖区棚改项目建设，参与“连心”行动，定期调研民生工作。代表建议办理。推行“常委会分管领导领衔督办、相关委办对口督办”的督办机制，两次大会收到71件代表建议全部办理完毕。

加强自身建设。坚持重大事项报告制度，向区委报告人大重点工作、重大活动20余件次，全年向区委常委会汇报人大党组工

图7　5月11日，区人大常委会主任会议调研视察全区环境保护暨配合中央环保督察工作会

作2次。修订完善常委会议、主任会议议事规则15项，制定出台《常委会组成人员履职考核办法》《优秀人大代表评比办法》等制度。加强机关支部建设，组织到韶山开展“重温入党誓词”主题党日活动。加强学习交流，组织到浏阳市、广东、浙江等地学习阵地建设、预算监督等方面先进经验，接待辽宁、吉林等地人大交流学习11批次。以“连心”行动为平台，下街道、进社区、走入居民群众家中，帮助困难群众解决具体问题。

（谭　芳）

【区人大常委会会议】　2017年，区人大常委会召开五届常委会议7次。

2月9日，五届人大常委会第二次会议，研究五届人大二次会议筹备情况，审议《区人大常委会工作报告》、《区人大常委会2017年工作要点》及区人大常委会有关制度。

4月19日，第三次会议，听取区七五普法规划情况报告、区医疗卫生事业发展情况报告，通过一批人事任免议案。

6月22日，第四次会议，听取贯彻落实《环境保护法》和区安全生产工作情况报告，通过一批人事任免议案。

8月23日，第五次会议，审议关于社会发展和财政预决算的报告，财政收支的审计结果报告，接受代表辞职议案。

10月30日，第六次会议，学习传达中共十九大会议精神，审议关于2017年1-9月财政预算执行和调整（草案）的报告，听取常委会赴广州考察学习组情况汇报，对民政、教育部门负责人进行述职评议，听取审议五届人大一次、二次会议代表建议办理情况的报告，通过一批人事任免议案。

12月22日，第七次会议，审议2017年经济和社会发展、财政预算执行情况和2018年经济和社会计划、财政预算的报告，听取常委会赴浙江考察学习组情况汇报，听取五届三次会议筹备情况的汇报，确认选区人大代表资格，审定优秀人大代表评选，接受代表辞职。

12月26日，第八次会议，通过提名补选缪晨光为长沙市第十五届人民代表大会代表的议案。

【区人大常委会主任会议】

2017年区人大召开五届人大常委会主任会议24次。

1月18日，第四次主任会议，学习传达部署有关工作。

2月4日，第五次主任会议，研究人事、代表培训、区五届人大二次会议筹备等相关工作。

2月8日，第六次主任会议，审议政府购买服务相关议案。

图8　区人大常委会主任廖铁成在芙蓉区五届人大二次会议上讲话

2月21日，第七次主任会议，听取隆平高科技园工作情况汇报。

4月12日，第八次主任会议，听取区人民检察院查办和预防职务犯罪工作情况汇报。

4月17日，第九次主任会议，通过相关人事任免议案及讨论部署相关工作。

4月26日，第十次主任会议，听取全区园林绿化工作情况汇报。

5月11日，第十一次主任会议，视察全区配合中央环保督察工作情况。

5月24日，第十二次主任会议，听取全区城市管理工作情况汇报。

6月19日，第十三次主任会议，审议通过常委会议相关议题。

6月26日，第十四次主任会议，听取区现代服务业产业投资基金情况汇报。

7月13日，第十五次主任会议，听取区“一府两院”向人大代表通报上半年工作情况汇报及商讨对宁乡灾区捐献事宜。

7月14日，第十六次主任会议，听取区地税和区国税工作情况汇报。

7月31日，第十七次主任会议，听取社区提质提档PPP模式相关情况汇报。

8月17日，第十八次主任会议，听取区人民法院工作情况汇报。

8月21日，第十九次主任会议，审议通过常委会议相关议题。

9月26日，第二十次主任会议，调研全区食品安全工作情况。

10月17日，第二十一次主任会议，听取蔡锷中路两厢棚改项目融资情况汇报。

10月23日，第二十二次主任会议，审议通过常委会议相关议题。

10月25日，第二十三次主任会议，视察蔡锷中路两厢棚改项目征收情况。

10月26日，第二十四次主任会议，审议通过2017年预算调整方案的报告（草案）。

11月17日，第二十五次主任会议，视察“魅力芙蓉.城市双修”PPP项目工作。

12月14日，第二十六次主任会议，听取区公安分局工作情况汇报。

12月18日，第二十七次主任会议，审议通过常委会议相关议题。

【芙蓉区人大五届二次会议】 2月16—17日，芙蓉区第五届人民代表大会第二次全体会议召开。16日大会开幕式在区会议中心举行，213名人大代表实到205人，区委、区政府，区法院、区检察院负责人出席，区五届政协全体委员列席，区委区政府各部门、区人大各委办、各街道负责人，市垂直管理部门负责人，区人大、政协离任老领导总计600余人参加会议。会议听取并审议区长周春晖所作的《政府工作报告》，区人大常委会主任廖铁成所作的《芙蓉区人民代表大会常务委员会工作报告》，区法院院长刘自军所作的《芙蓉区人民法院工作报告》，区检察院检察长王均全所作的《芙蓉区人民检察院工作报告》。会议审议了《芙蓉区2016年国民经济和社会发展计划执行情况与2017年国民经济和社会发展计划（草案）》的报告，《芙蓉区2016年财政预算执行情况和2017年财政预算安排（草案）》的报告。会议期间，代表分13个团进行小组审议讨论。17日下午大会举行闭幕式，全体代表和邀请列席人员400余人出席会议。会议表决通过了关于六个报告的决议。区委书记于新凡出席大会并讲话。

【调研区园林绿化工作】 4月26日，区人大常委会主任廖铁成，副主任宋晋武、陈忍冬、严国益、马京沙、罗尔曼，区人大办公室、城环委负责人一行调研区园林绿化工作。副区长练大智，区园林局全体班子成员陪同。调研组一行实地考察车站北路万象新天、步步高人行天桥、浏阳河西岸风光带、浏阳河生态景观游园、东宜公园，召开座谈会上听取园林局负责人相关工作汇报。会上，练大智对区人大关注、关心、支持园林绿化工作表示感谢，并提出园林建设四个“进一步”：工作体制进一步理顺，园林规划进一步科学，工作水平进一步提升，建管经费进一步保障。廖铁成讲话认为芙蓉区绿化实践很有成效，绿化发展很有特色与潜力。他希冀：思想要更解放，克服客观地域因素的局限，开拓绿化空间新思路、新发展；要树立高精大意识，打造好芙蓉特色亮点；要拓展丰富建设资金来源，撬动更多社会资源。造绿复绿项目要依法依规依程序，以制度、规矩规范行为。

【组织代表到北戴河培训】 5月10—16日，区人大常委会副主任宋晋武和马京沙带队47名区人大代表和人大工作者到全国人大北戴河培训基地，开展为期7天的集中培训。国家行政学院教授任进、中央党校教授刘启云、燕山

图9　7月20日，举行“一府两院”半年度工作情况通报会

大学教授李冬等6名教授专家担任授课教师。培训内容除常规人大代表必学的《中华人民共和国全国人民代表大会和地方各级人民代表大会代表法》《中华人民共和国全国人民代表大会监督法》外，新增燕山大学魏黎波教授“从‘一带一路’看中国的开放战略”，燕山大学李冬教授“现代城市景观解读”，中央党校施红教授的“当前我国经济形势”等内容。除课堂教学，培训增加课堂互动，与外地学员交流环节。该次培训旨在提高人大代表履职能力和提升业务知识水平，受到代表们欢迎。

【市人大联工委到区走访基层市人大代表】 5月23日，市人大联工委主任周松波、副主任张建华、办公室主任阳跃军、代表联络处处长陈旷一行来我区调研走访基层市人大代表。区人大常委会主任廖铁成、副主任宋晋武及办公室、联工委负责人陪同。周松波一行深入湖南楚天律师事务所、区韭菜园街道办事处走访看望了基层市人大代表李志员、徐青春，观看了韭菜园街道人大代表活动室。周松波一行在区人大主任会议室召开座谈会，罗丽芬、刘斌、刘雄英、于辉滔等基层市代表参加会议。在调研走访和座谈过程中，市人大联工委领导听取基层市代表的履职情况介绍和区、街人大的工作汇报。周松波对各位市代表立足岗位、依法履职、密切联系群众、积极发挥作用方面表示赞赏，对芙蓉区人大常委会联工委工作予以肯定。他要求芙蓉区人大常委会联工委进一步加强与代表的联系，认真听取意见，为代表履职提供优质服务和保障。

【“一府两院”半年度工作情况集中通报会】 7月20日，芙蓉区“一府两院”半年度工作情况通报会在区会议中心举行。通过大会形式向186名区人大代表集中通报，该做法在长沙尚属首次。区长、区法院院长、区检察院检察长通报上半年工作情况，通报会后组织代表们分组审议。2017年上半年以来，芙蓉区围绕建设“四个芙蓉”的目标定位和区五届人大二次会议提出的目标任务，以强党建、提品质、惠民生“三大工程”为主线，克难奋进，扎实工作，在项目建设、社区提质提档、新三年大造绿行动、城乡环境整治等方面取得新的进展，尤其是取得了7月抗洪抢险重大胜利，各项工作实现了时间过半、

图10　12月13日，2017年度市十五届人大代表芙蓉区联组举行会前视察活动

图11　12月14日，区人大主任会议成员调研公安分局工作

任务过半良好局面。区人民法院、区人民检察院围绕“为大局服务，为人民司法”主题，积极践行“公正、廉洁、为民”的司法核心价值观，认真落实区五届人大二次会议关于法院工作和检察院工作的决议，积极进取，审判工作和检察工作都开创了新的局面。

【市人大代表芙蓉区联组调研活动】 12月13—14日，2017年度市十五届人大代表芙蓉区联组举行会前考察调研活动。区政汇报会在区人大会议室举行，区人大常委会主任廖铁成出席并主持会议，区长周春晖、区人大常委会副主任宋晋武，市十五届人大代表芙蓉区联组全体代表出席会议。周春晖致辞欢迎并感谢市人大代表关心和支持芙蓉区经济社会发展，简要汇报2017年区政工作。调研活动中，市人大代表乘车考察荷晏社区提质提档示范点，特格尔健康产业园、杉木港黑臭水体综合整治点和芙蓉生态新城一号安置点等民生、重点工程。代表们肯定芙蓉区经济社会发展成效，并提出意见和建议。

【专题调研区公安分局工作】 12月14日，区人大常委会主任廖铁成率主任会议成员宋晋武、陈忍冬、严国益、马京沙专题调研区公安分局工作。公安分局局长陈定佳，区人大常委会办公室、内务司法工委负责人，分局相关单位主要负责人参加了调研。区人大常委会廖铁成主任一行实地考察了马王堆派出所的基层基础工作，查看派出所“一室三队”建设情况和提质改造后的执法办案区、办公区、生活区等功能区域，对派出所的警务改革、健康警队建设表示肯定。主任会议成员一行到区公安分局参观“三个中心”建设运行情况，对芙蓉公安以大数据为支撑打造现代警务运行新机制表示赞赏。调研组在分局会议室召开座谈会。会上，陈定佳从“维护稳定开创新局面、警务改革实现新跨越、平安创建获得新突破、科技支撑取得新提升、队伍建设注入新动能”五个方面汇报分局工作，区人大内务司法工委主任黄萍通报调研情况，人大常委会主任会议成员就芙蓉公安工作提出建议。廖铁成指出，要贯彻以人民为中心的发展思想，把工作做到群众的心坎里。紧紧把握新时代中国特色社会主义的鲜明特征，打造芙蓉公安特色品牌，在新征程上开创芙蓉公安工作新局面。

·建议及答复·

关于修缮改建长沙火车站售票厅、出站口公共卫生间的建议（摘要）

建议人：曾　鸣

长沙火车站是长沙市窗口单位，南来北往人流量大。位于长沙车站出站口旁、售票厅走廊的公共卫生间建于1976年，隶属芙蓉区环卫局管辖，为方便出站旅客、售票旅客及周边老百姓而设置。目前状况如下：排污不畅，化粪池易堵塞。设备陈旧，蹲位便池损坏严重。卫生间内原有的设计落后，男卫生间蹲位、小便池分区不合理。残疾人扶手损坏、便池易被挤占。

该现状已不适应人流客流的需求和城市的文明形象，又是各大媒体关注的焦点。特此建议：扩建化粪池面积，铺设长大管道。合理设计卫生间构造，优化区域功能。改善基础设备设施，提高美观、舒适感。

（5月7日）

芙蓉区环卫局关于区五届人大二次会议第17号建议的答复（摘要）

芙环卫复函[2017]10号

曾鸣代表：

您在芙蓉区五届人大二次会议上提出的《关于修增改建长沙火车站售票厅、出站口公共卫生间的建议》已收悉。区人民政府高度重见，责成区市容环境卫生管理局认真办理。现综合办理情况，答复如下：火车站北面公厕于5月初进场施工，8月5日已经竣工并投入使用，南面公厕8月7日已进场施工，计划10

月底竣工。（8月7日）

关于落实遗留问题处置政策加快“相聚大厦”产权办理的建议（摘要）

建议人：李　胜

“湘聚大厦”1~4楼即“湘龙市场”系湖南省湘龙实业有限公司于1998年通过家族集资、银行借贷、赊欠建筑原材等负债方式投资兴建，后该公司法定代表人罗武震于1999年意外事故死亡后，因家族内部成员股东争夺公司控制权和资金原因导致该项目成为“烂尾楼”。之后，政府将该土地使用权出让给湖南广通电子有限公司，湖南广通电子有限公司通过政府招商引资与湖南博士房地产开发有限公司合作建房完成“湘聚大厦”5~26楼施工，现700余套商品房全部销售完毕。

由于“湘龙市场”1~4楼与“湘聚大厦”5~26楼的权属争议、湖南广通电子城有限公司的股东长沙相聚投资有限公司与股东湖南省湘龙超市有限公司之间的股东权益纠纷以及湖南省湘龙实业有限公司内部股东权益和公司实际控制权争夺等因素，导致“湘聚大厦”一个五证齐全的项目至今未能办理竣工验收、未能给500余户购房业主办理房屋所有权证。

根据调查了解，“湘聚大厦”项目开发系五证（国土使用权证、土地规划许可证、建筑规划许可证、建设施工许可证、房屋预售许可证）齐全，工程完工后已进行消防工程单项验收、主体竣工五方验收，仅缺综合验收。2015年长沙市政府成立长沙市房产办证遗留问题协调领导小组办公室，出台《长沙市处理房产办证遗留问题处理方案》，对因开发商原因导致购房业主产权未能办理的情况予以政策性解决。但由于种种原因，从2015年政策出台至今，“湘聚大厦”仍未能完成验收进窗办证。

根据《长沙市处理房产办证遗留问题处理方案》和《长沙市处理房产办证遗留问题实施细则（暂行）》的规定，“湘聚大厦”符合政策解决范围。至此，特提出如下建议：

1. 排除干扰，积极、切实推进项目主体综合验收进程；

2. 按政策规定确定申请主体，直接为购房业主办理分户产权登记；

3. 由社区公开对外招标不具利益关联的物业单位，统一对“相聚大厦”物业进行管理和服务，避免不法利益主体利用物业管理服务需要绑架业主利益需要谋取不法利益。（8月3日）

芙蓉区建设局
关于区五届人大二次会议
第22号建议的答复（摘要）

芙建复函[2017]1号

李胜代表：

您在区五届人大二次会议提出的《关于落实遗留问题处置政策加快“湘聚大厦”产权办理的建议》已收悉。区人民政府高度重视，交由芙蓉区城乡建设局认真办理。现综合办理情况，答复如下：

1. 该项目已经列为区处遗重难点。按照市处遗工作原则，区、街两级成立工作组，专人负责处遗具体事务，代缺位开发商履行权证办理义务。区、街两级多次协调开发商获取报建资料，项目责任人奔走国土、规划、住建等部门问询调取情况，完成摸底调查及资料收集工作。

2. 拨付专项经费支持处遗工作。湘聚大厦各开发商已名存实亡，无资金实力。为切实维护好广大业主的切身利益推进处遗进程，区政府召开专题研究会制定解决方案。已投入专项资金23万用于房屋实测、结构安全检测等工作，基本完成处遗前期基础工作。

3. 启动消防整改工作。6月上旬，荷花园街道联合公安、消防部门专题布置消防整改工作，明确按照“谁管理谁负责”的原则，由宝联公司和湘聚公司共同承担，启动该项目的消防整改工程。

4. 落实处遗项目解决方案。芙蓉区于5月8日召开处遗项目区级会商会，专题研究国有土地上房产办证遗留问题，形成初步处理方案。6月7日，根据《长沙市房产办证遗留问题项目处理工作流程》的新要求，再次组织召开区产权处遗项目市级会商会。会议就东牌楼商住楼、湘聚大厦、浏城桥商贸城等11个项目的情况进行充分沟通，市处遗办、住建、国土、规划、消防、不动产登记中心等部门对处理方案进行会商并形成决议。区会商会的会议纪要已报送至市国土、规划、不动产登记中心。目前，各项目的处置方案正在进一步协商调整中。待会议纪要明确后，上报市处遗办备案，各市直部门按照会议纪要内容开展下一步处遗工作。

（8 月 30 日）

关于东屯渡地区均衡教育资源配置的建议（摘要）

建议人：刘英姿　苏　力

“财富芙蓉、智慧芙蓉、魅力芙蓉、幸福芙蓉”是未来五年芙蓉建设的美好蓝图，“15 分钟入学圈、医疗圈、健身圈、养老圈”的美好愿景想想都让人激动。无论是幸福芙蓉还是 15 分钟入学圈，都与教育的发展息息相关。一是只有教育问题真正得到解决，“幸福芙蓉”才有可能真正实现。教育发展至关重要。百年大计，教育为本。教育的质量直接关系着中华民族的命运，关系到每一个家庭的幸福。

近年，随着大量务工人员子女进城入读，芙蓉区各小学学位已经十分紧张，加上二胎政策的放开，无疑让学位供给雪上加霜。东屯渡街道辖区楼房众多，住房林立，而学校寥寥。育才二小，原本24个班的规模，为了保障学区内儿童入读，只能被迫拆除功能室、违规利用五楼当教室，目前已扩建至 37 个班，孩子们上课没有功能室，所有学科学习都只能在教室完成；没有活动场地，甚至部分班级体育课都只能在室内进行。教学资源、教师资源严重不足，学校教育质量根本无法保障、安全隐患非常大，附近居民也因入学问题牢骚满腹，民生幸福指数大受影响。然而，生源还在急剧增长中，今年 7 月还必须继续扩班，辖区内的育才三小原来情况略好，但也因大量务工人员子女的入读而不堪重负。学校教育面临着缺场地、缺教师的尴尬境地。

因此，均衡该地区教育资源配置迫在眉睫。

在辖区扩建一所小学，否则，不出五年，辖区的小学将全部人满为患，学生无处立足，幸福芙蓉、15 分钟入学圈将成为笑谈。马王堆蔬菜市场附近因为重新规划，将有一块空地。强烈建议政府在发展经济的同时优先发展教育，想法设法在此附近建设一所学校，以分解辖区的就学压力。让“幸福芙蓉”“幸福教育”都能真正触手可及，让百姓受益。

扩充教师编制。加大对该地区教师编制配备的倾斜，保障教育优先发展。

（5 月 25 日）

芙蓉区教育局关于区五届人大二次会议第 29 号建议的答复（摘要）

芙教复函 [2017]7 号

刘英姿、苏力代表：

你们在区五届人大二次会议提出的《关于东屯渡地区均衡教育资源配置的建议》已收悉，区政府高度重视，交由区教育局主办，区发改局、区编办会办。现综合办理情况，答复如下：

根据区编办回复意见，近年来，由于国务院提出了“本届政府内，财政供养的人员只减不增”的刚性要求，中央、省、市对机构编制总量进行严格控制，人员调配、招录必须有空缺编制。而目前全区编制总量是以 2012 年底统计数据为基准，随着政府工作不断增加，为“严控总量”，全区可用编制已经非常紧张，全区为积极支持教育事业发展，已通过招聘代课教师等方式努力弥补教师不足的困境，特别是编制如此紧张的情况下，在今年仍调配了一批编制给教育使用，另一方面，由于教师编制配备标准的明确权限在中央、省机构编制部门，市、区无权限，但目前中央、省暂未有最新指示。区教育局也正在通过多方渠道积极向上级呼吁，请求增加全区教师编制，以保障教育质量的优先发展。

同时，根据区发改局意见，将积极配合教育局在本辖区内扩建新学校工作，若区政府同意，将尽快立项。

芙蓉区环线以东、浏阳河以西合围区域内规划控制人口为 20.68 万人，实际控规小学 13 所 358 个班。目前，在建学校有滨河小学、双新小学，待建学校有火炬小学，古曲小学，规划的 13 所学校建设全部完成后将在一定程度上缓解区域内就学压力，区教育局也将积极地向区政府提出建设的意见，加快待建学校的建设。感谢你们对芙蓉教育工作的重视和关心。

（7 月 30 日）

关于对湖南生物机电职业技术学院周边环境进行综合整治的建议（摘要）

建议人：李翠莲

近年来，区政府加大了对湖南生物机电职业技术学院校园周边环境的整治力度，学院所在街道、社区也给予了积极配合，做了很多工作，特别是在2014年，对学院东湖校区校门口主干道进行了提质改造拓宽并铺设沥青，环卫每天冲洗路面，整体状况有所改善。但由于多方面的原因及湖南农业大学校园的规范化建设，催生了校园周边“校园经济”的发展。学院东湖校区校门口主干道周边搭建了大量违章建筑，聚集了大量商贩、私人小旅馆和网吧、露天烧烤摊位等，占道经营，各种车辆乱停乱放，经常造成严重的道路拥堵、秩序混乱和环境污染。特别是晚上夜市经营时，商贩的叫卖吆喝声、车辆的鸣笛声此起彼伏，垃圾遍地、污水横流、黑烟滚滚。墙内是整洁美丽的校园，墙外便是为广大青年学生提供吃、喝、玩、住、购等诸如“堕落街”似的集中区域，严重影响到学院的日常教育教学管理秩序和社区居民的正常生活。

为此，建议区政府和所在街道、社区：一是进一步加大整治力度，规范学校周边区域的商业经营活动。清理学校周边特别是校门口主干道周边的违章占道经营和随意摆设的摊点，对店外经营摆摊、灯箱占道等予以强力整治。对道路两边的固定店面，要将摊点控制在店内，还道路于民。将该路段设为禁停（或单边禁停）路段，并实施常态化、长效化管理。二是工商、城管、市政等行政主管部门要协同管理，落实责任制。同时，工商行政管理、食品卫生监督等部门要加强对校园周边商业经营活动的监督检查，加大对不法商贩的惩处和取缔力度，提高不法商贩的违法成本。必要时可设立执法点，保护消费者的合法权益。三是对校园周边合理规划，加快推进学院周边“城中村”的改造和环境综合整治，以项目建设推进校园周边环境的整治。为学院办学营造良好的校园周边环境，为社区居民营造安全、和谐、舒适的生活环境。

（4月6日）

芙蓉区东湖街道办事处关于区五届人大一次会议第30号建议的答复（摘要）

芙东复函[2017]2号

李翠莲代表：

您在区人大五届一次会议上提出《关于对湖南生物机电职业技术学院周边环境综合整治》的建议收悉。区人民政府高度重视，责成（交由）东湖街道办事处主办，由芙蓉交警大队、市政、食药监局、城管局、工商局东湖所会办。现将综合办理情况，答复如下：

区人大五届一次全会结束后，区委书记于新凡，区委副书记、区长周春晖一行于2016年12月9日到湖南生物机电职业技术学院走访调研并进行现场办公，学院院长楚琼湘，区政府副区长余国宏及学院、区相关部门负责人参会。会议就人大代表提出的《关于对湖南生物机电职业技术学院周边环境综合整治》建议问题形成了会议备忘录。就校园综合整治问题责成街道校园整治办公室从12月10日开始，针对学院周边交通秩序、城市环境、食品安全存在的问题进行集中整治。在整治中，街道校园整治办本着“以人为本”，坚持疏堵结合，宣传教育与依法处罚为辅的原则，在整治生物机电职业技术学院及周边环境工作中取得了阶段性成果。一是市容市貌方面。校园及周边环境整治领导小组分别对生物机电、农大的流动摊点、夜市摊档、户外经营及违章搭建，乱扔垃圾、乱贴牛皮癣、违规广告灯箱及招牌，噪音、油烟、渣土、环境污染等违法、违章行为开展整治工作。自2016年12月10日以来，共进行了8次以上大规模的整治行动，出动各种整治车辆100余台次，人员500余人次，收缴各类经营工具、广告灯箱招牌300余件，清理垃圾30余吨，铲除各类牛皮癣1000处，拆除各类违章搭建20余处，发放各类整治通知200余份。训（劝）诫店外经营业主30余人次。二是交通秩序方面。街道办事处联合区交警十四中队在生物机电学院、农大校园内开展交通秩序大整治。出动公安干警100余人次，协警100余人，辅警100余人次，警车（警摩）100余台次。暂扣无牌无证的摩托车30余台，抄牌处罚违法停车100余台，生机路设置车辆禁停标识6块，遏制车辆乱停乱放等现象。通过严查、严排、严管、严整，有效地维护了校园及周边道路交通秩序，最大限度地保证了广大师生和居民群众的出行安全。三是食品安全方面。街道食安办联合区卫监局、工商所、城管执法以等单位对生物机电学院及农大校园周边的餐饮店开展了3次大检查，检查门店200余家，出动人员60余人次，重点对餐饮服务许可证、操作间的布局、“三防”措施、消毒记录、食品原材料进货情况进行了重点检查。对检查中发现的问题，区卫监局当即要求店主进行整改，确保了舌尖上的安全。

总之，校园及周边环境综合治理工作任重而道远，东湖街道将落实责任，加大整治力度，全方位，多层面，加强问题的摸排，狠抓整改落实。进一步加大宣传力度，不断完善管理机制，在提高工作实效上下工夫、寻良策，真正为广大师生的学习、生活、出行等提供可靠保障。（4月10日）

（责任编辑：谭丽霞）

图12　浏阳河东岸十里灯光长廊

长沙市芙蓉区人民政府

政府主要机构及领导人员

区　长　周春晖
副区长　谭雄伟
　　周治国（挂职）
　　彭尚松
　　陈定佳
　　黄金国
　　梁汝岚（女）
　　佘国宏（2017.08 去世）
　　练大智

政府工作部门

区政府办

主　任　肖　磊（2017.06 免）
　　徐青春（2017.09 任）
副主任　吴康达（兼）
　　芮岸伟
　　尹　亮
　　彭红珍（女，2017.05 免）
　　黄　斌
　　易　幸（2017.05 免）
　　刘　玲（女，2017.09 任）
　　舒志刚
　　周裕熊（2017.05 免）
　　周　垚（2017.05 任）
　　何　芳（2017.05 任）
纪检组长　姚亚博（女，2017.09 免）

区发展和改革局

局　长　周旭东
副局长　熊小明（2017.05 免）
　　欧阳解征
　　汪质彬（2017.09 任）
　　冀　超（女，2017.05 任）
纪委书记　汪质彬（2017.09 免）
总经济师　魏四美（2017.05 任）

区教育局

局　长　谢小红（女）
副局长　江　凌（女）
　　杨湘林
　　杨　红（女）
纪委书记　许　芳（女，2017.09 免）
主任督学　刘　瑜（女，2017.05 免）
　　周　率（2017.05 任）

区科学技术局（知识产权局）

局　长　吴立平
副局长　胡海云
　　蒋树华
　　彭晓斌
纪检组长　刘　婷（女，2017.09 免）

区城乡建设局

局　长　饶　诚
副局长　高利欢（女）
　　金元新
　　余学武（2017.09 任）
　　刘　艳（女）
纪委书记　余学武（2017.09 免）
总工程师　赵雪梅（女，2017.05 免）
　　曹　磊（2017.05 任）

区民政局

书记局长　丁迎秋
副 局 长　陈同舟
　　蔡　琼（女，2017.05 任）
　　蔡日直
　　黄天明（2017.05 免）
　　唐　敏（女）
　　刘俊成（2017.09 任）
　　康拥军
纪检组长　刘俊成（2017.09 免）

区司法局

书记局长　焦益民
副 局 长　高云林（2017.09 免）
　　邓国平
　　陈　辉（2017.09 任）
　　唐　君（女）
　　徐永春（2017.09 任）
纪检组长　陈　辉（2017.09 免）

区财政局

局　　长　刘孟乾
副 局 长　陈晓红（女、兼）
　　周德亮
　　杨　亮

纪检组长　罗振军（2017.05免）
总经济师　黎书花

区人力资源和社会保障局

局　　长　唐宇平
副 局 长　卢　滔（2017.09免）
　　　　　周邦运
　　　　　王伟京（女）
　　　　　吴彩炼（女，2017.09免）
　　　　　姚亚博（女，2017.09任）
纪检组长　徐　军（2017.09免）

区农业林业水利局

书　　记　刘洪云
局　　长　陈　庆
副 局 长　唐学勤
　　　　　李　磊
　　　　　唐国礼（2017.09任）
纪检组长　唐国礼（2017.09免）
农办副主任　吴艳君（女，2017.05免）
　　　　　曾德志（2017.05任）
总农艺师　黄　艳（女，2017.05免）
　　　　　张　萍（女，2017.05任）

区商务和旅游局

局　　长　戴　静（女）
副 局 长　李延安（2017.05免）
　　　　　邓志文
　　　　　彭水泉（2017.05任）
　　　　　段　超
纪检组长　黄越富（2017.09免）

区文化体育新闻出版局

局　　长　焦　英（女）
副 局 长　邓　勇　周先禄
　　　　　刘益文（2017.09任）
　　　　　胡敬容（2017.02任）
纪检组长　刘益文（2017.09免）

区卫生和计划生育局

局　　长　许平波（2017.03免）
　　　　　朱卫东（2017.03任）
副 局 长　王卿松
　　　　　王　冰（女，2017.03免）
　　　　　陈莉群（女，2017.03任）
　　　　　张长翊（2017.09免）
　　　　　刘金龙
　　　　　周志成
纪委书记　周　华（女，2017.09免）

区审计局

局　　长　吴　穗（女）
副 局 长　陈思兰（女）
　　　　　姚天洋（女）
纪检组长　张　彤（2017.09免）
总审计师　刘志云（女）

区城市管理局

局　　长　陈洪林
副 局 长　王永斌（2017.05免）
　　　　　龙月湘（2017.05免）
　　　　　彭亚军（2017.05免）
　　　　　康小红
　　　　　施　伟
　　　　　熊光明（2017.05任）
　　　　　邱　礼（2017.05任）
纪委书记　张操巍（2017.09免）

区环境保护局

局　　长　余新春
副 局 长　朱　玮（2017.03免）
　　　　　杨汉禄（2017.03免）
　　　　　王国新（2017.09任）
　　　　　许　杰
　　　　　曾　科（2017.03任）
　　　　　陈国良（2017.03任）
纪检组长　王国新（2017.09免）

区安全生产监督管理局

局　　长　刘顺泉
副 局 长　刘青辉（2017.09免）
　　　　　周　伟
　　　　　彭国辉（2017.09任）
　　　　　聂忠葵
纪检组长　彭国辉（2017.09免）
总工程师　何　芳（2017.05免）
　　　　　杨晓冬（2017.05任）

区食品药品监督管理局

书　　记　危　勇（女）
局　　长　赵小午
副 局 长　易智勇（2017.05免）
　　　　　王洪明
　　　　　叶新球
　　　　　刘正军（女）
纪检组长　周国平（2017.05免）
　　　　　黄　芳（女，2017.05任，2017.09免）

区行政审批局

局　　长　张　亚（2017.05任）
副 局 长　易智勇（2017.05任）
　　　　　彭亚军（2017.05任）
　　　　　陈　斌（2017.05任）

区人民防空办公室

主　　任　胡再平
副 主 任　李　典
　　　　　陈纲要
　　　　　赵德玉
纪检组长　刘　岳（女，2017.09免）

区统计局

局　　长　陈　卓
副 局 长　裘　可（女，2017.05免）
　　　　　欧军柱（2017.09任）
　　　　　章　淦（女）
　　　　　钟泽平（2017.05任）
纪检组长　欧军柱（2017.09免）

直属事业单位

区经济和信息化局

局　　长　孔　飙（2017.09免）
　　　　　韦进文（2017.09任）

副局长　周　文
贺辉可（女，2017.09免）
方建龙（2017.09任）
姚群峰
纪检组长　方建龙（2017.09免）

区交通运输局

书　记　杜国荣（2017.09免）
局　长　廖　斌
副局长　龙　勇
蒋　浩
杨　静（女）
汤　宇
王　恒（2017.09任）
纪检组长　赖建桦（2017.05免）
王　恒（2017.05任，2017.09免）

区民族宗教和外事侨务局

书　记　阳　颖（女）
局　长　张　璎（女）
副局长　邹　宏
肖　薇（女，2017.09任）
纪检组长　肖　薇（女，2017.09免）

区住房保障局

局　长　李远书
副局长　高国宏
廖奇文
谭晓世（女）
纪检组长　田　曼（女，2017.09免）

区政务服务中心

主　任　徐乐斌（2017.03免）
张　亚（2017.03任）
副局长　童建平
陈艳丽（2017.02任）
戴湘军
纪检组长　龙群锋（女，2017.09免）

区工务局

局　长　姜　舟
副局长　吴立峰
李　靖（女）
邹晓斌（2017.05任）
陈　丰（2017.09任）
纪检组长　张　建（2017.05免）
陈　丰（2017.05任，2017.09免）

区机关后勤服务中心

书记主任　李小平（女）
副局长　熊　敏（女）
尹　程（2017.05免）
李　超（2017.05任）
纪检组长　龙婧予（女，2017.05免）

区城管执法大队

大队长　陈洪林
教导员　汤道建
党委委员　童文龙（2017.02免）
副大队长　余振宇
张　剑
李巨龙
陈越楚（2017.05任）
纪委书记　苏由华（2017.02免）
赖建桦（2017.05任）

其他事业单位

芙蓉基础设施建设投资管理中心（芙蓉城建投）

书　记　魏运辉
董事长　王劲峰
总经理　许建红
副经理　谭江涛
黄　煌（女）
魏　芳（女）
纪检组长　喻守谦

区环卫公司

经　理　梁　卫
副经理　解支胜（女）
蔡　进
邹海滨
谢国强（2017.09任）
纪委书记　张　弛（女，2017.05免）
谢国强（2017.05任，2017.09免）

区市政公司

经　理　戴建林
副经理　郭　劼（女）
邹晓斌（2017.05免）
仇仁贤
汤岳泉
张　登（2017.09任）
纪检组长　李正良（2017.05免）
张　登（2017.05任，2017.09免）

区园林公司

书记经理　朱卫东（2017.03免）
罗明立（2017.03任）
副经理　周　瑾
范泽恩
郭　佳（女）
孙　慧（女，2017.09任）
纪检组长　黄　芳（女，2017.05免）
孙　慧（女，2017.05任，2017.09免）

长沙芙蓉中央商务区管理办公室

主　任　易　鑫（女）
副主任　易　姝（女，2017.09免）
李　茂
邓　颖（女，2017.09任）

区征地办

主　任　高　鹏
副主任　彭水泉（2017.05免）
周　颖
李德傅（2017.09任）
张　弟（2017.05任）
纪检组长　李德傅（2017.09免）

区棚改办（棚改公司）

主　　任　　彭　斌
副 主 任　　彭　涛
　　　　　　吴　畏
纪检组长　　熊　伟（女）

金融办

主　　任　　肖　莉（女）
副 主 任　　陈先征（2017.09 免）

火车站综管办

主　　任　　李跃红
副 主 任　　陈静安
　　　　　　余　达
纪检组长　　风凌霄（2017.09 免）

区征收办

主　　任　　刘建刚
副 主 任　　湛俊军（2017.05 免）
　　　　　　刘建华
　　　　　　唐　煌（2017.05 任）

垂直管理单位

国土分局

局　　长　　康哲新
副 局 长　　张　杰
　　　　　　贺建帮
　　　　　　罗教论
　　　　　　张　震
执法监察大队大队长　　李良安
纪检组长　　孔娇鸿（女）

规划分局

书　　记　　陈联强
局　　长　　叶银权
副 局 长　　杨亮月（女）
执法大队长　　李　鹏
执法副大队长　　纪全皓

工商分局

书记局长　　熊国华
副书记副局长　　罗　铭
副 局 长　　翁泽林
　　　　　　谭春生
纪委书记　　谭　斌

国税分局

局　　长　　熊　玲（女）
副 局 长　　范文超
　　　　　　李雪辉
　　　　　　陈焕新
　　　　　　黄　旭
　　　　　　龙曙日
纪检组长　　吕　锦（女）

地税分局

局　　长　　马小平
副 局 长　　易　强
　　　　　　葛　韧
　　　　　　曾笔云（女）
　　　　　　朱立文
市局副调研员　　邓雪平
工会主席　　黄　劲

质监分局

局　　长　　张登波
主任科员　　卢义勇
副 局 长　　刘　慰
　　　　　　刘　义

政务纪要

【第五届区政府第二次常务会议研究事项】 1月18日，芙蓉区政府第二次常务会议召开，区长周春晖主持会议。会议议定事项：

一、关于《政府工作报告（送审稿）》，原则通过《政府工作报告（送审稿）》，明确由政府研究室根据会议精神修改完善，并提请区委常委会议审议。

二、关于锦泰广场管理相关问题，原则同意把锦泰广场纳入火车站综管办管理区域范围，要求尽快理顺相关机制，全面提升火车站地区管理水平。原则同意按照火车站综管办现有岗位编制（8人）尽快配齐工作人员，其他公益性岗位暂时不予增加。城管局、市政局、环卫局、园林局、公安分局、交警大队等部门派驻的工作人员应集中办公，由火车站综管办负责统一指挥、管理和考核。原则同意组建火车站城管中队，火车站环卫所；完善设施，强化管理。原则同意建设综合服务用房，由工务局代建，财政局据实保障所需经费。火车站综管办要全力以赴抓好火车站周边管理工作，保证春节期间不发生任何安全事故。

三、关于2016年芙蓉区科技计划项目立项工作，原则通过2016年芙蓉区科技计划项目立项，由科技局负责根据会议讨论意见修改完善。会议要求，科技项目立项要突出重点，加大对科技创新、服务民生项目的扶持力度，保证项目经费使用精准有效。

四、关于浏阳河东岸风光带及隆平水稻博物馆项目建设资金相关问题，原则同意以政府购买的方式解决浏阳河东岸风光带及隆平水稻博物馆项目建设资金问题。会议要求，应合理控制政府项目融资规模和风险，有效降低政府融资成本。

五、关于调整浏阳河产业带合作协议相关问题，原则同意按照2016年12月6日谭雄伟、佘国宏组织召开的专题会议精神解决产业带一期建设相关遗留问题。

六、关于预购新桥小区住宅用于棚改项目安置，原则通过《新桥小区三期棚改安置房预定协议（送审稿）》，同意由长沙城东棚改公司与新桥小区开发商签订预购协议，并由区财政统筹调度所需资金。

七、关于招商引资相关工作，原则同意在全区推行招商引资联席会议，并在春节前后尽快组织召开。会议要求：各街道（局）要明确1~2名专职楼宇招商管理专干，商务旅游局应明确2~3名具有招商经验的工作人员，集中精力抓好招商工作。原则同意建立全区商贸信息平台，由财政局据实安排维护费用并纳入财政预算。同时应探索建立网格化综合平台，科学整合全区城管、工商、招商、楼宇等信息并纳入网格化管理。原则同意把招商引资工作纳入年终绩效考核指标。

【第五届区政府第三次常务会议研究事项】 2月13日，芙蓉区政府第三次常务会议召开，区长周春晖主持会议。会议议定事项：

一、关于芙蓉区2016年经济发展奖励评审结果、“一事一议”及两型能源扶持引导资金奖励情况，原则同意2016年经济发展奖励评审结果，由发改局负责按照相关程序予以拨付。关于产业扶持“一事一议”奖励及两型能源扶持引导资金奖励，由发改局负责另行按程序申报。

二、关于《芙蓉区促进产业发展的扶持办法（送审稿）》及给予九龙仓中国地产发展有限公司的优惠政策，原则通过《芙蓉区促进产业发展的扶持办法（送审稿）》和关于给予九龙仓中国地产发展有限公司的相关优惠政策，明确由发改局负责根据会议精神进行修改完善后，提请区委常委会议审议。

三、关于《芙蓉区政府投资项目招标投标管理办法（修订送审稿）》和《贯彻落实〈长沙市政府投资建设项目管理办法〉的相关规定（修订送审稿）》，原则通过《芙蓉区政府投资项目招标投标管理办法（修订送审稿）》和《贯彻落实〈长沙市政府投资建设项目管理办法〉的相关规定（修订送审稿）》，明确由发改局负责根据会议精神修改完善。关于政府投资项目招投标工作，会议要求：要简化程序，着力提高项目招投标和建设效率；要强化管理。政府工程投资项目占比大、投入资金多，要重点把好立项关、设计关、变更关，加强项目审批和监管；要严格要求，招投标工作要依法依规依程序，保障政府投资项目的工程质量。

四、关于《芙蓉区促进楼宇经济发展的若干办法（试行）》，原则通过《芙蓉区促进楼宇经济发展的若干办法（试行）》，明确由CBD办负责根据会议精神修改完善方案。会议要求，应积极参考外省先进区县经验，加快打造区级5A级标准化楼宇，推进楼宇服务中心建设和老旧楼宇提质改造工作。

五、关于人民东路隆平现代产业园项目建设融资，原则同意该项目采用政府购买服务模式筹措资金，并授权隆平高科技园管委会作为该项目的购买主体。会议明确，由区政府就政府购买服务的竞争性磋商采购方式报市财政局审批，出具政府购买服务方式实施人民东路产业园建设的政府议案，以及经区人大常委会批复购买服务资金纳入财政预算函；由财政局出具关于项目实施政府购买服务模式财政承受能力的论证报告；由隆平高科技园抓紧办理政府购买服务的相关前期手续。

【第五届区政府第四次常务会议研究事项】 3月29日，芙蓉区政府第四次常务会议召开，区长周春晖主持会议。会议议定事项：

一、关于传达学习市相关会议精神。会议传达学习长沙市委脱贫攻坚暨农村工作会议、长沙市工业和信息化暨安全生产工作会议、长沙市环保工作会议、长沙市审计工作会议、长沙市棚改、征收、征地拆迁工作会议相关精神。会议要求，全区各级各部门应认真学习贯彻市相关会议精神，并结合全区实际，创造性地开展工作；要拿出切实可行的措施，抓好各项工作落实，并按要求将会议精神贯彻落实情况上报市相关部门。

二、全区2017年重点项目建设计划，原则通过《芙蓉区2017年重点建设项目计划》，明确由发改局负责根据会议精神修改完善后印发。

三、关于浏阳河文旅产业带部分项目预算追加问题，原则同意对浏阳河文旅产业带部分项目预算据实予以追加。会议要求，该项目预算追加必须要做到理由充分、内容真实、程序到位、审核严格。

四、关于《老年人日间照料中心建设实施方案（送审稿）》，原则通过《老年人日间照料中心建设实施方案（送审稿）》。对于全区老年人日间照料中心建设工作，会议要求：满足需求，符合要求。充分对接市场和辖区老年人的需求，做到实事求是、因地制宜，且规划和建设均要符合安全和消防要求。民办公助，集优集中。采取市场运作的方式，挑选实力强、口碑佳、信誉好的养老机构，全区老年人日间照料中心集中运营管理，政府据实予以经费补贴。突出重点，打造示范。尽快打造全市领先的区级老年人日间照料中心示范点，保证在7月1日前建成并投入运营。加强监管，保证安全。加强老年人日间照料中心的监督管理，保证建设运营安全。

五、关于《芙蓉区临时救助实施细则（送审稿）》和《芙蓉区精准救助、全面兜底实施办法（送审稿）》，原则通过《芙蓉区临时救助实施细则（送审稿）》和《芙蓉区精准救助、全面兜底实施办法（送审稿）》，明确由民政局负责根据会议精神修改完善，并经区委常委会议审定后印发，并报备上级民政部门；由区财政据实保障救助所需经费。

六、《关于在全区国家机关中实行"谁执法谁普法"责任制的实施办法（送审稿）》，原则通过《关于在全区国家机关中实行"谁执法谁普法"责任制的实施办法（送审稿）》，明确由司法局负责尽快组织实施，抓好工作落实。

七、关于其他相关工作。原则同意全区机关事业单位参照市级政策调整规范性津补贴（绩效工资）标准。原则同意对《浏阳河上》实景演出活动产生的相关费用据实予以保障。

【第五届区政府第五次常务会议研究事项】 5月3日，芙蓉区政府第五次常务会议召开，区长周春晖主持会议。会议议定事项：

一、关于五月份区政府重点工作，会议要求，全区各级各部门应做好5月迎接中央环保督察、城乡环境整洁行动和城管乱象整治、信访维稳、项目建设等重点工作。

二、关于学习省纪委相关会议、《长沙市2017年党风廉政建设主体责任和监督责任清单》文件精神；区财务检查相关工作。关于全区党风廉政建设工作，会议要求：要切实履行党风廉政建设两个责任。各部门、街道主要负责人要贯彻落实中央、省、市、区委工作要求，认真履行"一岗双责"，定期对班子成员进行提醒谈话、督促检查、"红脸出汗""咬耳扯袖"，保证党风廉政建设工作有序推进。要从小事做起、从我做起、从现在做起，把党风廉政建设工作抓紧抓实。遵守作风建设的各项规定，在项目、工程建设中，不以任何形式和任何名义打招呼、谋私利。

三、关于安全生产工作，会议研究并讨论了长沙市委、市政府《关于推进安全生产领域改革发展意见的实施方案（征求意见稿）》，并安排部署了全区下阶段安全生产工作。会议明确，由安监局负责，把相关部门提出的意见整理后报长沙市安委会。

四、关于政府信息依申请公开工作，原则通过《芙蓉区政府信息依申请公开工作管理办法（送审稿）》，明确由政务服务中心负责按程序印发。

五、关于芙蓉区遗留退役士兵待遇落实及安置工作，原则通过《芙蓉区遗留退役士兵待遇落实及安置方案（送审稿）》，明确由民政局负责按程序印发。

六、关于迎接中央环保督察工作，会议传达学习了长沙市生态环保委员会议第二次全体会议精神。关于迎接中央环保督察工作，会议要求：全区各级各部门应高度重视中央环保督察工作，要树立抓行业必须抓环保、抓发展必须抓环保，抓生产必须抓环保的理念。针对全区突出环保问题要坚决整改到位，由环保局牵头组织开展问题"回头看"，采取不打招呼、不发通知、直接到现场的形式开展督察，避免已整改的问题出现反弹。针对群众反映普遍的环保问题要举一反三、开展自查，在"治标"的同时更要"治本"。

七、关于社区提质提档PPP模式相关工作，会议研究并讨论了全区社区提质提档PPP（政府和社会资本合作）模式相关问题。会议要求：走马楼社区、荷晏社区、识字里社区3个示范社区按照原定方案加快实施推进，保证在中共十九大召开前竣工。其他社区提质提档原则上采用PPP模式，在保证"条件优、价格低、品质高"的前提下，依法依规依程序推进各项工作，在3个月内完成PPP项目相关前期手续。要科学统筹全区各社区提质提档的范围、标准、重点、亮点，在两年内分批实施，保证2018年底前完成社区提质提档所有工作。

【第五届区政府第六次常务会议研究事项】 6月9日，芙蓉区政府第六次常务会议召开，区长周春晖主持会议。会议议定事项：

一、关于六月份区政府重点工作。会议要求，全区各级各部门应在6月份全力抓好经济指标“双过半”、项目建设、新三年造绿观摩迎检、《浏阳河上》实景剧首演、迎接市安全生产巡查、防汛防涝、城市管理网格化推进、“三考”组考、招商引资等重点工作。

二、关于物业管理、围而未建地块整治、城市微改造建设工作。关于物业管理工作，会议明确：原则同意全区统一招录物业专职社工20人左右，每个街道配备物业专干1人，建设局物业管理科配备专干5人左右。由各街道负责，在现有的公益性岗位人员中按市里所定的人员条件和标准为每个社区统筹安排1人负责物业管理工作。原则同意建立区物业管理联席会议制度，成立区级物业管理办公室，并依据相关规定配备工作人员。原则同意把物业行业文明创建工作和物业小区执法工作纳入街道、社区绩效考核。原则同意由区财政安排配套物业管理专项工作经费60万元/年，老旧物业小区提质改造经费在全区社区提质提档工作经费中予以统筹考虑。会议充分肯定了全区围而未建地块整治工作成绩，并要求各街道继续加强整治后的常态管理。关于城市微改造建设工作，会议明确，市政府下达的10个微改造项目任务中，望龙南路绿化带微改造项目由园林局负责实施；其余9个项目由城管局负责在社区提质提档PPP项目中统筹实施，建设局负责把微改造项目设计方案尽快反馈给城管局。

三、关于《示范商务楼宇评选的实施方案（试行）》，原则通过《示范商务楼宇评选的实施方案（试行）》，明确由CBD办（中央商务区办公室）负责，按照会议精神修改后按程序下发，并加快推进全区示范商务楼宇建设和宣传推介等相关工作。

四、关于温州商贸城项目，原则通过温州商贸城项目协议拆迁安置工作《委托协议》，原则同意由征地办代表区政府按285万元/亩的协商价格与瑞星公司协定《委托协议》。

五、关于《湖南人民广播电台二〇三台用地置换及搬迁补偿协议书》，原则通过《湖南人民广播电台二〇三台用地置换及搬迁补偿协议书》，并由区人民政府与湖南省人民广播电台尽快签订协议。

【第五届区政府第七次常务会议研究事项】 6月23日，芙蓉区政府第七次常务会议召开，区长周春晖主持会议。会议议定事项：

一、关于《魅力芙蓉·城市双修（有机棚改）PPP项目实施方案》，会议肯定项目前期工作成绩，并原则通过该方案。明确由城管局负责，根据会议精神把方案修改完善后，提请区委常委会议审议。会议强调，要严格落实区委常委会议精神，坚决推进PPP项目各项工作。

二、关于芙蓉区现代服务业产业投资基金合作备忘录，原则通过该备忘录，明确由财政局负责，根据会议精神修改完善后，提请区委常委会议审议。会议要求，在参与现代服务业产业投资基金合作过程中，既要符合政策要求，又要严控政府风险，使市场在资源配置中起决定性作用，并更好地发挥政府职能，推动项目建设和楼宇经济发展。

【第五届区政府第八次常务会议研究事项】 7月29日，芙蓉区政府第八次常务会议召开，区长周春晖主持会议。会议议定事项：

一、关于《长沙市芙蓉区安全生产巡查工作制度（送审稿）》《区委区政府领导安全生产工作责任清单（送审稿）》，原则通过《长沙市芙蓉区安全生产巡查工作制度（送审稿）》《区委区政府领导安全生产工作责任清单（送审稿）》，明确由安监局负责根据会议精神修改完善，并提请区委常委会议审议。会议要求，全区各级各部门应按照“管行业必须管安全、管业务必须管安全、管生产经营必须管安全”的要求，抓好安全生产工作责任的落实。

二、关于《芙蓉区人民政府部门（单位）公共服务事项目录（送审稿）》，原则通过《芙蓉区人民政府部门（单位）公共服务事项目录（送审稿）》，明确由编委办负责，各相关部门配合，根据会议精神梳理和完善公共服务事项清单；由电子政务办负责，在区政府门户网站上对外公布。

三、关于《长沙市芙蓉区推进知识产权强区建设工作实施方案（送审稿）》《长沙市芙蓉区发明专利补助实施办法（试行）》，原则通过《长沙市芙蓉区推进知识产权强区建设工作实施方案（送审稿）》《长沙市芙蓉区发明专利补助实施办法（试行）》，明确由科技局负责，根据会议精神修改完善后印发。

四、关于全区2017年“专改公”工作，原则同意成立全区“专改公”（专变电改公变电供电模式）工作领导小组，明确由副区长黄金国任组长，副调研员虢中华任副组长，相关部门、街道为成员单位。原则同意按照市政府“专改公”调度会议要求，在全面进场施工前由区财政同步配套拨付500万元专项资金至双控账户。会议明确，由区财政据实保障经信局“专改公”专项工作经费。由市政局、园林局负责，在电力公司改造后的一周内完成相关小区市政道路“白改黑”（水泥混凝土路面改建为沥青路面）和复绿工作。

五、关于湖南甲方乙方数字技术营销股份有限公司和湖南担保集团有限公司入驻辖区的相关扶持政策，原则同意在湖南甲方乙方数字技术营销股份有限公司兑现承诺区级税收每年不低于200万元，且每年保持30%增速的前提下，2018—2023年期间，区政府按该公司当年区级税收的25%予以扶持（兑现时间和要求参照《关于促进产业发展的扶持办法》实施细则）。原则同意区税务部门在该公司合法经营、真实交易的前提下，根据公司实际需要，全力支持办理涉税业务，及时提供优质服务。

六、关于《关于落实〈关于振兴长沙工业实体经济的若干意见〉的实施细则（送审稿）》，原则通过《关于落实〈关于振兴长沙工业实体经济的若干意见〉的实施细则（送审稿）》，明确由隆平高科技园、经信局负责，根据会议精神修改完善后提请区委常委会议审议。

七、听取相关工作情况报告，会议传达学习湖南省缉毒执法工作现场推进会议，长沙市禁毒工作推进会议，长沙市安居棚改领导小组会议，全国、省、市安全生产电视电话会议，长沙市“河长制”工作会议相关精神。会议要求，全区各级各部门应学习贯彻上级相关会议精神，抓好各项工作落实。

八、关于“互联网＋监督”及民生资金公开工作，会议指出，利用“互联网＋监督”平台公开民生资金项目数据，有助于规范区财政资金的使用和管理。各责任部门和街道应严格按照省委、省政府、省纪委相关要求，抓好工作落实。会议明确：由区纪委牵头，成立民生资金公开专项工作组，负责统筹协调、定期调度，并尽快召开工作动员会，开展业务培训，推进各项工作；由谭雄伟牵头，财政局负责，严格把关公开的民生资金项目，对民生资金使用管理不规范的情形，要抓紧按要求认真整改。

九、关于长沙市《政府工作报告》重点任务落实情况，会议要求，长沙市《政府工作报告》“十件民生实事”涉及芙蓉区的各项工作任务，必须按照市委、市政府的要求全部落实到位。

十、关于创建国家食品安全示范城市工作。会议指出，芙蓉区创建工作必须走在全市前列，绩效考核必须进入一类。原则同意对农贸市场快检室建设、冷链示范点、专项创建、农村集体聚餐保险、基层能力建设、专项监管、应急演练等经费予以支持。

【第五届区政府第九次常务会议研究事项】 8月18日，芙蓉区政府第九次常务会议召开，区长周春晖主持会议。会议议定事项：

一、关于《长沙市芙蓉区2016年财政决算（草案）和2017年1–6月预算执行情况的报告》，原则通过《长沙市芙蓉区2016年财政决算（草案）和2017年1—6月预算执行情况的报告》，并明确由财政局负责，按程序提请区人大常委会审议。

二、关于《2016年度芙蓉区本级预算执行和其他财政收支情况的审计结果报告》，原则通过《2016年度芙蓉区本级预算执行和其他财政收支情况的审计结果报告》，并要求按程序提请区人大常委会审议；原则同意审计局针对“同级审”中发现问题提出的审计建议。

三、关于《关于芙蓉区2017年1–6月国民经济和社会发展计划执行情况的报告》，原则通过《芙蓉区2017年1–6月国民经济和社会发展计划执行情况的报告》，并明确由发改局负责，依程序提请区人大常委会审议。

四、关于《关于贯彻落实〈长沙市政府投资建设项目管理办法〉实施细则（送审稿）》，原则通过《关于贯彻落实〈长沙市政府投资建设项目管理办法〉实施细则（送审稿）》，并明确由发改局负责按程序印发。

五、关于“魅力芙蓉·城市双修”（有机棚改）PPP项目政府采购工作，原则同意“魅力芙蓉·城市双修”（有机棚改）PPP项目《合作协议》《合资协议》《PPP合同》，明确由法制办、城管局、棚改公司负责，修订、把关合同内容，并提请区委常委会审议。

六、关于《芙蓉区党政机关

公务出行交通补贴发放方案（送审稿）》和《公务用车集中管理方案（送审稿）》，原则通过《芙蓉区党政机关公务出行交通补贴发放方案（送审稿）》和《公务用车集中管理方案（送审稿）》。会议要求，要严格依据规定的政策、标准、范围和时间节点做好公车补贴发放工作；各部门要理解和支持公车改革工作，核准参改人员身份信息，及时公示，接受监督；要做好与市公车办的沟通衔接，抓紧推进事业单位和事业编制人员的车改工作。

七、关于贯彻落实“长沙人才新政22条”相关工作，会议指出，“长沙人才新政 22 条”是年内市委市政府出台的重要政策和开展的重点工作，要抓好政策的贯彻落实。会议要求：由财政局负责，做好资金安排和预算调整；由政务中心负责在政务大厅增设人才服务窗口；由人社局负责，与市人社局对接相关政策和业务要求，保证服务态度要好、政策落地要快；由组织部和人社局负责研究，在贯彻落实人才新政的同时，进一步解放思想、加大力度，抓好全区急需的紧缺型人才的引进工作，摸清人才底数和需求，避免人才流失。

八、关于蔡锷中路两厢棚改项目融资工作（华夏银行），原则同意融资实施方案。会议明确，由财政局负责，就竞争性采购方式报市财政局审批；由法制办负责，对政府购买服务项目审查把关并出具意见；由棚改办负责，把融资实施方案依程序报请区人大常委会审议。

九、关于《长沙隆平建设投资有限公司组织架构设置计划（送审稿）》，原则同意《长沙隆平建设投资有限公司的组织架构设置计划（送审稿）》，并明确由隆平高科技园负责，提请区委常委会议审议。会议明确，长沙隆平建设投资有限公司负责人民东路现代产业园项目开发建设、招商引资、运营管理等工作。会议要求，长沙隆平建设投资有限公司的成立和组织架构设立要按照国家和省、市相关要求，在人员配备上要遵循“精干、效能”原则，杜绝领导干部兼职经商的情况发生。要建立科学规范、权责明晰的企业管理制度，加强公司的内部管理和员工的绩效管理，落实好党风廉政建设相关要求。

【第五届区政府第十次常务会议研究事项】 10月16日，芙蓉区政府第十次常务会议召开，区长周春晖主持会议。会议议定事项：

一、关于《中央环保督察反馈意见长沙市芙蓉区整改工作方案（送审稿）》，原则通过《中央环保督察反馈意见长沙市芙蓉区整改工作方案（送审稿）》，明确由环保局根据会议意见修改后，按程序发文。会议强调，生态文明建设是“五位一体”总体布局的重要内容，环保督察工作是各级领导关注的重点、民生工作的热点、媒体聚焦的焦点，各级各部门务必高度重视，贯彻环保优先理念，在工作中不能有丝毫大意。

二、关于《芙蓉区全面推进政务公开工作实施意见》，原则通过《芙蓉区全面推进政务公开工作实施意见》，明确由政务服务中心根据会议意见修改后，按程序发文。会议指出，政务信息公开工作是新形势下的趋势、规范和要求，全区各级各部门应予以高度重视。会议要求：制定公开清单。全区各相关部门和街道要在 2017 年 11 月份之前制定本单位政务公开清单，经分管副区长把关后上报，由梁汝岚牵头，政务中心、法制办负责审议清单内容。办好政府网站和热线。要及时更新区政府网站数据信息，提升网站品质和水平；要办好12345 市民服务热线，尽可能把其他热线电话整合到市民服务热线。开展公开评议。由政府办、监察局负责，在 11 月份前制定评议方案，从 2017 年开始对所有政府部门开展市民公开评议，接受市民监督。

三、关于政府投资项目工程投资追加相关问题，原则同意发改局提请对政府投资项目工程追加投资额度。明确由发改局负责，出具项目追加投资评估报告。会议强调，政府投资项目要坚持质量、安全、效益并重：要控制项目成本；要重视项目质量；要立足建设精致、精美、精品之区，提升项目品质，避免重复建设。

四、关于湘一芙蓉中学修建性详细规划及建筑概念方案，会议指出，教育工作是百年大计、百业之首、百姓期盼，应予以高度重视和全力支持。原则同意改造湘一芙蓉中学项目，并推动学校的硬件设施和教育教学同步提质。

五、关于《芙蓉区农村集体土地拆迁安置工作目标考核管理办法（送审稿）》，原则通过《芙蓉区农村集体土地拆迁安置工作目标考核管理办法（送审稿）》，明确由征地办根据会议意见修改后，按程序发文。文件执行时间由区农村土地拆迁指挥部从实际出发确定。

六、关于《芙蓉区关于建设国家科技创新中心的实施细则（送审稿）》，原则通过《芙蓉区关于建设国家科技创新中心的实施细则（送审稿）》，明确由科技局根据会议意见修改后，按程序发文。会议要求，实施细则要立足于芙蓉区的优势，对科技创新的重点和优势产业实行精准扶持。

七、关于《全区棚改征收攻坚扫尾奖励实施方案（送审稿）》，原则通过《全区棚改征收攻坚扫尾奖励实施方案（送审稿）》，由征收办根据会议意见修改后，按程序实施。

八、关于街道集体干部相关问题。会议明确，集体干部问题的解决，应按照“分级管理、属地负责”和“谁聘请、谁使用、谁管理、谁消化、谁负责”的原则，由东屯渡街道、马王堆街道、荷花园街道负责管理各自街道的集体干部。对于区委、区政府已研究认定的集体干部，由街道负责按照以往惯例和实际情况发放补助资金。对于街道存在的集体干部经费缺口，由区财政予以补助。

【第五届区政府第十一次常务会议研究事项】 10月25日，芙蓉区政府第十一次常务会议召开，区长周春晖主持会议。会议议定事项：

一、原则通过关于《2017年1—9月全区财政预算执行情况与2017年财政预算调整方案的报告（草案）》，并明确由财政局负责，按程序提请区人大常委会审定。

二、关于下阶段财税工作，会议强调：既要全力以赴抓税收工作，做到应收尽收，也要实事求是、保证质量；支出方面要着力保民生、保发展，提高财政资金的使用效益和效率。

【第五届区政府第十二次常务会议研究事项】 11月17日，芙蓉区政府第十二次常务会议召开，区长周春晖主持会议。会议议定事项：

一、关于《芙蓉区农贸市场建设提质工作方案（送审稿）》，原则通过《芙蓉区农贸市场建设提质工作方案（送审稿）》，明确由商务旅游局根据会议意见修改完善后，按程序实施。会议强调，要高度重视农贸市场的安全问题，商务旅游局、安监局、消防大队等单位要加强农贸市场安全隐患排查，并于近期开展专项检查，保证问题整改到位。对于存在突出问题而未及时整改的，必须坚决关停。

二、关于《芙蓉区驻外招商工作方案（送审稿）》，原则通过《芙蓉区驻外招商工作方案（送审稿）》，明确由商务旅游局根据会议意见修改完善后，提请区委常委会审议。会议强调，留商和招商同等重要，要在加强招商的同时加强留商工作，提升服务水平，让企业“引得进、留得住”。

三、关于《芙蓉区关于促进企业上市（挂牌）融资的实施意见（送审稿）》，原则通过《芙蓉区关于促进企业上市（挂牌）融资的实施意见（送审稿）》，明确由金融办根据会议意见修改完善后，按程序发文。

四、关于购买“东业上城·嘉苑（二期）”商品房源相关问题，原则同意购买“东业上城·嘉苑（二期）”13幢232套商品房，用于棚改征收安置。明确由长沙城东棚户区改造投资有限公司按程序与东业地产（长沙）有限公司签订定购合同，购房资金在项目融资中自筹解决。

五、关于滨河路管网提质改造加固和东岸大堤注浆加固项目相关问题，原则同意区城建投处置2017年防汛期间滨河路的重点部位、雨污水检查井及预留井、污水主管和预留（HPDE）、管道与检查井接合处等隐患，并在公开招投标后予以实施。原则同意启动滨河路提质加固和东岸大堤注浆加固项目立项等前期工作，应根据“安全第一”的原则和省市水利专家意见再另行确定。

六、关于“村改社区”相关问题，原则同意由区财政对“村改社区”人员分流经费以借支方式予以适当支持。会议强调，各相关街道、村（社区）必须稳妥处理好“村改社区”人员分流问题，不得发生上访或群体性事件。

七、通报沪昆高速“7·19”特大爆燃事故案件的法院判决处理情况。

【第五届区政府第十三次常务会议研究事项】 12月20日，芙蓉区政府第十三次常务会议召开，区长周春晖主持会议。会议议定事项：

一、关于2017年信访积案化解“百日攻坚”专项行动奖励相关事宜，同意按照市级要求，并结合全区实际，奖励信访化解“百日攻坚”专项行动相关人员。

二、关于退役军人再就业和生活解困工作相关问题，原则同意把退役军人生活解困和再就业公益性岗位所需经费纳入区财政预算据实予以保障。关于全区退役军人再就业工作，明确由民政局、各街道等相关单位负责，把全区符合条件退役军人的家庭就业、收入水平等具体情况摸清，严把“入口关”。各街道应根据实际情况，合理安排公益性岗位，发挥退役军人的作用。加强日常管理，兑现奖惩，坚决杜绝“吃空饷”现象；对于多次违反纪律要求的人，应按照相关规定及时予以清退。在退役军人正式上岗前，组织分级分批开展培训。

三、关于2018年全区重点项目计划及市重大项目申报计划，原则同意2018年全区重点项目及市重大项目申报计划，明确由发改局根据会议意见修改后，按程序实施。关于全区2018年重点项目建设工作，会议要求：要实事求是。贯彻落实中央、省、市关于严格控制政府债务、主动防范各类风险等相关要求，根据全区实际情况尽力而为、量力而行，科学铺排2017年的重点项目。要调整结构。贯彻落实省委“产业项目建设年”要求，按照“有保有压”的原则，把产业项目和民生项目作为明年项目建设重点，拉动投资，合理调整结构。要抓紧实施。加快全区重点项目建设进度，加强对社会投资遗留项目帮扶，推进项目尽快落地开工。要对接考核。针对明年项目计划申报，要加强与市直相关部门的汇报沟通，争取根据实际情况实行差异化考核。

四、关于《芙蓉区2018年街道财政管理体制草案（送审稿）》，原则通过《芙蓉区2018年街道财政管理体制草案（送审稿）》，明确由财政局根据会议意见修改后，按程序实施。会议要求，相关街道2017年向区财政借支的经费应在2018年街道预算中扣除。

五、关于农民工工资清欠相关问题，会议明确，由各建设单位负责，对全区在建工程项目农民工工资支付情况开展摸底排查。会议要求，相关部门要主动督促施工单位按时支付农民工工资，对于拖欠农民工工资且拒不执行清欠的单位，必须严格查处、依法打击，并将其纳入“黑名单”，兑现实名制惩罚措施。

六、关于《长沙市芙蓉区2017年国民经济和社会发展计划执行情况与2018年计划草案的报告（送审稿）》，原则通过《长沙市芙蓉区2017年国民经济和社会发展计划执行情况与2018年计划草案的报告（送审稿）》，明确由发改局根据会议意见修改完善后，提请区人大常委会、区委常委会审议。会议要求，要遵循“实事求是、统筹兼顾”的原则，主动对接全市2018年各项指标预期增长目标，科学设定全区经济社会发展各项指标预期增长比例。明确由发改局等相关部门负责，就相关指标实际情况与市直部门沟通汇报。

七、关于《长沙市芙蓉区关于贯彻〈长沙市质量强市工作考核办法〉工作方案（送审稿）》和《长沙市芙蓉区质量强区三年（2017—2019）行动计划（送审稿）》，原则通过《长沙市芙蓉区关于贯彻〈长沙市质量强市工作考核办法〉工作方案（送审稿）》和《长沙市芙蓉区质量强区三年（2017—2019）行动计划（送审稿）》，明确由质监分局根据会议意见修改完善后，按程序实施。

八、关于《长沙市芙蓉区2017年财政预算执行情况和2018年财政预算草案的报告（送审稿）》，原则通过《长沙市芙蓉区2017年财政预算执行情况和2018年财政预算草案的报告（送审稿）》，明确由财政局根据会议意见修改完善后，提请区人大常委会、区委常委会审议。

九、关于《2016年度区本级预算执行和其他财政收支情况审计工作报告指出问题整改情况的报告（送审稿）》；原则通过《2016年度区本级预算执行和其他财政收支情况审计工作报告指出问题整改情况的报告（送审稿）》。

十、关于《2018年预算编制草案（送审稿）》，原则通过《长沙市芙蓉区2017年财政预算执行情况和2018年财政预算草案的报告（送审稿）》，明确由财政局根据会议意见修改后，按程序实施。

十一、关于区政府向新楚擎天广场项目开发建设融资请求提供增信支持相关问题，原则同意按照2017年6月区委常委会、区政府常务会议精神，支持新楚擎天广场项目开发建设相关事项；明确由谭雄伟牵头，具体研究推进各项工作。会议强调，要严格依法依规，遵循市场规律支持企业、帮促项目，并做到风险可控、保证安全。

十二、关于《关于进一步加强政府性债务风险防范工作的意见（送审稿）》，原则通过《关于进一步加强政府性债务风险防范工作的意见（送审稿）》，明确由财政局根据会议意见修改后，按程序实施。原则同意财政局关于成立债务管理领导小组、设立新增债务联合审查机制、建立科学合理的债偿机制、确立“量入为出”的项目安排机制、推动平台公司市场化转型、形成定期督察机制等相关建议。

十三、关于重点事项经费安排，原则同意财政局提请的重点事项经费安排，由各责任部门核实并提供相关依据后，由区财政按照程序安排。明确由发改局负责，出具项目追加部分评估报告。

十四、关于《关于提高干部职工餐卡补贴的方案（送审稿）》，原则通过《关于提高干部职工餐卡补贴的方案（送审稿）》，明确由机关后勤中心负责，从2018年1月1日开始参照市政府机关食堂补贴标准予以实施，由区财政据实保障经费投入。

十五、关于2017年黄标车淘汰工作奖励相关事宜，会议指出，全区黄标车淘汰工作任务最重、完成最快、效果最好，应给予肯定。原则同意按照市级相关政策和最终核定任务完成情况，专项奖励黄标车淘汰工作。明确由环保局负责，根据会议精神并结合工作实际情况，调整各单位经费发放比例，主要以工作经费奖励为主。

十六、关于城中村改造项目竞拍耕地指标相关问题，原则同意城建投向平江县购买26.67公顷水田指标，根据初步协商价格（70万元/亩）开展具体洽谈，并签订意向协议。会议明确，由城建投负责，摸底统计全区城中村改造和其他项目所需用地指标情况；通过购买或竞拍的方式，立足主动、有序实施；以解决水田和旱地指标需要，保证项目用地手续办理，推进项目建设进度。

十七、关于《2017年区政府工作报告》，原则通过《2017年区政府工作报告》，明确由政府研究室根据会议意见修改完善后，提请区委常委会议审议。

（区政府办）

·附·

长沙市芙蓉区人民政府2017年文件目录

芙蓉区人民政府发文

◎芙政发〔2017〕1号　关于批准《长沙市芙蓉区安全生产监督管理局2017年度安全生产监督检查计划》的通知

◎芙政发〔2017〕2号　关于印发《长沙市芙蓉区安全生产监督管理职责规定》的通知

◎芙政发〔2017〕3号　关于下达《芙蓉区2017年重点项目建设计划》的通知

◎芙政发〔2017〕4号　关于印发《长沙市芙蓉区生态环境保护网格化监管实施方案》的通知

◎芙政发〔2017〕5号　关于印发《芙蓉区2017年国民经济和社会发展目标》的通知

◎芙政发〔2017〕6号　关于进一步加强食品安全工作的实施意见

◎芙政发〔2017〕7号　关于印发《芙蓉区人民政府向本级人大报告环境状况和环境保护目标完成情况制度》的通知

◎芙政发〔2017〕8号　关于芙蓉区行政审批局与原涉改职能部门职责划分的通知

◎芙政发〔2017〕9号　关于印发《长沙市芙蓉区安全生产巡查工作制度》的通知

◎芙政发〔2017〕10号　关于印发《芙蓉区政府信息依申请公开工作管理办法》的通知

◎芙政发〔2017〕11号　关于印发《芙蓉区关于加强农村留守儿童关爱保护工作的实施意见》的通知

◎芙政发〔2017〕12号　关于公布《长沙市芙蓉区人民政府部门（单位）公共服务事项目录》的通知

◎芙政发〔2017〕13号　关于印发《芙蓉区计划生育特殊家庭扶助关怀办法》的通知

◎芙政发〔2017〕14号　关于表彰“班主任坚守奖”“十佳班主任”“十佳教学能手”“十佳服务标兵”“优秀教育工作者”“尊师重教先进单位（个人）”的决定

◎芙政发〔2017〕15号　关于印发《芙蓉区妇女儿童发展规划（2016—2020年）》的通知

◎芙政发〔2017〕16号　关于印发《芙蓉区关于落实长沙市建设国家科技创新中心意见的实施细则》的通知

芙蓉区人民政府办公室发文

◎芙政办发〔2017〕1号　关于做好芙蓉区2017年春运工作的通知

◎芙政办发〔2017〕2号　印发《芙蓉区截污工程长效管理暂行办法》的通知

◎芙政办发〔2017〕3号　关于进一步加强人感染H7N9禽流感防控工作的通知

◎芙政办发〔2017〕4号　关于印发《长沙市芙蓉区社区专职工作者管理办法》的通知

◎芙政办发〔2017〕5号　关于印发《长沙市芙蓉区人民调解"以奖代补"实施细则》的通知

◎芙政办发〔2017〕6号　关于印发《芙蓉区创建省级安全生产示范区活动实施方案》的通知

◎芙政办发〔2017〕7号　关于印发《芙蓉区2017年财税收入"深入一线带头干，齐心协力争一流"竞赛活动实施方案》的通知

◎芙政办发〔2017〕8号　关于印发《关于成立芙蓉区质量强区工作领导小组的通知》《芙蓉区质量强区工作领导 小组工作职责》《芙蓉区质量强区工作联席会议制度》的通知

◎芙政办发〔2017〕9号　关于印发《关于下达2017年政务信息采编目标任务的通知》《芙蓉区政务信息的基本 规范和审核原则》《关于进一步做好区政府门户网站政务信息公开的通知》 的通知

◎芙政办发〔2017〕10号　关于认真做好2017年人大代表建议和政协委员提案办理工作的通知

◎芙政办发〔2017〕11号　关于印发《芙蓉区2017年招商引资工作考核管理办法》的通知

◎芙政办发〔2017〕12号　关于印发《芙蓉区违法加工、罐装、销售水泥 行为专项整治工作实施方案》的通知

◎芙政办发〔2017〕13号　关于市、区2017年《政府工作报告》目标任务责任分解的通知

◎芙政办发〔2017〕14号　关于印发《芙蓉区打击和处置非法集资工作考核方案（试行）》的通知

◎芙政办发〔2017〕15号　关于印发《芙蓉区财政专项资金管理办法》的通知

◎芙政办发〔2017〕16号　关于印发《芙蓉区出生缺陷综合防治实施方案》的通知

◎芙政办发〔2017〕17号　关于印发《芙蓉区老年人日间照料中心和居家养老服务中心建设工作实施方案》的通知

◎芙政办发〔2017〕18号　关于印发《2017年度农大农科院片区雨污分流改造项目工作方案》的通知

◎芙政办发〔2017〕19号　关于印发《2017年度芙蓉区浏阳河流域水环境综合整治方案》的通知

◎芙政办发〔2017〕20号　关于印发《芙蓉区2017年房产税专项清理活动方案》的通知

◎芙政办发〔2017〕21号　关于印发《芙蓉区推进城乡环境卫生整洁百日行动实施方案》的通知

◎芙政办发〔2017〕22号　关于进一步加强芙蓉区黑臭水体常态管理和排水口维护的通知

◎芙政办发〔2017〕23号　关于印发《芙蓉区实施围而未建地块实体围墙整治工作方案》的通知

◎芙政办发〔2017〕24号　关于印发《长沙市芙蓉区临时救助实施细则》的通知

◎芙政办发〔2017〕25号　关于做好2017年芙蓉区企业办社会职能分离移交工作的通知

◎芙政办发〔2017〕26号　关于印发《芙蓉区公路"路长制"实施方案》的通知

◎芙政办发〔2017〕27号　关于印发《芙蓉区示范商务楼宇评选实施方案（试行）》的通知

◎芙政办发〔2017〕28号　关于印发《芙蓉区全民健身实施计划（2016－2020）》的通知

◎芙政办发〔2017〕29号　关于建立"一单四制"制度推动重大事故隐患治理的通知

◎芙政办发〔2017〕30号　关于印发《芙蓉区促进产业发展的扶持办法实施细则》的通知

◎芙政办发〔2017〕31号　关于印发《长沙市芙蓉区控违拆违工作三年行动（2017—2020）实施方案》的通知

◎芙政办发〔2017〕32号　关于芙蓉区落实2017年长沙市政府廉政工作电视电话会议有关工作部署重点任务责任分工的通知

◎芙政办发〔2017〕33号　关于印发《长沙市芙蓉区推进知识产权强区建设工作实施方案》的通知

◎芙政办发〔2017〕34号　关于印发《长沙市芙蓉区发明专利补助实施办法（试行）》的通知

◎芙政办发〔2017〕35号　关于印发《长沙市芙蓉区街道协税护税工作绩效考核办法》的通知

◎芙政办发〔2017〕36号　关于印发《芙蓉区已建住宅小区供电设施2017年“专改公”工作实施方案》的通知

◎芙政办发〔2017〕37号　关于印发《芙蓉区承接市政府131号令下放的市级经济管理权限工作方案》的通知

◎芙政办发〔2017〕38号　关于印发《2017年芙蓉区政务公开工作要点责任分解》的通知

◎芙政办发〔2017〕39号　关于印发《芙蓉区无证汽车维修安全隐患整治工作方案》的通知

◎芙政办发〔2017〕40号　关于落实全区财税工作会商会有关工作的通知

◎芙政办发〔2017〕41号　关于印发《芙蓉区人民政府政策落地办公室工作方案》的通知

◎芙政办发〔2017〕42号　关于印发《芙蓉区减证便民专项行动工作方案》的通知

◎芙政办发〔2017〕43号　关于印发《长沙火车站地区全面深化综合治理集中整治工作方案》的通知

◎芙政办发〔2017〕44号　关于印发《芙蓉区全面推进政务公开工作的实施意见》的通知

◎芙政办发〔2017〕45号　关于进一步加强无证办学清理整治的通知

◎芙政办发〔2017〕46号　关于成立东岸街道黄泥塘社区居委会的批复

◎芙政办发〔2017〕47号　关于印发《芙蓉区农村集体土地拆迁安置工作目标考核管理办法》的通知

◎芙政办发〔2017〕48号　关于印发《长沙市芙蓉区2017年11—12月黄标车淘汰工作冲刺阶段实施方案》的通知

◎芙政办发〔2017〕49号　关于印发《长沙市芙蓉区电网供电能力提升三年行动计划》的通知

◎芙政办发〔2017〕50号　关于2017年财政支出绩效评价结果的通报　（区政府办）

行政审批

【概述】　为贯彻落实习近平“以人民为中心”的发展思想和推进中央“简政放权、放管结合、优化服务”决策部署，芙蓉区率先成立全省首家行政审批局，按照“依法行政、精简高效、审管分离、统筹协调”的原则，积极稳步推动相对集中行政许可权改革试点工作。年内，实现了全区70项行政许可、45项行政确认、72项其他职权（行政备案）事项进窗上线。《内政参考》《瞭望》《新闻周刊》《中国机构改革与管理》《湖南机构编制》、省改革办《改革专报》、新华网、湖南卫视、湖南经视、长沙新闻频道、《长沙晚报》等新闻媒体推介。　（陈林林）

【开展相对集中行政许可权改革试点工作】　根据湖南省委常委、长沙市委书记胡衡华的指示精神，2017年6月24日，芙蓉区成立行政审批局，打通服务企业和群众的“最后一公里”。区行政审批局按照“审批权力集中、办事窗口集中、人员队伍集中”的标准，把原分散在21个部门（省市驻区垂直管理部门和区环保局除外）行使的70项行政许可权和74项其他职权（行政备案权）一并划转至该局：原分散在区直各个部门的数10个审批科室由3个审批科室取代；21个涉改职能部门的近300名审批工作人员负责的审批工作，由区行政审批局43名工作人员承担，统一集中办理行政审批事项。构建“一窗受理、联合查勘、内部流转、并联审批、一窗出证”工作模式，做到“进一家门、到一个窗、办多家事”，实现行政审批事项从受理到办结的一站式审批，实现“一枚印章管审批”。发挥“互联网+”作用，依托技术手段，打通数据壁垒，加快省市业务审批系统与区级政务服务系统的信息对接互通，打破部门信息“孤岛”，让数据跑腿代替群众跑腿。通过微信、APP、互联网+政务服务系统等渠道，利用大数据进行服务创新，实现审批改革和政务服务的数据化和精细化。区行政审批局按照“程序最简、资料最少、时限最短、跑腿最少”要求，对所有行政许可、行政备案事项流程重新梳理：压缩审批时限，144项行政审批和行政备案事项办理时限由法定的2769个工作日减少到1116个工作日，减幅达60%；精简审批资料，凡是法律法规无明确规定的证明材料一律取消，凡是上个环节已经提供过的资料下一环节不得要求再次提供，凡是可网络共享的信息资料不得要求另行提交，减少企业群众重复提交行政审批资料60%以上；优化审批效率，坚持“以人民为中心”的发展思想，按照能放则放、该管则管的原则，换位体验找差距，换位思考优服务，提高窗口工作人员的服务水平。开展“资料复印、快递送达、证照办理”惠民举措，提供“保姆式”上门服务，推行首问负责、延时办公、并联审批等一系列创新性服务机制让企业群众满意。

【完善行政审批制度】 区行政审批局坚决按法律审批、按程序审批，制定《行政审批六项工作制度》《长沙市芙蓉区行政审批局内部管理制度（试行）》《长沙市芙蓉区行政审批案卷评查办法（征求意见稿）》《行政审批局主要职责内设机构和人员编制规定（草案）》，建立健全“公示听证、协调配合、全程监督”三大机制，主动接受各方监督，让权力在阳光下运行，保证“行政审批不出问题，党员干部不出问题”。开展“纠‘四风’、治陋习”和“雁过拔毛”式腐败问题专项整治，开展“亮身份、强服务、争先锋”主题实践活动；开展学习廖俊波先进事迹，深入查找“四不”问题活动，推进党风廉政建设和正风肃纪查处。加强内部监管，提高审批透明度；加强部门监督，保证审批规范无误；加强电子监察，对在线审批项目实行全程监督；加强社会监督，对行政审批项目全方位评价，杜绝懒政怠工、权力寻租等现象。落实管党治党主体责任，成立了行政审批局党支部委员会，加强党组（支部）书记抓党建的第一责任意识和第一政绩意识。

【区领导调研行政审批改革试点工作】 8月9日，副区长谭雄伟到区行政审批局召开行政审批试点工作座谈会。该会议由副县级干部蒋虎韬主持。区政府办、区交通局、区卫计局、区食药监局等、区行政审批局负责人参会。由区行政审批局局长张亚汇报了整体工作运行情况、存在的困难和该局工作计划。各分管副局长介绍了相关业务工作开展情况。谭雄伟对行政审批试点工作的目标、质量、服务环境和政务队伍建设等方面提出了具体要求。

9月5日，区长周春晖到行政审批局召开了相对集中行政许可权改革工作座谈会。区政府办、区编委办、区法制办、区督查室、区人力资源和社会保障局、区行政审批局负责人参会。周春晖听取了行政审批局工作情况汇报并到政务服务大厅各窗口实地了解工作开展情况。周春晖提出了工作目标：进一步深化改革创新，创造经验、提供样板、做出示范，打造行政审批改革的“芙蓉模式”。他要求，改革试点的核心是“服务”，要从免费复印、免费wifi等小事做起，向办事群众提供优质高效的服务；改革试点的关键是“效率”，要通过清理权力清单，精简流程和资料，提高行政审批的效率；改革的根本是“队伍”，加强作风建设、能力建设、党风廉政建设，打造一支高素质的行政审批干部队伍；改革试点的目标是实现人民群众“不出门、不跑腿、不求人、办好事”，提高人民群众的满意度。

【各级领导到区考察行政审批改革试点工作】 8月16日，新华社湖南分社长株潭采访部主任刘良恒到区召开相对集中行政许可权改革试点工作调研会。芙蓉区委宣传部部长伍艳飞陪同。区编委办、区法制办、区行政审批局、区食药监局、区民政局负责人和办理审批业务代表参会。该次调研会议由区委宣传部副部长李向华主持。由区编委办主任江红和区行政审批局局长张亚分别汇报了芙蓉区开展相对集中行政许可权改革试点的背景、历程、业务范围、运作方式、工作举措、工作成效、特色亮点及防范廉政风险等方面情况。区食药监局、区民政局等涉改部门的负责人介绍了对改革试点工作的成效和建议。东湖街道、长沙东协盛医院代表谈了办理相对事项中方便企业和群众的感受。刘良恒要求，芙蓉区要立足实际，勇于创新，试出实效，努力探索出一条相对集中行政许可权改革的新路子，推出一批可复制、可推广的改革试点经验供全省学习借鉴。

8月31日，由长沙市委副秘书长、市委办公厅主任曹再兴带领市委办公厅第六党支部一行10人到区开展主题党日活动，召开了行政审批改革试点工作座谈会。区委办主任、改革办主任许凡、副主任李启杰陪同。会上，区行政审批局局长张亚介绍开展试点工作的基本情况。曹再兴要求，区行政审批局要不断总结经验，把相对集中行政许可权改革向纵深延伸，向实践拓展，为全省行政审批制度改革提供可供参考的成功经验。

9月15日，长沙市纪委派驻市食药监局、市工商局、市质监局纪检组长陈志恺到区实地考察相对集中行政许可权改革试点工作并召开了座谈会。区食药监局、区工商分局、区行政审批局负责人陪同。陈志恺要求，区行政审批局要立足服务，最大限度地简化审批流程和审批资料，为办事群众提供优质服务，不断提高人民群众的满意度；要加强制度建设，把工作制度监督、纪律监督和人民群众监督结合起来，提高行政审批的规范化水平。

10月17日，湖南省委副秘书长、省编办主任魏旋君到区考察相对集中行政许可权改革试点工作并召开了座谈会。长沙市委组织部部长张宏益，市编委办，芙蓉区委、区政府主要领导陪同。区有关部门负责人和企业代表参加。区委书记于新凡主持调研会，区长周春晖汇报芙蓉区相对集中行政许可权改革工作的推进情况，主要成效、经验和启示，工作思路和存在的问题及建议。于新凡回顾了全区的改革试点工作历程，并提出了意见和建议。长沙东协盛医院、芙蓉区尚德社会工作服务中心负责人谈了切身感受。魏旋君实地走访办事大厅，听取情况汇报。他要求，芙蓉区作为试点城区，要立足自身实际，认真试点、推广试点，抓好放权、监管、服务工作，落实优流程、转作风、利群众的便民举措，真正贯彻落实习近平总书记"以人民为中心"的发展思路。

10月26日，中央编办三司副司长陈峰到区考察相对集中行政许可权改革试点工作，湖南省编办副主任黄爱华，长沙市编办主任彭民安，区委书记于新凡、区长周春晖、区委办主任许凡陪同。区委改革办、区编委办、法制办、行政审批局、民政局、食药监局负责人和企业代表参加。陈峰实地考察了区政务服务中心办事大厅，区行政审批局局长张亚介绍情况。于新凡主持调研会。会上，周春晖汇报了芙蓉区相对集中行政许可权改革试点工作的基本情况。于新凡讲话表示，努力解决改革存在的问题与困难，进一步精简审批事项、创新服务模式、打通数据壁垒。陈峰要求，进一步降低制度成本、压缩审批时间、优化服务流程、协调审管关系，为湖南省行政审批体制改革积累经验，全力打造相对集中行政许可权的"湖南样本"。

11月2日，长沙市委改革办副主任吴德峰，副主任曾向阳到区考察相对集中行政许可权改革试点工作。区委办主任许凡陪同。区委办、区委改革办、区编委办、区法制办、区行政审批局负责人参加。吴德峰实地调研了区行政审批局大厅，由区行政审批局局长张亚介绍了大厅的窗口设置、办事流程、便民服务、管理方式、运行机制等情况。该次调研会由区委办副主任李启杰主持。张亚汇报了芙蓉区相对集中行政许可权改革试点工作的基本情况。吴德峰任要求，芙蓉区要再接再厉，做到由统至专、由繁至简、由下至上、由破至立、由中心至心中的转变。要继续认定改革的方向、把握改革的路径、提升改革的品牌，全力打造相对集中行政许可权改革的"湖南名片"。

11月16日，江苏省发改委副主任魏然、投资处处长赵良元，湖南省发改委副巡视员兼投资处处长龚新平到区考察相对集中行政许可权改革试点工作。长沙市发改委、市编委办、市经信委，区发改委、区编委办、区经信局、区行政审批局等负责人参加。在芙蓉区政务服务大厅，区行政审批局局长张亚介绍了相对集中行政许可权改革试点工作基本情况，重点做好简化流程、系统对接、优化服务等惠民便民举措，实现行政审批事项网上办结70%，行政备案当场办结70%以上。魏然指出：相对集中行政许可权改革和发改委项目投资有着重要关系，它直接影响到营商环境及民间投资发展。他希冀芙蓉区再接再厉，先试先行，进一步压缩审批时间、净化营商环境、优化服务质量，为全国行政审批体制改革积累宝贵经验。（陈林林）

·政务公开与政务服务·

【概况】 2017年，芙蓉区政务服务中心从解决群众反映强烈的切身利益问题入手，以服务对象满意为立足点和出发点，解决好便民惠企的"最后一公里"问题。

政务服务窗口。区政务服务中心坚持"以人民为中心"发展思想，按照能放则放、该管则管原则，换位体验找差距，换位思考优服务。开展"资料复印、快递送达、证照办理"三项免费惠民举措，以"四零五心"（服务质量零差错、服务事项零积压、服务受理零推诿、服务方式零距离；

接待公众要热心、解答问题要耐心、受理方式要细心、提供帮助要诚心、服务百姓要真心）服务制为标准，开展“每月之星”服务评优活动。提供“保姆式”上门服务，推行首问负责、延时办公、并联审批等创新性服务机制让企业、群众满意。全年接待群众咨询6.6万人次，受理业务6.2万件，办结业务6.2万件，实现了零投诉。

政务信息公开。按照《中华人民共和国政府信息公开条例》规定，全区完成编制政务公开目录和指南的单位实现100%。发布《芙蓉区2016年政府信息公开工作年度报告》。通过政府门户网站“芙蓉之窗”“幸福芙蓉”微信公众平台等渠道公开政府工作信息。年内，在“芙蓉之窗”公开政务信息1.14万条，上网查阅访问“芙蓉之窗”825万人次。全年重点领域公开重大项目信息612条，财政信息354条，住房保障信息65条，食品安全信息93条，环境保护信息254条，行政审批信息2986条，安全生产信息27条，征地拆迁信息167条，物价和收费信息26条，教育医疗信息90条。落实《芙蓉区政府信息依申请公开工作管理办法》，依法受理政府信息依申请公开556件，按时答复率100%。

“12345”市民服务热线。设立实时监控、预警纠错、绩效评估、信息服务四大核心功能的“12345”行政效能监督平台，要求对群众反映的问题，第一时间交办到位、督办到位、落实到位。并由区监察局及区委办、政府办在网上监督办理办结情况。在市热线办组织的例行考核中，3月、5月和8月的回访满意率全市内五区第一。全年签收工单6576件，结案工单6412件，按时办结率100%，回访满意率98.54%。（周　原）

【政府信息公开培训会议】 4月27日，举办2017年政府信息依申请公开业务专题培训会。区直属机关相关部门、各街道（园、局）分管领导和信息公开工作人员100人参会。会议由区政务中心主任张亚主持。长沙市政务中心副主任雷泓和市法制办行政复议处律师周明勤讲授政府信息依申请公开相关业务知识及相关政策法规。11月24日，举办“12345”市民服务热线工作暨政务服务业务培训会。各街道、隆平高科技园管委会、区直属机关相关部门的61家热线成员单位参会。会议由区政务中心主任张亚主持。区政务中心副主任童建平通报了全区热线工作情况。长沙市政务服务中心副主任王卫江、热线管理处业务主管彭璇讲授了信息库建设、工单办理流程、工单疑难点操作技巧等业务工作。11月29日，举办“互联网+政务服务”工作业务培训会。各街道（园、局）和区直属机关分管负责人和业务骨干100人参会。该次会议由区政务中心副主任戴湘军主持。区电子政务办、区审改办负责人讲解了政务服务事项目录清单、实施清单录入湖南省“互联网+政务服务”平台的网络运行环境、录入情况、实际操作等相关知识。

（周　原）

督察工作

【概况】 2017年，芙蓉区政府督察工作围绕规范督察程序、健全运行机制，提升政府工作执行力，推进全区决策部署的贯彻落实。全年发出督办通知书24件，下发交办通知书17件，下发督察通报76期。

【健全督察机制】 完善“建档销号、分层落实”制度，加强督办评价与绩效挂钩，构建权责明确、流程清晰、运转高效的政府督察工作体系。督察以督办事项汇总建档，设立“政府督察一览表”工作牌，专人督办领导交办事项及区政府常务会议、区长办公会议纪要议定事项，一事一档，直至任务完成方销号存档。按照督办事项难易程度及时限要求，督察落实分为督察提醒、督察交办、实地督办三个层次，全年对拆迁项目扫尾清零、消防整改等20余个工作责任部门进行督察提醒；对消防站拆迁任务、浏阳河两岸物业招商、火炬中学等24项工作进行督察交办；对社区提质提档、信访及退伍军人安置、信访维稳、财税收入、大气污染防治等40余项工作进行实地督察并通报。

【交办任务督察】 落实国务院第四次督察的相关工作，承接4次市政府工作报告任务落实、市政府会议纪要议定事项落实、市领导批示件办理情况落实等工作任务，完成市级重大项目开工、建筑工地扬尘和渣土管理、黑臭水体整治、安全生产和消防安全等15件业务督察的对接工作。

【政府事项督察】 按照芙蓉区年度政府工作报告安排，制定全区督察工作责任制任务分解表，明确各相关责任单位及完成时限，并要求辖区各责任单位定期反馈进展情况。全年对区政府常务会议、区长办公会议纪要议定事项开展专项督察4次，保证议定事项落实到位。

【专项督促查办】 围绕政府重点工作和区领导重点关注的重大项目建设、财税收入征管、安全生产、食品安全、防汛排渍等开展专项督察10余次。督察持续跟踪防汛排渍、社区提质提档、长沙火车站周边专项整治等工作30余次。

【建议提案办理】 在各级人大、政协召开“两会”期间，收到各级各类建议提案249件，其中国家、省和市建议提案19件，区级建议66件、区提案164件。经过征求各相关部门意见，召开承办单位协调会，确定主办和协办单位，并纳入督察工作计划，全程跟踪督办落实，保障建议提案办理的质效和时效。年内，办结率、面商沟通率、满意率100%。组织网络及信件办理工作。全年共收到“市长信箱”信件273件，“区长信箱”113件，办结率100%。

（尹振声）

应急管理工作

【概况】 2017年，芙蓉区人民政府办公室落实应急值班和突发事件信息报告制度，严格执行24小时值班制。重点加强夜间、公休日、节假日、敏感时期和应急状态下的值班工作，保证联络畅通。规范突发事件信息报送流程，做好与区直部门、区委办信息联动共享，实行区相关领导、市应急办同步报告制度。召开应急预案修编动员会，重新修编28份各级应急预案，年内完成应急预案编制修订工作。按照省、市关于加强基层应急管理规范化建设的要求，开展辖区内13个街道（局）、20所中小学校、47家企业应急管理规范化建设工作，年内基本完成基层应急管理规范化建设任务，通过湖南省人民政府办公室组织的省级评估。推进辖区应急避难场所建设工作，整改、规范应急避难场所建设，全区共有避难场所80余个，每个避难场所均标识清晰，物资充足。2017年区应急办共收到区直部门、街道报送各类较重大信息62条（不含续保信息），通过甄别向市应急办报送信息32条，成功处置禽流感疫情、防汛应急处置等突发事件10宗。

（黄　斌）

电子政务

【概况】 2017年，芙蓉区打造“统一平台、统一服务”政府门户网站，用户访问量733.67万人次，平均每天浏览量2万余人次。全年通过“芙蓉区人民政府网”微信公众号推送信息484条，通过官方微博“芙蓉政务”发布信息1008条。该区在全市政府网站常态化监测中，连续8个月在全市九区县中排名第一，有7个月考核成绩100分，并得到省、市、区领导的肯定。

（黄　弋）

【政务网站运行】 2017年，根据《国务院办公厅关于印发政府网站发展指引的通知》的要求，规范芙蓉区人民政府网站名称、域名、徽标、宣传标语等内容，明确“长沙市芙蓉区人民政府”作为网站名称。推进政府信息公开准确及时。截至12月20日，芙蓉区政府门户网站发布信息2.12万条。其中包括：芙蓉要闻1291条；部门动态1463条；隆平高科技园区、各街道动态2060条；各类调查研究报告121份；各级媒体报道2081篇；通知和公告433篇；人事信息82条；区人大常委会公报13份；政府文件39份；各级各类规范性文件9份；政策解读45篇；财政信息174条；政府采购信息189条；政务信息公开1133条。区电子政务办还围绕区政重点工作设立了8个专题栏目。其中制作了“中华龙舟大赛”专题，权威发布相关赛事信息。维护和保障长沙市人民政府栏目12个，发布信息2982篇，其中：工作动态2440条、规范性文件81份、政策解读52篇、通知公告19条、规划计划项目64份、人事信息67条、财政信息66条、政府采购信息11条、应急管理信息14条、统计信息107条、监管信息36条、重大项目信息12条、其他13条。按照国务院、省、市要求建设“芙蓉区2017年政务公开工作要点”专栏，全面、准确、及时公开财政、金融、市场、文化、农业、教育、卫生、住房等方面的政府信息。网站新增解读回应栏目，解读区政府办下发的规范性文件和各单位的政策文件，通过图解、音频等多种形式展现解读内容，并将政策与解读相互关联，方便群众查看。按照市政府考核要求，网站新增数据发布栏目，涵盖了2012—2017年的数据，包含人口、经济、农业、服务业、工业和建筑业、对外经济和旅游、固定资产投资、财政金融、国内贸易、民生保障、社会发展、图表分析、网站大数据等栏目，并通过文字、图表图解等可视化方式展现和解读，提供便捷数据查询功能，动态生成数据图表，还提供了下载功能。为方便群众快速准确地查找信息和特殊人群浏览门户网站，新增智能搜索和无障碍阅读功能，优化智能知识库的部分功能。芙蓉区作为全国相对集中行政许可权改革试点区，开发了“互联网+政务”服务系统，为老百姓提供网上办事服务。推进政民互动工作。截至12月20日，区长信箱收到人民群众信件149件，回复率、办结率100%。全年开展意见征集活动8场次；围绕教育、食品安全、垃圾分类、城乡医疗保险、大学生创业就业等问题开展调查，收到有效答卷3000余份。其中最受群众关心的“芙蓉区小学一年级新生适应教育家长调查问卷”“长沙市芙蓉区食品安全工作测评调查问卷”有1400份。（黄　弋）

【网络改建升级】　启动全区云计算中心机房建设。该机房建设按国家标准《电子信息系统机房设计规范》的B+级要求设计，建设项目包含：机房装修、供配电系统、制冷新风系统、防雷接地、机房监控系统和综合布线系统及区机关大楼的语音和数据迁移等。采用模块式划分方式，内设主机房、保密机房、纪委机房和机房维护室。年内，因“互联网+政务”“互联网+监督”等项目投入使用，辖区互联网出口提升至1.35G，满足了政务办公增长的带宽需求。区电子政务办增加了一套刀片服务器和两套EMC存储；为保障出口的稳定性增加了一套防火墙和负载均衡设备，并升级了原有设备系统。在软件方面继续采用金山杀毒软件保障各终端和服务器的安全性。对移动存储介质安全防护采取集中管理方式，统一登记，配发和回收。芙蓉区人民政府网站服务器部署在虚拟化集群中，采取双机热备方式，尽量减少服务器出现故障而造成的业务中断时间；外网数据中心服务器区，相应部署WEB应用防护防火墙、入侵防御系统和抗DDOS服务，减少网站服务器被DDOS攻击和SQL注入、网页篡改、网页挂马等安全事件的发生。（李晓青）

【互联网+政务】　6月，创建芙蓉区行政审批局开发“互联网+政务”服务系统。由区电子政务办与行政审批局沟通和对接，把“互联网+政务”服务系统整合至芙蓉区人民政府网站上，并设立网上办事大厅。该网上办事大厅设有服务事项332个，其中可在线办理220项，可全程网上办理3项。截至12月20日，全年受理服务事项2652项。区电子政务办作为“互联网+监督”运行维护管理部门，负责平台的网络技术保障、宣传推广、账号权限分配、技术培训、业务指导和日常的管理工作。统筹协调实施该系统评估和年终绩效评估工作。区电子政务办配合区规划局提供“多规合一”平台技术保障，后期平台的软硬件开发及推广工作。区电子政务办协助区工商分局提供“涉企信息系统”网络技术保障和相关技术指导。（李晓青）

机关事务管理

【概况】　2017年，区机关后勤服务中心以“管理有序、保障尽力、服务用心”的工作理念，推进“四型机关”（平安型、服务型、创新型、节约型）建设，做好物业服务、工程维修、膳食管理、安全保卫、公共节能、公车管理等方面工作，保障了机关大院正常运转秩序。

物业服务。年内，落实“定人、定时、定量、定区域”的保洁制度，加大对重点楼层、重点时段的清扫频次。抓好全区性重要会议、重大活动的现场布置、音响控制、卫生保洁、茶水供应、水电保障和安全保卫等服务工作。全年完成区“两会”、全区特色项目观摩、区情通报会、市委市政府重大调研、重阳节活动、《浏阳河上》演出等重大会议及活动的服务工作。配合开展迎接中央环保部督察相关工作，规范机关大院垃圾站管理工作。

工程维修。加强对监控室、电梯、机房、中央空调设备房、食堂锅炉房等重点部位的设施设备维护，做好大、中、小型维修项目。全年完成设施设备保养维修200次，增配机关大院安全设施设备，如食堂手推式灭火器、消防灭火毯、配电间报警感应器、抽水大泵等。在食堂操作间及中央空调机房安装了燃气报警装置。开展自来水检测整改、纪委谈话室装修、机关大院主体建筑安全检测、公共卫生大楼电梯维修、配电间年检及全面维修、食堂操作间整体改造、中央空调维护保养、监控维护保养单位更换、空调冷却泵维修、楼顶水箱阀门更换等工作。

膳食管理。组织召开食堂监管委员会会议，督促食堂经营方——印象麓山餐饮管理有限公司改善食堂伙食，丰富早餐面点，推出中餐蒸菜系列、养身汤、盖码饭等，提高各类菜品质量。加强“一卡通”后续管理及服务工作，建设银行每周三在机关大院主楼二楼设点，集中提供相关服务。

安全保卫。定期检查机关大院消防安全管理、水电设施设备运行、安全保卫、用水用电安全、绿化、环境保洁、公务车辆定点停放等工作，做到服务保障到位，隐患排查及时。年内，添置盾牌、警棍、警灯、防割手套等一批安防设备和器材，开展安全隐患排查50次，组织大型安保及消防培训4次。7月26日，区机关后勤中心联合区政府督察室、区安监局、东屯渡街道办事处、马王堆街道办事处及锦峰物业公司等单位，采取“检查与整改相结合、边检查边整改、以检查促整改”的方式对区政府机关大院、人武部大楼及公共卫生大楼开展安全生产大检查，对查到的隐患和问题立即整改，一时不能整改的制订整改计划、明确相关责任人并限期整改到位。10月17日，区机关后勤中心组织对机关大院各单位100多名干部开展安全生产基础知识与防护技能业务培训，提升机关干部消防安全意识及自救能力。年内，区机关后勤中心被长沙市公安局评为“2017年度内保工作先进单位”，被芙蓉区评为“2017年度安全生产工作先进单位”。

公共节能。围绕“节能有我，绿色共享”节能宣传周和“工业低碳发展”低碳日主题开展节能宣传，在机关食堂开展“文明餐桌”行动，宣传“文明餐桌”公约，张贴“文明用餐、绿色消费”标语，区机关食堂被评为“长沙市排队礼让示范点”。年内，增加55家区直机关单位网络直报系统，全部实现能耗数据网络直报。全年人均消耗电量同比下降2.3%，人均消耗水量同比下降13.3%，人均消耗汽油量同比下降53.4%。申报并创建国家级2017—2018年节约型公共机构示范单位。

公车改革。加强区级公务用车服务管理平台建设，实行全区公车管理服务平台和司机管理劳务外包，完成全区公务用车喷字、车辆过户、保险购买、油卡规范管理等工作。组织到兄弟区（县）学习交流公车管理模式，完善公车管理相关制度。实行公车集中管理，并与委托管理车辆司机签订协议，统一为75台公车配齐灭火器和安全锤。实施公务用车GPS软件派车，发放公务用车宣传手册，组织开展公车派车软件业务培训和司勤人员拓展培训，加强公务用车平台和司勤人员管理，安装“刷脸”考勤系统，保障了各部门用车服务。

市民服务。加强后勤服务队伍技能培训，增强应急处突能力、文明接待能力及实际操作能力，为前来办事的市民群众提供贴心服务。完善大院硬件设施，办公大楼东面的篮球场、羽毛球场、门球场、厕所等设施全天候对市民开放。10月8日，湖南电视台经济频道对芙蓉区开展拆墙透绿共享“大院公园”为主题的报道。10月11日，公共频道、政法频道专题报道芙蓉区政府大院“拆墙透绿增绿”。

存在的主要问题和困难：区机关后勤服务中心工作人员存在年龄结构老化、设施设备老化等问题。（陈 静）

【公共机构节能培训】 6月7日，区机关后勤中心在会议中心组织召开了2017年全区公共机构节能工作专题培训会，专题培训公共机构节能工作的相关政策法规、制度要求及能耗信息网络直报。该次培训会有76个区直部门及街道公共机构节能工作负责人和各单位能耗统计员152人参训。省机关事务局公共机构节能管理处主任科员李立国、市机关事务局公共机构节能管理处副处长刘正乾、区政府副调研员汤孝泽等出席会议。培训中，区公共机构节能工作领导小组与32家单位负责人签订芙蓉区2017年度公共机构节能减排责任书。

【机关大院消防系统整改】 6—9月，区财政投入180万元全面整改机关大院消防设施设备，包括消防火灾自动报警系统、手动报警系统、消防水系统、送风排烟系统、楼道安全疏散标志、电梯紧急拍降等，组织诚安消防、时代消防、锦峰物业对大院消防整改情况实行了联动检测。区发改局、区安监局、区建设局、消防大队等部门组成联合验收小组，对机关大院消防系统联合验收，项目全面达标。

【实施“明厨亮灶”工程】 10月，区机关后勤中心在机关食堂实施“明厨亮灶”工程，采用在食品加工制作场所的关键部位安装摄像设备，通过视频网络传输技术和显示屏的方式，实时播放或回放动态画面，向消费者和食安监管部门全程展示餐饮食品加工制作过程。该举措提升了机关食堂餐饮服务食品安全保障水平。

【能源管理项目完成】 9月2日，芙蓉区首个节能改造合同能源管理项目——区直机关大院办公楼室内照明节能改造项目正式启动。该项目采用合同能源管理模式更换机关大院办公楼的照明设备。其中，把区机关大院行政主办公楼，政务中心、司法局、信访局、食堂各办公楼的“600mm 18W”的荧光灯管换成规格为“T8 600mm 8W”的LED灯管；把公共区域“13W U型灯”换成“7W LED”球泡灯。10月，该项目完工。年内，长沙市对区公共机构节能考核，芙蓉区被评为优秀。

【公务用车网络化管理培训】 11月2日，芙蓉区召开公务用车网络化管理培训会，全区65个公车参改单位的分管领导和派车联络员参会。该次会议明确，全区公务用车一律实行网上申报及管理工作，并由赛格北斗公司技术人员主讲了网络申报用车流程及派车、用车的各项业务工作。 （陈 静）

（责任编辑：郭 冰）

图13 隆平水稻博物馆及配套服务建筑鸟瞰图

政协长沙市芙蓉区委员会

第五届区政协委员会机构及领导人员

主　席　郑明
副主席　范伟民
　　　　洪曙光（兼）
　　　　谢志鹏
　　　　杨爱斌（女）
　　　　陈　庆
秘书长　成正良
常　委　田松柏
　　　　师　伟
　　　　朱元光
　　　　刘　妍（女）
　　　　刘　源
　　　　刘伟林（女）
　　　　孙心也
　　　　杨　红（女）
　　　　杨　斌
　　　　佘光辉
　　　　沈文强
　　　　张　璎（女）
　　　　张敬东
　　　　陆　战
　　　　陆亚林（女）
　　　　陈　谦
　　　　陈旭迪
　　　　欧　展
　　　　易淑珍（女）
　　　　金文泉
　　　　周习文
　　　　赵小午
　　　　黄　艳（女）
　　　　黄小利
　　　　梁伟杰
　　　　廖明辉
　　　　黎明星　潘向阳

工作部门

办公室

主　任　成正良
副主任　黄　海
　　　　王小明（2017.06 任）

提案法制委员会

主　任　成良访

经济科技委员会

主　任　黄湘娟（女）

群团联络委员会

主　任　肖爱武（女）
　　　　徐乐斌（2017.04 任）

人口资源环境委员会

主　任　王文杰

文教卫体委员会

主　任　周蔚三

【概述】 2017 年，芙蓉区政协突出服务大局、凝聚各方力量，始终把政协履职与党委政府中心工作紧密结合，围绕区委制定的发展战略，履行政协职能。

践行协商民主。通过全体会议集中协商、常委会议和主席会议专题协商、界别对口协商、地区委员组区域协商、提案办理专项协商的形式，拓宽协商渠道，践行协商民主。五届二次会议上，委员们就全区发展的重大事项充分协商，与区委、区政府领导及职能部门负责人互动交流、议政建言。召开银企对接专题协商会，50 名委员与长沙农商行高管，共同探索金融工作融入区域经济发展途径。“促进芙蓉区中小微企业健康发展”专题协商会，区委政府主要领导及职能部门主要负责人与政协委员互动交流，达成共识。对区教育局、工商分局工作开展民主评议，发挥委员民主监督作用，提升协商民主水平。年内共收集上报社情民意信息 110 篇，被市政协采用 12 篇，省政协采用 5 篇。

突出调研实效。组织高密度考察。全年安排考察活动 20 次，围绕助推中央商务区提质、火车站地区综合治理、食品安全等全区的重点工作开展专题调研考察，形成《关于对我区重点楼宇项目的视察报告》等一批考察报告，为推动相关工作提出建议和意见。突出问题导向。组织委员围绕企业面临困难和问题、社区（村）工作中面临的困难两个课题进行重点调研，发放和收集各类调查问卷1500余份，召开座谈会35场次，调研走访对象200余人次。借鉴开福区、岳麓区、永州市冷水滩区等其他地区经验，形成调研报告2篇：《关于我区企业发展面临的困难和问题》《关于我区社区（村）面临的困难和问题》。推动调研成果转化。3月，市政协主席文树勋、副市长廖建华调研长沙火车站区综合治理工作。11月，区长周春晖对火车站的综合治理开展“回头看”，年底在理顺管理体制，做精提质改造方面取得初步实效。7月，郑明带队调研长沙剧院改造工作，在政协推动下，剧院改造修缮设计与城市历史步道建设融为一体，长沙剧院逐步打造成长沙传统文化的重要名片。

服务经济社会事业。区政协领导担任项目指挥长或副指挥长，部分机关干部和政协委员协力，推进“城中村”、棚户区改造工作。在“城市双修·魅力芙蓉”政府与社会资本合作项目，火炬村改造及蔡锷中路两厢、五里牌肉联厂棚改等建设中，区政协领导靠前指挥，助力化解矛盾纠纷。参与全区招商引资引智活动，为引项目、引资金、引人才牵线搭桥。开展公益帮扶。在7月抗洪救灾中，委员累计为灾区捐款捐物合计约200万元，以地区委员组为单位开展“宁乡山村洪灾助学”等活动。11月，区政协组织赴龙山县开展“牵手靛房镇，爱心帮扶”活动，以机关支部名义捐赠靛房镇先锋村学校4万元文化体育用品，捐赠书籍6000余册，与该镇22名贫困生形成结对帮扶。

拓宽交流渠道。组织委员考察湖南湘村食品销售有限公司、湖南龙骧国际旅行社有限公司等委员企业，增强了解与合作；组织委员到井冈山、延安开展履职能力提升培训。推动智慧政协委员工作室建设，下拨专项建设经费65万元，实现13个街道“线下＋线上”委员工作室全覆盖。

（张莉华）

【提案工作】 2017年，区政协提案工作坚持“围绕中心、服务大局、提高质量、讲求实效”的工作方针，发挥各地区委员组、各党派、各界别的组织优势和广大政协委员的主体作用。区政协收到五届一次、五届二次两个会议提案206件，经审查，立案179件，并案处理后为173件，立案率84%。其中集体提案23件，占13.3%；委员个人提案150件，占86.7%。未立案的作社情民意反映或委员来信或撤案处理，对并案和不予立案的告知提案人。所有提案9月份办结。从提案办理结果看，A类提案（问题得到解决或意见被采纳）67件，占38.7%；B类提案（正在解决或列入计划解决的）102件，占59%；C类提案（因条件所限暂时不能解决的）4件，占2.3%。委员们对办理结果表示满意和基本满意的100%。提案办复率、见面率均为100%。

提高提案质量。提案部门围绕上级决策部署、区委区政府的中心工作编辑选题，举办提案写作培训班，加强选题引导。促进知情明政，组织委员学习培训、调研、视察、界别小组活动，听取政情通报，为委员撰写提案提供知情与交流服务。围绕经济转型升级，建设优美宜居环境，推动社会事业发展，聚焦法治民生改善，一些提案的建议体现在政府部门的有关政策和工作部署中。关于助推隆平新区产业集群、打造“种业硅谷”、设立产业投资基金、大众创业万众创新，区发改局、财政局、经信局在制定发展规划和部署工作中充分吸纳；关于打造核心商圈、特色市场建设、浏阳河两岸旅游产业带升级等建议，商务旅游局融入工作实践中加以落实；关于提质改造老旧楼宇、扶持企业改制上市，CBD办、金融办专题研究，着手试点，以点带面；关于科技型企业扶持、知识产权保护，科技局制订奖励政策、开展专项行动。关于海绵城市建设、水电路桥等基础设施建设、拆迁安置等建议，区建设局、工务局、城建投等部门积极协调，迅速办理，取得实质性效果。关于公益文体设施建设和免费开放、打造文化品牌、办好社区学堂方面的建议，区委宣传部和文体新局统筹谋划，查漏补缺。

加强提案办理。遴选涉及到政治、经济、文化、社会、生态文明等方面8件提案作为重点提案，呈送区委、区政府主要领导圈阅。区委书记于新凡选定五届二次会议第14号提案《充分发挥非公企业党组织政治功能的建议》领办，区政府每位副区长领办一件提案，政协每位领导领衔督办1~2件重点提案。政协五届一次全会结束后的一个月内，区长周春晖要求其中的6件提案先期交办。所有提案都在二次全会结束后一个月内交办。组织同类提案并案集中处理，养老事业分别有4位委员从不同角度写了提案，政协提案委会同政府办、民政局一道，组织提案人视察区内养老机构，召开座谈会听取各方意见。承办单位有主办3件以上的召开提案办理面商会，全区有20个单位召开面商会，共面商134件主办提案，105名委员参加面商会。承办提案数量较少单位采取上门征求意见方式，提案办理面商率实现100%。提案办结后，提案委召开承办10件以上提案的单位负责人和区提案审查委委员参加的座谈会，征集对提案质量和办理质量的意见和建议。

【区政协主席会议】 2017年，政协主席会议举行十次。

1月4日，第一次，听取办公室关于五届二次会议方案介绍。

2月16日，第二次，讨论常委会工作报告及发言材料。

2月21日，第三次，学习《县以上党和国家机关党员领导干部民主生活会若干规定》。

3月20日，第四次，讨论社区（村）工作中面临的困难和问题调研方案。

4月17日，第五次，各委办主任汇报工作。

6月6日，第六次，总结民主评议区工商局和区教育局情况以及提案办理情况。

7月10日，第七次，讨论通过组织政协委员到井冈山和延安培训方案。

8月2日，第八次，听取民主评议工作汇报。

9月4日，第九次，听取延安培训准备工作。

10月9日，第十次，学习省政协机关党建工作通报，总结前段工作。

【区政协常委会议】 2017年，政协常委会举行8次。

2月13日，第一次常委会，会议通过了区政协五届二次会议方案、日程安排及常委会工作报告、大会发言材料、2017年工作要点。

2月16日，第二次常委会，审核五届二次会议相关决议。

5月12日，第三次常委会，到宁乡龙凤山国际露营基地考察学习，由政协委员、基地负责人刘源介绍项目情况。

6月18日，第四次常委会，组织全体常委到湖南乡村食品销售有限公司考察学习，由第五届政协委员、公司总经理檀柯介绍情况。

6月19日，第五次常委会，组织全体常委和机关工作人员收看湖南省政协“实施开放崛起战略，建设开放强省”的远程协商视频现场直播。

8月30日，第六次常委会，总结“社区工作面临的困难和问题”活动。

10月12日，第七次常委会，听取徐佑林教授“砥砺奋进的五年”微宣讲，讨论对区工商分局和教育局民主译议报告。

12月19日，第八次常委会，审议通过《政协长沙市芙蓉区委员会五届常务委员会工作报告（草案）》《政协长沙市芙蓉区委员会常务委员会关于五届第一次会议以来提案工作情况的报告（草案）》，审议通过政协长沙市芙蓉区委员会五届三次会议议程、主席团成员、补选常务委员选举办法和建议名单、表彰奖励方案及大会发言材料。

【区政协五届二次会议】 2月15—16日，政协长沙市芙蓉区第五届委员会第二次会议召开。15日在区机关会议中心举行开幕式，区委书记于新凡，区长周春晖，区人大常委会主任廖铁成，区政协主席郑明，区政协副主席范伟民、洪曙光、谢志鹏、杨爱斌、陈庆，区政协秘书长成正良出席会议并在主席台前排就座。全体区委常委，区人大常委会全体副主任，区政府全体副区长，区人武部政委、部长，区法院院长，区检察院检察长，隆平高科技园主要领导，区政协历任主席及五届区政协常委在主席台就座。区政协委员194人出席会议，区直部门及市垂直单位负责人、各街道负责人及政协联络员140余人列席会议，大会总计约400人，区政协副主席范伟民主持会议。受芙蓉区五届政协常委会委托，郑明向大会作工作报告。会议听取政协委员关于《加快老旧商务楼宇提质升级，扩大楼宇经济支撑作用》《进一步加强都正街特色市场的培育》《进一步提升功能定位，倾力打造火车站商圈》的大会发言。16日，全体政协委员列席芙蓉区人大五届二次会议，听取区长周春晖作政府工作报告。委员分组讨论政协常委会工作报告和政府工作报告。16日下午，会议举行闭幕式，区政协副主席杨爱斌主持会议。会议听取《政协长沙市芙蓉区第五届委员会第二次会议提案审查报告》，通过《政协长沙市芙蓉区第五届委员会第二次会议关于常务委员会工作报告的决议》《政协长沙市芙蓉区第五届委员会第二次会议政治决议》。区委书记于新凡到会祝贺大会成功并发表讲话。

【民主评议区工商分局、区教育局动员会】 3月9日，区政协召开民主评议区工商分局、区教育局动员大会，区政协主席郑明，区政府副区长黄金国、梁汝岚，区政协副主席范伟民、洪曙光、谢志鹏、杨爱斌出席，范伟民主持会议。区政协民主评议组成员，区工商分局、区教育局全体班子成员，政协机关各委办主任参加会议。会议宣读《区政协民主评议区工商分局、区教育局工作实施方案》，区工商分局局长熊国华、区教育局局长谢小红作表态发言。评议工作计划5月开展。

【组织委员到革命纪念地培训】 7月17—21日和9月6—11日，区政协主席郑明带领芙蓉区政协委员分2批共117人到井冈山和延安开展履职能力提升培训。每批培训为期5天，采取现场参观、互动教学、专题讲学、体验式教学、经验交流相结合的模式，结合《人民政协历史沿革、新时期如何与时俱进做好政协工作》等内容展开。通过开展“重走红军路，实地学传统”提升委员素质和履职能力。区政协副主席杨爱斌全程参加。

【检查火车站社区安全生产工作】 8月8日，区政协副主席范伟民一行5人到五里牌街道火车站社区，检查辖区人流量大、人口较为集中的侃奥商城、朝阳一村安全生产，火车站社区主任吴彩玉陪同。范伟民查看了侃奥商城的消防设施配备、疏散通道设置情况，翻阅社区安全生产教育培训、应急演练资料，听取社区负责人关于安全生产工作的汇报。范伟民对火车站社区强化高温天气下安全生产工作各项举措给予肯定，并对下阶段安全生产工作提出要求。

【调研燕山街社区提质提档工作】 8月10日，区政协副主席范伟民一行4人到五里牌街道燕山街社区，调研社区提质提档工作，燕山街社区书记黎炬、主任郭建陪同。范伟民实地考察了社区天然气管道施工和违章建筑拆除现场，询问工作的进展情况，查看提质提档工作相关资料。范伟民肯定社区提质提档工作所取得成效，要求把品质放在突出位置，合理科学规划设计，进一步完善基础设施配套和社区功能服务，营造让居民满意的优美环境。

【调研交通管理工作】 8月24日，区政协主席郑明带领相关人员到区交警大队，调研辖区交通管理工作。区交警大队长胡海民、副大队长李乐陪同。胡海民从加大整治力度、优化资源配置、整合社会力量、会同社区街道齐抓共管等方面介绍治理停车乱、缓解停车难所做的主要工作措施和遇到的问题，从深化政府牵头部门联动机制、实施公共停车场差异化收费措施、推动促进“互联网+停车”融合发展和加强绿色出行交通安全宣传等方面提出相关工作建议。郑明肯定了区交警大队取得的工作成绩，他表示，区政协对收集的问题认真研究部署，会同政府相关部门，推动提案落实。

【“促进中小微企业健康发展”专题协商会议】 8月30日，区委书记于新凡、区长周春晖参加区政协“促进芙蓉区中小微企业健康发展”专题协商会议。会议由郑明主持，陈计伟，谭雄伟，周治国，黄金国参加协商会议，全体区政协常委会成员、各委办正副主任、部分企业委员52人参会。孙忠委员代表课题小组介绍“芙蓉区企业存在的困难和问题”专题调研情况，6名企业委员围绕如何突破芙蓉区中小微企业发展制约瓶颈，促进企业健康发展，从不同行业视角，分析企业面临的困惑和问题，提出相关建议和意见。于新凡与委员互动交流，周春晖对课题组成员的辛勤工作表示肯定，对委员们的诤言睿智表示赞赏。周春晖指出，政府要找准角色定位、提高办事效率、精准服务企业，努力营造“亲”商氛围。

【郑明调研马王堆街道火炬村工作】 9月11日，郑明一行4人到马王堆街道火炬村调研指导拆迁工作，马王堆街道工委书记曾志伟陪同，火炬村班子成员、基层干部、工作人员参加。座谈会上，火炬村党支部书记尹正文汇报火炬村拆迁工作开展情况、下一步工作思路。街道工委书记曾志伟肯定火炬村工作，表示街道会一如既往给予大力支持。郑明指出，动员老百姓要站在全局的角度，继续支持火炬村城中改造工作；各级职能部门要加快推进项目建设，改变火炬村面貌；三是火炬村要积极调动各方因素，与上级高度保持一致，共同做好各项工作。

【袁志恒到区调研智慧政协委员工作室建设】 10月26日，市政协副主席袁志恒带队调研芙蓉区智慧政协委员工作室，省政协委员学习联络委办公室副主任周昊，市政协副秘书长陶红、办公厅副主任吴平平等参加，芙蓉区政协主席郑明，副主席杨爱斌等陪同。袁志恒一行实地察看了芙蓉区东湖街道东沙社区“聚力问政”委员工作室，召开座谈会听取线上委员工作室建设汇报，与会者就如何实现“线上＋线下”委员工作室平行建设热烈讨论。袁志恒肯定东沙社区“聚力问政”委员工作室定位好、基础好，结合现有特色平台“东湖夜话”进行品牌打造凸显芙蓉特色。袁志恒提出三点建议：加快已有委员工作室上线进度，按时完成芙蓉区13个街道委员工作室全面上线升级；落实“线上＋线下”委员值班制，聚力整合资源，加强沟通交流，丰富自选特色，解决实际问题；强化管理制度建设，特别是网络安全和委员工作室的管理要规范化、制度化。郑明表示，要建设高标准、规范化、有特色的智慧政协委员工作室，打通政协联系群众“最后一公里”，推动民主协商作用的有效发挥。 （张莉华）

·提案及答复·

充分发挥非公企业党组织政治功能的建议（摘要）

提案人：张立志

当前，非公企业种类繁多、规模庞大，已成为发展社会主义市场经济的重要力量。作为多年从事非公企业党建工作的党务工作者，笔者采取实地走访、座谈交流、问卷调查等方式，进行了较为深入研究，形成此意见建议。

一、全区非公企业党组织发挥政治功能的现状

近年来，充分发挥非公企业党组织的政治功能，不断推动非公有制经济“两个健康”和非公党建工作创新发展。

1.注重教育引导，实现同心同行。以培训为抓手，不断完善机制，实现教育引导常态化，全区每年分批举办党组织书记和企业出资人等各种培训班。区委每年选送一批企业发展好，党建工作强的党组织书记到清华、浙大等高校脱产学习。

2.立足生产经营，助推企业健康发展。通过推行党组织领导班子与管理层“双向进入、交叉任职”，实行党组织书记参加或列席企业董事会和经营决策重要会议等方式，帮助企业理清发展思路，明确战略定位和发展方向。

3.凝聚职工群众，推动企业和谐稳定。做好职工群众思想工作，维护职工群众利益。

4.强化精神引领，培育企业先进文化。在非公企业广泛开展社会主义核心价值体系学习宣传教育，组织职工开展技能、学历、安全等教育培训。

二、主要问题及原因

1.企业出资人支持不力。部分企业出资人由于对党组织的积极作用认识不足、心存疑虑，造成党组织成为“空心”、“空壳”党组织。从调查问卷数据分析来看，企业出资人中，中共党员占比32%，非中共党员占比68%。非党员出资人对党建工作的重要性认识比党员出资人低（见图1）。

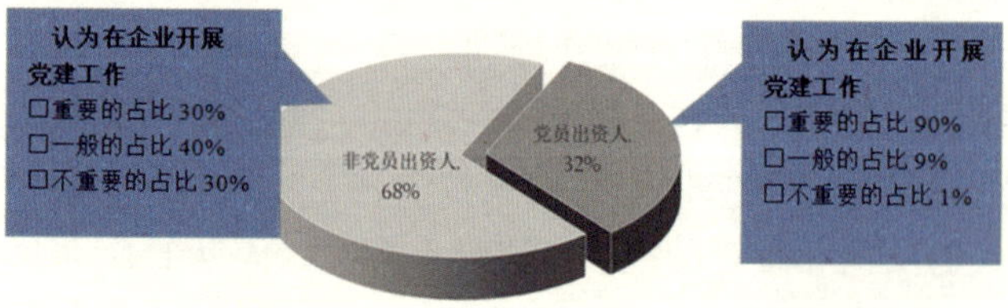

图1 企业出资人对开展党建工作的认识情况

2.党组织活动载体创新不多。存在“有形覆盖多、有效覆盖少，被动应付多、主动作为少，因循守旧多、创新创优少”等“三多三少”现象。从调查问卷看，企业重生产轻党建、党组织活动经费不足及党务工作者能力不强是党组织活动缺乏活力的主要原因（见图2）。

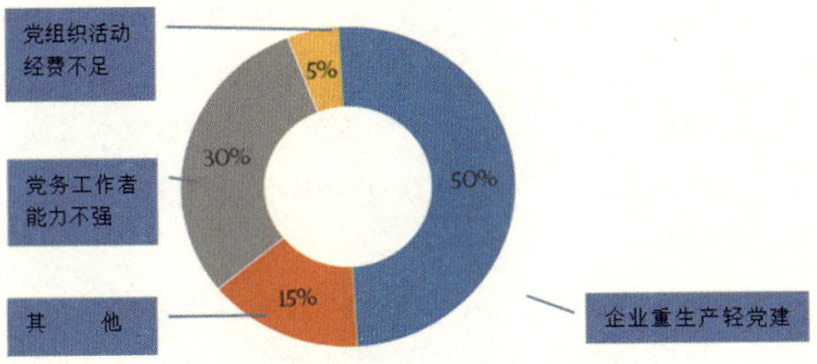

图 2　党组织活动缺乏活力的原因

3. 党员作用发挥不够。有的非公企业党员党员意识淡薄、“雇员”意识重，不愿意亮明党员身份，不转接组织关系，长期游离于党组织之外；有的从调查问卷看，党员作用发挥不够的主要原因分析（见图 3）。

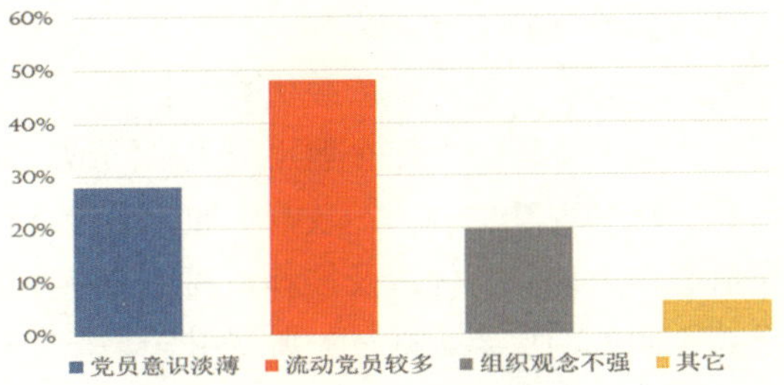

图 3　党员作用发挥不够的原因

三、对策建议

（一）进一步完善工作机制。1. 健全有效覆盖机制。抓好小微企业党建工作，消除覆盖盲区，建立动态信息库，把非公企业以及党建工作情况做实台账，及时解决困难企业党组织的突出问题。2. 完善资源整合机制。整合政府、社会等方面的工作资源，实现党政联动、党群联动。3. 完善建立双向互动工作机制。推进非公企业党组织班子成员与经营管理层成员“双向进入、交叉任职”，落实党组织书记参加或列席管理层重要会议制度、党组织与企业沟通协商和恳谈制度。

（二）进一步加强对出资人的政治引领。1. 加强教育培训。针对出资人思想和工作实际，制订培训计划，定期开展培训活动。争取对出资人的教育培训纳入党校、社会主义学院的主体班次。提高对中国特色社会主义共同理想的认同感，对党建工作的支持度。2. 培育先进典型。开展“支持党建工作的优秀民营企业家”等评比活动，充分运用讲座、研讨班等平台，宣传党建工作的作用和支持党建的经验体会，发挥典型示范效应。3. 做好出资人入党工作。把优秀的出资人吸纳到党员队伍中来。加强教育引导和跟踪培养，对其中本人有意愿、符合条件的党外人士进行重点培养。

（三）进一步创新工作手段。1. 创新开展主题活动。丰富非公党建工作载体；实施以深化青年党员、青年职工培养的“青年菁英计划”等。2. 打造和推广非公党建工作品牌。以品牌推广为抓手，推动非公党建工作创新发展。3. 创新党组织活动方式。注重创新，注重质量和实效，党的工作与企业生产经营活动相结合。

（四）进一步抓好教育管理。1. 加强党务工作者队伍建设。采取内选、委派、外聘等多种选任方式，把会经营管理、懂党务的复合型人才选配到党务工作岗位上来。2. 常态化开展党员教育。通过举办培训班、开办“党建手机报”“网上党课”“网上论坛”“网上培训班”等，拓宽渠道开展党员教育。3. 加强党员管理。推行党员积分制管理，加强党员岗位监督。对不合格党员要进行教育、完善党员退出机制。

（2 月 16 日）

区委“两新”工委对政协提案的答复（摘要）

近年来，芙蓉区非公经济组织主要做了以下几个方面的工作：

一、理顺体制抓保障。进一步理顺全区非公有制经济组织和社会组织党建工作机制，形成区委统一领导、区委组织部牵头协调、区非公有制经济组织和社会组织党工委统筹负责、相关单位和部门相互配合、齐抓共管的工作机制。隆平高科技园党工委单独成立企业党委。各街道（局）明确分管非公经济和社会组织党建工作分管领导，街道和社区配备专干和党建指导员。

二、加大投入强保障。建立以财政补助为主，单位自筹、党费扶持等多种渠道共同作用的经费保障机制。对新建党组织启动经费，按照党组织形式不同给予不同标准；提高对经考核评为优秀的非公和社会组织党组织书记、考核合格的党组织书记津补贴标准；安排非公组织和社会组织党员教育活动专项经费，企业和社会组织党建经费纳入管理费用列支，并按照有关规定实行税前列支。建立党费拨返机制，对非公有制经济组织和社会组织党组织党员上交的党费区级留存全额下拨，并从留存党费中予以一定额度的支持。

三、考核激励促保障。完善《芙蓉区非公和社会组织党组织积分制管理办法》，指标设置引入“双向评价”，采取复核审定。注重考核结果运用，加大对先进党组织和党组织书记的表彰奖励力度。把积分制管理与红旗党组织考评结合起来，采取“两年一报、一考两年”的方式，持续开展红旗党组织评选活动。开展红旗党组织书记向组织部部务会述职活动，对评选中涌现的先进经验通过非公党建网、芙蓉非公微党建集中展示。

根据您提出的建议，区委“两型”工委从以下几个方面作出努力：

一、完善工作机制，突出政治核心和政治引领。

（一）推进“两个”覆盖机制。1. 实现党的组织动态覆盖。采取单独建、联合建、行业建、区域建等多种方式，按照年初定任务、年中报进度、年底查落实的形式，做到应建尽建。继续为新建非公经济党组织配送党旗、标牌、制度和电教设备，引导完善台帐资料、规范阵地建设。2. 引导推进党的工作覆盖。通过党建指导员驻点指导、建立工会、共青团组织等途径开展各类活动，增强员工对党的了解和认识，条件成熟时及时建立党组织。

（二）建立示范带动机制。1. 继续开展红旗非公经济党组织结对共建，通过先进示范带动，促进工作整体提升。选树一批作用发挥好党组织书记先进典型，以身示范，营造学赶先进的良好氛围。2. 扎实推进“做诚信企业（单位）塑社会信用”活动，对一批讲诚信、守信用的“党员诚信经营户”授牌，营造诚信守纪的良好氛围。

（三）落实考核评比机制。完善《芙蓉区非公经济和社会组织党组织积分制管理办法》，科学设置积分指标，以党组织量化积分的形式加强党建工作指导。对积分走在前列的党组织推荐参加全区红旗党组织评选，在评先评优、高校培训等方面优先，提高党组织书记津补贴标准；对积分靠后的党组织采取督促整改，取消书记津补贴等措施，真正发挥积分管理的激励、约束、导向作用。针对不同类型党员的特点，分类别设置积分指标，按积分评定党员档次，对优秀党员给予表彰奖励，对不合格党员批评教育，形成类型明确、量化科学、奖惩分明的新型党员管理机制。

二、注重教育管理，强化政治功能和服务功能。

（一）选优训强党组织书记。抓住党组织换届契机，按照“双向选择、交叉任职”要求，进一步选优配强党组织班子，特别是选准用好党组织书记。鼓励党组织书记通过“双强论坛”、党课竞赛、业务讲评等多种形式加强学习交流，促进互帮互促，比学赶超，不断提升党组织书记履职能力。

（二）派强用活党建指导员。按照备用结合、动态管理、适时调整的工作方针，对全区非公和社会组织党建指导员进行调整充实，下派一批党务经验丰富、乐于奉献余热的离退休党员干部担任非公和社会组织党建指导员。

（三）优化壮大党员队伍。继续开展党员“1+2”（即一个党员培养一名入党积极分子，联系一名困难群众）志愿帮扶活动。深化建言献策活动，上半年组织了“在平凡中非凡”征文比赛，11 月举办第三届“凝聚党旗下，奉献在芙蓉”演讲赛。设立党员示范岗、党员先锋岗，引导党组织成立党员突击队，科技攻关小组，志愿服务团，使党员在服务发展、服务群众中勇于担当，体现价值。

（四）强化出资人政治引领。1. 教育引导。下半年，在组织积分制管理考核成绩优秀的党组织书记赴延安进行党性锻炼时，将该企业出资人一同纳入本次学习锻炼、现场观摩之中。2. 政策引导。要把支持党建工作情况作为评先树优以及推荐“两代表一委员”和担任社会职务的重要标准。3. 典型引导。开展支持非公企业党建工作先进出资人评选活动。

三、创新工作平台．激发企业发展活力与动力。

（一）拓展区域服务平台联动发展。继续指导开展好芙蓉区非公和社会组织党务工作者联席会工作，力求在每个街道成立联席分会，引导党建联席会开展问计发展、交流学习、文体活动、扶贫助学、评比表彰、形象展示等活动。

（二）依托基础服务平台树立典型。全面铺开楼宇党建“125”工作法，重点在顺天财富、中庭国际、银华、广发隆平、三湘南湖市场等商务楼宇、工业园区、专业市场等非公经济党组织较集中的区域，通过依托业主单位或物业管理公司党组织建立商务楼宇、工业园区、专业市场联合党委、党总支的形式，建设具有基础服务平台性质的区域性党群服务中心和企业服务中心。按照“三区一校七室”的规范要求建设，重点区域在 12 月底前建成不少于 200 平米的党群服务中心。

（三）创新智慧服务平台打造特色。积极探索“党建＋互联网”工作方法，打造集党组织管理平台、党员服务平台、手机终端平台、微博、微信、QQ 群于一体的党建工作智慧信息平台。通过“芙蓉区非公企业党建”网、“芙蓉非公”公众号，引导非公和社会组织党组织建支部网站、党建博客、微信群。

（6 月 13 日）

关于在芙蓉区加快创新发展社区居家养老服务的建议（摘要）

提案人：杨　鲲

2016年11月中旬，民政部、财政部发文共同确定全国26个城市（地区）为全国居家和社区养老服务改革试点城市（地区），长沙市名列其中。为此，中央下拨3400万元扶持资金，助力长沙市开展社区居家养老服务改革试点工作。这是自2014年7月长沙市被列为全国首批养老服务业综合改革试点城市、2016年6月被列为国家级第一批医养结合试点城市之后，长沙市在三年内第三次获批全国性养老服务改革试点城市。芙蓉区作为长沙市的核心城区，理应抢抓机遇，加快创新发展社区居家养老服务。

一、芙蓉区社区居家养老服务现状

据统计资料显示，2015年底芙蓉区有常住人口53.9万人，60岁以上的老年人口有8.3万人，老龄化率15.3%，养老床位数是454张，千名老人的床位数是5.5张。芙蓉区作为老城区，老年人口基数大，增长幅度高，特别是高龄老人比重和空巢化程度都会进一步加大。据公开资料显示，芙蓉区现仅有公办养老机构一家，民办养老机构3家，登记在册的社区居家养老服务中心62家，社区日间照料中心5家。而长沙市政府确定的目标是到2020年全面建成养老服务体系，居家养老服务设施覆盖100%的城市社区；生活照料、医疗护理、精神慰藉、紧急救援等基本养老服务覆盖所有居家老年人；养老服务信息管理系统实现市、区、街道、社区四级互联互通，居家呼叫服务和应急救援服务信息网络实现城乡全覆盖等。对照这些目标，芙蓉区还差距不小。

二、存在的主要问题

1. 社区服务流于形式

很多社区并未真正意识到社区居家养老服务的重要性和紧迫性，成立服务中心，也是基于行政任务，没有责权利机制追踪，加之社区的工作细碎繁杂，人力有限，致使社区居家养老服务流于形式，设施闲置。

2. 社会力量参与不足

社区开设的居家养老服务因为人力资源不足、服务管理机制缺乏等因素，难以长期运转；而社会力量参与动力不足的原因在于目前社区居家养老服务模块没有成熟的盈利模式，如何引导、扶持民营资本、社会力量投入多形式、多业态的社区居家养老服务设施至关重要。

3. 服务机构数量不多

登记在册的社区居家养老服务机构数量与养老服务发展规划数量差距较大。机构注册登记率太低，一部分原因是直接由社区组织运作，一部分原因是办证困难，难以获取消防等合格证，导致不能注册登记。

4. 服务质量差强人意

由于社区居家养老服务基础设施落后，服务内容和形式较为单一，专业服务人员少，职业素质不高，组织管理体制不够完善等，服务质量不尽如人意，导致老人们不愿选择，形成恶性循环。

三、对策和建议

1. 加大扶持力度，调动社会力量参与。

落实相关政策，充分利用社区公共服务场地，鼓励公建民营的形式，免费或以协议优惠价的方式提供场地，降低固定资产投入成本。落实社区居家养老服务设施的水、电、煤气等费用的优惠政策，减轻运营成本支出。街道、社区主动服务，帮助社区居家养老服务设施对接社区老人、社区资源，快速植入服务。政府购买服务费用定期准时支付到位，减少财务压力与风险。扶持品牌社区居家养老服务机构连锁扩张经营，以数量增长获取效益增加。加强监管力度，建立健全老年人评估、服务质量评价体系等，形成良性保障机制。

2. 创新发展思路，探索新型服务模式。

探索社区养老服务综合体模式。依托社区嵌入式小型养老机构整合资源，利用“互联网+”，同时提供集中养老、日间照料服务、居家上门服务，成为服务综合体，最大化整合资源，减少运营风险。探索“医养结合”服务模式。依托社区卫生服务中心，结合家庭医疗契约式服务，利用社区卫生服务中心医疗资源，创新医养结合新模式。可借鉴开福区“善孝堂”中医康养服务模式，在芙蓉区进行试点。东屯渡街道扬帆社区与东屯渡街道卫生服务中心合署办公，共用一栋楼，具备医养结合的先天便利条件，可以首先在这里试点探索。探索“老幼结合”养老模式。学习借鉴美国西雅图以及武汉杭州等省会城市的先进经验，把幼儿园和养老机构巧妙结合，在幼儿园内开办养老机构，或者让养老机构和幼儿园做“邻居”。即可有效地利用场地和资源，又可让老人、幼儿在共处中相互帮助，互相获取情感上的需求和精神上的慰籍。

3. 实施人才战略，提升养老服务质量。

加强专业队伍建设。加强社区居家养老服务人员的职业道德教育和职业技能培训，实行持证上岗，政府给予适当的培训经费补助。加强对社工专业人才的吸纳与培养，提升养老服务质量。发展志愿者队伍。政府要动员、组织、引导企事业单位、社会公益组织、大中学生和市民为有需要的居家老年人提供各种公益性服务。各街道要成立志愿者机构，加强组织和管理，设立居家养老服务志愿者激励机制，以此调动社会志愿者的积极性。（2月16日）

区民政局对政协提案的答复（摘要）

一、以政策保障为基础，建立普惠保障体系。

一是实行高龄补贴普惠制。为全区8888名80至89岁的老人按50元/月/人的标准给予高龄补助普惠，998位90至99岁老人按100元/月/人的标准给予高龄补助普惠，16名百岁老人按300元/月/人的标准给予高龄补助普惠。2017年过年期间我区拿出386.6万给80岁以上老人发放过节慰问金。二是推行老年人意外伤害保险。从2015年起就将2254名“五类”困难老年人纳入老年人意外伤害保险范畴，按50元/每年/每人的标准给予补贴。2017年全区将80岁以上老人纳入老年人意外伤害保险体系，在重阳节为老人送一份意外伤害保险。三是提升居家养老购买服务补贴标准。2017年将原来214名“A、B、C三类老人每月300、200、100服务补贴”提升为：年满60周岁的失能半失能低收入家庭老人以及百岁老人，可申请每月300元的服务补贴；年满60周岁的失能半失能低保老人、失独低收入老人，年满70周岁的低保老人、失能半失能低收入老人，可申请每月400元的服务补贴；年满60周岁的失能半失能散居“三无”老人，年满70周岁的散居“三无”老人、失独低收入老人，获市级以上劳模称号的低收入老人，可申请每月500元的服务补贴。四是完善低保老人保障制度。芙蓉区在2014年6月下发《长沙市芙蓉区慈善救助低保家庭实施办法》，将年满60周岁以上低保老人纳入“慈善助老”救助项目，按每月每人200元标准发放养老生活补助金。

二、以政府投入为根本，推进芙蓉区社会福利中心建设。

为积极应对人口老龄化，满足老龄人生活与精神层面的需求，解决全区养老床位紧张的局面，芙蓉区福利中心项目建设启动。区社会福利中心计划投资2～3个亿，在滨河路与合平路交汇处，占地50亩。福利中心划分为基本养老与社会养老、医疗康复三个区域，含4栋主体建筑，总建筑面积6.2万平方米，设计总床位900多张。中心配套绿地公园、门球场、健身房、景观回廊等设施，既满足低保、五保老人的基本养老保障需求，又面向社会提供硬件一流、服务优质、医养结合的高端养老服务。项目完成立项、拆迁、前期三通一平和招标工作，计划2017年基本建成主体，2018年完成装修，2019年投入使用，届时引进专业机构进行管理运营。

三、以民营机构为方向，构建居家养老服务新体系

根据省、市、区文件要求，2017年区政府出台了《芙蓉区老年人日间照料中心和居家养老服务中心建设工作实施方案》，按照民建公助的总体思路，引进了睦邻养老、万众和公司、伍零家养老、朝夕养老、侨亚养老、常青树养老、吉祥养老7家社会机构，参与我区13家街道日间照料中心建设。全区申报在建的13个日间照料中心建设项目总建筑面积达7800多平方米。预计总投资2800万元。任务完成后全区预计新增各类养老床位130张以上，大大提升芙蓉区在全市甚至全省范围内的日间照料服务水平。区财政对这些社会投资的日间照料中心根据建设规模分别给予30万至100万不等的建设补贴额度以及三年的全额房租补贴，政府预计投入建设补贴769.43万元、年房屋租赁费用补贴277.2万元。

四、以规范高效为目标，创新居家养老服务运行机制

围绕如何创新居家养老服务工作，实现居家养老服务工作的可持续健康发展，在强化管理、丰富内涵、创新机制等方面实行许多有益探索，取得了良好的效果。一是区民政局每月定期对各居家养老服务中心和服务站以及服务实体进行检查，对服务质量进行跟踪和回访。二是制定一系列的定期评估机制。包括政府购买服务或服务补贴的资格评估机制、养老服务质量评估机制、养老服务人员的职责评估机制。通过这些考评机制的建立，有效地促进各单位服务质量提升。三是服务对象认证制度，对政府购买服务对象实行一月一认证，保证服务保障到位。（8月31日）

关于进一步加强都正街特色市场培育的建议（摘要）

提案人：张天翼

2016年1月，芙蓉区都正街历史文化街区提质改造工程第一期已经完成。改造伊始，政府就本着“修旧如旧”的理念，并定位以历史文化街区保护与现代商业成功结合的商业模式，努力将其打造成为长沙市继坡子街、太平街之后的第三条历史文化街。现如今，改造后的180米都正街主街又找回了当年风貌，尤其是夜晚灯火初上之时，确有时空转换之感，让人仿佛置身于“老长沙”的年代。

然而，与老街巷繁盛的灯火相比，整个街巷的商业市场活力明显不足，商铺经营大多较为冷清。其中主营文化、文创、手工艺等内容的店铺更是门可罗雀，经营困难，不少店铺过去一年内已几易其主。这一现状与政府改造之初的构想相去甚远，而要让都正街的老街巷焕发新活力，政府及社会各界不仅要将街巷外在的“面子”建设好，更要不断充实“里子”，进一步加强街巷商业市场和文化市场培育。现根据有关现状提出我们的观点和建议：

一、制订有针对性的老街商业市场规划

1. 加强对文化类项目的招商。政府可从政策层面积极引导，吸引更多的文化类项目进驻，让文化古街“名副其实”。由于文化类项目经营投入的回收期一般较长，因此建议给予此类项目一定比例的税收返还和减免。对于独具特色、有代表性的优秀文化类项目（如非物质文化遗产类）的铺面装修和租金支出分别给予一定比例或数额的补贴。

2. 鼓励和引导餐饮类项目的出让改造。由于都正街商业市场早期的自由式发展，餐饮（小吃）已成为街面经营商铺中数量居首的一类，在主街商铺总数中占比已超过50%。为避免与坡子街、太平街趋同化发展，建议鼓励和引导餐饮类项目的出让和改造。建议政府对由现有餐饮类项目出让改造为文化类或其他非餐饮类项目的项目双方予以奖励。为现有餐饮类项目出让改造提供信息等便捷服务，保障文化类和其他非餐饮类项目的基础保有量，避免简单地从数量上对餐饮类项目进行直接限制。

二、推动新形势下的老街文化市场建设

1. 举办主题文化活动。国内城市依托古街而建的商业街多半有趋同化发展趋势。都正街现有的是结合传统节日举行活动，例如春节庙会、元宵灯会等，其文化创意比较有限，难以突出自身特色、脱颖而出。一条老街巷的商业属性与文化属性并非根本对立，要从根本上改善“千街一面”的市场现状，恰恰需要挖掘出以民俗历史本色为衬底的丰富文化内涵。建议定期举办具有当地历史传承性的主题文化活动，拓宽和延长文化节的影响力，形成文化长尾效应。对于文化节的具体内容和形式，建议结合新形势下不同行业跨界交流、融合创新的成功经验，鼓励以当代与传统进行交融碰撞为表现形式的活动，而非一味拘于溯古。例如，以戏曲文化古今变迁为主题的“桃花古井、梨园新韵”活动、以城隍龙灯为主题的“龙腾狮舞”活动、以中华孝文化传承演进为主题的“孝行古今”活动等。同时，为使主题文化活动能够办出品质和水准，建立广泛的影响力，建议提高负责活动策划和具体实施的运营团队的招标要求、保障招标工作的广泛参与和公开透明。

2. 鼓励商铺举办小型特色文化活动。鼓励现有的文化类项目既要结合自身店铺的特点，又要吸收联合其他项目优势，举办常态化的小型沙龙式主题活动，比如经营茶馆类的商铺可举行茶道交流活动，并最终形成“深入支巷、多点开花、跨界汇流”的效应。

三、融汇“互联网”创新思维、借力创新科技，推出“都正街APP”

由政府牵头建设“都正街APP”，搭建以促进文化交流和商业发展为主旨的在线虚拟平台——“都正街”。其内容不局限于对都正街历史文化的图文和有声介绍，还可以利用虚拟现实（VR）和增强现实（AR）技术对都正街历史原貌进行3D复原，并进一步开发城隍庙、詹王宫、桃花井逸闻趣事的虚拟交互式体验等。与此同时，还可联合商家，进行特色店铺介绍和商家优惠活动的推广及宣传。APP的交互界面和具体内容设置应更多注重参与性和互动性，比如可以借助APP社交功能，举办老街手机微摄影大赛等活动，让APP社区活跃起来。

综上所述，都正街的老街改造虽已初见成效，但其特色市场培育却才开始，需要政府给予多方面、长期的关注和扶持，有此才能使老街巷真正重焕新的活力，也才能真正实现都正街文化历史保护传承、商业发展、和谐社区建设的多方共赢。（2月16日）

定王台街道办事处对政协提案的答复（摘要）

都正街棚户区改造项目东至天心公园、西到蔡锷南路、南接城南路、北至人民西路，以县正街为界，分芙蓉区和天心区两个片区，总面积约5.53公顷，其中芙蓉片区36亩。都正街分为南北两段，北段(芙蓉区)长180米，宽5.5米，芙蓉区辖区共343户，其中私房272户，都是属于居民自有房屋产权。

2015年9月都正街立面改造基本竣工，定王台街道和都正街指挥部一直引导居民招商，但由于房屋产权属于私人所有，所以后期因为门面转让问题无法把控，再加上定王台街道没有专业的师资力量对于街区的招商策划、业态定位、代业主发布招商信息、媒介推广等等一系列的发展进行规划实施，导致后期街区店铺门罗可雀。定王台街道也经常在都正街组织各种节气活动和文化汇演，比如庙会、孝文化节、元宵灯会并且还组织一些店铺开产品发布会，请相关媒体采访宣传，但确实效果不佳。经街道和指挥部商议建议由区商务旅游局牵头聘请专业的文化产业招商代理公司对街区的宣传和定位进行具体的实施和部署。

（8月20日）

加快老旧商务楼宇提质升级 放大楼宇经济支撑效能（摘要）

提案人：黄小利　潘向阳　张　玉

芙蓉区作为长沙市建设国家中心城市水平的精品之区，同时也是引领长沙新型经济发展的示范区，更是湖南省的金融创新中心、商务中心和消费中心，总部经济、楼宇经济、平台经济等新型经济发展水平在湖南乃至全国均处于前列.由于大量的商务楼宇建成年代久远、公共配套和生活配套服务设施落后、电梯配置严重不足、安全防护设施老化、停车位紧缺及微循环交通不畅或交通组织不合理等因素，使得芙蓉区商务楼宇近年来空置率呈上升发展趋势，大量企业单位外迁，已经成为影响芙蓉区楼宇经济发展、财政税收增长、人才引进和经济可持续发展的主要因素。

以顺天国际财富中心为例，该商务楼宇建成于2002年，2012年以前该楼宇入驻率达到100%，年上缴税收过亿元，之后由于楼宇设施老化、电梯不足和停车位紧缺等原因，导致包括金浩茶油、七匹狼、贝因美、艺术产权交易中心、省建设工程招标办等单位陆续外迁，现入驻率不足70%；又如华美欧大厦，建成投入时间为2009年，由于消防系统瘫痪、设施设备老化、停车位严重不足，无中央空调及杂物乱堆等现象严重，加之周边如万达等高端商务写字楼的推出，该大厦的入驻率也呈快速下降趋势发展；位于CBD核心区的明城国际中心和定王大厦均于2012年投入使用，一度成为各类公司办公的首选，但由于电梯严重不足（早高峰上班排队超过300米），周边交通微循环不畅（所有由南往北进入该两栋楼的车辆需行至芙蓉广场调头），大量企业外迁选择了开福区和雨花区，现楼内的空置率接近40%。

针对芙蓉区商务楼宇发展中存在的主要问题，建议如下：

1. 由政府牵头，组织财政局、商务和旅游局、CBD办及住建局等相关部门对全区现有专业商务楼宇、老旧公共楼宇进行全面摸排，合理规划与档次定位，根据楼宇现状、重要程度及专业楼宇建设规划，制定全区老旧公共商务楼宇提质改造升级三年行动计划。

2. 设立芙蓉区老旧商务楼宇改造升级专项基金，有序引导社会资本投入一部分、专项基金引导一部分、公共维修基金解决一部分，通过PPP模式对全区各老旧商务楼宇按三年行动计划进行全面提质升级改造，主要就包括完善安全防护设施及公共安全设施、加装垂直电梯、对现有地面停车位进行立体化改造、增加停车位及停车场所，对公共商务楼宇集中区域增加公共配套服务与生活配套服务设施。

3. 合理规划公共商务楼宇周边微循环交通，加速公共商务楼宇的车量导入导出速度，尽可能不增加主干路网的交通压力，合理争取在公共楼宇集中地带增加公共停车场所，化解公共商务楼宇对停车位的旺盛需求。

（2月16日）

芙蓉中央商务区管理办公室对政协提案的答复（摘要）

一、针对“老旧商务楼宇提质改造相关问题”的回复

2016年5月至6月，区CBD办已对京广线以西投入使用8年以上的老旧商务楼宇进行了摸底调查，并提出了对策建议，形成了调查报告。目前，全区正在有针对性的探索建立提质改造统一操作规范，有序

引导业主在企业自愿、便于操作、经济实用、见效快捷相统一的前提下，在全区范围筛选有代表性的老旧商务楼宇进行改造试点，稳妥有序推进老旧楼宇外立面、公共设施设备、停车位等方面提质改造。2017 年已在银华大厦启动老旧楼宇提质改造试点，内容涉及立体车库建设、电梯新增、外立面整治、大堂、写字楼内部公共部位装修等工程，目前已有部分项目接近完工。同时，为鼓励楼宇业主和经营单位提质改造楼宇硬件设施设备，区政府下发了《促进产业发展的扶持办法》，对老旧楼宇改造出台了相应补贴政策，按照改造工程实际投资额的一定比例对投资主体给予补贴，为老旧商务楼宇提质改造的推进提供了强有力的政策支撑。由于全区商务楼宇产权大多分散，通过拍卖冠名权等方式来引导社会资本参与方式，可能存在利益分配问题，业主意见难统一。而根据城管相关规定，商务楼宇广告位也十分紧张，在楼宇招商中地位较为重要，可供利用的闲置资源存量较少。

二、针对“改善商务楼宇周边微循环交通”的回复

自 2013 年以来，区交警大队已对辖区内 36 个社区微循环进行改善，完善交通标线 24350 平方米、修复及增设交通标志 1854 块、新建人行隔离护栏等护栏 345 米。2017 年，区交警大队即将对辖区九龙仓片区、三湘南湖市场片区、人民新村社区等微循环进行改善。同时，因警力有限，委员提出的关于高峰期间交警现场指挥的建议暂无法实施，但区交警大队已在高峰期间责令辖区中队加强对老城区商务楼宇周边微循环的巡逻管控力度，及时疏导交通拥堵及处置交通事故。按照政府搭桥，企业和业主双方自愿原则，帮助有条件的商务楼宇通过市场化手段开展立体停车库建设，缓解楼宇停车压力。目前已有银华、亚大等楼宇正在对接中海赛格智慧停车发展有限公司研究立体车库建设。

三、针对“加快商务楼宇统一信息系统平台建设”的回复

为实现芙蓉区商务楼宇大数据信息的整合，全区正在开展楼宇信息服务平台建设，已确立了信息平台基本框架，涵盖楼宇基本信息查询、驻楼企业信息统计、分析、查询、楼宇招商信息发布、政策咨询、问题在线反馈交办等功能，该项目已启动招投标程序。系统建成后将组织开展楼宇及驻楼企业信息摸底工作，建立商务楼宇和驻楼企业资源库，并实现定期更新、资源共享。

四、针对“完善商务楼宇的综合配套服务功能”的回复

全区注重发挥市场配置资源的基础性作用，实行政府引导、市场主导，鼓励楼宇积极进行完善升级，综合提升楼宇服务能力和水平。在《促进产业发展的扶持办法》中单独设立了楼宇经济发展补贴，对完善楼宇配套服务（楼宇提供员工餐厅、会务、健身等配套服务）、引进物业服务和提升物业服务资质、高资质物业企业发展等方面给予重点扶持。

2017 年，芙蓉区将建成楼宇服务中心，通过整合政府和社会优质资源，构建面向楼宇及楼宇企业的综合服务平台和服务体系。定位为全区楼宇经济服务窗口、展示窗口，拟设服务大厅（展示厅）、商务中心、信息活动中心等功能区，面向楼宇、企业、白领开放，为企业提供政务咨询、商务交流、商务服务、楼宇信息咨询发布平台，为白领提供学习、交流、交友平台。同时考虑引进第三方专业服务公司提供人力资源、法律、财务、培训等服务，完善服务功能，强化服务中心政府与企业、企业与企业、企业与人才、白领与白领间的桥梁纽带作用，提升服务水平。

五、针对“树立商务楼宇品牌”的回复

自 2014 年 8 月以来，区政府出台了专业楼宇打造方案，充分结合开发商意愿，提前对接谋划，按照“一事一议”的原则推进专业楼宇建设，已成功授牌五栋专业楼宇，分别是总部大楼（中石油大厦）、金融服务大楼（中天广场）、影像创意大楼（科佳大厦）、律政服务大楼（华泰尚都）、文化创意大楼（新南天古汉广场）。在总结以往成功经验的基础上，2017 年又将专业楼宇打造相关政策写进了产业扶持办法，鼓励楼宇打造专业楼宇并给予“一事一议”的扶持。下一步我们将在金融、科技研发、现代服务业方面加强产业引导，不断深入推进专业楼宇扶持引导工作：一是引进龙头企业提升产业集聚效应，促进相关产业集聚化发展，带动整栋楼及周边地区的经济活力；二是留住优质企业保障专业楼宇品质，提升楼宇服务管理水平，以良好的环境确保优质企业进得来、留得住，保持专业楼宇的优质企业的入驻率，稳定专业楼宇品质；三是围绕特色产业打造更多专业楼宇，加大推介力度、唱响品牌价值、创新招商理念，通过筑巢引凤，吸引同类企业主动入驻，打造专业楼宇。（8 月 30 日）

（责任编辑：谭丽霞）

隆平高科技园管理委员会

①	②
③	④
⑤	⑥

①5 月 18 日，市长陈文浩带队到隆平高科技园区调研英氏孕婴童产品产业园项目
②8 月 21 日，“中国种业硅谷·现代种业高峰论坛”在长沙举行
③8 月 21 日，袁隆平出席“中国种业硅谷·现代种业高峰论坛”并致词
④10 月 13 日，市委书记胡衡华在全市重大产业项目集中开工仪式芙蓉区分会场宣布华智水稻分子育种中心项目开工
⑤12 月 18 日，特格尔健康产业园接受全市重点项目观摩，区委常委、园区党工委书记王曙光向观摩团汇报隆平高科技园区项目建设情况
⑥12 月 18 日，市委书记胡衡华带领观摩团一行参观特格尔健康产业园项目

（隆平高科技园办　供稿）

芙蓉区人民武装部

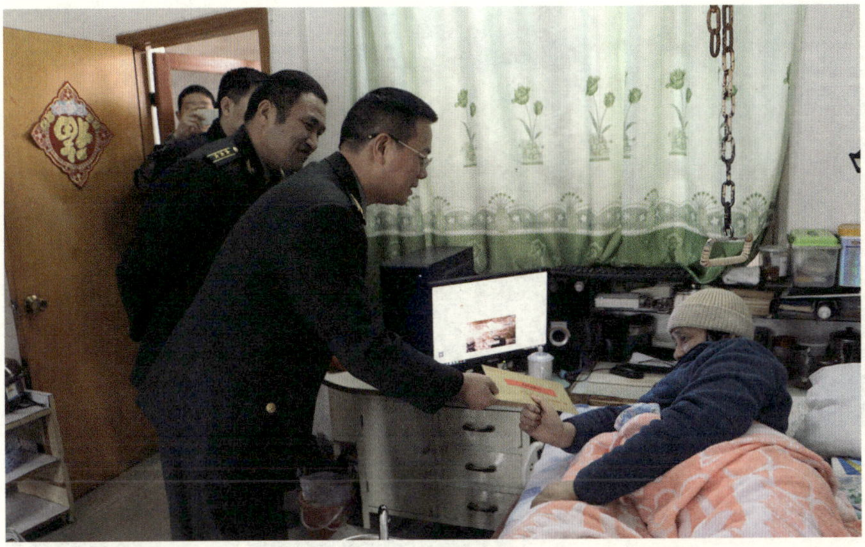

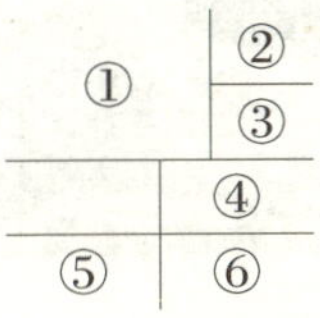

①1月12日，区人武部领导慰问困难户
②5月18日，芙蓉区2017年征兵宣传大会召开
③7月11日，召开宣布团职干部任职命令大会
④7月26日，区领导开展“八一”慰问活动
⑤8月31日，芙蓉区召开2017年定兵会议
⑥9月11日，举行2017年新兵欢送仪式
（区人武部　供稿）

中共长沙市芙蓉区纪律检查委员会

①	③
	④
②	⑤
	⑥

①2月9日，中共长沙市芙蓉区第五届纪委第二次全会召开

②7月14日，区纪检监察系统负责人到宁乡灾后慰问走访

③8月2日，芙蓉区召开“互联网＋监督”工作推进暨业务培训会

④8月25日，“魅力芙蓉·城市双修”PPP项目签约大会上，相关部门负责人向区委书记于新凡接受相关单位递交“双廉”承诺书

⑤9月13日，芙蓉区召开派驻机构部署工作会

⑥12月28日，区纪委负责人在转隶大会上交接转隶干部名单

（区纪委　供稿）

芙蓉区委组织部

①	②
③	④
⑤	⑥

①5月22日，芙蓉区召开推进“两学一做”学习教育常态化制度化工作暨文明创建工作推进会

②7月1日，芙蓉区庆祝中国共产党成立96周年暨基层党建工作推进会召开

③8月13日，芙蓉周末补钙大课堂第四期开班

④8月30日，省委组织部副部长蔡建和到德政园社区考察城市基层党建工作

⑤11月15日，省委组织部常务副部长胡伯俊调研德政园社区

⑥12月9日，芙蓉区举办学习贯彻中共十九大精神培训班

（区委组织部　供稿）

芙蓉区委宣传部

①	②
③	④
⑤	⑥

①3月1日，湖南日报社“新湖南”芙蓉工作站挂牌成立
②5月10日，“微理论·微宣讲”巡回赛芙蓉区专场在都正街剧场举行
③6月23日，举行“学讲话 强信念 促发展”学习小组建设主题演讲比赛
④8月31日，举办“喜迎十九大 共筑中国梦 欢乐潇湘 品质长沙 幸福芙蓉”大型群众文艺会演
⑤11月13日，中共十九大精神省委宣讲团成员到定王台街道丰泉古井社区开展宣讲活动
⑥举办“排队礼让从我做起 有礼有序文明出行”活动

（区委宣传部　供稿）

芙蓉区统一战线工作部

①	③
	④
②	⑤
	⑥

①1月18日，“同心聚力 筑梦芙蓉”2017年统一战线迎新汇报会在区会议中心举行

②3月7日，市委统战部副部长饶福明一行到区调研大部制改革

③5月15日，民革党史教育基地在程潜公馆旧址授牌

④9月6日，召开新的社会阶层代表人士座谈会

⑤9月29日，召开统一战线各界人士“迎中秋庆国庆”座谈会

⑥12月19日，湖南省社会主义学院教学基地授牌仪式在古汉城社区举行

（区委统战部　供稿）

芙蓉区政法委员会

①	②
	③
	④
⑤	⑥

①4月17日，国家禁毒办交叉检查组一行4人到定王台街道社区戒毒康复工作指导站，检查“8·31”工程专项工作

②4月21日，长沙市综治办副主任肖文辉一行4人到区调研综治中心建设工作和网格化社会管理服务工作

③5月17日，国家禁毒办常务副主任、公安部禁毒局局长梁云一行到区调研社区戒毒康复工作

④6月23日，“禁毒宣传进校园”活动在长郡芙蓉中学举行

⑤6月23日，举办芙蓉禁毒之声“唱享健康”活动，为小学生发放宣传资料

⑥8月25日，召开全区综治工作（平安建设）推进会议

（区政法委　供稿）

芙蓉区编委办

①	②
	③
④	⑤

①6月24日，芙蓉区召开行政审批局成立大会

②10月17日，省编办领导调研芙蓉区相对集中行政许可权改革试点工作

③10月13日，召开机构编制云平台建设动员暨培训会议

④10月17日，省编办主任魏旋君一行到区考察行政审批政务大厅

⑤10月26日，中央编办三司副司长陈峰调研芙蓉区相对集中行政许可权改革试点工作

（区编办　供稿）

芙蓉区老干部局

①6月16日，举办“银发先锋大课堂”暨形势报告会专题讲座

②7月12日，召开老干关工委工作推进会暨区委离退休干部工委成立大会

③重阳节组织离退休干部参观芙蓉区交警大队指挥中心

④7月28日，推荐刘雄、宋刚参加长沙市“点赞新变化，添彩新长沙，喜迎十九大”微宣讲赛课总决赛，获二等奖

⑤⑥10月25日，召开“银发遐龄 乐学乐为建新功”总结表彰大会，表彰“最美五老”20名、“美德少年”10名

（区老干局　供稿）

芙蓉区人民法院

①③④
②⑤⑥

①1 月 20 日，开展走访慰问老党员老同志活动
②3 月 30 日，服务金融企业座谈会召开
③6 月 23 日，举行法官宣誓仪式
④6 月 30 日，湖南大学入额学生参加旁听案件
⑤10 月 27 日，在全市率先设立“律师调解工作室”
⑥11 月 17 日，召开员额法官座谈会

（区法院 供稿）

芙蓉区人民检察院

①6月9日，区检察院举行入额检察官宣誓仪式
②8月15日，检察院驻交警大队检察室揭牌成立
③10月18日，组织全体检察人员收看中共十九大开幕式
④10月26日，区交警大队检察室开展法制宣传活动
⑤10月27日，区检察院在市政府机关第三幼儿园开展“大手牵小手”主题宣教活动
⑥12月28日，区检察院反贪污贿赂局、反渎职侵权局、职务犯罪预防科19人集体转隶至芙蓉区监察委员会履职

（区检察院　供稿）

中共长沙市芙蓉区纪律检查委员会

区纪律检查委员会机构及领导人员

书　记　袁伟洁
副书记　王跃斌
　　　　黄　革
常　委　邹学斌
　　　　李雄文
　　　　黄传华（女，2017.09 免）
　　　　彭海燕（女）
　　　　陈律严
　　　　李长松（2017.09 任）
　　　　欧阳舒平（女）

监察局

局　长　王跃斌
副局长　陈律严
　　　　唐子茹（女）

派驻纪检组

驻区委办纪检组组长
　　胡永清（2017.09 任）
驻人大机关纪检组组长
　　龚　班（2017.09 任）
驻政府办纪检组组长
　　黄　芳（2017.09 任）
驻政协机关纪检组组长
　　许　芳（2017.09 任）
驻政法委纪检组组长
　　凤凌霄（2017.09 任）
驻城乡建设局纪检组组长
　　徐　军（2017.09 任）
驻财政局纪检组组长
　　罗振军（2017.09 任）
驻行政审批局纪检组组长
　　周　华（2017.09 任）
驻城管局纪检组组长
　　张操巍（2017.09 任）

【概述】 2017 年，芙蓉区纪委贯彻落实十八届中央纪委七次全会及省、市纪委全会精神，树立“四个意识”，坚持问题导向，敢于动真碰硬，推动全区党风廉政建设和反腐败工作取得成效。

压实“两个责任”，管党治党走向严紧硬。区纪委牢固树立党风廉政建设主责意识，制定责任清单，抓好责任分解和落实，动态监督责任履行。开展述责述廉评议，强化检查考核。开展任前廉政谈话 88 人次，对 13 家落实责任不力的单位负责人实行诫勉谈话和责任约谈。办理党内问责案件 15 起，问责领导干部 15 人，责任追究案件 16 起，处理 33 人。

运用“四种形态”，保持惩治高压态势。全年立案 116 件，同比增长 48.7%，结案 114 件，处理 114 人，采取“两规”措施 6 人，移送司法机关 6 人，挽回直接经济损失 288.49 万元。处理副科级以上干部 33 人次，其中给予党政纪处分 5 人次，组织处理 28 人次。“四种形态”分别占比为 58%（155 人次）、33%（89 人）、7%（19 人）和 2%（6 人）。改建高标准调查谈话室，多次配合省市纪委开展谈话工作。严守执纪审查安全底线，连续多年执纪审查零违纪零事故。

坚持常抓不懈，党风政风持续好转。全年开展作风建设督察 17 次，查处违反“四风”问题以及中央“八项规定”精神案件 102 起，处分 102 人。廉政账户收到无法退还的红包礼金 102.37 万元。全年开展各类专项整治 13 项。查处“雁过拔毛”式腐败问题、“小官大贪”案件 57 起，处分 57 人。创新开展“四查四审”（查财务、查项目、查执法、查审批，审查是否存在违纪违法问题）监督检查，查找财务、项目、执法、审批等领域的问题 355 个，已全部整改到位。围绕村（社区）“两委”换届选举、中央环境保护督察、抗洪抢险、信访维稳、项目建设等方面开展纪律督察，保证全区中心工作完成。对 12 个单位、42

名干部的奖励评先等提出廉洁审查意见，否定拟提拔干部1人。

着力改革创新，推动标本兼治。推进国家监察体制改革试点工作，成立区监察委，实现了纪委监委合署办公。成立区委巡察机构，年内完成两轮共8个单位的政治巡察，发现问题216个，移交问题线索20个，转立案2件，组织调整1人。成立9个派驻纪检组，实现派驻监督全覆盖。探索“四个同步”（对涉拆信访问题同步核查、同步打击、同步教育、同步化解）工作法，化解东岸街道望龙社区信访积案。全年排查涉农信访问题131个，转立案5件，处分8人。为15名党员干部澄清不实举报。创新开展项目建设“双向廉洁承诺”（即政府工作人员廉洁自律承诺制度和参与企业廉洁承诺制度两项机制）制度、政府投资项目预（结）算评审再抽审制度，防控廉政风险。作为全省“互联网+监督”工作5个试点区县之一，为全省工作铺排提供经验。

强化宣传教育，筑牢思想堤坝。每月编制工作动态，及时向市纪委和区委报告。开通“廉洁芙蓉”微信公众号，推送信息35期，关注人数5000余人。参加全市廉洁文化文艺展演，拍摄微电影2部，全年在中央、省、市纪委网站和报刊上刊发稿件300余篇。打造一系列基层廉洁文化特色品牌。编发典型案例通报22期，公布曝光违纪党员干部63人。组织观看警示教育片、进行以案释纪等警示教育，持续释放反腐强烈信号。

推进自身建设，打造过硬队伍。继续推进“两学一做”学习教育常态化制度化。对新进入纪检系统干部、转隶干部开展谈心谈话。“3·12”（长沙市城市建设开发公司贪贿系列案）专案期间，组建党员干部参与审查组临时党支部，发挥战斗堡垒作用，被《中国纪检监察报》报道。制定《芙蓉区纪律审查工作要求》《保密工作手册》《派驻工作要点》等制度，保证严格按照执纪规则开展工作，严防“灯下黑”。通过专题培训、轮训、协助办案等，纪检干部履职能力得到提升。

存在的问题：党内政治生活不严肃等问题还未得到根本解决；“两个责任”落实还不平衡不充分，管党治党宽松软问题依然存在；发生在群众身边的“微腐败”“潜规则”的问题未得到根本治理；消除腐败存量、遏制腐败增量任务艰巨，风险排查和防控任务依然很重；“四风”问题特别是形式主义、官僚主义问题还比较突出；纪检监察干部队伍思想政治素质和专业水平仍需进一步提升。

（廖韶峰）

【区纪委五届二次全会召开】 2月9—10日，中共长沙市芙蓉区第五届纪委第二次全会在区会议中心召开。会议传达贯彻落实中央纪委七次全会、省纪委二次全会、市纪委二次全会精神和区委要求，总结2016年党风廉政建设和反腐败工作，全面部署2017年工作任务。区委书记于新凡出席会议并讲话，区委副书记、区长周春晖主持会议，区委常委，区人大、区政府、区政协负责人，区纪委委员13人出席会议，列席会议407人。会议审议通过了纪委书记向大会作的题为《强化政治担当，坚持标本兼治，推动全面从严治党向纵深发展》的工作报告。

【社区(村)“两委”换届纪律督察】 3月20日，区严肃换届纪律风气监督工作领导小组成立。该机构以区纪委书记为组长，综合调动纪检、公安、检察、信访等专门力量，抽调纪检业务骨干46人，设驻点监督组13个、巡回督察组2个、综合调度组1个。13个街道驻点组采取驻点蹲守的方式对联点街道社区（村）换届选举实施全过程、全方位监督检查；2个区巡回督察组应点对标，对片区内各街道、社区（村）换届选举工作开展了3个轮次以上的巡回督察。换届期间未发现违纪违法问题。

【市委督察组到区督察社区换届选举】 3月20日，市委社区（村）换届选举工作第三巡回督察组组长杨远秀一行人对全区社区（村）换届选举工作开展第一轮巡回督察。督察组听取区委副书记陈计伟所作的工作汇报及相关部门负责人作的情况介绍，现场查验各项准备工作，随机抽查了东屯渡街道白沙湾社区和东湖街道东湖村。全区社区（村）换届选举工作依规有序进行，督察中没有发现违规问题。

【全区落实中央八项规定专项督察】 4月5—17日，区监察局联合区财政局、区审计局成立15个督察组，对2016年1月至2017年3月期间全区区直属机关部门（含所有二级机构）、各街道办事处（含所属社区、村）、各项目指挥部落实中央八项规定精神财经纪律执行情况开展专项检查。重点检查“三公”经费、产业扶持奖励资金、项目指挥部财务使用开支情况、街道国库集中支付改革试点财务工作。检查发现31家单位存在的79个问题，督察组向相关单位反馈督察整改意见。

【陈建新到区督察农村基层信访专项行动】 6月14日，市纪委常委陈建新到区督察农村基层信访举报集中办理专项行动，纪委负责人陪同。自省、市纪委3月下发《关于开展农村纪检监察信访举报集中办理专项行动的通知》后，芙蓉区第一时间组织全区13个街道就如何开展涉农信访举报专项整治行动召开专题会议，制定下发《芙蓉区关于开展农村纪检监察信访举报集中办理专项行动的实施方案》和《关于加大力度解决越级信访和重复信访突出问题的工作方案》。在1–5月全市涉农信访举报集中办埋专项行动中，办结率居全市第二。陈建新肯定了芙蓉区部署得力、推进迅速、工作扎实、成果显著。他要求坚持问题导向，加强基层基础，抓住薄弱环节，把全面从严治党的要求压实到基层，确保农村信访工作基本清零。

【市纪委专项巡察区执纪监督工作】 6月28日，市委专项巡察第一组巡察芙蓉区纪委（监察局）监督执纪工作动员会召开，市委专项巡察第一组组长王本楼作巡察工作动员讲话，纪委书记代表区纪委（监察局）做工作汇报。该次巡察重点检查2015年以来区纪委（监察局）履行党风廉政建设监督责任、行使监督执纪权的情况。9月12日，市委专项巡察第一组巡察芙蓉区纪委(监察局)监督执纪工作反馈会召开。市纪委常委邓和平对巡察整改和当前工作提出了明确要求，市委专项巡察第一组组长王本楼反馈了专项巡察发现的4个方面10个问题，纪委负责人作表态发言。

【区委巡察机构成立】 6月30日，芙蓉区委巡察工作领导小组成立，作为工作机构的巡察办设在区纪委，主要承担区委巡察工作领导小组日常工作。巡察办设4个巡察组。该领导小组出台《中共长沙市芙蓉区委巡察工作实施办法(试行)》《中共长沙市芙蓉区委巡察工作领导小组工作规则(试行)》等7项制度，建立区委巡察工作常态化运行机制。巡察组由组长、副组长和其他工作人员共计12人组成，抽调政治素质高、工作经验丰富、敢于动真碰硬的止副科职干部任巡察组止、副组长。抽调熟悉纪检、党建、财政审计等业务工作人员40余人次开展巡察工作。第一轮巡察设4个临时巡察组，从7月20日—9月20日，对马坡岭街道、东岸街道、交通局、市政局开展巡察。第二轮巡察设2个巡察组，对文艺路街道、朝阳街道、人力资源和社会保障局、住房保障局4家单位开展巡察。巡察大多选定信访突出、群众反映较多、职能敏感、贴近民生的街道和区直单位作为巡察对象。两轮巡察发现各类问题216个，移交问题线索20条，转立案5件，“留置”2人，组织处理2人，党内警告3人，严重警告2人。

【抗洪救灾专项督察】 7月1—7日，长沙市遭遇特大洪水。全区纪检系统干部投身抗洪救灾，坚持防汛救灾与监督执纪工作两手抓，牵头与区“两办”督察室组成4个督察组，对全区防汛工作实行24小时督察，严查抗洪抢险救灾期间擅离职守、脱岗离岗、私吞截留救灾物资资金等行为。7月13日，组成3个联合督察组，对全区汛后工作纪律执行和抗洪救灾款物管理使用情况开展督察，2次督察均未发现违纪违法问题。

【省联合调研组到区调研村级财务公开】 7月5日，由省纪委党风政风监督室、省财政厅财政监督管理局等组成的省“互联网+监督”调研组一行人到芙蓉区，开展村级财务公开工作专题调研，区纪委副书记王跃斌、区纪委常委陈律严陪同。区财政局副局长杨亮、纪检组长罗振军、总会计师黎书花、乡镇财政管理科、社会保障科、财政监督科等参加调研。会上，杨亮汇报芙蓉区村级财务公开基本情况、财政业务系统建设情况和财务系统相关信息内容；东岸街道、马坡岭街道财政所所长分别介绍了街域内村级财务工作情况。省纪委党风政风监督室副处级纪检监察员张贵忠对芙蓉区村级财务公开现状、全区财务管理和“互联网+监督”工作予以肯定，他提出严格落实省、市加快推进“互联网+监督”工作要求，运用互联网技术和信息化手段，做好本区域民生资金项目公开、乡级财务公开工作，为完成湖南省“互联网+监督”平台开发建设工作打好基础。明确以芙蓉区作为全省村级财务公开的试点单位。

【设立纪检派驻机构工作】 9月13日，芙蓉区纪委派驻机构部署工作会召开，会议下发《关于加强区纪委派驻机构建设的实施意见》，任命各派驻纪检组组长，标志全区派驻机构全覆盖工作进入全面实施阶段。该次改革，全区按照涉改单位职责、性质、条线等分组，设置9个派驻纪检组，负责综合监督55家区直单位。每个纪检组配备4名干部，全部编制纳入纪委统一管理。10月20日，出台《芙蓉区纪委派驻纪检组工作制度》，细化派驻工作要求。明确各派驻纪检组按照工作要求，督促驻在单位履行主体责任，强化监督、执纪、问责职能。至年底，各派驻纪检组组长全部到位。年内立案3件，行政问责2人次，诫勉谈话5人次，提醒谈话50余人次，廉政谈话120余人次。

【实施国家监察体制改革试点工作】 11月21日，区委召开深化监察体制改革试点工作小组第一次会议，明确芙蓉区深化国家监察体制改革试点工作小组及办公室组成人员、职责分工，制定《芙蓉区深化国家监察体制改革试点工作实施细则》。12月13日，根据区委文件精神要求，撤销区监察局机构，相关职能、人员转隶到区监察委员会。12月26日，市纪委副书记、监察局局长邱俊杰一行人到芙蓉区调研督导深化监察体制改革试点工作。邱俊杰局长对芙蓉区改革试点工作取得的成效给予肯定，市纪委组织部部长唐明陪同，区监察体制改革试点工作小组相关人员参加调研。12月28日，芙蓉区召开深化国家监察体制改革试点工作转隶大会，19名区检察院转隶人员正式履新到岗。 （廖韶峰）

（责任编辑：谭丽霞）

图14 芙蓉广场

群众团体

芙蓉区总工会

【概况】 芙蓉区总工会辖2个系统工会，13个街道工会联合会，1个园区工会联合会。全区共有基层工会2767个（涵盖法人单位6829个），会员14.83万人。2017年，全区各级工会组织和广大职工群众，为建设“四个芙蓉”发挥主力军作用。由区总工会打造的“朝辉劳模创新工作室”获评全国示范性劳模和工匠人才创新工作室。辖区内湖南康通电子有限公司，获评长沙市2017年度职代会和工资集体协商典型示范企业称号。

扩大组织，增强基层活力。截至2017年底，芙蓉区新组建工会组织494家，发展会员2.12万人。基层工会组织换届。全区14个街道（园、局）、78个社区（村）5月31日前全部完成换届工作，配齐配强工会组织班子。经区总工会检查验收，择优向市总工会申报并获评市级模范职工之家3家，模范职工小家（分工会、工会小组）2家，确定10家为区级“模范职工之家（小家）”。通过“建模”活动，推动全区工会组织的规范化建设。

劳动竞赛，发挥主力军作用。推进技能培训、技术练兵、技能比武、技能晋级、技能带头人“五位一体”的职工技能素质提升工程，全区各级工会组织2万余名职工参加各类竞赛活动。在全区开展创建“工人先锋号”及“挂牌亮岗”活动。3个班组获评市级“工人先锋号”称号。组织职工参加省、市职工科技创新奖的评选。华智水稻生物技术有限公司的“SNP分子标记”开发项目获长沙市职工科技创新奖一等奖。组织禁毒知识竞赛，在“芙蓉工会”微信公众号上举办有奖问答活动，参与职工1200余人。

扶贫帮困，当好职工娘家人。开展“四送”（春送岗位、夏送清凉、金秋助学、冬送温暖）活动，打造工会服务品牌。组织开展“工会就业援助月——春送岗位”系列招聘专场活动14场，1200余人现场与企业达成了聘用意向。组织到62个高温作业单位慰问一线职工1.5万余人，送去防暑降温物资50万元。确定29名金秋助学受助对象，一次性给予每人4000元助学金。开展医疗互助活动。2017年全区机关、企事业单位有2.16万名职工加入在职职工医疗互助计划，截至年底，为891人办理互助金的申请拨付手续，报销医药费用的自付部分45万余元，为4名女职工申请每人1万元的女职工特殊医疗救助。大病救助，为符合条件的13名患病职工发放每人6000至10000元不等的救助金9.4万元。开展洪灾受灾职工救助活动。抗洪期间，区总工会筹集资金15万元，送防暑降温物质到抗洪抢险第一线。洪水过后，为210名受灾职工每人发放了1000元的一次性救助金21万元。区总工会全年用于服务帮扶资金200余万元。

文体活动，丰富职工生活。组织“五一”主题活动。通过诗会的形式，把全区各行各业涌现出来的典型，搬上舞台。组织全民健身运动会。“五一”前夕，联合区文体新局、机关工委举办第九届“全民健身运动会”，全区机关、企事业单位参与职工超过万人。举办第五届“芙蓉工运杯”职工篮球赛，机关、企事业单位52支球队参赛。打造职工书屋。开展职工阅读活动，打造书香型企业、学习型职工。西湖社区职工书屋被评为全国职工书屋示范点，2家基层工会获得市级职工书屋示范点，1家获得长沙市职工优秀读书项目。

存在的主要问题：反腐倡廉教育的形式相比单一，具体监督措施不够周密；基层党建阵地建设有待进一步万善。（李静锋）

芙蓉区总工会

主　　席	李凤英（女）
副 主 席	黄家旺
党组成员	熊卫俊（2017.09任）
纪检组长	熊卫俊（2017.09免）

【庆“五一”原创诗歌朗诵会】 4月28日，芙蓉区庆“五一”原创诗歌朗读会暨“最美劳动者”颁奖典礼在区会议中心举行。长沙市总工会副主席鲁承钢，芙蓉区委书记于新凡，区人大常委会主任廖铁成，区委、区人大、区政府、区政协的相关领导出席诗会。来自长沙东协盛医院、湖南省湘绣研究所、湖南悦豪物业管理有限公司等不同行业的10名朗诵者以诗歌的形式，展现劳动创造幸福，智慧和汗水谱写画卷的信心，讴歌劳动者们爱岗敬业、勇于创新、甘于奉献精神。活动现场，芙蓉区委书记于新凡致词，于新凡书记向受表彰者表示祝贺，对辛勤工作在芙蓉区的各行各业劳动者们致以节日的问候和崇高的敬意。他要求，全区上下要紧密团结在以习近平同志为核心的党中央周围，大力弘扬劳模精神，以勤奋劳动成就梦想、以诚实劳动铸就辉煌、以创造劳动续写荣光，努力创造出无愧于时代的光辉业绩。长沙市总工会副主席鲁承钢、芙蓉区委书记于新凡分别为10名“最美劳动者”先进个人和10个先进集体颁奖。

【禁毒知识竞赛】 6月15日，由芙蓉区总工会、芙蓉区禁毒办、芙蓉区社会禁毒协会联合主办，湘湖管理局工会联合承办的职工禁毒知识挑战赛在新天宾馆礼堂举行，主题为“珍爱生命，远离毒品”。区委副书记陈计伟，区人大常委会副主任马京沙出席。各街道（园、局）、各社区（村）工会联合会主席、全区规模以上企业工会负责人共300余人观看了比赛。全区各街道（园、局）14支代表队42名选手参赛。该次抢答赛分设预赛和决赛两个阶段，题型有必答题、抢答题、风险题。活动还设有现场观众竞答环节。隆平高科技园华智水稻生物技术有限公司、五里牌长沙楚雅医院2支代表队获一等奖，韭菜园街道小天鹅戴斯酒店、马王堆街道绝味食品股份有限公司等4支代表队获二等奖，湘湖管理局精彩生活超市、文艺路湖南悦豪物业有限公司等8支参赛队伍获三等奖。

【第五届“芙蓉工运杯”职工篮球赛】 10月10日，由芙蓉区委、区政府主办，区总工会承办的芙蓉区第五届“芙蓉工运杯”职工篮球赛开幕式在区政府机关球场举行。比赛分为区直机关、街道和企业、驻区单位两个小组进行，两个小组冠军角逐篮球赛总冠军。比赛历时17个比赛日，26支区直机关、街道球队和26支企业队伍共计52支参赛队伍600余名运动员，在区政府机关篮球场和大同三小篮球场举行了161场赛事。中铝长勘设计院、湖南筑巢建材、湖南农业大学获企业组前三名；区交警大队、教育系统、芙蓉城管大队获机关组前三名，中铝长勘设计院获得总冠军。10月30日，职工篮球赛闭幕式暨颁奖典礼在区政府机关球场举行。该项比赛每年举行一次，参赛队伍逐年增多，是芙蓉区最有影响力的单项体育赛事。

【劳模事迹及中共十九大精神宣讲会】 12月15日，芙蓉区劳模先进事迹及十九大精神宣讲活动暨“爱岗敬业、无私奉献”道德讲堂活动在区政府会议室举行。区直各单位、各街道、园（局）工会联合会主席及规模以上企业工会主席等200余人参加报告会。市总工会副主席朱余华、区委宣传部部长伍艳飞等领导出席活动现场。马王堆街道司法所所长、获“全国模范人民调解员”称号的市级劳模侯远龙、从警20年“零投诉”的全国特级优秀人民警察湖南省劳动模范刘辉3人以他们亲身经历汇报了各自的工作和体会，讲述平凡岗位干事创业的不平凡业绩。市委讲师团教研处处长齐泊熊为与会人员详细解读中共十九大精神。（李静锋）

共青团芙蓉区委员会

【概况】 2017年，区团委围绕“凝聚青年、服务大局、当好桥梁、从严治团”四维工作格局，推动芙蓉共青团事业发展，突出抓三个方面工作。

增强团组织凝聚力。抓组织建设。结合村（居）“两委”换届选举开展村（社区）团组织集中换届选举，各个村（社区）的团支部选举产生村（社区）团支部书记，及团支部成员。抓思想引领。引领团员青年听党话、跟党走，举办2017年区中青年干部培训班暨青年干部训练营，开展“党在我心中”“干部成长感恩谁”等活动。以“学习近平总书记讲话，做合格共青团员”教育实践为契机，开展庆五四暨“青春建功在芙蓉”青年微论坛、争当“四个新时代青年”风采展示等活动，胡滨等15人被授予长沙市“最美新时代青年”称号，王璐的《一封家书》获“争当新时代青年”主题征文一等奖。围绕学习贯彻中共十九大精神开展主题活动，邀请党的十九大代表吴晓红举办分享会，发布“芙蓉青年”公众微信号互动答题H5页面，运用多种形式组织团员青年学习贯彻中共十九大精神。抓区域化团建。提质提量“青年之家”门店。推选东沙社区创建市级青年之家，丰泉古井社区书房等5家综合服务平台创建区级青年之家，增强传统领域组织活力。推动“湘贵”实业有限公司等非公企业建团，拓展团建领域。

组建团员服务中心。围绕党政中心，组织青年志愿者3000人次为中华龙舟赛、浏阳河大型情境实景演出、文明创建迎国检等区委区政府的中心工作奉献力量。成立芙蓉青年志愿服务队“创益蜂巢”服务点，组建青年突击队，为抗洪救灾募捐物资。组织开展“学雷锋志愿服务示范月”系列志愿服务，开展龙山捐资助学、调研走访活动，向靛房镇坡脚小学捐赠价值3万余元的教学设备设施，开展“情系靛房，乐享课堂”爱心公益活动。联系创业青年，完成第五届长沙市青年企业家协会芙蓉分会推选工作，召开芙蓉青商会换届工作会议。推荐优秀创业青年代表参加第四届“创青春”长沙青年创新创业大赛，其中湖南掘金稀土科技有限公司获全省互联网组总决赛二等奖。开展芙蓉区青年岗位能手评选，推选10名区级青年岗位能手参与市级青年岗位能手评选，号召团员青年立足岗位建新功。

开展团的各项活动。推荐“创益蜂巢”区青年社会组织孵化中心参与省、市青年志愿服务项目大赛，引进农商银行13万元社会资金支持，开展“爱在浏阳河”系列公益活动。针对青年交友需求，开展“青春有约·缘定‘七夕’”联谊交友活动、“海誓山盟，与爱相约”百位新人求婚等活动。通过主题日、班会、主题宣传等形式开展常态化主题教育活动，如“童心童语”学雷锋三行诗比赛、“咏诵中华诗词，弘扬传统文化”中小学生诗词大会、“喜迎十九大，吹响新号角”建队日活动等，动员全区少先队员广泛参与。开展扶贫帮困活动，希望工程“抗洪救灾·爱心圆梦”“华融湘江银行·绿色助学”“芙蓉学子”助学活动资助学生25名，发放助学金4.1万元。推进12355青少年综合服务平台的建设，邀请心理专家为中考学生开展“12355阳光行动”心理辅导讲座；联合区检察院、禁毒办等部门，开展法治、禁毒等活动。（丁　玲）

共青团芙蓉区委员会

书　记　金　甜（女）

副书记　周　南（2017.09免）

【“童心童语·志愿微感言”主题志愿活动】 3月6~12日，芙蓉区“童心童语·志愿微感言”投票活动在“芙蓉青年”微信公众号上开启。该活动是区教育局和区团委（团少工委）联合开展，面向全区各中小学学生征集，作品以原创手写作品为主，活动有近1.7万人投票。经过推荐，选出36篇微感言作品，双新小学、大同小学、大同瑞致小学推选作品获得特等奖，湘一芙蓉中学、长郡芙蓉实验中学、育才三小、东晖小学、大同二小推选作品获得一等奖，东茅街小学、蓉园小学、长郡芙蓉中学、育才小学、燕山小学、火星小学、楚怡小学、大同三小、朝阳小学、育英二小推选作品获得二等奖。

【庆“五四”暨“青春建功在芙蓉”青年微论坛活动】 5月4日，芙蓉区庆五四“青春建功在芙蓉”青年微论坛活动在区政府会议室举行，区委书记于新凡、区委副书记陈计伟、区人大常委会副主任马京沙、区政协副主席杨爱斌、区团委书记金甜出席该次活动，区直部门、街道共青团工作分管领导及团委书记，“两新”组织团组织负责人，青年文明号集体负责人、青年岗位能手、青年创业者代表共120余人参加活动。于新凡在致辞中勉励青年志存高远、胸怀理想，自觉把个人理想抱负与芙蓉区的发展结合起来，积极投身建设芙蓉经济社会的主战场，敢于到艰苦环境中接受锻炼。9名芙蓉区各条战线的青年代表上台分享工作中的所见所感，围绕如何发挥青春力量，助力“四个芙蓉”开展演讲。

【“爱在浏阳河·公益早教”连心行动启动仪式】 6月1日，由长沙市文明办、芙蓉区文明委主办，芙蓉区委宣传部（文明办）、共青团芙蓉区委员会承办的道德讲堂暨“爱在浏阳河·公益早教”连心行动启动仪式在马坡岭街道张公岭村举行。市文明办副主任丁德喜，市文明处处长刘爱梅，区委宣传部部长伍艳飞出席活动。参加活动的家长们，学习模范早教家长典型，跟着长沙市家和源家庭关系指导中心的育儿专家们一起诵读早教名作，学习早教相关知识。“爱在浏阳河·公益早教连心行动”活动是由共青团芙蓉区委员会、长沙农村商业银行浏阳河支行主办，马坡岭街道团工委、张公岭村、锦林社区协办，长沙市家和源家庭关系指导中心提供专业服务的系列活动。活动持续三个月（6~8月），面向马坡岭街道及周边地区幼子及其年轻父母免费开放，长沙市家和源家庭关系指导中心提供专业服务，帮助家长学习科学育儿知识。

【叶妙调研区共青团工作】 6月7日，团市委书记叶妙，团市委常委、办公室主任聂英，团市委宣传部部长谢波到芙蓉区调研共青团工作，芙蓉区人大常委会副主任马京沙，团区委书记金甜陪同。调研组一行实地查看湖南影像创客空间、马王堆街道滩头坪社区，调研青年创客、非公企业团建及雷锋号志愿者工作站等各项工作，叶妙与全区各街道团委书记开展座谈，金甜主持座谈会。各街道团委书记就街道团工作基本情况，特色亮点及工作中遇到的一些困惑开展交流。马京沙从服务全区中心工作、加大基层团建力度、引领全区团员青年、组织开展青年活动等方面总结芙蓉区共青团工作。叶妙对芙蓉区共青团工作予以肯定，并与在座青年交流，希冀建设“干在实处、走在前列、近在身边、严在常态”的共青团，提出“弹好钢琴、搭好舞台、树好标杆、吹好喇叭”四项要求。

【区团委到龙山开展精准扶贫活动】 6月15—17日，区团委参加2017“希望工程·走进湘西”—长沙共青团“精准助扶贫·龙山公益行”活动，在龙山县捐资助学，向对口扶贫点龙山县靛房镇坡脚小学捐赠价值3.78万元的教学设备。开展“情系靛房，乐享课堂”爱心公益活动，邀请志愿者——长沙市家和源家庭关系指导中心国家二级心理咨询师为坡脚小学三、四年级学生集中开展心理辅导。

【潘文卿到区考察共青团工作】 6月21日，共青团常州市委书记潘文卿、副书记苗润及机关各部室负责人一行8人到芙蓉区荷花园街道德政园社区“创益蜂巢”青年之家调研，团长沙市委副书记周坤、芙蓉区委副书记陈计伟等陪同。调研组实地查看了“创益蜂巢”功能阵地与运作情况，与多家社会组织负责人交流。座谈会上，区团委书记金甜汇报青年之家的建设运行情况。潘文卿对芙蓉区青年之家的建设予以肯定，对“创益蜂巢”社会组织的发展表示赞赏。

【叶妙到西湖社区调研】 7月19日，团市委书记叶妙带领团市委班子成员，各区县（市）、园区，市直机关、市国资委、市教育局团（工）委主要负责人以及机关各部室负责人等30余人，组成的全市共青团系统工作现场观摩团到芙蓉区湘湖街道西湖社区调研基层团建工作。区委副书记陈计伟、湘湖街道党委书记李明权陪同。叶妙一行参观了金老师工作室、雷锋号志愿者工作站、团支部工作室、青少年图书阅览室，青少年科技体验中心等活动场地，对西湖社区团组织工作的开展表示肯定。

【“青春有约·缘定‘七夕’”联谊交友活动】 8月11日，由区团委主办的2017年“青春有约·缘定‘七夕’”联谊交友活动开启。活动分线上线下两种报名方式。8月28日晚，芙蓉区“青春有约·缘定‘七夕’”开学季party（青年联谊交友活动）在位于烈士公园东门处的大汉海派举行，来自机关、企业、学校等单位的120余名单身男女齐参与，共度“七夕”。活动以“芙蓉青年开学季Party——青春有约·缘定‘七夕’”为主题，设置有“数学课堂·爱情方程式”“插班生·课间约会”“音乐课堂·爱之猜歌”“劳动课堂·爱的纸飞机”“语文课堂·爱的告白”等环节。经过1个小时的接触，在“语文课堂·爱的告白”环节，5对男女成功牵手，获得了由主办方提供的爱情大礼包。

【“抗洪救灾·爱心圆梦”公益行动】 8月30—9月1日，区团委一行人到马坡岭街道、东湖街道、东岸街道等地受灾学子家中，送上“抗洪救灾·爱心圆梦”公益行动助学金。该次行动资助受灾学子22名，发放助学金3万元。

【全省基层团干培训班到区观摩】 9月20日，共青团湖南省委组织2017年全省基层团干培训班学员到芙蓉区荷花园街道德政园社区参观“青年之家”建设工作，全省各地124名乡镇（街道）团委书记参加。区团委书记金甜及社区相关工作人员陪同。“青年之家”负责人先后带领各基层团干参观了和园、启园心灵氧吧、艺园幼儿早教中心以及创园创益蜂巢等服务场地。

【仇怡一行到区调研少先队工作】 11月10日，共青团省委副书记仇怡、省少先队总辅导员徐芳、少年部科长曾壤，团市委副书记康然、学少部部长张国金、团市委学少部干部潘可欣一行6人到芙蓉区调研少先队工作。芙蓉区委副书记陈计伟，教育局局长谢小红，区团委书记金甜陪同。育英西垅小学学校校长陈智贤从创新少先队活动阵地、创新少先队活动内容、创新少先队评价内涵三个方面，作《点亮梦想，“红领巾创客营”在行动》主题汇报。仇怡肯定学校工作，对学校少先队工作的开展提出指导性意见，希冀学校积极参加首届全国红领巾“创未来”创新创意创造征集展示活动。

【长沙市青年岗位能手展示会在区举办】 11月15日，区团委在“创益蜂巢”青年之家举办“喜庆十九大，岗位建新功”长沙市青年岗位能手分享会（芙蓉分会），团市委副书记赵雪峰，中共十九大湖南省代表吴晓红，2017年度芙蓉区创建长沙市青年文明号集体代表，街道、区直、“两新”（新经济、新社会）团组织团委书记，社会公益组织代表、青年代表等60余人参加了活动。芙蓉区团委书记金甜主持。会上，芙蓉区交警大队周文星、芙蓉区人民检察院刘桁、天心区司法局周雯轩、长沙市国家税务局货物和劳务税处冯伟、长沙市城区排水设施运行服务中心唐锡颖5位长沙市青年岗位能手为大家讲述岗位成才的故事，中共十九大湖南省代表吴晓红为在座青年代表传达了中共十九大的会议精神。刘能文、龙香、杨曦、宋玉、王读写、徐政权、彭成、曹灿、李珍珍、刘桁10名获得芙蓉区年度青年岗位能手称号的优秀青年受到表彰。

【基层团干部专题培训】 12月14日，“不忘初心跟党走 奋勇建功新时代”芙蓉区2017年基层团干部培训班开班仪式在区政务中心会议室举行。共青团市委副书记周坤，芙蓉区副区长梁汝岚及全区各区直部门团组织负责人，各街道团工委书记，各社区（村）团支部书记以及区属“两新”团组织负责人参加了开班仪式。开班仪式由芙蓉区团委书记金甜主持，梁汝岚在开班式上讲话。该次培训有101名学员参加，持续2天。内容包括加强理论学习、坚定理想信念、提升党性修养等。通过专家授课、现场教学和体验式教学形式开展培训。周坤做《牢记共青团和共青团干部的初心和使命》专题讲座，市委党校公共管理教研部副主任、副教授关媛媛讲授《新时代·新思想·新征程——深入学习贯彻十九大精神》。培训期间，组织学员参观了胡耀邦故居。 （丁 玲）

芙蓉区妇女联合会

【概况】 2017年，芙蓉区妇联以建设“坚强阵地”和“温暖之家”为目标，履行组织妇女、引导妇女、服务妇女和维护妇女儿童合法权益的职责，参与社会管理创新。出台《芙蓉区妇女儿童发展规划（2016－2020年）》。丰泉古井社区创建为第五批“省级示范家庭教育社区（村）指导中心”，区教育局等3个单位被评为市级“巾帼文明岗”；东岸街道东宜社区、马王堆街道古汉城社区、马坡岭街道西龙村妇女之家被评长沙市示范“妇女儿童之家”。

教育培训。全年组织不同形式的专场培训35余场。召开社区妇女儿童工作示范创建、“三八”部署会、“春风送岗位”工作培训会、妇女干部培训会等专题会议。街道、社区每月安排有基层妇女培训班。举办妇联系统业务培训班、《芙蓉区妇女儿童权益保障》业务培训会、基层妇联主席学习中共十九大精神全面提升履职能力培训班，参训人员400余人。组织22名妇联干部和社区志愿者参加湖南省儿童早期发展社区家庭支持项目培训。

主题活动。年内，区妇联举办“最美芙蓉花 巾帼建功助推‘四个芙蓉’”——纪念“三八”国际妇女节系列活动，举办坚持文化自信 繁荣社区文艺生活——“男女平等”基本国策进社区活动，开展了“未来有约定、人生不毒行”禁毒知识进社区活动。组织开展

"家庭文化艺术月"系列活动和"共担防艾责任，共享健康权利，共建健康中国"系列活动。

扶贫帮困。争取各方资金、物资开展扶贫帮困。在春节、元旦、端午、六一、中秋等重要节点对困难户进行慰问走访。举办了"三八"红旗手慰问、"春蕾"爱心助学、单亲妈妈、重大疾病困难女性慰问等活动。设立爱心捐赠箱，为市妇儿基金会捐助4万元，用于救助困难妇女儿童。春节慰问走访城乡特困单亲母亲家庭、因病返贫户、残病女性困难户19户，发放慰问金额1.2万余元。"春蕾助学金"为26名贫困生发放助学金1.66万元。联合珂信肿瘤医院，开展芙蓉区贫困妇女"两癌"救助金集中发放暨肿瘤防治宣传活动，为全区19户贫困"两癌"妇女送去每户2000元慰问金。继续开展适龄妇女"两癌"免费检查工作，筛查35~64岁适龄妇女1.14万人。

信访维权。创新信访信息管理和志愿服务，规范信访接待台账。为全面掌握第一手信访数据资料，在13个街道妇联全面启用全国妇联信访信息系统。全年共接待来信来访来电120件次，法律咨询80人次、接诉调处40起次，调处率、结案率100%。

组织改建。9月，完成各社区妇联改建工作。全区13个街道改建后经选举产生街道妇联执委229名，主席13人，兼职副主席29人。69个社区改建后经选举产生社区妇联执委1189名，主席77人，兼职副主席219人。非公社会组织妇联组织成立工作稳步推进，逐渐形成妇联组织全覆盖。

就业帮扶。在"春风送岗位"期间，全区免费发放各类宣传资料2.41万份，接待咨询1052人次；召开各种规模招聘活动46场次，成功介绍女性就业756人，报名参加技能培训542人，享受培训补贴59人，参加女性创业培训268人。通过各种渠道帮扶31位妇女实现跨地区就业，101位农村妇女实现家门口就业。

家教培训。在5月"家庭文化艺术月"期间，举办了"汉文化进家庭"和"书香家庭""优秀家庭教育案例大评选""一家老小过廉关"寻找"文明家庭"、学雷锋志愿服务等活动，组织系列活动13场，举办各种家庭教育培训班20余次。　　（周　偲）

芙蓉区妇女联合会

主　席　欧　转（女，2017.09免）
　　　　吴彩炼（女，2017.09任）
副主席　黄　蕾（女，2017.09免）
　　　　易　妹（女，2017.09任）

【庆"三八"主题座谈会】 3月6日，"巾帼建功 花开芙蓉"——2017年庆祝"三八"国际妇女节暨妇女代表助力"三大工程"，助推"四个芙蓉"座谈会在芙蓉区召开。会上，行业杰出女性代表育才学校校长朱爱朝、湘湖街道顾月琴、湖南省广东商会曙光798文化产业园副总经理金勇、丰泉古井社区党支部书记龙欣、中国农业银行芙蓉区支行党委书记行长吕恋、芙蓉区文艺路街道环卫所所长余莎、区纪委案件审理室主任郑丹、湖南省园林建设有限公司董事长张卫、火星派出所陶家山社区民警朱英姿，最美家庭代表芙蓉区人大退休干部罗际成依次从不同的角度介绍了各自的心得体会。全区在职县级以上女性领导、女性正科职干部、全区各行各业杰出女性及最美家庭代表共70余人参加会议。

【省妇联领导到区联系点走访】 5月18日，湖南省妇联党组成员、副主席张媛媛，湖南省妇联副厅级巡视员、省政府妇儿工委办副主任陈立荣一行，到"三联两访三帮"（三联二访一帮"是指领导联站（群众工作站）、单位联村（社区）、干部联户，聚焦四风访民意、围绕发展访民情，帮助群众解民忧活动。）联系点——长沙市芙蓉区东岸村东宜社区和长沙市芙蓉区省军区社区走访，听民意、聚民智、解民困。芙蓉区妇联在开展"三联二访三帮"活动中，走访联点群众20余人，收集有关妇联工作的意见建议10余条。

【ECD项目现场交流会召开】 12月5日，由区妇联举办的2017年儿童早期发展社区家庭支持项目（简称ECD项目）现场交流会在德政园社区举行。交流会特邀省级专家为服务中心志愿者提供培训和现场指导，省妇联家庭和儿童工作部部长黄兰香、芙蓉区妇联主席吴彩炼、芙蓉区妇联副主席易妹，项目点街道和社区负责人、志愿者30余人参加。该次交流分为座谈交流会和业务培训会两阶段。座谈会上，黄兰香指出：ECD项目在建成运营过程中，要努力满足社会多层次、多元化需求，以家庭为基础，以社区为依托，通过开展家庭科学育儿咨询和指导、科学育儿宣传、亲子活动等，促进0~3岁儿童家庭早期教育的健康发展。在业务培训会上，ECD省级专家胡可帆讲解了婴幼儿成长与学习，不同阶段婴幼儿的不同表现，通过游戏互动指导与会者提高孩子在游戏中的组织配合能力。（周　偲）

芙蓉区工商业联合会（商会）

【概况】 2017年，芙蓉区工商联围绕“两个健康”（非公有制经济健康发展和非公有制经济人士健康成长）工作主题，紧扣深化供给侧结构性改革需要，为芙蓉区建设做出应有的贡献。

深入学习调研。组织会员参加省会工商界学习全国“两会”精神会议、2017中部（长沙）民营经济发展论坛、长沙市政协调研市非公经济发展环境座谈会、长沙市第三期企业家知识产权高级研修班。组织会员学习《长沙市构建“亲”“清”政商关系的若干意见》《关于振兴长沙实体经济的若干意见》、芙蓉区《关于创建国家中心城市、推进三大工程、九大行动》和《关于促进产业发展的扶持办法》等文件，制定推进三大工程实施方案。组织开展2016年度湖南省上规模民营企业调研，驻芙蓉区异地商会走访。通过走访新振升集团、友阿集团、隆平高科、新华联、联创矿业等19家企业，挖掘一批芙蓉区行业领军企业。上报芙蓉区百博电子科技有限公司等3家民营企业军民两用高新技术及产品研发生产情况调研材料，受到市工商联的好评。

加强基层商会建设。推进“四好商会”（班子建设好、团结教育好、服务发展好、自律规范好）建设，加强对街道商会、行业商会的服务和指导，制定并下发《芙蓉区工商联开展“四好商会”建设实施方案》。由基层的商会申报，推荐东岸街道商会等7家商会参加市“四好”商会评比。组织基层商会换届工作，指导芙蓉区女企业家商会、芙蓉区青年创业者商会、湘湖街道商会、马王堆街道商会换届。芙蓉区车站北路社区创建“星级文明商户”，打造文明诚信示范商圈品牌。与永顺县工商联结为友好商会，接待厦门市思明区工商联负责人到访。

助推光彩事业。5月组织会长企业看望和慰问湘西永顺县响塘村小学、官坝镇官坝小学师生，捐赠办公设备、广播系统、书包文具等物品器材，帮助特困家庭学生捐款10.5万元。魅力四射酒吧董事长李志，湘贵实业有限公司董事长王静等分别对各自联系的学生实施捐赠。组织非公企业家向宁乡洪水受灾群众捐款捐物，累计捐送款物价值近300万元。通过长沙市光彩事业基金会捐赠6.8万元用于受灾严重的黄材镇新桥村生产自救。鼓励区工商联企业到贫困地区开办企业，发展落后地区农村经济。和毅集团董事长孙湘晖、潇湘玻璃总经理刘晓和擎天建筑总经理袁强参与市工商联组织的“万企帮万村”精准扶贫活动。保灵建材助剂总经理王秀贵与永顺县响塘村签订精准扶贫意向合同。全年通过“万企帮万村”活动，768个家庭得到了企业家的帮助。车站北路社区商会企业安排残疾人和“4050”人员就业，五里牌街道商会在春节期间组织会员对辖区内贫困户点对点慰问，获得社区的好评。

履职参政议政。鼓励、引导工商联会员中的人大代表、政协委员积极报送建议提案。全年工商联界别的市、区两级人大代表、政协委员提交提案建议近20件。

完善企业交流平台。区工商联在下发执委通讯录的基础上，制作会员企业宣传书刊《乘风破浪正当时——芙蓉区非公企业巡礼》，帮助会员企业宣传产品、服务、会员企业间的优惠等情况。

（薛文辉）

芙蓉区工商业联合会（商会）

主　　席	洪曙光
书　　记	易淑珍（女，2017.05免）
	毛远强（2017.05任）
副 主 席	易淑珍（女，2017.05免）
	毛远强（2017.05任）
	沈向昕（女）
党组成员	王勇松（2017.09任）
纪检组长	王勇松（2017.09免）

【春节慰问“送温暖”】 1月20日，区工商联副主席单位——长沙湘贵实业有限公司联合文艺路东广济桥社区走访慰问社区困难家庭。文艺路街道商会会长、湘贵实业党支部书记向辉带领公司12名志愿者，为东广济桥社区退伍军人、特困户等20名群众送去大米、茶叶、慰问金和节日的问候。社区领导及公司志愿者与群众交谈。

【基层商会秘书长工作会议】 2月24日，芙蓉区工商联在东湖金山会议中心会议室召开基层商会秘书长工作会议。区政协副主席、区工商联主席洪曙光出席，区工商联副主席沈向昕主持，基层街道商会、行业商会秘书长参加。

区工商联秘书长、办公室主任薛文辉总结上年度工作情况和新年度工作初步规划。区工商联副主席沈向昕为芙蓉区3家市“五好”商会授牌。各基层商会秘书长就商会工作分别提出自己的建议并展开讨论。洪曙光要求基层商会要做好经济和商会工作的结合文章，做好服务。他希冀秘书长们要多学习、多共享，盘活资源；要多宣传、多服务，发挥平台优势；要多思考、多发挥，把商会平台搭建得更好。

【女企业家商会第六次会员代表大会】 3月13日，芙蓉区工商联在东湖金山会议中心会议室召开女企业家商会第六次代表大会。区政协副主席、区工商联主席洪曙光，区委统战部常务副部长、区工商联党组书记易淑珍，区工商联副主席沈向昕出席，区女企业家商会全体会员代表58人参加。易淑珍宣读芙蓉区女企业家商会换届工作批复，商会第五届执行委员会会长邹碧霞作第五届执委会工作报告。第五届执委领导班子举手表决通过商会章程、选举办法、候选人名单。会议选举产生第六届商会会长1名，副会长8名，秘书长1名，执委16名。其中长沙捷西实业有限公司总经理佘继红当选会长，湖南省佳乐实业有限公司总经理刘伟林等人当选副会长，湖南沃沃广告传媒有限公司董事长、湖南滋采粮油食品贸易有限公司常务副总王唤昕当选秘书长，长沙市康视明眼镜有限公司董事长周红霞等人当选执委。洪曙光在会上讲话。他要求加强女企业家商会领导班子建设，发挥女性企业家优势，为推动芙蓉区经济发展作出贡献。新任会长佘继红表示要尽全力把女企业家商会办成一个有特色、有成绩、有影响力的商会。

【区青年创业者商会第三次会员代表大会】 3月17日，芙蓉区青年创业者商会（以下简称“青商会”）第三次会员代表大会暨领导班子换届选举大会在芙蓉区政府大楼会议室举行。芙蓉区委统战部常务副部长、区工商联党组书记易淑珍，区工商联副主席沈向昕，区团委书记金甜等出席，区青商会会员代表20人参加大会，青商会秘书长刘切中主持。会长熊一鸣汇报2015、2016年青商会工作，总结上一届工作的经验和不足，介绍青商会换届选举筹备情况。会议宣读了青商会章程，选举办法，选举机构，提名芙蓉区青商会会长、副会长、秘书长、执委建议人选名单。会议选举熊一鸣、刘切中分别连任会长、秘书长，张铖、曾宇佳等担任副会长。新任领导班子就2017年工作愿景展开讨论，议题涉及解决青年创业者实际困难、引导会员单位良性发展、吸纳新会员等。易淑珍作总结讲话，从培养青年创业人才、整合各方力量、加大支持力度等方面，对青年创业者商会提出了新的期待。

【区工商联组织开展助学捐赠】 5月8—9日，芙蓉区委常委、区统战部部长易新宇，芙蓉区政协副主席、区工商联主席洪曙光带领爱心企业家一行18人到湘西永顺县开展助学捐赠活动。参加该次捐资助学活动的爱心人士是以芙蓉区工商联副主席、副会长单位和工商联执常委为主体的企业家。永顺县副县长彭俊彩，县政协副主席、工商联主席张明仁携永顺县部分企业家代表陪同接洽。举行两地建友好商会签约仪式。企业家一行人到响塘村小学、沙坝镇官坝小学看望师生、了解情况，捐赠办公设备、广播系统、书包文具等价值超过10万元的爱心物资。易新宇他希冀两地能够进一步加强交流合作，为两地商会（企业）牵线搭桥，奉献爱心力量，助推脱贫攻坚；企业家与响塘村小学、官坝小学的结对帮扶行动能够长期保持下去，把好事办好，把实事办实。

【区工商联（商会）学习培训工作会议】 10月19日，在东湖金山会议中心召开芙蓉区工商联（商会）补选暨学习培训工作会议。芙蓉区委统战部部长易新宇、区政协副主席、工商联主席洪曙光、统战部副部长毛远强、区工商联副主席沈向昕及全体机关干部出席。区工商联（商会）全体兼职副主席、副会长，各街道商会、社区商会、行业商会全体会长、秘书长共54人参加会议。洪曙光主持会议。会议组织学习《中共中央国务院关于营造企业家健康成长环境弘扬优秀企业家精神更好发挥企业家作用的意见》《长沙市工商联开展“四好”商会建设工作的实施方案》《关于申报2017年“四好”商会及优秀会长、秘书长的通知》及《中共长沙市委、长沙市人民政府关于强力推进招商引资工作的若干意见》等文件。商会会员发言。会议增补湖南茶业集团股份有限公司总经理黎明星为芙蓉区商会兼职副会长。易新宇指出，工商联和商会要引导企业家加强学习中央文件精神，要主动作为、加强沟通，共同把创业发展的氛围营造起来，真正把工商联建成非公企业的娘家。

【区领导走访考察外地驻区商会】为加强区域内各商会的沟通交流，10月25—26日，芙蓉区委统战部部长易新宇，区政协副主席、区工商联主席洪曙光带队，组织统战部、工商联商会考察组一行7人，对办公地点在芙蓉区的外地商会、省市行业商会开展首次走访考察。该次考察走访了6家商会，包括省不动产业商会、省婚嫁行业协会、市家电商会等3家行业商会，市大冶商会、市永康商会、市临湘商会等3家外地驻区商会。考察组在走访中了解各商会的建立、发展等情况。易新宇表示，各商会在发展过程中遇到任何困难都可以寻求统战部和工商联的帮助，欢迎各商会提出意见和建议，共同改善全区营商环境，为招商引资工作助力添彩。

【厦门思明区工商联（商会）到区交流】 为增进与异地工商联（商会）沟通交流，搭建跨省民营企业合作发展平台，11月15日，福建省厦门市思明区委常委、统战部长胡延洵，思明区工商联（商会）主席（会长）邹剑寒带领工商联（商会）企业家一行10人到芙蓉区走访交流。芙蓉区委统战部部长易新宇，区工商联主席洪曙光及区工商联（商会）部分会员企业家参加交流。会上，两地企业家相互介绍情况开展交流沟通，洪曙光讲述如何构建“亲清”政商关系。易新宇表示，思明区工商联（商会）在工商联工作的开展、商会组织作用的发挥、促进非公经济“两个健康”等方面的成功经验为芙蓉区工商联更好地开展工作开阔了思路、提供借鉴。

【区工商联（商会）主席、会长扩大会议召开】 12月12日，芙蓉区工商联（商会）主席、会长（扩大）工作会议在湖南英氏营养品股份有限公司研发楼会议室召开。市委统战部副部长、市工商联党组书记丁文，芙蓉区委统战部长易新宇，区政协副主席、区工商联主席洪曙光，区委统战部副部长、区工商联党组书记、副主席毛远强，区工商联副主席沈向昕等出席，区工商联（商会）全体兼职副主席、副会长，部分街道商会、行业商会会长，及区工商联（商会）全体机关干部等36人参加。会议由洪曙光主持。湖南英氏营养品股份有限公司总经理马文斌向与会人员介绍公司发展情况，带领大家参观了该公司。座谈交流会上，毛远强回顾区工商联（商会）2017年工作，部署2018年工作。易新宇在讲话中要求，芙蓉区商会工作要学习新时代思想，贯彻新发展理念，坚定信心，加快发展。丁文讲话肯定芙蓉区工商联工作，结合中共十九大精神提出3点要求：要认真学习贯彻中共十九大精神，推动民营企业把握新机遇、承担新使命、实现新发展，要大力弘扬企业家精神，激励企业家敢想敢干、敢创敢试，要充分发挥工商联组织优势作用，增强向心力吸引力凝聚力。 （罗伊凡）

芙蓉区残疾人联合会

【概况】 2017年，芙蓉区残疾人联合会（以下简称残联）提高为残疾人服务的能力和水平，增强残疾人对象的满意度和认同感，推进全区残疾人事业小康进程。芙蓉区残疾人法律救助工作站被授予“省级残疾人法律救助工作站”称号。

组织宣传工作。在“爱耳日”“全国助残日”“国际残疾人”等残疾人节日，以及春节、端午、中秋等传统节日期间，区残联组织大型宣传活动，开展走访慰问。“爱耳日”安排专车接送20余名聋哑人代表参观 “隆平水稻博物馆”，到松雅湖开展踏春活动。“全国助残日”与“连心”行动相结合，在张公岭村开展“情暖芙蓉·共享光明”眼疾筛查、免费义诊、物资发放大型宣传活动。全年区残联开展宣传活动近10次，走访慰问残疾人家庭超400户，慰问金20余万元。古汉城社区肢残人彭水林自强自立的创业故事，在11月中央电视台《向幸福出发》栏目中播出。

助残康复工作。全年实施残疾人家庭无障碍改造完成33户，改造无障碍社区1个，市、区投入资金48万元。继续开展残疾人机构托养服务与残疾人居家托养工作，推荐2家托养机构参与省级星级托养机构评定，指导机构申报辅助性就业项目，鼓励残疾人在机构中通过开展“工疗”“娱疗”“农疗”，早日回归社会。做实残疾人居家托养服务，以政府购买方式为全区80名智力、精神及肢体重度残疾人提供上门陪护、家庭卫生清洁、心理疏导等服务。通过帮扶和发放补助，减轻残疾人家庭负担。组织实施“0–14岁儿童抢救性康复救助省重点民生实事”项目，为99名残疾儿童提供抢救性康复。年内为203名残疾人配发辅具、2名肢体残疾人装配小腿假肢，为25名残疾儿童配套发放康复经费补助。完成白内障手术20例，胬肉手术20例，眼底病手术2例，泪道手术7例，低弱视力救助80例。

教育就业工作。鼓励企业主动吸纳残疾人就业，扶持残疾人自主创业，提倡残疾人个性化技能培训。举办大型残疾人专场招聘会，核定企业安排残疾人就业情况比例，发放残疾人个体工商户养老保险补贴，开展适龄入学儿童入学情况调查摸底，发放贫困残疾人家庭助学补助，多项举措推进残疾人教育就业。

维权工作。实现接受残疾人群众来信来访、解答群众诉求常态化、制度化。固定每周三为专门接待日，每周二为法律救助律师接待日。全年收到电话咨询600余次，接待来访对象150余人次，新增办理爱心卡124张。“12345”市民服务热线回复率100%，满意率100%。集中处理重点信访案件1例，全年无到省、进京信访、集访事件。参与火车站综合整治行动，教育劝导劝返火车站流浪、乞讨残疾人156人次。（李恩星）

芙蓉区残疾人联合会

理事长　聂帮府
副理事长　陈　莉（女）

【区残联第四次代表大会召开】 10月16日，芙蓉区残疾人联合会第四次代表大会在区机关会议室召开。长沙市残联党组成员、副理事长曾军，芙蓉区区长周春晖，区委副书记陈计伟，区委组织部部长周虔，区人大常委会副主任马京沙，区政协副主席杨爱斌出席，芙蓉区残疾人联合会第四次代表大会代表、区残联退休干部、区残工委成员单位负责人、残疾人服务机构负责人等130余人参加会议。区政府副调研员尹上敏主持大会开幕式和第一次全体会议，区团委书记金甜代表群团组织向大会致贺词。大会听取和审议区残联第三届执行理事会理事长聂帮府代表第三届主席团所作的工作报告，选举芙蓉区残疾人联合会第四届主席团主席、副主席及委员，执行理事会理事长、副理事长，五个专门协会（盲人协会、聋人协会、肢残人协会、智力残疾人及亲友协会、精神残疾人及亲友协会）的主席和委员。曾军、周春晖分别在会上讲话。区政府办副主任周垚主持大会第二次全体会议和大会闭幕式。

（李恩星）

芙蓉区残疾人联合会第四届主席团

主　席　彭尚松
副主席　周　垚
　　　　聂帮府

执行理事会

理事长　聂帮府
副理事长　陈　莉（女）
专门协会组成

盲人协会

主　席　梁富德
委　员　毕金科
　　　　解　坤

聋人协会

主　席　刘晓峰
委　员　熊　展
　　　　张全军

肢残人协会

主　席　彭哲平
委　员　陈伟龙
　　　　史泽军

智力残疾人及亲友协会

主　席　陈　莉（女）
委　员　孙永桂
　　　　邹利民

精神残疾人及亲友协会

主　席　张云华
委　员　龚建雪（女）
　　　　徐润庚（女）

芙蓉区红十字会

【概况】 2017年，芙蓉区红十字会以贯彻落实《中华人民共和国红十字会法》为契机，开拓进取，扎实工作，探索新形势下推动红十字事业发展的新举措，被评为长沙市红十字会2016年度红十字工作“先进单位”和长沙市红十字会2017年度防汛救灾工作“先进集体”。

组织公益活动。开展“红十字博爱送万家”“红十字友阿学雷锋公益项目”等扶贫帮困活动。通过省、市红会、小天使基金项目和“互联网+公益”等筹资渠道，全年为困难群众申请或筹集救助金17.36万元。在7月抗洪救灾工作中，与区直机关工委联合发出捐款献爱心的倡议，募集捐款142万余元。在市红会组织的公益项目设计大赛中，区红十字会志愿服务队的“长风破浪会有时—肢体残障人员游泳康健服务”项目获二等奖，芙蓉区红十字会的“共享发展成果—外来务工人员子女重大疾病救助”项目获优胜奖。

救护培训。继续落实市红会提出的“百千万工程”，在社区、学校、区直机关、素质教育基地、园区、楼宇等开展急救知识普及培训149场次，参加培训人数1.3万人次。利用暑期在25个社区开展青少年应急救护普及培训，参加学生1800人次。完成111名初级救护员培训，选派6名具有医护知识的校医或卫生服务中心工作人员参加省、市组织的救护师资培训。

年内辖区内实现1人无偿捐献器官，1人无偿捐献遗体。造血干细胞血样入库人数40人。

芙蓉区红十字志愿服务队坚持为抗战老兵和社区陪伴对象开展常规的陪伴服务，全年开展志愿服务活动8次。

存在问题：组织覆盖有待进一步扩大。（袁丹丹）

芙蓉区红十字会

会　　长　梁汝岚（女，兼）

常务副会长　颜剑波（2017.05免）

易淑珍（女，2017.05任）

【“博爱送万家”活动】 1月16日，芙蓉区红十字会启动2017年助力精准扶贫—红十字博爱送万家活动。区红十字会自筹资金3.7万余元购买米、油，省市红会下拨的棉被、衣物等物资，友阿公益基金困难救助5万元慰问金，通过街道社区红会组织和志愿者派送到困难群众手中。该项活动慰问对象主要是孤贫儿童、空巢孤寡老人、重病患者，残疾人士等。活动受助户数510户，受助人员1430人。

【“5·8”世界红十字日宣传活动】为纪念第70个“世界红十字日”暨新的《中华人民共和国红十字会法》正式颁布实施，5月8日，由芙蓉区红十字会主办、湘湖街道南湖社区承办的“关爱生命—红十字在行动”主题活动在星典时代小区中心花园举行。副区长、区红十字会会长梁汝岚，长沙市红十字会党组成员、秘书长黎跃刚，湘湖街道党委书记李明权，党委副书记、局长胡峰等领导出席，160余名群众现场参与活动。活动现场，红十字会志愿者发放《中华人民共和国红十字会法》，有关遗体器官捐献、造血干细胞捐献、应急救护知识等宣传册，宣讲防灾避险知识，通过模拟场景和实施现场操作，就心肺复苏、绷带包扎、三角巾包扎等知识，分3个现场与居民群众进行互动。

【无偿捐献造血干细胞宣传活动】6月13日，由长沙市红十字会主办，长沙血液中心、芙蓉区红十字会等协办，主题为“献出血液骨髓对健康无碍，激起人生脉搏对社会有功”的长沙市造血干细胞捐献和无偿献血宣传活动在芙蓉区朝阳路科佳广场举行。市人民政府副秘书长、市红十字会副会长厉江华，市红十字会党组书记、专职副会长唐俊杰，省红十字会造血干细胞管理中心张赞，芙蓉区政府副调研员汤孝泽，市血液中心副主任左正荣，市红十字会党组成员、副调研员肖客成、秘书长黎跃刚出席活动。活动中，唐俊杰介绍该次活动的基本情况，黎跃刚为新成立的长沙市红十字造血干细胞捐献志愿服务队授旗，张赞为新设立的长沙市造血干细胞捐献工作站授牌。造血干细胞捐献者代表、志愿者代表上台作典型发言。厉江华要求：各级红十字组织要发挥红会优势，创新宣传方法，广泛宣传典型人物的感人事迹，通过微信微博等新媒体向广大市民宣传捐献造血干细胞和无偿献血的科普知识；要加强专业队伍建设，为每一位志愿者提供安全、高效、优质的服务。各区、县（市）红十字会常务副会长、秘书长、专干，市血液中心相关工作人员及来自学校、医院、社区的志愿者近300人参加。

【区红十字会召开第三届理事会第一次会议】 6月28日，芙蓉区红十字会第三届理事会第一次会议召开。副区长梁汝岚，区委组织部副部长许琼山，芙蓉区红十字会常务副会长（提名）易淑珍和本届47名理事出席会议。会议听取和审议通过易淑珍《在芙蓉区红十字会第三届理事会第一次会议上的工作报告》。许琼山作有关人事安排的说明。会议选举出梁汝岚任第三届理事会会长，易淑珍任常务副会长，袁丹丹任秘书长。依据2017年5月8日实施的《中华人民共和国红十字会法》，选举产生监事会：区人大科教文卫工委主任孙立荣任监事长，区财政局副局长杨亮任副监事长，五里牌街道谢先锋任监事。

【抗洪救灾捐款】 6—7月，长沙连续遭遇强暴雨袭击，湘江及其主要支流水位超历史最高水位，全市多个地区受灾。芙蓉区直机关工委和芙蓉区红十字会联合发出倡议号召机关、街道各党组织党员、干部带头践行中华民族“扶贫济困、助人为乐”的传统美德，组织开展为受灾群众捐款献爱心活动。结合7月党日主题，倡议要求把该次活动作为深化“两学一做”学习教育、联系服务困难群众的具体实践。据统计，区直机关、街道、社区、部分企业、个人等向芙蓉区红十字会捐款142万余元。所有捐款全部定向捐赠宁乡、望城等受灾严重的乡镇、地区。

【环卫工无偿捐献器官】 59岁的东屯渡街道环卫所工人孙官清7月19日清晨工作时遭遇车祸，不幸遇难。他的家人决定捐出孙官清1个肝脏、2个肾脏，3个健康器官。他的捐助为3个人重获新生。为进一步弘扬“人道、博爱、奉献”的红十字精神，东屯渡街道红十字会第一时间向各界发出倡议，为孙官清的家庭爱心募捐。8月4日，东屯渡街道办事处副主任刘梦春代表街道和社区，将筹集到的44359.3元善款全部交到孙官清儿子手中。

【全区第一例造血干细胞血样入库】 8月8日，在芙蓉区荷花园街道无偿献血采集点，芙蓉区红十字会第一次开展造血干细胞血样入库宣传和发动。工作人员在献血的爱心人士中宣讲造血干细胞捐献的知识，希望有人愿意捐献造血干细胞，并同意采集血样入库。在工作人员的努力下，荷花园街道工作人员刘女士表示愿意捐献造血干细胞，同意现场采集血样进入中华骨髓库。这是芙蓉区红十字会造血干细胞血样入库工作的第一位志愿捐献者。

【“世界急救日”主题宣传活动】 9月8日，第18个“世界急救日”主题宣传活动暨“安全教育千百万 平安幸福你我他”校园安全知识宣传教育活动在朝阳小学举行。活动主题是“急救与家庭意外”。市人民政府副秘书长、市红十字会副会长厉江华，长沙市红十字会党组书记、专职副会长唐俊杰，市安监局副局长刘金泽，市教育局副调研员何文娟，芙蓉区政府副调研员汤孝泽，市红十字会党组成员、秘书长黎跃刚，市教育局学生处副处长曾社雄，芙蓉区教育局局长谢小红，芙蓉区红十字会常务副会长易淑珍，芙蓉区安监局副局长周伟，朝阳小学校长刘平等参加该次活动。活动现场，黎跃刚介绍市红十字会开展应急救护培训的基本情况，厉江华指出：加强应急救护培训需通过相关部门的协调联动、积极引领、带动示范，实现学生带动家庭，志愿服务惠及社会，进而扩大应急救护的辐射范围，实现覆盖到各行业、各类人群。要切实提高广大群众的自救互救意识，共同推进“健康长沙”建设。朝阳小学的学生和老师表演应急救护操作，现场模拟心肺复苏、外伤止血包扎等急救处理。现场朝阳小学的1100名师生参加了活动。

【全区第一例遗体捐献】 11月8日，陶家山社区肖大义老人在马王堆医院去世。遵照老人生前的意愿，他的亲属第一时间联系红十字会办理角膜和遗体捐献事宜。区红十字会当即联系湘雅医学院，在亲属们的见证下，完成了老人眼角膜和遗体的捐献接收。肖大义生前签订了湖南省遗体、角膜捐献自愿书，他的遗体成为芙蓉区自建区以来第一个“无语体师”（解剖教学用遗体）。

【区志愿服务队获奖】 11月19日，长沙市第五届学雷锋扶残助残“善行四十佳”颁奖典礼在长沙实验剧场举行。该次受表彰的“善行四十佳”包括十佳扶残助残爱心集体、十佳自强模范、十佳基层残疾人工作者、十佳扶残助残爱心个人。表彰大会上，长沙市芙蓉区红十字会志愿服务队被授予“十佳扶残助残爱心集体”称号。长沙市芙蓉区红十字会志愿服务队在2012~2017年，坚持组织关爱老人、残障人士的志愿服务活动。在每年全国助残日，组织芙蓉区残障朋友到橘子洲、梅溪湖、海底世界、三馆一厅、岳麓山等地方开展主题活动，举办残疾人趣味运动会，组织残疾人体验乘坐现代交通工具地铁。在清明、中秋和重阳等传统佳节，到芙蓉区敬老院、健峰残疾人托养中心、家欣心翼精神康复会所等场所开展扶老助残志愿服务活动。为各社区的残疾人困难家庭和陪伴对象分别开展了“大鱼大肉贺新年”、“夏日送清凉”、“生日送祝福”等志愿服务活动。

【应急救护培训进楼宇】 12月19—20日，芙蓉区红十字会为九龙仓（长沙）置业有限公司举办为期2天的救护员培训，公司的顾客服务部、资讯科技部、工程部、财务部、保安部、管业运作部、推广及市场部等部门42名员工参加培训。通过16学时红十字知识、救护新概念、灾害事故、意外伤害、创伤救护、心肺复苏等理论和实操培训及考核，35人获得初级救护员证。九龙仓（长沙）置业有限公司人事及行政部高级培训主任表示，让员工们参加这样的培训是工作的需求，未来九龙仓集团长沙国金中心将是人员非常密集的地方，员工们学习急救知识，能够具备资质开展急救，以备不时之需，是坚持以人为本的服务宗旨，为业主和顾客提供更优质更细致更贴心的服务。九龙仓公司培训是芙蓉区红十字会实施救护培训进楼宇进企业的第一站。

（袁丹丹）

（责任编辑：谭丽霞）

图15　浏阳河畔市民休闲好去处

法　　治

政法·综治

【概述】 2017年，全区政法系统突出解决源头性、基础性问题，重点推进平安芙蓉，不断增强人民群众的安全感和满意度。年度综治工作成绩位列长沙市内五区第一名，获全市红旗区（县市）。连续三年被评为全省综治工作先进区，被授予“湖南省平安县市区”称号。信访、维稳工作分别被评为全市优秀、先进单位。

维护社会大局稳定。把握重要政治活动、重点敏感时段、重大涉稳事件维稳安保工作，完成中共十九大、各级“两会”、中华龙舟大赛（长沙·芙蓉站）等23个特护期维稳安保。开展3次全区范围重大涉稳问题摸排调研，收集各类涉稳情报信息1574条，排查掌握不稳定问题1001个，防范化解群体性事件119起，处置18宗非正常死亡社会不稳定事件。开展信访积案攻坚，以信访积案清零保障特护期平安稳定。组织实施县级领导接访、下访制度，全年累计待来访群众163批次350人次，全部按要求落实首接、首办责任。办结市、区两级信访积案51件。坚持依法治访底线思维，处置非正常上访违法行为，全年依法对201人次实行法律处罚。发挥联勤联动机制优势，创造重大特护期北京非访零登记、北京社会面分流零登记、北京信访滋事零登记、长沙社会面防控零事故的“四零”的历史性好成绩。

社会治安综合治理。解决综治工作热点难点问题，推进社会治安问题综合整治。全年刑事治安案件立案3903起，同比下降24%，破获治安案1002起，同比上升42.94%，4起命案全部告破，破案率达到100%。网格化管理持续推进。编制印发《关于在全区开展社会管理综合治理网格化服务管理工作的实施方案》，通过“定格、定人、定责、定序”，依托综治网格化管理工作平台，实现扁平化、精细化、高效化的社区治安管理和服务。全区按照“任务相当、方便管理、界定清晰”的原则，共划分78个大网格，336个中网格，3390个小网格，推行“一栋一册、分色管理”模式，督察考评全面实施网格化管理。综治信息化建设。按照建成区级综治中心，街道、社区综治中心完成25%的建设要求，推进三级综治中心建设。年内完成区级、4个街道、23个社区综治中心建设。同步开展车禁、门禁及访客系统建设，受理101家的单位、小区人员、车辆信息互联。持续推进“天网工程”（三期）建设，完成年度新增600个视频摄像头建设任务，全区天网摄像头总量5800余个。运用“天网” 全年破获刑事案392起，刑事串并案1159起。

推进司法体制改革。推进法院、检察院员额制改革，全区有49名法官、35名检察官入额。院长开庭、检察长出庭公诉实现常态化。实行认罪认罚从宽制度，依法快速办理刑事案件。公开审理7件危险驾驶刑事案件，全部案件当庭宣判，实现刑事案件的繁简分流。区公安分局做强“三大中心”（指挥作战中心，基础稳控中心，执法保障中心），做优“三个体系”（以数据应用为核心，建立了指挥作战体系；以动态管控为基础，健全立体防控体系；以激发活力为目的，完善执法保障体系），经验做法得到了省市领导的肯定，中央政法委、省委改革办、公安部改革办对芙蓉区现代警务机制多次予以典型推介，中央政法委期刊《长安》

作专题报道。区法院推行互联网＋司法服务、代退案款微服务、特诉服务微行动、值班接访微机制，提升司法质效。区检察院控申案管大厅改进服务流程，区公安分局改造办证大厅，区司法局服务大厅落实律师值班制度，各司法部门推出便民利民措施。

创新矛盾调解机制。在全区13个街道推广建立大调解“1+X”调解模式（“工委统一领导，综治牵头协调，部门单位协作联动”的社会矛盾纠纷大调解新格局，“1”指以驻街派出所调解室为核心处理纠纷，“X”即矛盾纠纷调解领导小组成员单位。），创新设立驻派出所调解室，实现机制、设施、人员三到位。试点单位朝阳街道驻所调解室成功调解各类矛盾纠纷432起，调解成功率95%，群众满意率100%。继续拓展专业性、行业性调解领域。区交警大队人民调解室实行人民调解、行政调解、司法调解、保险理赔“四位一体”工作模式，调处交通事故矛盾1936起，涉案金额4400万元。区物业矛盾调处中心整合物业公司资源、联合小区业主力量，成功调处矛盾326起。保险行业调委会发挥专业优势，调解案件17件，涉案金额230万元。

发挥优势共治共建。发挥传统平面媒体宣传优势，开辟《长沙晚报》专版，以《“安民行动”锻造平安家园》和《五防联动锻造平安芙蓉》为题集中宣传报道全区“红袖章”建设成果。利用平安芙蓉（CHANGSHA）微信公众号，弘扬主旋律、打好主动仗，发布平安芙蓉信息100条。组织开展“服务经济月”活动，政法干警深入社区、走访企业、走上街头，开展政策宣传、法律顾问、业务咨询、慰问帮扶等活动。全区政法系统共走访单位140家次，走访群众2万人。开展“警营开放周、检察开放日、观摩庭”等活动，拉近社会民众与政法机关距离。开展区综治委对派出所班子成员考评工作，支付派出所班子成员奖励经费44.4万元。建立社区（村）社会治安形势通报督办机制，实行一月一通报、一季一约谈和年度一总评制度。配套建立重点社区（村）治安形势约谈制度，兑现奖惩措施，提高考核实绩运用。实施刑事发案按月通报制度，坚持开展创建零发案社区活动，社会治安状况评价稳步提高，全年清理45个零发案社区，申报奖励经费26万元。

开辟能力建设新途径。组织政法系统干部，分期分批到高校脱产学习，增强依法履职工作能力。参加干部轮训、警衔晋升培训、执法资格考试，提高政法机关的核心战斗力。成立涉警舆情网上监控小组，组建涉警舆情网上监控专职力量，提升信息收集、网络舆情应对、处置水平和能力。

服务区域经济建设。围绕市、区两级重点工程建设，加强依法征拆工作，保障民生项目顺利推进。选派政法力量入驻火炬村、友阿东、黄土塘、火星棚改、五里牌肉联厂棚改、蔡锷路两厢棚改、桐西小学、望龙农贸市场建设等16个重点项目，受理相关案件167件，结案165件，协助签订征收补偿协议367户。（黄 珣）

【“三实”信息采集工作】 持续推进实有人口、实有房屋、实有单位信息采集，全年录入“三实”信息15万条，全区“三实”信息总量累积140万条。其中实有人口信息60万条，实有建筑信息1万条，实有单位信息3.5万条，从业人员信息36.7万条。抓好“长沙市公民及车辆信息申报与服务平台”推广应用，年内全区累计申报各类信息18.6万条，单位注册信息2万个，单位注册数全市排名第一。全年通过“三实”信息采集登记重点人员300人，抓获网上逃犯6名，抓获违法犯罪嫌疑人30人，提供破案线索近30条，侦破案件45起。

【特殊人群管理工作】 截至年底，全区社区服刑人员200人，刑释安置帮教人员600人。全年受法院、检察院、监狱委托办理社会调查评估150件，累计开展社区服刑人员上门走访2500人次，开展信息化核查2600人次，电子监管率100%。对违反规定社区服刑人员实行训诫谈话、警告处罚26人次。全区排查三级及以上肇事肇祸严重精神障碍患者65人，信息全部录入全国重性精神病人信息管理系统。按照入库标准及时增加或删除信息，保证数据准确。社区民警定期上门检查、督促监管情况，对三级及以上肇事肇祸精神障碍患者每周走访一次，对住院治疗的肇事肇祸精神障碍患者，每月回访一次。查找去向不明精神障碍患者，统一制备工作档案。筹集专项资金9.84万元购买“精神病监护人保险”，全年未发生形成现实危害的精神病人肇事肇祸案件。

【国家禁毒办检查组到区指导社区禁毒工作】 4月17日，国家禁毒办交叉检查组一行4人，到定王台街道社区戒毒康复工作指导站检查“8·31”工程（2015年8月31日国家禁毒委启动的社区戒毒社区康复工程）专项工作。检查组有陕西省禁毒办副主任、省公安厅禁毒总队副队长王珩，青海省公安厅禁毒总队情报支队支队长陈海岩，甘肃省公安厅禁毒总队主任科员杨立志，陕西省公安厅禁毒总队三级警长李强。省、市禁毒办领导石敏初、李鹏飞、杨小林、欧益科、易剑波等人员，芙蓉区禁毒委副主任、区公安分局局长陈定佳陪同。在定王台街道社区戒毒（康复）指导站，检查组参观了社区戒毒（康复）指导站和麓山枫社会工作服务中心，定王台街道社区戒毒（康复）指导站站长刘慧作情况介绍。定王台街道酒吧歌厅酒店林立，长沙市长桥强制隔离戒毒所2014年12月指导建立定王台街道社区戒毒（康复）工作站，持续照管众多回归到社区的吸毒人员。站长刘慧是长桥戒毒所的管教民警。指导站通过政府购买社会服务的方式，引入麓山枫社会工作服务中心，专业化社会工作队伍对吸毒人员进行心理辅导，摸索出心理干预脱毒的成功经验，2016年被授予“全国社区戒毒社区康复示范点”称号。至2017年年底，指导站管控人员218人，复吸率控制在15%以下。指导站的服务理念：戒毒不是打压成瘾者，而是要解决心理问题，让他们回归正常的生活轨迹。刘慧介绍心瘾康复的要点及后续成立戒毒治疗康复中心的计划，医疗团队的医生介绍如何帮助吸毒者身体脱毒。检查组对定王台社区戒毒康复工作指导站的服务理念，工作作风和工作成效给予肯定。

【国家禁毒办到区调研社区戒毒康复工作】 5月17日，国家禁毒办常务副主任、公安部禁毒局局长梁云一行到区调研社区戒毒康复工作，湖南省公安厅副厅长李介德，省公安厅禁毒总队政委石敏初，禁毒总队禁毒督察支队长胡伟旗，长沙市政府副秘书长、市禁毒办主任杨小林，市公安局副局长单大勇，芙蓉区区长、区禁毒委主任周春晖，区公安分局局长陈定佳等领导陪同。梁云一行查看了定王台街道社区戒毒康复工作指导站，了解社区戒毒康复工作流程，听取相关工作情况汇报。梁云对定王台街道社区戒毒康复工作的模式和成效给予了肯定，他提出社区戒毒康复工作指导站要统筹规划，提质提档，争取在东部城郊接合部再建一个规模相当的“社戒工作指导站”，推进禁毒工作再上新台阶。

【建立矛盾纠纷大调解机制动员会】 5月24日，芙蓉区建立街道矛盾纠纷大调解机制动员会议在朝阳街道办事处召开。区委政法委书记刘文立，区政府副调研员尹上敏，区政法委常务副书记、区综治办主任李清及区直相关部门、各街道办事处主任、派出所所长、司法所所长50余人参加会议。会议播放朝阳街道、朝阳派出所关于推进“1+X”化解矛盾纠纷新模式经验交流专题片，区综治办主任李清宣读《长沙市芙蓉区建立街道矛盾纠纷大调解机制的实施方案》，明确组织机构和工作步骤。刘文立要求：充分发动村（社区）干部参与排查、化解矛盾纠纷；发挥职能部门作用，整合资源并努力扩展工作深度；推进街道矛盾纠纷大调解机制平台建设，健全机构，建立台账；加大投入，强化基础建设，保证人员、经费和办公设施落实到位。

【中小学生禁毒知识竞赛（复赛）】 5月27日，由区禁毒办、区教育局、区社会禁毒协会主办，大同瑞致小学承办的“芙蓉区中小学生禁毒知识竞赛（复赛）”在大同瑞致小学举行。市禁毒办副主任、市社会禁毒协会副秘书长欧建平，芙蓉区社会禁毒协会会长刘昌良，区社会禁毒协会副会长兼秘书长刘赞乾，芙蓉区教育局局长谢小红等参加活动，芙蓉公安分局禁毒大队全程组织参加竞赛活动。大同瑞致小学高年级学生200余人全程观摩了比赛。参赛选手3人一组，比赛题目分必答题、抢答题和风险题。通过初赛（笔试），复赛决出一等奖2名（中学组、小学组各一），二等奖3名、三等奖5名。湘一芙蓉第二中学和大同二小获得比赛一等奖，代表芙蓉区参加6月全市的决赛。

【“禁毒宣传进校园”活动】 为纪念《中华人民共和国禁毒法》实施九周年、《戒毒条例》颁布六周年，6月23日，由省禁毒办省社会禁毒协会和芙蓉区政府联合主办，芙蓉区禁毒办、区社会禁毒协会、长郡芙蓉中学、荷花园社区承办的“芙蓉禁毒之声第一季——唱享健康暨禁毒宣传进校园”启动仪式在长郡芙蓉中学大礼堂举行。省禁毒办专职副主任陈睿、省社会禁毒协会会长滕章贵、市禁毒办副主任刘国威、市社会禁毒协会监事会主任邹党西、市社会禁毒协会副秘书长马伯雄、区领导刘文立、陈定佳出席。区禁毒委成员单位分管领导、各街道（园、局）、各社区（村）分管禁毒工作负责人和工作人员、长郡芙蓉中学师生、辖区娱乐场所代表等500余人参加活动。仪式开始前播放《以生命的名义》禁毒教育警示片。刘文立致辞，长郡芙蓉中学学生代表李雨辰带领全体人员举行禁毒宣誓。该次活动的目的是传播禁毒知识，宣传毒品危害，动员社会各界广泛参与禁毒斗争。滕章贵向10名学校大队委辅导员代表发放“禁毒宣传进校园”宣传资料包（发放到辖区4年级以上学生）。启动仪式结束后，举行以禁毒为主题的文艺会演，演出形式包括舞蹈、快板、合唱等，合唱曲名为2017年湖南禁毒主题曲《我想》。

【全区综治工作推进会议】 8月25日，区综治委在区会议心召开全区综治工作(平安建设)推进会议，市委政法委副书记、综治办主任闵文，区委副书记陈计伟，区政法委书记刘文立，区法院院长刘自军，区检察院检察长王均全，区公安分局政委刘志平出席，区综治委全体成员单位负责人，区直政法各单位领导班子成员，隆平园高科技分管负责人、综治办主任，各街道(局)党(工)委书记，分管政法工作的副主任等300余人参加会议。芙蓉区副区长、公安分局局长陈定佳主持会议。刘文立总结全区政法综治工作情况，部署下阶段工作。会议表彰定王台、东屯渡、朝阳、东岸4家派出所为2016年度优秀派出所，授予喻志星、叶华堂、刘英杰、谭标4人为“芙蓉区见义勇为先进个人”称号。陈计伟在讲话中要求，全区政法综治干部要进一步提升政治站位、聚焦政治要求、压实政治责任，坚定信心，振奋精神，奋发作为。闵文对芙蓉区社会管理综合治理工作给肯定价，认为芙蓉区突出问题导向，思路清晰，方向正确，取得“一升两降三无”(公众安全感满意度上升，刑事治安案件发案数下降，非正常上访下降，无重大群体性事件，无重大恶性刑事案件，无重大安全责任事故)的成效。他要求，政法要重拳出击，打好当头炮；要织密天罗地网，下好先手棋，突出预防预测预警；要广泛宣传发动，占领主动权，防止失语乱语无语。

【校园纠纷调解中心成立】 11月16日，芙蓉区成立全省首家校园纠纷调解中心。全区校园纠纷人民调解委员会工作领导小组办公室设区教育局，并成立区校园纠纷人民调解委员会，校园纠纷人民调解工作经费纳入区级财政预算。该中心有包括法律顾问、律师志愿者、法制副校长、学校负责人等在内的70名调解员，聘请公安干警、保险从业人员、人民调解员、退休教师、校外辅导员等专业人员和教育心理学、医学等领域的专家为中心提供专业性技术支持。校园纠纷人民调解受理范围包括在校学生在校园内发生非正常死亡引发的纠纷、在校学生在校园内或由学校统一组织的校外活动发生人身伤害而引发的纠纷、同级行政机关移交的校园纠纷以及法律法规规定的其他校园纠纷。为与中心相适应，芙蓉区在辖区各学校建立校园纠纷人民调解工作队伍，每所学校配备1名校园纠纷“信息员”，负责排查和收集矛盾纠纷信息，对既有纠纷先期调处并及时上报所在辖区校园纠纷人民调解委员会。

（黄　琦）

法治政府建设

【概况】 2017年，芙蓉区法治政府建设工作根据中共中央、国务院印发的《法治政府建设实施纲要（2015－2020年）》和省、市贯彻落实《纲要》的实施方案等文件，加强依法行政体制机制建设，提升依法行政能力和水平，推进了全区的法治政府建设。

（廖月鹏）

【依法决策】 按照《芙蓉区人民政府重大行政决策程序规定（试行）》的要求，全区的重大行政决策必须遵循公众参与、专家论证和风险评估的原则，所涉议题经政府法制办合法性审查后，才可提交区政府常务会议和区长办公会议审议，并要求法制办负责人参会。凡是以区政府名义出台的文件，必须由法制办审查通过后，才可提交区领导签署；凡是各部门上报区政府的请示、报告，必须由法制办审查提出意见后才可供区政府领导参考，做到了政府文件法律审查全覆盖。在政府开展的文件制定、重大矛盾纠纷调处、历史遗留问题处理、企业改制、重要合同谈判、PPP等重大建设项目、重大执法活动、执法疑难问题等工作，必须要由法制办派员参与。通过招考、选调等方式，配齐配强政府法制机构工作人员，提高外聘专家和律师充实法律顾问队伍比例，全年有27家区直单位聘请了法律顾问，同比增加80%。加强对法律顾问的管理考核，经年底考评，考评全部合格，法律顾问考评优秀的单位92%。邀请省、市法院、市法制办专家到辖区开展信息公开、行政执法与行政诉讼等方面业务培训4次，提高依法行政知识在入职培训的比重，增强领导干部依法办事意识与能力。

【行政执法】 加强关系群众切身利益的重点领域执法。食品药品安全执法力量下沉，新增街道食药监所26名特勤人员，开展批发市场及农贸市场专项整治行动，立案食品违法案201件，结案137件，罚款金额77.76余万元，移送公安机关案3件，依法取缔食品加工黑作坊30家、无证经营门店31家。该区的“明厨亮灶”（透明厨房和视频厨房建设）工作被《人民日报》推介。集中整治群众身边的突出环保问题，由中央环保督察交办的整改问题148件全部整改销号。开展油烟、烧烤及散煤专项执法行动28次，办结环境违法案80件，移送公安机关案4件。开展打击超载联盟专项行动，建成了治超信息平台，掌控辖区主要区域货运车辆运行情况，截至11月，检查货运车辆2600台次，处罚车辆205台次；卸载货运超限车辆45台次近300吨。开展益阳线、邵阳线、常德线专项执法行动，取缔了火车站“三九”停车场内的“黑站点”。区政府明确安全生产工作要作为“一把手工程”来抓，全年组织6次领导干部带队安全生产大检查，全年全区县级领导开展检查669家/次，发现隐患857处，完成整改834处。推进渣土扬尘、人行道清障整治行动，城管执法大队办结各类执法案9600件，处罚金额210万元。

【执法监督】 开展全区执法部门执法案卷抽查工作，全年抽查行政处罚案卷40本，行政许可案卷40本，出具案卷评查通报2次。更换了全区472名行政执法人员行政执法证，并组织96名行政执法人员参与行政执法证考试。加强行政处罚文书网上公示，各行政执法部门一般程序行政处罚文书在网上公开，推进阳光执法。

【权力监督】 全年办理区级人大建议66件、政协提案164件，办理省市建议提案19件。建议、提案见面率、办复率和满意率100%。加强对重点领域、重点部门、重点资金的审计监督。全年完成审计项目180个，政府工程造价审计核减金额2.26亿元，核减率17.85%，查出管理不规范金额8.68亿元，收缴资金5万元，罚款金额5万元。全面推进政务公开，提高政府信息主动公开力度，全年公开政府信息6649条。提高信息公开工作管理水平，区政府依法办理政府信息公开申请550件，已答复548件，保障了公众的知情权。

【化解社会矛盾】 加强行政复议工作，全年受理行政复议案69件，审结62件，作出撤销或确认违法的决定12件。加强对行政复议案件的调解力度，由申请人撤回行政复议申请10件，增进了行政机关与行政相对人之间的相互理解。全年区政府作为当事人的行政诉讼案件125件、行政复议案件68件，畅通了民告官渠道。在全区推广建立大调解“1+X”调解模式，下发了《长沙市芙蓉区建立街道矛盾纠纷大调解机制的实施方案》，成功调处各类矛盾纠纷2700余件。 （廖月鹏）

公　安

【概述】 长沙市公安局芙蓉分局下设指挥中心（办公室）、政治工作办公室、纪委（监察室）、后勤保障科、警卫科5个科室，辖法制、人口与出入境管理、网络安全保卫、单位内部安全保卫、国内安全保卫、刑事侦查、经济犯罪侦查、禁毒及第一治安管理大队、第二治安管理大队、第三治安管理大队、巡警、城管13个大队，定王台、文艺路、韭菜园、蓉园、五里牌、朝阳街、湘湖、马王堆、火星、荷花园、东屯渡、马坡岭、东岸、东湖14个派出所。2017年，芙蓉分局以“四抓四提”（抓公安警务改革，提升创新能力；抓大数据运用，提升警务效能；抓基层基础建设，提升保障水平；抓雷锋警队建设，提升队伍战斗力）为重点，推动芙蓉公安内涵式发展，为芙蓉区经济社会发展创造安全稳定的社会环境。

稳定社会大局。搜集情报信息。坚持以情报信息为先导，围绕重点地区、重点单位、重点对象，开展实时研判、动态预警。全年共搜集掌握情报信息1530条，形成综合性研判报告30余篇。中共十九大安保维稳期间，分局成立工作专班，利用视频、情报、网安、技侦、刑侦五大技术手段，依托省厅风控系统、重点人员一体化管控系统、芙蓉大数据实战应用平台，对涉稳重点人员"吃、住、行、消、乐"及主要社会关系逐一研判分析，实现特护期进京"零非访"。开展重点管控。对有进京非访苗头的涉稳重点人员逐一见面，按照风险等级落实管控措施。运用法律手段，实施对重点人员法制训诫。年内，分局涉访涉稳打击处理99人次，其中刑事拘留5人、治安处罚94人次。强化应急处突。建立完善重大警情应急响应、重大突发案事件现场处置、封控机制。强化对重点部位的动态管控，在火车站地区启动武警、公安联合武装巡逻，整合警力300余人，24小时不间断开展巡逻防控。处置各类群体性事件800余起，其中省委集访事件208起。做好警卫安保。依托省委维稳指挥平台，实现对省委及周边的精准控制。在重要外宾经常入住的华天、通程等酒店，实行全景视频电子沙盘模拟，实现任务可视化部署调度。全年完成各类警保卫任务110场次。实现"2017中韩足球赛""中华龙舟赛（长沙·芙蓉站）"等各类大型活动安全保卫。

改革警务模式。坚持问题导向，机制创新，为全市乃至全省警务改革提供可推广、可复制的经验做法。推动情报指挥一体化。依托芙蓉大数据实战应用平台归集50亿余条数据整合挖掘，通过"地图、视频、搜索、档案"四大功能，与110接处警、应急处置、大型活动警保卫、重点人员管控、侦查打击五位一体联合运作。全年形成800余篇情报研判报告。依托现代化的指挥大厅，推送工作指令与研判成果至综合警务指挥室。推动治安防控智能化。防控中心统筹指导全区巡防，科学划分巡逻网格，依托网格化治安防控平台，实时归集芙蓉区涉恐、涉稳等七类重点人员3000余人档案信息。推动执法保障规范化。完善包含全警工作、生活数据的汇集机制，建立以能力和实绩为核心的民警考核评价数据模式。依据警力资源配置分析模型调整交流民警、辅警120余人次。依托"微舆情互联网监控平台"，依法处置涉警舆情300余起，实现了负面舆情的"零扩散"。全年有105批次国内外警务单位2600人到分局考察交流。改革成果得到湖南省政法委书记黄关春、长沙市副市长唐向阳等省市领导肯定，在中央政法委期刊《长安》上报道，获公安部改革办、省厅改革办推介。全年分局被授予"全省警务实战化示范单位"，分局指挥作战中心和基础防控中心分别获"全省警务改革县级示范创建单位"。

提升安全指数。推进打防管控一体化。年内刑事拘留1275人，同比上升5.11%。破获刑事案件1672起，现行案件破获率32.3%，同比上升6.9个百分点。现行命案发4起破4起，发案同比下降60%，破案率100%。破获公安部督湖南长沙"7·10"特大网络贩枪案、公安部督"2017-102"特大跨省贩毒案。打击多发性侵财犯罪，破案1333起，同比上升3.2%；刑事拘留782人，同比上升11.55%。开展涉毒专项整治，破获毒品案件136起，逮捕、直诉犯罪嫌疑人205人，同比上升28.47%；查获吸毒人员1187人，同比上升37.70%；强制隔离戒毒289人，同比上升34.42%，缴获毒品折合海洛因33714克。强化娱乐场所涉毒整治力度，扫除娱乐场所内公开或半公开涉毒活动。打击经济犯罪，全年共破获经济案件82起，挽回经济损失1.3亿元。抓立体化治安防控体系建设，发挥公安专业队伍治安防控的主力军作用，发动平安志愿者开展群防群治。全年110报警数6万余起，同比下降6.19%；刑事发案5765起，同比下降6.52%。治安整治。打击影响社会治安的重点问题。抓旅馆业实名登记，旅馆"实名宝"安装率100%；抓机修业管理，机动车企业联网率和信息上传率100%。全年对列管场所开展检查行动100余次，检查宾馆、KTV、洗浴休闲场所、酒吧390余家，下发整改通知书71份。物流寄递业管理开展摸底排查、教育培训和联合执法，督促物流寄递企业严格落实"三个（收寄验视、实名收寄、过机安检）100%"制度，全年开展物流寄递安全检查709家（次），联合市邮政管理局查处2家寄递网点。内保大队被评为"全市公安内保工作成绩突出集体"。开展"黄赌"专项整治行动，查处"黄赌"案件216起，刑事拘留犯罪嫌疑人104人，治安拘留违法行为人692人。破获食品药品环境污染案件16起，摧毁制假、售假生产线30条，查封"黑作坊"、"黑工厂"、"黑窝点"50个。重拳整治火车站及周边喊客拉客、举牌办证、摆摊诈骗、涉黄涉赌等治安乱象，火车站广场全年刑事发案同比下降56%。

夯实基层基础。依托科技手段，推进基础建设。推进“天网工程”（三期）建设，不断提升科技信息化水平。推进派出所提质改造工作，截至年底，马王堆派出所提质改造完工，全局10个示范警务室提质改造完成，27个提质改造警务室部分完成。以“魅力芙蓉·城市双修”PPP（政府和社会资本合作）项目建设为契机，推进全区小区车禁门禁系统建设。年内，全区车禁门禁及访客系统与市局平台对接136家，完成任务的66.2%，超额完成年度任务。强化信息采录。按照“应采尽采、全面覆盖”的原则和“完整、准确、鲜活”的要求，对辖区内的“一标三实”（标准地址，实有人口，实有房屋，实有单位）基础信息开展集中筛查、清理、维护和增加。全年共采录有效“三实”信息24.29万条，累计采录有效“三实”信息138万余条。提升服务水平。落实“最多跑一次”要求，推动网上预约办事和身份证异地受理。推进“放管服”改革，各派出所新增多项户籍审批、身份证办理权限。全年分局窗口共办理出国境证照8.87万本、同比上升14.1%；办理居民身份证5.42万人次，同比上升9.9%；办理户籍业务11.51万人次、同比上升18.9%。分局人口与出入境接待大厅被授予全市“雷锋式共产党员示范岗”称号。

规范权力运行。推行刑事案件“三统一”（统一审核，统一出口，统一入口）制度，推进预审中队和受立案室建设，逐步实现对受立案、执法流程、执法环节和执法结果的即时性、全程化约束管理。出台分局规范案件审核审批工作的实施意见，规定特殊、疑难复杂案件的审核审批流程。成立案件审核委员会，研究重大复杂疑难案件办理相关问题。严格执法过程监管。建立执法积分档案制度，开展执法档案等级评定，发放积分奖金44万余元。依托“湖南阳光警务执法公开系统”及时公开执法情况。开通了微信、网页等多种投诉方式，全年接到投诉信息344条，办案单位及时和投诉人沟通并按时办结。强化执法硬件保障。以派出所提质改造为契机，对马王堆派出所等单位执法办案区改造升级。启动非羁押重点人员智能监管平台试点工作，为41名监视居住人员佩戴电子手铐，提升监管效能。

强化警队建设。全面从严治警，落实党风廉政建设“两个责任”。重视教育预防，组织观看警示片、廉政教育电影、书写廉洁家书、参观廉政教育基地等活动。运用执纪监督“四种形态”，全年通报批评5人，诫勉谈话3人，约谈、提醒、函询11人次。严格日常监督，围绕重大警务部署、阶段中心工作和纪律作风建设，共组织开展督察80余次，现场查纠与整改各类问题60余起，编发督察通报15期。开展涉案财物和项目资金日常审计，对85名离任人员实施经济责任审计。提升民警履职能力。组织民警参加调训11场40人次，开展各类培训51场2056人次。选派了4批业务骨干到北京、杭州、南京、厦门学习。评选树立雷锋式集体、个人30个，报请省厅二等功6人，报请三等功34人，嘉奖177人。其中东屯渡派出所社区民警刘头仔被公安部授予“全国优秀人民警察”称号，定王台派出所社区民警杨曙光被授予“全省十佳社区民警”称号，政工室副主任熊利华被授予长沙市“爱岗敬业模范”称号。在全市率先建立“芙蓉公安义工志愿者团队”，吸收成员160余人。全年常态化开展助学、敬老、帮扶流浪人员、岳麓山环保等系列志愿者活动，资助贫困学生共14人。组织开展专题培训和送教上门活动10次，累计有500余名民（辅）警参与。组织全警基本体能与健康指数测试，民警体能达标率提升10.4%。

存在的困难与问题。治安形势依然严峻。刑事犯罪仍处于高发态势，犯罪手段不断更新升级，呈现网络化、智能化特点，特别是电信诈骗、涉众型经济犯罪危害极大。黄赌等社会丑恶现象仍然没有“斩草除根”，黑恶势力存在的土壤仍然存在。在册吸毒人员呈逐年递增之势，禁毒工作任重而道远。警力矛盾极为突出。芙蓉分局在岗民警为709人，工作平均年限为17年，警力呈现老龄化与负增长的趋势。基层所队承担大量非警务、非主责活动，日常运作呈饱和状态，甚至超负荷运转。科技支撑较为滞后。由于基础较为薄弱，利用高科技手段实施的新型犯罪不断增多，现有力量无法有效应对新时期实战需要。（王泽洲）

长沙市公安局芙蓉分局

党委书记、局长　陈定佳

党委副书记、政委

周习文（2017.6免）

刘志平（2017.6任）

党委委员、副局长

樊正其（2017.6任）

杨 忠

成劲林（2017.6免）

姜 伟

周斌胜

杨海军

党委委员、副政委兼纪委书记

文志雄

党委委员、副局长兼政工室主任

李 忠

【侦破公安部督“7•10”特大网络贩枪案】 7月8日，芙蓉区远大路发生一起持枪抢劫案件。芙蓉分局把犯罪嫌疑人袁某延抓获后得知，袁某延作案所用气枪从一个微信联系人手中购买。专案组循线深挖，发现一个以陈某亚为主的网络贩枪犯罪团伙。案情上报省厅、公安部后，被列为部督案件。专案组运用多种侦查手段，查清了该制贩枪网络的生产、销售组织结构及主要人员。8月10日，省厅成立了“7·10”专案指挥部。11日，根据省厅李介德副厅长指示，专案组向犯罪嫌疑人所在的10余省市派出工作组，展开调查。8月23日晚，在统一指挥下，10余省市抓捕组集中收网，一举打掉了以陈某亚为首的网络贩枪团伙，以郭某军为首的子弹生产窝点和以汪某民、左某伟、辜某清为主要成员的生产、贩卖气枪及配件团伙，抓获犯罪嫌疑人30人，刑事拘留22人，行政拘留5人；捣毁生产窝点3个，缴获枪支20把，枪支配件270件，铅弹1万颗，制弹原材料30公斤。

【于德宝到局考察】 5月12日，公安部改革办督察局巡视员、副局长于德宝一行到芙蓉分局督导警务机制改革工作。于德宝实地参观分局“三个中心”的建设情况以及运行模式，观看警务改革PPT（演示文稿）和“11·10”集访事件处置视频，查看指挥作战中心的侦查作战室和视频侦查室，了解分局在贯彻“大部门、大警种”改革方面的工作做法，对分局推进警务机制改革工作取得的成效给予肯定。

【参与处置浏阳河隧道浸水险情】 7月6日凌晨5时，京广高铁汨罗东至长沙南站区间浏阳河隧道因浸水临时关闭。得知险情后，副区长、分局党委书记、局长陈定佳，分局党委副书记、政委刘志平迅速赶往现场。调度指挥中心、政工室、网安大队、巡警大队、治安三队、东湖派出所、东岸派出所、马坡岭派出所等单位100余名警力赶到现场维护现场秩序，配合工程建设部门抢险救灾。经过10余个小时的排水抢险，至6日晚22时，浏阳河隧道积水已基本清理完毕并恢复高铁通车。

【刘文立到马王堆派出所调研】 8月1日，区委常委、政法委书记刘文立，到马王堆派出所调研，分局党委书记、局长陈定佳，区委政法委李清、执法监督室主任刘汉祥陪同，分局指挥中心、马王堆派出所和马王堆街道负责人参加调研。刘文立书记一行实地查看了马王堆派出所综合警务指挥室、执法办案区等功能区域，现场听取了马王堆派出所所长苏泗元的工作介绍。刘文立参观民警休息室、阅览室、健身房、书法室等，对马王堆派出所的提质改造工作和“一室三队”建设给予了肯定。他要求，要以派出所提质改造为契机，以更加有为的精神状态投入到各项工作中。

【李钦到局调研警务机制改革】 8月23日，湖南省委改革办秘书处处长李钦一行10人到分局调研警务机制改革工作，省公安厅警令部副主任、改建办副主任李兴旺，长沙市公安局调研员李进良，省厅改建办改革专项负责人杨昭陪同，分局局长陈定佳、副局长周斌胜等参加调研。李钦一行人到分局马王堆派出所，实地参观综合警务指挥室、责任区侦查队、巡逻防控队、基础工作队等功能区域，了解“一室三队”建设情况及运行模式，查看民警值班备勤室、健身房、阅览室、文体室、警营文化建设情况。马王堆派出所所长苏泗元介绍派出所警务改革工作情况。李钦到分局实地查看人口与出入境办证大厅和分局警务机制改革后“三个中心”建设情况，了解分局在贯彻公安部“大部门、大警种”改革方面的工作做法，观看了警务改革演示片和“11·10”重点单位维稳视频。调研团在分局会议室举行座谈。李钦对分局警务改革所做的工作和取得的成效表示肯定。他强调，下一步工作中，芙蓉分局党委要持续发力，在充分挖掘经验亮点上下功夫，运用典型推动工作，为全面深化改革工作再上新台阶作出贡献。

【徐宏源到区督察安保维稳工作】 10月13日，市委副书记徐宏源，市委常委、政法委书记钟钢到芙蓉区督察中共十九大安保维稳工作。在长沙火车站，督察组查看路地联动、警种联动、警民联动的联勤联动机制相关工作。在芙蓉分局9楼指挥大厅，督察组观看芙蓉分局“11·10”省委集访事件处置视频，并参观天网工程、无人机、人脸识别系统等高科技手段在中共十九大安保维稳工作中的实战应用。市局党委书记、局长唐向阳，区分局党委书记、局长陈定佳，分别就长沙市和芙蓉区中共十九大安保维稳工作作专题汇报。徐宏源对长沙公安系统在中共十九大安保维稳工作中做出的贡献表示肯定。他要求，要突出重点、夯实责任，科学运用技防、人防等手段，落实重点区域、重点场所、重点人员的安全稳定责任，政法战线各单位之间要强化协同配合，建立科学有效的联动机制，实现资源共享、互通有无，共保一方平安。

【唐向阳调研公安工作】 11月2日，市公安局党委书记、局长唐向阳在芙蓉区委副书记、区长周春晖等陪同下，调研芙蓉公安工作并检查安全生产工作。唐向阳分别到马王堆派出所、汽车东站、芙蓉分局机关二院、交警芙蓉大队考察，在交警芙蓉大队五楼会议室召开座谈会。会上，交警芙蓉大队、芙蓉分局经侦大队、禁毒大队、国保大队、内保大队、巡警大队有关负责人分别汇报了各自工作，涉及规范执法工作、涉众型经济犯罪防范打击工作、缉毒工作、特护期维稳安保工作、寄递物流业管理工作和立体化防控体系建设等。周春晖肯定了芙蓉公安分局、交警支队芙蓉大队的工作成绩，他表示芙蓉区委、区政府为芙蓉公安各项工作开展提供强有力的保障和支持。唐向阳肯定芙蓉公安在警务改革工作中的大胆探索与取得的成绩，赞扬民警在工作中表现出的良好精神风貌。他要求，要进一步改革创新，优化机制。以改革者的魄力与精力，立足全局做谋划、立足中心做优化。

【芙蓉分局机关二院启用】 芙蓉区公安分局机关二院经过2年建设，2017年5月正式竣工并投入使用。新建分局机关二院执法办案中心，总面积691.74平方米，共设有讯询问室、医疗室、案件研判室、特殊人员讯问室等功能室15间。经侦、禁毒、国保、内保、巡警等5个大队搬迁至二院办公。分局机关二院的启用，解决了芙蓉分局机关办公场地紧张的燃眉之急。

【东岸派出所被公安部授予“一级公安派出所”】 12月18日，东岸派出所举行“一级公安派出所”授牌仪式，分局副局长杨海军为派出所授牌。市局人口与出入境支队基础大队大队长黄泽贤、分局人口与出入境大队大队长王忠参加授牌仪式。东岸派出所以“保护东岸平安、推进正规化建设、和谐警民关系、争创一流队伍”为目标，坚持对党忠诚、服务人民、执法公正、纪律严明，开展各项便民活动，抓队伍正规化建设、执法规范化建设，各项工作取得显著成绩。2017年，经公安部考核，东岸派出所被评定为“一级公安派出所”。杨海军代表分局党委对东岸派出所表示祝贺，对该所维护辖区政治和治安稳定所做的工作表示肯定，他希冀东岸派出所全体民警、辅警再接再厉、戒骄戒躁，勇于改革创新，为构建和谐警民关系、营造和谐公安警队而努力。

【周治国到局调研“智慧芙蓉”建设工作】 12月27日，副区长周治国在区政府办、区电子政务中心等单位相关负责人的陪同下，到区公安分局调研“智慧芙蓉”建设工作。分局党委委员、副局长杨忠，分局相关单位主要负责人参加调研。周治国实地查看分局“三个中心”的建设情况以及运行模式，观看警务改革演示片和“11·10”省委集访事件处置视频，了解分局在大数据运用于警务实战和安保维稳方面的工作做法。周治国肯定芙蓉公安在“芙蓉大数据实战应用平台”的建设和应用方面取得的成效，认为该平台增强了公安机关侦查破案的打击效能，提高芙蓉区社会治安管控能力，提升人民群众安全感、幸福感，打造“智慧公安”的特色品牌，经验值得借鉴推广。

（王泽洲）

·交　警·

【概况】 芙蓉交警大队是长沙市公安局交警支队下辖的勤务大队。下设综合管理中队、处罚教育中队、秩序管理中队、122事故处理中队、停车场管理中队、路面勤务13个中队、铁骑2个中队、机动3个中队，负责维护芙蓉行政辖区4.28平方千米道路交通安全与交通秩序管理。至2017年大队连续五年工作绩效与队伍建设综合考评排名支队第一，获“全省公安交警系统执法规范示范单位”“全省公安交警系统模范典型集体”“湖南省文明单位”“十九大安保先进集体”，被省公安厅评为“全省公安先进集体”、被市公安局评为“雷锋式警队”，大队民警刘辉被人力资源和社会保障部、公安部联合授予“全国特级优秀人民警察”称号。

科技强警，推进警务效能提升。利用大数据分析提升情报利用率，结合智能三期建设完成126路视频监控点位，对辖区形成了全时段、无死角的网格化视频监控。自主研发生成多类研判产品，通过对酒驾、毒驾、失驾（驾驶员因被暂扣、吊销驾驶证而失去合法机动车驾驶资格）等重点违法行为精准打击，辖区各类隐形违法车辆活动轨迹明显减少。在湖南省集中打击交通违法行为“百日会战”第一阶段，通过平台共享、数据归集、精准研判，查获客运车疲劳驾驶18起，占全省总数（51起）35.3%，占全市（27起）总数的66.7%。通过“百日会战”，营运车管理平台报警数由原来1000次/天左右，下降到40次/天左右，同比下降96%。全年接警3.04万起，同比下降17.8%；立案数4786起，同比下降2.7%；死亡事故25起，死亡26人，死亡人数同比上升62.5%。刑事立案38起（其中交通肇事16起，危险驾驶22起），同比上升322%；移送司法起诉10起，同比增长11%。利用高德地图对交通运行状态进行数据分析，提升交通疏导指向性和效率。结合辖区实际情况，每周推出各中队辖区交通状态报告，指导“铁骑”中队和相关路面中队提升治堵的针对性。通过高德地图数据对辖区实行精准治堵以来，辖区拥堵指数平均每月环比下降2.3%，同比下降7.43%，运行速度平均每月环比上升1.66%，同比上升11.57%。

创新动态勤务，开展交通综合整治。年内，常态化开展各类交通整治325场次，其中查扣电动车19672台、摩托车8742台，抄牌锁车12.26万起，查处占道73036起、涉牌涉证24074起，查处违法客车2076起、渣土车2275起、货车2845起、搅拌车工程车754起，查处酒驾1662起、醉驾535起、毒驾8起、假牌套牌30起、不礼让行人6742起，查处疲劳驾驶31起、非法载客11931起，五类客运车超员142起、五类客运车未年检106起，“违法王”190起。推出“铁骑”新勤务，推动核心城区交通违法处置、事故处警、应急处突、疏堵保畅的全面提速。5月10日推出以来，通过与分控指令无缝对接，铁骑队员巡逻中结合卡口报警，快速处置各类违法、交通事故、抛锚以及拥堵等警情，巡逻区域内主动发现率由之前的23%提升到57%。创新“轻刑快办”工作机制，完善交通事故“矛调中心”服务。在“百日会战”行动中，大队三个月内查获酒驾1031起、醉驾288起。推出“轻刑快办”工作机制，把长达数月的轻微刑事案件办理过程缩短至一周左右。完善交通事故“矛调中心”服务，区检察院在大队设派驻机构。区法院、检察院、司法局以及区交警队等“六合一”（交警行政调解、司法局人民调解、保险协会调解、检察官审查、巡回法庭审理、律师法律援助）一站式联合办公平台正式搭建。2017年巡回法庭受理案件50余起，开庭审理200余起；人民调解委员会成功调处1000余起，法律咨询500余起，法律援助15起。开展“大队长徒步看交通”活动，主动听取和征集辖区企业、单位、社区居民的诉求，了解民意，为群众日常出行排忧解难。

交通安全宣传全覆盖。根据《全市城市道路交通秩序集中整治宣传方案》《预防重特大道路交通事故专项整治行动宣传方案》要求，芙蓉交警大队加大宣传力度。开展各类主题宣传活动62场次，发放宣传资料5万余份，为群众提供咨询服务2500余人次。每月通过各新闻媒体集中公布当月历史同期重特大道路交通事故和典型事故信息，分析事故原因，提出要求和建议，由《长沙晚报》、湖南电视台等媒体采访报道343场次。开通短信平台，及时收集恶劣气候、安全常识、应急处置、法律法规、事故警示编缉成短信，在传统节日、法定假日及春运期间，宣传民警通过短信平台发至各责任中队民警、公司负责人、安全员、车主及驾驶员，短信覆盖人数1800余人。协调辖区教育部门，要求辖区中小学校和幼儿园利用自身短信平台向学生家长发送交通安全提示和文明交通倡导短信每月2条。深入学校、社区、单位、企业开展交通安全宣传活动，授课675场次，受教育人数4万余人次。

坚持政治建警，推进队伍正规化建设。制定出台16项队伍建设及各项工作的精细化考评办法，对中队、民警实行精准考核，实现考核的可视化、标准化。强化督察落实，奖惩兑现。应用“钉钉”

考勤打卡系统，制定钉钉考勤配套考核办法，开展数字化移动智能考勤。开展“为民警代一班岗”活动，在恶劣天气，总支班子成员每天为民警替换岗一小时。开展“一封家书”“廉洁家书”活动，增强家属对交警工作的理解与支持。培育民警文明执法理念，融洽警民关系，提升群众满意度。

存在的困难与问题。芙蓉区位于长沙市中心主城区，人流、车流、物流密集度高，交通综合管理难度大。警力不足、队伍年龄结构老化；专业人才缺乏，警务效能有待提升；科技投入不够，信息联动机制有待完善。（章　杰）

芙蓉区交警大队

大 队 长　胡海民
教 导 员　陶理新
副大队长　秦　杰
　　　　　李　乐
　　　　　全　浩
　　　　　孟献军

【“百日会战”集中整治】　为全国“两会”和中共十九大胜利召开提供安全保障，大队在省交警总队及市支队统一部署下开展集中整治百日会战行动。2月28日—6月7日，大队查处各类违法行为43万余起，其中疲劳驾驶、超速驾驶交通违法行为36起；查处机动车涉牌涉证交通违法行为3.74万起；五类重点车辆车辆（重中型货车、营运客车、校车、危化品运输车、摩托车）超员违法行为142起；非客运车辆载人1.27万起；五类重点车辆未年检未按规定报废51起；机动车占道类违法行为（含分控抓拍）24万起；现场查处机动车其他违法行为13万起；酒驾1354起（含醉驾373起）、行政拘留737起、刑事立案174起。通过强力治乱攻坚，辖区路面交通乱源减少，交通秩序明显好转，“文明出行”“喝酒不开车”等规矩逐渐深入人心。

【铁骑勤务改革】　5月8日，芙蓉大队启动“大铁骑机动勤务”新模式。该模式由民警带领1~2名辅警驾驶大功率摩托车编组作战，配备专业骑行套装及齐全单警装备，负责主干道动态巡逻管控。铁骑勤务具备三大优势：编组式的作战模式形成威慑；高密度的巡逻管控提升警情的主动发现率；摩托车快速灵活，大大节省处警时间。铁骑勤务通过和指挥情报中心的融合，运用大数据，做到精准决策、精准调度、精准布警、精准巡控、精准疏导、精准整治。20名铁骑队员日巡逻里程近360公里，1个月巡逻近8000公里。铁骑一中队7月累计巡逻里程5100公里，相当于辖区所有道路覆盖了150余遍，路面见警率大大提升。实行大铁骑模式后，处置各类警情770起，其中，快速排除拥堵356起，快速处置轻微事故219起，平均处警时间缩短了36%。执法纠违数达4170起，主要针对开车打电话、车窗抛物、发生交通事故不及时撤离现场等动态违法。铁骑勤务启动后，五一路巡段报警数量下降75%，拥堵指数平均下降1.33%；人民路巡段拥堵指数平均下降1.585%，八一路巡段拥堵指数平均下降1.26%。通过高密度的巡逻管控，铁骑巡逻辖区通畅率稳步提高。

【新建业务用房启用】　9月15日，大队交巡警新建业务用房正式投入使用。该建筑位于浏阳河以东的合平路与泉坝路口东北角，占地面积0.87公顷。2016年3月23日动工，按地下两层车库和地上六层业务用房共八层设计建设，建筑面积9700平方米（房间179间，公用车位260个）。设置有处罚教育服务中心、执法办案中心、健康管理中心、指挥情报中心，还设有党建荣誉室、图书阅览室、健身房、瑜伽室、乒乓球室、书法棋艺室、营养餐吧、理发室、警察书屋。新建房启用式上，区长周春晖、分局局长陈定佳到场视察并祝贺。周春晖要求，严格按照办公用房相关规定设置和使用，不得违规超标配置，在办公条件提高时，更要牢固树立执法为民理念和提高服务水平。

【区级情报指挥中心建成】　2017年新建业务用房“芙蓉区公安交通指挥情报中心”。该中心是利用支队情报信息平台、道路运行分析系统、重点车辆公共服务平台等分析系统，实现重点研判交通拥堵指数、事故成因分析、重点车辆查缉、勤务监督考核等功能为一体的公安交通指挥体系。采取“三巡合一”的巡逻模式：传统大小铁骑巡逻（大铁骑机动勤务负责主干道动态巡逻管控，原有路面勤务中队巡逻摩托车负责次干道、支路、背街小巷巡逻管控），加上视频巡逻。视频巡检岗由以往的“一人一岗”增加至值“三人三岗”，结合智能交通建设的流量采集器，实现拥堵警情自动报警，做到视频巡逻全时段、全覆盖。该中心建立后制作交通拥堵指数分析报告12期，执勤执法监督模块工作推进研判报告22期，完成半年事故成因分析。各项研判报告及时推送路面勤务中队，精准指导路面勤务，形成工作闭环。利用警用地理信息系统、大交管指挥调度平台、视频联网共享平台配合执勤执法监督模块，对路面巡逻岗、值守岗、整治点、处突、护学岗、值班中队干部的履职情况进行实施监督考核，执勤执法监督模块系统根据民警工作情况自动生成得分，固定视频证据、记录轨迹线路，让督察考核有据可查。

【公安部李江平带队到区考察】 11月8日，为城市道路交通管理工作全国现场会作筹备，公安部交通管理局副局长李江平带队上海、杭州、武汉、深圳、南宁、成都等城市公安交警负责人一行24人到长沙考察，湖南省交警总队总队长蒋建湘、长沙市公安局党委委员徐波跃、长沙市交警支队支队长李军龙陪同。芙蓉交警大队作为长沙考察的重要一站，考察团实地观摩了芙蓉区交警大队健康管理中心、执法办案中心、处罚教育服务中心、芙蓉大队指挥情报中心、党建文化展厅。芙蓉大队大队长胡海民向考察团介绍芙蓉区公安交通指挥情报中心建设及勤务工作，通过大数据引领情指勤督“四位一体”新型勤务机制（即“情报主导、指挥精准、勤务高效、监督实时”，结合与高德合作建立的拥堵延时指数分析，把堵点疏导和勤务管理有机结合起来，构建起了全覆盖、立体化的勤务管理新模型），实现交通状况网上巡查、在岗警力线上督考、快速处置实时调度。李江平对芙蓉大队的队伍建设及勤务工作给予肯定，希冀芙蓉大队坚持以人民为中心的工作导向，在工作中不断总结好的经验和做法并形成标准化、制度化的运行机制，推动公安工作和队伍建设新发展。（章　杰）

·公安消防·

【概况】 2017年，芙蓉区公安消防大队牢固树立“守土有责、守土尽责”理念，推进全员消防安全普训，提高社会防御火灾能力，增强消防监督和执法能力，抑制群死群伤火灾事故发生。

执勤岗位练兵。辖区5个中队深入1621家社会单位熟悉辖区情况，在500余家单位进行灭火救援演练。年内，大队被芙蓉区政府评为“安全工作先进单位”。五里牌中队被总队评为“全省抗洪救灾先进集体”，被支队评为“全面建设先进中队”“政治工作先进中队”“正规化管理先进单位”“后勤管理先进单位”。芙蓉大队五个中队有2人次被支队评为优秀党务工作者、优秀共产党员，3人次获支队三等功，89人次获嘉奖。在全省部队管理知识竞赛中，湘湖中队获第一名。总队实战化比武竞赛中，五一广场中队现役官兵获比武标兵、6米拉梯全省第一。在全市软件台账评比中，五里牌中队获第一名。在全市部队管理台账比赛中，湘湖中队获第一。全市消防部队成建制中队实战化比武竞赛中，现役官兵获得灭火编队登高强攻操合成项目第一名、团体总分第三名；政府专职消防员在比武中获得单干线两支水枪操第一名、团体总分第二名。全年无官兵发生违法违纪事件。

消防行政执法。加强重点单位、重点区域的监管。全年出动检查5388人次，检查单位3955家，发现火灾隐患7763处，督促整改火灾隐患7756处。下发责令改正通知书3016份，行政处罚决定书115份，临时查封决定书86份。责令三停（停止施工、停止使用、停产停业）39家，罚款193.2万元，拘留151人。推动重大火灾隐患整改工作。全区11家重大火灾隐患单位中，有4家整改到位并摘牌销案，7家在大队指导下整改。把住审批关口。全年，受理审核项目15个，受理验收项目22个，消防设计备案56起，建设工程竣工验收备案62起，消防安全检查99起。区域重大活动消防安全保障。制定作战和救援预案，全面检查辖区接待酒店消防安全，定点防守重要部位和消防设施，多项措施保证“中华龙舟赛（长沙·芙蓉）”赛事的消防安全。

消防宣传活动。推动政府购买消防服务，辖区13个街道分别与人人居安消防安全公司签订政府购买消防宣传服务。推进消防宣传“进社区、进学校、进企业、进农村、进家庭、进机关、进网站”工作，推动落实各行业、各单位的消防工作责任。建设、人社、安监、公安等部门将消防培训纳入行业培训内容，加强对电工、焊工、保安等特种作业人员的消防培训。开展消防控制室值班操作人员职业技能培训工作，落实消防控制室值班人员持证上岗制度。利用QQ群、微信公众号、报纸、长沙电视台政法频道《火线追踪》

栏目、消信通、手机彩印等媒体，宣传消防安全知识，普及逃生自救常识。

提高灭火救援能力。根据每个中队的管区，分配重点单位，要求中队每周开展不少于2次灭火演练。提出“大兴全员练兵，打造过硬队伍”的练兵口号，规范官兵火灾扑救和抢险救援行为。年内，大队接警出动1539起，出动消防车2415台次，出动警力16175人次，抢救被困人员280人，疏散人员292人，抢救财产价值441.2万元。全年未发生官兵伤亡或部队安全管理事故。

2017年，全区发生火灾48起，直接财产损失67.87万元，无火灾死亡。未发生较大以上恶性火灾事故。火灾起数同比下降84%。

存在的问题：单位消防安全主体责任未有效落实。有些单位消防安全责任人并未履职，形同虚设；部分消防安全重点单位未按要求明确消防安全责任人、管理人。部分社区、重点单位微型消防站管理不到位，突出表现在队伍没有配齐，24小时值班制没落实，队员专业素质不高。

（戴玲玲）

区公安消防大队

大 队 长　陈　建（2017.06 免）
　　　　　姚银然（2017.12 免）
　　　　　李颖玲（2017.12 任）
教 导 员　姜柏红
副大队长　黄　磊（2017.05 免）
　　　　　刘　武（2017.06 任）
副教导员　胡逸舒（2017.05 免）

【老年人活动场所消防安全检查】 1月11日，芙蓉大队召开全体干部会议，部署老年人活动场所火灾隐患排查整治。12日，大队联合区民政部门分别对芙蓉区敬老院、德政园长者康护服务之家、万众和香提雅境日间照料中心、火星街道日间照料中心、芙蓉区常青树老年公寓5家老年公寓实施消防安全专项检查。检查包括消防设施、安全通道、疏散出口标志、消防安全制度及用电安全等各个方面。检查发现5家单位存在不同程度的安全隐患问题，检查组对其下发责令改正通知书，并抄报给民政部门，督促对其整治或取缔。

【郑明调研重大火灾隐患整治】 1月19日，芙蓉区政协主席郑明，区公安分局局长陈定佳一行20人调研区重大火灾隐患单位整改情况。郑明、陈定佳一行实地察看一批重大火灾隐患单位整改进度，随机抽查单位消防设施使用、疏散通道畅通、火灾隐患自查自纠、员工消防安全知识掌握等情况，在芙蓉大队会议室举行重大火灾隐患整治研讨会。芙蓉区消防大队大队长陈建作汇报。2012—2016年年底，大队发现并查处重大火灾隐患单位112家，整改销案101家，11家未完全整改到位。陈建指出11家单位存在的消防隐患和整改情况，对分析重大火灾隐患整治久拖不解的原因：整改资金难以筹集拨付到位，出资责任主体纠纷不断，对整改工作有抵触情绪。郑明要求突出重点，坚定消除重大火灾隐患的决心。芙蓉大队表示要进一步加大执法力度，推进隐患整治的深度。

【春节前消防安全检查】 1月23日，区公安分局局长陈定佳率区安监局、消防大队、蓉园派出所及蓉园社区相关负责人一行10余人开展节前消防安全工作检查。检查组到八一路华融湘江银行、长沙维尊戴斯酒店检查疏散通道、安全出口是否通畅、消防控制室值班人员是否在岗在位，消防安全各项规章制度落实情况等，现场询问了解员工日常消防培训情况。经检查，未发现单位有火灾违法行为。陈定佳要求，组织开展隐患自查自改活动，全力维护安全稳定的节日氛围。派出所和社区工作人员在春节期间要认真落实值班巡逻、安全检查、防范宣传等安全防范措施。

【全区消防安全全员普训工作会议】 3月10日，全区消防安全全员普训工作会议在芙蓉消防大队会议室召开。区政府副调研员梁福才，区政府办副主任周裕熊、杨聪，区消防大队大队长陈建出席会议，13个街道负责人参加会议。负责全员普训的专业人员介绍消防安全全员普训工作开展情况，陈建对做好消防安全全员普训工作提出要求。他要求各单位要开展全员参训；要组织工作人员和楼栋长协助培训工作小组开展入户宣传；要把人员密集场所，“三小”（小档口、小作坊、小娱乐）场所，以及生产、经营、存储危险化学品的单位和场所作为宣传培训和消防巡查的重点，培训要全民覆盖。湖南省人人居安消防公益服务中心教员陈俊祥讲解宣教工作的开展模式、工作纪律及相关计划等。参加会议的各社区及单位负责人表示，积极配合参与消防安全全员普训工作，为提高火灾应急处理能力打下坚实基础。

【消防产品大检查行动】 3月15日，芙蓉大队监督执法人员开展辖区重点单位消防产品大检查。执法人员重点针对火灾自动报警器、灭火器、防火门、消防应急灯具、消防水带、消防水枪、消防水带接口和消火栓等消防产品及其身份标识、产品合格证、产品外观等情况，按照消防产品市场准入、产品一致性、消防产品现场判定三步进行实地检查。执法人员查验各类消防产品的检验报告和型式认可证书并在网上对照确认真伪，利用消防产品跟踪管理系统对灭火器、应急灯身份证标识进行扫描并上网查询，依照《消防产品现场检查判定规则》逐项对各单位销售的消防产品现场检查判定，填写14份《消防产品监督检查记录》。该次行动检查单位14家，未发现单位使用不合格及假冒伪劣产品，发现火灾隐患12处，督促整改火灾隐患12处，下发责令改正通知书7份。

【学校消防安全检查】3月29日，芙蓉大队联合教育局深入辖区内中学湘一芙蓉一中、芙蓉二中开展消防安全检查。大队监督执法人员检查和了解各单位消防安全制度是否落实，灭火器是否过期失效，消防安全疏散指示标志是否醒目，应急照明灯是否正常好用，疏散通道、安全出口是否畅通，疏散和应急预案是否制定并定期组织演练。重点检查学生宿舍、食堂是否存在违规用火用电现象。检查中发现，学校存在疏散通道不畅、疏散指示标志损坏、消防设施存在故障等问题。执法人员当场提出整改意见，要求学校明确责任，予以整改。要求各学校加强消防安全责任制落实，按时组织师生开展消防安全培训及灭火演练，以确保校园安全。该次检查认为，学校对消防工作普遍比较重视，能遵守好各项消防安全管理制度，主动开展火灾隐患自查自纠。

【消防工作暨夏季消防检查部署会】 5月12日，区政府组织召开2017年全区消防工作暨夏季消防检查部署会议。区公安分局局长陈定佳、副局长杨海军，区政府副调研员梁福才，区安监局局长刘顺泉，区消防大队教导员姜柏红出席会议。区消防安全委员会各成员单位以及各街道、派出所负责人、区消防大队全体干部和部分重点单位负责人300余人参加会议。会上，姜柏红通报全区火灾形势，向大会作消防工作报告并宣读《全区夏季消防检查工作方案》，对2017年全区消防工作，重点是夏季消防检查工作任务作全面动员部署。杨海军宣读《关于表彰2016年度消防工作先进单位和个人的通报》，5个区直部门、7个社区、5个派出所、11个重点单位和17名个人受到表彰。区消防安全委员会各成员单位、各街道向区政府递交2017年度消防工作责任书。陈定佳要求：明确管理职责，完善消防安全责任体系；深入开展火灾隐患大排查，推进消防大培训；推进社会单位消防管理水平提升，探索单位监管新模式。

【消防官兵抗洪抢险】6月—7月，长沙连降大雨，部分地区发生城市内涝，多处出现险情。6月30日，大队召开抗洪抢险紧急动员部署会议，成立由大队军政主官、值班干部、中队官兵组成大队抗洪抢险特别行动小组。7月1日7时28分，东湖街道东湖村庄家岭发生严重内涝，大量人员被困。大队消防官兵赶到现场与长沙经开大队、长沙战勤保障大队等兄弟大队指战员密切配合、协同作战，3小时救出被困153人。10时55分，曙光北路长铁宾馆附近、广州铁路公安旁、向韶村26栋104室、火星小学宿舍等地接连出现险情。大队2台消防车14名官兵分两路赶往现场展开救援，救出被困群众30名，救出被困车辆1台。7月1日上午，位于紫薇路与晚报大道处有商铺遭遇涨水，大队出动1台抢险救援车、8名指战员赶赴现场救援。中队指挥员下令疏散群众后断电，对商铺重要设备实施抢救转移。23时57分，大队教导员姜柏红率领五里牌中队、东岸中队、五一广场中队等20余名官兵前往浏阳河婚庆公园旁参加浏阳河大堤抢修，防止出现因河水水位上升而导致决堤的危险。6月30日—7月2日10时，芙蓉区公安消防大队共出警34次，出动车辆44台次，出动警力262人次，其中参加抗洪抢险17次，连续奋战近50小时，疏散抢险群众210人，抢救财产价值近50万元。

【电气火灾综合治理工作动员部署会】 为深入推进电气火灾综合治理和夏季消防检查工作，7月19日，区政府在区消防大队组织召开电气火灾综合治理工作动员部署会，副区长谭雄伟，区政府副调研员徐德进，区安监局局长刘顺泉，区消防大队大队长姚银然出席会议。区安委会成员单位分管安全生产负责人、各街道（园、局）分管负责人、消防安全重点单位等单位负责人100余人参加会议。会上，姚银然通报当前电气火灾形势，指出电气火灾防控工作存在的各种问题。徐德进宣读《长沙市芙蓉区电气火灾综合治理工作方案》。谭雄伟部署综合治理工作。他要求坚持问题导向，上下联动，着力在电器生产标准化、电气管理制度化等方面下功夫。

【周春晖慰问消防大队】 7月26日，区委副书记、区长周春晖带队到芙蓉消防大队慰问基层人员，向一线消防官兵、政府专职消防员致以八一建军节的祝福。副区长彭尚松，区民政局局长丁迎秋，区民政局副局长康拥军参与慰问。周春晖参观了大队营区和各类车辆装备器材，与一线官兵握手，表达慰问祝福，对消防部队取得的各项工作成绩给予肯定，对全体消防官兵和政府专职消防员维护芙蓉区经济社会发展做出的贡献表示感谢。周春晖询问了官兵的生活情况，向消防官兵送上慰问金。

【高层建筑消防安全专项整治】 8月2日，区政府组织召开高层建筑消防安全专项整治工作动员部署会，会议通报芙蓉区上半年火灾形势，指出火灾防控工作存在的各种问题，部署开展为期2个月的高层建筑消防安全专项整治。8月21~31日大队联合支队机关下沉警力32人至各派出所，开展排查摸底工作。摸排高层建筑870幢，其中公共建筑183幢，住宅建筑685幢，工业建筑2幢，建立详细台帐资料。专项整治期间，出动1548人次，发现火灾隐患为1676处，督促整改到位1610处，对9家单位实施了“三停”，填发责令改正通知书648份，罚款金额40.3万元，行政拘留3人。对排查发现的违法建筑，依法从严处理，督促建设单位及时补办相关手续；对排查发现的消防违法行为和火灾隐患，依法实施责令“三停”、吊销执照、行政拘留、临时查封、强制执行等措施；对建设单位、施工单位、监理单位和产品生产、销售企业，在供货、检测、施工等环节弄虚作假、降低标准，违规采用易燃可燃外保温材料或降低外保温系统安全性能的，以及违规施工作业的，一律依法严厉处罚。开展该专项整治工作后，火灾起数、死亡人数、受伤人数、直接财产损失四项指标同比下降100%。

【临时查封辖区某餐饮酒店】 为预防重特大火灾事故的发生，8月25日，芙蓉大队依法对辖区某知名酒店实施临时查封。8月24日，大队监督员对该场所消防监督检查时发现，该场所火灾自动报警系统、自动喷水灭火系统不能正常使用，室内消火栓内无水，不具备防火灭火功能，其行为以已违法了《中华人民共和国消防法》相关规定。大队消防监督员当场填写消防监督检查记录及责令限期改正通知书。为保证安全，根据《中华人民共和国消防法》第五十四条和《消防监督检查规定》第二十二条第一款二项的规定，8月25日大队对该场所全场实施临时查封，要求限期整改，消除火灾隐患。该次严格执法，震慑了消防违法行为人员。9月25日，经过该单位一个月的期限整改到位，解除临时查封。 （戴玲玲）

【借力媒体开展重大火灾隐患曝光活动】 为推进全区重大火灾隐患单位整改销案工作，9月7日，芙蓉大队邀请红网、长沙电视台政法频道、《长沙晚报》等省、市媒体对芙蓉区某重大火灾隐患单位开展集中曝光。各媒体记者在该单位小区消防控制室，听取大队监督员介绍该单位存在的主要问题：火灾自动报警系统已经处于瘫痪，整个小区处于失控状态；高层内应急照明灯、疏散标志大部分损坏，发生火灾后无法起到指示和照明作用，影响人员疏散；各个楼梯间的常闭式防火门破损较为严重，影响高层建筑消防扑救；防火门破损严重，闭门器被拆除，火灾发生时影响人员正常逃生。2016年8月，芙蓉大队对该单位小区消防检查时，发现该小区内的火灾自动报警系统存在诸多问题，下达整改通知书。因资金问题整改未动工。通过媒体曝光后，物业公司与业委会协商，表示资金到位即开展相关整治工作。

【周春晖督察重大火灾隐患整改】 9月25日，芙蓉区委副书记、区长周春晖带队督察全区重大火灾隐患整治工作，区公安局分局局长陈定佳，区消防、建设、安监、相关街道、派出所主要负责人参与。周春晖实地查看了芙蓉区火灾隐患突出单位。现场听取有关单位重大火灾隐患整改工作情况汇报，实地检查单位消防设施配备、消防安全制度落实情况。在芙蓉区消防大队会议室召开全区重大火灾隐患整治推进会。消防大队汇报全区重大火灾隐患整改销案情况，各职能部门、街道、派出所就推动重大火灾隐患整治提出意见建议，梦泽园等8家重大火灾隐患单位作表态发言。陈定佳指出，推进重大火灾隐患整治工作，要明确责任、限期整改、广泛宣传、加大督促、严厉查处，要使用组合拳，用实招，出实效。周春晖要求，消是重点，防是关键。消防部门牵头，各部门、街道、派出所等积极参与，形成整治重大火灾隐患强大合力。要铁腕执法、挺纪在前，宁可在整治中听不理解的骂声，也不可因“心慈手软”、不作为、不担当而酿成悲剧听哭声。会议对芙蓉区现存的8家重大火灾隐患单位开出“治疗方案”，明确时间表和责任清单。

【消防督导检查】 10月15日，芙蓉区副区长、公安分局局长陈定佳率区公安、消防及有关街道负责人到辖区定王台街道开展消防督导检查。在辖区3家公众聚集场所突击检查，重点检查单位消防各类人员是否在岗在位，防火巡查检查是否落实，消防设施是否正常使用，安全出口和疏散通道畅通情况，违规使用明火等情况。每到一处对员工抽查提问，了解掌握灭火器使用情况。检查发现有疏散通道未保持畅通，防火门未保持常闭，灭火器放置位置不明显等火灾隐患问题。大队监督检查人员当即提出整改方案，要求立即整改，下发责令限期改正通知书3份，对不能立即整改的要求限时整改。

【“11·9”消防宣传日活动】 11月9日，大队在五一广场平和堂商场门口、烈士公园南门等五处人流密集场所设置消防宣传咨询台，放置消防知识展板及各种宣传小资料，向过路的群众免费发放，讲解日常防火常识，解答群众疑点问题。大队宣传人员指导观众关注“芙蓉消防”官方微信。活动期间，工作人员与老人、儿童等群体交流；走进店铺发放宣传单页，提醒经营人员做好火灾防范工作；走进社区告知民众正确使用各种取暖设备。该次宣传日大队共发出宣传海报1200份、安全小提示1500份、消防安全“一懂三会”600份、学生消防安全知识读本500册。 （宁 倩）

检 察

【概况】 2017年，芙蓉区人民检察院按照“质效引领、创新驱动”工作思路，履行宪法和法律赋予的职责，把维护社会大局稳定作为基本任务，推进平安芙蓉建设。2人被授予全国检察系统先进个人称号，4人被授予全省检察工作先进个人称号。 （陈丽娜）

芙蓉区人民检察院

书　　记　王均全
副 书 记　师　伟
　　　　　吉更生（挂职，2017.10免）
党组成员　蔡　铃（女）
　　　　　白　涛
　　　　　柳戈青
　　　　　舒序松
　　　　　李长松（2017.09免）
检 察 长　王均全
副检察长　师　伟
　　　　　吉更生（挂职，2017.10免）
　　　　　戴新时
　　　　　白　涛
政工室主任　蔡　铃（女）
纪检组长　柳戈青（2017.09免）

【案件管理工作】 围绕“管理、监督、服务、参谋”四大职能开展工作。全年受理审查逮捕案838件1181人，受理审查起诉案件1101件1528人，接受赃证物入库管理4案41.66万元，出库管理2案9.65万元。全年扫描案卷1312案4334册。依托全国检察机关统一业务应用系统，建立流程监控“月通报”机制，对执法办案行为和案件质量实行全过程跟踪、预警、评查、督办整改。2月，最高人民检察院《检察工作简报》以《湖南省长沙市芙蓉区检察院四措并举强化案件管理工作全程监控质效》为题推介区检察院的案件管理工作。督促落实司法责任制，要求各业务部门做到“谁办案谁负责”“谁决定谁负责”。7月，经验材料《长沙市芙蓉区院案件管理科积极履职督促落实司法责任制》被长沙市人民检察院推介。推进案件信息公开工作，全年程序性信息公开3901条，法律文书公开1009份。接待阅卷349案，查询245案，辩护与代理网上预约232人次。宣传推广“人民检察院案件信息公开微信平台”，推行网上辩护与代理预约。12月，长沙市人民检察院推介区检察院经验材料《芙蓉区院扎实开展案件信息公开工作》。

【监所检察工作】 全年有监外执

行人员222人，其中：管制2人，缓刑194人，假释11人，暂予监外执行15人。完成羁押必要性审查案60件60人，财产刑监督案29件29人，监外执行检察监督案51件51人，指定居所监视居住监督案13件13人，收监检察监督案3件3人。渎职行为调查案5件5人，发出检察建议书和纠正违法通知书5案5人，检察建议全部得到回复。未发生超期羁押现象。召开社区矫正工作联席会议，实行常态化社区矫正监督。开展“两节两会专项检察”，通过日常签到检察、档案检察、电子监管检察、节前教育、动态分析、实地走访等方式，强化矫正人员法制教育，保证“两节”期间社会稳定。开展“交付执行专项检察”，采取查阅台帐、调取案卷、个别谈话、比对核查等方式，依法向责任单位发出纠正违法通知书或检察建议。清理周某某收监执行案被评为湖南省检察院刑执部门优秀案件。开展“新型手机腕带定位系统专项检察”，对社区服刑人员电子监管予以定时定点全面筛查，发现违规行为建议司法局给予处分。开展“社区服刑人员查毒禁毒专项检察”，强化对社区服刑人员的管理。开展“社区服刑人员出国境证件专项检察”，建议司法行政机关对出国境证件予以收缴集中保管，定期向出入境管理部门通报社矫人员名单，从源头防止发生违规出国出境情况。专项检察在《检察日报》、高检院网站、正义网报道，被评为省院刑执部门优秀案件。开展“违法犯罪行为专项检察”，重点检察社区矫正人员入矫以来是否存在违法行为或犯罪行为。办理王某某羁押必要性审查案件被湖南省人民检察院推荐参评全国检察机关羁押必要性审查精品案件。多篇信息被高检院《刑事执行检察工作情况》、省院《刑事执行检察工作情况》报道。2017年监所检察工作综合考评在长沙市检察机关排名第一。

【反贪污贿赂工作】 全年立案9件10人，侦查终结13件13人，起诉8件9人，判决7件7人。配合长沙市纪委、芙蓉区纪委查处长沙城市建设开发公司系列违法违纪线索，对8名相关犯罪嫌疑人立案侦查。对长沙市轨道交通集团系列案重大行贿嫌疑人张某，跨越五省，行程千里，历时15天将嫌疑人张某抓获归案。承办的中石油湖南销售分公司高管人员系列贿赂犯罪案被评为2017年度全省检察机关反贪部门优秀案件。干警刘福生、黄子皿被评为“全国检察机关侦查能手人才”，黄子皿被授予“长沙市最美时代青年”称号。

【反渎职侵权工作】 全年立案5件5人，侦结案6件8人，起诉案3件6人，判决案3件5人。查办长沙市人社局医疗审核科副科长刘某涉嫌玩忽职守案。查办东岸街道征地拆迁领域贪污贿赂系列案件，立案4件4人，依法对犯罪嫌疑人罗某某涉嫌贪污、受贿，熊某涉嫌贪污，李某某涉嫌贪污，解某某涉嫌行贿立案侦查。贯彻领导带头办案制度，检察长、分管副检察长、局长深入办案一线，采用“贪腐并举”和“大数据”侦查一体化办案思维。莫载超获得“全省优秀侦查业务标兵”称号。

【刑事检察工作】 全年受理审查逮捕案839件1180人，审查逮捕合计834件1174人，其中批准逮捕679案904人，不批准逮捕155件270人，无错捕、漏捕、捕后做绝对不诉、判无罪的情形。探索交通肇事、危险驾驶轻微刑事案件依法快速办理机制，8月成立驻区交警大队检察室，办理审查逮捕案件4件4人，审查起诉案件137件137人。开展打击电信网络新型违法犯罪、涉医违法犯罪、打黑除恶、扫黄打非、禁毒斗争等专项工作，突出打击严重暴力犯罪、有组织犯罪、多发性侵财犯罪、毒品犯罪、拐卖妇女儿童犯罪以及报复社会的犯罪活动。参与社会治安综合治理。全年受理电信网络新型违法犯罪16件26人，批准逮捕10件17人；受理扫黄打非类案件17件28人，批准逮捕11件19人；受理禁毒犯罪127件150人，其中批准逮捕109件132人。重点惩治非法吸收公众存款、集资诈骗等涉众型经济犯罪。全年受理非法吸收公众存款、集资诈骗类案件共9件11人，批准逮捕5件6人。贯彻宽严相济刑事政策，注重矛盾化解与评估。全年对146人作出构罪不捕决定，占受案人数的12.8%，占不捕总人数的55.1%。

年内受理各类刑事案件1272件1723人，审结1230件1621人，其中提起公诉1120件1454人，作出不起诉107件159人。不起诉案件中相对不起诉80人，存疑不起诉74人，法定不起诉5人。移送他院18件23人，移送单位撤回12件25人。受理职务犯罪案件20件22人，改变管辖1件1人，审结19件23人，起诉17件21人，不起诉2件2人。办理刑事和解作出不起诉27件32人。办理未成年人刑事案件29件38人，未成年犯罪嫌疑人附条件不起诉案件3件8人，未成年犯罪嫌疑人相对不起诉案件7件7人。适用认罪认罚从宽审结案件410件425条。侦查监督方面，发出通知书14份，发出检察建议2份。追诉漏犯19人，追诉后生效判决18人。纠正遗漏罪行45条。审判监督方面，提请抗诉案件3件3人。出庭986件，被采纳量刑建议937人。打击危害公共安全和个人人身、财产安全的严重暴力犯罪和多发型犯罪，审查起诉“徐某某等十一人聚众斗殴案”“石某某敲诈勒索案”等。打击犯罪分子，维护社会秩序。全年共办理“两抢一盗”案件434件535人，毒品犯罪案件150件174人。对社会影响重大的破坏市场经济秩序的案件，建立审查起诉机制。办理一批已审结或正在审结的涉众型金融类犯罪案件，继续严格进行风险预警和控制。推进刑事和解工作，减少社会对立面。完善未成年人办案配套制度，严格落实附条件不起诉的后期考验和帮教工作。落实司法责任制改革，推进认罪认罚改革试点工作。全年适用认罪认罚从宽审结案件410件425人，其中速裁程序审结312件330人，简易程序审结73件79人，普通程序简化审理13件16人。开展示范庭审工作。参加省、市院和兄弟院公开庭庭审的旁听工作。抽调业务骨干至长沙市检察院参与重要案件办理，接受长沙市公诉人团体辩论赛业务集训。6月，公诉科干警吕玲雁获全市公诉人团体论辩赛十佳辩手。

【民事行政检察工作】 全年受理民事行政检察案件37件。立案、审查公益诉讼1件，结案并发出检察建议1份。受理督促履职案件17件，其中督促食品药品监督管理部门履职16件，全部得到回复；督促工商行政管理部门履职1件，得到回复。受理执行监督案5件，其中2案作不支持监督申请处理决定，1件作终结审查决定，2件审查中。2016年受理的不服法院裁判结果监督案于2017年作出再审检察建议2件，其中1案法院裁定再审，1案法院改判。受理提请抗诉案件5件，其中3件中止审查中，2件制发提请抗诉报告书。跟班办理市院裁判结果监督案件3件，作出不支持监督结果决定。接收法院采纳支持起诉意见判决书1份。受理支持起诉案件8件。依法对长沙市国土资源局不依法履行职责行政公益诉讼案件线索开展核查。经省高院批准，对长沙市国土资源局不依法履行职责案立案调查，向长沙市国土局发送检察建议。2月，通过公诉科办理销售有毒、有害食品案件5件5人，督促食药部门履职。经区食药局核实后立案查处，对无证经营性保健食品、危害消费者身体健康的经营单位主要负责人采取责任约谈、行政处罚等措施。5月，受理督促工商部门履职湘高记海鲜欺诈经营案，向工商局芙蓉分局提出检察建议。芙蓉工商部门接受检察建议并作出书面回复，对湘高记海鲜加工坊作出处罚决定，并罚款10万余元。该经营单位整改到位。12月，区检察院驻环保局检察联络室揭牌。主要对环保部门移送公安机关的涉嫌犯罪案件立案监督，促进环保部门依法履职。

【控告申诉检察工作】 全年接待各类来信37件，各类来访13件29人。受理刑事赔偿案件2件，办结2件。受理不服法院生效判决刑事申诉案件4件，办结3件。办结不服本院处理决定刑事申诉案件3件。受理并办结国家司法救助案件3件，救助3人，发放司法救助款4.5万元；受理举报线索7件，初核线索1件；受理民事诉讼监督案件8件；受理控告申诉类信访1件。控告申诉科郑凯被评为全省刑事申诉检察业务能手。区检察院接待室被评为全国文明接待室。

【职务犯罪预防工作】 全年完成预防调查1件，职务犯罪分析1篇，开展警示宣传教育4次；行贿犯罪档案查询5708次，涉及单位5707个，涉及个人2.79万人。加强预防职务犯罪警示宣讲教育和公益宣传，推进预防职务犯罪法制宣讲活动进机关、进企业、进乡村、进社区、进学校。在长沙地铁平台播放预防短片，在长沙市湘一芙蓉第二中学开展廉政文化进校园活动。与区检察院法警队联合启动“小手牵大手”主题宣教活动，针对少儿特点设置参观办案工作区、演示警用装备、学习防卫动作、观看儿童法制教育动画片等环节。职务犯罪预防科撰写的《中石油湖南销售分公司职务犯罪系列案件分析》被评为全省优秀犯罪分析，《畜禽养殖业退出补贴资金专项预防调查》

被评为全省优秀预防调查。全省检察机关预防职务犯罪业务练兵和知识竞赛活动中，预防科科长段志徽总成绩全省第二，被评为“全省检察机关优秀预防科长”，朱蕾被评为“全省检察机关预防业务能手”。

【推进检察官员额制改革】 2017年，芙蓉区检察院全面推进检察官员额制改革。经深入动员、细致审查、公正考核、统一考试，遴选员额检察官34人。6月，首批入额监察官举行宣誓仪式。转任（确认）40名未入额人员身份，免去1名入额检察官行政职务。同时，推进职业保障制度改革，制定绩效考核办法及奖金实施办法，完成员额检察官单独职务序列等级确定和套改工作。按照检察官“权力清单”内容，规范司法办案权限。遴选出理论功底深厚、办案经验丰富的优秀检察官，回归一线办案，对案件质量负责，做到谁办案谁决定、谁决定谁负责。选择入额院领导按照员额检察官身份和权限开始承办案件。6—12月，入额院领导办理各类案件88件。

【设立驻交警大队检察室】 为探索交通肇事、危险驾驶轻微刑事案件依法快速办理机制，8月15日，区人民检察院驻区交警大队检察室挂牌成立。检察机构与区法院、交警、司法部门联合出台规范两类案件快速办理的工作意见，全年快速办理交通肇事罪、危险驾驶罪案件150件，提供法律咨询10人次，化解社会矛盾10次。所有案件均在两日之内作出是否逮捕或起诉的决定。9月，犯罪嫌疑人罗某某因交通肇事被区检察院依法批准逮捕。考虑到罗某某家庭实际困难及其家属意愿，驻检察室检察官多次组织双方当事人协调，促成双方的刑事和解并达成赔偿协议。区检察院依法对罗某某变更强制措施为取保候审。10月，家属向检察室送来“执法为民、人民靠山”的锦旗。

【检察院三部门转隶区监察委】 为推进国家监察体制改革，按照中央、省委文件精神和上级检察院的总体要求，12月，转隶工作领导小组成立。区检察院涉及整体转隶至监察委的有反贪污贿赂局、反渎职侵权局、职务犯罪预防科3个部门。针对转隶部门，工作组重点做好已办案件、案件线索、涉案财物、转隶人员“四清”工作，引导转隶干部以积极心态站好最后一班岗，把检察机关优良作风带到新的工作单位。12月28日，区检察院召开监察体制改革转隶大会。区检察院反贪污贿赂局、反渎职侵权局、职务犯罪预防科3个部门19人集体转隶至芙蓉区监察委员会履职。（陈丽娜）

法　　院

【概况】 2017年，芙蓉区人民法院（以下简称区法院）受理各类案件2.25万件（含旧存），审（执）结1.76万件，收、结案数比2016年分别增长21.80%、27.23%，结案数位列全省基层法院第三名，被授予“湖南省文明标兵单位”“湖南省人民满意的公务员集体”称号，干警邓梦曦被评为“全国法院先进个人”。

刑事审判。区法院全年受理各类刑事案件973件，审结884件，处理被告人1205人。其中，判处十年以上有期徒刑30人，五年至十年有期徒刑45人，对296名犯罪情节较轻、有悔罪表现的被告人适用缓刑。审理10件非法吸收公众存款犯罪案。开展刑事案件认罪认罚从宽制度试点工作。全年采用认罪认罚程序审理的案件115件123人。8月区法院院长刘自军任审判长，适用速裁程序，公开审理6起危险驾驶案件，区检察院检察长王均全到庭支持公诉。

民事审判。区法院全年受理各类民商事案件1.44万件，审结1.12万件。审结离婚纠纷案件158件，注重调解优先，调解结案率56%。审结金融借款合同纠纷案件1605件，防范金融风险。审结民间借贷纠纷案件767件，规范裁判标准，推进快审快结。审结劳动争议案件480件，维护劳动者和弱势群体的合法权益。审结江某诉高某房屋买卖合同纠纷案，依法保护老年人合法权益，中央电视台《今日说法》以《糊涂的交易》为题对该案专题报道。

行政审判。区法院全年受理各类行政案件518件，审结509件，其中判决被诉行政机关败诉21件。审理辖区某业主委员会诉长沙市住房和城乡建设委员会房屋所有权登记、史某等7人诉长沙市公安局和湖南省公安厅政府信息公开等重大敏感案件。与辖区内行政机关开展司法行政互动，共同探讨解决行政执法过程中需要注意的问题。

执行工作。区法院全年受理各类执行案件6337件，执结4812件。开展网络拍卖工作，委托拍卖117件，成交87件，成交率74.36%，成交价款1.12亿元，整体溢价率27.03%，最高溢价率143%（起拍价17.8万元，成交价43.3万元），为当事人节约拍卖成本480万元。贯彻落实《最高人民法院关于公布失信被执行人名单信息的若干规定》，累计发布失信被执行人名单1.43万人次。通过法院微信公众号发布执行悬赏公告等36人次，发动全社会支持和参与执行工作。9月，区法院通过最高人民法院的执行专项巡查。

司法便民。案件信息录入系统与移动短信平台无缝对接，方便当事人及时知晓办案进展。最高人民法院确定、全国法院系统通用的司法信息公益服务号码12368法院服务热线在区法院全面运行，区法院全年通话6927人次，通话量位居全市9个基层法院第一名。落实“谁执法谁普法”要求，推进“法律志愿者工作室”规范化、常态化。组织10余名资深法官深入三湘南湖大市场调研，为企业提供法律指导，提升辖区大型专业市场的管理水平和竞争力。组织开展“用法律为青春护航”活动，给青竹湖湘一外国语学校学生上法治教育课，让学生们从小理解、敬畏和信仰法律。组织“开拓创新、护航金融”为主题的金融企业座谈会，规范和创新金融案件审判工作。

服务大局。为省、市、区重点工程项目服务，依法保障项目建设及时推进。先后派出472人次进驻蔡锷路、黄土塘、友阿东棚改等16个项目，协助签订征收补偿协议367户。采取每周2次、每次3户以上的高频度、高强度执行行动，集中力量攻坚克难，保证黄土塘、友阿东棚改等项目的按时扫尾，同时保持司法征拆工作连续21年“零事故”纪录。

改革创新。按照省市统一部署，开展司法人员分类管理制度、司法责任制、司法人员职业保障制度和省以下地方法院人财物统一管理四项司法体制改革。院、庭长办案实现常态化。入额院庭长全部走上审判台开庭审案，全年审结各类案件1655件。修改完善《诉讼案件审批规定》《执行案件审批规定》，下放裁判文书审签权，完善审判权运行机制。招聘合同制法官助理30名，实现司法改革关于法官、法官助理、书记员配置1∶1∶1的基本要求。探索破解送达难题，在立案庭设立送达组，配备10名干警组成5个小组集中送达民商事法律文书。财产保全职能归口执行局，实现财产控制与强制执行无缝对接。调整业务审判庭受案范围，科学调配审判任务，力求合理、均衡。

司法公开。全面完成审判流程、庭审直播、裁判文书、执行信息4大公开平台建设，全年在中国裁判文书网上传法律文书1.58万份，总数及比例位居全市前列。实时更新芙蓉法院网，及时发布工作动态和典型案例，保障社会公众的知情权和监督权。重视微博、微信公众号、头条号等新媒体阵地建设和维护，推送“3·15”维权、失信被执行人名单等方面的普法微信35期，多渠道传播司法正能量。

队伍建设。制定《关于推进“两学一做”学习教育常态化制度化的实施方案》。通过组织学习中共十九大精神、到刘少奇纪念馆等伟人故里重温入党和法官誓词、党组书记上党课等多种形式，巩固学习成果。召开党风廉政建设大会，签订党风廉政建设责任状，组织到长沙廉政警示教育基地参观学习，引导干警时刻绷紧廉洁自律这根弦。加大对群众投诉举报线索的核查力度，严防重要节点、重点部门、关键岗位权力失范。把握监督执纪“四种形态”，释放“越往后执纪越严”信号，坚持提醒在前，抓早抓小，发现违纪苗头马上处理。

存在的问题：“案多人少”矛盾突出，司法质效有待提升；司法作风有提升的空间；司法环境不优，司法保障能力还需加强。

（谢　丹）

芙蓉区人民法院

书　　记	刘自军
党组成员	姚今晖（2017.09免）
	赖　忠
	何正良
	颜　斌
	张立民
院　　长	刘自军
副 院 长	赖　忠
	曾梦佳（女）
	何正良
政工室主任	张立民
纪检组长	姚今晖（2017.09免）

【法院案例在央视专题报道】 5月8日，中央电视台综合频道《今日说法》栏目以《糊涂的交易》为题专题报道区法院审结的一桩房屋买卖纠纷案例。江某81岁，属限制民事行为能力人，在未与家人商量的情况下，与高某签房屋买卖合同，约定高某以低于市场价29万元的价格购买江某名下一处房屋。后双方就该合同效力

及相关问题发生争议，江某诉至法院。区法院2015年2月3日对该案公开开庭审理，认定双方的交易行为属于显失公平，依法判决撤销该合同。央视以说解《民法总则》精神、依法保护老年人合法权益为出发点分析了该案例。

【最高院到区调研信息化工作】 6月22日，国家最高人民法院信息中心副主任钱晓晨、执行指挥管理室孙建国法官一行6人到区法院调研信息化建设和应用工作情况。省高院司法装备技术处副处长董保国、信息中心主任夏凌宏、市中院执行局政委王建平、执行局庭长戴辉陪同调研。区法院院长刘自军、副院长曾梦佳等参加调研和座谈会。区法院执行指挥中于2016年11月建成使用。该中心占地面积193平方米（包括机房和查控中心），拥有2辆执行指挥车，配备3名专职人员。通过执行指挥平台，可实现与法院视频会议、法院审判管理系统的互联互通，实现与省高院、基层法院指挥中心的互联互通，实现对区域范围内的执行事件的监测监控、信息报告、指挥调度和移动应急指挥和异地会商等主要功能。按照省高院的要求，提供其所需的相关数据、图像、语音和资料。孙建国解答区法院执行系统、信访系统及审判管理信息系统应用过程中出现的问题。钱晓晨对区法院院信息化建设情况给予肯定，并提出信息化建设工作要求。

【律师调解工作室设立】 为贯彻落实最高人民法院、司法部《关于开展律师调解试点工作的意见》，推动形成多元化纠纷解决体系，10月27日，区法院在长沙市范围内率先设立“律师调解工作室”。该“律师调解工作室”设在芙蓉区法院。属该院管辖的一审民商事纠纷，依法委派“律师调解工作室”的调解律师诉前调解。调解律师依据法律、法规和《长沙市芙蓉区人民法院委派律师诉前调解民商事纠纷工作规则（试行）》开展诉前调解工作。当事人签订调解协议当日，法院立案审查合法后出具民事裁定书予以确认，赋予强制执行力。运行“律师调解工作室”以来，委派调解民商事纠纷105起，其中成功调解解决纠纷56起，调解成功率超过53%。调解结案的当事人对“律师调解工作室”的工作质量和效率表示称赞。（谢　丹）

司法行政

【概况】 芙蓉区司法局管理13个街道司法所，管辖云和岳、耀银、泰宗3个律师事务所和正星、长清、三湘、东岸4个法律服务所。2017年，司法行政综合业务工作被市司法局评为全市一类。

法治宣传。年内完成“六五”普法工作总结和“七五”普法工作启动，落实“谁执法谁普法”工作责任制。开展以“法律六进”（进机关、进乡村、进社区、进学校、进企业、进单位）为载体的普法宣传教育工作，特定时段大型集中普法宣传4场次，其他各类普法宣讲活动23场次，发放各类宣传资料1万份。12月在国家宪法日宣传活动中，各责任部门按照“谁执法谁普法”要求，以“法律六进”为载体，采取线上线下联动的方式，运用网站、微信平台及各类新媒体，针对不同对象开展法治宣传。推进法治文化阵地建设。结合社区提质提档工作在月桂、燕山街、白沙湾社区开展法治庭院和法治文化主题公园建设，区委法治办根据真实故事编演的情景剧《一份特殊的思想汇报》获全市“欢庆国庆喜迎十九大”法治文艺节目调演活动一等奖。全区国家公职人员学法考试参考率99.6%，合格率99.6%。

公共法律服务体系建设。全年依托公共法律服务中心这个优质平台，进一步降低法律援助门槛，针对未成年人、老年人、群体案申请者等特定群体，开辟法律援助“快速通道”、加强刑事法律援助工作等措施，实现办案量持续增长。全年审查受理指派援助案件266件，接待群众来访629人次。完善法律援助案件质量考核评估机制、建立援助律师点援制、推行案件质量与办案补贴挂钩、汇编法援案例集等措施，提高法援工作知晓率。与区综治办联合出台《芙蓉区社区（村）法律顾问制度》，在全区推行一社区（村）一法律顾问制度，实现社区（村）全覆盖。推进公共法律服务体系向街道、社区延伸，全局干部分赴各街道社区业务指导。截至年底，公共法律服务街道工作站站、社区（村）工作点建成率90%，“区—街道—社区”三级公共法律服务体系初具规模。

（刘　歆）

【人民调解工作】 2017年，人民调解网络逐步健全，各级调解组织全年调处各类民间矛盾纠纷2697起，涉及金额8712.56万元，全部履行到位。强化培训提素质。3月，在区党校组织全区130余名调解员参加专题业务培训，主要内容包括落实《长沙市芙蓉区人民调解“以奖代补”实施细则》以及进一步规范调解文书的制作。创新调解新机制。落实市局党委部署重点项目，在全区推广建立朝阳街道“1+X”调解模式。7月，13个街道出台实施方案，各派出所设有驻所调解室。专门调解场所，1名民警、1名辅警及司法所1名专职人民调解员和街道1名派驻人员组成调解队伍负责日常调处工作。全区的矛盾纠纷调处数量增长39.77%，矛盾纠纷调处效率增长了54.32%，刑事、治安案件发案率下降了12.25%。在2017年芙蓉区“微改革微创新”优秀案例展评活动中，司法局“矛盾纠纷大调解工作机制”项目获第4名。

【社区矫正】 2017年，不断推进特殊人群管理规范化建设。中心建设规范化。按省厅要求，芙蓉区矫正中心设置办公室、宣告室、档案室、监控室、训诫室、教育培训室、心理咨询室等功能房。配备扫描仪、身份证识别仪、指纹仪、人脸识别仪、考勤机等办公设备。工作人员有2名具有公务员身份和2名省厅抽调干警，1名社会工作者。安全监管规范化。全年芙蓉区区全面实施人脸识别电子定位监管。每月组织1次新入矫人员集中宣告活动。3月省社区矫正局突击点训中，随机抽查的东屯渡司法所社区服刑人员除1人在外就医，其余全部在2小时内到位接受点训。教育矫治规范化。2017年区司法局以政府购买社会服务的形式，与湖南省德馨社会工作服务中心签订合作协议，对社区服刑人员实行心理测评、走访调查和社区服务。对新入矫人员报到即实施心理测评，建立心理咨询档案。安置帮教规范化。对刑释重点安置帮教人员的“必接必送”，持续开展“情暖高墙·关爱孩子”联合帮扶工作，每季度对在监区籍服刑人员未成年子女家庭全面走访，为230名未成年子女建立了爱心关爱卡。社区矫正实现“三个规范”（社矫中心运行规范、服刑人员行为规范、社区矫正执法规范），刑满释放人员全部实现出监所有人接、档案有人建、社会有人帮、就业有人管的“四有”目标，社区矫正在册人员203人、刑满释放人员622名无一例脱管、漏管，社区矫正中心规范化建设获得省司法厅嘉奖通报。10月，全省社区矫正信息化建设推进会上，芙蓉区司法局社区矫正中心作为省社区矫正管理系统试点单位代表作现场演示和经验介绍。

【“六五”普法总结暨“七五”普法启动工作会议】 4月18日，芙蓉区“六五”普法总结暨“七五”普法启动会在区政府会议室召开。区委副书记陈计伟，政法委书记刘文立，区委宣传部部长伍艳飞，副区长彭尚松，区人大政协领导马京沙、洪曙光出席会议。区直各单位主要负责人、各街道分管政法工作副主任、司法所长、人民调解员、区教育局所属各学校负责人、隆平高科技工业园区负责人、“六五”普法工作受省、市、区表彰人员参加会议。副区长彭尚松主持会议。刘文立做工作报告，总结“六五”普法成效，部署“七五”普法任务。伍艳飞宣读“表彰决定”：湘湖街道办事处西湖社区获全省“六五”普法依法治理先进单位，区司法局法制宣传教育科科长王明华获全省普法依法治理先进个人；区人大办、区政协办、区委政法委等38家单位获全区“六五”普法依法治理先进集体，吴嵘、钟小平、裘可等71人全区普法依法治理先进个人。陈计伟在会上提出了具体工作要求。

【曹学军到定王台调研社区戒毒工作】 4月27日，司法部戒毒管理局局长曹学军在省戒毒管理局局长曾启尚陪同下，与在湘参加会议的湖北、广东等八个省戒毒管理局负责人，到芙蓉区定王台社区戒毒（康复）指导站调研。省戒毒管理局副局长张军、总工程师赵桂保，市司法局副局长骆正平、定王台街道工委书记刘宪等陪同。曹学军对定王台社区戒毒（康复）工作取得的成效给予肯定，了解到工作站管控吸毒人员177人，复吸率控制在15%以下，最高操守时间保持3年以上时，曹学军表示了肯定，他要求指导站进一步开拓思维，创新思路，推动社区戒毒（康复）工作再上新台阶。

【推进“谁执法谁普法”工作会议】 6月22日，区司法局在区政府会议室召开全区“谁执法谁普法”工作推进会。该次会议是为贯彻实施《法治湖南建设纲要》和《湖南省法制宣传教育条例》，根据省、市《关于在国家机关中实行“谁执法谁普法”责任制的意见》精神召开，区法院、司法局、监察局、信访局、史志档案局、发改局、教育局等全区46个“谁执法谁普法”责任单位分管负责人及法治专（兼）干参加会议。副区长彭尚松出席会议并讲话，省司法厅法宣传处副处长陈昆仑在会上作专题报告。（刘　歆）

（责任编辑：谭丽霞）

图16　东湖街道修建“水无沙”廉政文化墙

军 事

人民武装

【概况】 2017年，芙蓉区国防动员委员会把党管武装制度落实当作核心，贯彻《中华人民共和国兵役法》，深化国防教育，落实党管武装各项制度，推动全区军民融合创新发展。加强党管武装工作的领导，通过区委“连心行动”锻炼干部队伍，融洽军民关系，开展了国防教育宣传。12月区政府常务会议，研究退役军人再就业和生活解困工作相关问题，明确对辖区内符合条件并有上岗要求的退役军人安排就业岗位。退役军人生活解困和再就业公益性岗位所需经费纳入区财政预算，民政局和街道相关单位负责实施，合理安排公益性岗位，发挥退役军人作用。人力资源和社会保障局、民政局、监察局负责岗前培训。牵头协调解决驻区部队的家属、子女相关事宜，利用“八一”“春节”及老兵转业退伍等重要节点组织慰问、庆贺活动，安置部分转业退伍军人，把双拥工作落到实处。

结合整组开展兵役登记工作，年满18周岁的男青年登记率100%。征兵工作立足于早准备、早动员、早筹划、早宣传，武装部领导经常到高校和街道开展宣传发动。全区2017年征集新兵中，大学生占比94%。

思想政治建设。把学习教育和“维护核心、听从指挥”主题教育作为主线。学习贯彻中共十九大精神和习近平系列重要讲话，集中学习和专题研究省军区、警备区党委会议精神。抓住政治建军、改革强军、依法治军教育，开展反腐倡廉警示教育和意识形态领域预防等教育，引导官兵坚定理想信念，筑牢拒腐防变的思想防线。军队改革期间，人武部党委重视对全体党员干部职工的思想教育和正面引导，稳心定神，引导干部维护核心、听党指挥，坚决拥护支持改革。

军事斗争准备。把“能打仗、支援保障打胜仗”作为部队建设根本目标，按照国防动员部新职能任务要求，贯彻省军区“一季度主抓整组，二季度主抓集训，三季度主抓征兵，四季度主抓考核”的工作部署。抓实整组：修订完善12类战备方案，结合节假日、防护期、平时交班会等时机进行战备形势教育，战备值班备勤和办公秩序规范化。抓实训练：重点抓三支队伍（专武干部、民兵营长、民兵应急分队）、两个民兵应急连（市属民兵应急营一个连、区属一个连）和民兵舟桥分队训练。9月，实施民兵应急分队训练。11月底、12月初，开展高炮分队、医疗救护分队、护路分队、安全警戒分队训练。结合民兵舟桥分队训练完成中华龙舟赛（长沙·芙蓉站）水上救护和安保巡逻任务。

基层及双拥工作。坚持富民强军与拥军兴武相统一，推动国防后备力量建设与地方经济建设协调发展。组织全体机关、基层干部和广大民兵预备役人员参与区委重大战略部署行动。通过连心行动锻炼干部队伍，融洽军民关系。参与“中华龙舟赛”和《浏阳河上》大型实景演出的维稳巡逻、安保执勤。组织区街两级民兵应急分队和骨干完成应急维稳、抢险救灾、文明创建等任务。7月，参加抗洪抢险，派出120名民兵应急突击队员在浏阳河圭塘河高架桥缺口构筑拦洪大堤。抗洪期间，出动民兵600人次，冲锋舟10台次。支援浏阳市、长沙县、雨花区等5个兄弟单位，急造防洪墙50米，解救被困群众420余人次。春节期间，部队领导走访慰问2户光荣军属及10户联点困难群众，送去慰问金。纪念建军90周年期间，慰问辖区老红军（东湖干休所的张生荣、八一干休所的刘占荣）。9月，第十七个全民国防教育日，参加长沙市在五一广场举行的国防法规知识巡展和万人主题签名活动。按照中央军委和各级关于全面停止有偿服务的指示精神，区人武部与乙方签订蓉天大酒店关停搬迁协议，实现全部关停。原蓉天大酒店租用房作为办公用房，完成与马坡岭街道办事处的交接工作。

（杨　冲　童　舒）

芙蓉区人民武装部

部　　长　方学文
政　　委　何元良
副 部 长　欧阳毅
军事科科长　李　海
保障科科长　王　寒

【参与中华龙舟赛安全保障】 4月11—16日，中华龙舟赛（长沙·芙蓉站）在浏阳河芙蓉段举办。根据组委会安排，区人武部结合民兵舟桥分队训练组织6艘冲锋舟及部分民兵，大赛期间开展水上安保巡逻和救援工作，协调大赛所需的信号枪弹，参与大赛场地前期准备和赛后撤离全程保障，为大赛顺利组织发挥作用。

【曹友华检查指导东屯渡街道武装工作】 11月29日，长沙市警备区政治委员曹友华在区委书记于新凡，人武部政委何元良，人武部部长方学文的陪同下到东屯渡街道检查指导基层武装工作。曹友华参观了东屯渡街道武装部阵地建设情况，参加街道民兵学习贯彻中共十九大精神的讨论会。在召开工作会议时，曹友华听取街道武装工作汇报，对芙蓉区委、区武装部、东屯渡街道迎接国家国防动员部检查调研做的准备工作表示肯定。他指出，要继续加大对基层武装部建设力度，搞好培训，提高专武干部能力素质，使基层武装部的职能作用得到有效发挥，促进基层武装部建设的全面发展，以一流的成绩迎接国家国防动员部检查调研，充分展示长沙市武装工作新亮点、新风采。

【方学文考察金科社区老兵工作室】 12月22日，区武装部部长方学文到东屯渡街道金科社区指导国防教育宣传等武装工作。东屯渡街道武装部部长罗迪陪同。考察组参观社区老兵工作阵地。年内，该社区10余名退伍兵倡议组成老兵工作室，社区为他们建立退伍兵电子档案，登记区域退伍军人65名。退伍老兵党员带头，利用入伍多年练就的一技之长，扎根社区，为社区群众帮困解难，有求必应，成为服务居民的新生力量。其中有从部队转业到派出所工作，扎根社区9年，被授予“全国优秀人民警察”称号的民警刘头仔。在6月—7月抗洪救灾中，40余名退伍老兵冲上第一线，为抗洪做出贡献。方学文对老兵工作室的工作表示赞赏，对金科社区开展国防宣传教育提出了指导意见。（年鉴编辑部）

人民防空

【概况】 2017年，芙蓉区人防办公室以提升防空能力，推进融合发展为统领，实行长期准备、重点建设、平战结合的方针，全办干部职工凝心聚力，促进了人防事业发展，被湖南省国防动员委员会评为全省人民防空先进单位。

人防工程管理。开展全区人防工程日常巡查，对巡查中发现的问题及时要求工程管理单位整改，保证人防工程安全使用。年内，完成了对区政府办公楼人防地下室防护设备及4处早期人防工程口部封闭。制定《芙蓉区人防工程防汛抢险预案》，建立汛期值班制度。6—7月，在长沙抗击超历史特大洪水期间，区人防办全员出动，24小时不间断巡查五一路沿线早期人防工程及浏阳河风光带沿线的结建工程，及时处理了湘一芙蓉中学主排水泵损坏问题，对浏阳河畔、天伦公寓人防工程积水倒灌及时组织人防业余抢险队，采用柴油大功率排水泵外排积水。全区240处人防工程安全度汛。全年新接7处人防工程项目，完成了挂牌、建档、与工程使用单位签订安全责任书等工作。

人防宣传教育。在“5·12”“9·18”“11·1”等特殊时间节点开展宣传活动，在社区、学校组织疏散演练，通过一系列的宣传活动，提高了市民和学生的防空防灾意识及应急处置能力，扩大了人防工作的影响力。

人防指挥通信。为保证全区防空警报器系统安全稳定可靠，通过政府购买服务的方式委托专业公司维护保养全区防空警报器，全区警报器维护工作在全市抽检中获得市人防办的肯定。全年开展警报器抽查2次，新增警报器1

台。在“11·1”警报试鸣日前，根据市办要求，在辖区机关、社区、学校张贴了温馨提示，为该次试鸣活动提前预热，使广大市民对试鸣活动有了解、有准备。11月1日，全区38台警报器试鸣实现了警报覆盖率100%、鸣响率100%的目标。11月15日，天心区人防办主任皮迎春、党组书记王建刚带队到区学习交流人防指挥所建设工作。年内，基本建成了芙蓉区人防指挥所“15017”工程一期项目，完成了二期信息化集成系统建设项目的招标工作。7月28日，芙蓉区编委正式批复设立长沙市芙蓉区人防指挥通信站，为人防办所属事业单位，并核定全额拨款事业编制2名。

党风廉政建设。年内，制定《2017年芙蓉区人防办党风廉政建设和反腐败工作计划》《2017年芙蓉区人防办纪检工作要点》《2017年芙蓉区人防办党风廉政建设责任分解清单》，制定出台《芙蓉区人防办公务用车使用管理制度》《芙蓉区人防办保密管理制度》《芙蓉区人防办内部控制管理手册》。党组书记胡再平以“守纪律、讲规矩、做干净干事的共产党员”为题，给全办党员干部上廉政党课。联合区红十字会党支部共同参观了芙蓉党建主题公园（晓园公园）、新民学会旧址、肖劲光故居，并重温了入党誓词。

存在的主要困难：早期公共人防工程由于设计、建设标准低，普遍存在结构性缺陷，加之年深月久，安全隐患突出，很难适应新形势下的人防要求。困难企业没有经费维护人防工程，人防工程年久失修，慢慢丧失防护功能。新开发楼盘防空地下室的维护责任主体不明，开发商与物业公司之间往往相互推诿。全民防空防灾意识薄弱，自救自护能力差，人防宣传教育任重道远。防空警报设施安装工作得不到基层单位的理解和支持。（胡再平）

【人防宣传教育】　年内，在区人防素质教育基地开展面向中小学生的人防教育培训，普遍轮训全区小学五年级、初中二年级学生5632人。“5·12”防灾减灾日，在定王台街道走马楼社区开展以“减少灾害风险、创建平安社区”为主题的宣传活动，并参与区应急办在大润发广场举办的宣传活动。6月21日，在马王堆街道滩头坪社区开展防空防灾知识宣传暨疏散演习活动，区委常委、政法委书记刘文立出席，《长沙晚报》专题报道了该次活动。9月18日，在东岸街道东屯村举行了芙蓉区纪念“九一八”勿忘国耻防空防灾宣传演练活动。10月25日，在大同瑞致小学开展了防空防灾知识宣传暨疏散演习活动。“11·1”防空警报试鸣日，在湘湖街道东湖社区举行了以“聚焦十九大、感受人防新变化”为主题的宣传活动，该社区居民还自编自演了《三句半》节目。区人防办还组织在全区中小学校开展防空防灾知识巡展。

【保密工作督察】　8月1日，湖南省保密局保密管理处处长李志得、省国安厅保密办主任何文、省人防办秘书处副处长杨绍国等到区人防办检查保密管理工作。省督察组领导查看了“15017”工程项目现场，并检查了区人防办、区工务局及项目施工方、监理方的保密管理文件资料，听取了区人防办主任胡再平关于工程保密管理的情况汇报，省督察组对区人防办的保密工作表示肯定。省督察组领导要求，要严格控制涉密图纸、文件的借阅范围，规范借阅流程，做好涉密人员的审查工作，加强涉密资料保管，保证涉密资料不上网传输。

【人防工作会议】　10月27日，区人防办召开全区警报器试鸣培训暨工作布置会，各警报器所在单位的维管责任人参会。区人防办副主任陈纲要主持会议并讲解警报器试鸣操作要领，区人防办主任胡再平安排部署了“11·1”警报器试鸣工作。11月6日，区人防办召开全区人防工程安全隐患排查工作布置暨业务培训会议，辖区各街道、社区人防专干参会。区人防办副主任赵德玉主持会议并安排部署了全区人防工程安全隐患排查工作，区人防办主任胡再平出席会议并讲话，还邀请市维护管理站、市消防协会专家开展了业务培训。（胡再平）

（责任编辑：谭丽霞）

综合经济管理

区域经济管理

【概况】 2017年，芙蓉区发展和改革局谋划区域经济发展，履行部门工作职能，服务经济社会发展大局，完成各项工作任务。2017年，全区实现地区生产总值1301.59亿元，比2016年增长9.0%；实现固定资产投资586.79亿元，同比增长13.5%；城镇居民人均可支配收入50185元，同比增长8.2%。

区域经济研究。制定并下达《2017年芙蓉区国民经济和社会发展计划》，加强对计划执行情况和经济运行状态的监测、分析与落实，按季度形成全区经济运行情况分析材料，完成半年度及全年国民经济计划执行情况报告，提交人大常委会审议通过。以全区产业升级和经济发展战略为目标，结合区域经济发展实际，修订区域经济发展奖励政策，出台《关于促进产业发展的扶持办法》及《关于促进产业发展的扶持办法实施细则》。组织2016年度的经济奖励评审，按照2013年芙蓉区《关于促进经济发展的奖励办法》和《关于促进经济发展的奖励办法实施细则》的规定，牵头组织财政、审计、统计、监察联合复审，提交经济奖励领导小组会议审核。实施2016年度经济奖励及“一事一议”，282家单位受奖，奖励金额3837.9万元。

推进项目建设。下达芙蓉区2017年重点项目计划。2017年全区铺排重点项目172个，其中续建项目56个，新建项目84个，预备项目32个，年度预估投资264.1亿元。2017年市重大项目计划76个，其中续建项目39个，新建项目37个，预备项目18个，年度预估投资为186.7亿元。省重大与省重点项目申报工作。湘粤先进技术产业园、旺旺医院二期医疗大楼、中南大学湘雅二医院、英氏孕婴童健康产品产业园等项目申报纳入省重点项目计划，推介华智水稻分子育种中心等项目进入省重大项目。全年发布项目通报7期，项目督办函6份。出台《长沙市芙蓉区县级领导联系重点遗留项目工作方案》。

优化政务服务。办理政府投资项目立项批复127份，实施可行性研究评审并下发办结可研批复项目22个，概算审查33个项目，累计送审金额41.86亿元，审定金额37.25亿元，审减4.6亿元，全年综合核减率11%。健全政府投资项目管理机制，出台《芙蓉区关于〈长沙市政府投资建设项目管理办法〉的实施细则》。指导华智水稻等单位申报中央预算现代服务业专项资金，组织黄土塘棚改项目配套设施（八一路小学及幼儿园建设项目）申获保障性安居工程配套建设中央资金1700万元。

物价管理。回复价格举报，受理社会价格投诉举报件403起。开展涉案物的认证，办理各类刑事案件价格公证380起，标的金额450万元。价格监测，开展春节、五一、端午等节假日期间市场消费品价格巡视检查工作。（曹祎婧）

【“两型”社会建设】 2017年继续推进餐厨油烟净化，形成“芙蓉模式”。针对提质提档老旧小区、空气监测站周边一公里范围内的老旧小区家庭厨房实施餐厨油烟改造，安装家庭设备4285台。开展两型创建及认证。在全区开展八类两型创建活动。培育并推荐马王堆社区等8家单位开展市级两型创建，组织隆平高科技园区开展双创园区建设，在龙马社区积极打造两型宣教基地，多家单位和项目获省市级资金支持。开展两型认证等工作，两型机关试点单位区检察院、东湖街道办事处分别获得推荐认证，评分分别为533、521。长沙市两型认证专家论证会通过后，进入公示阶段。

节能降耗。2017年芙蓉区市级重点用能单位由原来的25家调整到13家，全区万元规模工业企业综合能源消费量为48.55万吨标煤（等价值），比2016年下降6.22%，地区用电量累计37.06亿千瓦时，其中，第三产业仍是拉动地区用电增长的主要力量。全年第三产业用电量18.62亿千瓦时，占地区用电量的50.2%，一产、二产、城乡居民用电所占比重分别为0.00001%、24.4%、25.4%。

【社会信用体系建设】 5月初，芙蓉区启动社会信用体系建设工作，成立由区委常委、常务副区长谭雄伟任组长，区政府办、区发改局等39个部门为成员的领导小组，办公室设发改局。2017年，遵守“7天双公示”制度（行政许可、行政处罚等信用信息自作出行政决定之日起7个工作日内上网公开），通过“信用长沙”信息公示平台，全区累计公开“双公示”数据32736条，其中行政许可数据22195条、行政处罚数据10541条。围绕“质量第一”“诚信做产品”“百城万店讲诚信”“诚信经营示范点”“放心消费创建”等主题，组织相关街道、部门开展诚信建设主题活动200场次。在中国文明网、中国未成年人网、新湖南、掌上长沙等媒体推出诚信类新闻报道120篇，发布诚信主题宣传栏、公益广告1600块。开展政府机构失信问题专治理工作，督促辖区内芙蓉区园林管理局和长沙火车站地区综合管理办公室全面履行法定义务。

【“魅力芙蓉·城市双修”PPP项目】 2017年，根据市委推进社区全面提质提档工作要求，芙蓉区探索采用政府与社会资本合作模式，实施以“魅力芙蓉·城市双修”（有机棚改）为主题的城市改造，推动浏阳河以西10个街道、61个社区全面提质提档工作。区政府成立以常务副区长谭雄伟任总指挥长、副区长练大智、政协副主席范伟民任副指挥长的项目推进指挥部，下设办公室、设计组、工程计量签证监管组和安全质量监管组等部门。各街道同步组建分指挥部，统筹推进项目建设。项目覆盖面积约22.94平方公里，建设期为1年半，运营期为10年。预计总投资30亿元，改造内容为市政设施、建筑立面、街景绿化、城市家具、城市亮化等，涵盖地面及雨污分流、弱电整治、水改气改、交通微循环、停车场和社区休闲场所改造等。项目采取DBFOT（设计—建设—融资—运营—移交）的模式运作，与项目联合中标体中铁五局集团有限公司/中铁民通（北京）投资有限公司分别签订合资协议、PPP合同、施工总承包合同等核心合同。优先解决群众反映最强烈的突出问题，重点解决水电气路、停车、安防等设施老化和承载功能不足的问题。第一批24个社区开工楼栋401幢，完成外墙真石漆140幢，外墙拆架139幢，追加采购2.3万台餐厨油烟净化器，完成安装2091户，各分指挥部2017年项目建设任务顺利完成。

【家庭厨房餐厨油烟净化治理】 2017年，芙蓉区继续推进餐厨油烟净化综合治理工作。继2016年该区在全省启动居民家庭餐厨油烟净化治理试点以来，2017年，家庭餐厨油烟净化治理工作在长沙市全面铺开。根据市政府办公厅印发的《长沙市老旧小区居民家庭餐厨油烟净化治理工作实施方案》，从2017年起，长沙计划用4年左右时间，完成老旧小区居民家庭餐厨油烟净化治理12万户以上，实现全市主城区老旧小区居民家庭餐厨油烟污染基本清零。年初，餐厨油烟净化纳入芙蓉区重点项目。实施以“魅力芙蓉·城市双修”为主题的城市改造后，餐厨油烟净化治理内容纳入其中，结合老旧小区的改造，同步推进油烟净化治理，由区两型办组织实施。2017年安排在东湖街道龙马社区、定王台街道走马楼社区、文艺路街道识字岭社区、荷花园街道荷晏社区、韭菜园街道汤家岭社区实施家庭餐厨油烟净化系统改造。6月上旬，在龙马两型宣教基地举行“长沙市首届两型宣传月活动启动仪式”，向全市推广芙蓉区餐油烟净化综合治理工作，十多家媒体对其宣传报道。同时，在集中试点社区连续举行10余次接地气、多样化的油烟治理主题活动，印发宣传册4000份。通过制定专项工作方案、审慎选定治理范围、严格政府采购招投标、注重群众宣传引导、保证售后服务到位，年内完成4285户老旧小区居民家庭厨房油烟净化改造。经第三方机构检测，改造后的油烟排放效果远优于传统抽油烟机，排放值低于国家餐饮业规定排放标准。净化治理减少了大气污染，改善社区环境，破除老旧小区外墙“油鼻涕”反复出现的问题，减少了火灾隐患。（谭瑞英　陈　哲）

财　政

【概述】 2017年，芙蓉区完成辖内一般公共预算收入116.67亿元，同口径增长9%；完成地方一般公共预算收入33.30亿元，同比下降10.14%（受“营改增”改革及企业外迁因素影响）。其中，完成区级税收收入17.35亿元，同比下降12.54%（受“营改增”改革及企业外迁因素影响）；非税收入完成15.95亿元，同比下降7.39%。全年完成公共财政预算支出53.93亿元，其中由区本级支出49.04亿元，上级转移支付收入安排到相关单位的支出为4.89亿元。科学管控债务，根据省财政厅每年确定的全区债务限额，控制债务规模；把新增债券全部用于政府性投资项目建设，并开展2014年甄别的一般债务和或有债务的置换工作。落实“互联网+监督”工作，推动民生资金和村级财务全面公开，形成了财政运行监控、保障和规范的财政监督机制。完成了2017年度财政监督重点检查计划的全部工作。年内，芙蓉区财政局获得湖南省预算绩效管理工作考核一等奖、湖南省会计科研课题一等奖、湖南省非税收入征收管理先进单位、全省财政综合工作考核优秀单位、全省财政税政法制工作绩效评价获奖单位。（易　江）

【支持地方经济发展】 2017年，创新实施重点楼宇“楼长制”，建立县级领导干部联系重点企业服务机制，帮助企业解决实际困难，营造良好的经济发展环境。安排产业发展扶持资金7000万元，扶持成长型企业、重点税源及创业创新平台健康发展。争取上级财政资金4438万元，扶持项目32个，扶持企业156家。安排各类城市建设项目资金9.8亿元，保障浏阳河文化旅游产业、人民东路产业园等重点工程项目实施。支持长沙九龙仓国金中心项目、都正街、水稻博物馆等一批城市地标和公共服务设施建设。

【收入征管】 2017年，面对经济下行压力持续加大、“营改增”改革和企业外迁等具体困难，芙蓉区财政局科学统筹调度，增强部门联动，加强收入征管，实现全区财政收入高质量增长。定期召开财税工作调度会，通报前期收入完成情况，研究征收过程中遇到的问题，对征管部门及各街道定目标、明责任、提措施。建立健全联络沟通、考核激励、数据分析、任务交办、督察通报、部门协作及联点责任工作机制7项，交办税收异常中小企业268家、企业所得税异常企业415家、房产税异常企业272家、工商税务关系异常企业120家、股权转让信息961笔，开展财税专项督察6次。开展财税收入“深入一线带头干，齐心协力争一流”竞赛活动，清理工商税务关系异常企业303家、房产税异常企业1593家、个体零散户2665家，完成土地增值税清算8家，查补清缴税收8963万元。适应国家财税体制改革新要求，关注全面“营改增”后续效应和金融、房地产等重点行业收入变动情况，采取措施，稳住重点行业税收，发挥综合治税平台和金三系统优势，增强对异常税源的风险管控和纳税评估，查补税收6500万元。

【预算执行】 2017年，芙蓉区财政局按照“统筹整合、绩效挂钩、审计结合、厉行节约”的原则，合理安排各类财政资金，优化支出结构、加大民生投入。通过收回上年度结余等方式，盘活存量资金3.41亿元，统筹用于各项社会事业发展。贯彻落实中央、省、市有关规定，一般性支出同比压减5%。坚持把财力优先向民生领域倾斜，全年辖区民生和各项社会事业发展支出占地方一般公共预算支出的79.28%。社会公共福利方面，安排社会保障和就业支出6.42亿元，出台《芙蓉区老年人日间照料中心和居家养老服务中心建设工作实施方案》，投入2200万元新建街道日间照料中心12家，发放各类救助资金5000余万元用于“生老病葬急难学贫”八大慈善救助项目，启动惠农补贴“一卡通”发放管理系统升级工作。优先支持教育、科技、文体事业发展，安排教育支出8.53亿元，率先全市实现区属公办高中免费入学。完成学校标准化建设13所。公办和普惠性民办幼儿园占比75.4%。提质提档浏阳河以西社区24个，打造走马楼、识字里、荷晏等示范社区。新建东驿公园、五一广场等社区公园（游园）10个。

【财政管理】 2017年，芙蓉区财

政局细化预算管理，编制2016年度权责发生制政府综合性财务报告，公开区本级政府2016年度决算、2017年度预算及“三公”经费预算情况，督促和核查各预算单位的部门预算和“三公”经费预算公开情况。落实绩效管理，实现评价结果与预算安排有机结合，减少2018年部门预算安排1342万元；扩大绩效管理范围，做好财政支出绩效评价，实施重点绩效评价项目18个，涉及资金1.04亿元。推行“互联网+政府采购”，持续规范采购程序、提高采购效率、加强采购管理。严格预决算投资评审，前移预算评审工作，加强中介机构和预算编审管理，全年完成预算评审项目83个，核减金额1.02亿元，核减率9.9%。科学管控债务，建立债务台账，根据省财政厅每年确定的全区债务限额，控制债务规模；把新增债券全部用于政府性投资项目建设，开展2014年甄别的一般债务和或有债务的置换工作。落实“互联网+监督”工作，推动民生资金和村级财务全面公开，形成财政运行监控、保障和规范的财政监督机制。完成了2017年度财政监督重点检查计划的全部工作。创新工作方法，开展“百人评议财政”微改革活动。改革辖区各街道国库集中支付工作，出台《关于进一步简政放权，优化国有资产购置、处置核批流程的方案》，精简国资管理流程，提升工作效率和服务水平。

（易　江）

·国库集中支付·

【概况】 2017年，芙蓉区国库集中支付局完善组织机构，加强审核监督，推进简政放权，提高支付效率。全区纳入国库集中支付预算单位136家（含一级单位和二级机构123家，街道13个）。全年通过国库集中支付8.09万笔，支付资金46.7亿元，同比增长54.58%。其中直接支付6.95万笔，支付金额46.06亿元，占总支出98.64%。授权支付1.15万笔，支付金额6364.63万元，其中公务卡结算金额2115.72万元，占授权支付33.24%。规范工作流程，扩大街道国库集中支付网审范围，编发《长沙市芙蓉区支付制度汇编》。加强资金监管，开展公务卡使用情况专项检查，授权支付专项清理，保证财政资金使用规范。紧盯重点资金，实行双控管理政府投资项目账户62个，全年支付资金1639笔，双控支付项目资金50.09亿元，保障全区重大项目有序推进和重点资金有效利用。

（易　江）

·政府采购监督管理·

【概况】 2017年，芙蓉区政府采购监督管理工作完成挂网政府采购项目146项。其中：公开招标37次；竞争性谈判95次；单一来源5次；竞争性磋商9次，节约率7.85%。实施“互联网+政府采购”模式，在市区县率先上线公品商城，推动应采尽采，规范采购需求，促进公平交易、保障全面公开。健全内部采购管理制度，编制《2017年政府采购方式文件汇编》《进一步规范自行采购的通知》等文件，规范政府采购实施过程。实行“双随机抽查制度”，随机抽查政府采购项目15个。出台《芙蓉区公车维修管理办法》，由车主单位对车辆维修费用在信息平台上申报、审核，区采购办定期汇总后在网上公示。年内，检查了市级定点加油站。组织采购信息化平台政府采购业务及法律知识培训。按照“应编尽编”的原则，参与由省财政厅组织的代理机构专项检查。组织全区各单位完成编制2018年政府采购预算。

（易　江）

·财政统发工资·

【概况】 2017年，芙蓉区财政统发工资中心有统发工资单位121家，其中：区直属单位68家、教育部门53家；工资统发人数4309人（在职4273人，离休及民政人员36人），其中：区直机关总人数1806人（在职1788人，离休及民政人员18人），教育系统总人数2503人（在职2485人，离休18人）；全年累计发放工资3.7亿元。

（易　江）

【住房公积金和个人所得税代扣代缴工作】 2017年，芙蓉区统发工资中心围绕年度绩效考核工作目标，贯彻落实省、市、区工资会议精神，落实工作任务，保证了全区统发工资的及时足额按月发放。办理在职人员公积金购建房、还贷，退休人员公积金提取等手续，代扣代缴住房公积金9793万元，代扣代缴个人所得税307万元。开展2017年工资调标、津补贴调整等工作，1月和5月分别对全区统发单位人员开展工资调标和津补贴调整及补发工作，保障各项工资数据的及时、准确调整到位。完成2016年社保结算，财政统发工资中心与人力资源和社会保障部门按照测算数据开展2016年代扣养老保险和职业年金结算，及时汇缴相关款项。

（易　江）

·非税收入征收管理·

【概况】 2017年，芙蓉区非税收入管理局提升征管水平，推进非税改革，完善非税征管系统，全年完成区级非税收入15.95亿元，其中：专项收入1196万元，行政事业性收费收入1.23亿元，罚没收入2991万元，国有资源（资产）有偿使用收入13.13亿元，其他非税收入1.17亿元。推进非税改革，创新非税缴款方式，接入省非税微信缴费平台，分别在教育系统11所幼儿园（小学）试行微信支付缴款，实现了“让群众少跑腿、让信息多跑路”，方便居民群众缴费。（易　江）

【稽查工作】 2017年，区非税收入管理局采取自查、检查相结合的方式，开展全区非税收入执收单位的非税收入征管和财政票据使用情况专项稽查，抽取了10家执收单位，针对各单位票据使用管理、非税收入项目及其执收依据等近30项内容开展稽查，针对稽查发现的问题，区非税局要求被稽查单位按照相关规定整改，加强了非税收入征缴管理。

【财政票据管理】 2017年，区非税收入管理局健全和完善票据领取、发放、保管、使用、核销、销毁等制度，细化票据管理，完成辖区111家用票单位的财政票据年检工作，年检合格率100%。全年发放财政票据76.72万份，并通过票据系统自动核销了已使用的财政票据。

【资金核算管理】 2017年，区非税收入管理局规范统计结算，完善与代理银行的沟通机制，全年接收审核银行数据670批次，划解、审核、拨付资金580笔。清理待查收入，并定期通知单位对本年度的待查收入核对确认。对2014年来的历史待查收入开展清理，累计手工确认待查收入3543条，金额12.06亿元，减少了汇缴专户的沉淀资金。（易　江）

税　务

·国家税务·

【概况】 2017年，长沙市芙蓉区国家税务局下辖4个税务分局，负责区内42.8平方公里的税收征管服务工作。年内，获评“全国巾帼文明岗”“湖南省营改增工作先进区县单位”“2017—2019年湖南省国税系统法治基地”“湖南省‘一窗一人’联合办税先进单位”。

税收收入。2017年，区局各项税收累计入库49.68亿元。其中增值税入库36.02亿元（包括新增“四行业”：建筑业、房地产业、金融业、生活服务业“营改增”入库14.55亿元），消费税入库0.2亿元，企业所得税入库13.46亿元。剔除“四行业”营改增收入后同比增加2.87亿元，增幅为8.89%。区级税收入库46.76亿元，剔除“四行业”营改增后入库32.21亿元，同比增加3.73亿元，增幅13.08%。

税收征管。年内，分别组织7期实名办税专题业务培训，采取多种宣传形式，及时为纳税人答疑解惑。深化国、地税合作，在全国国地合作现场观摩会上，国家税务总局财产与行为税司司长蔡自力及各省市国地税领导肯定了芙蓉国税“一窗一人办税”及“国地通办、业务分流”的工作模式，并建议全国推广。该局还单独成立风险防控办公室，定期发送风险风控任务，及时堵住税收执法风险。

纳税服务。开展“一窗一人办税”“千名党员服务万企”活动，及时为企业排忧解难，走访工作得到了副省长何报翔的肯定。按长沙市国税局安排部署，在全省率先试点人工智能办税厅，开启了“智能刷脸”“机器人导税”“智能办税”“无人、有声、安全、快捷”智能办税模式。

税收宣传。在第26个税收宣传月，与纳税人展开交流互动，真诚沟通，同宣共建：与湖南省新华书店、长沙晚报集团等举办“同心共鸣 税企传情”党支部共建活动；与中建公司、招商银行开展“手把手、肩并肩、一起学”业务培训；组织青年志愿者小分队进超市、进市场、进车站以舞蹈、歌曲、朗诵等形式向市民宣传税收，在辖区内大型综合超市、专业市场的电子显示屏开展学税法、守税法的宣传活动。

队伍建设。推进全局“两学一做”，中共十九大会议精神学习活动，引导党员干部不忘初心，牢记使命。压实“两个责任”，局领导与干部开展谈心活动283人次。以绩效考核为抓手，组织全体干部到湖南税务专科学校开设“综合素质培训班”，全面提高专业技能及综合素质。利用业余时间开展春、秋两季“环年嘉湖竞走”活动，举办“迎春喜乐会”、趣味运动会，参与芙蓉区全民健身运动会等，增强全局干部职工的集体荣誉感和凝聚力。（黄　晓）

【省国税局领导走访人大代表】　2月9日，湖南省国家税务局局长刘明权到芙蓉区走访全国人大代表、湖南万家丽投资控股集团有限公司董事长黄志明以及全国人大代表、湖南秦希燕联合律师事务所主任秦希燕，问需问计纳税人，助力企业壮大成长。刘明权详细了解企业经营发展情况、存在困难，听取代表们对税收征管和纳税服务工作的意见及建议。黄志明对芙蓉区的征管服务工作给予了肯定，感谢税务部门为集团提供的系列贴心服务措施。刘明权表示，税务部门将继续做好服务，帮助企业用足用好税收政策，释放改革效益，为企业健康成长和促进经济发展而共同努力。市国家税务局局长文延风、区国家税务局局长熊玲等陪同。

【“同心共鸣 税企传情”体验活动】　4月23日，区国税局与湖南省新华书店以党建共建为载体，以“同心共鸣 税企传情”为主题，在湖南省图书城一楼开展“同工互进”换位体验活动。该活动恰逢第22个世界读书日暨省新华书店80周年纪念活动的第一天，区国税局的青年税务骨干和新华书店的精英们组成宣传服务队，共同在咨询台向纳税人发放宣传资料、宣讲税收政策。国税局人员在图书城体验书城导购和收银工作，引导读者到相应书架，辅助收银员维持收银台秩序；与新华书店共同设计、印制了精美书签，作为纪念品赠送给前来咨询的读者和纳税人。书签的正面印有税收宣传标语，反面印有两个单位的微信公众号二维码，读者和纳税人随时可以通过扫码了解最新税收政策和书店信息。该次换位体验活动促进税企双方的交流，营造税法宣传的氛围，提高了税法普及度和遵循度。

【“福利院关爱行”活动】　8月8日，区国税局组织干部子女以及志愿者40人看望长沙市第二福利院的孤寡老人和失智失能儿童，并为福利院送去慰问品。志愿者及干部子女们参观了福利院“幸福时光”照片墙，欣赏了他们的手工、书法作品，填写了心愿卡片，合唱《感恩的心》《明天会更好》等歌曲，表达对生活的美好追求。19名干部子弟还自发捐出了自己的零花钱和义卖所挣1395元，为福利院的老人小孩献出爱心。志愿者们表示将继续开展爱心活动，并将感恩和爱心传递给子女，塑造良好的家风。

【爱心助学活动】　11月3日，区国税局党组书记、局长熊玲，党组成员、副局长龙曙日带领青年志愿者到宁乡沩山乡祖塔完小开展“党旗映芙蓉 朝晖暖学子”爱心助学活动。志愿者们将教育基金、各类书籍、学习用品送到学校和孩子们的手中。熊玲为孩子们宣讲中共十九大精神，勉励他们努力学习，志存高远，争做国家社会的栋梁。志愿者们还走访深山里家境贫困、品学兼优的家庭困难孩子，给他们送上助学金和学习文具，详细了解孩子的学习生活情况，鼓励孩子们好好学习，树立远大理想，争取早日成才。

（黄　晓）

·地方税务·

【概况】　芙蓉区地方税务局下设职能科室11个，负责全区范围内5万户纳税人的地方税收征管。2017年，入库各项收入28.98亿元，同比增收3.53亿元（剔除上年营改增期间营业税、文化事业建设费，不含代征国税增值税、含国税代征地方税费），增长13.87%。其中，完成市局计划口径收入28.41亿元，同比增收3.51亿元，增长14.11%，完成收入进度与任务超序时2个百分点。完成区财政口径收入22.43亿元，同比增收2.2亿元（剔除上年1—5月营业税），增长10.89%。

税收征管。落实“重点税源重点管，行业税源专业管，一般税源属地管，个体税收综治管，风险管理突出管”的征管转型工作思路，以国地税合作和风险管理为着力点，加强税收征管转型。通过联合发声、联合评税、联合办税、联合管税推进国地税合作广度、深度。年内，联合办理设立登记6860户、变更登记4419户、注销、非正常户注销3566户，合作征收税款9926万元。开展风险评估，领导班子与一线征管员结对子，带头承包风险推送疑点，完成风险应对4586户，查出问题户数3672户，入库税款1984万元。

纳税服务。开展“互联网+税务”行动，推进基层“厅、网、线”建设步伐。依托信息化服务，稳步推进网上办税为主、自助办税和其他社会办税为辅、实体办税服务厅兜底的办税模式。落实“放管服”涉税领域改革，推进流程优化、制度创新和管理改革，健全依法办事工作机制。全年203项常规业务中免填单业务115项，报送资料四分之一以上。构建纳税信用体系建设，开展2016年度纳税信用等级评定工作。在12110户纳税人中评选A级纳税人399户，占3.29%；D级纳税人2638户，占21.78%；B、C级占74.93%。协同政府相关部门审查“守合同重信用”单位21户。落实税收减免，抓好事前税法宣传、事中申报辅导、事后跟踪问效，举办纳税人学堂7场次，发放宣传资料5000份，全年减免税收3980万元。

队伍建设。坚持以绩效管理为抓手，针对队伍年龄结构老年化问题，突出能力建设和文化建设。按能定岗，以岗定责，绩效考评结果与评先、评优、问责问效等结合起来，激发干部队伍活力。组织中心组学习5次，把学习中共十九大精神和习近平新时代中国特色社会主义思想作为全局各层级学习培训的首要政治任务。推进“两学一做”学习教育常态化制度化。组织参加省市局及区局各类业务培训10次，各类专业培训16次，选送业务骨干参加省市局业务培训44人次。派员参与市局团队参加省局风险模型比赛获得一等奖。在省局组织的全省系统文秘“十佳文秘”竞赛评选中获奖。（谭跃平）

【一窗一人办税】 2017年1月1日，区地税局实行方便纳税人办税服务模式，即：税收窗口人员同时拥有国税和地税系统操作权限，可在同一窗口完成对国税、地税金系统业务的即时操作，让纳税人进一个厅、取一个号、在一个窗口、一份资料、办两家事，不再有“国税”“地税”窗口之分。年内，“一窗一人办税”服务模式推出，国地税征管系统互通互联，19项业务实现国地税同步，缩短办税流程，简并纳税资料，减少纳税人等待时间。该项服务模式把现有国地税办税服务厅整合，除车辆购置税、二手房交易和出口退税业务外，办税窗口服务覆盖所有国税地税业务，实现“一窗通办”。芙蓉区国地税实行“国地通办、业务分流”的合作办税方式，全年地税大厅办理业务10.68万件，代开2.57万件，其中国税代开超过2万件，地税代开5631件；综合业务8.19万件，其中国税综合业务6242件，地税综合业务7.57万件。

【开展实名办税】 年内，区地税局开展实名办税登记工作。实名办税是指税务机关开展对纳税人的法定代表人（负责人、业主）以及由其授权的办税人员（包括税务代理人）身份确认的制度。税务机关根据办税人员提供的有效个人身份证件，采集、比对、确认身份信息后，为其办理涉税事项。办税人员已采集身份信息办理涉税事项时，应携带有效身份证件以便验证。为方便纳税人，实行实名办税后，凡是已完成实名办税信息采集的纳税人及其办税人员，办理涉税事项时，无需报送营业执照或税务登记证，并取消报送个人身份证复印件等身份证明资料。该项工作提升了纳税人办税便捷度，减轻纳税人办税负担。全年办理实名认证4.01万户。

【孝廉文化活动】 2017年，区地方税务局组织“以孝廉家风促清廉税风”孝廉文化活动，开展“签署一份孝廉承诺书、发起一份孝廉文化活动倡议、举办一场孝廉文化文艺汇演、办一期党风廉政建设专题讲座、办一期孝廉文化刊物、看一部孝廉电影、唱一首孝廉文化歌曲、办一期孝廉文化道德讲堂、进行一次廉洁家访、讲一个孝廉文化故事”等活动。除全局干部职工全部参与外，参与家属达110人次。该项活动丰富了干部及家属的文化生活，让广大干部职工及其家属在潜移默化中接受了孝廉文化教育和熏陶。该活动被《湖南日报》《长沙晚报》、红网等省内主流媒体报道。芙蓉区纪委还向长沙市纪委推介了该局孝廉文化活动。（谭跃平）

统计管理

【概况】 芙蓉区统计局立足统计职能定位，主动作为、精准服务，为全区经济社会发展提供统计保障。与统计相关部分经济指标获取新突破：2017年GDP连续上升1200亿元、1300亿元台阶，达到1301.59亿元，同比增长9.0%；湖南省对区小康考核，高新技术增加值占GDP的比重指标首次实现达标；全市服务业综合考核中，服务业增加值增速排名第三，比上年前进两位。年内，区统计局在长沙市统计局、国家统计局湖南省及长沙市调查队年终评比中，获得长沙市规模以下服务业抽样调查特等奖、长沙市限额以下批发零售住宿餐饮行业抽样调查工作一等奖、长沙市采购经理调查工作一等奖、全市住户调查工作一等奖（样本轮换）。

统计服务。以统计服务落实领导决策，以统计保障服务中心工作以统计监测助推经济发展。创新刊发《芙蓉统计监测》，为区委、区政府和职能部门决策提供精准预警预报，在推动滞后绩效考核指标发展上发挥了作用。在年底的GDP核算指标牵头汇总工作中，实行数据上报全方位立体监测模式，坚持报前摸底、报中通报、报后对接，保证统计数据“颗粒归仓”，全面反映芙蓉建设新成就。开发统计产品广覆盖。区统计局及时监测全区经济运行态势，数据快报和深度分析同步开发，编发了《经济运行月度快报》（11期）《经济参考》（14期）等统计产品，为各级领导和各部门决策提供“数库”依据和统计建议。区统计局在辖区绩效考核社会公认评估排名第二。

数据质量。开展“数据造假、以数谋私”专项治理，优化统计基础。由区统计局牵头，工商税务等多部门联动，各街道、社区共同参与，开展“四上”企业（规模以上工业企业、资质等级建筑业企业、限额以上批零住餐企业、限额以上服务业企业）清查摸底工作，充实了数据来源。全年清查企业6000余家，实现新增“四上”企业204家，其中规模以上服务业企业有193家，新增数量居全市第一。联手长沙理工大学开办“芙蓉区统计系统基层基础培训班”等培训10期，参训2000余人次，提升了基层统计员业务能力。坚持从严管理、按季扣分、目标考核，加强基层统计站规范化建设，年内由区统计局指导参评的东湖街道统计站被评为长沙市流动观摩优秀统计站。

统计宣传。承办全市统计宣传月活动启动仪式；开展“出彩统计人”征选活动，推荐区统计局局长陈卓、区统计局综合核算与研究室主任唐敏、东屯渡街道统计站站长黄晓英、朝阳街道芙蓉社区统计员柳莹、湖南新华联建设工程有限公司统计员段函夏参评。举办“街道统计风采展”，其中住户调查工作被湖南经视台专题报道；开办“芙蓉统计”微信公众号，拓宽统计宣传渠道，新增统计服务社会公众新媒体平台。贯彻落实中央《关于深化统计管理体制改革提高统计数据真实性的意见》，树立依法统计和依法治统意识。开展主题为“弘扬宪法精神、增强法治观念、深化统计改革”的统计法治征文和知识竞赛，收到区直部门、街道、社区、企业征文26篇，评选一等奖2名、二等奖2名、三等奖3名，100余名四级统计人员参加知识竞赛，成绩全部优良以上。在统计执法检查中以案说法，点对点开展统计法宣传工作。

存在的主要问题。统计法治宣传工作不够深入。少数部门、企业领导统计法律意识比较淡薄，特别是辖区内少数大企业没有认识到统计违法的严重性，不少报表企业日常统计业务程序不够规范；统计执法人员队伍建设不够，国家局下发的执法证持证人数没有达到执法要求，业务水平有待提高；执法主动性和力度有待加强，在基层统计工作中，重宣传沟通，以整改为主，办案数量较少。

（阳　硕）

【打造统计精准服务产品】 区统计局跟踪监测经济形势，加强经济形势分析研究工作，坚持每月关注重点数据。实行三级监测（事前、事中、事后），坚持一日一汇总报表、一日一通报情况，并向分管领导及区绩效办、发改局、财政局、商务局、经信局、CBD办等部门提供预警预报。全年编印了《芙蓉统计监测》10期，得到区委、区政府主要领导批示，全面客观地反映了辖区经济社会发展情况。

【“统计开放日”活动】 9月7日，区统计局在万家丽广场承办长沙市第八届“中国统计开放日”统计宣传月活动。邀请省、市、区领导、主流媒体和社区居民300余人共同参与。该次活动展现了统计工作开放、透明、高效、服务的理念和芙蓉区统计工作新成就。通过网络、现场统计咨询服务和制作大小展板100余张，并与各街道（园、局）联动。芙蓉区统计局开展“中国统计开放日”宣传活动分别被《中国信息报》《湖南日报》，省、市统计局网站，长沙电视台专题报道和推介。

【提升报表数据质量】 按照统计制度要求，区统计局把住“入口关”，提升源头数据质量。全年完成了农业、工业、能源、高新、建筑业、固定资产投资、房地产、商贸业、规上服务业、劳动工资、人口社会、城乡住户调查、国民

经济核算、单位名录库维护等年报及各项定期报表任务，联网直报率100%。（阳　硕）

审　计

【概况】 2017年，芙蓉区审计工作以服务经济发展为主线，以创新审计管理为抓手，充分发挥审计监督在维护财经秩序、提高资金效益、推动反腐倡廉、服务经济社会又好又快发展等方面的作用。全年完成审计项目208个：完成上级交办项目2个，区级交办审计任务2个；审计预算执行、财务收支审计5个，领导干部经济责任审计8人；查出管理不规范金额6.17亿元，上缴财政5.47万元，提出审计建议123条。完成103号令（长沙市政府2008年103号令《长沙市征地补偿实施办法》）审核项目11个，查出问题资金1.06亿元，提出审计调查建议160条。政府投资工程预结算项目180个，政府工程造价审计核减金额2.5亿元，核减率18.37%。年内，该局被评为区委“两学一做”红旗党组织，长沙市审计局年度考核先进单位（第一名），市级“内部审计先进单位”；连续5年被评为长沙市建设工程造价管理先进单位。在市审计系统“感动身边的审计人和事”演讲比赛中获一等奖，获市级优秀审计项目1个、市级表彰项目1个、市经济责任项目讲评三等奖、市计算机成果征集“优秀组织单位”、市级内审优秀项目一等奖1个、二等奖1个，获省级计算机审计成果评审一等奖3个和二等奖3个，省级内审优秀项目一等奖1个；被授予“市巾帼文明岗”“市级文明单位”称号。

坚持“两学一做”学习教育常态长效，创新党员“早读微党课”，坚持开展“三亮三比”审计先锋岗、“微爱圆梦”关爱外来务工人员子女活动品牌。深入开展“连心”行动，创新走访入户“政策微课堂”和深入一线企业、商场“现场微课堂”，讲政策、办实事，共走访居民323户，帮助解答老年证办理、低保、社保等政策问题65条，收集意见建议32条，联合社区开展“文明就业，诚信经营”就业帮扶等活动。

（刘丽君）

【财政财务收支审计】 在预算执行审计中重点反应了预算编制及管理、收入预算执行、支出预算执行、财政综合管理、专项资金分配管理等方面存在的问题，对如何规范专项资金管理、加强资金存放和调度管理、提高资金使用效益、规范和加强国有资产管理提出审计建议，促进财政在预算编制上更趋优化，在预算执行上更加严格，在国资管理、专户管理和资金调度等方面更加规范，在专项资金分配上更加合理，盘活财政存量资金，提高资金使用绩效。开展市政局、园林局财务收支审计，重点关注辖区人才运用模式中存在的问题，引起区委、区政府领导高度重视并作出相关批示。实施浏阳河产业带公司清算审计，清理该公司资产负债、收入支出情况，准确审核出各个建设项目成本，为区政府决策提供依据。

【经济责任审计】 以促进规范权力运行与制约为目标，对经济责任审计中发现违法违纪问题，及时移送区纪委立案处理。全年完成经济责任审计项目8个，审计出管理不规范金额3108.7万元。

【政府投资审计】 2017年，加强对辖区重点项目的跟踪审计，抽调2名业务人员到辖区“魅力芙蓉·城市双修（有机棚改）”项目指挥部，负责调度项目的预算编制及指挥部工程计量签证监管组工作。服务重点建设项目，完成社区提质提档改造项目、拆违复绿项目、都正街棚改项目的结算审计。推进政府投资审计职能转变，实现政府投资审计预算审核职能与区财政的平稳有序交接。加强审计项目精细化管理，完成政府投资审计项目180个、预算项目30个，核减金额7310.07万元，核减率12.29%；结算项目150个，核减金额1.77亿元，核减率23.09%，同比提高6.32%。

【农村征地拆迁审计】 2017年，完成了长沙市城市建设滨河路（东岸段、杉木段、马坡岭段、东湖段）以及隆平高科技园30.3公顷、三号安置点、杉木路、农院路1期等10个项目的结算审计调查；审核资金13.05亿元，查出问题资金1.06亿元；纠正差错5343.2万元，指出总类问题121条，分类小问题137条；提出审计调查总建议70条，分类意见90条。《中国审计报》报道了103号令项目审计负责人石志红的先进事迹。

【审计管理与成效】 2017年，充实了审计力量，增设全额拨款事业单位内部审计指导站。配备全额拨款事业编制3个，招录了计算机专业、会计专业人员3名。制定《芙蓉区审计局规范审计延伸调查行为暂行规定》，规范内部管理。对2013—2016年9月的65份审计报告，涉及46家审计单位的452条问题开展后续整改，联合区监察局督促被审计单位整改到位。年内，完成审计专报2篇，审计要情2期。被审计单位采纳审计建议，制定了《关于进一步规范芙蓉区行政事业单位资产报废处置竞标流程的通知》《芙蓉区财政专项资金管理办法》《芙蓉区关于〈长沙市政府投资建设项目管理办法〉的实施细则》等17项制度。提供市审计简讯8篇，《城市审计》信息2篇，《三湘都市报》信息2篇，《中国审计报》报道12篇。（刘丽君）

工商行政管理

【概述】 2017年，芙蓉区市场主体总量10.2万户，其中企业4.03万户，个体工商户6.17万户，首次突破10万户大关。年内，长沙市工商行政管理局芙蓉分局（以下简称“区工商局”）深化商事登记制度和市场主体监管制度改革，推进基层基础设施建设，加大综合保障力度，完成全年各项目标任务。年内，区工商局被评为“市级文明单位”。五里牌工商所熊伟被共青团长沙市委授予“最美新时代青年”称号。徐慰、冯玄香被授予“全省工商系统商改工作先进个人”称号。在区政府召开的“市民评议政府”工作会议上，市民代表现场测评全区9个市垂直驻区单位，区工商局获得第一名；在全区34个被测评单位中排名第三。

商事制度改革。全年新登记注册各类市场主体1.83万户，其中企业6501户，个体工商户1.18万户，同比增长29%，市场主体增量及增幅居全市前列。启动商事登记制度改革后，全区市场主体连续4年实现年净增长1万户以上。推动在原“五证合一”的基础上，新整合21个单位38个证照，实现“四十三证合一”全面落实。各类企业名称及登记全程电子化，颁发电子营业执照。落实网上自主核名及电子营业执照改革，实现“让数据多跑路、群众少跑腿”，全年受理网上自主申报2188份，核发电子营业执照2210户；推广简易注销登记改革，公告简易注销企业338户，准予简易注销企业106户。开展企业集群注册试点，主动对接隆平高科技园并新设立工商窗口，帮扶孵化设立集群注册企业269户。建成工商企业登记范本电子数据库，设计制作登记资料电子范本135个，通过QQ邮箱精准发送至各企业，向咨询企业发放范本资料邮件6855封。该项工作获得区委、区政府“微改革微创新”优秀改革案例社会大众展评第一名。

融资活企和助推品牌服务。全年为企业办理动产抵押12件，协助企业融资1.13亿元。引导个体工商户直接登记注册为企业766户。指导申报省级“守合同重信用”企业50家，申报市级“守合同重信用”企业65家。全区注册商标总量3.27万件，其中著名商标89件，马德里国际商标1件，驰名商标16件。

事中事后监管。创新“双随机、一公开”（随机抽取检查对象、随机选派执法检查人员、及时公布抽查结果的抽查机制）监管工作，全年随机抽查企业977户。加强信用监管，全区企业年报率87.34%。市场主体被依法列入经营异常名录3675户，公示行政处罚信息127件。落实商事主体认领、标注、回访、抄告等监管要求，电子地图标注1.8万户，标注率99.69%，回访率100%，向相关部门抄告监管信息6636条。推动区内36个涉企信息归集单位做好信息归集工作，向其他部门协同监管平台归集信息3.45万条。通过商事服务登记管理平台，向其他监管部门推送后置审批监管信息7878条；协助相关部门办理许可审批，全区后置许可办证率90.32%。

商品质量监管和服务。开展行政指导服务，发放责令整改文书271份，约谈辖区广告业负责人63人次、中介代理机构负责人227人次。加强案件查办和专项整治，全年立案223件，结案149件，罚没入库142万元。其中超过万元以上案件32件，超过10万以上大案3件。加强流通领域商品质量专项整治，重点监测电线电缆、消防器材、水暖建材、铝型材、儿童玩具、木地板、防盗门七类商品，完成省市局抽检计划115批次，其中不合格商品25批次，对不合格产品实行立案调查。年内，立案查办商品质量案件45件，罚没金额58.7万元。开展虚假广告专项整治，立案42件，结案28件，罚没金额28.43万元。加强户外广告、店堂招牌检查和舆情处置。牵头全区农贸市场综合整治工作，把各街道办事处和各职能部门统筹纳入农贸市场监管责任单位。联合区金融办在芙蓉广场开展大型户外宣传活动。查处湖南吉某盟财富网络科技有限公司虚假宣传案，罚没金额10万元。开展打击传销专项行动，突击清查辖区6处疑似涉传销窝点，驱离疑似涉传人员20余人。加强网络市场监管，查办网络经营违法案件33件，罚没金额27万元。参与区政府组织的为期3个月火车站综合整治工作，抽调执法力量60人，查封违规经营门店8家，没收假烟394条。

消费领域消费维权。全年受理消费者投诉、举报5043件，为消费者挽回经济损失362.8万元。围绕“网络诚信·消费无忧”主题，承办2017年全市“3·15”大型户外宣传活动。重点整治民众关注的热点问题，从重从快顶格处罚“长沙市芙蓉区高某记海鲜加工坊”欺诈消费者案。查办群众反映强烈的医药领域虚假广告违法行为，开展老年保健品、校园周边“牙签弩”、衡器市场专项清查，没收不合格计量器具15台。加强维权服务站建设，设立“12315”消费维权服务站63家。办理信访提案和市长热线工单：办结信访件204件，信息公开申请16件，“12345”市民热线投诉转办541件，处理舆情30件；办结人大建议、政协提案11件，满意率100%。

工商队伍和基础设施建设。组织全局干部职工参加长沙市直属机关工委发起的“重走伟人路、献礼十九大”健步走活动，9名干部职工获得“闯关勇士”奖；完成2个党支部的设立，改选9个基层支部的15名党支部委员。建成局机关5个党支部活动室、图书室以及文化走廊。组织党委中心组学习12次，全局党员集中学习4次。局党委书记、班子成员与党支部书记讲党课40余次，邀请长沙市委党校教授开设专题讲座3场次。年内，局自办或参加上级举办（含网络培训）的培训班35期，1000人次参训。在“芙蓉工商纪检”微信群发送学习资料和案例通报16篇。开展警示教育6次，专项督察36次，发布督察通报6期。开展廉政谈话、提醒谈话173人次、任前廉政谈话10次。查处党员违纪违规行为，通报批评2人，诫勉谈话1人。年内，添置电脑45台、打印复印一体机10台、激光打印机2台、执法记录仪18台，升级改造机房及核心交换机等一批老旧设备。完成对马坡岭、五里牌、马王堆工商所的维修提质改造和添置必要的办公桌椅及生活厨具。全面维修局机关大楼，提质工商所的办公条件，为群众办事的环境得到了明显改善。（杨　亮　张　滔）

【查处提供虚假资料取得公司登记案】 2月28日，区工商局执法人员检查发现湖南省某物流有限公司涉嫌提交虚假材料取得公司登记，予以立案调查。经查明：湖南省某物流有限公司于2015年10月30日将公司名称由湖南某展览有限公司变更为湖南省某物流有限公司。在住所变更登记时，把长沙市汇客通商务服务有限公司与湖南省纺织品进出口有限公司签订的“房屋租赁合同”修改后，用于该公司住所变更登记。该公司并没有与湖南省纺织品进出口有限公司签订“房屋租赁合同”行为，仅变更了住所登记。该公司的行为，属于提供虚假材料取得公司登记的违法行为，根据《湖南省工商行政管理机关行政处罚自由裁量权实施办法》第十五条第（四）项的规定，以及《中华人民共和国公司法》第一百九十八条之规定，区工商局责令某物流有限公司改正违法行为，对其罚款5万元。

【查处某教育咨询有限公司发布违法广告案】 4月24日，区工商局接群众信件举报，长沙某教育咨询有限公司在互联网宣传内容涉嫌违法，逐立案调查。经查明：长沙某教育咨询有限公司在互联网上设立网站，委托第三方制作网页，对其教育咨询及培训服务项目介绍和宣传推广。在其网页宣传中含有“湖南省最长的周末面授班以及湖南省最长的暑假面授班”“全国司考培训规模最大、最专业的培训学校；授课老师最多、师资团队最强大的培训学校；学员服务最贴心、最及时的培训学校……”等宣传内容，违反了《中华人民共和国广告法》第九条第（三）项的规定，属于发布违法广告的行为。依据《中华人民共和国广告法》第五十七条第（一）项的规定，区工商局责令该公司立即停止发布违法广告，对其罚款5万元。

【查处某网络科技公司虚假宣传案】 5月3日，区工商局接钟某举报，湖南某网络科技有限公司，涉嫌利用广告对其提供的服务作引人误解的虚假宣传，逐立案调查。经查明：湖南某网络科技有限公司为了商业目的，在其公司网站上宣传使用某财富“银行存管”“合作伙伴某银行”等词语，没有获得任何银行的授权，宣传内容为杜撰，无事实依据。区工商局认为，上述行为属于利用广告对其服务的方式作引人误解的虚假宣传的违法行为。根据《中华人民共和国反不正当竞争法》第二十四条第一款的规定，责令立即停止违法行为，对其罚款10万元。

【查处某海鲜加工坊侵害消费者权益案】 5月17日，马王堆某海鲜加工坊在经营活动中，存在侵害消费者权益的行为，被区工商局立案调查。经查明：该门店为降低门店损失及逃避自身责任，多次将门店内已经死亡或者濒临死亡的海鲜产品，与顾客已经点好确认的鲜活海鲜产品掉包更换，再将掉包更换下来的鲜活海鲜产品重新销售，违法获利人民币1.02万元，属于严重侵害消费者权益的欺诈行为，依据《中华人民共和国消费者权益保护法》第五十六条的规定，区工商局责令改正违法行为，没收违法所得1.02万元，并处罚款10.16万元，合计11.17万元。（杨　亮）

·个体劳动者私营企业协会·

【概况】 2017年，芙蓉区个体劳动者私营企业协会（以下简称“区个私协会”）以服务个体私营经济发展为主线，立足服务职能，创新制度机制，提高服务水平，加强规范化建设，促进个体私营经济快速健康发展。

区个私协会全年建立非公党建联系点20家、非公企业党组织323个，党员2238名。建立非公企业群团组织315个，成立企业关心下一代工委组织35家。区个协与各分会全年走访会员企业5000余户次，了解企业情况和困难，征求企业与会员对协会工作的建议和要求，为会员提供优惠便利服务。年内，区个私协会组织协调解决企业困难5次，走访慰问贫困会员、遭遇重病或火灾等不幸特困会员及群众50余人，慰问资金与物资2万余元。以3月5日“学雷锋纪念日”为契机，组织广大团员、团干部走进基层、走进青年，带头参与志愿服务，带头弘扬雷锋精神，带头传播正能量。

组织开展“光彩服务日”活动，与区个私协会下辖的11个分会在辖区重要商业点、车站及人流较大的地方设置活动点，动员200家大型商场、超市、专业市场利用电子屏开展宣传教育活动，为现场群众免费提供法律、政策咨询1000余人次，发放法律法规资料6000份。

区个私协会依托注册登记、商标广告、公平交易、合同、“12315”热线等工商行政管理职能，开展法律法规宣传，免费提供有关法律咨询服务，受理并解答会员咨询283人次。帮助会员解决实际问题6件，为会员挽回直接经济损失近60万元。开展银企融资服务工作，帮助个体私营的13家企业在银行融资1.52亿元。

（杨　亮）

·表2·

2017年芙蓉区私营企业基本情况统计表

项　目	户数（户）	投资者（人）	注册资本金（万元）	户数占总数的比例（%）	比2016年增减（%）	
					户数	人数
合 计	40260	80606	2785674.76	100	8.01	20.05
农、林、牧、渔业	271	267	19270	0.67	0.02	0.06
采矿业	19	36	200	0.05	0	0
制造业	1190	2368	40645	2.95	0.10	0.21
电力、燃气及水的生产和供应业	47	58	3608	0.12	0.01	0.01
建筑业	2038	4798	380136.8	5.06	0.70	1.80
交通运输、计算机服务和软件业	585	1049	14390	1.45	0.07	0.15
信息传输、计算机服务和软件业	2586	5121	209686.69	6.42	0.81	1.98
批发和零售业	13365	24198	456776.46	33.20	2.05	4.80
住宿和餐饮业	462	716	12851	1.15	0.10	0.22

·续表2·

项　　目	户数（户）	投资者（人）	注册资本金（万元）	户数占总数的比例（%）	比2016年增减（%）	
					户数	人数
金融业	1262	1193	23110	3.13	0.04	0.07
房地产业	1117	1687	111124	2.77	0.17	0.38
租赁和商务服务业	8955	19157	859500.43	22.24	2.04	5.36
科学研究、技术服务和地质勘察业	6551	15867	555997.38	16.27	1.47	4.02
水利、环境和公共设施管理业	127	259	10051	0.32	0.02	0.04
居民服务、修理和其他服务业	689	1170	23895	1.71	0.14	0.30
文化、体育和娱乐业	844	1384	55638	2.10	0.23	0.52
教育	75	142	3000	0.19	0.01	0.02
卫生、社会保障和社会福利业	81	1136	5795	0.20	0.04	0.09

·表3·　2017年芙蓉区个体工商户分行业统计表

项　　目	户数（户）	从业人员	注册资金（万元）	户数占总数的比例（%）	比2016年增减（%）	
					户数	人数
合　计	61725	144790	2374694.13	100	24.59	19.33
农、林、牧、渔业	10	31	94.00	0.02	0	0
采矿业	2	8	70.20	0	0	0
制造业	735	2334	5683.88	1.19	0.25	0.20
建筑业	44	1079	269.30	0.07	0.03	0.03
交通运输、仓储和邮政业	4234	5368	26438.00	6.86	3.45	2.81
信息传输、计算机服务和软件业	167	507	1207.42	0.27	0.09	0.07
批发和零售业	40113	89360	215779.88	64.99	10.36	8.46
食宿和餐饮业	10172	28756	66351.84	16.48	6.48	5.29
房地产业	203	1328	982.08	0.33	0.17	0.14
租赁和商务服务业	1625	6003	2028.00	2.63	0.80	0.66
教育	12	21	80.00	0.02	0.01	0.01
卫生、社会保障和社会福利业	199	720	2530.21	0.32	0.06	0.05
文化、教育和娱乐业	355	4978	3818.32	0.58	0.15	0.12
其他行业	3854	4297	2049361.00	6.24	2.73	1.48

（肖　蓉）

安全生产监督管理

【概况】 2017年，芙蓉区安全生产工作坚持“夯实责任、稳控事故、勇争一流”的基本思路，以“创建湖南省安全生产示范区”为工作目标，围绕安全生产“一体两翼”主题（以企业主体责任为“一体”，以安全生产宣教培训、监管执法为“两翼”），提升全区安全监管品质，保证了全区的安全稳定。年内，未发生较大及以上生产安全事故。在市对区安全生产工作年度考核中排名第一，区安监局被省、市推荐为全国安全生产监管监察先进单位。

队伍建设。充实安全生产监管人员力量，各街道（园、局）安监站组建不少于20人的安全生产信息员队伍。按照有单设机构、有专职人员、有办公场所、有工作制度、有设施装备、有资金保障的“六有”标准，开展标准化安监站建设。全区13个街道和隆平高科技园全部通过市级标准安监站检查验收，创建成为省级安全生产示范街道8个。

打非治违。区安监局开展危险化学药品、烟花爆竹、粉尘防爆、职业卫生等专项整治行动。全年查办案件50件，实施行政处罚金额46万元。按照《长沙市芙蓉区安全生产举报奖励办法》，对发现安全隐患和非法违法经营的举报人进行200元至1000元的奖励，鼓励居民群众提供打非治违线索。全年区安监局查办案52件，实施行政处罚金额56万元。推进危化企业三年行动和烟花爆竹企业退出机制，开展危化企业转向经营工作：6月30日前，退出危化品经营企业15家、烟花爆竹企业11家。浏阳河以西的烟花爆竹门店10家全部办理注销手续，提前实现了辖区内零售门店的烟花爆竹目标。该局烟花危化科在全市内五区获得第一名。

创新工作机制。推出“安全生产特护期”专项工作机制，由领导干部带队安全检查和值班值守成为常态，全年开展安全生产检查7次。由区委办、区政府办督查室联合区监察局、区安委办暗访督察9次，下发辖区“安全生产特护期”工作督察通报7次，通报批评1次，提出整改意见和要求，提升了特护期工作成效。构建芙蓉区“大安委”工作格局，按照“党政同责、一岗双责、失职追责”的要求，出台《长沙市芙蓉区安全生产监督管理职责规定》，明确各部门和街道的安全监管职责，落实了基层安全生产工作责任。

教育培训。在省、市媒体报导安全生产工作信息1092条。区安监局制定下发了《关于组织开展2017年企业主要负责人安全管理人员安全大培训工作的通知》，举办分行业培训班12期，培训企业主要负责人和安全管理人员1890人。加强安全生产监管人员持证上岗管理，全年培训乡镇安监员112人，实现全区安监人员100%持证上岗。开展“安全常识知识送训到企业”活动，全年送训94场次，受训企业员工6953余人。加强信息员队伍建设，全年辖区安全生产信息员上报信息350余条，协助查案70余件，消除安全隐患500余处，隐患举报奖励超10万元。辖区安全生产月宣传报道工作被评为湖南省先进单位。

存在的主要问题和困难：全区安全生产基层队伍薄弱，专业素养有待加强，安全生产从业人员的安全意识亟待提高；安全生产投入仍未落实，安全隐患整改推进缓慢。各负有安全监管职责的部门需要协调合作，形成安全生产监管的合力。

（周　伟　旷清平）

【启动安全生产示范区创建工作】 2月22日，全区召开湖南省安全生产示范区创建工作动员会。印发《芙蓉区创建省级安全生产示范区活动实施方案》，把安全生产示范区创建活动同区委、区政府推进“三大工程”、打造“四个芙蓉”的中心工作紧密结合。拓宽创建领域：安全生产示范街道、示范社区（村）、示范企业、示范学校、示范单位等创建活动。年内，全区安全生产工作取得成效。市对区安全生产工作年度考核，芙蓉排名第一。

【“落实企业安全生产主体责任年”活动】 1月，由区安委办组织制定《芙蓉区“落实企业安全生产主体责任年”活动方案》，全区各级各部门制定具体方案组织会议动员，督促指导企业健全。执行以“落实全员安全生产责任”为核心的安全生产责任制。年内，区安监局举办“落实企业安全生产主体责任监管执法培训班”12期，培训企业主要负责人和安全管理人员1890人次。开展“安全常识知识送训到企业”活动，计划送训49场，实际送训94场，受训企业员工6953人次。区安委办组织编印了《长沙市芙蓉区企业落实安全生产主体责任工作指南》，并翻印了《长沙市安监系统刚性执法标准》和《长沙市落实企业安全生产主体责任企业读本》5万册，发放到辖区企业。全区各企业全部上墙张贴安全生产主体责任公示牌、安全生产隐患排查治理公示牌、安全生产部门监管责任公示牌、安全生产岗位风险公示牌和安全生产事故公示牌宣传公示牌。全年退出危化品经营企业15家、烟花爆竹企业11家，原计划于11月30日前退出的浏阳河以西的10家烟花爆竹门店于6月30日前全部办理注销手续。至6月底，芙蓉区辖区，浏阳河以西不再有烟花爆竹零售门店。

【安全生产标准化企业创建工作】 1月，区安监局制定《关于切实做好2017年工贸行业安全生产标准化企业创建和复评工作的通知》，把《长沙冶金等工贸行业安全生产标准化评审单位》下发到辖区内企业，为新换证和复评换证企业做好服务工作。截至年底，创建三级标准化企业17家，完成指标任务的170%。

【职业病防治专项行动】 3月，区安监局以政府购买服务的方式开展职业病危害排查治理，完成60家用人单位全年职业病危害排查治理和职业病危害因素检测评价工作，督促4家职业病危害用人单位开展现状评估，完成市安监局下达指标的133%。根据全区企业的基本情况，完成了湖南本安亚大新材料有限公司和长沙金苹果饲料有限公司的尘毒危害治理示范企业创建工作。开展职业卫生“三同时”（职业病防护设施与主体工程同时设计、同时施工、同时投入生产使用）。专项执法检查及职业卫生监督执法检查工作，对辖区内新建、改建和扩建企业实行排查摸底，发现企业有新建、改建或扩建行为8家，对未按规定开展职业卫生“三同时”的4家企业开展了专项执法检查，按要求完成了整改工作。

【创新宣教形式】 年内，区安监局围绕“一体两翼、宣教先行”开展活动，承办了长沙市2017年“安全生产月”活动暨安全隐患“随手拍”上线开通仪式。组织开展了芙蓉区“优秀社区安全生产信息员”“优秀企业安全管理员”“双十佳”评选活动和安全礼包送万家“连心”主题活动。4月，区安监局与长沙晚报新媒体中心达成战略合作，创建微信公众号“安全芙蓉”。该“安全芙蓉”公众号的关注人数超4万人。在“全省县市区安监局微信公众号影响力排行榜”上，“安全芙蓉”连续排名前列，在“全国市县乡安监公众号影响力排行榜”上稳居前50名。（周 伟 旷清平）

质量技术监督

【概况】 2017年，长沙市质量技术监督局芙蓉分局以促进质量强区建设为目标，推进质监各项工作任务的完成。年内，湖南袁隆平高科技有限公司获得“省长质量奖”，入围“中国质量奖提名奖”；湖南颐而康保健连锁股份有限公司入围“省长质量奖”第二轮评选，获得长沙市首届“市长质量奖”。长沙振升金刚集团有限公司、华天酒店集团股份有限公司、湖南优蜜食品科技有限公司、湖南省怡清源茶业有限公司、湖南省明园蜂业有限公司、湖南优久农牧有限公司、湖南有色金属研究院、湖南康通电子股份有限公司8家企业获“湖南名牌产品”。

存在的主要问题和困难：辖区内企业产品质量把关不够严格、质量发展措施针对性不强，安全工作存在隐患排查不够到位，部分企业主体责任不够明显。

（毛 婷）

【产品质量监督】 2017年，区质监分局引导企业品牌建设，扶持重点向新兴产业、现代服务业侧重。区委、区政府制定《关于促进产业发展的扶持办法》。该办法对获中国质量奖、省长质量奖、湖南名牌的企业，分别按50万元、30万元、5万元的标准给予补贴，对企业在标准创新工作中的贡献和成绩给予1万~10万元的补贴。区质监分局加强品牌培育力度，区内有5家企业产品连续6年省级局监督抽查合格。组织丰彩好润佳百货、农城现代农业等7家公司参与省级标准化项目建设，获得项目扶持经费58万元。组织6家企业15个标准、1个承担技术委员会事务的企业申报长沙市小微企业“两创”（标准创新类）扶持资金，获得奖励扶持资金16万元。推进企业产品和服务标准自我声明公开改革，有81家企业303项标准在全国标准信息公共服务平台公示，含企业标准249个。参与芙蓉区示范商务楼宇评定标准的制定：6月，出台了示范商务楼宇评定标准；7月，芙蓉区首届示范楼宇评定现场审查工作完成。首家湖南省清洁服务标准化技术委员会落户辖区长沙亚欣电器技术服务股份有限公司。全年上门指导开展标准化服务10次。区质监分局联合工商部门开展农贸市场计量器具整治行动，查处不合格计量器具近20台套，向31家农贸市场管理方发放35个标准砝码。与区卫计局联合向医疗机构下发《关于做好街道社区卫生服务中心强制检定计量器具管理工作的通知》，督促12家街道卫生服务中心和35家社区卫生服务中心落实计量器具备案及免费检定。开展“两节两会”、农资产品、特种设备专项巡查整治工作，立案5件，结案3件，无一起行政复议案件。处理各类投诉举报57件（特种设备38件、计量10件、质量9件），全部按时回复到位。抽检食品相关产品21批次，合格率100%。全年有10家单位申请了两型认证。推进强制性认证产品生产企业监管，现场检查14家

3C 强制认证企业，3C 强制认证覆盖率 100%。

【特种设备安全监察】 2017 年，组织辖区 700 余家电梯使用单位开办电梯安全知识培训班 6 期，电梯使用单位负责人和电梯安全管理员近 800 余人参加。开展“3·15”消费者权益保护日、“安全生产月”“5·12”计量日和“做精工产品、做诚信企业”“落实企业安全生产主体责任年”和“大手拉小手 安全共相守”系列宣传活动，发放宣传手册 4000 余份。加强特种设备使用的日常监督检查、专项检查，完善“96366”电梯应急处置使用管理、维护保养和检验等环节问题，建立“96366”电梯应急处置平台芙蓉分中心。辖区内电梯“96366”设备登记编号标识牌安装率 65%，电梯应急救援基础信息在“96366”电梯安全管理系统录入率 86%。区质监分局与 104 家重点企业签订了落实企业安全生产主体责任年承诺书，向辖区内 1000 余家特种设备使用单位发放特种设备使用单位安全主体责任告知书。结合特种设备安全巡查工作，聘用 4 名专职特种设备安全协管人员，入户督促落实电梯使用安全主体责任，排查安全隐患。完成 40 台住宅小区电梯安全技术评估工作。开展集中约谈食品相关产品生产企业、重点特种设备使用单位、电梯维保企业 3 次。启用区政府特种设备应急储备资金，推动天心丽城、亚细亚大楼的电梯更新改造，消除电梯安全隐患。

【中华龙舟大赛安全保障工作】 4 月 14 日，为做好中华龙舟大赛（长沙·芙蓉站）特种设备安全保障工作，区质监分局到隆华国际大酒店、鑫达贵都大酒店等 4 家接待单位检查特种设备。现场查验特种设备运行、使用标志及乘梯安全须知张贴及龙舟大赛期间的应急值守情况，查阅特种设备定期检验报告、日常维保记录、自行检查记录、作业人员持证等资料，为大赛提供安全保障。

【电梯应急救援演练】 7 月 19 日，区质监分局组织东岸街道东宜社区、湖南天铭物业管理有限公司、巨人通力电梯有限公司湖南分公司在嘉盛和园小区开展电梯应急救援演练。该次演练，模拟电梯出现故障，造成乘客被困的情形。事故发生后，乘客用电话呼救，电梯安全管理人员接电后立即启动应急救援预案，通过电梯应急通话装置与被困乘客保持通话，安抚被困乘客情绪，等待专业人员实施救援，并第一时间和维保单位联系。维保单位接报后携带相关设备迅速到达事故现场，组织人员开展现场紧急救援。演练现场，维保人员还讲解了安全乘坐电梯、遇到突发事件自我保护等事项。

【农贸市场计量管理培训】 9 月 21 日，区质监分局举办农贸市场计量管理培训班。辖区内农贸市场主要负责人及计量负责人 30 人参训。该次培训，由专业人员解读集贸市场计量监督管理办法，并详细介绍公平秤的设置、强制检定计量器具备案工作程序及注意事项。各农贸市场负责人递交集贸市场诚信计量自我承诺书，承诺严格按照规定要求，建立市场计量器具动态管理档案，落实计量器具强检备案及检验工作，督促使用配发的标准砝码，加强对市场内商户电子秤的日常检查，杜绝计量违法行为，营造公平计量、诚信计量良好氛围。

【电梯安全管理人员培训】 9 月 12—15 日，区质监分局在景天大酒店分批次举办辖区电梯使用单位法人代表和电梯安全管理员的专题培训班，14 个街道（园、局）电梯使用单位近 800 人参训。培训邀请特种设备专家讲解电梯安全法律法规及《电梯使用管理与维护保养规则》等内容，向参训人员发放《特种设备使用管理规则》《中华人民共和国特种设备安全法》《长沙市电梯安全管理办法》等资料。长沙市“96366”电梯应急处置中心技术顾问和日立电梯湖南分公司培训主管分别宣讲了“96366”电梯应急救援指挥管理平台系统操作及电梯安全责任保险等事项。 （毛　婷）

食品药品监督

【概况】 2017 年，芙蓉区食品药品监督管理局贯彻落实长沙市创建国家食品安全示范城市的部署和要求，切实做好相关工作，辖区食品药品监督管理取得成效，获得全市绩效考核一类，班子全区绩效考核一类。

完善组织建设。出台《长沙市芙蓉区食品安全党政同责、一岗双责暂行规定》，成立全区创建工作领导小组，确定各成员单位创建工作负责人、联络人。在各街道（园、局）设立食安办，配备专职食安专干。各社区（村）配备专职食药协管员（信息员），并把食品安全纳入区对部门和街道绩效考核的重点工作，实行“一票否决”。制定《长沙市芙蓉区创建国家食品安全城市工作实施方案》，召开全区创建工作动员大会，统一思想，明确任务。全区各街道（局）、创建工作各成员单位分别开展创建工作动员会和党政联席会，实行责任分解。出台辖区创建工作考核奖励细则，实行每月暗访交叉检查、每季度考核排名，设立绩效考核专项奖励资金48万元。区长或分管副区长每月调度创建工作，每季讲评和推进。区委办、区政府督查室、食安委办每月、每季发督察通报。创建经费601.51万元，拨付社区食安协管员津贴38.4万元。

密织监管网络。依照辖区食品经营门店风险评级检查要求，开展日常监管工作，并按“一店一档”建立档案，年内监管覆盖率100%，食品安全监管信息公示牌覆盖率100%，良好行为规范牌覆盖率100%。出台《农产品产地准出及市场准入管理制度》，与市场开办单位签订《食品安全责任书》33份，督促市场开办单位与食品经营户签订《食品安全承诺书》1456份。在辖区农贸市场经营场所悬挂不合格食品（含食用农产品）退市及召回制度、食用农产品市场质量安全责任制度、市场监管信息及食用农产品快检信息公示制度、市场开办者落实食品安全市场主体责任、食品（含食用农产品）索证和购销记录制度。下发《芙蓉区执行更严标准强化熟食、凉菜全程监管的工作方案》《关于加强马王堆海鲜水产批发市场食品安全监管的工作方案》。实行不定期抽检。制定《芙蓉区2017年食品安全检验检测工作实施方案》，排查食品安全风险和隐患。开展食品抽检1.37万批次，其中完成定量检测1774批次，合格率97.4%；完成定性检测1.19万批次，合格率100%。食用农产品抽检量363批次，完成规定品种和项目抽检量50%，合格358批次，合格率98.62%，依法处置由国家、省、市抽检的23个不合格批次食品，以及区级定量检测的47个不合格食品。开通食品安全投诉电话“12331”，网络、信件、信访投诉举报渠道，并公开公示。全年处理各类举报投诉636件，群众满意率100%。制定《长沙市芙蓉区食品药品违法行为举报奖励办法（试行）》和《投诉举报事项的保密制度》。全年发放食品安全投诉举报奖励金3万元，有78人获奖。制定《食品药品行政执法与刑事犯罪案件衔接工作制度》及《关于加强食品药品安全行政执法与刑事司法衔接工作的意见》，形成食药监、公安、检察、法院部门联动执法办案机制。全年立案查处231件，结案186件，罚没收入162.03万元；移送至公安机关并立案侦查的案件3件，公安机关办理非法经营白板肉案2件，刑事拘留5人，移送起诉5人；办理生产销售有毒有害食品案（假药）10件，刑事拘留12人，移送起诉11人。

推进民生项目。截至年底，全部取缔辖区农贸市场内无证制售豆制品、米粉、湿面的经营门店，建成米粉、湿面、豆制品冷链集中销售门店44个，并参照冷链建设标准建立卤菜肉制品的示范门店4个。由区食药监局牵头组织，区财政局、区教育局等部门配合，各街道按照属地管理原则具体负责，落实视频厨房基础改造。截至年底，辖区3223家餐饮服务单位，1065家完成“明厨亮灶”标准化改造，其中透明厨房633家，视频厨房432家。建成20个食品安全快检室，检测蔬菜、水果、海水产品、豆制品、肉及肉制品和禽类1.41万批次；检测为阳性的有75批次，销毁问题产品3258千克。年内，在家乐福超市、万家丽超市、火炬市场南三片等市场和生鲜超市建设快检室9处，并投入使用。芙蓉区与联合餐厨公司签订餐厨垃圾收运服务采购合同629万元；督促大型餐饮企业签订餐厨垃圾无害化集中收运处置合同300家，小型餐饮单位签订餐厨垃圾无害化处理承诺书2626家。全年办结非法收集运输和处置餐厨垃圾案123件，处罚金额4.59万元。完善病死动物收集、运输、处理流程全过程监管机制建设，全区投资200余万元，建成无害化处理收集冷冻库50立方米，实验室及配套用房200平方米，为病死畜禽无害化处理提供保障。筹划辖区“食品安全”广场舞比赛、校园食品安全知识竞赛、食品安全守护小天使评比大赛等活动，营造创建氛围。组织开展“食品安全 连心行动”“五进”活动，发放倡议书、宣传品14.8万份，张贴宣传海报近5万张，各类宣传卡板、宣传单7万份，护老资料4000份，群发短信350万条以上。

存在的主要问题和不足：基层监管人员严重不足，监管对象数量多，基层任务繁重，监管难度大，执法监管风险高，标准化检查要求高，监管人员精力、体力极大透支，疲于应付各种投诉处理（特别是职业打假人）和各种检查督查、考核工作等。基层食药监所与街道食安办工作机制不完善，衔接有待提高，工作合力不足。治理能力尚难适应监管需要。食品监管体制仍需完善，监管队伍特别是专业性人员缺乏，打击食品安全犯罪的专业力量严重不足，食品生产经营违法成本低，监管手段、技术支撑、经费保障等仍需加强，执法（处罚）难以到位，风险监测和评估技术水平亟待提升。食品生产经营单位食品安全基础薄弱，食品生产经营单位普遍“多、小、散”。市场准入门槛低，违法成本低，食品从业人员、管理人员素质参差不齐，企业诚信观念和质量安全意识普遍不强，主体责任完全落实尚需时日。食品生产经营新形式监管难度大，第三方平台、微商、微店等互联网食品销售迅猛增长带来了新的风险和挑战。标准化全覆盖检查表格内容繁多，监管重点，突出性不够，基层人员不足全覆盖检查难以到位。

（唐　敏）

【校园及周边食品安全监管】　区食药监局制定并实施《2017年校园及周边食品安全监管工作要点》《中小学校校园及周边“食品安全护苗行动”工作方案》，落实辖区校园食堂食品安全校（园）长负责制，并与区教育局签订责任状。创新校园管理办法：为辖区公立中小学、幼儿园（43所）发放食品安全快速检测箱，实行检测和问题“台账式”管理，全年检测1.05万批次，合格率99.96%；为辖区公办学校及幼儿园就餐学生2.14万人购买校园食品安全责任险，投保率100%；实施政府集中招标采购，统一配送学校幼儿园食堂原料，并建成“明厨亮灶”视频厨房；实行校园食堂“五常法”（常整理、常整顿、常清扫、常清洁、常自律）管理课件，培训校园负责人和食安管理员；开展校园食品安全知识抢答赛和家长开放日活动，每学期安排食品安全知识内容10课时。

【开展食品药品专项整治行动】
区食药监局联合街道、公安、城管等部门开展豆制品米粉湿面、批发市场及农贸市场、“三小”（小作坊、小餐饮、小摊点）、肉及肉制品、火锅店烧烤店及自助餐、水产品、保健食品、“护苗”专项整治行动。年内组织行动203次，出动执法人员3512人次。整治中立案153件，其中豆制品米粉湿面案件10件，批发市场及农贸市场案件17件，“三小”整治案件39件，火锅店烧烤店及自助餐案件13件，水产品案件25件，保健食品及保健品案件10件，肉及肉制品案件12件，“护苗行动”案件28件。依法取缔食品加工黑作坊49家、取缔无证经营门店42家。

【其他工作】　出台《芙蓉区建立食品药品职业化检查员队伍实施方案》，建立以职业化检查员为主体、兼职检查员为补充，专兼结合、一专多能的检查员队伍。按照《芙蓉区食药监局食品安全监管职业化检查员队伍管理办法》《芙蓉区食品安全监管职业化检查员队伍规章制度（试行）》，规范管理检查员队伍。全年有24名街道食安专干取得执法证。推广食品安全责任保险工作，以政府引导抓推动、以优化产品抓惠民、以组织投保抓扩面。截至年底，辖区投保单位200余家，金额32万元。该模式覆盖学校（幼儿园）、食品生产企业、大型超市、餐饮企业、农村集体聚餐。协调司法机关办理消费者通过简易民事诉讼程序追偿案件。

【首张“小餐饮经营许可证”发放】
6月13日，区食药监局工作人员为位于马王堆街道古汉城沁园小区外5号门面馄饨店颁发首张“小餐饮经营许可证”。该许可证的颁发，标志着全区的小餐饮许可工作正式启动。

【陈文浩到区考察食品安全工作】
10月19日，长沙市委副书记、市长陈文浩到芙蓉区考察创建国家食品安全示范城市工作和“护苗行动”情况。市领导邱继兴、张能峰、王体泽，区领导于新凡、周春晖、许凡、黄金国等陪同。陈文浩一行人实地走访了芙蓉区教育局白沙湾幼儿园，查看幼儿园食品安全管理制度、食堂进货台账、“明厨亮灶”工作、食品安全快检设备和幼儿食品安全教育等情况，与小朋友亲切交流食品安全常识。陈文浩要求：各级各部门要时刻高度重视食品安全工作，特别是学校、幼儿园的食品安全工作，严格把关、严格溯源，保证孩子们的饮食安全。

【食安快检室通过验收】　11月15日，由区食药监局副局长刘正军，区纪委驻行政审批局纪检组组长周华牵头组织相关人员组成的联合验收小组，对芙蓉区农贸市场和生鲜超市新建的9家食品安全快速检测室开展核查验收。检查包括基础设施、配套设施（如电脑、冰柜、打印机等）、标识情况（门牌、制度牌）、快检设备（快检箱等）等方面。新建的快检室可检测水发产品、水果蔬菜、肉及肉制品、水产品、干货、禽蛋、豆制品等7个类别的食品。该次检测的项目包括过氧化氢、莱克多巴胺、二氧化硫、吊白块、农药残留等12个项目。

【冷链集中销售门店通过验收】 11月，辖区新建的44家豆制品米粉湿面冷链集中销售门店通过了市、区食药监局两级联合验收小组的检查验收。验收小组就门店选址、门店建设、设施配置、产品贮存、清洁消毒、产品配送、质量追溯、台账记录、门店管理等方面开展检查评估。全年建成豆制品米粉湿面冷链集中销售门店59家，实现了辖区所有大中小型农贸市场豆制品米粉湿面冷链销售全覆盖。

【文树勋到区考察国家食品安全示范城市创建工作】 12月12日，长沙市政协党组书记、主席文树勋一行到区调研创建国家食品安全示范城市工作。区领导于新凡、周春晖、郑明、许凡、黄金国陪同。文树勋实地走访马王堆街道沁园夜宵一条街和教育局育才第三小学，查看了食品安全管理制度、餐饮单位证照、“明厨亮灶”工作、学校食品安全教育等。文树勋要求：各级负责人要主动作为，积极推进；正视问题，查找差距；整合力量，负重奋进，全力打好国家食品安全示范城市创建“攻坚战”。 （唐　敏）

楼宇经济管理

【概况】 2017年，长沙芙蓉中央商务区管理办公室（以下简称“芙蓉区CBD办”）按照“心中有楼、政策进楼、服务上楼、企业满楼”总体思路，推进楼宇产业集聚、企业集中、功能集成，打造楼宇经济升级版。全区共有商务楼宇220幢，总建筑面积776.4万平方米；重点楼宇94幢，入驻市场运营主体6293家。

楼宇项目建设。年内，世茂广场、友阿总部大楼、东盈广场实现封顶，新建楼宇面积39.3万平方米。完成楼宇招商面积17.1万平方米，引进楼宇企业507家。在新建项目中，长沙国金中心商业裙楼招商完成95%以上，湖南投资大厦完成75%以上面积的招商，交通银行湖南省分行已于8月收房，宇成朝阳广场商业部分完成招商。在建（拟建）项目10个，总建筑面积127.8万平方米。新建商务地产项目除擎天广场、世茂广场B、恒大珺悦府（原豪庭项目）处于停工外，其他项目均按照建设计划顺利推进。

楼宇环境优化。按照区委、区政府《关于促进产业发展的扶持办法》，加大开展楼宇提质改造、引进高品质物业等方面扶持力度，营造促进楼宇经济提质发展的政策环境。推出重点楼宇“楼长制”，搭建楼宇及驻楼企业服务网。设立楼宇服务中心，开发上线楼宇经济（商贸）信息平台、“芙蓉楼宇”微信公众号。开展重点楼宇信息摸底、录入、核查工作，建立楼宇经济基础数据库，实现辖区商务楼宇待招商面积动态管理和实时对外信息推送。

楼宇品质提升。制定下发《芙蓉区示范商务楼宇评选实施方案》，开展芙蓉魅力楼宇TOP10网络评选活动和芙蓉区示范商务楼宇评选活动。推进专业楼宇扶持引导工作，重点跟踪服务“律政服务大楼”和“文化创意大楼”，“律政服务大楼”律政类企业入驻率55.8%。出台提质改造配套政策，指导和规范项目实施和改造补贴申报工作，引导传统楼宇提质改造。先期试点的银华大厦提质改造工程竣工，吸引了创富港、徐记海鲜等企业入驻。

存在的主要问题和困难：楼宇品质仍需提升。辖区内老旧楼宇数量多，楼宇配套功能不完善，设施设备老化，且大多数老旧楼宇产权分散，业主意见难以统一，提质改造难以广泛推进。高品质物业服务机构少，楼宇物业服务水平参差不齐，楼宇综合品质有待提升。 （陈晓宇）

【推出重点楼宇“楼长制”】 3月14日，芙蓉区委、区政府制定《长沙市芙蓉区楼宇经济工作联席会议制度》《长沙市芙蓉区县级领导联系重点楼宇工作方案》，创新推出重点楼宇“楼长制”，由辖区31名县级领导分别担任“楼长”，为各楼宇及驻楼企业搭建高层级的服务网。8月10日，芙蓉区CBD办制定下发《长沙市芙蓉区楼宇及驻楼企业问题诉求交办机制》，年内，通过“楼长制”协调解决楼宇及驻楼企业反映问题、困难70余个。

【举办示范商务楼宇评选活动】6月27日，芙蓉区CBD办启动示范商务楼宇评选活动。该活动根据《芙蓉区示范商务楼宇评分指标及计分规则》，从楼宇硬件配置、软件服务、经济效益和功能配套等方面的29项指标综合评定。在省建筑行业协会、省质监局的指导下，组织14个区直部门对10幢参评楼宇开展现场测评。7月12日，芙蓉魅力楼宇TOP10网络评选活动启动投票。中国石油长沙大厦、中天广场、万家丽国际MALL、华泰尚都等32幢楼宇参加。12月16日，芙蓉区举行2017年示范商务楼宇授牌仪式。该次活动为2017年芙蓉魅力楼宇网络评选活动排前十名的楼宇颁发“芙蓉魅力楼宇”奖杯，分别是红橡国际广场、万家丽国际MALL、中国石油大厦、旺德府国际大厦、湖南国贸金融中心、湘域中央、万象新天、鸿飞大厦、长盛·上东区、湖南信息大厦。授予中国石油大厦、旺德府国际大厦、红橡国际广场3幢楼宇“芙蓉区示范商务楼宇”称号。

【芙蓉区楼宇经济（商贸）信息平台正式运行】12月16日，芙蓉区楼宇经济（商贸）信息平台发布会召开。该平台具有招商推介、服务管理、政务资讯、互动交流等功能，为芙蓉区楼宇经济提质发展提供信息支撑。长沙市人民政府副秘书长王体泽，芙蓉区委副书记、区长周春晖，长沙市商务局局长高伟，副区长黄金国出席活动。长沙市标准化协会会长田亚及全区重点商务楼宇物管机构负责人，区直相关部门、街道负责人参加活动。王体泽和周春晖共同启动芙蓉区楼宇经济（商贸）信息平台上线。

（陈晓宇）

【长沙国际金融中心项目建成】长沙国际金融中心位于长沙市黄兴路与解放路交汇处的西北角。该项目由香港九龙仓集团投资建设，总投资160亿元，总建筑面积101万平方米，占地面积7.44公顷。该项目的钢结构工程由中建钢构有限公司于2013年7月15日启动建设，总用钢量约8万吨。项目由2幢姊妹楼及1个大型高端购物商场组成，基坑深度为全国第二，施工难度相当大。主塔楼设计层数95层，楼高452米，为湖南第一高楼，使用了钢材6万吨、混凝土20万立方米和玻璃幕墙11万平方米，自重62万吨；副楼设计层数63层，楼高315米，建筑设计概念与第一高楼互相呼应。该双子塔楼的设计灵感来自张家界的奇峰秀石，赋予现代都市以灵秀之气和动感活力。2幢塔楼均享有开阔的景观，可远眺湘江美景。项目于2017年年底竣工，是集大型购物娱乐中心、高端写字楼、酒店式公寓及国际白金五星级酒店于一体的超高层大型城市综合体，为长沙市高端现代服务业的标志性建筑，是湖南省高端现代服务业新的汇聚点，带动长沙现代服务业、高端商贸、总部商务等优势产业发展。（苏　洁）

（责任编辑：郭　冰）

芙蓉区发展和改革局

① ② ③ ④ ⑤ ⑥

①3月27日，区委书记于新凡带队查看汉桥项目
②5月24日，成立社会信用体系建设领导小组并召开第一次会议
③10月13日，市委书记胡衡华出席全市重大产业项目——华智水稻分子育种中心项目开工典礼
④12月1日，召开政府投资项目建设管理工作培训会
⑤“两型”志愿者向居民群众宣传餐厨油烟净化治理工作
⑥举办餐厨油烟净化综合治理工作培训

（区发改委　供稿）

芙蓉区教育局

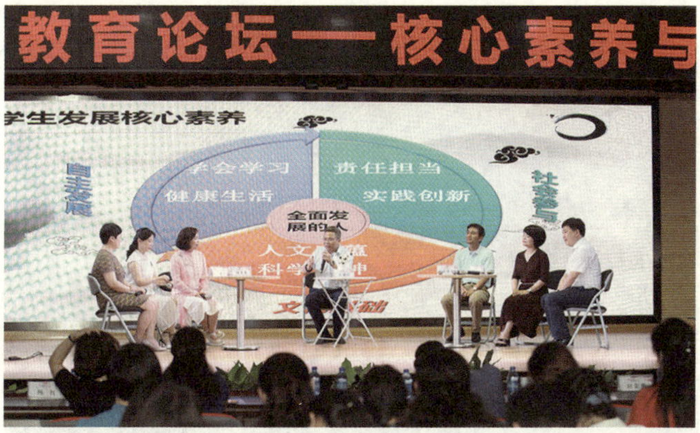

①	②
③	④
⑤	⑥

①6月22日，芙蓉幸福教育论坛活动在大同小学举行

②6月29日，国家教育体制改革领导小组督察芙蓉区义务教育城乡一体化改革工作

③8月30日，“芙蓉名师大讲堂”活动在大同瑞致小学举行

④9日8日，市委书记胡衡华慰问大同小学师生

⑤9月7日，芙蓉区举行庆祝第33个教师节暨“践行《芙蓉教师宣言》，做好学生引路人”主题教育活动

⑥11月3日，举办“书香芙蓉——全民终身学习活动周”

（区教育局　供稿）

芙蓉区科学技术局

①	②
③	④
⑤	⑥

①4月20日，市知识产权宣传周启动仪式暨知识产权专题培训在区举行

②5月19日，科技活动周启动式在马坡岭街道举行

③5月26日，芙蓉区“中国种业硅谷”专家座谈会暨庆祝首个科技工作者日活动在隆平水稻博物馆举行

④9月14日，举办“芙蓉杯”首届科技创新创业大赛

⑤9月19日，举办“创新驱动发展，科学破除愚昧”全国科普日活动

⑥9月，科普进校园活动中育英学校展示科技创新作品

（区科技局　供稿）

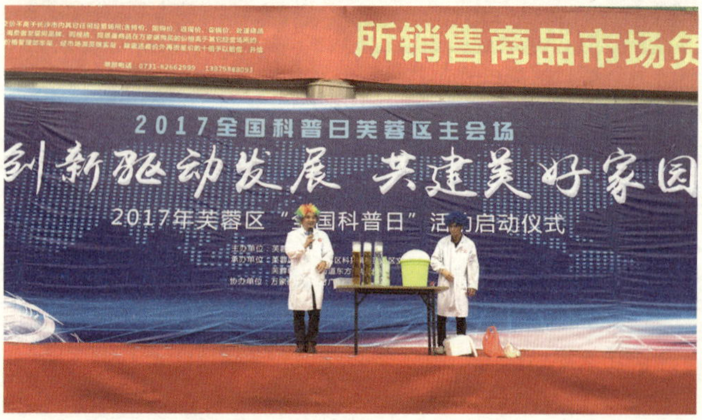

芙蓉区商务和旅游局

①	②
	③
	④
⑥	⑤

①3月16日，参加"快乐长沙·'乡'约四季"2017长沙乡村休闲旅游节活动

②4月26日，芙蓉区政府与香港中海重工集团联合打造楼宇智能停车互联网平台项目签约

③7月25日，港澳青少年游学团一行到隆平文化公园，观看大型田园实景情境剧演出《浏阳河上》

④11月，在2017年长沙国际马拉松赛展览会上展示《浏阳河上》

⑤11月28日，芙蓉区召开肉菜追溯培训暨商贸工资调度会

⑥推出全域旅游微刊网页

（区商务旅游局　供稿）

芙蓉区文化体育新闻出版局

①	②
③	④
⑤	⑥

①1月24日，省文化厅领导率队检查芙蓉区文化娱乐行业安全工作

②4月15日，芙蓉区举办中华龙舟（长沙·芙蓉站）分区赛，由中央电视台体育频道全程直播

③5月15日，举行民革党史教育基地授牌仪式

④7月21日，汉语桥选手参观隆平水稻博物馆

⑤8月31日，“喜迎十九大 共筑中国梦——‘欢乐潇湘 品质长沙 幸福芙蓉’”大型群众文艺会演，图为舞蹈《百花争妍》

⑥为群众开展免费舞蹈培训

（区文体新局　供稿）

芙蓉区卫生和计划生育局

①	②
	③
	④
⑥	⑤

①5月9日，举办“安全就医“宣传周活动

②5月17日，举办医疗废物、医疗污水处置重点突出问题整改推进会暨医疗机构负责人培训

③7月7日，为灾区群众发放防汛救灾防病药品

④7月13日，卫计执法人员向群众发放宣传资料

⑤9月19日，省卫计委专家组在旺旺医院查看慢性病管理信息系统

⑥11月16日，芙蓉区学校、托幼机构卫生工作暨培训会议召开

（区卫计局　供稿）

芙蓉区农业林业水利局

①浏阳河芙蓉区段东西岸及水域
②组织志愿者开展清楚废弃物品活动
③9月13日，副区长彭尚松带领河段长、成员单位巡查浏阳河芙蓉区段
④浏阳河马王堆段开展油污清理工作
⑤12月21日，副市长刘明理带队巡查浏阳河芙蓉区段水域
⑥开展浏阳河段排污口垃圾打捞工作

（区农林水局　供稿）

芙蓉区城市管理和行政执法局

①	②
③	④
⑤	⑥

①4月28日，市委统战部部长谭小平到区调研造绿复绿项目建设工作
②5月5日，开展整治废品店行动
③6月18日，芙蓉区城管委工作会议召开
④6月27日，市委书记易炼红一行到区观摩火星街道凌霄花街造绿复绿项目
⑤9月19日，副市长刘明理到韭菜园街道蓉园社区调研提质改造工作
⑥开展“百日整治”拆除违规废品收购点行动

（区城管局　供稿）

芙蓉区城市管理综合执法大队

①	②
	③
④	⑥
⑤	

①7月汛期，城管执法人员在浏阳河钢便桥旁搭筑防洪子堤
②城管执法人员在汽车东站开展不文明行为劝导
③开展违规夜市综合整治
④清理影响市容的违规广告招牌
⑤城管执法人员规范摆放人行道上共享单车
⑥12月，城管执法大队分批组织执法人员综合素质培训
（区城管执法大队　供稿）

芙蓉区经济和信息化局

①	②
③	
④	
⑤	⑥

①3月8日，芙蓉区召开中小微企业服务中心揭牌暨仪式中小微企业服务发布会

②3月17日， 开展连心群众工作

③3月31日，举办2017年众创星辰行动系列活动

④8月25日，芙蓉中小微企业服务大讲堂活动举行

⑤9月26日，取缔粘土砖企业相关工作督察会召开

⑥12月22日，创业创新联盟揭牌仪式暨第三期芙蓉创业创新大讲堂开讲

（区经信局　供稿）

芙蓉区交通运输局

① ②
③ ④
⑤ ⑥

①开展违规营运班线车整治
②治理车辆超限超载行为
③11月16日，区打非办联合相关部门开展火车站周边长途客运门面执法行动，取缔“黑站点”
④执法检查危险化学品运输车辆
⑤开展安全隐患大排查
⑥开展消防灭火器检查

（区交通运输局　供稿）

芙蓉区统计局

①	③	
	④	
②	⑤	
	⑥	

①8 月 30 日，召开新增“四上”企业、现代服务业考核工作布置会

②9 月 7 日，第八届“中国统计开放日”统计宣传月启动仪式在万家丽广场举行，图为宣传展板

③9 月，湖南经济电视台《经视新闻》栏目报道芙蓉区住户调查社区入户情况

④10 月 27 日，全区统计工作会议召开

⑤年内，编印《芙蓉统计监测》10 期

⑥2017 年，市统计系统举办第四届“统计情”杯羽毛球赛，参赛队员合影

（区统计局　供稿）

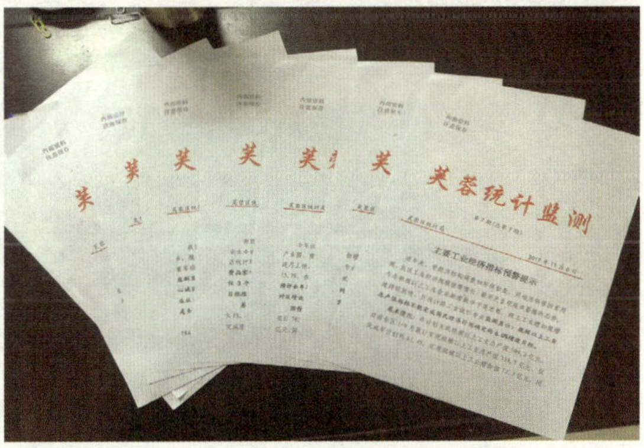

芙蓉区民族宗教和外事侨务局

①	②
③	④
⑤	⑥

①3月25日，中联部玻利维亚争取社会主义运动干部考察团到都正街考察

②4月17日，市民宗局到区调研宗教场所安全和民族宗教工作

③5月3—10日，长沙市华文教育交流团到马来西亚、泰国开展教育考察交流

④7月21日，组织开展宗教工作业务培训

⑤9月28日，南湖社区开展宗教政策法规学习宣传月活动

⑥12月9—13日，在湘西龙山县靛房镇开展“民族情深 与梦同行”爱心公益捐赠活动

（区民宗外侨局　供稿）

芙蓉区安全生产监督管理局

①6月16日，安全生产咨询日活动现场为“双十佳”获奖人员颁奖

②6月16日，工作人员在安全生产咨询日活动现场，为群众答疑解惑

③8月7日，执法人员查封荷花园社区安泰新村废品收购门店

④9月22日，东屯渡街道安监站联合东屯渡派出所、扬帆社区工作人员查获违规改装满载液化气罐的面包车

⑤10月31日，朝阳街道安委办工作人员对使用醇基燃料的餐饮门店开展联合执法行动

⑥11月2日，区委书记于新凡检查五里牌街道“美丽芙蓉·城市双修”PPP项目建设施工现场

（区安监局　供稿）

芙蓉区人民防空办公室

①	②
③	④
⑤	⑥

①5月12日，举办“减少灾害风险、创建平安社区”宣传活动
②8月1日，省保密局领导到区督察人防保密管理工作
③9月18日，芙蓉区举行纪念“9·18”勿忘国耻防空防灾宣传演练活动
④10月25日，防空防灾知识宣传暨疏散演习活动在大同瑞致小学举行
⑤11月1日，举办“聚焦十九大、感受人防新变化”人防宣传活动
⑥11月6日，召开全区人防工程安全隐患排查工作布置暨业务培训会

（区人防办　供稿）

芙蓉区行政审批局

①6月24日，长沙市芙蓉区行政审批局挂牌成立

②9月8日，召开饶某申请设立聚仁医院听证会

③10月11日，区行政审批局局长张亚、副局长易智勇带队检查餐饮经营情况

④11月10日，区行政审批局工作人员办理行政审批事务

⑤12月11日，该局工作人员现场查勘建筑起重机械备案情况

⑥12月22日，该局工作人员现场查勘地铁6号线交通疏导工程围挡

（区行政审批局　供稿）

芙蓉区政务服务中心

①	②
③	④
	⑤

①6月，开展“文明礼让 有序排队”活动

②7月19日，开展主题党日活动

③8月，人才服务窗口入驻区政务服务大厅

④政务中心办事大厅

⑤11月24日，举办“12345”市民服务热线暨政务服务业务工作培训会召开

（区政务服务中心　供稿）

长沙芙蓉中央商务区管理办公室

①②③
⑤④⑥

①3月22日，召开加快现代服务业暨楼宇经济发展工作大会

②5月5日，区长周春晖调研银华大厦楼宇经济工作

③8月4日，区委书记于新凡、区长周春晖带队调研湖南投资大厦

④12月16日，芙蓉区举行示范商务楼宇授牌暨楼宇经济（商贸）信息平台发布仪式

⑤⑥银华大厦门头改造前与改造后对比照片

（中央商务区办　供稿）

芙蓉区市容环境卫生管理局

①开展人机配合清扫路面
②7 月，环卫工人在抗洪抢险现场
③10 月 13 日，市城管局副局长胡刚现场观摩环卫作业
④12 月，凌霄路开展洒水降尘
⑤万家丽示范性公厕外观效果图
⑥环卫雾炮车开展夜间降尘
（区环卫局　供稿）

芙蓉区市政工程管理局

①	②
③	④
⑤	⑥

①1 月 27 日，组织干部职工到重点路段除冰扫雪
②2 月 16 日，防涝排渍网格化平台建成
③3 月 31 日，区长周春晖调研支路街巷现场
④6 月 13 日，区委书记于新凡检查凌霄路提质提档项目
⑤11 月，东二环线桥下空间提质改造完成
⑥实施粪污无害化处理工作

（区市政局　供稿）

芙蓉区园林管理局

①②
③
④
⑤⑥

①3月9日，区委书记于新凡、区长周春晖参加芙蓉区全民义务植树活动
②5月，开展“绿色城市建设市民共建行动”小小绿衣侠进校园活动
③建成凌霄花街样板街
④长郡芙蓉中学屋顶绿化工程竣工
⑤年内重要节点实施主要街道两旁鲜花布景工程
⑥浏阳河风光带“四个芙蓉”绿色植物景观

（区园林局　供稿）

芙蓉区总工会

①	②
	③
④	⑤

①8月2日，区领导在浏阳河婚庆广场慰问一线工作人员

②8月29日，“金秋助学”助学金发放仪式在隆平水稻博物馆会议室举行

③10月10日，芙蓉区举行第五届“芙蓉工运杯”职工篮球赛

④12月15日，举办区劳模先进事迹和中共十九大精神宣讲暨“爱岗敬业、无私奉献”道德讲堂活动

⑤“芙蓉工运杯”职工篮球赛参数获奖队员合影

（区总工会　供稿）

共青团芙蓉区委员会

①	②
	③
	④
⑤	⑥

①5月4日，举办庆“五四”暨“青春建功在芙蓉”青年微论坛活动
②6月7日，“清廉雅韵 君子文化”读书沙龙活动在区图书馆举行
③6月7日，团市委领导到芙蓉区调研共青团工作
④6月15日，开展“精准助扶贫·龙山公益行”爱心公益活动
⑤7月4日，组织青年志愿服务队开展抗洪救灾活动
⑥12月24日，芙蓉区青少年财商实践（公益）基地在长沙农商银行浏阳河支行揭牌

（区团委　供稿）

芙蓉区工商业联合会

①	②
③	④
⑤	

①2月，东湖街道商会被评为长沙市“五好”商会

②5月，区工商联与永顺县工商联结为友好商会

③5月8日，爱心企业家到永顺县官坝小学开展助学捐赠活动

④11月15日，福建省厦门市思明区工商联主席带领企业家一行10人到区交流跨省民营企业合作发展平台搭建情况

⑤12月12日，市工商联党组书记丁文及区商会企业家考察英氏营养品股份有限公司

（区工商联　供稿）

芙蓉区红十字会

①6月13日，长沙市造血干细胞捐献和无偿献血宣传活动在科佳广场举行

②6月28日，芙蓉区红十字会第三届理事会第一次会议召开

③7月8日，举办暑期青少年救护培训

④7月22日，向受灾地区捐赠抗洪救灾款

⑤9月8日，第18个“世界急救日”主题宣传活动暨校园安全知识宣传教育活动在朝阳小学举行

⑥11月19日，区红十字会志愿服务队被评为“长沙市十佳扶残助残爱心集体”

（区红十字会　供稿）

长沙市公安局芙蓉分局

①	②
③	④
⑤	⑥

①1月22日，召开全区公安工作会议

②4月13日，湖北省公安厅领导到芙蓉分局调研警务机制改革工作

③5月12日，中央改革办督察团到芙蓉分局督察警务机制改革工作

④8月31日，召开“夏季攻势”专项行动总结表彰大会

⑤8月31日，召开“迎接十九大、忠诚保平安”安保维稳工作动员大会

⑥9月22日，芙蓉分局参加部督湖南长沙“7·10”特大网络贩枪案新闻发布会

（区公安分局　供稿）

芙蓉区交警大队

①	③
	④
②	⑤
	⑥

①5月8日，启动道路交通“大铁骑机动勤务”新模式

②8月1日，秩序支队联建党支部召开创建“优秀团队”工作交流会

③8月31日，芙蓉交警到企业开展交通安全宣传培训

④9月，芙蓉大队三中队中队长刘辉被评为“全国特级优秀人民警察”

⑤9月15日，长沙交警支队带领党委班子成员考察芙蓉交警指挥情报中心项目

⑥11月8日，公安部交管局领导考察芙蓉大队警务改革工作

（区交警大队　供稿）

芙蓉区公安消防大队

①	②
③	④
⑤	⑥

①1月25日，市委书记易炼红带队慰问芙蓉消防大队官兵

②1月，联合区民政部门到老年人活动场所开展消防安全检查

③2月，派员到湘一芙蓉第二中学主讲开学第一课

④4月，为中华龙舟（长沙·芙蓉站）分区赛开展消防安全巡查

⑤5月10日，在中庭国际前坪开展“消防流动课堂”宣传活动

⑥9月8日，整改验收重大火灾隐患单位

（区消防大队　供稿）

长沙市工商行政管理局芙蓉分局

①	③
	④
②	⑤
	⑥

①3月10日，召开全区工商行政管理工作会议

②4月12日，派员验收商事制度改革成果

③7月2日，派员检查农贸市场建设情况

④7月5日，向遭受洪涝灾害的宁乡灾区捐赠慰问物资

⑤8月7日，工作人员查封无照经营门店

⑥11月17日，开展“敬业奉献，忠于职守”道德讲堂活动

（区工商分局　供稿）

工业·园区

工　业

【概况】 2017年，芙蓉区以供给侧结构性改革为主线，以智能制造为统领，贯彻实施一系列推动产业转型创新的组合政策，结构调整取得新进展，项目建设取得新突破，工业生产保持平稳运行。2017年，全区累计实现全部工业总产值486.08亿元，比2016年减少2.7%，其中规模以上工业企业实现产值432.08亿元，比2016年减少3.3%；实现规模以上工业增加值90.90亿元，比2016年增长0.7%。2017年，芙蓉区信息产业快速增长，规模以上信息产业总数58家，合计营业收入19亿元，比2016年增长30.27%。2月区经信局获评市工业和信息化工作优秀单位。

强化政府引导职能。牵头制定出台《贯彻落实〈关于振兴长沙工业实体经济的若干意见〉工作方案》。该文件要求以企业需求为导向，努力降低工业企业建设运行成本，着力解决企业融资、审批、上市、运营和销售等环节的实际问题。加大对高技术含量、高附加值服务业企业的政策扶持。2017年度工业项目扶持资金申报工作成效突出。向省市推荐104家企业申报省市级项目扶持资金，45家企业获批，合计补贴金额1998万元。推荐41家企业申报2017年度省市移动互联网专项资金，38家企业获批，省市移动互联网专项资金补贴金额1065万元。

扶持小微企业创新创业。成立芙蓉中小微企业服务中心，打造为中小微企业的发展和繁荣提供“一站式、一体化、全方位”的区级公共服务平台。牵头组建了芙蓉区创业创新联盟，按照“创新驱动”以企业为主体战略的目标要求，整合服务资源，优化服务流程。服务帮扶效果明显。区经信局依托芙蓉中小微企业服务中心组织实施系列公共服务活动，截至12月，举办包括主题沙龙、大讲堂等各种活动15期，服务全区600多家中小企业。服务中心根据企业需求，遴选服务机构，提供包括投融资、项目申报法律咨询等多项服务。系列服务活动受到政府、服务机构和中小微企业的广泛好评，湖南经视、《长沙晚报》、长沙电视台等多家新闻媒体予以报道。

省市专项资金管理。3月，开展2016年省移动互联网专项资金绩效评价工作。组织18家企业提交绩效评价资料，协同省经信委现场核查4家企业。6月，配合市经信委对区域内10家企业开展2015年市移动互联网专项资金绩效评价。对弘美隆、特洛伊和新珲节能三家企业开展2016年省节能资金绩效评价工作，审核企业绩效评价报告。

企业环保工作。配合开展中央环保督察。处理4起群众举报信访件，其中涉及基站投诉3起，工业企业投诉1起。处理马坡岭机电驾校北基站投诉，与市经委、马坡岭街道、锦林社区、市移动公司对接。召开居民代表院校方代表参加会议，公示环评报告和最新的现场检测结果。组织社区和移动公司人员逐一上户做宣传解释工作。开展2017年度大气污染防治“百日攻坚”。组织开展包装印刷、家具制造、木制品加工行业挥发性有机物调查摸底，筛选确定重点工业排放源，建立挥发性有机物重点监管企业名录。推广使用水性涂料等环保型涂料，鼓励生产、销售和使用低毒、低挥发性有机溶剂。要求家具及其他工业行业涂装项目低挥发性有机物含量涂料使用量占总涂料比例不低于50%，包装印刷项目必须使用具有环保标志的油墨。

开展“承诺办事”活动。配合杉木村村部开展“承诺办事”活动，协助杉木村对农园路进行简单维护，确保居民节日出行便利；协助完成了杉木港黑水治理，改善村内卫生环境，提升了村民生活用水的安全性。

（王志国　文程遥）

【企业办社会职能分离工作】2017年，试点国有企业退休人员社会管理工作，继续推进央企和省企小区水电分离移交，实施央企小区物业管理移交。国有企业退休人员社会化管理试点工作。试点企业为中国有色金属长沙勘察设计研究院有限公司。2017年，区经信局牵头，汇同区相关职能局到长勘院多次集中对接，制定出台《芙蓉区推进中国有色金属长沙勘察设计研究院有限公司（湖南有色长勘商贸发展中心）退休人员社会化管理试点工作实施方案》（芙企办发〔2017〕2号）。年底，《中央试点企业退休人员社会化管理移交协议》签订。

协调推进驻长央企、省企小区供水供电分离移交。2017年新增多个驻长央企、省企社会职能移交地方，全区有39个驻长央企小区、23个省企小区涉及供水供电分离移交。区经信局牵头组织召开芙蓉区企业办社会职能分离移交工作推进大会，对辖区内中央驻长企业、省属企业“三供一业”（供水、供电、供热（供气），物业管理）分离移交实行统一调度。该项工作由市企改办牵头，区经信局配合推进。

中央在长企业职工小区物业管理分离移交。搭建企业物业管理接收平台。经区政府主要领导批示，同意由芙蓉区城市建设投资有限责任公司作为中央、省属驻长企业职工小区物业接管平台。2017年辖区中央企业小区物业移交任务为11个，至年底基本完成任务内移交协议的签订，同时完成任务外2家央企8个小区物业分离移交协议的签订。

市属企业办社会职能分离移交扫尾工作。对2016年年底前完成移交协议签订的64个市属企业小区，2017年底前全部完成物业管理接收任务。监管市属企业办社会职能分离移交补贴资金拨付，3月总计580.4万元的经费下拨到各街道及相关职能局。为保证下拨资金的专款专用，区企改办印发《长沙市芙蓉区市属企业办社会职能分离移交补贴资金管理办法》（芙企办发〔2017〕1号），规范资金使用。完成长沙市芙蓉区物资贸易公司改制相关工作。处理群众来信来访，包括企业改制等历史遗留问题，为企业职工办理退休手续。（王志国）

【芙蓉中小微企业服务中心成立】3月8日，芙蓉中小微企业服务中心在湖南影像创客大厦成立。芙蓉中小微企业服务中心是在区政府领导下建设，作为芙蓉区中小企业公共服务平台，结合湖南影像创客空间设立“一体化、一站式、全方位”中小企业服务窗口，搭建政务服务、企业融资、人力资源、法律财税等八大服务平台。该中心为民办非企业法人机构，有工作人员8人，经费来源政府采购。截至12月，中心举办各种活动15期，其中众创星辰系列主题沙龙6期、芙蓉大讲堂3期，双创科技大赛1场，服务全区600余家中小企业。服务项目包括投融资服务、项目申报、法律咨询。服务中心组织专家深入企业调研，了解企业需求，遴选服务机构，严把服务质量关，企业满意率90%以上。（王志国　文程遥）

【众创星辰行动系列活动首场主题沙龙】3月31日，由区经信局、芙蓉区中小微企业服务中心联合举办的2017年众创星辰行动系列沙龙首场活动《如何让工伤保险充分发挥企业保护伞的作用》，在湖南影像创客大厦（科佳摄影城）会议室举行。长沙市人社局工伤保险处处长卢晓灵、芙蓉区经信局副局长贺辉可、长沙市中小企业服务中心运营总监肖琦等领导及芙蓉区近50家企业代表参加活动。该活动针对中小企业发展中遇到的热点、难点问题，邀请高级人力资源管理师、长沙市劳动关系调解员杨智以及长沙市人社局工伤局领导与企业面对面交流，解读工伤新政策、工伤报销比例、鉴定标准等内容，剖析经验案例，帮助企业解决实际问题。

【市政府派员到区督察企业办社会职能分离移交工作】8月8日，市人社局企业社保局党委书记刘中海、市民政局基政处处长罗文等一行督察芙蓉区企业办社会职能分离移交工作。副区长黄金国，区经信局、财政局、人社局、建设局负责人参加会议。会上，各部门汇报了企业办社会职能分离移交工作中关于市拨专项经费的使用、管理及拨付情况，市属企业退休人员接管情况，市属企业非经营性资产接管情况，市属企业小区物业接管情况和选择物业接管平台落实情况。督察组对芙蓉区企业办社会职能分离移交工作给予肯定，希望芙蓉区继续加强上下联动，做好后续相关工作；对在工作推进中存在的有关问题，各部门要主动作为，根据问题导向，深入分析原因，制定可行措施，实行专项治理。

【人大建议、政协提案办理工作面商会】 8月16日，区经信局召开2017年人大建议、政协提案办理工作面商会。区人大常委会副主任宋晋武、副区长黄金国、区人大联工委主任段向阳、区政协提案委主任成良访、区政府办政府督察室主任吴康达，有关人大代表、政协委员及区经信局全体班子成员出席会议。会议由区经信局局长孔飙主持。2017年区经信局收到区人大代表建议、政协委员提案18件，其中主办7件（建议3件、提案4件），协办11件（建议3件、提案8件），内容涉及老旧小区水电管网改造，创业创新和互联网产业等内容。会上，孔飙对代表、委员对芙蓉区工业和信息化工作的关心和支持表示感谢，并就建议提案的办理情况作汇报。各位代表、委员对办理结果提出意见和建议，经信局相关责任人对代表、委员们提出的问题作解释和说明。沟通增进双方了解，代表、委员们对建议和提案的办理工作表示满意。

【芙蓉中小微企业服务大讲堂开讲】 8月25日，由区经信局主办，芙蓉中小微企业服务中心承办的芙蓉中小微企业服务大讲堂芙蓉区政府214会议室举行。活动邀请湖南英卓人才孵化服务有限公司创始人、人力资源与企业劳动关系实战专家袁异主讲《大数据时代“人”应对之道》，区域内近200家企业参与。该次活动在《关于振兴长沙工业实体经济的若干意见》（简称“长沙工业30条”）《长沙市建设创新创业人才高地的若干措施》（简称“长沙人才新政22条”）、芙蓉科技创新政策体系等政策密集出台的背景下举行，为帮助中小微企业更好地了解相关政策，合理、科学运用政策红利促进企业发展，引导与会人员积极正面地对决中小微企业普遍面临的人才问题。在提问环节，袁智从专业的角度，全方位、深层次地解答与会人员提问，获与会领导和企业的赞赏与肯定。

【取缔粘土砖企业工作督察】 9月26日，市政府督察室副主任徐云科会同市经信委、市城乡规划局、市质监局、市住建委等有关部门对芙蓉区依法依规取缔粘土砖企业有关情况进行督察，芙蓉区政府督察室主任吴康达，区经信局、环保局等相关部门负责人参加。会上，区经信局副局长方建龙汇报工作。接到市委市政府的相关通知后，区经信局第一时间组织14个街（园、局），专题部署区域内粘土砖企业的摸底清查工作，8月31日—9月4日各单位全面铺排开展粘土砖企业专项清查行动。通过排查，确认区域内没有粘土砖生产企业。徐云科肯定芙蓉区的工作开展情况，并要求继续开展相关工作，确保不出现漏报情况。

【“新时代企业资金申报”主题沙龙】 12月5日，芙蓉中小微企业服务中心联合东屯渡街道，针对区域内企业发展过程中的痛点、需求，在东屯渡街道会议室举办“新时代企业资金申报”的主题沙龙。活动邀请到湖南中周至尚信息技术有限公司、长沙橙柿文化传媒有限公司、湖南荣业商务咨询有限责任公司、湖南星通汽车制造有限公司等50余家企业负责人参加。区经信局副局长姚群峰、东屯渡街道办事处副主任唐灿、经济办主任周国伟、芙蓉中小微企业服务中心主任刘文出席并担任主讲。他针对政府资金项目介绍、项目评估及策划、申报流程及申报材料方面详细讲解，让企业负责人了解如何理解项目申报、如何选择适合自己企业申报的项目、如何提高项目申报的成功率。活动持续两个多小时，企业负责人感觉很有收获，会后继续与刘文交流。

【芙蓉区创业创新联盟成立】 12月22日，由芙蓉区政府、区小微两创工作领导小组主办，区经信局、区中小微企业服务中心承办的“芙蓉区创业创新联盟揭牌仪式暨第三期芙蓉创业创新大讲堂”在区机关会议室举行。长沙市经信委中小企业处处长吴纯、区经信局局长韦进文为创业创新联盟揭牌，区各部门、各街道、机构代表、企业代表150人参加活动。会上，海尔创客学院院长胡春梅、普智私董学院院长张敏受聘为芙蓉区创业创新导师。胡春梅作题为《海尔人人创客的组织转型与探索》的主题演讲，阐述了新时代互联网经济生产、消费和管理模式的变化，剖析海尔在互联网时代转型的探索与实践，解读中小微企业面临的机遇与挑战，并对中小微企业如何实现转型升级提出建议。该联盟是继芙蓉中小微企业服务中心成立之后又一服务双创的枢纽型平台，有助于营造浓厚的创业创新氛围，为推动芙蓉区全民创业工作快速、健康发展奠定基础。（王志国　文程遥）

【芙蓉区新增创业主体过万家】芙蓉区以企业需求为导向，完善“小微”两创服务体系，精准帮扶楼宇提质增效、中小微企业创新升级。年内，新增创业主体1.8万家。其中新增高新技术企业45家，新认定长沙市科技小巨人企业12家，登记备案科技型中小企业227家。全年高新技术产业产值增加值390亿元，占GDP比重30%以上。全年芙蓉区举办中小微企业服务中心活动14期，形成了横向联动、纵向贯通的中小微企业精准服务体系，服务企业600余家。截至年底，芙蓉区累计实现主板上市7家，新三板挂牌13家；2017年实现绝味食品股份有限公司主板上市，咖啡之翼品牌管理股份有限公司新三板挂牌，进入区上市后备资源库11家，进入省、市上市后备资源库企业7家。

（苏　洁）

隆平高科技园

【概况】2017年，隆平高科技园完成技工贸总收入625亿元，其中，工业总产值425亿元，比2016年增长8.6%；规模以上工业总产值397亿元，同比增长8.8%；规模以上工业增加值增长率7.2%；完成高新技术总产值371亿元，比上年增长17.6%；完成全社会固定资产投资65.9亿元，比2016年增长43.9%；完成服务业投资37亿元，比上年增长208%，占全社会固定资产投资56.2%。新增“四上”（规模以上工业企业、资质等级建筑业企业、限额以上批零住餐企业、国家重点服务业企业）22家企业，其中工业企业5家、现代服务业企业17家。年内，实现税收总额7.32亿元，比2016年增长21%，亩均税收32.3万元，为全市园区第一。

落实“一主一特”（主导产业和特色产业）产业定位。全年实现现代服务业营业收入219亿元，其中“四上”服务业营业收入180亿元，实现增加值36.2亿元，同比增长29%，获评长沙市现代服务业考核优秀单位。电子商务交易额52亿元。基因技术产业链被纳入全市22个新兴优势产业链行动计划。全年实现现代生物农业产值145.5亿元，培育认定国家级种子新品种62项、省级75项，推进产学研合作项目9个，获中国产学研合作创新成果一等奖1项。建立省级生物育种专家库，举办“种业硅谷·现代种业高峰论坛”等全国性学术交流2次。隆平高科进入全球种业第九位，并获得“省长质量奖”。爱尔眼科医院集团股份有限公司、袁隆平农业高科技股份有限公司、长沙新振升集团有限公司、大汉控股集团、省茶业集团入围“湖南企业100强”。颐而康获“首届市长质量奖”。全年完成商事注册企业539家，新引进产业项目和税源项目22家。其中，年纳税能力3500万元以上项目1个，年纳税1000万元以上项目2个，年纳税500万元以上项目4个。徐记海鲜、中湘环保、湘信建设、中禹利晟等77家高成长、高效益型企业入驻创业平台，累计完成平台租售面积3.5万平方米。

实施“项目建设年”计划。全年引进的16个项目全部开工，竣工13个，总建筑面积约80万平方米。特格尔健康产业园接受全市项目观摩并投入使用。隆平高科总部研发中心、药圣堂养生中药产业园、和捷环生产基地等项目进入装修阶段。推进华智国家水稻分子育种研发基地、银通科技生产研发基地、琴海数码产业园、丽时服饰产业园等重点项目。投资过50亿元的隆平现代产业园项目完成规划调整并公示，项目周边的红湖路、纬十四路、东湖路、合平路开工。完善张公岭建成区基础设施，完成长星路、雄天路等6条道路提质改造。

实施“招才引智”。年内，“袁隆平杂交水稻创新团队”获评中部地区唯一国家科技进步奖创新团队。中国工程院院士袁隆平、华智张健博士受聘担任“长沙人才新政代言人”。新增中国科学院院士1人，国家“千人计划”1人，省“百人计划”2人，“市创新创业领军人才”3人，全省100名享受省政府特殊津贴专家8人。新认定高新企业15家。新增省级以上重点实验室2家。全年完成发明专利申请量91件，比上年增长25.5%，得分居全市省级园区第一。湖南省茶业集团国家科技进步二等奖项目实现产业化，并获省科技创新奖。省茶业集团、长沙韶光铬版有限公司、省有色院、湖南优久农牧有限公司、湖南斯莱克景达实验动物有限公司、湖南琴海数码股份有限公司制定国家或地方标准。金井茶业、明园蜂业、新振升铝材、怡清源茶业等7家企业分别被授予湖南省十大农业企业品牌或湖南名牌称号。广发隆平获批“国家小微企业创业创新示范基地”。举办“长沙工业30条”“长沙人才新政22条”“科技创新1+4”等政策宣讲会，配套出台实施细则。深化行政审批制度改革，承接61项市级下放权限，园区社会满意度测评连续三年居全市园区第一。落实“春风行动”，为企业排忧解难，累计帮助企业融资近2亿元，落实“助保贷”资金1600万元，指导企业申报各类项目100项，获得扶持资金近3000万元。

加大安全生产监管力度，全年未发生较大安全事故。推进“平安园区”建设，建成区高清监控系统投入使用，稳妥调处各类矛盾纠纷，获评全市综治考评优秀园区。加大环保监测力度，落实中央环保督察各项任务，未发生环保负面事件。

存在的主要问题和困难：资源要素制约严重，重特大项目引进难，企业流动性加速。传统产业增速回落，高效龙头阵容不强，新兴行业总量较小，企业转型升级、提质增效任重道远，产业结构调优还要深挖潜力。基础配套还需进一步健全完善。（罗　萍）

隆平高科技园党工委、管委会领导人员

书　　记　王曙光
副书记、主任　黄　滔（2017.02免）
缪晨光（2017.06任）
副主任　曾　理
谭利辉（女）
纪工委书记　汤季平
党工委委员　吴清斌
工会联合会主席
阳林艳（女）

办公室

主　　任　李　毅
副主任　李　军

招商合作局

局　　长　吴业华（2017.05任）
副局长　刘雅俐（女）

经济贸易局

局　　长　徐勐龙（女）
副局长　马　捷

规划建设局

局　　长　邹远征

社会发展局

局　　长　邹建国
副局长　张青山
罗俊辉

财政分局

局　　长　陈晓红（女）

【“智慧照明路”改建完成】 隆平园“智慧园区”建设，投入2000万元打造集内部管理、企业服务、生活服务于一体的信息化平台。4月4日，全省首条“智慧照明路”在隆平高科技园雄天路改建完工，向公众开放展示。雄天路上50根“智慧路灯共杆”，兼具发送WiFi、停车管理、路面井盖管理、环境监测和新能源汽车“充电桩”功能。监控服务室的“智慧照明”大屏幕可查看每盏路灯标注在电子地图上的所处位置、运行天数及开关状况、耗电情况等。通过屏幕显示，可远程操控开关灯、亮度调节及故障检修。“智慧共杆”还具有按需照明功能，即按照天空明亮度、道路对光能的需求度自动调节功率，能保证照明需求并避免电能浪费。该智能化功能还实现WiFi免费覆盖，市民登录界面，即可了解园区服务资讯、企业的创新产品等，路面紧急情况也可被迅速播报。该共杆上的无线传感器，与下水井盖的移位倾斜感应器、路面上停车位地磁感应器对应，可在井盖缺失、车辆移位时发出告示。车主下载指定APP后，可根据共杆的指引，找到周边空闲停车位。（罗　萍）

【陈文浩到隆平高科技园调研】 5月18日，长沙市委副书记、市长、湖南湘江新区党工委书记陈文浩率队到隆平高科技园调研。陈文浩一行在英氏孕婴童产品产业园听取公司负责人汇报，参观智能化生产线。陈文浩现场询问了企业在发展环境、生产经营中存在的困难和问题，并就该公司的1项实际困难交付市直相关部门办理。在特格尔健康产业园工地，陈文浩听取了公司负责人关于发展概况、项目建设进度、未来发展规划的汇报，并与企业负责人现场交流了营销模式、市场拓展、质量监管等。在隆平高科技园区管委会会议室召开的座谈会上，陈文浩听取了芙蓉区、隆平高科技园工作情况汇报，肯定全区干事氛围、园区发展思路。他要求：芙蓉区要突出对标对位、集约高效，大力发展楼宇经济；要突出创新驱动、高端引领，着力增强核心竞争力。隆平高科技园要放

眼全球，保持定力，坚定方向思维，明晰功能定位，发挥资源优势，建设智慧园区；全神贯注抓项目、促产业，全力以赴放权力、强管理，全心全意搞服务、优环境，推动园区发展，做强实体经济；加快建设人民东路产业园，突出精准定位，完善功能配套，充分体现“种业硅谷”“总部经济”两大特征，打造高端产业和创新人才的聚集区。市政府秘书长张能峰主持会议。市发改委主任付旭明、市经信委主任黄滔、市商务局局长高伟、市规划局局长冯意刚、市科技局总工程师盛湘饶、市政府研究室主任唐曙光，以及芙蓉区委书记于新凡，区长周春晖，园区党工委书记王曙光，副区长黄金国等陪同调研。

【“中国种业硅谷”专家座谈会召开】 5月26日，“中国种业硅谷”专家座谈会在隆平水稻博物馆召开。区委常委、隆平高科技园党工委书记王曙光主持会议。区委副书记、区长周春晖、长沙市科技局副局长宋新和芙蓉区“种业硅谷”专家代表，区委组织部、区科技局、区科协、东湖街道办事处、区自然科学研究会等单位负责人80余人出席会议。园区经贸局局长徐勐龙介绍了园区种业产业的发展现状、优势和隆平现代产业园项目的相关情况。区长周春晖发表讲话，他表示芙蓉区有发展高端农业产业的品牌，打造“国际种都，隆平新区”，院士、专家、教授们是智力基础。中国工程院院士官春云及湖南省农科院、湖南农业大学的22名国内知名种业专家参会并建言献策。湖南农业大学农学院院长张海清建议：“中国种业硅谷”要充分利用信息化手段，建立信息交流和服务平台，布局规划技术品种交易市场、成果转化孵化中心。官春云指出，未来“中国种业硅谷”既是产业集聚地，更是种业交易交流的高地、自主研发技术的基地，建议地方政府及园区通过出台优惠政策，加大种业扶持力度，吸引高端种业企业入驻。要建立交流交易平台，加大产学研力度，引领企业自主创新，打造种业全产业链。

【袁隆平国际高端农业人才培养中心成立】 5月31日，湖南农业大学、袁隆平农业高科技股份有限公司、湖南杂交水稻研究中心在湖南农业大学学术报告厅举行签约仪式，由三方共建袁隆平国际高端农业人才培养中心。中国工程院院士袁隆平、官春云及湖南省教育厅、省农委、省商务厅相关领导出席。湖南农大校长符少辉、隆平高科常务副董事长伍跃时、杂交水稻研究中心主任齐绍武代表三方签约。仪式上，伍跃时指出：要把袁隆平国际高端农业人才中心的建设和运行作为该公司一项重要工作，为国内企业“走出去”培养领军人才，推动中国农业技术和产品走向世界。齐绍武指出：袁隆平国际高端农业人才培养中心集聚三方雄厚力量，必将成为世界一流农业人才的培养平台。湖南农业大学党委书记周清明表示，湖南农业大学作为发起单位，将加强与各方对接，强化组织、经费和制度保障，共同打造国际高端农业人才的培养基地、研究生教育国际化的示范样板、农业技术国际交流的重要载体和农业技术推广应用的重要平台。签约仪式结束后，举行了2017年发展中国家蔬菜种植加工技术培训班开班典礼，来自斯里兰卡、孟加拉、肯尼亚、埃塞俄比亚等21个国家的86名学员参加为期两个月的蔬菜技术培训。

【隆平高科获“省长质量奖”】 6月29日，第五届湖南省省长质量奖颁奖暨全省质量工作电视电话会议在长沙召开。会上，湖南省人民政府表彰决定中，袁隆平农业高科技股份有限公司等8家单位获得第五届湖南省省长质量奖，隆平高科成为全省首家入选省长质量奖的种业企业。

【中国种业硅谷·现代种业高峰论坛在区举行】 8月21—26日，中国种业硅谷·现代种业高峰论坛暨水稻育种技术高级研修班在隆华国际酒店举行。中国工程院院士袁隆平、官春云、万建民，美国科学院院士邓兴旺以及省、市、区相关领导出席。该次活动以“种业硅谷·创新驱动”为主题，探讨和交流了种业政策、发展趋势、现代育种技术应用、种业生物技术、性状挖掘与种质资源共享等内容。邀请了全国64家单位近100名学员共商建设中国种业硅谷大计、共谋发展水稻现代育种技术良策。万建民、官春云、邓兴旺分别作了题为“作物育种新技术”“南方粮油作物协同创新中心”“第三代杂交水稻技术的前世今生”专题学术报告。

【园区企业获评“湖南企业百强”】 9月26日，湖南省企业和工业经济联合会第一次会员代表大会在长沙召开。会上发布2017湖南企业100强、制造业企业50强、服务业企业50强名单。隆平高科技园有10家企业榜上有名。入围“湖南企业100强”5家企业分别是大汉控股集团有限公司、长沙新振升集团有限公司、湖南省茶业集团股份有限公司、爱尔眼科医院集团股份有限公司、袁隆平农业高科技股份有限公司。新振升集团、省茶业集团、隆平高科3家企业入围“湖南制造业50强”。爱尔眼科、大汉控股2家企业入围“湖南服务业50强”。

【工业地产招商推介会】 9月27日，隆平高科技园工业地产招商推介会在芙蓉中央产业园举行，芙蓉中央产业园一期项目正式发布产品对外招商。该项目以“互联网＋绿色科技产业”为核心，依托“近主城、近机场、近高铁”的区位优势和周边30余家科研院所的科研优势，致力打造产业高端、生态良好、高效便捷的全功能产业园。项目总投资10亿元，总建筑面积21.7万平方米，产品形态包括高层工业综合楼、多层独栋总部、多层和高层标准厂房及部分配套设施，可满足企业生产、办公、研发、展示等多种功能。推介会上，6家企业集中签约入驻，首批达成招商引资2亿元。一期项目推出13栋工业厂房和企业独栋对外招商，建筑面积5.8万平方米，其中2万平方米与企业达成入驻意向。

【全市重大产业项目集中开工仪式】 10月13日，全市重大产业项目集中开工仪式芙蓉区分会场在华智生物项目工地举行。区委书记于新凡、园区党工委书记王曙光分别介绍了全区产业项目总体情况和园区新开工项目。列入全市集中开工产业项目有华智水稻分子育种中心和新奥集团银通科技生产研发总部基地。省委常委、市委书记胡衡华出席活动，看望慰问一线工作者，并宣布项目开工。市领导夏建平、邱继兴及相关市直部门负责人，区领导周春晖、谭雄伟、许凡等出席。

【隆平科技园企业项目获创新成果奖】 11月12日，在第十一届中国产学研合作创新大会上，由湖南农业大学与隆平高科技园3家企业共同合作完成的“保健养猪关键技术创新、产品研制与低胆固醇猪肉研发”项目，获得2017年度中国产学研合作创新成果一等奖。该项目提出“动物亚健康调控”理论，获发明专利13项，研制新产品20个，形成保健养猪关键技术5项，并推广到27个省市，建立保健养猪示范场(户)1.84万个。（覃婷婷）

【特格尔健康产业园接受全市重点项目观摩】 12月18日，省委常委、市委书记胡衡华率全体市领导和市直部门、各区县（市）、园区党政负责人组成的观摩团一行120人到隆平高科技园，观摩特格尔健康产业园项目。在项目展板前，区委书记于新凡、隆平园党工委书记王曙光分别汇报芙蓉区、园区项目建设总体情况。特格尔药业集团董事长刘丰盛汇报公司发展及项目建设情况。观摩团一行参观了兴汉堂制药厂，听取贵细药品研发创新及精深加工工艺流程介绍。在产品展示区，刘丰盛讲解公司品牌建设、产品品类等情况。在特格尔集团云医综合楼文化馆，刘丰盛着重介绍中国药店采购联盟发展情况，以及智能化管理体系。观摩团一行还参观了特格尔健康生活馆，了解该馆健康检测服务体系。（罗　萍）

（责任编辑：谭丽霞　郭　冰）

农业·水利

农　业

【概述】 2017年，芙蓉区有6个行政村分属4个涉农街道。农村人口1.16万人，耕地面积125公顷。随着城市化快速推进，农业生产逐步缩减，传统农业基本退出。（高铭阳）

·种植业·

【概况】 2017年，全区蔬菜播种面积40公顷，蔬菜总产量400吨，蔬菜种植业逐步退出。加强农产品生产环节的安全监管，引导种植户高温季节在蔬菜生产中禁止使用高毒高残留农药，在蔬菜水果生产中添加禁限用农药行为。加强农产品质量安全监测，全年完成蔬菜农药残留检测1000批次，合格率100%；完成市对区蔬菜水果农药残留监测213批次，合格率98.1%。（高铭阳）

·养殖业·

【概况】 2017年，全区生猪、家禽等规模养殖业退出，仅保留东湖街道的东湖渔场和金山度假村部分水产养殖，渔塘水面28.33公顷，水产养殖量近60吨。辖区未发生区域性重大动物疫情。

动物疫病防控。开展犬类强制免疫工作，免疫宠物犬4000余只，发放狂犬病疫苗（国产单狂）2000余头份，采集血清样118份，发放宣传资料2000份。

动物疫情监测。年内，实施H7N9型禽流感防控和流行病等调查200余人次，接受国家H7N9疫情防控工作联合督导1次，省、市督察3次，发放消毒药品1.5吨，发放消毒技术规范宣传材料2000份。开展对辖区内各农贸市场流行病学调查和普查工作，采鸡血清样120份、拭子样181份、环境样40份，经市级检测结果为合格。

动物卫生监督。开展农产品质量安全宣传活动暨“动物检疫合格证明”微信扫码和屠宰宣传活动，发放宣传品2000份，张贴宣传资料200份。区动物监督所通过手机APP，实时上传督察480次，覆盖了辖区动物交易市场、动物诊疗机构、兽药经营门店、实验动物生产经营企业和动物病原微生物实验室。全年检疫实验动物44万只，申报市动物卫生监督所2000次。区动物卫生监督所针对宠物诊疗机构和宠物经营场所开展专项检查行动80次，出动执法车辆100车次、执法人员300余人次，办结动物卫生监督执法案6件。开展辖区内“城中村”改造区域、建筑工地及私人屠宰点“扫雷”行动，办结生猪屠宰执法案4件。（罗金群）

·农产品加工·

【概况】 全区有农产品加工企业6家：规模以上企业5家，分别是湖南省明园蜂业有限公司、湖南佳信佰生物技术有限公司、绝味食品股份有限公司、湖南省怡清源茶业有限公司、湖南优蜜食品科技有限公司；规模以下企业1家，湖南烟村生态农牧科技股份有限公司。其中国家级龙头企业1家，省级龙头企业4家。截至2017年年底，农产品加工业销售总产值107.93亿元，同比增长23.4%。从事农产品加工企业职工9465人，固定资产12.62亿元。总资产55.19亿元。（高铭阳）

·林业·

【概况】 2017年，全区有林地

28.4 公顷，活立木总蓄积 2.18 万立方米，林木绿化率 27.22%，林业总产值 3.74 亿元，同比增长 12.04%。

林业生态管护和有害生物防治。辖区林业生态管护面积约 13340 平方米。落实森林防火工作措施，全年未发生森林火灾。主要工作措施有：签订市、区、街道森林防火责任状，开展森林防火宣传教育 2 场次，加强 24 小时森林防火值班值守和隐患排查。年内，未发现松材线虫等重大林业有害生物。

野生动物保护。4 月 1—7 日，开展辖区爱鸟周活动，规范野生动物经营行为。发放宣传图册 80 余份，张贴到街道、社区、学校等公共场所。配合长沙市林业执法大队和区工商部门，开展农贸市场、宾馆、饭店保护野生动物宣传和检查，严禁乱捕滥猎、非法贩运的行为。（高铭阳）

【参展首届湖南省林博会】 11 月 8—10 日，湖南省第四届家具博览会暨首届林业博览会在浏阳市国际家具城召开。芙蓉区政府投入 8 万元用于该展馆 240 平方米的展馆布置，拍摄芙蓉区林业发展的专题宣传视频片，展示全区林业特色。（高铭阳）

水　利

【概述】 浏阳河芙蓉区段由南向北穿区而过，河段长约 13 千米。域内有长善垸和东岸垸，两个堤垸一线防洪堤长 15.3 千米。其中，长善垸内防洪保护面积 21.85 平方千米，保护人口 40 万人，设计防洪能力 200 年一遇水平。东岸垸内防洪保护面积 7.2 平方千米，保护人口 10 万人，设计防洪能力 100 年一遇水平。两个垸堤均为土堤，吴淞标高 41.5 米左右。

城区排渍工作。随着城市开发建设的加快，浏阳河芙蓉区段的排渍泵站，由原来的农业排涝标准提高到按城市排涝标准建设。区排渍泵站主要是长善垸亭子港、东屯渡、中心、三角塘泵站和东岸垸杉木港、砂咀子、罗溪港泵站 7 处泵站，建成后排渍泵站装机容量由现在的 37 台 14875 千瓦增加至 55 台 25925 千瓦，排渍能力达到年暴雨强度一年一遇的标准，进一步提高了排渍能力，满足城区防洪排涝需求。区排渍泵站的供电线路安全部采用双电源供电，增强泵站运行的可靠性，保证了城市不受内涝影响。

应对夏季强降雨工作。6 月 22 日始，长沙连续遭遇强降雨天气，浏阳河水位持续升高。7 月 2 日 14 时 30 分，浏阳河东岸垸水位达到 40.08 米的历史最高位，超警戒水位 4.08 米，超保证水位 1.40 米，比 1998 年最高水位高出 0.47 米。7 月 1 日，芙蓉区启动防汛二级响应，7 月 2 日启动防汛一级响应。区委、区政府统筹组织抗洪抢险救灾，全区上下连续奋战，至 7 月 7 日 0 时 30 分，浏阳河东岸垸水位下降至 35.98 米，回落至 36 米警戒水位之下。面对洪水，区领导于新凡、周春晖、陈计伟、廖铁成、郑明靠前指挥，组建 100 人应急分队，成立 200 人应急抢险分队，筑牢六道堤防，防汛期间无一人伤亡或失踪，取得了抗洪抢险和救灾工作的阶段性胜利。

【陈文浩督察芙蓉区防汛工作】 6 月 3 日，长沙市委副书记、市长、湖南湘江新区党工委书记陈文浩，副市长李蔚、廖建华到区督察防汛工作。区委书记于新凡、区长周春晖、副区长彭尚松、区政协副主席陈庆陪同。陈文浩一行人重点查看了芙蓉区东岸垸杉木港泵站、防汛物资仓库及防洪大堤提质改造项目。陈文浩指出，全市各级各部门必须高度重视防汛工作，确保人民群众生命财产安全。要科学做好预报预警，严格执行 24 小时防汛值班制度，突出做好城区防涝排渍工作。他要求，全国的高考日即将来临，要确保城区交通要道和低洼地带不积水，避免出现交通堵塞，给广大考生创造安全畅通的道路交通环境。要通过增量、提速、截污、净化等手段，增强水体自净能力，提高浏阳河水水质。要加大中水回收利用、黑臭水体治理和生态补水力度。做到泵站互联互通、数据共享，实现智能、安全、科学操控。

【浏阳河芙蓉区段抗洪防汛】 6 月 22 日始，长沙连续遭遇强降雨天气，浏阳河水位持续升高。7 月 2 日 14 时 30 分，浏阳河东岸垸水位达到 40.08 米的历史最高位，超警戒水位 4.08 米，超保证水位 1.40 米，比 1998 年最高水位高出 0.47 米。7 月 1 日，芙蓉区启动防汛二级响应，7 月 2 日启动防汛一级响应。芙蓉区委、区政府领导密集调度、蹲点值守，落实责任、组织抢险，做好城区防汛工作。全区在防汛期间出动机关干部 1.64 万人次，民兵应急分队、社区（村）居民群众等抢险人员 0.83 万人次，巡堤查险 1.55 万人次，调配工程技术车辆、设备410余台次、卵石等抢险物资1.60万吨。7月7日0时30分水位降至35.98米，低于警戒水位。7月13日8时浏阳河芙蓉段东岸垸水位32.94米，浏阳河7处泵站运行正常，防汛形势趋稳，形势总体可控。

（钱　磊）

·河长制·

【概况】　2017年，芙蓉区成立河长制工作委员会，区、街道、社区（村）设置三级河长，在全区形成河道警长责任体系。

河长主治。年内，芙蓉区印发《全面推行河长制工作方案》《关于河道警长制工作方案》《“两河四渠六湖”专项行动方案》，明确辖区内“两河四渠六湖”（浏阳河、圭塘河、杨家湾、罗溪港、砂咀子、杉木港、东湖、红旗水库、泉坝陇、向阳湖、跃进湖、青年湖）纳入区级河长制管理。设置区级河长15名，各街道河长22名，社区（村）级河段长21名。总河长发布总河长令12条。召开区级河长调度会议23次。召开区河长办成员单位会议、区“河长制”联席会议40余次。全年区级河长巡查33次，街道河长巡查164次，发现突出问题14件，办结12件。

专项整治。芙蓉区河长制实施后，结合冬修水利开展明渠修复、管网疏浚和湖泊清淤整治工作。整改三角塘、东屯渡、沙咀子等7处泵站隐患，修复明渠13处，清淤湖泊2处。清理僵尸船3艘，开展水面执法非法电打鱼检查4次。实施水质动态监测，委托第三方监测机构设置水质监测点31处。

宣传活动。制作芙蓉区河长制宣传片《芙蓉河长》，举办芙蓉区第一期总河长专题培训。《经济日报》以《生态优先，尊重自然》报道芙蓉区河长制工作，《湖南日报》以《蓝天碧水我献策》报道芙蓉区河长制主题活动，湖南经视报道了芙蓉区金科社区退役老兵巡河保洁行动，《长沙晚报》、中新湖南网、东方网报道了芙蓉区东湖街道设民间河长、湖长、井长和渠长保护水环境。

（刘玉陶）

（责任编辑：郭　冰）

图17　袁隆平杂交水稻团队雕像

城市建设

规划管理

【概况】 2017年，长沙市城乡规划局芙蓉分局以“严把关，强管控”“提效能，树形象”“听民声，化矛盾”为宗旨，坚持科学规划引领，提升管理水平，服务区域经济建设。

规划审批。全年核发建设工程规划许可证12份，涉及国土面积12610.66平方米。其中，私房许可7项，面积632.43平方米；临时建筑许可5项，面积1.2万平方米。无越权审批行为，案卷正点率、合格率100%。

规划监督。全年完成建设项目验收25个，面积143万平方米。项目放线检查30项。建设项目正负零验收13次。竣工项目巡查103项。完成规划公示71项，违法建设查处6项，移送城管4项。下达处罚决定书1份，处罚面积276.2平方米，处罚金额1.33万元。出具违法建设鉴定专业咨询意见复函1225份。工程项目批后管理到位率、放线检查到位率、正负零检查到位率、竣工检查到位率、公示到位率100%。

“城中村”改造工作。芙蓉分局协同区政府“城中村”办公室，完成了对东屯村、杉木村、西龙村、张公岭村的摸底调查、现状图册、规划论证等工作。完成近300万平方米，5000余户农民安置房产权的补办工作。

政务公开工作。全年收到行政诉讼案件1件，信访案件29件，其中申请信息公开10件、“12345”市民热线12件、市长信箱咨询5件、长沙市规划监察执法支队转办2件，及时予以回复，满意率100%。

建议、提案办理。年内，芙蓉分局收到人大代表建议、政协委员提案12件，其中市提案1件、区建议2件、区提案9件。及时召开专题会议，研究建议、提案内容，明确分管领导和责任人。针对每一个问题，开展调研、收集资料，并与主办单位联系，形成答复意见后，及时反馈给建议和提案主办单位，答复率100%。

存在的困难及问题。在规划批后管理中，开展工作通常横向涉及部门较多，处理问题时多方协调和沟通不够。因工作人员较少，年龄偏大，知识老化等原因，存在与部门沟通、反馈不及时的情况。（庞　听）

【“城市双修”项目启动】 年内，芙蓉区成立“魅力芙蓉·城市双修”（有机棚改）PPP项目工作指挥部，率先启动“城市双修”工作。首批“城市双修”的范围位于长沙市芙蓉区浏阳河以西区域，涉及10个街道，61个社区，面积22.94平方公里。该项目改造的主要内容为市政设施、建筑立面、街道景观绿化、亮化照明设施等。还为蔡锷中路两厢、黄土塘、燕山街、五里牌肉联厂、火星镇、火炬村、远大路及白果园化龙池等改造项目提供项目规划服务。该项目预计2018年底全面完成。区规划分局配合“PPP项目工作指挥部”做了相应规划工作。（庞　听）

建设管理

·建筑业管理·

【概况】 2017年，区属企业完成建安产值52亿元，评上市级3A、2A级以上的企业有13家。三类人员安全生产考核证书初审申报948人次，证书延期1976人次。

招投标及项目管理。完成招

投标项目 67 个，其中邀请招标项目 3 个。针对造价 200 万元以下的工程建设项目，建立小额工程施工单位信息库。建设项目监督。2 个项目获评湖南省优质工程，4 个项目获得省级建筑工程施工质量标准化示范工地项目称号。

行政执法及监督管理。开展各类监督执法行动。标后稽查：针对关键岗位人员履职不到位、电线电缆产品违规使用等问题开展专项整治。燃气检查：取缔非法瓶装液化气经营门店联合行动 18 次，关闭非法门店 19 家。排查违法建设项目 109 个，开展联合执法 13 次，行政罚款 468.97 万元。推进安全生产大检查：检查建安企业 25 家，监督建设工程项目 76 个，下发整改通知单 95 份，停工通知书 24 份；发送不良行为告知书 28 份，质量安全督办函 3 份，文明施工督办函 56 份。

"城市双修"整治。整治"围而未建"，拆除围墙 7339.5 米，覆绿 12.35 万平方米，新增停车位近 500 个。实施"魅力芙蓉、城市双修"（生态修复，城市修补）政府与社会资本合作（PPP）项目。危房整治：第一批文艺路街道识字里社区 3 栋 C 级危房加固工作启动。生态修复：7 条明渠的修复工作基本完成。年内协助区人社局处理农民工工资拖欠问题 3 起，全部处理到位。

施工质量安全监管。实施各项目施工现场交叉检查。检查内容包括贯彻落实上级精神的情况，项目安全生产责任制落实情况，关键岗位人员到岗履职情况，重大危险源的安全隐患排查治理情况。交叉检查发现了平时监督检查不能发现的问题。在 6 月和 9 月的检查中，分别检查出生态新城安置小区 AD 区一标存在安全问题，走马楼社区提质综合配套整治项目施工二标段时指出施工现场存在质量安全问题。重大活动配套工程监管。2017 年，芙蓉区先后承担中华龙舟大赛（长沙·芙蓉站）比赛和《浏阳河上》大型实景情景剧演出活动。区建设局建安站负责活动场地及配套设施的施工质量安全监管。与组委会及相关施工单位多次沟通，确定方案，提出整改。活动前和活动后全程参与监督，保证大型活动安全、有序进行。

存在的问题。区管项目建设单位均为区内相关职能部门，部分单位专业技术人员偏少，对基本建设程序不熟悉。

（哈倩妮　李　高）

【中华龙舟大赛配套工程监管】 中华龙舟大赛（长沙·芙蓉站）4 月 13—16 日在浏阳河芙蓉区段举行。配套搭建设施包括观龙台、出境平台、飞龙塔、高清机位塔、转播栈道、堤坡上下步道等。区建设工程质量安全监督站全程对舞台、观景台及各种塔台搭设过程实施监管和指导。检查施工单位和人员资质证明，确定具体搭设方案，及时发现质量和安全问题，同组委会、有关公司和区委宣传部沟通，要求对问题整改到位。4 月 10 日，湖南大众体育文化发展有限公司委托湖南赛科检验有限公司对舞台和飞龙塔开展现场检测，赛科公司出具检测报告认为：舞台结构承载力和变形满足使用要求，飞龙塔结构安全。区质监站和区安全生产监督局同意验收合格。龙舟赛比赛期间，工作人员每日提前到场检查。赛后，监督配套工程拆除。大赛全程无安全事故。结合龙舟赛的监管经验，区建设局工作人员撰写的论文《中华龙舟大赛（长沙·芙蓉站）配套建设工程创新监管模式研究》发表在国家级期刊《基层建设》2017 年 21 期。（李　高）

·房地产市场管理·

【概况】 2017 年，区城乡建设局继续开展集体土地上 60 号令安置房集中登记发证、国有土地上处理房产遗留问题和房地产调控工作。完成全年各项目标任务，房屋产权发证及房地产调控工作成效显著。

集体土地上房屋产权发证。在栋证全部办理完毕的基础上，办理分户证审核发证，完成对合平村、望龙村、张公岭村、西龙村、新安村及东屯渡街道扬帆小区等分户证发放。消防整改全部完成，大部分村消防验收手续办理完毕。

国有土地上房产遗留问题。2017 年芙蓉区处遗任务为 10 个项目、3257 户。按照新的处遗工作流程，6 月、10 月分别召开两次处遗项目会商会，研究了 13 个项目（包括 3 个参照处遗项目）的处置方案并形成会议纪要。明确工作目标、任务、时限，区处遗办根据处遗目标制定任务计划，区长参与专项调度，各街道、部门层层落实。区政府设立 1500 万元的处遗工作专项经费，至年底投入近 800 万元。解决城市生活家、颐美会现代城、湘聚大厦等 7 个项目的实测、检测、消防整改等问题，保障遗留问题处置到位。按照市处遗工作部署，处遗工作重点逐步向追缴整改等后续工作转移。落实两次会商会议纪要精神，已交办8个项目，计3255户。

规范房地产市场管理。房产市场调控工作采取一系列措施：建立定期调度工作机制，加强统筹协调，安排高低对冲。由区主要领导亲自牵头，区建设局、区征地办、区城投公司、区棚改公司等相关区直部门配合，完成上级部门每月下达的对冲任务指标；贯彻执行房产市场调控政策，组织区内重点楼盘多次召开控价限购紧急会议，指导楼盘严格执行上级部门制定的流程，做好商品房预售申报工作，把控网签节奏；开展低价房源调查摸底，组织对辖区内存量楼盘、近期预售房和即将启动建设的楼盘数量详细摸底。推进低价房源项目网签工作，与市住建委房地产市场处等部门沟通协调，对区内3处低价房源的东岸梅园一期1021套房源和新桥小区楚熙苑807套房源实现可网签，汇一城13户因受限购政策影响不能网签的问题得到解决。控制高价楼盘准入。对卓越汇富苑、爵士名邸、福地花园、中房瑞致4个开发项目调价的要求，申请预售价格会商，限制高价楼盘准入。

房屋信息应用。协助蔡锷中路两厢、火星、五里牌肉联厂等棚户区改造项目实施合法性及合理性认定，为依法取得房屋产权登记证件做准备。协助远大路两厢东岸、东湖、马坡岭地块拆迁拆违项目实行涉嫌违法建筑勘验认定，配合国土局开展集体土地上拆迁项目拆迁户产权档案调阅工作。（彭新艳）

·物业服务行业管理·

【概况】 2017年，芙蓉区有社区72个，物业服务企业171家，管理单位物业项目324个，总面积2568万平方米，行业从业人员10万余人。服务领域覆盖住宅、办公楼、工业区、学校、医院、商场等，服务内容包括房屋及相关设施设备维修养护、小区秩序维护、环境清洁、绿化、居民生活便民服务等方面，全区物业管理覆盖率75%。

物业行业资质监管。全年受理审核185家物业公司的物业服务企业资质年检资料。在审核公司专业技术人员、项目管理等情况的同时，要求物业公司提供计划生育责任书、消防安全自查自改承诺书以及街道社区打分表，查看企业的投诉回访、学雷锋活动等记录，全面了解项目的管理情况，督促物业企业完善工作台账。建立全区物业管理的工作台账，保证社区、街道、区建设局在日常管理工作过程中及时沟通、协调配合、资源共享。形成上下联动、齐抓共管的工作机制，市级、区级组织协调、各街道及社区参与的物业管理“四级联动”新格局。

文明创建促行业规范。以《全国城市文明程度指数测评体系》为依据，按照《长沙市物业行业文明创建督查要点》对辖区内的物业项目督查。以暗访抽查的形式进行文明创建工作的测评。发现存在问题，要求企业整改，对于多次整改不到位的物业项目，与社区、街道齐抓共管。根据测评结果，全年通报12期督查情况，根据暗访抽查的结果在主流媒体上公布企业红黑榜。

物业矛盾纠纷处理。通过“12345”热线派工单，电话、来访投诉，网络问政，市长、区长信箱等多种方式，了解和解答群众诉求。同时通过实地查看、居民调查、电话回访、召开协调会等多种途径解决业主、物业服务企业、开发商相关要求和问题。参加由街道、社区组织的协调会，提供物业法律法规及行业指导，解决突出矛盾。成立物业纠纷调解中心。预防和化解物业矛盾纠纷，依法维护各方当事人的合法权益。年内受理关于收费、停车、业委会选举、房屋质量、设备维护、限制买水买电、破坏房屋结构等投诉共436个，其中回复区委督察室“12345”派工单419件，回复市区长信箱、信访、纪委各类收件17封，组织召开矛盾协调会议40余次。

规范对业委会成立的指导。规范业委会的选举，全程参与指导业委会的筹备与成立。根据实际情况，允许业主以短信、微信等方式投票。2017年共为50余个准备成立业委会的小区发放选举资料并进行业务指导，另参与了40余个个正在筹备业委会的小区会议共70余次，调解因成立业委会产生的矛盾30余次，审批已成立业委会资料并备案12个。

物业管理绩效考核工作。2017年，长沙将物业管理工作纳入市对区的绩效考核。物业管理科制定了物业管理目标考核体系，分解责任目标到街道、社区以及社工。明确主要责任领导，落实主体职责，举办全区范围培训会议，为物业专职社工提供多方面专业培训。内容包括：物业管理政策法规，业主大会与业主委员会，燃气安全及注意事项，物业维修基金管理与使用，物业管理实际工作中的疑难点问题等。

维修资金申报审批。2017年全年受理206笔，办结182笔，其中一般维修39笔，应急维修143笔，实际拨付维修资金1185万余元。应急处理小区停电1次，停水6次，停电梯19次。

存在的问题：物业管理工作存在管理真空。各政府职能部门权责不清，小区执法难，物业公司与业主之间矛盾升级。住宅小区发展不平衡矛盾突出。芙蓉区作为长沙市的老旧中心城区，一直存在房屋设施设备老旧、物业收费标准较低、无维修资金等问题，物业服务基础薄弱。业主委员会权力失去监督。街道、社区对业委会人选未把好关。部分业委会超越职权，擅自决定重大事项；对业委会的相关监管法规空泛。

（毛思瑾　黎　佳）

住房保障

【概况】 2017年，芙蓉区住房保障局（简称“区住保局”），贯彻落实国务院、省、市住房保障政策，在保障性住房筹集、建设、管理、运营、分配、登记、审核等方面，扩大服务面、提升服务水平，获得长沙市住房保障服务局的肯定，工作经验在全市推广。省、市各新闻媒体做了专题报道。

存在的主要问题和困难：由于房源分布散、距离远、保障群体特殊等客观现实因素，给保障房管理增加了难度。特别是在信息共享、协同联动方面还没有形成有效的稳定机制，给违规查处、保障退出等工作造成了一定的困难。

（甘　泉）

【住房保障服务】 年内，区住保局接待来访群众1800余人次、办理居民群众信访17件，完成保障廉租房租赁补贴508户，1014人。落实实物配租保障1364户，实现经济适用房货币补贴保障7224户。办理职工住房货币补贴398人，发放资金285万元。为区环卫局、区市政局、区教育局、区食药监局等单位公益性岗位外来务工人员，筹集194套定向配租公共租赁住房，解决了该群体困扰已久的住房困难问题。

【棚改安置工作】 推进辖区棚户项目建设，全年实现符合条件的自愿申请住房保障对象应保尽保。参与服务棚改项目5个，筹集棚改房源1110套。办理棚改经济适用房货币补贴341户。审核棚改安置经适房资格111户，处理棚改住房保障特殊个案68件。

【保障性住房租金收缴工作】 年内，区住保局依托“房管员机制”（为每个保障房小区配备1名专职房管员，实行动态管理），实现租金收缴率91%（不含预收租金），全年未发生一例违规案例。根据保障性住房资格年审结果，收回了41套保障房源。

【住房安全工作督察】 全年开展打非治违“春雷”行动、“安全生产月”和高温期间安全专项检查，落实重大事故隐患治理“一单四制”（建立重大事故隐患清单，实行交办制、台账制、销号制、通报制）开展安全排查行动7次。开展楼道、梯间、消防通道疏通等检查专项4次。加固合鑫苑小区32根存在安全隐患的电线杆，并全面更换了下水管道管网。全年排除各类安全隐患12件，未发生安全责任事故。

【保障房信息管理平台启用】 年内，区住保局建成“保障房信息管理平台”。通过该平台数据实时监控，可直观随时调阅和查询辖区保障房的运营状态、租金收缴情况以及其它各类信息，提高了保障性住房的信息动态管理效率。

（甘　泉）

重点工程

【概况】 2017年，芙蓉区重点工程以“严格项目建设程序”为目标，按照“问题想在前，工作做在前”的整体思路，加强与业主单位、施工单位及建设主管部门的联动沟通，群策群力，科学谋划。完成报批报建立项批复26项，规划蓝线及要点16项，施工许可证9项；取得方案初步设计批复10项，完成施工图审查及备案13项；完成项目招标26个；签订设计、施工、监理、勘察等各类合同151份。年内全区铺排重点建设项目172个（其中续建项目56个，新建项目84个，预备项目32个），总投资264.1亿元。全年完成投资90亿元。

（邓雪晴　施灿频）

【双新小学项目】 该项目南临纬二路，东接支路28（未命名支路），北面为居住区、西面为支路27（未命名支路），占地2公顷，建筑面积1.97万平方米，办学规模30

个班，总投资 1.3 亿元。建设项目内容为教学楼、体育馆及地下车库。2016 年 3 月启动建设，采用远大住工装配式工艺技术施工，2017 年 6 月完成一期建设并投入使用，二期工程计划 2018 年 6 月完成建设。

【九如巷城市绿化广场及车库】 该项目位于韭菜园路与五一大道交汇处西北角，北临九如斋，西临九盛路。建设项目内容为九如巷城市广场的绿地、景观以及配套服务设施建设，建设地下停车场以及给排水、亮化工程。占地面积约 0.53 公顷，总建筑面积 6959 平方米，绿化面积 2250 平方米，项目总投资 1.69 亿元。项目地上为人文景观，地下为机械式智能车库，共四层，车库机械提升设备 4 套，停车位 251 个。2016 年 1 月 15 日开工，2017 年 12 月建成。2018 年 4 月 1 日地下车库试运营。

【大河路】 该项目位于东岸街道杉木村，是一条南北向的城市次干道，北起白竹坡路，南至滨河路，道路全长 1366 米，路幅宽 26 米，双向四车道；加宽路幅 33 米，双向六车道，总投资 9200 万元。该项目分段依次修建，其中白竹坡路—人民路、人民路—长农路路段 2017 年 12 月完成建设；长农路—滨河路路段计划 2018 年 4 月完成建设。

【支五路】 该项目位于东屯渡街道，是一条东西向城市次干道，西起马王堆路，东至浏阳河大道，道路全长 1680 米，宽 20 米，双向四车道，总投资 7700 万元。该项目分段依次修建，历时 5 年，分别于 2014 年 10 月完成浏阳河大道—古曲路路段建设；2016 年 3 月完成古曲路—嘉雨路路段建设；2017 年 12 月完成嘉雨路—万家丽路、万家丽路—马王堆路路段建设。支五路的建成打通了万家丽路、嘉雨路、古曲路周边交通微循环，为周边居民提供快捷便利通道。

【杉木南路及南延线】 该项目位于东岸街道杉木村，是一条南北向城市次干道，北起人民东路，南至滨河路，道路全长 694 米，路幅宽 26 米，加宽幅 33 米，双向四车道，总投资 5500 万元。该项目分段依次修建，人民东路—长农路路段于 2015 年 11 月建成，长农路—滨河路路段于 2017 年 6 月建成。

【马王堆汉文化广场】 该项目占地面积 0.4 公顷，总投资 2000 万元。该广场的建筑物、构筑物立面采用极具汉文化特色的红砂岩浮雕，广场中间矗立的是辛追雕塑。广场南侧建设有汉文化数字展示馆，馆内运用投影、三维成像、数字 4D 影院、人机互动等技术，再现汉文化场景和汉文化物品。4 月开工建设，11 月竣工验收。

【马王堆汉文化街区改造】 该项目东起汉文化广场，西至万家丽路，长约 1 千米，总投资 4000 万元。建设项目依托马王堆汉墓遗址，以呈现汉文化主题景观与汉风休闲生活方式为主线，对道路两厢建筑物外立面、围墙、绿化、路灯、人行道等实行改造，以传承历史文脉、改善城市形象，营造舒适、怡人的人居环境和充满文化底蕴的城市公共开放空间。2016 年 4 月开工建设，2017 年 10 月竣工验收。

【二号安置小区一期】 该项目位于马坡岭街道，双杨路以东、桐西路以南、京珠高速以西、浏京路以北，龟山路由北往南把该项目分为 A、B、C、D 区域。项目总用地面积 20.2 公顷，总建筑面积 49 万平方米，总投资 19 亿元。由 25 幢 26~33 层的高层住宅、1 幢 15 个班的幼儿园、2 幢集中商业、1 幢多功能用房及 4 个地下室组成。建设安置房 3604 套，可安置拆迁对象 4323 人。2015 年 9 月启动建设，至 2017 年年底完成主体建设。 （邓雪晴 施灿频）

·表4·

2017年芙蓉区部分重点建设项目表

单位：万元

序号	项目单位	项目名称	建设性质	所在区域	建设规模和内容	起止年限	预估总投资	2017年预计投资	2017年主要建设内容
1	芙蓉新城置业有限公司	芙蓉生态新城一号安置小区二期AD地块	续建	东岸街道	占地79亩，建筑面积150871平方米，建设农民高层安置小区	2014–2018	56832	5000	A地块完成主体（A1#栋除外）
2	芙蓉城建投	汉街外立面改造项目	续建	马王堆街道	沿古汉路两侧东起浏阳河大道西至万家丽路范围内改造，长约1200米	2016–2017	10000	5000	完成建设
3	芙蓉新城置业有限公司	芙蓉生态新城二号安置小区（一期）	续建	马坡岭街道	占地312亩，建筑面积48.8万平方米，建设农民高层安置小区	2015–2018	190564	40000	完成全部主体工程
4	滩头坪旧城改造投资有限公司	火炬村整村改造项目	续建	马王堆街道	占地770亩，包括征地拆迁及建设32.3万平方米安置房	2016–2018	260000	55000	一期4#~7#栋完成主体，二期启动建设
5	芙蓉城建投	跨浏阳河人行天桥A（汉桥）	续建	马王堆街道 马坡岭街道	连接浏阳河古汉路路口堤顶及对岸佳亨路堤顶，桥长约230米，桥宽10米	2016–2017	15000	5000	完成建设
6	芙蓉新城置业有限公司	芙蓉生态新城三号安置小区B地块（二期）	新建	东岸街道	占地134亩，建筑面积21万平方米，拟建设农民高层安置小区	2017–2019	118339	70000	完成拆迁，启动建设，完成部分土方工程
7	芙蓉新城置业有限公司	芙蓉生态新城四号安置小区一期	新建	东湖街道	占地138亩，建筑面积27万平方米，拟建设农民高层安置小区	2017–2019	135390	85000	完成拆迁，启动建设，完成部分土方工程
8	芙蓉新城置业有限公司	芙蓉生态新城二号安置小区（二期）	新建	马坡岭街道	占地128亩，建筑面积24万平方米，拟建设农民高层安置小区	2017–2019	110519	75000	完成拆迁，启动建设，完成部分土方工程
9	芙蓉城建投	龟山南路	新建	马坡岭街道 东岸街道	营盘路——黄元路，长1450米，宽18米	2017–2018	15000	13000	启动建设，完成排水及路基工程
10	芙蓉城建投	滨河路五标	新建	东岸街道	人民路－长白路，长2500米，宽26米	2017–2018	24381	16000	启动建设，完成部分土方工程
11	芙蓉城建投	合平路二期	新建	东湖街道	人民路－滨河路，长1417米，宽36米	2017–2018	24160	17000	启动建设，完成部分土方工程

·续表4·

单位：万元

序号	项目单位	项目名称	建设性质	所在区域	建设规模和内容	起止年限	预估总投资	2017年预计投资	2017年主要建设内容
12	芙蓉城建投	东湖路二期	新建	东湖街道	人民路－滨河路，长约1398.27米，宽26米，规划为城市次干道	2017–2018	11995	5000	启动建设，完成部分土方工程
13	芙蓉城建投	马楚文化园	新建	东湖街道	占地75亩，包括园林景观工程、绿化工程、给排水工程、弱电工程等构筑物建设	2017–2018	15487	13000	启动建设，完成绿化及排水工程
14	芙蓉城建投	远大一路提质改造	新建	马坡岭街道 东岸街道 东湖街道	滨河路－红旗路，长约3880米，宽60米	2017–2018	28624	20000	启动建设，完成路基及排水工程
15	芙蓉城建投	龟山路绿带	新建	马坡岭街道	桐西路－浏京路，长379米，平均宽约60米	2017–2018	12000	10000	启动建设，完成土方平整
16	区工务局/社会企业	都正街停车场	续建	定王台街道	建设地下车位178个	2016–2017	13600	600	完成建设
17	区工务局/社会企业	九如巷地下停车库	续建	韭菜园街道	建设地下机械智能式车位268个	2016–2017	16200	500	完成建设
18	区工务局/区教育局	双新小学	续建	火星街道	占地30亩，建筑面积1.9万平方米，规模30个班	2016–2017	13000	2000	完成建设
19	区工务局/区教育局	滨河小学	续建	马王堆街道	占地36亩，建筑面积2.6万平方米，规模36个班	2016–2018	20000	4000	完成主体
20	区工务局/区教育局	火炬中学	续建	马王堆街道	占地70亩，建筑面积5.8万平方米，规模60个班	2016–2018	41000	18000	完成部分主体
21	区工务局/区教育局	马坡岭小学	续建	东岸街道	占地37.5亩，建筑面积2.1万平方米，规模为48个班	2016–2018	18000	4000	完成部分主体
22	区工务局/区民政局	芙蓉区社会福利中心	续建	东湖街道	建筑面积6.4万平方米，建设养老床位900张，社会救助管理床位80床	2016–2018	52000	20000	完成部分主体
23	区工务局/区棚改办	韭菜园街道棚改安置小区	新建	韭菜园街道	占地22.5亩，总建筑面积约11万平方米	2017–2019	142000	100000	完成拆迁，启动建设，完成基础工程

·续表 4·

单位：万元

序号	项目单位	项目名称	建设性质	所在区域	建设规模和内容	起止年限	预估总投资	2017 年预计投资	2017 年主要建设内容
24	区工务局 / 区教育局	桐西小学	新建	马坡岭街道	占地 29 亩，建筑面积 1.7 万平方米，规模为 36 个班	2017–2018	14150	11000	启动建设，完成部分主体
25	区工务局 / 区教育局	新安小学	新建	马坡岭街道	占地 27 亩，建筑面积 1.3 万平方米，规模 24 个班	2017–2018	12350	9000	启动建设，完成基础工程
26	区工务局 / 区教育局	河山小学	新建	东岸街道	占地 30 亩，建筑面积约 1.9 万平方米，规模 24 个班	2017–2018	14880	11000	启动建设，完成部分主体
27	区工务局 / 区教育局	八一路小学及幼儿园	新建	韭菜园街道	占地 21 亩，建筑面积 1.5 万平方米，其中小学 18 个班，幼儿园 9 个班	2017–2018	70100	65000	完成拆迁，启动建设，完成基础工程
28	区工务局 / 区文体新局	芙蓉区文体中心	新建	马王堆街道	含老年大学、老干活动中心等，占地 45 亩，建筑面积 4.5 万平方米	2017–2018	43000	30000	完成土方及基础工程
29	长沙城东棚户区改造投资有限公司	燕山街旧城改造项目（友谊商店东边地块	续建	五里牌街道	占地 32 亩，改造房屋约 7.66 万平方米，涉及住户约 481 户	2015–2017	182000	32000	完成征收
30	长沙市芙蓉棚改投资有限责任公司	五里牌肉联厂及周边棚改项目	续建	湘湖街道	占地 45 亩，需征收房屋面积约 3.6 万平方米，涉及住户约 222 户	2016–2018	46100	10000	完成部分征收
31	长沙市芙蓉棚改投资有限责任公司	蔡锷中路两厢棚改项目	续建	定王台街道	占地 293 亩，需征收户数约 2013 户、18.2 万平方米；立面改造约 27.3 万平方米	2016–2018	360000	100000	完成部分征收
32	长沙市芙蓉棚改投资有限责任公司	火星镇棚改项目	新建	火星街道	占地 60 亩，改造房屋约 2.9 万平方米，涉及住户约 268 户	2017–2018	30000	28000	完成部分征收
33	区城管局 / 各相关街道	社区人居环境提质提档	新建	芙蓉区	对走马楼社区、荷晏社区等 53 个老旧社区道路、绿化、排水、屋顶及水电气等进行综合提质改造	2017	25000	25000	完成改造
34	区城管局 / 各街道	特色景观街建设	新建	芙蓉区	每个街道 1 条，共 13 条特色街巷建设	2017	15000	15000	完成建设

·续表 4·

单位：万元

序号	项目单位	项目名称	建设性质	所在区域	建设规模和内容	起止年限	预估总投资	2017 年预计投资	2017 年主要建设内容
35	袁隆平高科技股份有限公司	袁隆平农业高科总部基地	续建	隆平高科技园	一期研发中心 2.7 万平方米，二期企业办公楼 2.6 万平方米	2015-2017	15000	5000	完成建设
36	湖南英氏股份有限公司	英氏孕婴童健康产品产业园	续建	隆平高科技园	一期建设研发中心和厂房，倒班楼，总建筑面积 15.1 万平方米	2015-2017	100000	30000	完成研发中心及配套设施建设
37	特格尔医药股份有限公司	特格尔医药产业园	续建	隆平高科技园	建设研发中心和厂房，配套用房，总建筑面积 6.8 万平方米，分二期建设	2015-2017	40000	10000	完成建设
38	长沙和捷实业有限公司	和捷环及印刷蚀刻镁板研发生产基地	新建	隆平高科技园	建设研发及生产基地，规划建筑面积 1.4 万平方米	2017-2018	11000	8000	启动建设，完成部分主体工程
39	湖南银通科技有限责任公司	新奥集团银通科技生产研发总部基地项目	新建	隆平高科技园	建设集智能燃气表生产线、物流中心、研发中心、总部办公、生产配套服务区及省计量检测研究院流量室燃气表检定站等功能于一体的智能燃气表工业园，规划建筑面积 4.7 万平方米	2017-2018	23000	15000	启动建设，完成部分主体工程
40	湖南药圣堂中药科技有限公司	老百姓大药房药圣堂中药饮片产业园	新建	隆平高科技园	建设省内最大规模药圣堂中药饮片生产基地，规划建筑面积 6 万平方米	2017-2018	25311	20000	启动建设，完成部分主体工程
41	湖南丰兴实业有限公司	湘粤先进技术产业园	新建	隆平高科技园	建设集独栋、高层工业厂房、多层联排研发中心于一体的具有总部集群效应的生产、办公、研发基地。总建筑面积 21.4 万平方米	2017-2018	140000	80000	启动建设，完成部分主体工程
42	湖南琴海数码股份有限公司	琴海数码缩微数字一体化产业园	新建	隆平高科技园	建设琴海科技大楼，大楼包括信息服务外包区、设备研发区、设备组装区、软件开发区和中国病历档案馆等，规划建筑面积 4.5 万平方米	2017-2018	30000	20000	启动建设，完成部分主体工程

·续表4·

单位：万元

序号	项目单位	项目名称	建设性质	所在区域	建设规模和内容	起止年限	预估总投资	2017年预计投资	2017年主要建设内容
43	湖南广发隆平高科技创业服务有限公司	广发隆平创新创业产业园	新建	隆平高科技园	总建筑面积为19.3万平方米，建设包括标准工业厂房、配套大楼等	2017–2018	120000	65000	启动建设，完成部分主体工程
44	华智水稻生物技术有限公司	国家生物育种平台华智水稻分子育种中心	新建	隆平高科技园	主要建设研发中心、人工气候室、种子资源库、网室及恒温培养室、办公楼、会议及展览中心、信息中心及相关配套设施	2017–2019	100000	50000	完成部分主体
45	长沙友阿五一广场商业有限公司	五一广场绿化用地地下空间开发建设工程	续建	定王台街道	地铁五一广场站地下空间开发，建筑面积8万平米，包括地下商业、停车场及地面绿化广场建设等	2014–2018	54000	40000	完成主体
46	九龙仓（长沙）置业有限公司	长沙国金中心	续建	定王台街道东牌楼地块	总建筑面积99万平方米，集大型高端商场、甲级写字楼、酒店式公寓及国际五星级酒店于一身的城市综合体	2012–2018	1660000	250000	完成部分装饰装修及配套设施建设
47	湖南开门生活电子商务有限公司	开门生活电商平台	新建	定王台街道	以“盐”为市场切入端口，有效聚集市场终端客户，整合市场关联产品和渠道资源，通过B2B运营模式，开发服务平台建设	2017–2018	18000	8000	完成电商软件平台开发及相关设备采购
48	湖南友谊阿波罗股份有限公司	友谊阿波罗总部大楼	续建	朝阳街道	占地约10亩，建筑面积约为4.3万平米，拟建友阿集团总部大楼	2015–2017	32000	5000	完成建设
49	长沙房产（集团）	长房东郡国际大厦	新建	荷花园街道	总建筑面积约6.5万平方米，拟建5A级高标准写字楼，配建8000平方米的绿化广场	2017–2018	50000	10000	形象进度达正负零
50	金桥房地产公司	新桥小区三期经适房	续建	马王堆街道	占地约48.6亩，建筑面积14.6万平方米	2016–2018	100000	50000	完成全部主体工程

（区发改局）

棚户改造

【概况】 2017年，芙蓉区政府服务棚户改造项目，推动攻坚扫尾清零。年内，由长沙市政府下达的棚改任务1219户、改造面积16.26万平方米、投资27.24亿元。截至年底，完成棚改任务1276户、近19万平方米、投入资金32.35亿元，分别完成年度总任务的104.7%、117%；118%。

推进棚户改造项目扫尾进程。完成友谊东、火星镇、火炬村等续建项目征拆清零任务，累计腾地56.67公顷。大同小学扩建项目新校区投入使用。都正街、九如巷地下车库项目建设有序推进；黄土塘安置房及学校、幼儿园按期开工建设；火炬村安置房一期主体封顶，该项目配套道路建设完工，配套的中学、小学项目开工建设。

筹措棚户改造项目资金和安置房源。为辖区财政统筹和棚改项目征拆、建设提供资金保障。通过开发银行贷款、商业银行贷款、棚改基金、争取上级资金等多种渠道，全年筹措资金24.76亿元。年内，投入资金2.75亿元，新增预购棚改安置房1000余套、12万平方米，并从其他区调剂落实经济适用房房源279套；统筹调度限价房、二手周转房源334套，开展征收安置。（廖　薇）

【宝鸡市住建局和金台区负责人考察都正街项目】 3月14—15日，陕西省宝鸡市住建局和金台区政府一行10人到区实地参观考察都正街棚改项目。他们参观了都正街历史文化街区，查阅该项目相关资料，并交流都正街“有机棚改”项目的经验。

【国家发改委调研组到区考察基础设施投融资项目】 5月17日，国家发展和改革委员会城市、小城镇改革发展中心调研组到区考察基础设施投融资项目和基础设施类政府引导基金运作情况。调研组实地考察黄土塘、蔡锷中路两厢棚改项目，详细了解基础设施投融资项目和基础设施类政府引导工作，并听取情况汇报。调研组明确指出，该次考察活动目的主要是了解各地方政府，在开展基础设施投融资项目和基础设施类政府引导基金运作情况以及好的做法和遇到的问题，为更好地开展城镇基础设施投融资工作奠定基础。

【刘新程调研棚改工作】 长沙市安居工程和棚户区改造工作领导小组副组长刘新程一行人在3月21日、5月10日、5月23日、6月9日、9月5日、10月19日到区调研棚户改造项目工作，实地走访蔡锷中路两厢、火星镇、五里牌肉联厂及周边等棚改项目，听取了各项目指挥部负责人的情况汇报，并对辖区棚改工作提出了具体要求。

【全区棚改项目推进会召开】 7月17日，芙蓉区召开棚户改造项目推进会。区委书记于新凡、区长周春晖出席会议。该次会议下发了《2017年棚改项目扫尾攻坚行动实施方案》，明确了要集中力量加快推进棚改项目攻坚扫尾。于新凡要求，要进一步加大协调力度，把握工作方法；加强组织管理，理顺工作机制；提高工作效率，全力以赴推动棚改攻坚扫尾清零。（廖　薇）

征地拆迁

【概况】 2017年，芙蓉区征收集体土地102公顷。实施103号令（长沙市政府2008年第103号令《长沙市征地补偿实施办法》）征地拆迁项目30宗（其中新启动项目12宗、跨年度项目5宗、跨年度扫尾项目13宗）。截止项目11宗，完成项目扫尾17宗。实现腾地近53.34公顷，拆除集体土地上的房屋420余幢，拆除合法房屋面积10万余平方米，动迁人口近2000人，安置被拆迁人员5400余人，纳入社保1732人，完成了全年的征地拆迁安置工作任务。年内，由区政府投资建设的芙蓉生态新城二号安置小区被授予“长沙市安全生产标准化示范工程”称号。（陈　苗）

【规范拆迁安置工作】 6月，为适应新形势要求，加强征地拆迁工作的领导，区委、区政府适时调整征地拆迁领导机构，由原实施103号令征地拆迁领导小组，调整为实施103号令征地拆迁补偿安置工作指挥部，从省、市重点建设项目和市领导联点重大项目入手，突出拆迁安置工作重点，加强征地拆迁队伍建设，并收到成效。

【重点征拆项目】 年内，完成省、市重点工程建设项目污水处理厂二期，并交付工程项目建设。完成市领导联点火炬村“城中村”

改造项目，由法院司法强制腾地91幢，上门入户签收通知拆迁腾地11幢。征地拆迁无人员伤亡、无安全责任事故。

【“双轨”推进拆迁安置】 推进安置保障住房建设，全年建成保障性住房49.03万平方米，回迁安置4323人。全年开工在建保障住房92.03万平方米。推行货币安置政策，为被拆迁农民提供购买商品房服务。截至12月，采取团购商品房方式安置1149人，发放补贴资金3.447亿元。落实《芙蓉区农村集体经济组织成员认定办法》，全年组织审核认定新增农村集体经济组织成员身份7批次525人，暂缓15人。

【征拆队伍管理】 开展征地拆迁领域损害群众利益的腐败及“纠四风、治陋习”专项治理行动，通过设置举报信箱、明查暗访、纪检查案、情况通报等形式，加强征地拆迁队伍廉政作风建设。出台《芙蓉区103号令拆迁安置工作指挥部临时聘用人员管理考核办法》，从考核考勤、休假请假、奖惩补贴、工作纪律、廉政作风等方面实行规范，做到了征地拆迁队伍管理有章可循。

【征地补偿安置款核发】 为推进征地拆迁补偿安置工作，坚持应结必结原则，完成结算32项。核发《征收土地方案公告》16份、《征地补偿安置方案征求意见公告》15份，实现征地拆迁资金到位80%以上。核发《征地补偿安置方案实施公告》11份，实现到位100%。实行补偿资金（含集体和个人）两级审核制度，采取点对点支付征地拆迁补偿安置款2.5亿元，发放双倍过渡费7300余万元。坚持应保尽保原则，支付社保资金近1.6亿元，维护被征地拆迁居民群众的合法权益。上述信息除公开公示外，还分别在芙蓉之窗和市国土资源门户网站公开。在征地拆迁中的青苗补偿、迁坟补偿、个案问题等信息实行全面公开，为被拆迁居民群众真实了解拆迁补偿安置信息，提供良好的政务环境。

【征地拆迁项目结算】 年内，推进完成腾地项目的结算，区征地拆迁办开展摸底排查征收土地方案公告的项目。至年底，核发征地拆迁项目48宗（其中：满二年的项目25宗）。坚持“应结尽结”原则，完成拆迁项目结算32宗（其中当年批地、当年拆迁、当年结算的项目6宗），取得了合平路二期项目提前20天“全签约、零事故、零上访、零对抗”的成绩。规范项目结算，结算资料按要求公开、公示，并制作结算公开公示台账备查，受到被征地拆迁集体经济组织、成员和上级主管部门的肯定。

【拓展失地农民就业创业渠道】 区征地拆迁办借助“芙蓉区失地农民创业就业服务中心”平台，全年组织开展“失地就业新跨越、创业富民谱新篇”等现场招聘会14场次，推荐就业上岗180余人。开办初级烹调师、初级维修电工、“订单”式叉车培训、中级美容师，花店创业、初级摄影师等培训班12期，培训总人数450人，实现就业386人。举办“芙蓉区创业项目推介会”“让梦想起航 给理想放飞”芙蓉区失地农民创业推广交流会和“舒天便民”连锁实体店等活动，签订创业意向协议36人。以创业就业典型引路，开展技术能手、创业家庭等先进典型表彰活动。

（责任编辑：郭　冰）

城市管理

城区管理

【概述】 2017年，芙蓉区城市管理工作以落实城市管理“提品质、惠民生”总体目标，开展市容环境综合整治，统筹实施主干道提质、社区提质改造、特色街巷等项目建设，推进了城市管理各项工作任务完成。年内，创建省级文明卫生单位1个、市级文明卫生单位1个和市级文明卫生社区1个。湖南都市频道“环保督察”专栏推介了火炬村三片拆迁安置用地清理整治工作。

城管机制建设。遵循“重心下移、以块为主、定点值守和机动巡查相结合”的原则。制定《芙蓉区城市管理网格化考核办法》《芙蓉区城市管理网格化督查考核细则》，以街道（局）为单位，建立了覆盖全区的15个一级网格，以社区（村）为基础的81个二级网格，以及楼栋、小区、单位院落为基础的214个三级网格，并按照定人、定时、定岗、定责、定管理标准、定奖惩的“六定”原则落实网格管理人员和责任制度，保证24小时全天候管理，实现城市管理“制度化、精细化、全覆盖、无死角”。年内，由区长、分管副区长主持召开城管工作讲评会、网格化述职会议等城管工作专项会议20次。开展“周末看城管、徒步看交通、现场看项目”行动，以区委、区政府“两办”督察室和区城管委督察室下发督办整改各类城市管理问题2万条，下发专项督办函件70余份。完善城市管理工作调度机制、督察巡查办法以及每月通报制度等城市管理工作办法。升级芙蓉区城管执法办案平台系统，完善执法文件格式、规范案件审批程序、强化执法数据统计、规范自由裁量标准。实行“城管法庭”模式，破解执法难题。开展“强基础、转作风、树形象”专项行动，分两批培训执法干部综合素质。开展法制文书制作专题讲座，定期培训法制办公室基层工作人员，选派中层干部参加市、区培训，提升了队伍的整体素质和业务水平。

城区提质改建。推进以“魅力芙蓉·城市双修”为主题的社区提质提档，发布社区提质提档“芙蓉标准”，分两批改造浏阳河以西61个社区，项目总投资额30亿元。综合改建市政设施、建筑立面、街道景观绿化、城市家具、亮化照明设施，开展社区雨污分流、强弱电管廊建设、水改气改、交通微循环改造，新建了一批停车场、休闲场所等配套设施项目。项目一期：改造房屋外立面423栋，弱电改造13.53万米，拆除护窗3.98万个，改造排水管网8.08万米，改造社区道路20.52万米，改造化粪池2990座，新建城市家具5545处，新增车位2700个。完成走马楼、识字里、荷晏等10个精品社区改造项目，并通过了长沙市提质提档办验收。挖掘街巷文化底蕴，改建恒达路、德政街生态文明街、维力巷渔文化主题街、月桂社区都市园艺花街、开慧文化公园、滩头坪社区法制文化街等特色支路街巷。火星街道凌霄路花街被列为全市样板观摩点。按照主次干道“六位一体”（路面、人行道、绿化、立面、公共空间、亮化设施改造）综合提质改造要求，投资2300万元，提升车站北路城市夜景亮化项目，“一点三线”（黄花机场周边，人民东路、东二环、三一大道沿线楼宇亮化设施建设）工程竣工。制定《长沙市芙蓉区控违拆违工作三年行动（2017—2020）实施方案》《关于落实2017年城市建成区违法建设专项治理工作实施方案》，全区拆除违法建设项目702处，面积12.2万平方米。加强管控新增违法建设项目。全年下发专项督办函67份，拆除新建违法建设项目64处，面积5333.6平方米；清场379处，清场面积5.07万平方米，清除垃圾7064.9吨。爱卫工作全年投入80万元，为韶关社区、东岸锦城、恒业雅苑、梦泽园、西南名苑、古汉城广场、老干休所、市公安局宿舍、长房白沙湾、天扶华庭、湘府社区11处地段安装灭蚊灯、诱蝇笼、投饵盒。完成了精彩生活超市、大汉海派工地、星火干休所食堂、银园公寓、火星一片农贸市场、景天大酒店、东屯渡街道办事处、德政园农贸市场等20家单位的病媒生物防治基础设施建设。投入80万元完成春秋两季灭鼠等项工作。城乡结合部环境全面提升。5月开始，全区启动了城乡接合部环境卫生整洁“百日行动”，综合整治东湖街道、东岸街道、马坡岭街道市容环境卫生，下发整改城乡环境问题1119件次，基本清退东片区域内废品收购站(点)。

城区综合整治。抓全区“五乱”（乱设“广告”乱贴“宣传物”、乱摆乱卖、乱搭乱占、乱停乱放、乱吐乱扔)整治和“治脏治乱治差”集中整治，配合做好“两节”“两会”“中华龙舟大赛（长沙·芙蓉站）”、大气污染防治期、长沙马拉松赛期间执法保障工作，整治提升省委大院周边、长沙火车站周边等重要区域市容环境。全年受理、处置市数字化平台案卷9.95万条，区平台采集信息4821条。拆除万家丽路等主次干道沿线违规广告招牌、发光字861处，面积6.46万平方米；拆除违章大型广告板3块2000平方米。全年办理行政执法案9840件，罚没金额188.58万元。办理“门前三包”案1213件，罚没金额28.4万元。开展渣土车辆集中整治行动198次，结案261件，罚没金额61.51万元。开展人行道违停专项治理，抄牌违停车辆2808台次，锁车1378台次，拖离严重影响交通秩序车辆73台，拖移占道非机动车5593台次，罚没金额16.23万元。办理非法收集运输和处置餐厨垃圾案140件，罚没金额5.69万元。推进生态文明建设，落实班子成员联点制度，成立40人的应急处突力量，处置街道环保案件。全年办理市、区环保问题信访交办件110件，配合办理餐饮油烟扰民、违章建筑污染、施工噪声扰民、夜市烧烤污染、环境脏乱差案108件，牵头办理案件2件，按时结案率100%。

存在的困难和问题：区级层面缺少统一调度指挥平台，原有数字化平台系统、硬件老旧无法满足新型城市网格化管理需要，综合分析和调度处置的机制不够顺畅；城市管理问题的快速处置和长效管理有待加强，各职能部门综合协作格局还未有效形成。

（孙　业）

【“洁净大长沙 清爽迎新年”活动】 1月20日，芙蓉区城市管理和行政执法局与芙蓉区精神文明建设指导委员会办公室组织区直属机关相关部门、火车站综管办、各街道（园、局）开展了“洁净大长沙，清爽迎新年”卫生大扫除活动。长沙市城管局副局长曾庆安，副区长练大智参加扬帆小区活动中心点清扫工作。该次活动，以街道为单位设立了13个活动点，区城管系统与街道干部职工以及门店业主、居民群众共同清洗主次干道的车行道、人行道、地下通道出口顶棚以及附属设施：擦拭沿街公共卫生设施、门店招牌，捡拾绿化带杂物，清洗门店门窗、玻璃及墙面附着物以及清除小区牛皮癣及楼栋堆物等卫生死角。全区组织动员3.16万人参与“清洁城市”行动，出动各种清洗车辆70台，清扫辖区面积16万平方米，清理广告“牛皮癣”6000平方米，清除各类堆物垃圾近20吨，清理化粪池50余处。

【人民东路夜景亮化改造】 3月17—20日，芙蓉区城管局根据长沙市委、市政府对黄花机场“一点三线”照明及亮化整治提质工作要求，开展人民东路（滨河路—东四线）沿线夜景亮化照明设备提质改造工作。该次提质工作，组织施工人员30余人，总投资130万元，按照增加道路路面亮度及提升整体美观的原则，加装人民东路（滨河路—东四线）沿线280根路灯杆的“中国结”灯具。完成560套“中国结”灯具加装和调试工作，实现该路段整体亮化、美化。

【应对夏季强降雨防汛工作】 7月1日上午，长沙市水文局发布洪水橙色预警，全市启动防汛Ⅱ级响应。下午3时，湘江水位逼近39米。为保障城区居民人身财产安全，保证市区不发生漫水情况，区城管执法大队抢险应急分队与市政、环卫、民兵应急分队500余人，在芙蓉区圭塘河钢便桥

（浏阳河大道至白沙湾路）西岸抢筑3米高的移动防洪墙，并冒雨填筑沙石、沙袋等防洪设施加固防洪墙。区城管局全体干部职工取消休假，制定了由班子成员牵头12小时防汛值班制度。在东湖街道防汛责任地段，按照区防汛指挥部统一安排，分时段开展巡堤查险工作，保证大堤安全度汛。

【灾后发放病媒防治药品】 7月18—19日，辖区因强降雨发生内涝积水，水退后气温升高，为保障人民群众身体健康，区爱卫办紧急购置除“四害”（苍蝇、蚊子、蟑螂、老鼠）药品套装1950套，对全区13个街道、78个社区（村）发放蚊香、粘鼠板、防蚊喷雾、蟑螂贴、艾条等药物，区爱卫办工作人员向社区工作人员讲解防疫知识和药物使用方法，引导居民重视爱卫活动，消除灾后卫生死角。

【“三清”专项整治行动】 9月22日，为提升国庆节、中秋节期间城市容貌，区城管委组织区直属机关相关部门、火车站综管办、各街道（局）开展“大清扫、大清洗、大清理”专项整治行动。该项活动在长沙火车站广场及辖区13个街道同步展开，由区市政、环卫、城管执法队员以及街道社区工作人员、辖区群众、门店业主、物业公司员工共同参加。“三清”行动范围包括辖区主次干道、车站、街景公园清洗行动，小区内楼道、草丛等卫生死角全面清理，擦拭沿街公共卫生设施、门店招牌、门店门窗玻璃及墙面附着物。区园林局组织员工开展绿化带（区）枯枝和堆物清理、叶面积尘清洗及缺株死株排查补种，新增重点区域花木2.8万株。

【全区城管工作现场推进会召开】 11月7日，区长周春晖主持召开城管网格化、人行道建设工作现场推进会暨生态环境保护委员会第三次全体会议。副区长练大智，区政府副调研员何磊、梁燕斌，各相关部门及街道办事处负责人参会。周春晖实地调研了韭菜园街道桐荫里社区、荷花园街道杨家山社区、东岸街道东屯村社区关于城管网格化和人行道建设的相关工作。他听取了区城管局关于城市管理网格化、人行道建设工作情况汇报，并提出了完善城市管理网格化和人行道建设的具体要求。

【盘锦市兴隆台区领导到区考察交流】 11月14日，辽宁省盘锦市兴隆台区城市管理行政执法局局长魏巍一行13人到区考察交流城管执法工作。在座谈交流会上，区城管执法大队党委副书记、教导员汤道建介绍该队的机构设置、人员配置、职能职责等基本情况，汇报了开展的“最严城管执法”“十大专项整治”、早夜市管控、共享单车管理等方面的做法及经验。魏巍一行人实地考察了浏阳河风光带、婚庆公园、荷花园街道荷晏社区等区域城市管理工作，并交流了城市管理巡回法庭、违规广告招牌管理、队伍建设等工作。

【城市管理网格化工作述职大会】 12月11日，芙蓉区城市管理网格化工作述职会议在区政府会议室召开。区长周春晖，副区长练大智出席会议。区政府办、城管局、环卫局、市政局、园林局、火车站综管办主要负责人，各街道办事处负责人参加会议。会上，区城管局、火车站综管办及各街道负责人作城市管理网格化工作的述职报告。周春晖要求，各部门及街道负责人要高位推进网格化工作，因地制宜，科学划分网格体系；针对管理工作要整合人员力量，科学调度合理安排；进一步完善考评体系，落实责任奖优罚劣，同时要广泛动员群众参与城市管理，发挥群众力量，完善区级信息化平台建设，切实提升全区城市管理水平。 （孙 业）

·城管执法·

【概况】 2017年，芙蓉区城市管理综合执法大队以全区城市管理“提质”行动、“五类乱象”（乱设乱贴、乱摆乱卖、乱搭乱占、乱停乱放、乱吐乱扔）整治、“治脏治乱治差”、中央环保督察、“十大专项整治”等工作为重点，办理行政执法案件9840件，罚款金额188.58万元。日常执法纠违教育劝导2.39万件，责令整改7686件。年内，员工石文被授予“长沙市最美时代青年”称号；员工杨曦被授予“芙蓉区青年岗位能手”称号。

综合整治。组织摸底调查主次干道违章户外广告、招牌、导视牌，开展以“市级督办第一、二、三批立面整治”，省委大院周边、万家丽路沿线、东二环、浏阳河沿线立面综合整治为主的整治行动，拆除违章门店招牌、楼顶发光字、在建楼宇大型布幅广告、发光字861处6.46万平方米，规范宣传横幅12处；拆除违章大型广告3块2000平方米。坚持依法拆、严格控、高效建工作思路，推进拆违控违，出动执法力量2.63万人次，推进定王台街道蔡锷路、韭菜园街道黄土塘拆迁，远大路拓宽，五里牌友阿商店、湘湖肉联厂拆迁等重点项目，组织行动387次，拆除违法项目702处，面积12.2万平方米，其中拆除新增违法项目64处，面积5333.6平方米。加强渣土扬尘整治，控制渣土车路面撒漏污染，在远大路、人民路重要路口整治行动198次，出动人员3800人次，办案261件，罚款61.51万元。立案查处违法提供、收集运输、处置餐厨垃圾行为，办理非法收集运输和处置餐厨垃圾的案件140起，罚款金额5.69万元。配合马坡岭街道整改处罚地沟油窝点2处，教育整改餐厨垃圾产生单位35家。

防汛抗洪。7月，区城管执法防大队成立200人的防汛抢险应急分队。全体人员停休，全员上岗，分成两个梯队应急待命，随时增援应急处险现场。在防汛抗洪中，处置浏阳河大道钢便桥防洪子堤、滨河路东岸公园、人民路桥下、高铁线浏阳河隧道等各类险情10处。退水后，各驻街中队协助开展清理搬运工作，清理浏阳河大道钢便桥两端砂卵石、桥体淤泥、河道垃圾，协助清理滨河路等地防汛堆积物，恢复交通秩序。组织全体干部职工为受灾群众募捐，募集资金6.27万元。

法治建设。年内，在队伍建设、内务管理、业务工作检查考核中，督察各中队、科室问题45件，严格扣分并纳入月考核排名。督察队伍形象建设问题36条，全部纳入个人月绩效考核。督办各类执法案件，落实45宗市局交办案件、13宗区级交办案件、23宗信访案件。开展市容督察考核7000条，督促中队整改落实到位。回复市、区“12345”平台群众投诉问题8070条，回访检验和问题处置满意率99%以上。抓住党员干部廉政建设风险管控预防，组织开展作风建设谈话教育、廉政短信、静园参观学习等活动。开展对各驻街中队及科室作风建设及履职尽责情况明察暗访60次，中层干部谈话36人次，提醒谈话7次，函询谈话3人，约谈1人，诫勉谈话8人，通报批评8人，政纪处分2人。

存在的困难和问题：城市管理工作涉及面广、难度大、矛盾多，城管职责多、情况复杂、标准要求高。区执法队伍整体年龄偏大，人员流动和激励机制不够流畅，活力和创新不足。执法干部及辅助人员力量不足。城管执法职责范围扩大，涉及专业性强、操作复杂、工作繁琐，各部门之间的职责移交、配合协调、界定衔接机制有待建立健全。（徐　跃）

【“五乱”专项整治行动】 4月，区城管执法大队落实市局关于“乱设乱贴、乱摆乱卖、乱搭乱占、乱停乱放、乱吐乱扔”整治工作要求，制定实施方案、整治目标、整治重点和问题整改清单。印制张贴大型通告700份，发放宣传通告7000份，实行日调度、周讲评和月考核。对乱贴小广告、乱吐乱扔、店外经营作业、设摊经营等乱象集中整改。加强人行道清障，整改未按规定围挡作业164处，拆除临街搭建构筑物1346.7平方米，暂扣各类乱摆乱放、乱堆乱设物品160件。9月，按照市局要求，大队开展“治脏治乱治差”集中整治，细化拟定了整治行动实施方案，对照各批次任务清单，明确省委大院周边、芙蓉广场、五一路、芙蓉路等重点区域和重要路段，规范重点区域和重点地段环境卫生秩序。综合整治早夜市、农贸市场、校园周边、机动车和非机动车违停占道、渣土扬尘整治、餐饮油烟和工地噪音污染、违规户外广告招牌等“脏乱差”现象。

【中央环保督察交办件全部办结】 5月，中央环保督察期间，区城管执法大队办理市区环保问题信访交办件110件，其中配合办理餐饮油烟扰民、违章建筑污染、施工噪声扰民、夜市烧烤污染、环境脏乱差等案件108件，牵头办理案件2件。办理芙蓉苑菜地恶臭气味扰民案件中，大队出动80人执法力量，组织100名民工，清理整治火炬村三片拆迁安置用地，现场调用挖掘机、铲车、垃圾清运车等，拆除菜地乱搭乱建棚子30处，清理填埋散发异味的化粪池、粪桶粪缸200个，清运生活垃圾6车次。大队党委明确了环保督察期间工作纪律要求，对7类不作为、慢作为相关行为严厉问责。落实班子成员联点中队，人员全部停休，拆控违分队专门成立40人的应急处突力量，增援街道中队市容秩序等大型整治行动20场次。

【万家丽路违规广告招牌整治】 5月，区城管执法大队落实区委、区政府工作要求，立行立改万家丽路沿线广告招牌，采取“五加二”“白加黑”的工作方式连续战斗，拆除违规广告、招牌、发光字 170 块、8941 平方米。在整治中，修复墙面 4400 平方米，清除楼顶杂物、垃圾 10 车次，拆除违章建筑物 220 平方米，整治 14 栋楼宇楼顶违规种菜等乱象，清除 16 处楼宇窗体发光字，全年完成对万家丽路两厢综合整治工作任务。

【火车站综合整治行动】 10 月，针对市民群众反映的火车站广场乱摆乱占、乱停乱放等问题，区城管执法大队制定了《长沙火车站地区市容秩序专项整治工作方案》，明确了管控流动摊担、大力整治店外经营、规范管理共享单车、强力整治广告招牌等具体内容，成立 30 人的应急处置分队，24 小时支援火车站广场市容整治行动。实行整治情况每日一通报、每日一总结，加强火车站周边地区的日常管理、动态巡查和执法力度。开展对科佳美食城、长株潭汽车站、三九楚云大酒店沿线、火车站西广场巡查并安排专人值守，查处乱吐乱扔案件 276 件，拆除火车站出站口等地违规项目 5 处，拆除违规亭棚 3 个，暂扣车站路沿线违规音箱 25 个，拆除违规广告招牌、贴纸等 83 处，暂扣灯箱广告 18 处。

【机动车、非机动车违停整治行动】 12 月，区城管执法大队按市局工作要求，抽调 12 名人员，联合交警大队和城管公安大队，成立专项整治组，制定《集中整治工作组管理规定》，以第一批整治路段（包括五一路、韶山路等七条主干道）为重点，在全区范围内开展机动车、非机动车道路违停联合整治工作。在整治行动中，发放宣传告知单 6000 余份，安排执法车辆统一安装音响设备和用于流动宣传的音响资料。抄牌车辆由执法人员逐一张贴温馨提示单。截至年底，该项行动出动执法人员 256 人次，执法辅助及其他相关人员 259 人次，抄牌 1538 台次，锁车 768 台次，罚款 9.55 万元。立案处罚其他占道行为 23 起，罚款 5600 元。拖离严重影响交通秩序车辆 30 台，拖移占道非机动车 2040 台次，清理违规地锁、违规停车泊位 27 个，清理其他违规设施 37 处。 （徐　跃）

·供电管理·

【概况】 2017 年，经信局积极协调电力部门，确保企业、居民、项目有序用电。

“专改公”工作。实施芙蓉公寓等 16 个小区的电力“专改公”改造，成立区已建住宅小区供电设施专改公（一户一表）工作领导小组，制定实施方案，完成了双控账户（电力公司与区政府共同掌控的账户）的开设。妥善协调处理好湘湖一村施工办证、向阳苑群众阻工和九道湾小区居民上访等问题，协调设计单位实地查勘，满足居民设计变更要求。开展住户资料收集工作，根据实际情况向市相关部门申请缓建湘一芙蓉中学“专改公”项目获得批准。完成全区 361 个住宅小区或楼栋的“专变”“公变”摸底，联系电力设计公司完成部分 PPP（政府与社会资本合作）项目小区“专改公”高压设计工作，组织 PPP 项目社区负责人及电力专干的“专改公”培训。根据实际情况结合区 PPP 项目计划，申报 2018 年的“专改公”小区计划。

重要时段、重大活动保电。2017 年中华龙舟赛（长沙·芙蓉站）4 月 12—17 日在浏阳河芙蓉段（人民东路桥－东屯渡桥）举行，区经信局承担电力和通讯保障工作。组织电力、联通、移动、电信和无线电办的负责人到浏阳河河堤实地查勘，明确各单位的技术要求和车辆停放地点。各专业应急车辆及时到位，确保赛前各项准备工作按要求有序开展。赛事期间，安排专人现场值班，保证赛制顺利完成。为《浏阳河上》演出提供电力保障。区经信局协调市电力公司保障演出电力供应，确保演出顺利进行。年内为隆平园种业硅谷开工仪式、湘湖文化大讲坛等重大活动提供电力保障。

实施专项行动。落实市电力供电能力提升三年行动计划和“630 攻坚”(2018 年 6 月 30 日前须完成电力建设项目) 活动。根据市经信委要求活动实施方案，现场查勘区需完成的电力建设项目，推动成立区电力设施建设和保护工作领导小组，制定区电力供电能力提升三年行动计划和区电网建设项目建设“630 攻坚”活动实施方案。

其他工作。开展电力迎峰度夏的宣传工作，编制区停电应急预案，协调平安银行芙蓉支行项目建设电力增容改造工程和长沙国金中心 110KV 变电站单电源送电有关工作；申报推荐 17 家电力用户与发电企业直接交易准入目录，请示区政府解决老旧、农安小区电力管网改造问题并对接了电力部门，电改问题小区纳入区

PPP 项目或“专改公”项目。
（陈佳豪）

【2017 年电力“专改公”工作专题会议】 2月6日，区经信局召开 2017 年电力“专改公”工作专题会议，19 个申报小区所在社区负责人参加。“专改公”户表改造工程是 2013 年由市经信委牵头启动，为解决供电线路老化、用电安全隐患严重、居民反应强烈等突出问题的重要工程。2017 年该项目列入长沙市政府十大民生工程，全市计划完成 80 个小区的“专改公”电表改造。会上，区经信局副局长周文详细说明专改公小区电表改造的顺序铺排、前期准备、工作模式等相关事项，逐一解答与会人员提出的问题。会议要求各社区尽快做好准备工作，保证芙蓉区电力“专改公”工作顺利推进。

【市经信委到区督察“专改公”工作】 8月4日，市经信委副主任万惠明、电力处处长童贤金会同国网长沙供电分公司副总工程师邓铭到区督察“专改公”工作，副区长黄金国、副调研员虢中华，区经信局、财政局负责人参加。会上，区经信局副局长周文汇报相关工作。芙蓉区第一批 8 个“专改公”小区资料、预交电费收集和协议签订完成 95%，第二批小区各项准备工作持续推进。汇报提出几点困难：部分小区部分业主不接受改造方案，阻工情况时有发生，导致工程进度延误；改造工期紧张，任务重；芙蓉区全区提质提档“PPP”（政府与社会资本合作）改造工程与“专改公”工程的时间不一致，造成重复开挖，浪费人力、物力、财力，影响居民生活。督察组肯定芙蓉区前期工作完成情况，并提出要求：统一思想认识，保证“专改公”工作按时按质按量完成；形成合力，全面开展对接，明确各项工作负责人员；加强调度，保证按时进场开工。关于芙蓉区“专改公”和“PPP”工程匹配问题，督察组提出向市政府申请专题研究报告。
（文程遥）

市政管理

【概况】 2017 年，芙蓉区市政管理工作以优质、高效、精细的要求为抓手，完成了各项工作任务。年内，区市政局摊铺道路沥青 8.8 万平方米，修整路槽 4.68 万平方米，灌缝 3.46 万米；修补破损人行道板（含压膜人行道）3.88 万平方米，修复侧平石 6916 套米，安装、更换隔离设施 2695 个；疏通各类市政井 6.14 万座，管道疏浚 49.94 万米，更换井盖 575 套，四防井盖 965 套，外运污泥 2427 吨。处理数字化案 6460 件，结案率 100%，未发生超期处理案件。改建了五一大道、芙蓉路、韶山路、晚报大道、车站路、解放路 766 处市政类问题窨井设施；并在人行道上安装市政隐形井盖 24 座。

存在的困难和问题：市政管理人才后备力量不足，尤其表现在项目施工、预决算、财务方面人才短缺严重；市政设施的整治需进一步强化，尤其是主次干道窨井盖整治、支路街巷整治；市政管理的科学化需进一步完善，尤其在设计理念、科学规划、维护验收等方面。
（邓子军）

【市政设施提质改造】 年内，完成港湾式公交站改造 6 处；营盘东路（湖南宾馆—烈士公园南门段）人行道提质改造项目竣工；解放路北段和营盘路（车站路—桑植巷段）道路两侧各修建一条自行车专用道；人民东路（东二环—长榔路）隔离带项目。推进 10 条支路街巷提质改造项目：完成迎宾路（八一路—营盘路）提质改造项目；完成东二环提质改造项目；走马楼、青石井、犁头街有序推进；高岭街、老人民路（东华路）、职院街、紫薇路和韭菜园路纳入芙蓉区“魅力芙蓉·城市双修”PPP 项目。完成东二环桥下停车场提质改造项目 10 处和道路雨污管网清浚任务 17 条。

【河流自排口管理】 5月，区市政局按照区河长制办公室的要求，协助农林水局浏阳河流域自排口管护，制定《浏阳河（芙蓉区段）自排口管理实施方案》，由党政一把手带领班子成员及科室负责联点，开展浏阳河芙蓉区段 11 个自排口巡查，建立巡查工作台账，安排专人负责清理自排口垃圾，发现问题及时处理，保证在旱季无污水直排浏阳河。

【化粪池无害化处理】 年内，区市政局启动粪污处理改革试点工作，推广和应用粪污处理的新技术新方法。该技术是把粪池中杂物垃圾与粪便分别处理，添加除臭剂，实现化粪池无害化处理和资源利用。全年完成定王台街道 9 个社区和荷花园、文艺路、东湖、朝阳 4 个街道粪污无害化处理，清理清掏化粪池 1800 个，容积量 2.49 万立方米。该项工作改变了传统人工处理粪便的方式，避免二次污染，并具备连续作业、耗时较短、高效、环保等优点，粪污处理清污效果明显、社会反响良好。

【市政文明创建工作】 年内，区市政局成立精神文明创建领导小组，制定《市政局文明创建工作测评方案》和《市政局文明创建应急方案》，分别召开文明创建活动动员大会、工作部署会、创建推进会、冲刺会等专项会议，按照市政网格化责任分解辖区所有的主次干道、支路街巷的责任。完成摊铺沥青路面9759平方米，修补人行道5001平方米，疏浚下水管道7.07万米，更换补放各类井盖179块(座)，清挖各类井7895次，安装、更换隔离设施171处。在长沙重点对火车站广场、五一路、八一路、车站路、芙蓉路、解放路等区域开展文明创建“大清扫、大清理”活动，提升了服务水平，弘扬了文明风尚。

【汛期城市排涝工作】 6月30日—7月6日，区市政局承担城区防内涝的组织、协调和处置工作，出动人员3421人次、车辆820台次，快速、妥善处置区域内涝险情。紧急支援雨花区排渍、支援宁乡抢险，增援岳麓区含浦小区地下车库积水抽排，配合清理浏阳河钢便桥，得到市区领导的肯定。搭建防涝排渍网格化管理平台，形成社区、街道、区直相关职能部门网格之间的有机衔接，提升整体防汛效果。该项目被评为芙蓉区2017年度“微改革微创新”重点项目和长沙市2017年度第三批科技计划(重大专项)项目。

【市政服务民生工作】 全年帮助街道社区解决问题13个，疏通化粪池54座，安排困难群众就业3户；受理群众来电467条，“城管110”案件115条，“12345”市民服务热线211条，答复率100%，满意率99.56%；“12345”市民服务热线方面连续11个月获得全市第一名。服务辖区学校，在朝阳二村小学、火星小学、长铁曙光幼儿园、育才二小、育英小学、湖南信息职业技术学院、湘一芙蓉第二中学、长沙市实验中学等学校周边开展疏浚、养护工作，累计修复破损人行道及地坪3117平方米，疏浚下水管网2615米，清掏各类井盖及化粪池612座，新建泄水井及检查井62座，新建各类管网805米，安装及更换隔离设施19处。 (邓子军)

市容卫生

【概况】 2017年，芙蓉区市容环境卫生管理局围绕宜居品质提升，雕琢精致精美市容面貌，不断提高市容环境卫生工作质量和服务水平。获得全市环卫业务月排名4个第一，全市渣土管理月排名6个第一。在区绩效考核中获评一类单位。

健全维护作业常态运营机制。优化作业方式，实行“网格化”管理，工作任务细化、量化到人。全区保洁面积785.1万平方米，管理公共垃圾站90座，公共厕所93座，以“双车作业”模式加强人机配合精细化清洗。加强重点区域日常清扫保洁工作，日均安排大小水车16台，清洗人员50人，保洁人员220余人，保证省委大院周边及火车站等区域的道路和环卫站厕干净整洁。开展“周末大清洗”活动，主干道和重要场所一天清洗一次，次干道和背街小巷三天清洗一次，形成工作长效机制。完善绩效考核、调度讲评、督促检查、问题交办等环卫维护作业推进机制，把社区物业纳入到日常业务督察，坚持“日考核、周反馈、月讲评、年总结”的办法，增强干部职工的责任感和荣誉感，适时组织讲评，保证维护市容环境卫生实效。全年接上级交办、整改事项81件，全部在时限内办结，完成率100%。

落实环卫配套设施建设。全年提质改造垃圾站10座，采用水平密闭式垃圾压缩设备，增加了垃圾站容量，提高垃圾运输效率。年内，清运生活垃圾近30万吨。以“一站一厕一景点”标准，在万家丽路建立了示范性公厕，该公厕设施设备达到全国一流水平。改建长沙火车站南北两侧公厕2座。

开展蓝天保卫战工作。在辖区各工地推行管理员责任制，环境卫生和渣土整治同安排同管理。加强业务培训，提升工作实效。加强渣土扬尘整治，联合相关部门对辖区工地、卸区及渣土运输车辆监管全覆盖。全年参与联合整治行动135次，出动人员3140人次，查扣违规渣土运输车辆约240台，停工整改工地5处。

重点工作保障。在2017中华龙舟大赛(长沙·芙蓉站)赛期，对周边开展全天候、无死角的巡回清扫保洁。落实中央环保督察交办工单，处理投诉件34件，其中主办3件，协办31件，按时办结率100%。组建防汛抗洪工作应急抢险分队，在东屯渡浏阳河钢便桥、浏阳河东滨河路沿线路面、滨河路辉煌国际城等处及时处置洪水险情，保障安全度汛。支援宁乡、长沙县、岳麓区灾后恢复生产生活。

存在的主要问题。为遵守错峰上路要求，城区机械化作业工作时间短、任务重，各类车辆数量不足。环卫所移交至街道管理之后，维护作业面积和维护项目增加，各街道环卫工作经费不足问题突出。（黄昕格）

【“智慧环卫”平台启用】 3月，芙蓉区“智慧环卫”监管平台投入使用。该平台包括机械化作业车辆管理系统、环卫巡查督察管理系统和垃圾运输管理系统三个模块。通过卫星定位、移动互联网、大数据、云计算等技术设备支撑，实现对物料、车辆、人员等方面实时监测、科学管理、高效调度。智慧平台手机APP能够全覆盖，实现局、所及作业人员登陆平台完成签到、签退，有效杜绝“空岗”现象。智慧平台实时数据传送、统计，生成相关报表台账，增强督察考核数据化和数字化水平，提升环卫工作效能。全年督察问题8571条，扣除责任单位及个人1.03万分。

【万家丽示范公厕竣工】 公厕位于万家丽中路地铁三号线出入口，面积140平方米。项目于8月开工，12月竣工。按照五星级标准建设，屋顶采用双人字结构，双层建筑立面，增加洗手盆数量及更衣间，增设第三卫生间，设置手扶栏杆及座便器，为有需要的市民和行动不便人群提供便利。公厕内还为市民提供休憩座椅、洗手液、纸巾等便民服务，安排两名保洁人员24小时清洁维护。

【餐厨垃圾分类全覆盖】 年内，区环卫局与辖区内2626家门店签订餐厨垃圾无害化处理承诺书，发放收集桶2819个。引导、倡导商家把日常厨余垃圾与其他生活垃圾分类投放，厨余垃圾滤除水分后单独存放。联合餐厨垃圾处理公司实行定时、定点上门收集，日产日清，日均收运厨余垃圾15吨，基本实现餐厨垃圾分类处理。

【抗洪救灾】 7月，面对长沙地区超高警戒水位和洪水灾情，区环卫局抽调党员干部及环卫骨干力量200余人，组成防汛应急抢险分队，按照区防汛指挥部安排，投入到东屯渡浏阳河钢便桥、浏阳河东滨河路沿线路面、滨河路辉煌国际城险情地段处置险情。洪峰过境后，开展市容环境恢复清洗，出动人员2361人次，大小水车96辆，洗扫车40辆，垃圾车62辆，清扫垃圾477吨，清理淤泥27吨。安排抢险应急队骨干队员和机械设备支援宁乡、长沙县、岳麓区，协助当地群众恢复生产，回归正常生活秩序。全局干部职工和部分公益性岗位员工312人向宁乡灾区捐款近5万元，其中物资款2.41万元。

【全市环卫业务观摩会在区召开】 10月13日，由长沙市城管执法局副局长胡刚带领各区环卫局业务负责人，到芙蓉区现场观摩环卫业务工作。胡刚一行观摩了环卫员工的日常清洗人机配合作业、智慧环卫APP使用、站厕提质提档项目建设及背街小巷环境卫生综合治理工作，并对环卫业务工作提出了具体指导意见。

【周春晖调研环卫工作】 12月15日，区委副书记、区长周春晖，副区长练大智带领区直部门及相关街道负责人在区环卫局召开工作调研会议。周春晖区长针对环卫工作现状与实际困难，提出优化体制、严格管理、保障经费等具体要求。（黄昕格）

园林绿化

【概况】 2017年，芙蓉区园林局立足魅力芙蓉、精品城区建设整体目标，完成新增绿地面积24.16公顷。在全市园林系统绿化措施到位率考核中综合排名第一，在长沙城市管理考核中，获得园林类6个第一，获得园林专业局考核4个第一。

存在的问题和困难：2017年，芙蓉区园林维护工作接受长沙市园林局和市城管局双重业务考核：市城管局实行每月考核，市园林局组织每2个月对维护管理措施到位率考核。区园林局要花费大量的人力、物力、财力，疲于应付处理各类数字化案卷消单、申诉、撤案等工作，双重考核加重了基层负担，未能真正精准发力在提升维护效率和品质上。

（黄卫清）

【园林工程】 年内，完成凌霄花街建设，地被2100余平方米。提质改造东二环桥下花坛绿化景观。选定杉木路站厕作为辖区垒土立体绿化试点项目，新增立面绿化面积170平方米。在望龙南路增设掉头车道、新建二次过街安全岛，栽植香樟、银杏等50余株。提质文艺路街道建工大院项目，绿化面积1700平方米。对特格尔围墙及周边绿化整治，新增绿化面积375平方米。对京港澳高速隔离墙刷漆美化700米，更换行道树23株。在晚报大道铁路桥、人民东路京珠高速涵洞栽植薜荔1360余株。在阿波罗人行天桥、万象新天天桥和八一路分别摆放盆景160盆，鲜花10万盆。为中华龙舟大赛（长沙·芙蓉站）场地摆放幸福树、三角梅、绣球花等木本类盆花、盆景1597盆。

【园林维护】 年内，在辖区主次干道、社区公园、广场等处对乔木、大灌木普遍实行中耕和施肥，补栽补种苗木53.5万株，麦冬草5.9万千克，草皮66.4万平方米。制订园林维护管理专项应急抢险预案，成立应急小分队。在防洪抗灾期间，排除倒树、危树、断枝等险情20起。抗旱期间，加装浇水车辆GPS系统，采用人歇车不歇的作业模式，把极端天气对绿化植物影响降至最低。开展园林维护“双创”（创建精细化维护示范路段和行道树修剪整形示范路段）工作，创建了五一路、韶山路、车站北路3条市级示范路段。

【绿化管理】 全年办结绿化行政审批事项26笔。处理毁绿占绿等重点案卷14件、数字化工单案卷14件，处理“12345”市民来电、城管“110”、市长（区长）信箱工单1万余条，全部整改回复，市民满意度100%。配合市环保督察工作，协同处理完成环保督查案卷13条，悬挂安全警示标语47条，开展隐患问题整改91处。处理死、危树324株。制订苗木移栽植管理办法，规范树木审批、移植、养护痕迹化管理。

【造绿复绿】 全年绿化总投资3.8亿元。“千园之城”项目建设：完成荷晏连心广场、东驿公园、柳子明纪念园、九如巷公共绿地建设项目、嘉盛和园社区公园等项目10个。林荫工程建设：建成杉木南路、白竹坡路、大河南路、红杉路、大河路北段等6条；建成九如巷、嘉盛和园林荫广场2处，滨河路绿带、杉木路绿带林荫停车场2处。增花添彩工程建设：改建凌霄路、恒业巷、恒达路、东宜社区、紫薇路特色街巷5处，提质车站北路、解放路花卉特色道路2条。城乡绿道工程建设：完成自行车道23.87公里，步行道32.67公里，东驿公园、新桥社区公园等生态停车位88个。绿色共建共享工程：创建走马楼、湘府、朝阳、马王堆绿色示范社区4个和马坡岭街道义务植树基地1个。在育才三小开展“小小绿衣侠”进校园活动，由该校各个班级认领绿地近4000平方米。空间绿化建设：完成京珠西辅道边坡绿化、浏阳河产业带B2地块人行天桥、浏阳河产业带A地块人行天桥、浏阳河东岸风光带三号服务用房屋顶绿化4处。社会投资项目：完成恒大江湾、古汉广场、辉煌国际、芙蓉万国城、大同小学、东风小学、双新小学社会投资项目7个。

【园林队伍管理】 全区绿化维护管理总面积464万平方米，所辖主次干道53条，社区公园30座，广场（芙蓉广场，锦泰广场，火车站广场）3个。根据维护工作实际分为主次干道与社区公园，城内社区、城中社区、城外社区，砍伐、综合六个组，以绿化面积为基准核定各维护小组一线维护人数、工具配备，与维护员工签订绿化维护岗位包干责任书，并实行考核制度及奖惩制度。规范一线作业人员管理，体检、审核、建档等流程，制订维护人员定岗定薪工作方案。全年邀请园林专家讲学2次，开展年度技术比武1次。组织园林“经典诵读”活动，利用“芙蓉园林”公众号推送“园林好声音”特色专栏。推进群众工作“连心”行动。由该局60名干部职工分别到湘湖街道西湖社区、湘湖社区联系495户家庭和405户家庭，解决群众诉求45余件，涉及物业基础设施、城市管理、劳动保障等方面。（黄卫清）

【东驿公园项目】 东驿公园位于芙蓉区浏阳河东岸，南起人民东路，北至远大路，东临杉木路，西达东驿竹园，用地面积13.8万平方米，总投资约2.8亿元。项目秉承“海绵城市”理念，围绕“活力社区、都市田园”主题进行建设，公园中建设一条连通南北、宽度为2~3米并兼顾绿道功能的主园路，并以主园路串联各大节点空间和次级园路，形成完善的交通体系。通过自然、生态、场地等原始肌理将公园分为商务娱乐主题区、运动观赏主题区和生态休憩主题区，力求将自然文化内涵和人文科学理念融入到公园建设之中，打造一个充满动感、活力和人文关怀的社区公园。

【屋顶绿化示范项目建成】11月，位于长郡芙蓉中学教学楼、综合楼和湖南农业大学图书馆的屋顶绿化示范项目竣工。2016年11月21日开工，总投资828.58万元。项目围绕减轻荷载、防水技术、雨水滞留、植物搭配、营养配置、绿化浇灌等方面，建成下有绿、上有彩的立体花园。园内栽植苏铁、红继木球、海桐球等球灌木107株，栽植金森女贞、大叶栀子、铺地龙柏等地被4468平方米；花木种类18种，种植面积6400平方米。

【凌霄路特色街巷项目】 凌霄路位于火星街道，项目于2016年10月15日开工，2017年7月20日竣工，总投资1170万元。该项目以复兴凌霄路整体机能为总体定位，以打造“凌霄花”为主题的新中式风格休闲文化街为目标，围绕“凌霄花”和“凌霄”挖掘文化底蕴。该项目分为三大板块：“盛世凌霄”板块，主要是对凌霄花街西段进行打造，包括盛世凌霄壁照、凌霄花故事浮雕花池和“慈母爱”花坛雕塑；“璀璨凌霄”板块，主要改造凌霄社区前坪东西两个小广场，包括凌霄主题花坛、十二月花印章和休闲步道；“人文凌霄”板块，主要对凌霄路沿线进行提升，包括凌霄花文化墙、凌霄社区文化墙和凌霄花语引申出的孝文化墙。特色花街以综艺园林进行以点、线、面、阶梯错层等多样化花卉装饰，实现四季见绿见花，并在不同节点、墙顶架设多处凌霄花地雕、墙雕等图案，确保在视觉上突显“凌霄”主题花街，让行人感觉人在街上走，意在廊中穿，似在花中游。

【重要节点鲜花布景项目】 为迎接党的十九大召开，营造国庆、中秋节日氛围，区园林局在重要节点实施鲜花布景项目。该项目从方案设计、货源组织到鲜花摆放仅用5天时间，专业绿化养护人员出动200余人次。施工中，在省委大院南门、湖南宾馆大门、蓉园宾馆大门分别摆放西洋杜鹃、大盆三角梅、仙丹花、大盆波斯菊、海棠、孔雀草等花卉1.25万盆。在迎宾路口花雕摆放孔雀草、一串红、海棠等花卉1万盆。在芙蓉路立交桥南北两侧景墙及周边道路花箱，摆放海棠、一串红、孔雀草、鸡冠花等花卉3万盆。在芙蓉广场摆放海棠、鸡冠花等花卉1.6万盆，年嘉湖隧道、区检察院西侧、韶山路省委通道、湘一芙蓉中学围墙绿化等鲜花摆放7万盆。

【绿色城市市民共建行动】 3月，区园林局启动辖区绿色城市建设市民共建行动，通过“进单位”“进社区”“进学校”“进家庭”开展园林互动体验活动。5月12日，在育才三小开展“小小绿衣侠”进校园活动。该次活动，把校园内外近4000平方米的绿地分为35块“责任田”，由班级认领，打造“小小绿衣侠”品牌。通过小手拉大手，带动家庭共同爱护城市绿色。年内，创建了走马楼社区、湘府社区、朝阳社区、马王堆社区绿色示范社区4个和马坡岭街道义务植树基地1个。

【造绿复绿观摩项目调度会】 6月6日，芙蓉区召开造绿复绿观摩项目调度会。区委书记于新凡，区长周春晖，区领导陈计伟、伍艳飞、许凡、练大智等出席，区委办、政府办、城管局、园林局、市政局、环卫局、工务局、城建投、相关街道主要负责人参加了会议。2017长沙市新三年造绿行动现场观摩活动6月下旬举行，届时长沙市四大家领导班子以及市直部门、区县(市)、园区负责人一起，对全市造绿复绿项目6个项目现场观摩，包括芙蓉区火星街道凌霄路特色街巷、东岸街道的东驿公园。为做好造绿复绿项目观摩活动的准备工作，区领导一行先后到凌霄路特色街巷、东驿公园项目现场，实地检查工作进度和成效，听取造绿复绿观摩活动情况汇报。于新凡提出，要科学规划路线，精细布置现场，强化组织对接，明确并强调区委区政府两办、街道、城建投、城管局、园林局、市政局、环卫局各自的工作职责。周春晖区长要求各单位做好各项工作，在项目观摩中充分展示芙蓉形象，打响芙蓉品牌。

（覃婷婷）

（责任编辑：郭　冰）

国土管理·环境保护

国土资源管理

【概况】 2017年，芙蓉区国土分局坚持保障发展与保护资源相结合，坚持用地节约集约的原则，提高土地资源的供给质量和效益，完成了全年国土资源管理任务。

用地服务与管理。坚持节约集约原则，大力开展低效用地再开发调查，发出约定指界通知书5份，违约缺席定界通知书4份。严格建设用地预审，发布拟征地告知书和拟使用土地告知书14份，上报用地计划项目39个，总用地面积378.8公顷。完成农用地转征15宗、77.59公顷。坚守耕地保护红线，通过耕地补充指标异地交易网上竞拍中水田指标16公顷，上报供地计划61项，总用地面积490公顷。办理土地划拨前期辅助流程14宗15.52公顷，办回项目用地6宗17.59公顷。办理"城中村"改造项目用地手续2项70.67公顷。保障了芙蓉区经济发展的用地需求，保证了土地资源的有序利用。

土地巡查与执法监察。坚持土地执法动态巡查制度，建立健全巡查台账。区执法大队和国土所人员坚持每周至少1~2次下到各街道、村、组开展巡查。全年共开展动态巡查104次，下发责令停止土地违法行为通知书2份。定期组织由局领导带队的安全生产大检查，全年组织大检查行动36次。依法开展国土资源领域"打非治违"、打击违章建筑专项行动。

地质灾害巡查与预防。根据芙蓉区地质环境特点，制订《芙蓉区2017年度地质灾害防治方案》，发放明白卡和告知函，预防了地质灾害事故发生，经受了夏季特大洪灾的考验。配合和支持辖区安全生产"大排查大管控大整治"等专项行动，全年组织安全生产大检查行动36次。组织地质灾害巡查和隐患排查及专项检查95次。重点监测西龙村杨家湾组坡下滑坡险情，对隐患点护栏出现毁损的情况，及时组织队伍重新修建围挡、设立警示牌，向周边住户逐户发放了防灾明白卡。

依法维护人民群众权益。全年接待群众来访7批次14人，上级转办交办件8份，作出信访回复15份。每月向长沙市国土局报送"信访问题分类统计表""信访问题滚动排查表""群体性矛盾纠纷排查台账""维稳工作基本情况"等各类报表。为确保中共十九大期间的安全稳定，配合相关部门开展"进京访专项治理行动"和"千案攻坚积案化解行动"。芙蓉区6宗涉土信访事项得到信访人的理解，签订息访息诉协议，化解了部分信访案件。全年收到申请公开政府信息表297份，（其中区人民政府转办30份），作出申请公开政府信息告知书257份，补正告知书11份，向区信息中心回函27份，当面向申请人提供信息2份。承办"12345"市民热线工单12件，满意和基本满意率为100%。

开展文明创建活动。全年组织各类文明创建活动近20场次，开办"道德讲堂"活动5场次，开展"纠四风、治陋习"和损害群众利益的腐败专项整治和"作风督查年"活动，组织作风建设督察近30次，发通报3次。年内芙蓉区国土分局通过市级"文明标兵单位"考核验收。

存在的困难与问题。芙蓉区辖区面积小，可供初次开发的资源少。截至2016年底，全区有国有土地3608.29公顷，集体土地659.39公顷（含水域面积）。实际集体建设用地约144公顷，可供初次开发的集体农用地约320

公顷。2017年批回农用地转用和城中村改造项目用地103公顷，可开发利用的集体土地约220公顷。批而未供空闲的土地多。经近期对省厅下发的空闲地图斑的复查，芙蓉区实际有空闲地图斑46个，空闲面积143.11公顷，占可利用土地总面积的40%。区域发展目标的要求高。根据区五届人大、政协会提出的“五年内全面完成隆平新区征地拆迁安置和城中村改造，实现全域城市化”和市城改办2020前完成城中村改造的目标要求，芙蓉区还有4个村约220公顷未完成报批工作，但因建设用地和耕地补充指标不足，用地报批任务重、压力大。

（欧阳入嘉）

【征地拆迁行政行为】 全年发布《征地补偿安置方案征求意见公告》15份，《征地补偿安置方案实施公告》11份；严格依法征地拆迁，全年下达《限期腾地告知书》15份、《限期腾地决定书》6份、《限期腾地催告书》4份，向法院申请司法强制腾地5户，通过法院强制拆除房屋91幢。

【土地卫星遥感图片执法检查】 国土资源部和湖南省国土资源厅下发卫星遥感图片（简称卫片）图斑（建设用地范围）21个，面积9.23公顷，耕地2.44公顷。合法用地图班15个，面积6.96公顷，耕地1.47公顷，伪变化图斑6个，面积2.27公顷，耕地0.97公顷。发现涉嫌违法用地1宗（面积约1公顷），下发《责令停止土地违法行为通知书》2份。配合远大路提质改造、城中村改造等征地拆迁项目，取证调查、鉴定复核违章建筑1100余处，涉及面积55万余平方米。清理清查闲置土地15宗（其中武汉局2宗），面积36.35公顷，处置到位6宗（其中：完成建设2宗、督促开工4宗），达到了处理到位率40%的目标要求。核查涉及芙蓉区的土地卫片图斑21个（其中：合法图斑15个，伪变化图斑6）个，取得了芙蓉区卫片执法检查违法用地为“零”的成绩。

（欧阳入嘉）

环境保护与治理

【概况】 2017年，芙蓉区环境保护工作以生态文明建设为中心，围绕改善辖区环境质量，解决突出环境问题，完成由中央环境保护督察交办及反馈问题整改、环境保护春雷行动、环境治理夏季战役、大气污染防治特护期等工作，增强了人民群众对环境的满意度。截至12月31日，马坡岭站点累计优良天数252天，与上年持平。PM_{10}浓度均值75(微克/立方米)，较2016年上升7.1%；长沙火车站站点累计优良天数244天，较上年增加6天。$PM_{2.5}$较上年下降8.5%。地表水水质达标率100%，声环境质量优于功能区标准。

存在主要问题：环境质量改善存在短板。芙蓉区特殊的区域位置、复杂的周边环境及历史欠账太多，导致点位监测数据结果不理想。与全市数据相比增幅较小。全区突出环境问题集中在油烟和噪声扰民，适用环境违法行政拘留以及违法倾倒危险废物等环境污染犯罪案件取证难、证据不足，能力建设有待加强。

（谭　平）

【淘汰黄标车工作】 年内，制定《芙蓉区2017年黄标车淘汰冲刺阶段工作方案》，要求各责任单位压实相关责任，保证淘汰退出工作的推进。8月始，区环委会办坚持每天“一调度、一排名”；由区长、分管副区长每周一次讲评黄标车淘汰工作；制定奖惩办法，对如期完成目标任务的单位给予阶梯奖励，对未按要求完成的严厉问责；坚持全面排查告知，保证了排查到位、措施到位、效果到位。截至12月10日，由芙蓉区承担的4015台黄标车淘汰任务完成，在内五区率先实现“清零”。

【中央环保督察整改工作】 在中央环保督察期间，芙蓉区成立专门机构，制定专项方案，各部门和单位分工明确，责任上肩，按照“立行立改，边督边改”的原则，对反映强烈的餐饮油烟、社会生活和交通噪声、垃圾等环境污染问题，严厉查处，一抓到底，关闭、搬迁、处罚、限期整改一批不服监管、整治不力的企业，集中解决突出环境问题。年内，辖区接收居民群众信访案160件，其中油烟扰民54件，占比33.8%；大气污染20件，占比12.5%。全年办结148件（协办12件，不计入办结率），办结率100%。推进中央环保督察组交办信访案件整改销号工作，抓好中央环保督察后续整改工作。

【环境监测与联合执法】 12月7日，芙蓉区人民检察院入驻芙蓉区环保局检察联络室挂牌，建立了定期会商案情制度和移送案件考核考评制度，选聘联络员4人，全程监督环保案件移送、办理和执行。聘请专业法律顾问团队并安排律师坐班，严格把关案件办理。全年立案查处环境违法案85件，处罚金额170万元。办理新《中华人民共和国环境保护法》四个配套办法相关案件6件，办理移送公安案9件，行政拘留9人，刑事拘留2人。取缔关闭“小散乱污”企业19家。全年无突发环境事件，未发生任何环境污染事故。

【整治环境信访投诉】 区环保局回应居民群众诉求，全年受理“12345”市民服务热线和“12369”环保热线及区级环境信访投诉926件，处理率和回复率100%。针对医院、汽车4S店等危险废物排放单位开展培训4期，参训人员220人，提升了辖区危险废物规范化管理水平。

【环保宣传教育】 6月5日，由芙蓉区承办的全市第三届环保文化节开幕式及浏阳河绿色骑行活动在隆平水稻博物馆举行。区环保局还与湖南农业大学联合举办“6·5”世界环境日系列活动。开展土壤调查，印发宣传图册500份，租用2块超百平方米的电子屏滚动播放宣传广告。年内，开展宣传活动12场（次）。省、市12家媒体联合推介辖区浏阳河风光带生态建设成果。在各类媒体报道30次。 （谭　平）

·专记·

黑臭水体综合治理

芙蓉区域内有13处黑臭水体，全部在东岸片区。2017年投入超过1亿元，清淤1万立方米，铺设管网15千米，对13处黑臭水体中的7条明渠（杉木港、毛坪港、砂咀子、罗溪港、龟山港、围山圳、姚托撇洪渠）进行深度生态修复，采取植草沟、生态护岸、透水砖等形式，改造原有驳岸，恢复岸线和水体的自然净化功能。集中开展整治黑臭水体执法行动，拆除水体周边违章建筑3万平方米，查处涉水环境违法案20余件，处罚金额16余万元，关闭小散乱污企业14家。

外源控制。联合区直相关部门和街道一起，对水体周边的非法石材加工、非法屠宰、种植和乱倒垃圾等现象开展综合整治。新建水体周边截污管网1000余米。开展拆违工作，基本实现黑臭水体周边控制、消除污染源的目标。

内源整治。恢复岸线和水体的自然净化功能，累积修筑麻石挡墙13246立方米，铺筑草皮63273平方米，种植水生植物水葱、再力花、水菖蒲、水生鸢尾、旱伞草等200余株，种植景观3000余平方米。完成生态修复水体180余亩。

体制保障。制定印发《关于进一步加强芙蓉区黑臭水体常态管理和排水口管护的通知》，明确了各个成员单位职责，结合河长制，加大黑臭水体后期管护力度。2017年黑臭水体生态修复投入资金两千余万元。

存在的问题。杉木港、砂咀子、姚托撇洪渠和平段等出现黑臭反弹情况。砂咀子港周边非法屠宰和石材加工点一直在非法加工，渠道周边环境恶化。姚托撇洪渠和平村段由于上游雨污分流问题，导致渠底出现了黑臭的反弹。部分水体周边存在垃圾、堆物和种植的情况。黑臭水体常态管护不够。因街道经费保障不能及时到位，日常维护需要的人力、物力、财力得不到满足。

（徐　军　谭　平）

（责任编辑：郭　冰）

商贸服务·金融

【概述】 2017年，芙蓉区实现社会消费品零售总额855.86亿元，比上年增长9.2%，其中限额以上企业零售总额314.54亿元，增长9.9%。引进外资到位6.87亿美元，引进市外境内固定资产投资300.08亿元，实际引进省外境内资金112.56亿元。外贸进出口额14.13亿美元，加工贸易705.6万美元。对外承包工程和劳务合作完成营业额1.13亿美元。（戴 颖）

招商引资

【概况】 年内，成功引进中国石化新疆煤制天然气外输管道有限责任公司湖广分公司、湖南省担保集团、英孚湖南分公司、深圳市创富港商务服务股份有限公司、湖南甲方乙方数字技术营销股份有限公司、金诚集团湖南分公司、郑州浩创房地产开发有限公司、中邮信城置业有限公司。通过小分队招商、上门招商和专场招商会等方式在上海、杭州、深圳、广州等地招商。4月，区长周春晖带队到香港参加2017长沙市“一区一廊”暨楼宇招商推介会，为九龙仓长沙国金中心项目举办专场招商会，成功签约中海重工智能停车系统项目和恒大珺悦府股权投资项目。统筹调度全区招商资源，包装中央商务区重点楼宇、隆平新区、浏阳河文旅产业带等区域重点招商项目20余个；制作2017年全区招商宣传片、招商宣传手册、招商文稿演示（PPT），引进内、外资项目分别为394个、8个。（戴 颖）

【新加坡盛裕集团到区考察项目】 2月14日，新加坡盛裕集团国际总裁张永昌一行到区考察人民东路现代产业园项目，洽谈合作发展事宜。区委书记于新凡，隆平高科技园党工委书记王曙光，隆平高科技园管委会副主任曾理、副主任谭利辉，区商务旅游局、隆平园招商合作局相关负责人陪同。张永昌详细介绍了盛裕集团的发展规模与在苏州、天津、重庆开发的成功案例，集团在城镇化、工业化与基础设施建设方面的丰富经验。双方就合作模式、产业定位和产业招商等展开深入交流与探讨，取得实质性进展，为进一步推动项目的合作落地奠定基础。

【深圳中海赛格智慧停车发展有限公司到区访问】 2月23日，深圳中海赛格智慧停车发展有限公司总经理杨立一行到区，洽谈智能停车场建设项目，副区长黄金国及区商务旅游局相关负责人出席。黄金国表示，希冀与中海赛格深入合作，为芙蓉区量身打造可复制、可推广、可操作的智能停车场建设方案，解决中心城区、老旧楼房车位紧缺、停车难问题。

【上海惟乐管理咨询公司到区考察】 3月15日，上海惟乐管理咨询有限公司董事长陈建一行就惟乐教育文化园长沙分园项目落地一事到区考察，副区长黄金国、区商务旅游局、区教育局相关负责人陪同。惟乐教育文化园是由上海惟乐管理咨询有限公司发起，由上海乐柏投资管理有限公司直接管理的园区项目，目标是打造地区特色文化产业园，发展成集教育、文化、艺术为一体的全产业链发展模式的特色园区，为婴幼、少儿、青少年、以及成人提供全方位教育培训，文化艺术交流服务。黄金国表示，欢迎教育产业加盟，为芙蓉教育事业做贡献，希冀双方能够就教育文化园落地事宜进一步洽谈，合作共赢。

【复星集团星景生态建设投资公司到区考察】 3月23日，上海复星集团星景生态建设投资有限公司执行总裁陈栋到芙蓉区考察城市基础设施、环保、景观、生态、旅游、水环境、新能源等政府与社会资本合作（PPP）项目，区委副书记、区长周春晖，副区长黄金国，区商务旅游局、区财政局、区工务局、区城建投相关负责人出席。上海复星集团是中国最大的综合类民营企业集团，世界五百强企业，全球参控股近百家上市公司。星景生态是复星集团星景资本旗下专业的PPP投资建设平台，为地方政府提供基础设施建设、生态环境治理等领域的规划、设计、投资、建设、运营、管理等全生命周期的解决方案。陈栋从全国布局、PPP模式及优势、“PPP+”全产业链等方面介绍复星集团近年发展概况及到访目的。周春晖希冀双方能在医疗、养老院建设、社区提质改造方面合作，共谋发展。

【中海集团高管到区访问】 3月31日，深圳中海集团高管谭治平到访芙蓉区，考察在芙蓉区设立外资公司、建设智慧停车场等项目，副区长黄金国，区商务旅游局、区中央商务区办公室相关负责人参加会面。中海重工集团有限公司是香港主板上市企业（HK0651），中央汇金为该集团第一大机构投资者，公司主要业务涵盖船舶制造、智慧停车、机器人和半导体、汽车电子、金融服务等业务。谭治平从集团公司概况、现有项目经验、集团优势、未来在芙蓉区的发展规划等方面作介绍。黄金国希冀双方加强交流，拿出切实可行的方案推动项目早日落地，积累可复制的成功经验在全区推广。4月，双方合作项目在港交会签约。

【芙蓉区企业“走出去”专题座谈会召开】 为深入推进“一带一路”发展战略，帮助外经企业开拓国际市场，4月13日，芙蓉区企业“走出去”（东南亚市场拓展）专题座谈会在旺德府国际大厦9楼召开。该次座谈会由芙蓉区商务和旅游局主办，长沙市商务局、湖南金旅环保股份有限公司、长沙翔勇进出口贸易有限公司、湖南竹亿轩家纺有限公司、袁隆平农业高科技股份有限公司、长沙博强电器科技有限公司相关负责人15人出席。会议特邀普华永道会计师事务所为参会企业提供专业指导。市商务局详细介绍境外投资环境、商务部门现有支持政策及目前长沙企业境外投资等方面的情况；普华永道从海外并购的流程、税务筹划和财务审计等方面讲解海外投资的机遇和挑战。参会企业表示通过相互交流，了解更多信息和资源，能更好地规避境外投资风险，并对区商务旅游局提供的服务表示肯定。

【“一区一廊”暨楼宇招商推介会在港举行】 4月26日，由长沙市人民政府、湖南省港澳事务办公室主办，长沙市商务局、长沙市港澳事务办公室、长沙市投资促进局承办，长沙市人民政府驻深圳办事处、芙蓉区人民政府、香港九龙仓集团、戴德梁行、香港长沙商会、香港文汇报协办的2017长沙市“一区一廊”（“一区”指湖南湘江新区，“一廊”指东部开放型经济走廊）暨楼宇招商推介会在香港海逸君绰大酒店举行。副省长何报翔致辞，市委副书记、市长、湖南湘江新区党工委书记陈文浩作主旨发言，副市长邱继兴主持。市政协副主席、市工商联主席彭继球，湖南湘江新区党工委委员、管委会副主任罗社辉，市政府秘书长张能峰及香港政商界精英出席。该次推介会现场签约项目14个，总投资额308.9亿元。芙蓉区政府与香港中海重工集团联合打造的楼宇智能停车互联网平台项目在会上签约，区长周春晖出席，副区长黄金国作为签约代表上台签约。该项目由香港中海重工集团在芙蓉区成立外商独资企业湖南分公司，注册资本1000万美元，投资总额3000万美元以上，为芙蓉区老旧商务楼宇建设智能立体停车场，打造停车互联网平台，解决芙蓉区老旧楼宇停车位不足问题。

【长沙市外贸业务芙蓉区专场培训会】 为帮助外贸企业提高业务水平，增强市场竞争力，5月10日，区商务旅游局在万家丽国际购物中心举办2017年长沙市外贸业务知识培训会（芙蓉区专场）。市商务局、长沙出入境检验检疫局、星沙海关、市国税局、区商贸服务和旅游局、芙蓉区各街道相关负责人及区内近200家外贸进出口企业参加。培训内容包括外贸出口退税、检验检疫、报关流程及如何开展外贸综合服务工作等。该次培训让企业了解最新政策动态，加强企业与政府部门之间的交流。

【湖南省首家肯德基“天使餐厅”成立】 5月20日，湖南省第一家肯德基“天使餐厅”在蝴蝶大厦正式成立。省商务厅促进局局长王庭恺、市政府副秘书长王体泽、市外商投资协会会长张雷、市关心下一代工作委员会主任董学生、市聋人协会主席徐志、市特殊教育学校、市残疾人联合会、区商务旅游局主要负责人出席。湖南肯德基蝴蝶餐厅是继深圳、广州等地之后开设的又一家“天使餐厅”，该项目是关爱残疾人士，助其实现自我价值的公益项目，在“天使餐厅”工作的人员包括听障、智障等特殊人群，经培训后，在特殊改装过的餐厅内熟练操作设备、制作产品、服务顾客。湖南首家“天使餐厅”在芙蓉区成立，是创新公益的一种模式，将公益与企业商业运营结合，通过对现有运营模式的改造，为残障人士提供一个实现自我价值的平台和公平竞争的途径。

【区领导考察湖南盛世合源】 6月22日，副区长黄金国率团到湖南盛世合源数字营销咨询有限公司（以下简称盛世合源）考察，区商务旅游局相关负责人陪同。盛世合源是一家以广大中小企业为细分市场的整合营销商务服务企业。公司总部落户北京，在北、上、广、深、杭、长沙6个城市有运营团队。2017年，团队规模接近500人，营业额近3亿元，公司提倡的技术型营销生态模式在业内领先，靠微信、虚拟现实技术等平台迅速占领了市场。公司年上缴税收在800–1200万左右，公司意欲整合后把总部迁入芙蓉区。黄金国表示，区委区政府为扶持中小企业出台了相关政策办法，愿为该企业融资以及解决经营中遇到的问题提供全方位服务。

【新世界百货转型升级】 7月4日，“MAX公社”美食文创街区在新世界百货开业。“MAX公社”是继南京新世界百货“新界8拾8”之后，在长沙新世界百货出品的第二家“新界8拾8·MAX公社”项目。街区结合长沙本地娱乐之都的特色，着眼美食文化创意，致力于打造长沙潮流新地标。“MAX公社”设置中庭“抓马剧场”、钢铁河马雕塑“河马史诗”、雕塑“疯狂的MAX”、互动装置“逃离斗兽场”等13个互动体验项目，位于新世界百货负一层，经营面积3000余平方米，有景点13个，入驻品牌40个，铺位49个，是一处独具时尚的娱乐场所。

【中小微企业法律主题公益服务活动】 8月29日，区商务旅游局联合区司法局在律政服务大楼举行“万家中小微企业免费法律体检”和“一带一路”法律主题公益服务活动。区商务旅游局、区司法局、湖南耀银律师事务所相关负责人及近60家中小微企业代表出席。湖南耀银律师事务所的郑泰福、吕中诚律师分别讲授《股权设计与风险监管》《合同法律风险防控》等专业知识，针对企业经营过程中遇到的法律问题现场答疑。该次活动旨在提高企业经营管理人员依法经营、依法管理的能力，帮助解决企业法律方面存在问题。这是区商贸服务和旅游局为企业营造良好经营环境，提供优质服务的创新探索。

【仁孚汽车（中国）公司到区考察】 10月18日，仁孚汽车（中国）有限公司常务董事陈豪贤就购地建设奔驰4S旗舰店项目到区考察，区长周春晖，隆平高科技园管委会主任缪晨光，副区长黄金国，隆平高科技园管委会副主任曾理及区商贸服务和旅游局、隆平园招商局相关负责人陪同。仁孚集团是《财富》世界500强企业怡和集团的全资子公司，专注代理梅赛德斯－奔驰品牌60余年。1994年仁孚中国正式成立，2004年仁孚中国以长沙为起点进驻湖南市场。陈豪贤从全国布局、投资优势及需求等方面介绍了仁孚汽车（中国）有限公司近年的发展及在湘长远发展规划，双方就地块布局及未来发展进行洽谈。周春晖表示，仁孚汽车（中国）有限公司新项目的建设契合区政府的发展规划，芙蓉区愿在政策、服务、环境等方面提供全方位支持，希冀双方加强交流，达成互利双赢。

【金诚新城镇集团副总裁到区访问】 11月8日，浙江省杭州市金诚新城镇集团副总裁李洁到区走访，副区长黄金国，区财政局、商务旅游局、金融办、中央商务区办公室、城区建投相关负责人参加会面。金诚集团，是一家综合性的现代城市发展集团，以金诚特色小镇为核心产品，打造“人、产业、城市”三位一体、高度融合发展的全生态城市系统，在8个国家和地区的60余座城市设立了分支机构，截至11月，全国签约、在建、运营特色小镇项目58个，政府项目签约量超5700亿人民币，旗下累计资产近500亿。双方从政府与社会资本合作项目建设、金融服务、楼宇服务、浏阳河文化旅游产业带招商项目等方面展开洽谈。黄金国说，芙蓉区非常适合金诚之星在湖南乃至中南地区的布局，希冀双方加强交流，共谋发展。（戴　颖）

商贸流通

【概述】 2017年，全区实现社会消费品零售总额855.86亿元，同比增长9.2%，其中限额以上企业零售总额314.54亿元，同比增长9.9%。按行业分，批发业实现零售额194.68亿元，增长8.9%；零售业实现零售额568.18亿元，增长9.6%；住宿业实现零售额13.07亿元，增长7.7%，餐饮业实现零售额79.93亿元，增长7.5%。限额以上企业社会消费品零售总额314.54亿元，增长9.9%。

推进肉菜追溯体系规范运行。初步形成“来源可查、去向可追、责任可究”的追溯信息链条，年内完成肉菜追溯体系42个节点的建设任务，通过商务部验收，各节点数据正常上报。该项工作受到市商务局好评，区商贸服务和旅游局获评湖南省2017年市场秩序先进单位。推进“魅力芙蓉·城市双修”社区提质提档政府与社会资本合作（PPP）项目，制定《关于芙蓉区农贸市场建设提质工作的方案》。成立芙蓉区农贸市场建设提质工作领导小组，明确各部门职责和实施步骤，配套相应资金，制定《芙蓉区农贸市场建设提质标准》，计划2018年启动朝阳、火星等8家农贸市场提质改造工作。

商贸市场提质与监管。4至9月与酒业协会开展“长沙酒业研究会2017第四届湖湘葡萄酒盲品赛”，帮助企业开拓市场。组织企业参加“福满星城”促消活动。完成东岸建材市场、赛格电子、华海3C等专业市场提质改造，提升传统商贸业的档次和规模，为企业争取市级提质改造补贴360万元。协助电脑经销商商会、酒业协会组织中小微企业召开银企对接会和行业技能比赛。与市商务局中小企业服务中心对接成立三湘南湖商会（暂命名）。铺排摸底区域内再生资源经营者，对存在的问题经营者反馈至工商、行政审批局依法整治。（戴　颖）

【省领导检查长沙节日市场供应】 1月18日，副省长何报翔率队检查长沙节日市场供应工作，省政府副秘书长熊方平、省商务厅副厅长肖彬、市政府副市长邱继兴、市政府副秘书长王体泽、市商务局局长高伟，区委书记于新凡，副区长黄金国陪同。何报翔一行实地考察中石油万家丽加油站和万家丽国际购物中心，了解春节期间成品油和消费品市场供应情况，听取区商务部门、成品油经营企业和商贸流通企业在保供应、稳市场方面的各项举措。从2013年开始，芙蓉区连续四年打造“芯动芙蓉·快乐Shopping”消费节，立足惠民宜商，提升全区消费热度。何报翔对芙蓉区市场供应工作给予肯定，他要求，始终把安全放在首位，让消费者买得放心、用得安全。

【获省厅“全省商务工作（内贸）先进单位”】 2月9日，区商贸服务和旅游局被湖南省商务厅评为“2016年度全省商务工作（内贸）先进单位”。近年来，区商贸服务和旅游局在商贸流通方面多措并举，努力营造乐购宜居安商环境。2016年累计完成社会消费品零售总额788.54亿元，同比增长10.7%，实现社会消费品零售总额、消费增长率和消费对经济增长贡献率五区排名第一；打造“芯动芙蓉·快乐Shopping”消费节，提升全区消费热度；完成马王堆蔬菜批发市场的搬迁，燕山街农贸市场提质改造；实现申通快递物流园、苏宁电器湖南地区管理总部及物流中心项目全面竣工；推进肉菜追溯体系规范运行。

【电脑经销银企对接会召开】 4月19日，芙蓉区召开2017年银企对接座谈会，长沙市商务局中小企业服务中心、区商务旅游局、朝阳街道办事处、长沙市农商银行朝阳支行、长沙电脑经销商会相关负责人及50多名企业负责人出席。会议现场，新浪潮公司、聚正鑫业公司、宏志达公司分别与长沙农商银行举行2000万元、1000万元、500万元的授信签约仪式。

【第四届湖湘葡萄酒盲品赛启动】 6月4日，“长沙酒业研究会2017第四届湖湘葡萄酒盲品赛”在浏阳河婚庆园小天鹅公馆启动。芙蓉区副区长黄金国，长沙市商务局酒类监管处、区商贸服务和旅游局相关负责人出席仪式。黄金国表达了区委、区政府对于第三产业发展的支持，欢迎参会的知名企业来区发展。长沙酒业研究会与来自香港等全国各地合作企业负责人现场签约。活动从6月持续到9月底，旨在开拓更大的消费市场和群体，树立湖南最有影响力的葡萄酒文化品牌。

【再生资源回收领域安全环保专项整治】 8月29日，芙蓉区再生资源回收领域安全环保专项整治工作会议在区政府会议室召开，长沙市再生资源协会，区政府督察室、商贸服务和旅游局、城管局、环保局、安监局、行政审批局、公安分局、工商分局及相关街道分管负责人出席。区商贸服务和旅游局传达省、市关于再生资源回收行业安全环保专项整治工作要求，总结芙蓉区该项工作进展，部署迎接市联合督察工作。通过铺排摸底整治，区域内存在27家再生资源经营者，其中13家未办理工商登记，24家未办理商务备案。区工商分局、行政审批局对问题反馈实行整改。9月5日，长沙市商务局副局长毛鹏程带领市商务局、公安局、环保局、工商局、城管局、安监局等相关部门组成督察组，对芙蓉区再生资源回收领域专项整治工作开展督察。督察组一行到荷花园街道废品一条街和东湖街道诚旺废品堆放点，实地查看资源回收领域经营场所，听取芙蓉区整治工作专题汇报。毛鹏程表示芙蓉区专项整治工作成效显著，他希冀：要把再生资源安全环保整治工作常态化管理；要针对问题，突出整改，加强宣传教育，规范经营；市直部门要加强与区县对接，多进行业务指导。

【东岸建材市场提质改造工程验收】 9月14日，区政府组织区发改局、城乡建设局、财政局、商贸服务和旅游局、审计局、城管局、环保局、安监局、东岸街道相关负责人在湖南东岸装饰建材批发大市场有限公司（简称“东岸建材市场”）召开专题会议，对东岸建材市场提质改造工程现场验收。东岸建材市场提质改造工程按照市、区提出的“提质提档、打造最美东宜社区”的要求实施，纳入全市市场改造重点示范项目。投入资金1061万元，对市场内道路地面、给排水工程、屋顶及天沟、消防设施、配电箱、公共卫生间等实施全面改造，至年底，提质改造工程已顺利完工。相关部门现场考察了市场提质改造情况，查阅施工资料，听取市场方汇报，认为东岸建材市场环境确已得到改善，同意对项目进行验收。副区长黄金国要求：东岸建材市场要加强日常经营管理，巩固提质改造成果，坚决杜绝安全事故发生。区商务旅游局要积极与市商务局做好衔接，协助企业争取市政府专业市场提质改造专项资金的政策扶持。

【市商务局领导到区检查安全生产工作】 12月26日，长沙市商务局副局长毛鹏程，市场体系建设处处长王蓓一行到区商务旅游局检查指导安全生产工作，区商务旅游局副局长段超陪同。毛鹏程一行先后到长沙恒业布艺精品城、长沙神奇再生资源回收有限公司检查企业安全生产工作。检查组现场查看企业安全生产各项资料，对照前期市安委办巡查发现问题一一核查整改情况，对检查发现的安全隐患及问题记录在册，并要求立即整改。检查组要求企业进一步完善、归类相关资料，监管部门要加强督促，确保隐患彻底整改消除。（戴　颖）

·专业市场·

【三湘南湖大市场】 三湘南湖大市场是由湘湖地区12个专业市场整合后成立的，注册资金5000万元，职工人数1700人，是一个以经营家电、建材、家具、布艺、五金、汽车用品为主的综合性批发市场。该市场位于车站北路、远大一路、晚报大道和东二环线的合围区域。西靠东二环线，南临远大一路，西接车站北路，北至浏阳河。占地面积38.67公顷，总经营面积33.4万平方米。三湘南湖大市场4个专业市场拥有商家3000余户，由建材城、家电城、灯石城、汽配城组成。三湘南湖大市场分别被评为“湖南省文明市场”“国家级诚信单位”“全国商品交易市场最具诚信奖”“湖南省消费者信得过单位”“湖南省物价局明码标价信得过单位”“湖南省质量信得过单位”等。2017年，依据“顶层系统设计、分片逐项实施、改造拓展并举、实体电商结合、打造智慧市场”的总体思路对市场升级转型，依托“三湘购”电商平台，发展了梅溪湖线下服务体验店，推出了“云商店”。年内，汽配城被评为“全国工商联汽摩配商会最具活力市场”，建材城、家电城、灯石城等局属企业持续保持良好的优势地位。

（苏　洁）

【三湘南湖大市场建材城】 三湘南湖大市场建材城位于长沙市五里牌。占地20公顷，拥有省、市一级代理商及旺铺门店2800余间，国内一流的建材家居超市面积3万余平方米，经营业主有2000余户。建材城内设装饰建材区、五金机电区、地板区、灯饰区、家具区、仓储区、花鸟宠物区等专业区域，集中了旺德府建材超市、李文锁城、绿色品牌专卖场等新型业态，年销售额超15亿元。首创“一站式”购物配送理念，联合经营业主签订“诚信经营承诺书”，先后被评为“省级文明市场”“明星企业”“省消费者信得过单位”“利税过亿元单位”等。

【三湘南湖大市场家电城】 三湘南湖大市场家电城位于远大一路109号，是一个以经营家电为主，集电子移动通讯、小家电、布艺、家具、五金自配、摩托车等于一体的大型综合性批发零售市场。市场现有门店千余间，经营户800余户，拥有国内外各行业知名企业的驻长办事处、湖南总代理和指定经销商，年成交额近10亿元。三湘南湖大市场家电城自开业以来，分别被评为“国家级诚信单位”“湖南省文明市场”“湖南省消费者信得过单位”“湖南省明码标价示范单位”“长沙市质量信得过单位”等。市场力推“购物放心工程”，履行“三包”服务到位，优化售前、售中、售后服务。

【三湘南湖大市场灯石城】 三湘南湖大市场灯石城位于长沙市五里牌，周边为车站北路、远大路、晚报大道、二环线所环绕，市场占地8公顷，建筑面积10万平方米，经营面积近5.2万平方米，带动就业人数4000余人，主要经营灯饰、石材、洁具、橱柜、五金等产品，是一个集经营、办公、展厅于一体的现代化经营模式的综合性大型市场。灯饰区经营面积1.2万平方米，云集全国各地厂家和经销商300余户；石材区经营面积1.6万平方米，石材经营户200余家；洁具区经营面积8000余平方米；橱柜区经营面积3000平方米；五金区经营面积近1万平方米，经营户200余家。成立以来，市场推广售前、售中、售后服务的“三项承诺”，实行“一户一档”的电脑化管理和“商品准入制度”，杜绝了假冒、伪劣产品流入市场，被省、市、区评为“消费者信得过的单位、优秀维权企业、全国建材市场规范管理、放心消费先行赔付单位、文明单位、诚信经营单位十大诚信市场”等，连续多年被评为“明星企业”“利税大户”和“先进企业”。

【三湘南湖大市场汽配城】 三湘南湖大市场汽配城（以下简称三湘汽配城）位于长沙市二环线和交通主干道留园路交汇处，占地面积10公顷，建筑面积近7万平方米，分为汽配区、水暖区、物流配送区、汽车生活广场区4个专业区域，拥有全国各地市经销商800余家。市场自1997年11月18日开业以来，经过多年运作和规范化管理，成为“文明市场”“明星企业”“利税大户”，是“全国汽配市场联合会”常务理事单位、“中华汽摩配商会”副会长单位、“湖南省汽车行业协会市场分会”理事长单位。于2005年建成的三湘汽车生活广场，是汽车维修、美容护理及汽车用品批零中心。广场汇集百家世界一流品牌，集轿车配件、装饰、护理、车保用品于一体，提供销售、安装、护理美容、信息交流、休闲会所等服务。（苏 洁）

·表5·

2017年销售亿元以上专业市场销售情况表

单位：万元

专业市场名称	摊位出租数（个）	成交额（万元）	营业面积（平方米）	摊位出租率(%)
合　计	10417	4462503	790950	97.3
长沙市华海电脑数码广场有限责任公司	339	16532	20000	66.3
长沙国储电脑城	482	175840	14000	96.4
长沙鼎星投资咨询有限公司合峰电脑城	558	79625	14000	85.8
长沙金苹果大市场	2000	60151	22000	100
马王堆陶瓷建材新城新合区	496	56610	71220	100
马王堆陶瓷建材城新大宇区	205	37863	26000	100

·续表5·

专业市场名称	摊位出租数（个）	成交额（万元）	营业面积（平方米）	摊位出租率(%)
长沙市马王堆陶瓷建材城恒广区	1017	291396	21357	100
马王堆海鲜水产批发市场	308	534419	13340	98.4
湖南省三湘南湖大市场	4014	2416521	464062	100
长沙市宝新通信器材批发市场	82	30841	1786	100
长沙文化广场定王台书市	420	162031	13185	100
湖南黄金之城珠宝有限公司（黄金之城珠宝交易中心）	46	360815	20000	92
湖南万家丽家居建材市场	450	239859	90000	100

（区统计局）

金　融

【概述】　截至2017年年底，芙蓉区内驻有省级银行类分行11家，省级保险类15家，省级证券类分公司9家，财富证券总部机构1家，省级保险代理类分公司13家，省级保险经纪类分公司10家，省级保险公估类分公司2家。有期货公司2家，非银支付机构总部1家，第三方支付类省级分公司5家，私募股权基金19家，融资性担保公司12家，小额贷款公司5家。

打造市级金融示范聚集区。通过“互联网+”、云计算、高端软件、智能终端、智能处理与金融服务相结合，推动金融机构开展产品创新、技术创新，形成现代金融服务模式，培育第三方支付创新发展。

完善现代金融全产业链。年内，出台金融产业发展扶持政策，打造“芙蓉金融管家服务”品牌。促成平安银行、中泰证券、万和证券、诚泰保险、泰康人寿、潇湘支付、易通金服、支付宝湖南分公司等金融机构落地，引进湖南通盈等9家私募股权基金管理公司。新引入“易通金融服”和“蚂蚁金服”等金融行业领军力量。完成重点民生项目——由潇湘支付筹备的长沙“城市一卡通”建设运营工作。整合公交、轨道交通、社会保障、公用事业缴费等相关支付业务，建立“通用性强、安全性高、技术先进、高前瞻性”的一卡通支付系统。

服务实体经济健康发展。以信息监测、信息共享、大数据金融为基础，打造金融信息监测预警中心和公共服务平台。通过移动互联网运作，整合调查队伍4000人、覆盖全国400余个城市。以长沙CBD为核心，培育财富证券、友阿集团、长城资产管理公司成全省的金融领军企业。设立平安芙蓉产业引导基金10亿元，其中芙蓉区出资2亿元，为在辖区注册的支柱企业、战略新兴产业、科技型企业、创新型企业及诚信纳税的中小微企业提供融资贷款和担保。利用“融·创咖啡投融资”服务公益平台，对接广发银行为琴海数码融资3000万。筛选省、市拟上市企业后备资源库，为4家主板上市企业、1家创业板上市企业、11家新三板挂牌企业作融资准备工作。开展金融知识“进校园、进楼宇、进社区”活动。印制《芙蓉金融》宣传品7万册，吸引金融机构到区考察入驻。

存在的主要问题。区域竞争较为激烈，长沙市的金融业未能形成明显的聚集，各区金融业发展特色不强，错位不够。芙蓉区真正能满足金融机构入驻的高品质商务楼宇资源稀缺，难以满足金融机构多元化、差异化、特色化的发展需求。政策创新空间有限，协调难度较大。尤其是在财政、税务、规划、土地、城建等方面不具备独立的决策权，实现突破性发展、创造性发展需要上级各部门的大力支持。　（王　雪）

【保险行业进园区活动】　4月18日，全区保险“进园区”活动在九龙仓国金中心举行。活动由湖南省人民政府金融工作办公室等省、市、区5家单位主办，芙蓉区省级金融创新特色产业园等3家单位承办。省、市、区领导张立东、宋晓春、付胜华，周春晖和17家保险中介公司、150家企业负责人出席。保险“进园区”活动现场有54家保险机构布置展台，寿险、财险、保险中介的代表设置了知识宣讲和有奖竞答互动项目。区长周春晖、副市长付胜华分别致词。区金融办主任肖利汇报芙蓉区金融产业扶持政策，推介芙蓉金融服务项目。

【应收账款融资服务平台座谈会】 11月3日，由区金融办牵头应收账款融资服务平台全省首批试点园区座谈会在隆平高科技园召开。省人民银行领导，芙蓉区领导、隆平园领导及芙蓉区相关部门部分企业参会。会上，隆平高科技园作为应收账款融资服务平台试点园区，介绍基本情况、高科技园的企业应收账款、应付账款相关情况。芙蓉区政府相关部门介绍提供的扶持政策，各单位交流开展应收账款融资工作的计划及政策建议等。该平台是由省人民银行征信中心牵头组织的服务于应收账款融资的金融基础设施，依托征信系统和动产登记系统，分析企业征信和应收账款融资能力，整合金融资源为中小企业提供融资服务。

【防范非法融资进校园活动】 9月26日，由中国人民银行长沙中心支行等6家单位联合举办的“防范非法金融进校园”活动在湖南农业大学举行。人民银行长沙中心支行副行长王地宁，湖南农业大学副校长张立，长沙市金融办副调研员夏正群，芙蓉区副区长周治国等领导出席活动，银行、证券、保险等17家金融机构，湖南农业大学千余名学生参加。该活动以“普及金融知识，提升金融素养，防范金融风险，共建和谐金融”为主题，组织金融机构专家团队开展金融知识宣讲，通过视频播放、现场抢答、咨询答疑等形式，帮助大学生提升金融基础知识，树立正确的金融意识，提升风险识别和防范的能力。

【“金融消费者权益日”活动】 3月15日，以金融消费安全和“3·15”金融消费者的“权利·责任·风险”为主题的宣传活动在芙蓉广场举行。该活动由长沙市芙蓉区人民政府、工商银行湖南省分行、中国人民银行长沙中心支行主办，芙蓉区金融工作办公室等6家单位承办。活动现场播放音乐或“3·15”消费者权益知识宣传音频，开展识别非法集资和接受消费者咨询、流动发放宣传品、现场答疑等活动形式，宣传非法集资、电信诈骗、银行卡盗刷等相关金融风险防控措施及消费者利益相关的内容，引导金融消费者理性维权，维护金融稳定，共创和谐社会。

【辖区金融创新特色产业园接待工作】 5月15日，由山东省金融办副主任初明锋带领山东省金融办等5家单位负责人到区考察位于中央商务区的金融创新特色产业园。湖南省金融办副主任张新青，副区长周治国等陪同。山东省金融办考察组一行人参观了湖南省金融创新特色产业园展示馆，并走访了该园区公共服务平台芙蓉互联网金融服务中心。在座谈会上，考察组听取了产业园工作情况汇报，还交流了针对互联网金融创新与监管、金融风险监测与处置、金融风险信息数据建立等工作。

5月26日，由海南省金融办资本信用处处长廖增梁率海南省工商局、海南股权交易中心一行7人到辖区金融创新特色产业园考察。考察组一行参观了金融创新特色产业园展示馆等项目，并听取了汇报。在座谈会上，双方交流了金融风险监测与处置、商品交易所风险防范、上市企业培育等工作。

6月2日，湖南省金融办金融稳定处处长喻楚其调研金融创新特色产业园，芙蓉区金融办主任肖利、副主任陈先征陪同。调研组一行人考察了芙蓉互联网金融服务中，并对金融风险防范和监管工作提出了具体要求。

9月12日，湖南省委常委、长沙市委书记易炼红考察辖区金融创新特色产业园。副市长黎春秋，区领导于新凡、周春晖、陈计伟、许凡陪同。易炼红一行人参观了金融展示馆等项目，走访园区公共服务平台，听取芙蓉互联网金融服务中心、华夏信用标准平台的情况汇报，现场观看产业园投融资相亲会——艺术嫁金融项目路演。易炼红指出，芙蓉区作为长沙中心城区，金融业是名副其实的支柱产业，如何把金融产业进一步做大做强、做特做优，是摆在区委、区政府面前的重大课题，省级金融创新特色产业园要突出创新发展，打造园区创新点。他要求，中小企业融资难、融资贵是困扰经济社会发展的重要问题，要从信用管理做起，做好解决问题的基础工作，推动金融服务湖南经济发展。

10月13日，省编办、省审

改办副主任廖跃贵一行3人到区考察金融创新特色产业园。区领导谭雄伟、许凡陪同。廖跃贵一行人参观了金融展示馆等项目，听取了芙蓉互联网金融服务中心、华夏信用标准平台的情况汇报，并与产业园负责人交流监管动态入驻金融机构数量和产品种类，他对该园区金融机构的创新产品表示肯定。

【金融交流沙龙活动】 12月15日，“创新驱动与资本引领”金融交流沙龙活动在银华大酒店举行。该活动由金融创新特色产业园、区金融办、区科技局等4家单位主办。金融交流活动中，绝味食品有限公司等8家企业负责人分别从食品行业主板上市经验、新三板挂牌的秘诀以及喝咖啡的艺术、中小企业融资困境与资本市场融资机遇、企业上市前财务规范要点、中小企业上市前如何获得银行贷款支持、关于芙蓉区促进企业上市融资实施意见等方面开展了互动交流和现场答疑。

【清理非法集资行动】 8月，由区打非办联合区工商分局、区公安分局、各街道开展互联网金融专项整治行动。该次行动，清理商品交易场所3家，清退客户3.38万户，清退资金360万元；整治P2P网络借贷平台12家，勒令退出1家，强制关门5家，现场整改6家。截至12月底，通过线上平台开展风险研判、预警，线下组建风险排查专干队伍，对重点楼宇和风险企业排查252人次、楼宇92栋；排查企业5329家，其中风险企业34家；发现企业违规行为18起，处理12家，清退资金近1000万元。

【申报长沙市现代金融创新示范集聚区】 11月20日，辖区金融创新特色产业园正式申报长沙市现代金融创新示范集聚区：隆平高科技园的主导产业为电子商务，芙蓉金融创新中心主导产业为现代金融。该项申报工作，以金融创新示范园区为建设目标，以“政府引导、市场运作、平台支撑”为抓手，引进银行、证券、保险、基金、支付、互联网金融等业态，构建集政、社、产、学、研、媒、投等跨界联动共建的“互联网+金融+产业”创新产业园区。计划在2018年1月获得批准。

（王　雪）

·融资性担保公司·

【概况】 2017年，芙蓉区有融资性担保公司14家，注册资本金9.5亿元。其中，注册资本2亿元（含）以上的为友阿担保1家，注册资本1亿元（含）以上2亿元以下的公司8家，注册资本5000万（含）以上1亿元以下的公司4家。在融资性担保12家公司中，国有控股公司为联保、长银2家；国有参股的公司为金港1家，其他为民营担保公司，无国资或国资背景公司参股。辖区的12家融资性担保公司中，8家公司有新增融资性担保业务，未开展新的融资性担保业务的公司有6家。融资性担保责任余额未超过净资产的10倍。

（邓少波）

·小额贷款公司·

【概况】 2017年，芙蓉区有小额贷款公司5家。年度小额贷款业务总收入3382.36万元，实现净利润1015.14万元。辖区内5家公司注册资本金6.8亿元。注册资本2亿元（含）以上的为友阿小贷和旺德府小贷2家；注册资本在1亿元（含）以上的为崇格小贷和山水小贷2家。辖区小额贷款公司无国资或国资背景公司参股，为民营小贷公司。2017年年末，贷款余额为8.78亿元，年内有友阿小贷、旺德府小贷、山水小贷三家获得长沙市金融业发展专项资金扶持。

（周　亮）

·表6·　2017年芙蓉区各小额贷款公司经营情况

机构名称	资产总计（万元）	负债总计（万元）	从业人员数	12月末贷款余额（万元）	1—12月累计发放贷款（万元）	12月不良率（%）
长沙市芙蓉区和生小额贷款有限责任公司	8000	180	10	8091	5405	39.7
长沙市芙蓉区崇格小额贷款有限责任公司	10000	143	6	9861.27	648	50.29%

·续表6·

机构名称	资产总计（万元）	负债总计（万元）	从业人员数	12月末贷款余额（万元）	1—12月累计发放贷款（万元）	12月不良率（%）
长沙市芙蓉区旺德府小额贷款有限公司	19756.28	11.45	14	17221	5385	28.91%
长沙市芙蓉区友阿小额贷款有限公司	41066.63	11857.05	20	43019.14	15221	2.09%
长沙市芙蓉区山水小额贷款有限责任公司	9937.24	3.85	19	9621.91	7406	32.30%

（周　亮）

旅游服务

【概况】 2017年芙蓉区有星级饭店14家，其中五星级饭店3家、四星级饭店7家，三星级及以下饭店4家，其他宾馆、旅社、招待所1161家，床位3.82万张（2012年普查数据）。旅行社127家，其中具有出境游资质旅行社24家，具有台湾游资质的旅行社6家，旅行社分社、网点263家。五星级餐馆4家，五星级农家乐1家（东湖金山休闲度假村）。长沙市特色旅游示范点2家（颐而康、锦东红瓷），AAA级旅游景区1家（浏阳河婚庆文化园）。全年完成49家旅游服务单位的申报工作，组织开展华信宾馆、华夏大酒店、兴湘商务国际大酒店、太平洋大酒店4家单位的年度星级复核，对婚庆园3A级景区复核整改工作实行专题约谈。年内增加旅行社分社8家，网点41家；变更分社4家，网点6家；撤销分社1家，网点6家。

创新特色旅游宣传。在《长沙晚报》上推出“5·19”中国旅游日、“浏水为魂谱新篇，盛世芙蓉尽朝晖”“精致芙蓉，秋光融融踏歌来”等专题报道。配合长沙国际马拉松赛博览会，组织芙蓉区展位布展，以“长沙之芯，省会芙蓉”为主题，通过图文和多媒体展示，重点推荐长沙国金中心、浏阳河文旅产业带、都正街历史文化街区等亮点项目。规范旅游行业管理。年初制定了《芙蓉区旅游突发事件应急预案》；组织华信、华夏等4家三星以下酒店开展年度复核工作；全年受理和调解星级酒店投诉6起；完成1000余份旅游调查问卷，定期整理分析统计数据，及时掌握市场整体经营状况，为企业经营者提供决策参考。中华龙舟赛期间，与区政法委维稳办、食品药品监督局、工商分局一起组织辖区15家推荐酒店进行业务指导，各酒店签署了《2017年中华龙舟大赛（长沙·芙蓉站）运动队推荐酒店承诺书》，为赛事期间酒店各项工作安全有序提供保障。加大专项整治力度。联合市旅游局行业管理处、区直各部门，先后组织开展“长沙市旅游行业安全生产大检查工作”“旅游安全四大专项行动”“‘五一’‘十一’小长假旅游市场规范检查”“旅游行业夏季消防隐患大排查”“长沙火车站地区全面深化综合治理集中整治工作”等行动，发现和整改多起安全隐患，保证辖区旅游市场平安、有序发展。（戴　颖）

【推出全域旅游微刊】 为全面展示芙蓉区人文自然资源，提高芙蓉区对外知名度，1月18日，区商贸服务和旅游局在微信公众号“芙蓉商务旅游”推出芙蓉区全域旅游微刊。该宣传以“恋一段时光，爱上我们走过的地方”为主题，以时间为轴，宣传了浏阳河文化旅游产业带、隆平水稻博物馆、马王堆汉墓遗址、东沙古井、都正街历史文化街区、白果园、化龙池等重点区域，用图文并茂的形式对芙蓉区厚重历史、灿烂文化、旅游景点、历史遗迹、城市风光、休闲娱乐等全方位、多角度的展示。该微刊还在芙蓉区政府门户网站“芙蓉之窗”上推出。微刊推出后受到社会关注，截至年底点击量152万次。

【参加2017长沙乡村休闲旅游节】 3月16日，“快乐长沙·‘乡’约四季”2017长沙乡村休闲旅游节在浏阳市古港镇松山屋场开幕，区商贸服务和旅游局，湖南省茶叶博物馆等辖区重点旅游企业参加。该次活动由长沙市政府主办，长沙市旅游局等多家单位协办，从3月持续到12月，4场主活动100余场系列活动将贯穿全年。活动期间，芙蓉区通过设立宣传展板、发放宣传图册等形式重点宣传推介浏阳河文旅产业带、都正街历史文化街区、马王堆汉墓遗址、隆平水稻博物馆、白果园程潜公馆、化龙池清吧街、东沙古井等特色旅游资源及旅游线路。湖南省茶叶博物馆、金山休闲度假村、湖南省宝中国际旅行社有限公司、湖南锦华国际旅行社有限公司4家重点旅游企业携明星产品开展宣传、促销。湖南省茶叶博物馆携公司推出“快乐亲子茶”“茶博一日游”“茶博课堂”等研学旅行活动。

【辖区重点旅游企业安全生产工作座谈会】 6月8日，区商贸服务和旅游局在普瑞温泉大酒店召开芙蓉区重点旅游统计企业安全生产工作座谈会。长沙市旅游局副局长余岚应邀出席，区商贸服务和旅游局负责人及辖区重点出境旅行社及四星级以上星级饭店主要负责人共计40人参加。座谈会回顾过去安全生产工作，学习交流未来如何更好落实企业安全生产主体责任的做法和经验。会上，各企业代表汇报企业安全生产工作的开展情况，对出现的问题和困难剖析和反思。余岚肯定芙蓉区旅游企业安全生产工作所取得的成绩，希冀旅游行业的安全生产工作要强化管理基础建设，强调宣传教育培训，并就安全检查及隐患排查治理等方面做业务指导。

【商务旅游系统文明创建主题活动】 6月28日，由市文明办、区文明委主办，区委宣传部、区商贸服务和旅游局承办的芙蓉区“遵德守礼 文明旅游”素质提升商务旅游系统文明创建主题活动暨工作培训会在万家丽国际大酒店举行。市文明办副主任杨立平，市文明办督察督办室主任陈星卫，区委宣传部部长伍艳飞，副区长黄金国，区文明办主任、区商贸服务和旅游局及街道相关负责人出席。辖区内商场、超市、星级饭店、旅游景区、旅行社的文明创建负责人150余人参加。活动围绕“学模范、诵经典、发善心”和“学知识：文明创建专题培训”两个环节展开。第一个环节，与会者观看“全国诚实守信道德模范”“全国十大最美导游”——刘萌刚先进事迹视频。主持人带领大家诵读清代思想家颜元的经典名言：“国尚礼则国昌，家尚礼则家大，身有礼则身修，心有礼则心泰”。第二个环节，黄金国作迎接全国文明城市三年一度测评动员讲话，企业代表阿波罗商业广场代表介绍他们在文明创建工作方面的成功经验。市文明办杨立平就商务旅游系统文明创建开展专题培训，从认识高度到操作层面，阐述文明城市创建的本质内涵，针对全国文明城市创建标准要求详细讲解。

【《浏阳河上》港澳青少年游学推广活动专场演出】 由国家旅游局港澳台旅游事务司指导，湖南省旅游发展委员会主办的2017年港澳青少年游学推广活动暨内地游学联盟大会于7月24~28日在长沙举办。25日晚，港澳青少年游学团一行来到芙蓉区隆平文化公园，观看长沙市首部大型田园实景情境演出《浏阳河上》。香港中联办青年工作部部长陈林、国家旅游局亚洲旅游交流中心主任李建平、区委书记于新凡、区委副书记陈计伟、副区长黄金国等领导出席观看，国家旅游局、教育部、国务院港澳办、共青团中央等部委有关领导和港澳嘉宾、港澳媒体记者、15家联盟成员单位、24家游学基地代表700余人观看。整场演出以《星空》为序，分为《河源·汉宫秋月》《河韵·浏水人家》《河魂·骄杨之恋》《河愿·天赐之美》四大篇章。国家旅游局的领导和港澳嘉宾们认为，《浏阳河上》实景情境演出场景华美、气势宏大、震撼人心。

【商贸旅游企业文明创建工作约谈会】 8月3日，区商贸服务和旅游局召开企业文明创建工作约谈会议，副区长黄金国、区商贸服务和旅游局及相关街道负责人，10家企业负责人参加。会上，局长戴静通报了上一阶段区商贸服务和旅游局全面检查发现的共性和个性问题，有针对性地要求各企业对标抓好整改。企业负责人逐一表态，表示要搞好整改，迎接全国文明城市检查。黄金国要求，严把标准，整改到位，在全国文明城市创建工作中交上满意的答卷。

【参加长沙市学习旅游法律法规知识竞赛】 8月14日，由湖南省旅游发展委员会指导，长沙市旅游局主办，各区县（市）旅游局、各旅游行业协会协办，长沙市旅游培训中心和湖南红网文化传播有限公司执行的长沙市学习宣传《湖南省实施〈中华人民共和国旅游法〉办法》知识竞赛决赛在红网演播厅举行。省旅游发展委员会、长沙市人大常委会、市旅游局、市人大民族侨务外事委、市司法局、市法制办有关领导，湖南红网文化传播有限公司董事长孔泽平等出席。全市18支代表队参加预赛，其中芙蓉区商务和旅游局、湖南宝中国际旅行社有限公司、湖南梦之旅国际旅行社、湖南景天国际旅行社有限公司4支队伍参加。预赛产生8支代表队晋级决赛。比赛分个人必答、每队必答、快速抢答、风险挑战、情景再现等环节。芙蓉区商务和旅游局获组织奖，湖南景天国际旅行社有限公司获优秀奖。

【市旅游局到区检查旅游企业安全生产】 9月28日，长沙市旅游局行业管理处副处长郑艺玲、许云一行到区检查旅游企业安全生产，区商贸服务和旅游局副局长彭水泉及旅游科相关人员陪同。检查组分两队对芙蓉区长沙沪春秋国际旅行社、湖南会义国际旅行社、湖南华和国际旅行社、湖南景天国际旅行社、湖南财信旅游有限公司及浏阳河婚庆文化园六家企业开展安全生产检查。检查人员依照旅游企业安全生产条例，详细了解对被检单位的营业场所环境、消防设备配置、供水供电安全及旅游企业各项规章制度、旅游突发事件应急预案、安全生产培训记录、安全目标管理责任书等。检查结果认为，芙蓉区大部分旅游企业都有较强的主体责任意识，对安全生产和行业规范重视。下阶段，区商务旅游局将积极督促有关单位进行整改，共同建设好芙蓉区旅游安全生产和旅游行业规范工作。

【商贸旅游企业安全生产培训会议】 10月13日，区商务和旅游局召开2017年芙蓉区商贸、旅游企业安全生产培训会议，长沙市旅游局副局长余岚，长沙市旅游局行业管理处副处长郑艺玲，区安委办主任、安监局局长刘顺泉出席，区内80余名商贸、旅游企业安全生产负责人参加。刘顺泉作培训动员，要求各商贸、旅游企业一定要强化责任意识，逐层落实企业主体责任。湖南玖玺安全环境科技有限公司专业讲师王淇讲解安全生产有关知识，内容有“为什么要强调企业全面落实安全生产主体责任”“企业落实安全生产主体责任主要包括哪些方面”以及“企业如何全面落实安全生产主体责任”。余岚讲话强调，各旅游企业一定要强化红线意识，始终把旅游安全摆在首要位置。

【长沙火车站及周边旅行社专项检查】 为迎接中共十九大召开，根据区委、区政府关于火车站综合治理的工作整体部署，10月16日，区商贸服务和旅游局副局长彭水泉带领检查人员联合火车站综治办对区火车站及周边旅行社进行规范经营专项检查。重点检查湘辉、完美、中飞、中青旅等10家旅行社位于火车站的门市部，现场查看了旅游社的经营资质、旅游合同、包车合同、旅游企业各项规章制度。检查发现，火车站及周边部分旅行社仍然存在经营活动不规范、旅游合同签订不完善的现象，要求企业负责人限期整改到位。对于个别问题严重的旅行社，要求立即关停。

【市文明办到区检查星级酒店文明创建工作】 12月26日，长沙市文明办督察组刘建南一行到区检查星级酒店文明创建工作，区商贸服务和旅游局相关人员陪同。督察组到湖南华天、通程国际、君逸山水和湖南宾馆四家星级酒店，对照全国文明城市测评标准，查阅相关方案与资料，通过现场询问，详细了解星级酒店道德讲堂、核心价值观宣传教育、学雷锋示范岗和文明旅游等重点工作开展情况。督察组肯定了芙蓉区星级酒店文明创建所做工作，针对“更精更美”标准提出指导意见。

（戴　颖）

（责任编辑：谭丽霞）

交通·邮电

交通运输

【概况】 2017年，芙蓉区交通运输局推进“公交都市”创建工作，加强道路运输安全监管，实现辖区道路运输安全有序。年内，全区营运状态的普通货运业户5609户，营运车辆5825台，完成道路运输经营业户（营运车辆）数控制在6000户（辆）以下目标。

安全监管。区交通局联合安监、交警、公安等部门开展联合执法行动12次，开展监管企业委托运输、自有运输资质登记、车牌号码等工作，全年查扣违法违规运输危险品车辆12台次。开展辖区道路运输行业安全生产检查，排查无证维修企业271家，检查货运代理门店30户。在高温、汛期等重点时段和中秋节、国庆节等重大节日以及“两会”期间、党代会等特殊时节，区交通局提前部署道路运输安全工作。采取安排领导干部带队检查机制，加强应急值班值守，执法人员开展客运行业打非治违、货运源头治超执法行动，保证了旅客安全、便捷出行。

路政执法。区交通局采取市、区相关职能部门的上下联动，辖区交通、公安、交警等职能部门以及相关街道的左右联动，加强对长沙火车站、汽车东站、湘雅二医院等重点区域和八一路、人民路、车站路等重点路段整治，全年查扣非法营运车辆519台次。联合市交通行政执法局、区城管局、朝阳街道开展针对益阳线、邵阳线、常德线违规长途客运车辆的专项执法行动，全年查扣违规经营道路旅客运输车辆75台次，并通过蹲守、群众举报等方式查封7次涉嫌非法营运“黑站点”。针对长沙火车站区域非法营运车辆、违规经营等乱象展开专项治理，执法队员采取不间断稽查，发现非法营运车辆，立即整治查处，并注重调查取证，对非法营运车辆依法予以处罚。加强源头管控，强化路面治理，管理教育和坚决取缔有机结合，全年开展治理车辆超限超载联合行动18次，出动执法队员806人次，检查车辆2300台，处罚教育车辆220台，罚款57.77万元，处罚改装拼装车辆12台、超限车辆32台、非法运输危险品车辆7台，卸载货物近300吨。落实“一超四罚”（一旦查获超载超限车辆，分别处罚货运车辆、车辆驾驶员、运输企业、货运场所经营者）制度，对辖区内存在超限超载行为的车辆一律录入台账并同步抄告运管科。对违法超限超载车辆不予年审，情节严重的直接注销道路运输证。并对存在超限超载行为的运输企业一律进行约谈，约谈效果不明显的强制整改。

运政管理。履行“三关一监督”（严把运输经营者市场准入关、营运车辆技术状况关和营运车辆驾驶员从业资格关，搞好汽车客运站的安全监督）职责，依法清理年审逾期的普货经营业户及营运车辆。全年新增普通货运车辆344台，辖区过户车辆25台，迁出转籍车辆733台，年审营运车辆4940台。对违法情节恶劣的车主和企业实施顶格处罚和吊销相关证件，全年处罚违章车辆169台，处以罚金18.8万元。

存在的主要问题和困难：一是辖区企业、车辆众多，存在安全隐患。截至2017年11月30日，由芙蓉区发证管理的普通货物运输车辆有5841台、三类维修经营户11家、货运代理经营户1家，还有无证的三类维修企业近300家，市级运管部门许可未在芙蓉区备案的货运企业超100家，由省、市运管部门发证管理并通报芙蓉区的道路旅客运输企业12家、客运站场2家、道路危险货物运输企业2家、校车服务企业1家、道路旅客运输车辆799台、危险货物运输车辆199台、校车40台。物流运输企业及其车辆流动性大，在现有条件下监管难度极大，存在较大安全隐患。二是重点部位、重要节点多，现实情况与上级管理要求有差距。长沙火车站、长株潭汽车站、汽车东站等重点区域在春节、国庆等重大节假日及重点时段人流、车流量大，站区基础设施和周边配套的运力难以承载巨大的人流、车流，给非法营运提供“商机”，给道路运输管理带来难度。（陈玄灿）

【“公交都市”创建工作】 年内，区交通运输局联合14个街道（园、局）开展辖区75个社区、318个居民小区摸底调查，启动“公交都市”创建工作。全年在中心城区建成公交站点500米覆盖率超过99%，城区建成公交站点覆盖率98.67%。改建红旗路（人民路—浏阳河桥南）双向大客车专用道2.2公里，并完善相关标识标线和禁止标配，实现了主城区公交专用道成环成网和公交路权优先的要求。改建辖区内6个港湾式公交中途站，并在11月底投入使用，提升了辖区道路通行效率，缓解了道路交通压力。

【公路“路长制”工作启动】 为加快构建公路管理长效机制，推行公路“路长制”，6月13日，芙蓉区成立“路长制”工作领导小组，明确各级“路长”和“分路长”14名，对责任路段的公路路容路貌、交通秩序、路域环境等实施全面综合管理。在辖区范围内17条公路设立了路长和分路长，并在103省道长浏线（芙蓉区段）、035县道泉沿线（芙蓉区段）、龟山北路等公路设立“路长”公示牌，加大辖区公路养护的组织、协调和管理力度。该项工作增强了对公路养护的责任感，通过整合管理资源，促进了公路养护的组织、协调和管理力度，加快构建公路管理长效机制。

【公路管养提质专项行动】 8月，区交通运输局组织在马坡岭、东湖、东岸街道域内开展30天公路管养提质专项行动。该项行动完善公路附属设施、安全设施，拆除擅自设置的广告牌、指路牌29块、清除遮挡公路标牌视线的广告牌2处。加强对农村公路沿线住户、门店、企业和建设工地的管理和养护宣传，整顿了黄园路路边随意停车阻塞交通的现象，劝离黄园路东屯安置小区公路边摆摊设点的经营户，取缔了农园路隆平公园社区路段违规马路菜市场。

【交通运输安全生产会】 8月9日，芙蓉区召开高温天气道路交通运输安全生产会议。副区长彭尚松参加会议。区安监局、交通局、交警大队等部门相关负责人，湘湖管理局、各街道分管负责人，辖区内的客运、站场、危货、校车等17家企业负责人参会。在会上，区交通运输局负责人布置了高温天气道路运输安全工作。彭尚松要求，参会各部门、各运输企业要落实企业安全生产主体责任，多方联动、强化属地监管责任，保证辖区不发生较大以上道路运输安全事故，为迎接中共十九大营造良好的道路交通安全运输环境。

【车辆超限超载管理平台建设】 年内，区交通运输局启动辖区治理车辆超限超载信息管理平台建设，并在11月建成投入使用。该信息平台可全面监控辖区主要道路以及主要市场周边货运车辆的动态，及时掌握货运车辆的超限超载的概况和主要道路的运输秩序，有针对性的部署执法行动。

【约谈运输安全企业负责人】 11月17日，芙蓉区约谈被长沙市道路运输安全委员会评估为红色预警的3家企业负责人（湖南省飞龙新能源汽车运输有限公司、长沙锦云旅游汽车运输公司、湖南湘龙出租车有限公司）。区政府副调研员尹上敏参加约谈会。在会上，区交通局负责人通报3家红色预警企业存在的主要问题，即三家企业所属的车辆普遍存在未年检和违法行为未消除，所属的驾驶员出现事故或存在严重违法行为等问题。尹上敏要求，企业负责人要亲自抓整改，树立生命至上的安全生产红线意识和底线意识，夯实基础、建立制度，抓好所属企业车辆人员的管理，保证不发生较大以上安全生产事故。（陈玄灿）

邮　政

【概况】 中国邮政集团公司长沙市芙蓉区分公司（以下简称“芙蓉邮政分公司”），下辖11个邮政营业网点（车站中路、朝阳路、曙光路、五一中路、蔡锷中路、定王台、八一路、南湖市场、火星大道、省委大院、东岸新桥）、7个营揽投站（车站路、火星、荷花园、韶山路、五一路、金邮、马坡岭）、5个普邮投递班（车站路、荷花园、韶山路、五一路、马坡岭）。截至2017年底，该分公司有员工270人。公司全年业务收入完成2030万元，完成年计划进度的100.52%，同比增长38.06%。

（杨　芳）

【邮政业务经营】　年内，报刊大收订流转额2429.24万元，完成计划任务的110.3%，规模及缴款率排名全市第一。完成函件496.5万元，完成进度的103.43%。完成代办业务133.6万元，完成进度的208.77%，在五区四县局排名第一。完成包裹速递收入累计938.4万元，完成全年计划任务的100.9%，同比增长109.51%。电子邮政业务和代理车险完成进度在五区四县局排名第二。在长沙市团委倡议的希望工程特别助学基金“点亮春天一元捐”爱心活动中，芙蓉分公司员工捐款3696元，参与率100%。

【邮政质量管理】　芙蓉邮政分公司实施邮政服务新标准。“新标”对于省会城区的邮政投递频次、投递时限、投递深度的规定更加量化，邮政企业必须承担的普遍服务责任有了更高更严格的要求。公司从讲党性、讲政治的高度认识“新标”，并付诸于邮政质量管理中。3月开始，对辖区内的投递班、单位收发人员开展“新标”的贯彻落实工作。督促检查平常邮件的投递质量。对于已投交到单位收发室、小区物业、信报箱等处但收件人未及时领取的平常邮件全面清理，并张贴告示催促领取。对于超过“新标”规定投递时限仍未领取的，及时按章批改退回原处。规范收寄安全、基础台账、履职记录和诚信测试等，促使基础管理工作扎实到位。通过落实员工的普遍服务责任，促使员工业务素质和综合能力的提升，为辖区用户提供各项用邮服务。

【普邮投递部与揽投站归口管理】随着市区城市化建设的快速推进，邮政企业的投递作业区划分与行政区划不相符合的矛盾日益凸显，原城郊投递时限频次和网运作业组织不能满足用邮发展的需要。为彻底解决该状况，按照省、市公司要求，芙蓉区分公司派员驻点城郊班组，开展摸底工作。通过不断磨合，2017年7月实行原城郊马坡岭普邮投递部和揽投站划归芙蓉区分公司管理。调整理顺归口管理后，从段道优化、设备支撑、投递操作制度、培训及服务等方面，提升了城郊各项投递指标。但快递业务发展，存在着站点建设用地、车辆通行、进门投递等难题，有待政府部门出台新政，合力解决。

【邮政礼仪培训】　8月，芙蓉邮政分公司在全区范围内开展各岗位的服务礼仪培训，从服务语言、服务纪律、仪容仪表、行为举止、定置定位等方面进行重点规范和学习。通过培训，员工的服务礼仪更规范，言行更得体，得到客户的肯定，也得到中国邮政集团公司，省、市公司检查组的认可。

（杨　芳）

移动通信

【概况】　中国移动通信集团湖南有限公司长沙移动城北分公司位于芙蓉区五一大道800号。截至年底，该公司有员工278人，下设综合部、市场部、网络部和政企客户中心。长沙移动城北分公司秉持“客户为根、服务为本”理念，完善“全覆盖、全支撑、全触点”服务体系和全方位联动的服务协同，做好各项通信保障工作。

业务经营。公司以“大连接”战略为主线，推动“四轮驱动”（4G发展、流量经营、宽带发展、政企经营）深入融合发展。年内，4G客户净增8.4万户，4G客户累计87.6万户，4G渗透率79.97%。贯彻国务院国有资产监督管理委员会提速降费要求，取消长途漫游费，推出50元不限量流量包、98/198不限量套餐、大王卡1元/1G/天优惠包，移动数据流量用户普及率89.02%，户均流量2.4GB，同比提升80%。打造“和家”套餐，宽带、电视免费用，提供“和目”等智慧家庭产品，全年宽带用户净增4.2万户。

客户服务。实施4G服务领先工程。从客户感知、服务指标、服务能力等方面，为辖区近80余万移动用户提供通信服务。截至年底，家庭宽带客户满意度达到74.52、NPS达到31.19。加大服务宣传，围绕“心连接、诚相伴”的服务目标，加强投诉控制和整治不知情定制问题，提升员工业务素质和企业服务影响力。按照实名制工作要求，全年移动电话实名率100%。该分公司全年客户满意度完成值80.79，同比提升0.58个百分点；顾客忠诚度分析指标NPS完成值31.19，同比提升0.64个百分点。

网络建设。全年建设LTE（4G）基站100余个。截至年底，2/3/4G基站累计2000余个。完成辖区内道路及写字楼、住宅小区4G网络的深度覆盖，4G信号MR覆盖率提升至97.4%。启动NB-IoT窄带物联网建设工作，完成一期工程窄带基站100余个。开展4G网络“精耕行动”，对全网信号覆盖进行优化，4G高清通话接通率99.4%，平均下载速率43Mb/s。

（李方方）

（责任编辑：郭　冰）

图18　东方新城住宅小区

教　育

【概述】 2017年，芙蓉区有区属二级教育机构7个，中学4所、小学35所（含2所筹建），在职教师2500人，在校中小学生4.6万。辖区内幼儿园111所，其中公办园23所（区属10所，含1所筹建），民办园88所，在园幼儿2.1万。民办培训学校72所，在校中小学生4.8万。区教育局围绕“打造幸福教育，办老百姓家门口的好学校”目标任务，推进义务教育优质均衡发展。年内，被评为省级中小学校责任督学挂牌督导创新区、省级中小学教师教育宣传工作先进单位，市级“十佳巾帼文明”示范岗、市级中小学德育工作项目化管理首批示范单位、市级高考组考工作优秀考区、市级国家教育考试工作先进单位、市级研究生招生考试工作先进单位。在全省城乡义务教育一体化改革发展现场推进会、全市教育信息化工作会上推介经验。

存在的主要问题和困难：公共教育资源供给不平衡不充分。中学教育、学前教育与小学教育、公办教育与民办教育不够协调，在城市化进程快速推进、全面二孩政策、大班额控制下，入学（园）压力仍然较大。教师队伍供给不平衡不充分。现行编制标准偏紧、新学校建设进度加快的形势下，加之全面二孩等政策的实施，教师需求压力较大，而临聘教师待遇偏低，导致学校招人难、留人难、管理难较为普遍。优质教育资源供给不平衡不充分。区属中学在现行高考体制、中学管理体制、中学招生体制、家长盲目跟风择校下提速提质压力较大，优质公办园（普惠园）数量与比例不够。素质教育落实不平衡不充分。幼儿园、小学、中学各学段素质教育衔接不够深入，特别是部分学科类民办培训机构无视教育规律，攀高了学业评价标准，一定程度干预了正常教育教学秩序和素质教育的落实。（黄　波）

教育管理

【概况】 落实“区委一号文件”精神，实施区属公办普通高中学生免费入学，对象为区属全日制公办普通高中学校在校学生，免费标准为每学期收费文件中的应收合计数，包含学费与代收（应缴）部分。相关经费由区财政全额承担，根据实际减免数额拨付到校。推进“两学一做”学习教育专题活动，组织教育局党委中心组集中学习6次，开展“学习小组”建设、“主题党日”、书记上党课、“学习讲话 接力诵读”、党员教师大走访等活动。成立芙蓉区民办教育党委，设立党支部3个。打造修业小学为区级党建文化基地，创建大同三小、马王堆小学和育英小学廉洁教育示范点。组建以教育专家为主体、社会精英参与的幸福教育顾问团队，助力把脉问诊幸福教育。建立以法律、公安、保险、心理、医学等专家为主体的调解员团队和校园安全管理团队。建立全省首家校园安全监控指挥中心和校园纠纷调解中心，助力打造平安幸福校园。引入红网专业媒体团队，合作运营“芙蓉教育”微信，开辟“幸福手札”“听见幸福”“幸福箴言”等专栏，传播芙蓉教育“幸福声音”。组织全区163所幼儿园及民办培训学校开展年度办学评估检查。

师资管理

【概况】 年内，首批市级小学名

校长工作室（龙继红小学名校长工作室）落户芙蓉区。启动首届区级名班主任工作室和区级名校长工作室与名师工作室评选认定工作。公开招聘中小学教师（择优招录免费师范生）170人。主办中学骨干教师专场招聘会，录用教师27人。推行义务教育学校校长教师轮岗交流，占教师总数的12.8%，其中骨干教师占50%。启动在同一单位工作满九年教师交流轮岗工作，在全市教育工作会上推介“编随人走、人动编走”的经验。与华中师范大学等高等院校及专业机构合作，举办民办教育学科类骨干教师培训班和幼儿园骨干教师培训班，实现民办学校中学科类培训覆盖率100%，公办幼儿园骨干教师受训率100%。组织175名新教师入职培训。举办庆祝教师节暨“践行《芙蓉教师宣言》，做好学生引路人”主题教育活动，表彰5个“尊师重教先进单位”、10个“尊师重教先进个人”、25位“班主任坚守奖”、10位“十佳班主任”、10位“十佳教学能手”及10位“十佳服务标兵”等。《芙蓉教师宣言》师德主题教育入选全国师德建设优秀工作案例，并申报全省管理创新奖。

教育教学

【概况】　制定《芙蓉区幸福教育行动计划》和“四大工程”（幸福学生、幸福教师、幸福家长、幸福校园）推进计划，立项子课题34项。幸福教育课题《区域推进幸福教育的路径与机制研究》课题通过教育部开题论证。举办芙蓉区“植根芙蓉沃土，践行幸福教育”大家谈暨成果展示活动。面向全省举办“芙蓉幸福教育论坛”，开启从“一校一品”“一校多品”向“一校长一品”发展之路。开办“幸福教育开放周”，让更多家长参与其中，理解教育、展现幸福教育自信。推进区域中小学“全员阅读”项目试点申报评审工作，有13所学校成为首批试点学校。推进“体艺2+1项目”（通过学校组织的课内外体育、艺术教育的教学和活动，让每个学生至少学习掌握2项体育运动技能和1项艺术特长），实施“阳光体育大课间”活动，组织开展篮球、足球、羽毛球、排球等体育竞赛活动，在市九运会上，获得总分第一、金牌第一、奖牌第一。以“校园艺术节”为平台，开展“三独”（独唱、独奏、独舞）比赛和美术作品展、艺术展演等系列活动。开展与体育俱乐部合作课余培训青少年体育项目。与省博物馆合作开展“在遥远的地方寻找馆校”美育大课堂教育活动，引进湖南省歌舞剧院、省京剧团等机构开展“高雅艺术进校园”“京剧进校园”“戏曲进校园”等活动。

硬件建设

【概况】　全年完成新增公办和普惠性民办幼儿园任务，占比超过75.5%。大同小学、东风小学、双新小学、鑫科明珠幼儿园改建后师生迁入新校址（园）开班，新增学位2500个。年内，完成30所学校的提质改造和13所标准化学校验收工作，湘一芙蓉中学整体提质改造项目启动。建成“芙蓉区教育大数据平台”，创办12所“智慧校园”试点学校，开设“智慧课堂”“智慧特色”实验课程。实行全区教育系统教职工（含临聘）中餐补贴政策，并建立教职工子弟托管中心。

【教育专题会议】　2月24日，“幸福教育”推进暨党风廉政建设工作会召开。区教育局全体班子成员、局机关科室全体工作人员、局属二级机构全体工作人员、局属各中小学校、幼儿园党政负责人200人参会。

5月12日，全国教育科学“十三五”教育部规划课题《区域推进中小学幸福教育的路径与机制研究》开题论证会在芙蓉区教科中心举行。湖南省教育科学研究院规划所副所长李小球，湖南第一师范学院教育科学学院副院长刘丽群，长沙市教育科学研究院党委书记龙迪辉、长沙市教育考试院副院长张建斌到会。该课题主持人芙蓉区教育局局长谢小红，课题负责人芙蓉区教育局副局长杨红及课题组主研人员参会。会议由区教育科研中心主任任质彬主持。专家们听取主持人介绍与开题报告后，与课题组成员交流讨论，并提出了具体意见。

12月15日，芙蓉区教育局承担的全国教育科学教育部规划课题《区域推进中小学幸福教育的路径与机制研究》子课题开题论证会在区教育科研中心举行。岳麓区教科中心理论教研员谢福胜、《湖南教育》编辑部副主任刘翠鸿、雨花区教科中心理论教研员胡文亚、浏阳市教科所理论教研员李志宇、芙蓉区教科中心副主任卢梓忠、芙蓉区理论教研员邓璐娥参会。全区中小学各子课题主持人、负责人和主研人员70余人出席会议。论证前各课题组在邓璐娥的组织与指导下，从问题提出、国内外研究述评、课题界定、理论依据、研究目标、研究内容、研究方法、研究步骤、课题组织及成员分预期成果、经费筹措及管理、参考文献等板块撰写子课题开题报告。有32个子课题参与该次开题论证。

【市、区领导调研教育工作】 1月17日，长沙市副市长陈中到芙蓉区考察文教卫体旅工作。在湖南和平解放史事陈列馆、东郡小学、万家丽文化广场等地开展调研。3月1日，副区长梁汝岚到育英小学调研。她查看该校的校园环境及大礼堂改造项目，听取了工作汇报，并提出具体要求。6月16日，副市长陈中到长沙市湘一芙蓉中学考点巡视中考情况。市政府副秘书长厉江华，市教育局局长卢鸿鸣，副局长缪雅琴，副区长梁汝岚，区教育局局长谢小红陪同。陈中详细询问考场布置及考生情况，通过电子巡查系统查看考点安排情况、考场的考试情况，并询问考点服务保密等各项工作。6月23日，长沙市人大科教文卫委主任委员涂克平一行6人调研芙蓉区教育改革工作。他实地考察了大同瑞致小学、东岸锦城幼儿园校园建设情况。6月29日，长沙市教育局局长卢鸿鸣，副局长邓芸一行6人到区调研教育工作。副区长梁汝岚、区教育局局长谢小红陪同。卢鸿鸣一行分别在湖南农业大学子弟小学、省农科院子弟小学和长郡芙蓉实验中学开展调研，并在长郡芙蓉实验中学召开座谈会。6月27日，开福区政协副主席林永红率领政协调研组一行11人到育英西垅小学考察，听取该校负责人关于促进义务教育优质均衡发展的汇报，实地考察校园文化建设情况，并查看十大创客空间、体艺馆、种植园等场所。8月30日，长沙市教育局副局长缪雅琴到大同二小，考察芙蓉区筹备长沙教育信息化工作推进大会的情况和教育信息化成果与典型案例。

【教育督学工作评估验收】 3月7日，湖南省评估组专家组到芙蓉区开展省级中小学校责任督学挂牌督导创新县（市、区）实地评估验收。该评估组听取了副调研员汤孝泽汇报芙蓉区创建工作情况，实地查看育英二小、大同古汉城小学、大同瑞致小学以及第五责任区育英西垅小学、第六责任区湘一芙蓉第二中学。芙蓉区责任督学挂牌督导工作开展近7年，在全面自评的基础上，于2017年3月2日接受了长沙市人民政府教育督导室组织专家团队的前期复评并以高分通过。评估组专家们认为，芙蓉区责任督学队伍专业化、挂牌督导工作方式信息化、督导流程标准化，助推区域现代学校制度建设、学校个性化发展和义务教育均衡发展，责任督学挂牌督导工作有特色、有实效，经验值得推广。

【教育主题活动】 3月21日，由共青团长沙市委开展“美好明天，安全起步”儿童安全温暖行公益活动在大同小学举行。该活动由共青团长沙市委、光明日报社、中国人民公安大学以及广东小天才科技有限公司联合策划发起。儿童安全教育专家、中国人民公安大学教师黄冬以小学生喜欢的卡通形象“愤怒的小鸟”切入主题，讲解了交通标志、步行安全、安全乘车知识，并配上动漫和图片资料等内容。

4月20日，湖南省小学英语师生核心素养暨阅读教学主题研讨活动在燕山二小举行。该次活动由湖南省教师发展中心主办，燕山二小承办。活动分为现场课堂展示和专家点评环节，分别由刘慧和陈喜琴执教五、六年级英语对话示范课及阅读示范课。湖南师范大学外国语学院副教授曾永红，湖南省教育科学研究院英语教研员夏春娥，湖南省教师发展中心副科长郑卫出席活动。有全省各市、县“国培计划”2016教育部示范性小学英语工作坊高端研修的优秀教师、骨干教师近300多人观摩活动。

5月4日，区教育局以“弘扬英烈精神，共筑青春梦想”为主题的纪念建团95周年暨新团员集体入团活动在湖南烈士公园烈士纪念塔前坪举行。活动上，市文明办未成年人工作处和区教育局领导为青年教师志愿服务队授旗，并为新入团学生代表佩戴团徽。新团员庄严宣誓，青年教师齐诵《芙蓉教师宣言》。最后，芙蓉区教育局团委为评选出的“优秀共青团员”“青春魅力团干部”“青春活力团组织”颁奖。市文明办未成年人工作处处长朱治东，区教育局副局长杨湘林、杨红出席。该次活动有全区45所中小学、幼儿园的185名青年团员教师，4所区属中学的335名学生新团员参加活动。会上还宣布了“芙蓉教育青年志愿服务队”正式成立。

6月9日，芙蓉区校园食品安全知识竞赛在区政府会议室举行。市食药监局副局长陈明南，副区长黄金国、区教育局局长谢小红、食药监局局长赵小午出席。该次竞赛由芙蓉区食品安全委员会办公室主办，区食药监局、教育局承办。竞赛内容涉及食品安全法律法规、食品安全知识、饮食与健康等。初赛决出育英、大同古汉城、育才三小、育英西垅、东风、朝阳、燕山、东晖、楚怡、曙光路10所小学。曙光路小学代表队获得一等奖。评选出二等奖2个、三等奖3个和优胜奖4个。

6月22日，“芙蓉幸福教育论坛”活动在大同小学举行。省教育厅党组成员、省委教育工委副书记王建华、长沙市教育局副局长缪雅琴，芙蓉区副区长梁汝岚出席。省教育厅、市教育局相关处室负责人，区教育局全体班子成员，省特级教师代表，长沙市内区县（市）校长代表，各地州市校长代表，芙蓉区教育系统教师代表等近500人参加活动。该次论坛主题“核心素养与校长使命”，由芙蓉区首次尝试面向全省以校长为主体的“做而论道”。还设立了“学生核心素养培育与学校文化建设”“学生核心素养培育与学校德育工作”“学生核心素养培育与学校课程建设”三个分论坛。

6月27日，“植根芙蓉沃土，践行幸福教育”大家谈暨教育科研成果展示活动在区教科中心举行，省、市专家杨敏、孙智明、龙迪辉等出席。区教育局局长谢小红，副局长杨红及全体教研员、各中小学校、幼儿园代表240余人参加活动。该次活动由区教育局整体策划、区教育科研中心组织实施，分为“幸福教育论坛”和“教育科研成果展”两个板块。

9月4日，长沙市纪念中国人民解放军建军90周年暨中小学开学第一课主题活动在大同瑞致小学举行。活动以“致敬军魂，心系家国”为主题，旨在纪念建军90周年，培育和践行社会主义核心价值观，弘扬人民子弟兵英勇无畏、无私奉献的精神。同时通过开学第一课活动，培养学生的爱国情操和家国意识。市委宣传部副部长、市文明办主任郭润葵一行6人及区委副书记陈计伟、副区长梁汝岚等出席活动。该校全体师生、部份家长近2000人参加活动。现场举行升国旗仪式，歌舞表演，诗朗诵，现场军人采访，讲红军长征的故事等活动。

9月7日，区委、区政府举行庆祝第33个教师节暨“践行《芙蓉教师宣言》，做好学生引路人”主题教育活动。全区四套班子主要领导及分管领导出席。区直各街道（局）分管教育的副职，区教育局班子成员，区属各二级机构、中小学校、幼儿园、民办培训学校、民办幼儿园负责人及教师代表，受表彰教师近600人参加。该次活动围绕“三名”工程（名班主任、名师、名校长）设计编排，分为“大爱篇”“匠心篇”“担当篇”三个篇章。

9月21日，芙蓉区2017全国科普日暨校园科技节活动开启。该次活动以“创新放飞梦想，科技引领未来”为主题，分为启动仪式和现场体验参观环节。启动仪式上展示了学生们的创客作品，现场展示“人工智能”知识抢答、无人机飞行表演、特技飞行等。省教育学会创客教育中心主任周振铎，市科协副主席杨迪君，区教育局局长谢小红，区科技局局长吴立平，区科协主席李莉霞等参与活动。

9月22日，由市教科院主办，区教科中心承办的2017年长沙市中小学优秀校本课程展示观摩活动在育才学校举行。活动旨在为深化全市基础教育课程改革，总结推广校本课程建设的典型经验，引导学校规范开发校本课程，构建符合素质教育要求的学校课程体系，促进校本课程与国家、地方课程协调发展。湖南省教科院副院长赵雄辉，长沙市教科院院长孙智明、副院长孔春生，芙蓉区教育局局长谢小红、副局长杨红参加活动。有市直属和县（市）区480名教师观摩了活动。该次活动表彰了长沙市优秀中小学校本课程31项，芙蓉区5个学校的校本课程获奖。

【中央媒体记者采访马王堆小学】

3月21日，新华社驻湖南记者站、《光明日报》驻湖南记者站的记者到区采访了马王堆小学文明校园创建工作。采访团的记者参观了特色校园文化项目，观摩了马王堆小学重彩画、漆器、帛书、古筝、国学等特色课堂。采访了该校校长熊伟红和六年级三班同学刘熙雅。中央媒体采访团记者肯定了马王堆小学在文明校园创建中融入“马王堆西汉文化”传统文化教育项目，让传统文化走进学校、走近师生，打造独具特色的文明校园建设品牌的做法。

【教师招聘工作】 4月16日，芙蓉区2017年公开招聘中小学教师笔试开考。该次组考，设湘一芙蓉二中和长沙市实验中学考点，分为90个考场、2个批次开考，考生7231人。组考工作人员400余人。该次计划招聘中小学教师155名，其中初中教师35名，小学教师120名。4月22—23日，芙蓉区2017年公开选调中学骨干教师面试考核在长郡芙蓉实验中学举行。该次公开选调中学骨干教师30名。涉及语文、数学、英语、物理、政治、历史、地理、生物8个学科。咨询报名的骨干教师有近千人，最后通过资格审查入围面试考生190人。面试考核分设候场室3间、备课室2间、面试室8间、候分室1间共14间考室。英语学科面试在22、23日完成，其他学科集中在22日完成。

【小学生羽毛球赛】 5月13—14日，由区教育局主办、科普艺体中心承办的"2017年芙蓉区第二届小学生羽毛球比赛"在育才二小举行。该次比赛有14所学校的150余名运动员参加。比赛分为甲、乙、丙三个组别275场比赛。双新小学获得11金7银5铜、育才二小获得2金7银7铜、燕山获得1金、育才小学获得1铜、火星二小获得1铜。

【少先队鼓号技能大赛】 10月12日，芙蓉区2017年"喜迎十九大 吹响新号角"少先队鼓号技能大赛在长郡芙蓉实验中学举行。湖南省少先队总辅导员徐芳，共青团长沙市委副书记康然，区老干部大学校长卢涛，共青团长沙市委学少部部长张国金，区教育局局长谢小红、副局长杨红，岳麓区教育局团委书记、总辅导员吴洁，湖南省红领巾管乐团音乐总监、中国行进管乐联合会理事邓涛等应邀出席并担任评委。全区各中小学大队辅导员、大队长以及马坡岭小学、东风小学300余名师生观摩比赛。该次大赛是继2016年"10·13"鼓号队比赛启动后，再次举行的全区性鼓号技能展演。比赛分初赛、复赛阶段，10月10日，全区20支队伍参加初赛，有10支队伍、近800名鼓号队员进入复赛。经过现场展示，专家评委及大众点赞团的评审下，楚怡小学、曙光路小学、马坡岭小学、育才小学获得特等奖，八一路小学等6所学校获得一等奖，大同二小等10所学校获得二等奖。

【龙继红担任长沙首批中小学名校长工作室首席校长】 10月16日，长沙市首批中小学(幼儿园)名校长(园长)工作室授牌仪式在长沙市教育局举行。长沙市首批名校长(园长)工作室包括李素洁校长工作室、曾庆桂校长工作室、龙继红校长工作室、李臻校长工作室、罗晓红园长工作室等。龙继红担任"长沙市中小学名校长队伍建设工程"龙继红校长工作室首席名校长。2017年，龙继红带领大同学校师生策划设计"校园文化创生"校园文化模式，在芙蓉区首届校长论坛上展示，并接待了参观学习校园文化建设团队39批次。（黄 波）

【大同小学获第一届全国文明校园】 11月17日，全国精神文明建设表彰大会在北京召开，长沙市芙蓉区大同小学被评为第一届全国文明校园。大同小学是全国红领巾示范学校、全国示范家长学校、全国首批科普基地。该校坚持专家治校，学校领导班子成员被评为省市名特教师，校长龙继红是湖南省首批小学正高职称、特级教师。坚持寓德于教，开展"依托职业体验，培养学生公民意识"活动，建立60余个校外职业体验基地，创建有"大同特色"的小学生职业体验特色课程体系，开发出"百花园"校本课程。坚持创新引领，精心打造楼道文化，在校园内组织开设美术作品展、书吧文化、诗词长廊、书法长廊，天象馆、伟人风采，杏坛问道、求学笃行名言、文明伴我行等活动阵地，形成浓厚学校育人氛围。（覃婷婷）

【实行公办普通高中免费入学】 2017年开始，芙蓉区对区属公办普高学生实行免费入学，免费教育由9年延长至12年。免费对象为区属公办全日制普高湘一芙蓉中学在校学生。免费标准为每学期收费文件中的应收合计数，包含学费与代收部分，相关经费由区财政全额承担，根据实际减免数额拨付到校。2005年以来，该区对辖区城乡义务教育阶段家庭贫困学生实行"一费制"全免，对义务教育阶段本市户口学生实行"一费制"全免，免费向学生提供校服、饮用水和教辅资料。对所有进城务工人员子女免除杂费和借读费。2010年开始，对所有进城务工人员子女实行义务教育阶段"零收费"政策。（苏 洁）

（责任编辑：郭 冰）

·表 7·

芙蓉区区属学校、幼儿园

单 位	地 址
湘一芙蓉中学	五一大道 502 号
湘一芙蓉第二中学	马王堆北路 39 号
长郡芙蓉中学	马王堆中路 238 号
长郡芙蓉实验中学	张公岭远大二路 43 号
浏正街小学	浏正街芋香巷 7 号
东茅街小学	东茅街 66 号
修业小学	马王街 32 号
楚怡小学	文运街 104 号
八一路小学	韭菜园 256 号
大同小学	八一路 296 号
燕山小学	长岛路 1 号
东晖小学	车站东路 62 号
朝阳小学	人民路中路 358 号
育英小学	解放东路 398 号
曙光路小学	曙光北路 130 号
育才小学	南元宫 8 号
育华小学	复兴街 58 号
五一中路小学	五一中路乔庄 13 号
马王堆小学	古汉路 88 号
火星小学	火星凌霄路 1 号
育才双新小学	马王堆街道新合村四组
蓉园小学	湘湖和光街 105 号
火星二小	龙柏路朝霞巷 46 号
大同二小	晚报北街 10 号
燕山二小	芙蓉苑小区内
大同古汉城小学	古汉城社区
东郡小学	马王堆路 201 号

·续表7·

单 位	地 址
育英二小	东屯渡街道东玺门小区内
育才二小	东屯渡街道古曲路
育才三小	古曲路、朝晖路交界处
马坡岭小学	远大二路342号
杉木小学	东岸街道杉木村
育才东屯小学	远大路远通苑东
东风小学	马坡岭街道东风村
育英西垅小学	马坡岭街道西龙村
大同三小	东湖街道合平村
芙蓉区教育局德政园幼儿园	德政园小区德政街46号
芙蓉区教育局朝阳幼儿园	朝阳78号凯通国际城小区
芙蓉区教育局星城世家幼儿园	古曲路星城世家小区南侧
芙蓉区教育局东岸锦城幼儿园	长星路165号东方人家小区内
芙蓉区教育局农园路幼儿园	农园路7号
长郡芙蓉实验中学	远大二楼43号
大同瑞致小学	芙蓉区中房瑞致国际小区内
芙蓉区东湖路幼儿园	芙蓉区人民东路合平社区
芙蓉区白沙湾幼儿园	芙蓉区白沙湾小区内
芙蓉区芙蓉公寓幼儿园	芙蓉区芙蓉公寓小区内
芙蓉区鑫科明珠幼儿园	芙蓉区鑫科明珠小区内
芙蓉区实验小学	筹建
长沙市一中双语实验学校	筹建
芙蓉区万国城幼儿园	筹建

（区教育局）

科 技

【概述】2017年，芙蓉区围绕“大众创业，万众创新，科技引领，服务经济”的工作目标，推进全区科技进步与创新。2017年度，芙蓉区获评湖南省知识产权建设强县一类地区，区科技局（区知识产权局区、区科协）获评全省专利行政执法工作先进集体、市级优秀科普信息单位。（李成竹）

科技管理

【概况】 2017年，芙蓉区实施高新技术企业强基工程，促进企业转型升级；开展高新技术企业申报认定，科技小巨人认定备案，科技型中小企业备案入库等工作。全年高新技术产业产值完成984.21亿元，其中高新技术产业增加值达391.79亿元，高新技术产业增加值占地区生产总值比重达30.1%。扶持高新技术企业55家，新增高新技术企业45家，新认定长沙市科技小巨人企业14家，登记备案科技型中小企业227家，推荐省、市科技计划项目46项。企业新开发或引进、推广科技成果、专利新产品、新技术15项，科技成果转化率超40%。全年完成技术合同交易额5.61亿元。

科技产业扶持。出台一系列科技方面奖励政策，为省、市、区科技政策配套制定实施细则：对获得国家、省级的企业技术（工程）中心、科技进步奖等给予奖励，对高新技术企业的培育、认定或重新认定给予奖励，对专利产业化及高新产值规模上台阶给予奖励。辖区企业和科研院所对科技研发投入进一步加大。在2017年度国家科学技术奖励大会上，中南大学湘雅二医院、湖南省水稻研究所分别主持或参与的三个科技项目获得国家科技进步奖二等奖。

创新平台建设。通过政策扶持、完善服务的方式，加快科技创新平台建设。区政府发文明确对首次获得市级以上行政主管部门认定的国家级、省级、市级科技企业孵化器的扶持政策。年内，湖南金丹科技投资有限公司被评为省级科技企业孵化器，凌云志众创空间、中能众创空间、湖南省残疾人创业孵化基地被评为省级众创空间。

强化产学研合作。强化企业的主体创新地位，发挥科研院所智力资源，补足产业开发的薄弱环节。通过政府引导，组织绝味食品股份有限公司、湖南金旅环保股份有限公司、中机国际环保科技有限公司等18家企业与湖南农业大学、长沙理工大学、中南林业科技大学等高校、科研院所进行产学研对接。在第十一届中国产学研合作创新大会上，湖南农业大学与长沙绿叶生物科技有限公司、湖南烟村生态农牧科技股份有限公司、湖南树人牧业科技股份有限公司等企业共同合作完成的“保健养猪关键技术创新、产品研制与低胆固醇猪肉研发”项目获得2017年度中国产学研合作创新成果一等奖。

科技人才队伍建设。组织、推荐、服务科技人才，扩大科技人才队伍。全年芙蓉区科技条线组织学术专家开展考察调研、座谈论证、决策咨询12次，征集科技调研文章10篇，推出决策参考4期，为区委、区政府重大决策献计献策。开展科技特派员服务示范工程，选派5名科技特派员到长沙市金镂实业有限公司、湖南浩美安全环保科技有限公司、湖南优蜜食品科技有限公司等企业开展科技特派员服务工作。2017年，芙蓉区“种业硅谷”专家邹学校（湖南农业科学院院长）当选中国工程院院士并获2017年度何梁何利基金科学与技术进步奖，“袁隆平杂交水稻创新团队”获国家科技进步创新团队奖，湖南优蜜食品科技有限公司董事长魏仲珊、爱尔眼科医院集团有限公司总院长唐仕波、湖南有色金属研究院院长陈伟入选长沙市科技创新创业领军人才。

困难与问题：芙蓉区金融、地理优势没有充分利用。金融产业对科技行业的拉动还不够，中小微科技型企业在融资方面仍困难重重；部分科技企业寻求发展、扩大生产的过程中，因土地、租金等原因，从芙蓉区外迁至周边区县。（李成竹）

科学普及

【概况】 2017年，芙蓉区科协组织开展大型科普宣传活动12次；指导基层社区申报国家、省、区基层科普计划项目5项共40万元；指导4个社区获得市级科普示范社区认定；在社区布点实施“社区科普e站”工作；成功申报院士工作站1个；承办高级别学术学会2场。成功申报省级科普示范社区1个、市级科普示范社区4个。2017年，芙蓉区科协获评市级优秀科普信息单位。

科普阵地建设。通过科普项目逐步完善社区科普阵地建设，为基层阵地建设提供资金支撑。2017年，指导火星街道紫薇社区、东湖街道东沙社区等4个社区获得市级科普示范社区认定，依据项目合同对东湖街道、紫薇社区、湘一芙蓉中学等9个单位的科普活动中心或科普场馆项目投入86万元，指导东湖街道东沙社区、湘湖街道西湖社区等5个单位获得国家、省、市科普项目资金40万元。

科普信息化工作。在基础条件较好车站北路、西湖、韶光等11个社区布点实施科普中国“社区科普e站”工作，在西湖社区、东沙社区建立两个市级社区科普e站示范点，其中西湖社区建立了长沙市首个集社区科普e站、创客空间、VR（虚拟现实）体验等为一体的青少年科技体验馆。2017年，芙蓉区接待来自长沙市、宁乡市、株洲市、郴州市、隆回县、岳麓区、内蒙古锡林郭勒盟等省内外的科协组织到区交流学习。

科普宣传活动。结合文明创建、食品安全、安全生产等中心工作，在各街道、社区广泛开展群众性、社会性、经常性的科普宣传活动。2017年，在全国知识产权宣传周（4月20—26日）、全国科技活动周（5月第三周）、全国科普日（9月第三个公休日）、首个全国科技工作者日（5月30日，自2017年起）等活动期间，组织机关、街道、社区、学校参与，集中开展大型科普主题宣传活动13次，活动通过创新创业经验交流、科学求真实验、航空航模展、校园科技节等多种形式实现线上线下互动、寓教于乐科普。

协会学会交流。以服务科技工作者为主线，开展学术交流活动。2017年，在科技工作者日组织开展专家座谈会，讨论如何更好建设“中国种业硅谷”；在长沙市科协学术年会芙蓉区分会上，组织农大、农科院等专家、教授对长沙都市农业发展献计献策。指导湖南省兵器工业集团有限责任公司成功申报市级“院士专家工作站”，同时为现有四家“院士专家工作站”与企业之间的合作牵线搭桥，为区域经济发展做贡献。

困难与问题：基层科普工作队伍人员少、更换频繁、常身兼数职，锻炼学习渠道不多；全区对科普工作的投入力度不能满足新形势需要。（李成竹）

【芙蓉区科技活动周】 5月19日，以“创新发展 圆梦芙蓉”为主题的芙蓉区2017年科技活动周开幕，启动式在马坡岭街道恒大江湾举行。该活动由区人民政府主办，区科技局、区文明办、区社科联、马坡岭街道办事处共同承办，长沙市科技局党组成员、总工程师盛湘饶，芙蓉区人大常委会副主任罗尔曼、区科技局局长吴立平、区科协主席李莉霞，各街道分管负责人、科技专干、部分驻区企业负责人、学生代表等150余人出席启动仪式。启动式主要有科技展示、创新创业故事分享、游戏互动、政策解读等环节。长郡芙蓉实验中学师生表演“太阳能车竞速”节目，展示科技改善用能方式以及绿色和谐的发展理念。长沙金镂实业有限公司和湖南康通电子科技有限公司负责人分别讲述创新创业故事和经验，提出创新是企业增长的内在驱动力，创新使企业走在前沿而不被淘汰。5月19日至5月26日宣传周期间，在西湖社区、华海3C数码广场、东宜社区、育英学校、湖南生物机电职院以及各科普场馆分别举行多种形式的宣传活动。

【"芙蓉杯"首届科技创新创业大赛】 9月14日，"芙蓉杯"首届科技创新创业大赛暨"星创同行"2017年长沙市第二届科技创新创业大赛（芙蓉赛区），在芙蓉区政府214会议室举行。大赛由长沙市芙蓉区人民政府主办，区科技局、区经信局承办，区财政局、区人社局、区小微企业服务中心协办。长沙市科技局党组成员、总工程师盛湘饶，芙蓉区副区长黄金国、梁汝岚等出席。经过宣传报名、资格审查、项目筛选阶段，40支队伍进入该次大赛终选环节。其中，小微企业19支，初创团队21支。参赛队伍从项目概况、商业模式、科技创新、团队建设四个方面展示创业项目及创新理念，现场演示项目成果。小微组及初创组的前六名经赛事组委会推荐参加第二届长沙市科技创新创业大赛。

【芙蓉区全国科普日活动】 9月19日，在万家丽家居建材广场，芙蓉区"创新驱动发展，科学破除愚昧"全国科普日活动举行。长沙市科协党组书记李范坤、芙蓉区政府副区长梁汝岚、区科协主席李莉霞出席。李莉霞主持，李范坤、梁汝岚分别为活动致辞。活动主要环节有科普产品展览展示、科普情景剧表演、科普魔幻秀、科普实验、现场体验等，辖区居民代表宣读倡议书、线上线下与公众互动交流，宣传保护环境的科普知识。除主场地外，芙蓉区各机关事业单位结合公众关注的科技科普热点，开展五大主题活动，分别是定王台街道开展的创新创业经验交流会，东屯渡街道芙蓉社区开展的科学求真实验活动，五里牌街道开展的"科学助力成长，智能引领未来"活动，马王堆街道开展的"科普进社区秒答100问"科普知识竞赛，芙蓉区育才三小开展的"科普进校园"科技体验活动。通过科普宣传和竞赛活动，营造"崇尚科学、学习科学、运用科学"的氛围，促进芙蓉区科学普及和推广。

【"长沙市都市农业发展与实践"研讨会】 11月15日，市科协2017年学术年会芙蓉区分会在湖南省茶叶集团公司举行。该次学术年会由长沙市科协主办，芙蓉区科协、芙蓉区自然科学研究学会承办，以研讨会形式召开，主题"长沙市都市农业发展与实践"。湖南农大、农科院、生物机电学院等院校的专家、教授，协会理事单位的企业代表等参加会议。长沙市科协副主席杨迪君、市科协学会部部长宋和平、芙蓉区政府副区长梁汝岚出席。会议由芙蓉区自然科学研究会理事长蔡立湘主持。蔡立湘对长沙都市农业发展的概况、存在的问题做介绍及剖析，省农科院园艺研究所所长李卫东建议长沙都市农业聚焦"生产、景观、绿色、创意、健康、节庆、信息、精益、工程、循环"10个方面来发展。湖南生物机电学院副院长谈再红建议长沙休闲农业按照"生态、生产、生活"模式，创新"生产方式、发展思路、体制机制"，实现"产业形态、管理模式、经营模式"转型。德人牧业董事长魏仲珊以德人小镇为例，建议形成农业生产、加工、餐饮、观光休闲为一体的现代农庄产业。长沙市科协副主席杨迪君建议各区县以"形成规模、培育特色、打造亮点"为准则，形成长沙特色，将传统农业发展成都市农业、观光农业、休闲农业为主的现代农业。梁汝岚作总结发言。 （李成竹）

知识产权

【概况】 2017年芙蓉区通过政策引导、资金扶持、加大考核等举措，知识产权创造、管理、运用和保护能力得到提升。全年专利申请量3281件，专利授权量1081件，芙蓉区每万人发明专利拥有量28.1件。企业专利产业化14项，重点领域和关键技术的自主知识产权取得突破。全年查处专利侵权案件超60件，结案率100%。加大知识产权执法工作力度，区域营商环境不断改善。9月，芙蓉区获得2017年度湖南省知识产权建设强区一类地区称号。在政府机关全面开展推进使用正版软件工作。至年底，全区政府机关软件正版化达到100%，12月底通过省推进使用正版软件工作考核。

知识产权宣传。围绕"创新创造改变生活 知识产权竞争未来"的宣传主题，开展知识产权宣传进机关、进社区、进学校、进企业活动。4月20—26日知识产权宣传周期间，通过政策宣讲、服务咨询、培训讲座、评比竞赛、维权援助、行政执法等多种形式，开展一系列知识产权宣传活动。其中承办市级知识产权宣传活动1场，主办区级大型主题宣传活动5场，直接参与人数超过3000人，覆盖全区14个街道（园、局）。

知识产权保护工作。专利行政执法持续推进，全年累计检查商品300余种，查处知识产权侵权案件 60 件。按照立案、调查、谈话、回访等流程，涉嫌侵权商家及企业全部被处罚并整改到位。区知识产权局下设的打击侵犯知识产权和制售假冒伪劣商品工作领导小组办公室(简称"双打办")，通过专项整治协调推进"双打"工作。全年组织区"双打办"成员单位执法行动 1100 多次，出动执法人员 20000 余人次，其中"双打办"成员单位芙蓉区食药监局出动打击制售假冒伪劣商品执法人员 19127 人次。

困难与问题：因编制及人员未到位，作为知识产权（专利权、商标权、著作权）综合管理改革重要标志的"三权合一"工作，芙蓉区尚未开展，知识产权执法依然分散在不同部门。芙蓉区在银企专利金融对接方面还存在短板，市级以上专利权质押融资项目尚未实行，辖区科技型企业以专利质押难以从银行获得融资。

（李成竹）

【承办长沙市知识产权宣传周启动式】 4 月 20 日，芙蓉区政府机关会议中心，以"创新创造改变生活•知识产权竞争未来"为主题的长沙市 2017 年知识产权宣传周启动仪式举行。启动式由长沙市人民政府主办，长沙市知识产权局、芙蓉区委及区政府承办。长沙市知识产权局党组书记、局长孙进主持仪式。长沙市政协副主席文丽霞、长沙市人民检察院检察长王勋爵、市科技局副局长张立、芙蓉区政府副区长梁汝岚出席，长沙市知识产权和打击侵权假冒工作领导小组成员单位和各区县（市）、园区负责人等 300 余人参加。文丽霞讲话并宣布活动启动。启动仪式上，长沙市知识产权局与市检察院现场签订行政司法合作协议。该协议衔接行政执法与刑事司法环节，探索建立知识产权资源利用、信息共享、协同联动的工作体系。长沙市知识产权局为 7 家长沙市版权示范和优势企业、4 所知识产权教育示范学校、8 家知识产权优秀代理机构授牌。芙蓉区政府为芙蓉区知识产权志愿者先锋队授旗，30 余名志愿者代表举行保护知识产权集体宣誓。中南林业科技大学教授胡潇潇作知识产权专题培训。活动获《湖南日报》《长沙晚报》等多家新闻媒体报道。（李成竹）

（责任编辑：谭丽霞）

·表 8·

2017 年芙蓉区新认定复审高新技术企业名单

序号	区域	企业名称	证书编号
1	芙蓉区	长沙卡特尔环保科技有限公司	GR201743000257
2	芙蓉区	长沙飞升新能源科技有限公司	GR201743000194
3	芙蓉区	中韬信息科技股份有限公司	GR201743000022
4	芙蓉区	湖南中周至尚信息技术有限公司	GR201743000198
5	芙蓉区	医械好融通信用管理（湖南）有限公司	GR201743000568
6	芙蓉区	湖南易分销电子商务有限公司	GR201743000266
7	芙蓉区	湖南网圣腾飞信息技术有限公司	GR201743000073
8	芙蓉区	湖南金健种业科技有限公司	GR201743000314
9	芙蓉区	湖南嘉杰信息技术有限公司	GR201743000030
10	芙蓉区	湖南大方农化股份有限公司	GR201743000237
11	芙蓉区	湖南有色金属研究院	GR201743000265
12	芙蓉区	湖南鼎达科技有限公司	GR201743000404
13	芙蓉区	湖南永蓝检测技术股份有限公司	GR201743000549
14	芙蓉区	湖南稀土新能源材料有限责任公司	GR201743000592

·续表 8·

序号	区域	企业名称	证书编号
15	芙蓉区	湖南省建筑材料研究设计院有限公司	GR201743000014
16	芙蓉区	湖南创想伟业科技发展有限公司	GR201743000344
17	芙蓉区	长沙加美乐素化工有限公司	GR201743000315
18	芙蓉区	长沙艾格里生物肥料技术开发有限公司	GR201743000584
19	芙蓉区	湖南盛世通和科技有限公司	GR201743000860
20	芙蓉区	湖南开门生活电子商务有限公司	GR201743001396
21	芙蓉区	湖南铭弘体育产业股份有限公司	GR201743001577
22	芙蓉区	湖南隆驰信息科技有限公司	GR201743000954
23	芙蓉区	湖南省建设工程质量检测中心	GR201743001080
24	芙蓉区	长沙耀联计算机有限公司	GR201743000947
25	芙蓉区	湖南隆平高科耕地修复技术有限公司	GR201743000649
26	芙蓉区	湖南省佳乐实业有限公司	GR201743001019
27	芙蓉区	长沙市竟网信息科技有限公司	GR201743001269
28	芙蓉区	湖南慧瑞信息技术有限公司	GR201743001148
29	芙蓉区	湖南天地伟业数码科技有限公司	GR201743001147
30	芙蓉区	长沙农腾农业科技有限公司	GR201743001476
31	芙蓉区	湖南省国际工程咨询中心有限公司	GR201743001144
32	芙蓉区	浩通国际货运代理有限公司	GR201743001364
33	芙蓉区	湖南宏林建设工程有限公司	GR201743001246
34	芙蓉区	长沙绿叶生物科技有限公司	GR201743001432
35	芙蓉区	湖南新航天路科技有限公司	GR201743000844
36	芙蓉区	湖南省明园蜂业有限公司	GR201743001245
37	芙蓉区	长沙市金镂实业有限公司	GR201743001350
38	芙蓉区	湖南省正阳光电科技有限公司	GR201743001221
39	芙蓉区	长沙铁路勘察设计有限公司	GR201743000813
40	芙蓉区	长沙聚正鑫业计算机科技有限公司	GR201743000993
41	芙蓉区	六星空气净化技术（湖南）有限公司	GR201743001049
42	芙蓉区	华智水稻生物技术有限公司	GR201743000771
43	芙蓉区	长沙利诚种业有限公司	GR201743000652
44	芙蓉区	湖南森纳信息科技有限公司	GR201743001518
45	芙蓉区	袁隆平农业高科技股份有限公司	GR201743001265
46	芙蓉区	湖南众益信息技术有限公司	GR201743001186

·续表 8·

序号	区域	企业名称	证书编号
47	芙蓉区	湖南中软兆通科技有限公司	GR201743001310
48	芙蓉区	湖南恒德种业科技有限公司	GR201743001274
49	芙蓉区	湖南现代德雷工程有限公司	GR201743001220
50	芙蓉区	湖南稀土金属材料研究院	GR201743001346
51	芙蓉区	卡拉玛（长沙）生物科技有限公司	GR201743001159
52	芙蓉区	湖南誉湘安防科技有限公司	GR201743001585
53	芙蓉区	湖南华医净医疗科技有限公司	GR201743001126
54	芙蓉区	湖南尚上公路桥梁建设有限公司	GR201743001590

·表 9·

芙蓉区 2017 年度获国家科学奖相关单位及项目

序号	单位	项目名称	奖项
1	“袁隆平杂交水稻创新团队”	/	国家科技创新团队奖
2	中南大学湘雅二医院（陆前进教授为第一完成人）等	红斑狼疮诊治策略及其关键技术的创新与应用	国家科学技术进步奖二等奖
3	中南大学湘雅二医院（参与完成）等单位	寰枢椎脱位中西医结合治疗技术体系的创建与临床应用	国家科学技术进步奖二等奖
4	湖南省水稻研究所（参与完成）等单位	中国野生稻种资源保护与创新利用	国家科学技术进步奖二等奖

（李成竹）

文 化

【概述】 2017年，芙蓉区文体新局以文化惠民、文化强区为己任，提升文化工作品质，凝聚文化正能量，被评为全省文化市场综合执法考评先进单位、全市“扫黄打非”工作先进集体、全市文化系统红旗单位。隆平水稻博物馆开馆试运行被评为“感动长沙”十大年度事件、湖南和平解放史事陈列馆挂牌成为民革中央党史教育基地。

公共文化服务。年内，启动芙蓉区文体中心建设。完成安子岭、恒达、金科、南湖、兴和5个市级示范性社区综合文化服务中心建设，提质升级24个社区文化活动阵地，新建白沙湾社区24小时自助图书馆和建筑工地“流动爱心图书角”5处。制定文艺团队星级评定细则，下拨文艺团队扶持经费近30万元。推进文化产业发展，湖南影像创客空间获文化部重点扶持。

文化市场管理。全年共检查文化市场经营单位4000家次，其中网吧2800家次，娱乐场所800家次，出版物经营单位400家次。全面摸底辖区120家无证无照小歌厅和音乐茶座，取缔群众反映强烈的22家噪音扰民无证照小歌厅。开展辖区293家印刷复印经营单位法律法规培训，签订安全生产责任书约300份。开展文化活动场所排查、高校及周边印刷复制市场整治、中共“十九大”文件学习辅导读物检查、整治非法卫星电视接收设施和网络文化整治等专项行动20余次，立案查处40家经营单位。在定王台书市继续推行“审读”机制，共接受2063家次经营单位，13.58万类（本）出版物进货凭证的报备，审读出版物578本。

文博保护展陈。完成隆平水稻博物馆登记备案，新入库藏品6832件（套），接待国内外嘉宾参观团队近110余批次；湖南和平解放史事陈列馆正式授牌为民革中央党史教育基地，接待观众参观超过6万人次。开展文物巡查50余次，文物巡护员检查336次。完成全区不可移动文物保护单位科学划定保护范围和建设控制地带28处，配合湖南农业大学、东湖街道、市口腔医院等单位做好柳子明故居和中苏友好馆旧址本体修缮工作。

存在的主要问题。要加快文化阵地建设。区文体中心要加快建设步伐，为市民提供优质的文体阵地设施。要加快文化产业发展。文化+旅游、文化+科技的作用未得到最大程度的发挥。个别网吧和歌舞娱乐、游艺动漫等场所仍有违规或超时营业等现象发生。 （刘 聃）

公共文化

【概况】 2017年，全区公共文化建设以构建现代公共文化服务体系为目标，坚持以人为本、文化惠民工作理念，提升文化设施建设、文化服务水平。举办2017年“欢乐潇湘 品质长沙 幸福芙蓉”群众文艺汇演暨第四届“芙蓉杯”新节目大赛，组织音乐类、舞蹈类、综合类比赛近20场次；举办“学雷锋爱心义演”“魅力花鼓，体验课堂——戏曲进校园”“文化惠民——音乐剧《袁隆平》暨抗洪抢险爱心义演”等专场活动；利用元宵、端午、中秋、国庆等节假日，举办“请来都正街”“品味桐画里”等50余场群众文化活动和主题读书活动近40场次。举办芙蓉区首届“文化和自然遗产日”保护宣传展示活动，承办“非遗点亮美好生活”湖南省非物质文化遗产传统手工艺博览会。筛选辖区7位优秀选手参加市新人新歌大赛，获两银一铜奖；选送的《鸡飞狗跳》和《云朵上的羌寨》节目在全市广场舞大赛获银奖；参加“欢乐潇湘”群众文化活动，《相亲》节目获省级银奖、市级金奖，《我有一个梦》《乐动青春》节目获市级银奖。（刘　聃）

【“文化与自然遗产日”活动】6月9日，芙蓉区2017年首届“文化与自然遗产日”保护宣传活动在定王台街道都正街剧场举行。该活动以静态的文化遗产展示和动态的非物质文化遗产现场展演相结合，安排了《盛世欢歌》《敦煌乐舞》，器乐《浏阳河》《赛马》和越剧《十八相送》、昆词《一七令·菩萨蛮》等节目。由湖南省湘绣研究所演出的配乐朗诵《我用针线绣出非遗传奇》，诠释了湖湘非遗的改革创新与传承发展。该区还建立了东屯小学抖空竹、杉木小学剪纸等2个非物质文化遗产传承基地。

【承办湖南非遗手工艺博览会】12月26日，“非遗点亮美好生活——2017年湖南非遗传统手工艺博览会”在大麓珍宝古玩城举行。省文化厅厅长禹新荣、副厅长张帆，区委副书记、区长周春晖，副区长梁汝岚出席博览会，区文体新局局长焦英等陪同。省非物质文化遗产保护中心、市文广新局、区文体新局相关工作人员及部分非遗项目传承人参加开幕式。该博览会以“非遗点亮美好生活”为主题，设有非遗传统手工艺综合展、非遗传统服饰秀、非遗传统饮食文化展、传统中医药技艺专题展，展区规模近万平方米，非遗精品项目展位67个。

【隆平水稻博物馆入藏一批书籍和文物】2月24日，隆平水稻博物馆从湖南省农科院图书馆征集到一批稻作研究书籍，共计167本。该批书籍包括中国早期稻作研究专家丁颖的《丁颖稻作论文选集》、周拾禄的《稻作科学技术》、周开达的《水稻无融合生殖研究》和《米丘林遗传选种与良种繁育学》《稻作の科学技术》等外文翻译著作。3月28日，省市文物部门和市文物考古研究所调拨54件稻作出土文物到隆平水稻博物馆收藏，并完成登记、入库等工作。该批出土文物包括陶瓷器、石器、钱币等类别，年代是从新石器时期至宋代。隆平水稻博物馆按照《博物馆藏品管理办法》的要求，展示该批文物和开展课题研究。9月26日，隆平水稻博物馆收到由湖南农业大学工学院提供的老式喷雾器6件入库收藏。该喷雾器为20世纪60~70年代生产，分手动背负式和机动式两类，有552丙、工农-16、丰收-10、JMP-1等型号，其中东方红牌机动喷雾器还保留有“人民，只有人民，才是创造世界历史的动力”的毛主席语录。该批喷雾器较清晰地展示了中国现代农业病虫害防治器具的发展序列，丰富了水稻博物馆的馆藏内容。（魏　聪）

公共文化活动

【概况】年内，聘请专业教师，开设合唱、瑜伽、形体舞、交谊舞、衍纸卷纸艺术等特色课程，免费为群众送课近500节。开展“群众点单、我们送戏”活动，为居民群众免费送戏30场。区图书馆新增图书9044册，累计办理借阅证1099张，接待读者近7万人次，图书借阅12.49万册次。（刘佳宜）

【道德讲堂活动】3月1日，芙蓉区“道德修养 文化育人”主题道德讲堂活动在隆平水稻博物馆举行，区文体新局全体机关干部、各街道（局）分管文体新工作的负责人、街道（局）文化站长及部分文化志愿者70余人参加活动。

【为爱心图书角送书】3月5日，芙蓉区文化志愿者为辖区建设者爱心图书角送去新版图书800余册。该批图书的内容涉及建筑工程、法律法规、安全生产和经典文学等书籍。全区建设者爱心图书角共设5处，分别是火炬中学、双新小学、火炬安置小区、马坡岭小学和芙蓉生态新城二号安置小区等建筑工地。

【文化志愿者进社区活动】3月5日，芙蓉区2017年“文化志愿者服务进社区”暨“学雷锋爱心义演”活动在都正街剧场举行。芙蓉区文化馆志愿者艺术团演出了《红红火火大中华》《好人就在身边》《三德歌》《鸿雁》《浏阳河》等节目。还为长沙市歌舞剧团专业演员颁发了文化志愿者聘书。

【志愿服务知识培训暨区文化馆第一期业务培训】3月17日，芙蓉区文体新局2017年文化志愿服务知识培训暨文化馆第一期业务培训在芙蓉区委党校教室举行。

辖区各街道（局）文化站长、群众艺术团团长、图书馆文化志愿者代表、湖南和平解放史事陈列馆文化志愿者以及隆平水稻博物馆文化志愿者近100人参加培训。市文明办服务处处长袁军解读了文化志愿者服务工作的新政策。区文化馆副馆长杨犟布置第四届新节目大赛及新人新歌大赛工作，总结“百团”评选工作。区文化馆馆长彭晖总结了文化进社区情况，并宣布4月免费开放课程启动。该次培训还开展了区文化馆与基层文化站、辖区文艺团队、各文化志愿者的双向互动和交流工作。

【承办新人新歌赛】 5月24日，2017年长沙市新人新歌大赛在长沙市实验剧场举行，来自全市各区县（市）音乐爱好者、群众文艺专干、业余文艺工作者、学生等70人参加比赛。经过2个月的社区、街道海选推荐，选出7位优秀选手代表芙蓉区参加比赛。经过激烈角逐和评委现场打分，芙蓉区选手卢雅靖、周英翔和向露演唱的由袁隆平填词、杨柠豪作曲的原创歌曲《我有一个梦》，分别获得美声组银奖和通俗组铜奖。李凯丽演唱歌曲《故乡》获得民族组银奖。

【第四届芙蓉杯新节目赛】 6月24—25日，“欢乐潇湘 品质长沙 幸福芙蓉”第四届芙蓉杯新节目决赛在区政府会议中心举行。辖区各街道、社区、驻区单位、基层文化队伍、居民群众参加活动，安排了音乐类、舞蹈类、综合类比赛近20场次，选拔56支文艺团队、83个文艺节目进入总决赛，经组委会认证评审，该次大赛3个专场决出一等奖7个，二等奖12个，三等奖15个，优秀奖48个。

【抗洪抢险爱心义演】 7月12日，“文化惠民——音乐剧《袁隆平》”暨2017年抗洪抢险爱心义演在区政府会议中心举行，区委书记于新凡、区委副书记陈计伟、区政协主席郑明及相关区领导和550名参与抗洪抢险的一线工作人员、辖区居民代表共同观看演出。湖南省歌舞剧院演出了音乐剧《袁隆平》。该剧以当代科学家、杂交水稻之父——袁隆平的故事作为创作题材，讲述了袁隆平和他的团队成员，历尽千辛万苦，探索杂交水稻的生命科学，为中国及世界粮食增产的故事。

【伍艳飞调研群众文艺团队】 10月20日，区委宣传部部长伍艳飞率队调研走访辖区内群众文艺团队。伍艳飞一行人走访了风采艺术团、枫叶艺术团排练现场，实地查看了他们的排练阵地。在市老干部大学会议室召开座谈会，枫叶艺术团、风采艺术团、省老干艺术团、南泥湾艺术团、潇湘红艺术团、知音艺术团、芙蓉京剧团等群众文艺团队负责人参加座谈。会上，区文体新局局长焦英总结汇报了全区群众文艺团队发展情况。各团队负责人汇报了群众文艺团队存在的主要问题，并提出意见和建议。伍艳飞就相关工作提出了指导性意见。

（刘佳宜）

【市民才艺比赛】 12月27日，由区委宣传部、区文体新局主办的2017年芙蓉区“百姓大舞台，有艺你就来”千团万户百万市民才艺大赛芙蓉区复赛在定王台街道都正街剧场举行。该次比赛分为团队才艺赛、个人才艺赛和家庭才艺赛三个场次。比赛有旗袍秀、独唱、合唱、歌伴舞53个节目，经过组委会专家评审，最终推选出10个节目代表芙蓉区参加长沙市的比赛。

（刘　翀　陈观军　马　雷　刘佳宜）

【影剧院文明创建工作推进会】 7月27日，区文体新局召开影剧院文明创建工作推进会，辖区内7家商业影院相关负责人参加会议。会上明确影剧院文明创建测评标准、督察要点及注意事项，要求各影剧院切实履行文明创建主体责任，做到动态清零存在问题。区文体新局局长焦英提出了具体要求。

【市领导到区督导为民办实事情况】 11月16日，市委宣传部副部长赵柏林一行3人督导全区2017年社区综合文化服务中心的建设情况。督导小组采取听、查、看的方式，听取了区文体新局实事工程建设情况工作汇报，核查了芙蓉区落实实事工程的会议纪要、工作方案、财务报表等相关材料。实地察看了马坡岭街道安子岭社区、东屯渡街道金科社区的文化服务中心建设情况。赵柏林就相关工作提出了指导性意见。

（刘　翀）

【隆平水稻博物馆观展接待工作】 隆平水稻到博物馆开馆试运行后，受到国内外各界人士的高度关注。全年接待大、中、小学校学生2000人次；包括来自黑龙江省、内蒙古自治区、西南大学、农业部、中央编办、岳阳县和长沙市人大常委会等省内外领导8批35人次；来自五大洲的120名参加“汉语桥”世界大学生中文比赛选手；来自湖南生物机电学院非洲英语国家农村发展研修班40余名学员和来自埃塞俄比亚、加纳、南非、乌干达等非洲国家的农业部门官员；来自台湾地区玉山学会两岸农业学术参访团一行12人。该馆接待每一批观展来宾时，坚持详细讲解中国杂交水稻从三系法、两系法到超级杂交水稻的发展过程，杂交水稻技术走向世界，传播到40余个国家的发展现状，以及袁隆平的生平事迹和他的“两个梦想”（禾下能乘凉，水稻遍全球）。隆平水稻博物馆建筑设计、主题陈列、展陈效果，以及隆平文化园水稻梯田、实景水上舞台等景观设施，为广大观众留下了深刻记忆。

（刘　翀　卢雅靖　魏　聪）

·表10·　2017年芙蓉区群众文化节目获奖一览表

选送团队 / 个人	选送节目	参赛项目	奖项
木芙蓉艺术团	舞蹈《相亲》	“欢乐潇湘”湖南省群众文艺汇演	银奖
木芙蓉艺术团	舞蹈《相亲》	“欢乐潇湘　品质长沙”长沙市群众文艺汇演	金奖
文化馆志愿者艺术团	歌伴舞《我有一个梦》	“欢乐潇湘　品质长沙”长沙市群众文艺汇演	银奖
老年大学教练员团队	舞蹈《乐动青春》	“欢乐潇湘　品质长沙”长沙市群众文艺汇演	银奖
周英翔、卢雅靖	《我有一个梦》	长沙市新人新歌大赛	银奖
李凯丽	《故乡》	长沙市新人新歌大赛	银奖
向露	《我有一个梦》	长沙市新人新歌大赛	铜奖
周英翔、卢雅靖	《我有一个梦》	湖南省新人新歌大赛	铜奖
李凯丽	《故乡》	湖南省新人新歌大赛	铜奖
育才二小艺术团	《鸡飞狗跳》	长沙市广场舞大赛	银奖
龙柏艺术团	《云朵上的羌寨》	长沙市广场舞大赛	银奖

（刘　翀）

文化市场管理

【概况】　2017年，芙蓉区的文化市场管理以加强日常监管为中心，以推进“扫黄打非”为重点，抓紧抓实安全生产、意识形态、文明创建工作，坚持管理与执法并重，全面规范、净化文化市场经营秩序。年内，开展扫黄打非“净网、清源、秋风、护苗、固边”等专项行动13次，出动执法检查2100人次。收缴非法光碟439张、淫秽光碟107张，非法出版物3100册，立案查处14件。办结行政处罚案件69件。查处网吧50家、无证娱乐场所5家，出版物经营单位11家、印刷1家、艺术品经营单位2家。开展与文化经营业户签订安全生产责任书，组织消防安全和法律法规培训。召开网吧和娱乐场所经营单位负责人会议4次。在网吧及娱乐场所设置《行业规范》及各类标志标识牌，指导经营户对照创建标准，提升经营档次和管理水平。在市对区文明行业测评中连续6次取得区县排名第一，完成中央文明委复检验收任务。处置“12345”“12318”市民服务热线工单近200份，回复率100%，群众满意率99%。

（刘　翀）

【文化市场安全检查】　1月6日，区文体新局开展“两会两节”安全生产工作检查。该次行动分别检查：区图书馆、快乐电竞馆、定王台书市、卡迪欧健身会所、新麦克KTV晚报店等场所；区文化馆、万家丽八楼电玩城、中影星美国际影城万家丽店、马王堆汉墓等场馆。1月24日，由省文化厅副厅长禹新荣、副厅长肖凌之率队到辖区的温莎KTV、新麦客KTV、梦幻仙境网吧开展安全生产专项检查。2月24日，区文体新局班子成员带队专项督察重点文化场所柳子明故居、瑞腾大酒店KTV、元吉网吧、区图书馆、叶韵网咖、小飞龙网吧的安全生产工作。4月10日，由副市长陈中率队检查芙蓉区文化娱乐市场安全生产工作。区长周春晖，副区长谭雄伟陪同。陈中一行人检查了弗洛KTV（浏阳河店）等娱乐场所。他要求各单位负责人克服麻痹思想、树立安全经营理念，落实企业安全生产主体责任。9月28日，省文化厅副厅长张帆到区开展安全生产工作检查。他查看了湖南大剧院、温莎KTV解放东路店等场所的消防通道、消防器材、消防标识是否完好，询问了文化场所负责人安全措施、人员培训等落实情况，并要求安排好人员值班值勤，做好消防应急救援预案和演练，保证“两节”（国庆节、中秋节）期间文化场所安全无事故。12月15日，区文体新局、区文化市场综合执法局开展重点文化场所专项督察。该次行动查看了环游星际电玩城、乐够KTV、蓝港网吧、中影星美万家丽店、水晶石KTV、梦剧园网吧、新亮点网吧的安全生产情况，要求各责任单位负责人开展有针对性的自查自纠，克服麻痹思想，坚决把隐患消除在萌芽状态。

（刘 翀 郑仕清 彭火荣 梁才兴）

【文化市场管理会议】 1月9日，区文体新局召开文化市场综合执法工作专题会议。会议明确了区文化市场综合执法局的内设机构设定、人员岗位职责，布置了党风廉政建设工作。1月19日，区委、区政府召开“扫黄打非”工作会议。区“扫黄打非”工作领导小组成员单位、各街道分管负责人和文化站长参会。区委宣传部部长伍艳飞、副区长梁汝岚出席会议。会上，传达了长沙市第三十次“扫黄打非”会议精神。2月21—23日，区文体新局召开7个片区网吧业主会议，签订了文明合法经营和安全生产责任书。5月17日，区文体新局组织召开全区整治无证无照小歌厅工作会议。会议由文体新局局长焦英主持。区政务中心主任张亚、区安监局局长刘顺泉、区文化市场综合执法局局长邓勇、区环保局副局长陈国良及各街道（局）分管负责人参会。7月24日，区文体新局召开文明创建迎国检调度会。会上，局属二级机构和局机关各科室负责人汇报了文明创建迎检准备工作。下发了《芙蓉区文明创建迎国检实施方案》《实地考察督查要点》《迎接全国文明城市测评待审核材料收集整理要点》等资料。8月16日，区文体新局、文化市场综合执法局在荷花园街道和朝阳街道召开印刷复制（打印复印）经营行业监管工作会议。会上，组织街道辖区经营单位负责人学习《印刷业管理条例》等相关法律法规，并与经营单位签订芙蓉区印刷复制（打印复印）经营单位规范生产经营责任书。9月8日，区政府召开2017年度非法卫星电视接收设施专项整治工作会议。区工商分局、区公安分局、相关街道办事处负责人及合峰电脑城市场管理办公室、朝阳电器城市场管理办公室、天心电脑城、三湘市场管理办公室等单位负责人参会。会上，副区长梁汝岚提出了整治工作要求。（彭火荣 刘 翀）

【文化市场专项整治行动】 1月10日—2月13日，区文体新局、区文化市场综合执法局组织开展了2017年“阳光寒假”网吧专项整治行动。该次专项行动出动80人次对203家网吧开展巡查，发现问题131处，及时纠正126处，查处违规接纳未成年人网吧4家，查处未实名登记网吧1家。3月2日，国家新闻出版广电总局印刷复制处处长路洲，湖南省新闻出版广电总局副局长蒋强先、副巡视员杨兴国一行到定王台书市开展全国“两会”前的专项督察。长沙市文广新局副局长周永康、副区长梁汝岚陪同。路洲一行检查了定王台书市的弘道图书、新知书社、优尚书局等20家商铺，他要求各经营业主要严格依法依规经营。4月24日，区文体新局、区文化市场综合执法局联合文艺路街道、区环保局、区食药监局、工商所、文艺路派出所等部门组成联合执法组，专项整治碧云天大厦7~11楼无证小歌厅的问题。5月10~11日，长沙市文化市场综合执法局执法一处联合芙蓉区文化市场综合执法局执法一科、执法二科，开展“错时执法”网吧专项整治行动。该次执法检查了网吧50余家，查处未核对、登记上网者有效身份证件的网吧8家，涉嫌违规接纳未成年人网吧2家。5月18日，区文化市场综合执法局联合市局执法二处 、火星街道办事处，公安、安监、城管等部门开展联合整治行动，依法关停火星街道纬二路108号的汉城娱乐城，要求经营业主接受调查。6月2日，区文体新局组织开展“三考”静音专项整治联合执法行动。执法队员分成两组：第一组负责

图 19　小学生乐器练习

检查宝南街社区万年大厦小歌厅和朝阳向韶村小歌厅；第二组负责检查万家丽路地铁 5 号线沿线和高岭、杨帆小区的小歌厅。查处 1 家无证噪音超标场所。7 月 13 日始，芙蓉区开展为期三个月的“阳光暑假 2017”网吧专项整治行动。该次专项行动排查网吧 16 家，发现问题 5 处。7 月 18 日，区文体新局、区文化市场综合执法局联合市文化市场综合执法局执法四处检查定王台书市出版物市场。执法人员收缴非法销售教材 47 本。9 月 4 日，区文化市场综合执法局组织力量，开展对长铁一中、长沙市六中、长沙市实验中学等校园周边的网吧执法行动。该次专项整治行动检查网吧 11 家，并查处 1 家违规接纳未成年人上网行为。9 月 11 日，副区长梁汝岚率队督察辖区非法卫星电视接收设施查处工作。梁汝岚提出了具体工作要求。9 月 14 日，区文体新局、区文化市场综合执法局检查湖南农业大学周边的出版物零售店铺，在执法中对 2 家无证零售书店下达整改令。10 月 24 日，区文化市场综合执法局联合长沙市文化市场综合执法局执法四处开展艺术品市场专项整治行动。该次行动检查了南湖大市场“君逸画廊”等 8 处经营场所。

（彭火荣　欧　芳　梁才兴　刘　翀）

【开展“扫黄打非”工作】 4 月 17 日，长沙市“扫黄打非”领导小组办公室副主任张艳华到区督察“扫黄打非”工作。张艳华检查了位于东屯渡街道的万方印务有限公司和芙蓉区鑫鑫工贸有限公司东升纸品厂。他要求，要送交侵权盗版及非法出版物集中销毁；要筹划开展好“绿书签”活动，以定王台书市为平台，突出活动特色；要组织开展“扫黄打非”进基层活动，创建省级“扫黄打非”示范社区。

7 月 13 日，定王台书市接受了全省“扫黄打非”交叉检查。怀化市文化市场综合执法局一行人到书市开展省级交叉检查。检查组查看书市的经营情况，抽查了 1~2 楼 20 余家出版物经营店铺销售的书籍。在书市管理办公室，听取开展“全面报备 有效审读”监管工作情况汇报，他们对芙蓉区依托“审读机制”在书市内查处违法违规经营案件以及各楼层设置公开举报电话、建立业主微信和 QQ 群的做法表示肯定，并提出指导性建议。

7 月 27 日，定王台书市接受由全国“扫黄打非”办公室组织开展的省际交叉督导检查。督导组一行人抽查了定王台书市 1~3 楼部分出版物经营店铺，详细了解书市经营情况。在书市管理办公室，督导组一行查阅了定王台书市管理制度，听取了芙蓉区开展“全面报备 有效审读”监管工作情况汇报，他们对芙蓉区实行“审读”机制和取得的成绩给予肯定，并对书市的管理工作提出了要求和建议。

9 月 5 日，区文体新局、区文化市场综合执法局联合市文化市场综合执法局执法四处对定王台书市开展专项执法检查。该次行动，检查了“娴雅”“儒言书店”“金海书店”等 33 家经营单位。收缴了“远爱书店”违规出售的教材 59 本。

9 月 7 日，由安徽省委宣传部副部长、安徽省“扫黄打非”领导小组副组长刘飞跃带队的全国“扫黄打非”办“南岭工程”交叉检查组一行到定王台书市开展检查。刘飞跃一行详细检查了畅达书局、学之敏书店、湖南新知文化传播有限公司、乐平书店、博文书店等店铺，抽查部分社科类图书以及商务印务馆出版的各类字典。在书市二楼的管理办公室，检查组一行听取了芙蓉区开展“扫黄打非”和书市管理工作情况汇报，查看了相关台账，并对定王台书市管理工作提出了具体要求。

11月6日，长沙市“扫黄打非”领导小组办公室一行到区考核年度“扫黄打非”工作。市“扫黄打非”领导小组办公室负责人听取了2017年芙蓉区“扫黄打非”工作情况，查阅工作台账，他们要求芙蓉区完善工作机制，以点带面、连线成片，不断推进基层“扫黄打非”工作向纵深发展，迈向新台阶。最终，芙蓉区在全市文化市场综合执法绩效考核中获得第一名。（彭火荣）

【娱乐场所消防应急救援演练】年内，区文体新局、区文化市场综合执法局联合组织娱乐场所消防应急救援演练。7月14日，在新麦客KTV晚报店举行消防应急救援演练。省消防协会科普主任吴悔教讲解了夏季高温防火知识、消防器材的使用及实践操作、应急救援紧急疏散等内容。组织体验灭火器及水枪、水带灭火等项目演练。10月11日，组织全区文化娱乐场所从业人员和各街道(局)文化站长、文化市场综合执法局人员在“长莎会”KTV举行消防应急演练培训活动。活动包括娱乐场所行业法律法规的宣讲学习和火情报警、人员疏散、初期自救等内容。（彭火荣）

文物保护和利用

【概况】2017年，芙蓉区文体新局按照《中华人民共和国文物保护法》及相关法律法规，开展辖区内文物保护和利用工作。加强与市区文物、消防、公安等部门联动检查和执法，分3批开展全区文物保护单位、文博场馆及文物流通市场消防安全专项检查，排除消防安全隐患。根据《长沙市不可移动文物保护区划定实施细则》，对接中南大学教授罗明团队，按要求完成辖区28处文物保护单位的保护范围和建设控制地带划定工作；对接蔡锷中路两厢棚户区改造，做好白果园、化龙池片区有机棚改及历史步道建设涉及的文物保护工作。在湖南文化遗产网、长沙文化遗产网、芙蓉之窗等网站上提供文物安全和文物遗产保护工作信息稿件35篇。以隆平水稻博物馆作为取景场地，录制了《汉语桥》《梦想铸就金色辉煌》等节目，被中央电视台科教频道、俄语频道，湖南卫视、全国移动电视等媒体宣传报道。全年接待参观隆平水稻博物馆的大、中、小学校学生2000人次。湖南和平解放史事陈列馆与民革中央宣传部联合，组织编撰《程潜与程潜旧居》书稿，撰写、收集、整理文章100余篇近30万字、史料图片300张。（刘　耼）

【汛期文物安全巡查】7月1—2日，受连续强降雨的影响，浏阳河芙蓉辖区内河段水位迅速上涨，城区内涝严重。区文管所启动三级（区、街道、社区）文物巡护机制，全体人员取消休假，并协同各街道（局）文物巡查员开展24小时巡查，保证文物安全。（刘　勇）

【辖区不可移动文物保护区划定专家评审会】9月15日，芙蓉区不可移动文物保护区划定专家评审会在区政府会议室召开。副区长梁汝岚出席会议并讲话。会议由区文体新局局长焦英主持。长沙市文物局，区棚改办、区城建投、区规划分局分管负责人参会。会上，编制单位中南大学专家团队详细介绍了编制过程、方法及存在的问题，市级古建、文史、规划专家柳肃、梁小进、段宁分别从法律法规、文字表述、历史文化资源、文字说明、资源整合及大数据库建设等方面提出建议。会议强调要充分吸收专家意见，尽快完善方案；要提高文物保护认识，加强文物保护工作创新，提升部门协调配合成效。（孙中华）

（责任编辑：郭　冰）

体　　育

【概述】 2017 年，芙蓉区文体新局以构建现代公共体育服务体系，完善全民健身网络和全民健身基础为目标，提升辖区居民群众的健康与活力。年内，成功举办中华龙舟赛，被评为“2013—2016 年度全国群众体育先进单位”。

存在的主要问题：公益性体育设施建设力度不够，没有大、中型全民健身活动中心。室内外有限的场地设施被挪用的现象比较严重。公共体育资源利用率和学校体育设施开放率比较低。（刘　翀）

群众体育

【概况】 举办芙蓉区第九届全民健身运动会，共设置羽毛球、集体跳绳、五人制足球、趣味风火轮、拔河比赛和第九套广播体操赛项目，有 300 余支代表队近 1 万名运动员参赛。组队参加长沙市第九届运动会，获金牌数、奖牌数、总分数三个第一。开展羽毛球体育强区赛事及活动品牌推广工作，打造“芙蓉杯”业余羽毛球俱乐部定级赛暨第三届联赛活动。召开 2017 年长沙国际马拉松赛芙蓉区工作调度会。区委办、宣传部、政法委、政府办、信访局、财政局、商务旅游局、文体新局、卫计局、安监局、城管执法大队、公安分局等单位相关负责人，各街道（局）分管负责人参会。会上，解读《2017 年长沙国际马拉松赛芙蓉区（段）总体工作方案》，明确了各部门工作职责。

学校体育

【概况】 召开芙蓉区备战市九运会青少年组冬训工作部署会。区教育局、区文体新局领导及区艺体中心主任、区属各中小学校长近 100 人参会。会上，副区长梁汝岚提出了具体工作要求。暑期向中小学生开放免费游泳场馆 3 个，免培场馆 11 个，接待中小学生 22.26 万人次。

硬件建设

【概况】 建成马王堆街道全民健身中心，市、区两级更换添置室外健身路径 37 套、室内健身器材 6 套、篮球架 2 个、乒乓球桌 15 张、室外地垫 1 套，满足了居民群众在家门口开展健身的需求。（刘　翀）

【各级领导考察中华龙舟大赛事项】 1 月 17 日，国家体育总局社会体育指导中心业务二部主任、中华龙舟协会秘书长余汉桥，中华龙舟大赛项目负责人张寒，中央电视台体育频道（CCTV-5）导演张军在省体育局副局长孙平波、市体育局副局长覃事平的陪同下，到芙蓉区考察举办龙舟赛有关情况。考察组一行人分别到浏阳河龙舟码头、东屯渡大桥、龙舟文化广场、浏阳河风光带等地，实地考察浏阳河芙蓉段硬件设施、场地布局、景观水质等情况，并召开座谈会。会上，余汉桥介绍了中华龙舟大赛相关情况。张军分析了浏阳河水道的实际情况，提出了电视直播的技术要求。副区长梁汝岚、黄金国在会上分别作表态发言。孙平波结合中华龙舟大赛正式落户浏阳河芙蓉段提出了具体工作要求。

2 月 23 日，2017 年中华龙舟大赛（长沙·芙蓉站）工作会议在区政府会议室召开。长沙市体育局副局长覃事平，区领导周春晖、陈计伟、刘文立、伍艳飞、谭雄伟、许凡、梁汝岚、陈庆等出席，区直相关部门及街道主要负责人参加会议。会议由陈计伟主持。会议通报了中华龙舟大赛（长沙·芙蓉站）筹备工作情况，明确各单位职责分工。覃事平、周春晖提出了具体工作要求。下午，芙蓉区第九届全民健身运动会工作部署会在区政府会议室召开。副区长梁汝岚出席会议。区直机关各部门、驻区垂直管理单位负责人以及各街道（园、局）分管文体工作的负责人、文化站长和工会专干超100人参会。会议由区文体新局局长焦英主持。梁汝岚提出了具体工作要求。

3月7日，国家体育总局社会体育指导中心业务二部主任、中华龙舟协会秘书长余汉桥一行到区了解中华龙舟大赛（长沙·芙蓉站）筹备情况，中央电视台体育频道导演张军、中华龙舟大赛项目负责人张寒参加。省体育局副局长孙平波，市体育局党委书记江哲明，省龙舟协会秘书长孙文明，副区长梁汝岚陪同。余汉桥一行人实地考察浏阳河东岸相关情况，现场指导赛道设置、赛事转播、阵地搭建（观龙台、点睛台等）。在区机关会议室召开了2017年中华龙舟大赛（长沙·芙蓉站）工作会议。

3月12日，中央电视台体育频道导演张军、中华龙舟大赛项目负责人张寒率相关技术人员到芙蓉区考察中华龙舟大赛（长沙·芙蓉站）筹备情况。芙蓉区委副书记陈计伟、副区长梁汝岚陪同。张军一行实地考察了浏阳河东岸比赛场地，技术人员在现场与赛事组委会各工作组开展了工作对接，并就赛事转播用栈道、飞龙塔铺设给予指导。

3月14日，副市长陈中到区考察中华龙舟大赛（长沙·芙蓉站）筹备工作。区领导周春晖、陈计伟、梁汝岚陪同。陈中一行在浏阳河文旅产业带西岸实地察看了浏阳河水质情况，详细询问了水质类别、水域排污、垃圾清运等问题。他要求，市环保局、市水务局加大巡查力度，加强市、区联动，及时发现问题，采取有效措施，保证浏阳河水质达到比赛要求。

3月21日，中华龙舟大赛（长沙·芙蓉站）工作调度会在区机关会议室召开。会上，区委副书记陈计伟提出了具体工作要求。下午，中华龙舟大赛（长沙·芙蓉站）工作推进会在隆平水稻博物馆会议室召开。区领导于新凡、周春晖、陈计伟、刘文立、伍艳飞、何元良、许凡、梁汝岚参会。会议研究2017年中华龙舟大赛（长沙·芙蓉站）相关工作，明确各相关单位的职责与任务。周春晖提出了具体工作要求。

3月25日，区委副书记陈计伟、副区长梁汝岚在隆平水稻博物馆专题调度中华龙舟大赛（长沙·芙蓉站）筹备工作。大赛组委会各工作组牵头单位分管负责人、相关责任部门分管负责人及大体公司各组负责人参会。

3月27日，副区长谭雄伟召集相关责任部门在区机关会议室专题调度中华龙舟大赛（长沙·芙蓉站）筹备工作。副区长练大智、佘国宏、彭尚松分别讲话。谭雄伟提出了具体工作要求。

3月28日，区委副书记陈计伟到浏阳河东岸实地查看中华龙舟大赛（长沙·芙蓉站）竞赛场地组筹备工作情况。

3月29日，2017年中华龙舟大赛（长沙·芙蓉站）新闻发布会在区机关会议室召开。区委宣传部部长伍艳飞出席。会议由区委宣传部常务副部长李向华主持。会上，区委宣传部、区政府办、区文体新局和大体公司研讨了新闻发布会前期筹备及现场会务工作，明确了各环节具体责任人。副区长佘国宏到浏阳河东岸现场调度中华龙舟大赛（长沙·芙蓉站）筹备工作，省龙舟协会，区城建投负责人陪同。

3月30日，2017年中华龙舟大赛（长沙·芙蓉站）新闻发布会暨赞助商授牌仪式在区政府会议中心举行。国家体育总局社会体育指导中心副主任、中国龙舟协会秘书长余汉桥，湖南省体育局副局长孙平波，长沙市政协副主席、市体育局局长李平，湖南省体育局办公室主任王晃，湖南体育产业集团党委书记谭鸥，区领导周春晖、陈计伟、伍艳飞、梁汝岚等出席。该次比赛有74支队伍报名参加，运动员近1500人。中华龙舟赛长沙芙蓉站的比赛时间为4月12—17日，正式比赛集中在15—16日。

4月4日，由区领导陈计伟、谭雄伟、梁汝岚带队到浏阳河东岸河堤督察中华龙舟大赛（长沙·芙蓉站）赛场布置安全生产工作。区安监局、文体新局、交通局、建设局、城建投等相关部门主要负责人参加。

4月5日，芙蓉区中华龙舟大赛（长沙·芙蓉站）工作推进会在隆平水稻博物馆会议室召开。区委副书记陈计伟、副区长梁汝岚出席。大赛组委会各工作组牵头部门及相关职能部门主要负责人参会。

4月6日，长沙市政法委副书记梅国栋带领市直相关部门到芙蓉区调度中华龙舟大赛（长沙·芙蓉站）维稳安保工作，并在区机关会议室召开专题调度会。芙蓉区委政法委书记刘文立、区政法委副书记解支越参加。

4月6日，长沙市副市长陈中、市人民政府副秘书长厉江华带领市直相关部门负责人和开福区、雨花区、长沙县、浏阳市分管副区（县、市）长到芙蓉区调度中华龙舟大赛（长沙·芙蓉站）筹备工作。区领导于新凡、陈计伟、陈定佳、梁汝岚陪同。陈中一行人到浏阳河东岸河堤，详细了解水质水位、设施搭建、两岸美化等赛事筹备情况。在隆平水稻博物馆会议室召开筹备工作调度会。会上，芙蓉区从工作机制、赛事组织、维稳安保、新闻宣传等方面汇报了中华龙舟大赛（长沙·芙蓉站）的筹备情况。于新凡提请市政府统筹解决安全保卫、水质提质等问题。各市直相关部门和区县（市）负责人围绕维稳安保、水质治理、新闻宣传等方面作表态发言。陈中提出了具体工作要求。

4月9日，区委副书记陈计伟、副区长梁汝岚现场调度2017年中华龙舟大赛（长沙·芙蓉站）筹备工作。

（蔡　巍　刘　翀　潘才华）

【中华龙舟赛在区举行】 4月14—16日，2017年中华龙舟大赛（长沙·芙蓉站）比赛在浏阳河芙蓉区段举行。中华龙舟比赛设立资格赛、复赛和决赛三个环节。该赛事吸引了广东、福建、江西、江苏、湖南、香港、澳门等省市、特别行政区67支龙舟队、1400余人参赛，其中职业男队34支，职业女队8支，青少年女队10支，青少年男队15支。比赛项目有12人龙舟、22人龙舟100米直道竞速赛、200米直道竞速赛、500米直道竞速赛。该次赛事由国家体育总局社会体育指导中心、中央电视台体育频道、中国龙舟协会、湖南省体育局、长沙市人民政府主办，中视体育娱乐有限公司、湖南省龙舟协会、湖南省社会体育指导中心、长沙市体育局、长沙市芙蓉区人民政府承办，湖南大众体育文化发展有限公司执行赛事运营。4月16日，举行决赛和颁奖仪式。国家体育总局副局长赵勇，湖南省人大常委会副主任李友志，长沙市人大常委会副主任张智勇等领导出席。乐从罗浮宫代表队、名门世家九江代表队分获职业男子组、职业女子组积分冠军，聊城大学代表队获得青少年男子组、青少年女子组积分冠军。长沙千龙湖、长沙芙蓉区作为东道主队伍，首次晋级职业男子组200米决赛，分别获得总成绩第五名和第八名。

（刘　翀　覃婷婷）

【中华龙舟赛总结讲评会】 5月22日，2017年中华龙舟大赛（长沙·芙蓉站）总结讲评会在区机关会议室举行。区领导于新凡、周春晖、陈计伟、廖铁成、郑明、谭雄伟、刘文立、伍艳飞、何元良、许凡、彭尚松、陈定佳、佘国宏、练大智、陈庆出席会议。大赛组委会各成员单位主要负责人、受表彰先进个人等110人参会。会上，与会人员观看了2017年中华龙舟大赛（长沙·芙蓉站）纪实短片。陈计伟点评了该次赛事特点、主要做法和经验启示。谭雄伟宣读表彰决定。与会领导还为突出贡献奖单位、先进单位、先进个人和参赛队伍颁发荣誉奖牌和证书。周春晖结合龙舟精神与参会人员介绍了工作体会。于新凡要求：要注重挖掘龙舟文化，为芙蓉文化旅游产业增光添彩；要充分利用好龙舟经验，推动全区各项事业不断迈上新台阶；要大力弘扬龙舟精神，把率先打造具有国家中心城市水准的精品城区变为现实。（刘　翀）

（责任编辑：郭　冰）

卫生和计划生育

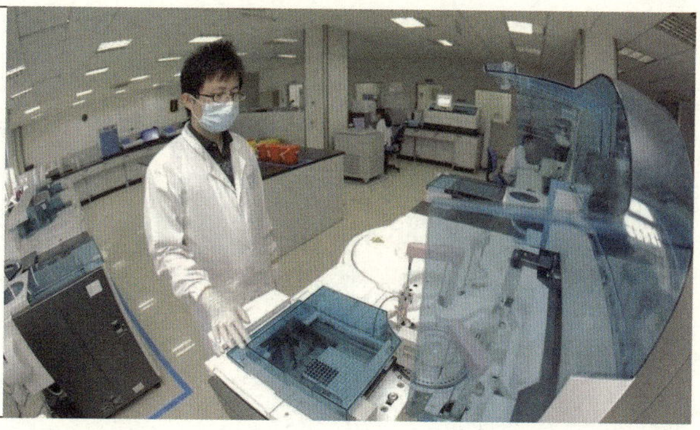

【概述】 截至2017年年底，芙蓉区有医疗卫生机构321家，社区卫生服务中心12家，社区卫生服务站36家，村卫生室13家。全区医疗卫生机构实有病床8721张，在册医师5700名，在册护士人数7679名。年内落实《国家基本公共卫生服务规范（第三版）》，完善基本公共卫生服务项目管理制度，提高基本公共卫生服务质量和水平。辖区内基本公共卫生服务项目由12项增加到14项，基本公共卫生经费人均补助提升到50元，由中央、省、市、区统筹安排，区财政按人均12元的标准实行补助。2017年，全区出生总人口6173人，人口自然增长率8‰，符合政策生育率99.37%，出生婴儿性别比111.53。

年内，实现无甲类传染病发生，无孕产妇死亡。5岁以下儿童死亡13人，死亡率3.45‰；婴儿死亡8人，死亡率1.81‰；新生儿死亡5人，死亡率1.13‰。主要死因为早产低出生体重、先心病。

（路　通）

医政管理

【概况】 2017年，芙蓉区注重医疗质量控制体系建设，召开全区卫生与健康工作会议，制定《芙蓉区推进“健康芙蓉”建设实施方案》，总体部署“健康芙蓉”的目标任务。

基本医疗服务。依托湖南省人民医院、湖南省妇幼保健院、湖南省中医附二、长沙市八医院等，在全区建成有专科优势差异化发展的“医联体”和“名（中）医工作站”，通过利用互联网+医疗、大数据云技术，搭建基层医疗机构管理系统智慧网络。探索与上级医院建立合作平台、落实双向转诊、优先专家挂号、绿色通道就诊等流程，并根据基层需求引导名医名科室优质资源下沉。由政府办的10所社区卫生服务中心全面实施国家基本药物制度，实行基本药物零差率销售。火星、朝阳社区卫生服务中心被评为“国家示范社区卫生服务中心”。定王台、马王堆、火星社区卫生服务中心成功创建“湖南省群众满意社区卫生服务机构”。

基本公共卫生服务。建立规范化城市居民电子健康档案系统，全区健康档案数51.87万份，建档率95.60 %；65岁以上老人管理人数4.39万人，管理率81.47%，规范管理率70%；高血压管理人数3.49万人，规范管理率60%；糖尿病管理人数1.36万人，规范管理率60%；重性精神病人在册数2454人，管理人数2399人，管理率96.86%，规范管理率96.37%。接受中医药健康管理的65岁以上老年人数1.76万人，管理服务率45%以上。接受中医药健康管理的0~36个月儿童人数9604人，管理服务率49.57%；0~6岁儿童健康管理人数2.49万人，管理率96.95%；新生儿访视4380人，访视率99.14%。孕产妇早孕建册4134人，建册率93.57%；孕产妇健康管理人数6986人，管理率98.10%。孕产妇产后访视4334人，产后访视率98.10%。1—9月，全区接种乙肝疫苗2.35万剂次、卡介苗疫苗6940剂次、脊灰疫苗2.44万剂次、百白破疫苗2.63万剂次、白破疫苗6360剂次、麻风疫苗7937剂次、麻腮风疫苗6972剂次、流脑A群疫苗1.19万剂次、流脑A+C群疫苗1.14万剂次、乙脑疫苗1.48万剂次、甲肝疫苗7642剂次，适龄儿童常规免疫疫苗接种率99%以上。家庭医生签约服务全面推开。全区组建家庭医生服务团队61个，家庭医生签约人口18.4万名，签约覆盖率 33%。重点人群签约 11.1 万人，签约覆盖率 71%。

中医药服务。全区以“创建全国基层中医药工作先进单位”为契机，提升基层中医药服务能力。完善中医药服务网络。全区 12 家社区卫生服务中心按照标准设立中医馆，配备中药饮片不少于 300 种，并按照中医药技术操作规范开展 6 类以上中医药适宜技术。全区 48 家社区卫生服务站和村卫生室，都配备了中医或能西会中的医师（乡村医生），开展 4 类以上中医药适宜技术。优化中医药人才队伍。支持培养中医传承人员，指导协助基层医疗机构通过招聘、返聘、全科医师培养等方式加强中医医师队伍建设，全区各社区卫生服务中心中医医师占医师总数的比例超过 20%。以典型引路，促进中医药服务能力的整体提升。基层医疗机构与省中医附二医院签订“社区联盟协议”，双方在人员培养、分级诊疗、双向转诊、中医联盟、名医下社区等方面签订协议，通过互联网 +、电话、QQ 群、微信群等形式，为辖区居民开通绿色通道，提供转诊服务。与省级中医医疗机构合作，采用“互联网 + 中医药服务”的创新模式，通过微信公众号、微信群等方式，把线上微讲座与线下健康教育结合起来，宣传中医药健康服务项目。

（路　通　阮　贞）

【全省基本公共卫生服务项目宣传月活动】 7 月 31 日，由湖南省卫生计生委主办，长沙市卫生计生委、芙蓉区政府承办的 2017 年湖南省基本公共卫生服务项目宣传月活动暨启动仪式在浏阳河婚庆园举行。该次活动宣传主题为“基本公共卫生 我服务你健康”。启动仪式现场播放了国家基本公共卫生服务公益广告，组织了专家义诊、家庭医生现场签约、健康咨询等活动。家庭医生签约市民讲述了他们对基本公共卫生服务的体验和感受。现场设置有奖问答环节，宣传基本公共卫生服务项目。

【创建全国基层中医药工作先进单位】 芙蓉区卫生和计划生育局作为创建工作的实施主体，会同芙蓉区政府办、编办、人力资源和社会保障局、发改局等 7 个部门成立领导小组，出台《芙蓉区基层中医药服务能力提升工程实施方案（2016—2018）》《芙蓉区基层中医药服务能力提升工程“十三五”行动计划实施方案》。加强中医特色优势学科建设，注重医疗质量和医疗安全，改善医疗服务水平，加大中医药人才培养力度，促进中医药事业发展。形成以长沙市中医医院为龙头、社区卫生服务中心为枢纽，社区卫生服务站（村卫生室）为网底，涵盖私立中医门诊部、中医诊所的中医药服务网络体系。11 月，芙蓉区创建“全国基层中医药工作”通过了国家级评审组现场验收。

（路　通　阮　贞）

疾病预防控制

【概况】 2017 年，芙蓉区疾病预防控制中心围绕构建防病网络，提升疾病防控管理水平、服务能力，实现疾控事业持续进步和发展。年内，区疾控中心被湖南省卫计委评为“县级甲等疾控中心”，被湖南省肿瘤预防研究办公室授予“最具执行力奖”“最佳卫生经济学评价完成奖”“先进集体奖”。

应对突发公共卫生事件。年内，辖区内无甲类传染病发生。处置突发公共卫生事件 4 起。处置重症手足口病 5 例。流行性出血热 75 例，登革热 1 例，狂犬病 2 例，布鲁氏菌病 24 例，猪链球菌感染 1 例，无人员伤亡和重大财产损失。完成手足口病监测标本 60 份，霍乱监测标本 90 份。采集 12 个街道自来水样进行水碘监测，监测碘盐合格率 96%。举办传染病防治相关知识培训 5 期。联合区教育局艺体中心和区妇幼所监测辖区内中小学、托幼机构直饮水，开展春季传染病防控、人感染 H7N9 禽流感疫情、秋冬季节传染病等防治知识宣传和培训。开展辖区内 163 家中小学、传染病防治工作托幼机构督，成功处置育才学校、五一路小学流行性腮腺炎暴发疫情，马坡岭小学水痘暴发疫情，处置学校传染病散发疫情 30 余起。全年开展传染病漏报率调查 2 次，并举办 H7N9 疫情处置现场模拟演练和开展汛期救灾防病工作。

艾滋病、结核病防控。全年为艾滋病患者（感染者）发放救助金 22.1 万元。开展对辖区内娱乐场所暗娼、男男性行为者、外来务工人员、吸毒人员、性病就诊者五类人群艾滋病防治综合干预，抽血检测 1546 人，接受自愿咨询检测者 561 人，发现 HIV 抗体筛查阳性者 79 人，发放宣传资料 1.2 万份和安全套 1.32 万支。区疾控中心联合公安、司法、街道社区卫生服务中心、社区戒毒

（康复）服务站、男同干预社会小组共同协作开展高危人群的艾滋病防治工作。年内，接到辖区报告性传播疾病患者6类903例。免费接诊可疑肺结核患者623例，发现活动性肺结核患者233例，新发涂阳81例，复治涂阳3例。接收肺结核疫情患者333例，需转诊、追踪疫情患者265例，经核实、追踪后总体到位率93.7%。辖区筛查登记耐多药可疑者54例，开展培养54例，培养阳性54例，培养阳性率100%。

免疫接种预防工作。区疾控中心规范管理预防接种活动，实现二类疫苗采购由湖南省平台集中采购。实施脊髓灰质炎疫苗接种程序转化，辖区疫苗供应委托第三方配送，提升了冷链效果。1—6月，由区政府牵头开展麻疹类疫苗查漏补种，总摸底4.54万人，补种1037人。辖区接种一类疫苗14.6万剂次，接种二类疫苗21.6万剂次，疫苗出入库实行电子监管码扫码100%。全年处理AEFI（疑似预防接种异常反应）事件34例，辖区内有18例，实验室确诊2例。

推进健康教育活动。打造东湖健康生态文化圈，集健康社区、健康食堂、健康小屋、健康街、健康主题公园、文化彩绘墙于一体的健康环境，推进以良好的身体素质、精神风貌、生活环境和社会氛围为主要特征的健康文化建设。辖区印刷发放宣传资料20.62万份；播放音像宣传资料4.08万小时；更新宣传栏283次；举办健康教育讲座284期，参加听课人数3.85万人次；开展公众健康咨询服务活动356次，咨询人数2.56万人次。全年创建健康社区25个，健康单位8个，健康学校3个、健康食堂、健康餐厅各1个。在全国第二届“万步有约”职业人群健走激励大奖赛活动中，全区有14支队伍245人参赛。通过100天的团队健走，获得全国第99名，湖南省第17名，被评为“全国优秀健走示范区”。

慢性非传染性疾病防控。全年管理老年人健康档案4.38万份，管理率81.28%，体检率84.20%。在院管理高危人群2430人。辖区在册精神疾病患者定期随访率97.21%，服药率96.92%，规范管理率95.75%。在2016—2017年度城市癌症早诊早治工作中，完成五癌高危人群临床筛查2095例，发现疑似癌症26例。2017年登记新发肿瘤病例1132例，肿瘤死亡病例685例。8月，芙蓉区肿瘤病例随访登记数据被中国肿瘤登记年报收录。开展适龄儿童免费窝沟封闭工作，覆盖全区30所小学（覆盖率为90.9%），实施窝沟封闭1365人，封闭牙齿4209颗。11月，开展糖尿病高危人群早期筛查工作，血糖检测4500余人，发现血糖异常者追踪诊断结果，并为确诊糖尿病患者建立健康档案由社区管理。

存在的主要问题：辖区内部分老年人、高血压和糖尿病患者等国家基本公共卫生服务的重点对象流动性较大，电话号码经常更换或部分服务对象害怕隐私泄露而不愿透露联系方式，导致部分重点人群管理不到位，出现联系不上，电话空号、错号等现象。

（王　宁）

【校园健康网启用】　3月，区疾控中心、区教育局艺体中心和家长联手设立校园健康网。该网构建了以区疾控中心、区艺体中心为业务指导，各社区卫生服务中心为枢纽，辖区各中小学为网底以及学生家长配合的校园疾病防控网络。各学校疫情由教育、卫生部门专业人员共同处置。年内通过校园健康网处置大小疫情30余例，处理突发公共卫生事件3例。

【高致病性禽流感监测工作】　3月、4月、10月，区疾控中心对辖区内的农贸市场开展禽流感防控外环境监测工作。采取休市、消毒、再采样检测、人员医学观察等措施，发现阳性样品及时处置，切断传染源。举办辖区社区卫生服务中心、医疗机构和学校等相关人员培训，开展健康宣教活动，12月组织了H7N9疫情处置现场模拟演练。年内，筛查疑似禽流感病例20余例，查出阳性病例7例，并严格按照禽流感防控要求开展相关工作。

【防汛救灾防病工作】　夏季，长沙城区遭遇洪涝灾害。区疾控中心第一时间派出应急队员开展受灾城区和人员指导防病救灾工作，并为灾区人民送医送药。通过芙蓉疾控公众号和中心网站发布救灾防病知识，向居民群众宣传灾后自救技能。在该项工作中，印发灾后防病宣传资料7万余份；下发喷雾器10台、84消毒液50件、漂白精片30件、漂白粉1吨；发放肠道传染病药物、防暑降温药、灭蚊灭蝇药物一批；对饮用水井消毒并采样监测，消毒水井15座，采集井水样检测5座，消毒面积10万余平方米。辖区无水灾相关聚集性疫情发生。　（王　宁）

妇幼保健

【概况】 2017年，芙蓉区妇幼卫生工作以保障母婴安全为中心，对照“长沙市2017年妇幼卫生工作目标与主要考核内容”要求，实施妇幼基本公共卫生服务项目和重大公共卫生服务项目。降低出生缺陷，提高出生人口素质，拓宽服务领域，落实省重点民生实事项目。芙蓉区被长沙市卫计委评为出生缺陷防治先进单位。

孕产妇儿童健康管理。加强孕产妇健康服务和高危妊娠管理，全年高危管理人数5506人，其中≥20分的高危2535人，有4例极高危孕产妇实现平安分娩并安全渡过产后42天。加强产科质量控制，规范辖区助产医疗机构高危妊娠门诊，组织湘雅二医院和省人民医院专家开展医疗机构产科质量、产科急救中心管理督察。召开危重孕产妇评审会2次、新生儿死亡评审会2次。加强新生儿窒息复苏培训，培训新上岗人员30名、产科医师130名、儿科医师114名、助产士123名、麻醉师132名。控制剖宫产率，辖区总体剖宫产率52.31%，首次剖宫产率为37.32%，因社会因素剖宫产率3.56%，2016年同比下降。

出生缺陷综合防治。全年完成婚前医学检查2762人，婚检率92.18%；检出疾病203人，疾病检出率7.34%。孕前优生健康检查4879人，目标人群覆盖率115%。地中海贫血初筛阳性孕妇215人，随访215人，实行干预185人，干预率86.04%。发放免费叶酸2682人，服用2649人，服用率98.77%。新生儿疾病筛查1.01万人，筛查率102.63%；听力筛查1.06万人，筛查率106.85%。年内，发现出生缺陷个案339例。

妇幼重大公共卫生实事服务。落实妇幼健康重点民生实事项目，完成产前筛查4206人，目标人群覆盖率103.85%；产前筛查高风险孕妇数437人，随访437人，接受诊断干预人数394人；产前诊断异常4例，产前筛查高危孕妇接受诊断干预率90.16%。完成农村妇女“两癌”筛查2539人，完成率102.30%；发现可疑病例317例，确诊56例。推进妇幼健康服务管理，完成农村妇女病普查3121人，普查率135.75%。完成城镇妇女病查治8260人。艾、梅、乙孕期检测率98.11%，孕早中期检测率89.88%。实行农村孕产妇住院分娩补助458人，补助率102.40%。辖区常住孕产妇4068人，孕产妇系统管理4035人，管理率98.01%。0~3岁儿童1.21万人，儿童系统管理1.14万人，管理率94.47%。0~6岁儿童2.58万人，儿童健康档案建档2.5万人，建档率96.79%。常住孕产妇活产4117人，新生儿访视4080人，访视率99.10%。开展新生儿疾病与听力筛查9887人，疾病筛查1.01万人，筛查率102.63%。听力筛查1.06万人，筛查率106.85%，确诊患儿接受了治疗。开展儿童眼保健服务，视力测定8256人，发现视力不良1290人。开展托幼机构卫生保健管理，儿童入园体检8795人，检查出单纯性肥胖135人，儿童营养性疾病392人，并实行了专案管理。开展辖区幼儿园工作人员体检2422人，检查出患有相关疾病离岗治疗或不宜从事幼教的人员160名。

妇幼健康教育和培训。年内，举办健康教育活动12场次，参加活动人员1039人次。辖区中心和医疗机构开展活动85场次，参加活动人员5975人次。开办孕妇学校345期，培训孕妇1.34万人次。开办家长学校50期，培训家长1326人次。新印发健教折页8类4万份，翻印省妇幼开发的宣传资料2.5万份；制作宫颈癌筛查、出生缺陷预防宣传光碟，免费下发到各社区卫生服务中心和辖区内医疗机构。组织从事妇幼健康服务工作人员参加上级部门培训200人次。举办妇幼综合管理工作培训班6期，培训专业人员600人次。组织专家督查评估5家爱婴医院，区级评估合格率100%，市级复评合格率100%。加强“出生医学证明”管理，协助公安机关核查出生证真伪51份，发现假证3张。

（丁　俊）

【辖区内孕产妇免费产前筛查】 年内，区卫计局把免费孕产妇产前筛查纳入湖南省重点民生实事项目。怀孕15—20+6周，符合生育政策，且夫妇至少一方具有芙蓉区户籍或夫妇双方非芙蓉区户籍但在本地区居住半年以上者可享受一次免费产前筛查服务。该项目包括优生健康教育、知情同意签署、病史询问、血液标本采集、临床实验室检查（β-HCG、AFP怀孕诊断二联筛查）、风险评估与遗传咨询指导、转诊、风险人群妊娠结局追踪随访。根据实际情况，增加开放性神经管缺陷、孕妇外周血胎儿游离DNA等血清生化免疫筛查、产前诊断项目。报销标准由140元/人提高到160元/人，并改变由被检人员到服务机构报销的被动服务模式为微信报销、上门报销的主动服务模式，使老百姓得到便利服务和实惠。

（丁　俊）

卫生计生综合监督

【概况】 2017年，芙蓉区卫生和计生综合监督工作以依法履职、规范发展、提升执法队伍专业能力为基础，全年开展打击非法行医专项行动、医疗机构医疗污水处理专项整治、医疗美容专项整治行动、疫苗流通和预防接种监督检查、放射监督专项检查和母婴保健专项监督检查等行动。年内，立案查处33起，罚款金额9.32万元，没收违法所得5059.6元，取缔黑诊所6家，没收不合格药品21箱。依法查处“非医学需要鉴定胎儿性别和非医学需要选择性别终止妊娠”违法案件2件，未取得母婴保健技术服务执业许可证案件1件，重点检查生活美容场所11家。全年出动执法人员431人次，协管员48人次，执法车辆36台次。

开展区公共场所卫生全面检查，实行公共场所卫生监督量化分级管理制度，开展沐浴场所、住宿行业、美容美发场所、游泳场所卫生专项检查和防艾专项检查等行动，立案查处26件，罚款金额4.64万元。开展辖区162家学校（其中托幼机构116所，学校46所）春秋两季的专项检查，推进全区各学校卫生信息公开，并通过区政府网站的“学校卫生监督信息公示专栏”及时向社会公布学校卫生监督信息。开展辖区129家二次供水单位全面监管，立案12件，罚款金额1.6万元。以集中式餐饮具消毒专项检查为切入点，加强集中式消毒餐饮具监督抽检，抽检合格率100%。

全年受理投诉举报76件，对立案处理的投诉举报案件予以公示，做到件件有着落、事事有回音，回复率和满意率100%。年内，区卫生计生综合监督执法局在年度考核中被评为一类、芙蓉区“两学一做”先进基层党组织、2017年度长沙市卫生计生综合监督工作稽查优秀单位（总分排名第二），被授予“长沙市巾帼文明示范岗”称号。

存在的问题和困难。人员配备不足。按照《湖南省卫生资源配置指导指标》等文件要求，“每万名常住人口配备1~1.5名卫生监督员”的标准，芙蓉区辖区常住人口近60万人，应配置卫生监督员60~90名。而实际上卫生监督机构仅有编制19名，在岗在编人员14名。尤其是卫生和计生合并后，计生的执法工作移交到卫生计生综合监督执法局，人少、事多、责任大的矛盾日益突出，无法完全满足监督工作开展的需要。“两非”（非医学需要的胎儿性别鉴定和选择性别终止妊娠行为）行为手段隐蔽性高，打击“两非”工作难度大。个别开展“两非”的医疗机构与计生技术服务机构采取不记录的形式，没有当事人的配合调查，很难根据充分的事实实施行政处罚。打击非法行医及打击“两非”工作，部门间协作机制和各部门信息共享的高效执法模式和多部门联合执法、通力配合、区域间协作尚未形成有力的工作格局。

（邓　莎）

【卫计执法体系建设】 11月6日，由芙蓉区卫计局、区编办、区财政局和区人社局联合下发《关于进一步加强卫生计生综合监督行政执法工作的实施意见》，在全区13个街道全面铺开区、街道、社区的三级卫生计生监督体系建设，要求各街道卫计办承担街道卫生计生综合监督执法等工作职能，负责本辖区内日常性卫生计生监督工作和卫生计生行政简易程序执法。各村（社区）卫生计生专干承担卫生计生监督协管职能，协助上级部门开展卫生计生监督执法及其他卫生计生服务相关工作。建立“专业监督、综合执法、网格管理、责任到人”的卫生计生综合监督管理工作新模式，健全和完善街道、社区卫生计生监督执法力量，形成责任明晰、关系协调、运转高效、监督有力的卫生计生监督三级执法网络体系，补充基层卫生计生监督力量不足的短板，延伸卫生计生监督执法的触角。该文件下发后，区卫生计生综合监督执法局组织召开了芙蓉区三级卫生计生综合监督执法工作部署会，统一部署相关工作。

【创新卫生和计生宣传工作】 年内，区卫生计生综合监督执法局定期通过微信公众号发布最新法律法规和监督工作动态，联合媒体进行现场执法报道，通过大众媒体发布消费预警，引导消费者理性消费、健康消费。按季度将法律法规送进社区、学校、企业和医院，免费定期举办医疗机构、公共场所、学校和托幼机构、二次供水等不同类别的监管相对人和卫生计生监督协管员的业务培训和专家讲座，1200余人参加培训。全年开展宣传活动20余场次。5月开展安全就医宣传周、饮用水卫生安全宣传周；7月开展食品安全宣传周；12月开展艾滋病防治宣传等各类主题宣传活动，编制、印发各类宣传单和宣传手册1.5万余份，宣传抽纸2000余盒。引导消费者提高自我保护意识，经营者增强守法经营意识，扩大了卫生计生监督的社会舆论效应。（邓　莎）

计划生育

【概况】 2017年，芙蓉区计划生育工作稳中有进。区政府与湘湖管理局、各街道和区直属机关人口计生综治部门负责人签订人口与计划生育目标管理责任书，落实计划生育“一票否决”制。被评为长沙市2017年人口和计划生育优秀单位。

落实奖励扶助。年内，辖区奖励扶助对象上报准确和资金到位率100%。确认各类奖扶对象8641人，发放奖扶资金1031.26万元（包含国家、省市配套资金）。落实城镇独生子女父母奖励政策，全区确认4.72万人。坚持“属地化管理、市民化服务”的要求，把流动人口育龄妇女纳入居住地免费服务范围，查环、查孕、查病服务制度化、规范化。开展以计生公共服务均等化和卫生公共服务均等化服务为主要内容的流动人口均等化工作。

完善考评体系。开展每季度街道考核工作。修改完善芙蓉区计划生育基层基础工作星际考核评估方案，实施各街道、社区（村）开展年度星级考核评估。全区有4个街道被评为长沙市人口计生工作优秀单位，7个街道被评为长沙市人口计生工作良好单位。

落实生育政策。贯彻落实“全面两孩”的政策宣传、培训、释疑，保证全面两孩政策依法、稳妥实施。坚持依法行政与文明执法、阳光计生、效能监察、综合治理等统筹推进，规范执法程序和执法行为，辖区连续13年保持“零违法行政”记录。推进“关爱女孩”综合治理出生人口性别比工作进程，严厉打击“两非”（非医学需要的胎儿性别鉴定和选择性别终止妊娠行为）行为，年内查处“两非”典型案2件。违法生育多孩案29件，立案29件，立案率100%。社会抚养费征收4件，到位率100%。（陶红军　谭　宇）

【计生协会工作】 芙蓉区计生协会被评为2017年度全省计生协会工作模范单位。加强基层协会组织建设。6月，全区13个街道、78个社区全部完成计生协会换届选举工作。推进计生基层群众自治。年内，文艺路、马坡岭街道分别被评为省、市计生基层群众自治示范街道；东湖街道龙马社区和荷花园街道杨家山社区被评为省级计生基层群众自治示范村（居）；文艺路乔庄社区等12个社区（村）被评为市级示范村（居）。

精准帮扶，彰显生育关怀。年内，由财政支付24余万元，为全区7057户独生子女家庭和401名计生干部购买赠送了计生家庭意外保险；为769户计划生育特殊困难家庭购买了150元/人的特殊家庭综合保险，共计11.5万元。在新春期间开展生育关怀走访慰问活动，走访慰问计划生育特殊家庭、计划生育手术并发症对象家庭，因大病以及其他特殊情况造成生活困难的流动人口、协会会员、卫计干部和其他计生家庭180人，送去慰问金9万元。

【举办“生育关怀二孩宝宝成长记”群众摄影赛】 在“5•29”期间，区卫计局利用微信网络投票的方式向社会公开评出获奖等次，公开投票期间收到网络投票4.46万票，网页访问量9.69万人次。该次活动以影像直观的方式，向社会展示了“二孩”家庭的多彩生活，宣传中央生育政策调整的重大意义，扩大了社会影响力。

【承办长沙市2017年防艾宣传服务周活动】 12月1日，在湖南省农业大学，承办长沙市2017年防艾宣传服务周暨“青春健康教育联盟”启动仪式。该次活动由卫计系统、省内高校师生代表800余人参加，重点宣传艾滋病防控知识和结成校园教育联盟共同防控艾滋病。（陶红军　谭　宇）

（责任编辑：郭　冰）

·表 11·

2017 年芙蓉区卫计部门、单位获得国家级、省级奖项统计表

获奖时间	奖项内容	发证单位	获奖单位
2017.1	湖南省群众满意的社区卫生服务中心	湖南省卫生计生委	火星街道社区卫生服务中心
2017.1	湖南省群众满意的社区卫生服务中心	湖南省卫生计生委	定王台街道社区卫生服务中心
2017.1	湖南省群众满意的社区卫生服务中心	湖南省卫生计生委	马王堆街道社区卫生服务中心
2017.6	中国健康知识传播激励计划（胆固醇管理 2016）贡献奖	国家卫计委疾控局	区疾控中心
2017.6	健康单位	湖南省全民健康生活方式行动领导小组	定王台街道社区卫生服务中心
2017.11	全国基层中医药工作先进单位	国家中医药管理局	长沙市芙蓉区
2017.12	先进集体奖	湖南省肿瘤防治研究办公室	区疾控中心
2017.12	最具执行力奖	湖南省肿瘤防治研究办公室	区疾控中心
2017.12	最佳卫生经济学评价完成奖	湖南省肿瘤防治研究办公室	区疾控中心
2017.12	湖南省肿瘤防治工作最佳现场组织奖	湖南省肿瘤防治研究办公室	东岸街道社区卫生服务中心
2018.1	2017 年度全省计生协会工作模范单位	省计生协会	区计生协会

（夏红艳）

·表 12·

芙蓉区社区卫生服务中心机构名录

序号	机构名称	机构地址
1	火星街道社区卫生服务中心	芙蓉区火星街道 5 片 21 栋
2	定王台街道社区卫生服务中心	浏正街 57 号（总部）马王街 45 号、吉庆巷 25 号（分部）
3	东岸街道社区卫生服务中心	远大路马坡岭
4	东湖街道社区卫生服务中心	湖南农科院内
5	荷花园街道社区卫生服务中心	东二环一段 938 号
6	韭菜园街道社区卫生服务中心	长沙市燕山街 83 号
7	马王堆街道社区卫生服务中心	纬二路 183 号
8	文艺路街道社区卫生服务中心	芙蓉区解放中路 200 号
9	五里牌街道车展北路社区卫生服务中心	车站北路 127 号
10	湘湖街道营盘路社区卫生服务中心	晚报大道 99 号
11	朝阳街道社区卫生服务中心	长沙市曙光北路 109 号
12	东屯渡街道社区卫生服务中心	人民东路 299 号世嘉国际华城 7 栋

（区卫计局办）

社会生活

民政事务

【概述】 2017年，芙蓉区民政部门围绕“兜底线、惠民生”的主题，抓好民生项目建设。让人民群众共享发展成果。

民生保障。全年芙蓉区城市低保标准为550元/月，农村低保标准为550元/月。根据城乡低保动态管理数据，截至12月31日，全区城市低保对象1786户、2759人，人均月补差404.003元；农村低保对象33户、61人，人均月补差476元。全年累计发放低保金（含各项节日费、临时性补差）1515.06万元。医疗救助857人次，发放302.75万元；药物救助精神病人2071人次，救助金额27.4841万元；救助重症精神病人免费住院25例，救助金额9.08万元；临时救济573人次，救助金额110.87万元；认定低收入家庭251户。落实《长沙市芙蓉区慈善救助低保家庭实施办法》，从慈善助学、慈善助老、慈善助医、慈善助葬等8个方面援助困难人员。全年发放慈善救助困难家庭资金1356.46万元。其中：慈善助老1924人次，113.58万元；慈善助急9人次，6.87万元；慈善助贫158人次，78.91万元；慈善助无（三无人员）3人次，4.38万元；慈善助医299.88万元；慈善助葬60人次，24万元；慈善助学209人次，79.93万元；慈善助困9248人次，748.92万元。

双拥优抚安置。年内芙蓉区一家企业被评为市退役军人创业先进单位，2人被评为退役军人先进个人。利用街道、社区的“退役军人服务中心”组织开展拥军活动、退役军人信息摸底，投入财政资金1120余万元。全面落实再就业，为233名退役军人生活解困。慰问驻区部队22支，发放伤残抚恤、参战补助等各类优抚资金1489万元。接收退役士兵189人，发放家属优待金、待安置期生活费、一次性地方补偿金1109万元。组织38名遗留转业士官考核工作，按政策安置5名转业士官全额拨款事业编制，接收23名无军籍退休职工。

基层社会治理。完成社区、村换届工作，72个社区和5个村完成党组织换届选举和居（村）委员会换届选举工作。换届后，社区“两委”成员530人，其中新当选人员231人，“两委”成员中大专以上学历454人，平均年龄38岁。举办新一届“两委”成员培训，全区社区（村）453人参加培训。通过投资新建、出资购买、资源整合、共驻共建、开发商配建等途径，社区办公服务用房全部达标，全区社区办公服务用房平均面积853平方米。其中1000平方米以上的一类社区21个，800平方米以上的二类社区9个，600平方米以上的三类社区42个。加强对社区惠民资金使用管理，按照每个社区18万元，共计1314万元拨付到社区，资金项目使用情况实行网上系统录入。

社会事务管理。落实民政部关于婚姻登记记录证明的通知，除对涉台和民政部通知中所列国家的公证事项外不再出具婚姻登记记录证明。开展历史婚姻登记信息补录工作和婚姻登记优质服务活动，进一步推进婚姻登记工作的信息化，全年办理结婚登记3452对，办理离婚登记1711对。全面推行居民基本殡葬服务费由政府买单，居民运输、冷藏、火化、生态葬、卫生棺、骨灰盒6项基本费用全免政策。全年发放补助金额6.08万元。清明节前夕，组织各街道在辖区宣传长沙市惠民殡葬政策，引导群节俭治丧，杜绝搭棚治丧、铺张浪费的不文明丧葬行为。整治城区殡葬秩序，全区火化率100%。

社会组织发展。2017年制订和印发《关于开展区本级社会组织2016年度报告和年度检查实施方案》《芙蓉区民政局社会组织分类管理暂行办法》。对区域内的民办学校、教育机构开展规范办学专项整治，印发《关于开展规范社会办学行为办学治理督导检查》通知，全面调查摸底区域幼儿园、教育培训机构。争取市、区财政部门的支持，为长沙市芙蓉区信德康复中心成功申报市级福利扶持资金6万元。截至年底，全区有社会组织304家，其中：社会团体34家，民办非企业单位270家；实行备案的基层社会组织480家。

存在的困难与问题。芙蓉区社会组织登记权限在行政执法局，管理权限在民政局，对社会组织管理监督工作量大幅度增加。相关法律法规不完善。社会组织的登记管理工作，依据的是《民办非企业登记管理条例》《社会团体登记管理条例》，登记管理内容不具体、不全面，对社会组织年度检查、财务管理、执法查处等事项没有具体要求，罚则不健全，导致在社会组织监督管理过程中有法难依。执法监督机制不健全。对社会组织的执法查处，可依照执行的内容不具体、可操作性不强，社会组织执法监察工作成为社会组织管理的一个难点。

（范雅茹）

【市领导到区走访慰问】 1月19日，长沙市人大常委会主任程水泉、长沙市警备区司令员王忠斌等市领导到区看望慰问困难企业、困难群众、劳模代表、老红军等，芙蓉区委书记于新凡、区长周春晖，区人大常委会主任廖铁成，区委办主任许凡及相关部门负责人陪同。程水泉一行人首先走访特困企业曙光电子集团有限公司，详细询问企业近期生产情况，肯定该厂在长沙国有企业改制中做出的贡献，鼓励企业要提振信心、鼓足干劲，恢复造血能力。程水泉走访慰问曙光电子集团劳模代表邹文奎、曙光社区困难低保户刘冰祥、老红军战士卜力等，详细询问他们的生活情况和实际困难，并送去慰问金。（柳　煌）

【防灾减灾日宣传活动】 5月12日，芙蓉区在人民东路大润发超市前坪广场集中开展防灾减灾宣传活动，主题为“减轻社区灾害风险，提升基层减灾能力”。区减灾委成员单位应急办、民政局、环保局、卫计局、食药监局、安监局、人防办、疾控中心、交警大队、消防大队派员参加。现场设置咨询台接受咨询，展示防灾减灾应急知识展板36块，发放防灾减灾宣传册、防灾减灾购物袋、防灾减灾扑克等各种宣传资料8000余份，向群众集中宣传火灾、地震、洪涝、安全生产、食品药品安全、卫生防疫等方面的防灾减灾科普知识。活动持续将近3小时。各街道、社区悬挂条幅、发放宣传资料，组织地震火灾逃生演练、消防知识讲座。其中湘湖街道车站北路社区、荷花园街道杨家山社区、五里牌街道火车站社区举行大型防灾减灾宣传活动。（蒋文斌）

【社工考前培训】 6月12日，芙蓉区民政局在区会议中心举办为期5天的社会工作者职业水平考试考前培训，77个社区（村）375名社区工作人员参加培训。培训邀请湖南农业大学、湖南商学院、湖南女子学院社会工作系教师，包括欧阳林舟博士等6位专业人员授课。主讲教授结合自身工作学习经验，围绕社会工作者职业水平考试大纲，对重点与难点知识向学员进行了系统归纳与串讲，提高报考人员复习应考的能力，提升社区工作者运用社会工作方法解决实际问题的能力。（袁　霞）

【新一届“两委”成员培训班】 6月27日，为提高新一届社区（村）干部的业务水平和综合素质，区委组织部与区民政局在区会议中心共同举办2017年芙蓉区社区（村）新一届“两委”成员培训班，区委组织部部长周虔、副区长彭尚松出席，区民政局局长丁迎秋主持，全区新一届居委会、村委会成员453人参加为期2天的培训。培训内容包含社区治理创新、基层党风廉政建设、基层党组织建设、中华国学经典与干部自身修养、群众工作的方法和艺术，长沙市纪委党风政风监督室主任张福、长沙市民政局基政处处长罗文、长沙市委组织部组织指导处处长杨志强、湖南社会主义学院副院长刘孝听、宁乡县委党校副校长陈小冬分别授课。结业典礼上，彭尚松讲话希望新一届“两委”成员要清晰定位，密切联系群众，坚持把人民群众的困难放在心上；要忠诚履职，扎实服务群众，着力真抓实干；要加强学习，增强办事能力，提升服务水平。（王志广）

【区领导“八一”慰问驻区部队官兵】 7月26日，芙蓉区委书记于新凡，区长周春晖，区武装部政委何元良，区委办主任许凡，副区长彭尚松，区武装部部长方学文等区领导，到部队军营慰问驻区部队官兵，送去节日的问候和祝福并赠送慰问物资。于新凡带领慰问小组先后走访慰问省军区、省警卫局、市警备区、市警卫处、市消防支队、区武装部、区消防大队。于新凡书记肯定驻区部队在芙蓉区社会、经济、文明建设中做出的贡献，赞赏部队官兵在各类自然灾害和社会突发事件中表现出的革命英雄气概。周春晖向部队简要介绍芙蓉区上半年经济社会发展情况和国防建设工作。（柳 煌）

【于新凡慰问老红军战士】 7月27日，中国人民解放军建军九十周年之际，区委书记于新凡看望慰问老红军张生荣、刘占荣，区武装部政委何元良、部长方学文，区民政局局长丁迎秋陪同。住在163医院疗养的老红军战士张生荣，98岁，13岁参加红军，经历过二万五千里长征，走过烽火连天的岁月，虽年岁近百，身体健康，思维清楚。于新凡向张老送上鲜花并致以节日问候，感谢老红军为中国革命和建设事业做出的贡献。张老表示自己虽然年近百岁，依然关心国家大事，关心地方经济社会发展。于新凡一行到96岁的老红军战士刘占荣家中看望，询问他的身体状况和生活情况，并与其合影。刘老感谢党和政府的关心和关爱，对幸福和平的生活表示由衷的感慨。（柳 煌）

【社会组织孵化基地揭牌】 8月30日，芙蓉区社会组织孵化基地启动暨揭牌仪式在定王台街道金沙里社区二楼举行。长沙市民政局副局长伍仁华，市民间组织管理局局长李红辉，芙蓉区副区长彭尚松，区民政局局长丁迎秋出席，区民政局副局长唐敏、湖南农业大学教授龙欢及13个街道分管民政工作负责人参加揭牌仪式。芙蓉区社会组织孵化基地是区民政局打造的以培育和支持初创期或成熟期的社会组织成长为主要任务的公益机构，孵化基地按照“按需培育、分类支持”的原则，对初创期和成熟期的社会组织分别进行管理，提升社会组织服务的品牌凝聚力、辐射力和影响力。伍仁华为孵化基地揭牌并讲话。他要求，各级政府要加强社会组织孵化基地平台建设，为其提供必要的支持与引导；孵化基地要培育和发展好社会组织，并积极为其提供必要的技术支持与指导；社会组织要深入群众，了解群众需求，在实务中不断提升为居民群众提供服务的能力和水平。彭尚松在揭牌仪式上讲话。（王志广）

【组织社会救助业务知识考试】 9月8日，芙蓉区民政局举行2017年社会救助业务知识考试。各街道办事处、社区（村）106名社会救助专干参加考试。考试旨在进一步提高社会救助专干的业务知识和工作能力水平，推动社会救助工作的开展。考试采取闭卷形式，内容涵盖城乡低保、困难群众医疗救助、低收入家庭认定和慈善低保家庭4个方面，具有很强的实效性和针对性。通过考试，全面了解全区社会救助专干的综合业务水平，为下一步有针对性地开展教育培训奠定基础。（范雅茹）

【行政区域界线实地联合检查】 9月20—30日，芙蓉区民政局联合长沙县民政局，对芙蓉区、长沙县行政区域界线开展实地查验工作 。市民政局区划地名处副处长罗君、两区县民政局分管领导及地名办主任、沿线相关街道民政办及社区（村）负责人参加检查。双方根据勘界协议书及附图、界桩成果表、界桩登记表等资料，沿边界线详细检查边界线及标志物等有无变化，检查界桩及界桩方位物的现状情况，并对界桩进行了维护，了解是否存在边界问题及争议。经检查认为，界线走向清晰，界线标志物保存完好，无边界问题和争议。双方召开行政区域界线联合检查联席会议，汇总联检工作情况，并对边界管理合作机制和创建平安边界展开交流，对后续工作作出安排。双方共同签署《芙长线平安边界建设协议书》。（祝 波）

·老龄工作·

【概况】 2017年，芙蓉区探索以居家养老为基础、以社区养老为依托、以机构养老为补充的养老新模式，推进日间照料中心建设工作。引进睦邻养老、万众和公司、朝夕养老、侨亚养老、常青树养老、吉祥养老6家社会机构参与芙蓉区12家街道日间照料中心建设。各中心总建筑面积7800多平方米，建设和设施设备配套费用总投资预计2236万元。持续加大对社会养老机构的扶持力度，根据建设规模分别给予30万至100万不等的建设补贴及3年的全额房租补贴，政府预计投入建设补贴近800万元，房屋租赁费用补贴近300万元。通过对外公开招标，与万众和居家养老服务公司签订居家养老购买合同。原A、B、C三类老人每月服务补贴从“300、200、100”提升为“500、400、300”：年满60周岁的失能半失能低收入家庭老人以及百岁老人，可申请每月300元的服务补贴；年满60周岁的失能半失能低保老人、失独低收入老人，年满70周岁的低保老人、失能半失能低收入老人，可申请每月400元的服务补贴；年满60周岁的失能半失能散居“三无”老人，年满70周岁的散居“三无”老人、失独低收入老人，获市级以上劳模称号的低收入老人，可申请每月500元的服务补贴。为80岁以上老人发放高龄津贴640万元，购买意外伤害保险52万元；对全区1万名80岁以上老人发放春节慰问红包500万元。（范雅茹）

【荷花园街道日间照料中心挂牌】10月27日，荷花园街道日间照料中心正式挂牌成立。区民政局局长丁迎秋，荷花园街道党工委书记孔干、主任陈璞以及服务中心全体工作人员参加挂牌仪式。该中心以“快乐生活、健康长寿”为服务目标，以“医养融合”为创新特点，配备公共卫生服务设施，完善社区老年人日间照料功能，建立了一套适合半失能老年人的“白天入托接受照顾和参与活动，晚上回家享受家庭生活”的社区居家养老服务新模式。向所有60岁以上老年人开放，重点服务高龄老人、空巢老人、残疾老人、优抚老人、低保或低收入老人等。该中心提供膳食供应、个人照顾、保健康复、休闲娱乐、精神慰藉、紧急援助等服务，借助机构专业的养老服务团队、医疗团队，坚持每天为老人提供身体检查。（范雅茹）

·表13·

芙蓉区居家养老服务中心信息表

序号	养老服务设施名称	街道	社区	主要服务项目及收费
1	芙蓉区居家养老服务中心	定王台街道	马王街社区	老年人日间活动 全免费
2	湘湖管理局居家养老服务中心	湘湖街道	湘湖社区	棋牌、健身、娱乐（舞蹈、音乐）（不收费）
3	文艺路居家养老服务中心	文艺路街道	南元宫社区	棋牌、健身、娱乐（舞蹈、音乐）（不收费）
4	五里牌街道居家养老服务中心	五里牌街道	燕山街街道	主要服务项目：为老年人提供文化娱乐、医疗康复、家政服务等居家养老服务 收费标准：1. 无偿服务。主要包括年满70周岁城镇“三无”（无经济来源、无劳动能力、无法定赡养人）老人、生活不能自理且身边无子女照顾的低保老人、重点优抚对象、革命“五老”人员以及百岁老人等 2. 有偿服务。需要上门照料的自理老人上门服务标准按具体次数和时间进行收费
5	火星街道居家养老服务中心	火星街道	月桂社区	棋牌、健身、娱乐（舞蹈、音乐）（不收费）
6	东屯渡街道居家养老服务中心	东屯渡街道	芙蓉社区	棋牌、健身、娱乐（舞蹈、音乐）（不收费）
7	东岸居家养老服务中心	东岸街道	东宜社区	生活服务、娱乐、保健、安全等

·续表 13·

序号	养老服务设施名称	街道	社区	主要服务项目及收费
8	朝阳街道居家养老服务中心	朝阳街道	朝阳社区	棋牌娱乐（无偿）、图书阅览（无偿）老年大学（低偿）、中医康复（低偿）、老年餐桌（低偿）、心理咨询（低偿）、生活照料（低偿）、代急代办（低偿）、家政服务、维修（市场价第三方收取）等
9	荷花园居家养老服务中心	荷花园街道	德政园社区	老人日常活动 免费，日照中心长者白天活动每人每月 50 元左右
10	东湖街道居家养老服务中心	东湖街道	龙马社区	生活服务、娱乐、保健、安全等

（区民政局）

·附记·

2017 年城镇居民生活状况调查分析

据城镇居民家庭抽样调查资料显示，2017 年芙蓉区城镇居民人均可支配收入为 50185 元，同比增长 8.2%。其中人均工资性收入 26472 元，经营净收入 6486 元，转移净收入 5856 元，财产净收入 11371 元。

全区城镇居民人均消费支出为 37913 元，其中人均食品烟酒支出为 10185 元，人均衣着支出 2569 元，人均居住支出 9707 元，人均生活用品及服务支出 2730 元，人均医疗保健支出 1412 元，人均交通通信支出 3393 元，人均教育文化娱乐支出 6850 元，人均其他用品和服务支出 1067 元。人均自有现住房面积 32 平方米。

一、居民收入持续增长。

全年芙蓉区城镇居民人均可支配收入为 50185 元，比上年增长 8.2%。从构成收入的四大板块看：

（一）工资性收入依然是城镇居民增收的主要支撑。全年芙蓉区城镇居民人均工资性收入 26472 元，同比增长 9.4%，占人均可支配收入的比重 52.7%。所占比重远超其他收入构成，增长势头强劲，反映了收入分配制度改革初见成效。

（二）经营净收入为收入增长提供有力支撑。全年芙蓉区城镇居民人均经营净收入 6486 元，同比增长 8.9%，占人均可支配收入的比重 12.9%。政府继续实行简政放权，各项财政、金融扶持政策落实，给经营户提供了良好的经营环境，促进了经营净收入成为居民增收的重要部分。

（三）财产净收入平稳增长。全年芙蓉区城镇居民人均财产净收入 11371 元，同比增长 4.5%，占人均可支配收入的比重 22.7%。随着城镇居民财产增多和投资理财意识增强，在收入来源多样化的背景下，财产净收入成为居民收入不可或缺的组成部分。

（四）转移净收入增长较快。全年芙蓉区城镇居民人均转移净收入 5856 元，同比增长 9.4%，占人均可支配收入的比重 11.7%。随着财政支付力度不断加大，养老保险和医疗保障体系进一步完善，群众工作直通车的深入推进和过年过节各部门、社区慰问贫困户及子女赡养长辈和捐赠收入的提高，居民家庭间的亲情更加浓厚，使得转移净收入增加。

二、居民消费活跃，消费结构趋向合理

全年芙蓉区城镇居民人均生活消费支出 37913 元，同比增长 9.4%，消费结构趋向合理。八大类消费全部实现同比增长，衣着、食品烟酒和生活用品及服务支出增幅居前三位，增速分别 12.7%、12.4% 和 10.7%。食品烟酒、居住和教育文化娱乐占人均消费支出比重居前三位，分别占比：26.9%、25.6%和18.1%。

（一）食品烟酒消费稳步提高。芙蓉区食品市场供应丰富，品种繁多，居民更加注重质量的提高，追求食品的营养性、均衡性和多样性，保健环保的绿色食品备受青睐。全年芙蓉区居民人均食品烟酒支出10185元，同比增长12.4%，占消费支出比重（即恩格尔系数）26.9%，所占比例相对合理，反映芙蓉区居民的生活水平达到了一定的富裕程度。

（二）衣着消费增长最快。随着收入水平的提高，消费空间的进一步拓展，居民的消费理念不断提升，更加注重高品质生活，衣着类消费的需求得到进一步释放。全年芙蓉区居民人均衣着支出2569元，同比增长12.7%。

（三）居住消费增幅平稳。随着城乡住房保障体系不断完善，一系列针对新建商品房限购措施出台，新建商品房价格得到有效控制，居住消费增幅较去年有所放缓。2017年芙蓉区居民人均居住支出9707元，同比增长8.2%。

（四）生活用品及服务支出增长较快。全年芙蓉区居民人均生活用品及服务支出为2730元，同比增长10.7%。居住条件的显著改善，促进居民购买家具及室内装饰品、家用器具等方面的支出也快速增长。

（五）交通通信支出稳定增长。得益于公共交通和通讯运营商采取各种优惠措施，交通和通讯类支出稳定增长，全年芙蓉区居民人均交通通信支出3393元，同比增长5.7%。

（六）教育文化娱乐消费享受型趋势凸显。一方面人们越来越认识到知识的重要性，子女教育和自身再教育的投入不断增加。另一方面随着居民收入提高、带薪休假制度的推行、燃油费降低等积极因素使得居民有更多的闲暇来丰富业务生活，外出旅游、健身和假日消费已成为教育文化娱乐消费中新的消费热点。全年芙蓉区居民人均教育文化娱乐支出6850元，同比增长9.7%。

（七）医疗保健支出小幅上升。随着人口老龄化的不断凸显、医疗制度改革的深化和社会医疗保障体系的不断完善，居民就医的需求和便利性不断上升，相应的人均医疗保健支出有所增加。全年芙蓉区居民人均医疗保健支出1412元，同比增长4.8%。

（八）其他用品和服务支出略微上浮。随着社会的进步，居民在注重个人外在形象和生活品质的同时，购买饰品、化妆品及美容服务更趋理性。全年芙蓉区居民人均其他用品和服务支出1067元，同比增长0.2%。

（曾　尚）

人力资源和社会保障

【概述】 2017年，芙蓉区人力资源和社会保障局举办专场招聘会19场次，组织千余家企业进场，达成就业意向3000余人。年内，芙蓉区被评为市级创新创业带动就业示范区县。芙蓉区人力资源和社会保障局被评为湖南省全民参保登记工作成绩突出单位，在保障农民工工资支付工作考核中被评为A级，获得“长沙市文明标兵单位”“长沙市人社系统行政许可案卷评查优秀单位”“长沙市工资集体协商工作优秀单位称号”。芙蓉区城乡居民基本养老保险服务中心被评为“长沙市城乡居保经办管理服务工作先进单位”。

创建长沙市创新创业带动就业示范项目13个。该局与正大集团农牧食品企业（中国区）、湖南农业大学联合主办大学生双创营销大赛湖南区总决赛，提高高校毕业生的就业技能和创业实践能力，有3支队伍分别获得冠、亚、季军。率先推行灵活就业社会保障部分经办职能下移街道的便民措施。落实机关事业单位养老改革工作，辖区机关事业单位在职人员参加新机关养老保险，退休人员统一归口到区社会保险管理所发放养老金。开展未参保人员的全民参保登记工作。做好被征地农民、特殊困难群体的社会保障工作，落实参保缴费政府补贴政策。4月始，实行参保缴费补助。选调公务员7人，公开招录事业编51人，公开招录教师174人。落实长沙人才新政，接受咨询9983人次，受理和初审高校毕业生、留学归国人员租房和生活补贴申报1205人，高层次人才分类认定申报2人，职业技能晋级奖励13人。发放租房和生活补贴120.45万。区内交流调配工作人员38名。全年仲裁劳动争议案件529件，涉及劳动者660人。为劳动者追回经济损失1968万元。区劳动监察大队接待投诉者1237人，投诉结案数108件。为145人追讨工资99.86万元，为28人追缴社保金额46.17万元。（吴　娜）

【政企签订合作协议】 为推进行业专业性调委会的建设，方便劳动者在"家门口"维权，6月13日，由芙蓉区劳动人事争议仲裁委员会主任、区人力资源和社会保障局局长唐宇平，与湖南省环境卫生清洁行业人事争议调解委员会主任周铁平，签订便民服务合作战略协议。双方在互建联席会制度、联络员制度、战略协作推进制度达成了共识。签约仪式后，芙蓉区劳动人事争议仲裁负责人还与省环境卫生清洁行业人事争议调解委员会负责人交流了调解方法、技巧等方面工作。（许　超）

【全民参保登记工作】 从7月1日始，区人力资源和社会保障局在辖区范围内开展了未参保人员的全民参保登记工作，为实现社会保险全覆盖目标奠定了基础：落实工作责任，成立芙蓉区全民参保登记工作领导小组，召开各街道分管人社工作领导和人社站副站长参加的专题部署会议，实行属地化登记管理，层层签订了数据保密协议；由区人力资源和社会保障局举办全民参保登记业务培训，基层社保专干130人参训；为调动居民积极性，申请全民参保登记专项资金，购置一批参保人员登记购物袋、牙膏、香皂等礼品1.4万套，促进居民参保登记的积极性；加强部门联动，通过与公安、民政、卫计等部门获取参保登记人员的有效信息，并做好数据比对和信息有效性的甄别工作。年内，新增未参保人员的全民登记3.3万人。（吴　娜）

【医疗保险经办与服务】 芙蓉区医保基金征缴和管理为市级统筹，区级医保从属于市级管理，区医保中心参与经办与服务。2017年芙蓉区城乡居民基本医疗保险参保率98.7%。区人力资源和社会保障局下发《关于开展基本医疗保险基金专项检查的通知》，区医保中心以医保结算审核、医疗机构协议履行、POS机申办、窗口报账为重点，开展医保基金专项检查。清理2013年1月至2017年2月的异地医疗、异地生育支付结算表，筛选支付金额在1万元以上的业务共154人次。对协议医疗机构开展14次现场调查，查处挂床住院、弄虚作假、冒名顶替、过度医疗、带治疗住院等违规违约行为，对2家社区卫生服务中心予以中止医保协议1个月，违约费用2倍扣付；约谈2家医院，其他单位责令整改。清理近年来协议管理的个体诊所，解除2家POS机个体诊所协议管理。执行"两岗两审"（业务与财务、初审与复审）制度，全年办理异地就医费用结算业务3377笔，医保基金（含生育保险）支出2767万元。（徐金霞）

【组织高校毕业生创业就业活动】 7月，区人力资源和社会保障局在湖南省展览馆举办"高校毕业季"大学生专场招聘会。该次活动挑选招聘岗位千余个，达成就业意向258人。11月，区人力资源和社会保障局联合湖南农业大学主办长沙市公共就业创业服务进校园芙蓉区分会场活动。该次活动，为大学生发放宣传资料1100份，详细讲解长沙市人才新政、创业担保贷款、高校毕业生社保补贴等创业就业政策。现场接收简历578份，当场达成就业意向133人，有332名大学生进入用人单位（企业）的复试程序。（刘　菲）

【灵活就业社会保障经办站点扩展】 8月1日，芙蓉区率先试行灵活就业社会保障部分经办职能下移至街道。在辖区内的居民，可携带户口本、身份证、本人的长沙银行卡（存折），到就近街道人力资源和社会保障站办理以下业务：灵活就业城镇职工养老保险、城镇职工医疗保险（限芙蓉区户口）新参保业务；灵活就业城镇职工养老保险、城镇职工医疗保险（限长沙地区户口）续保业务；社保政策咨询等。辖区灵活就业社会保障经办地点由原来的1个扩展为14个。截至12月底，完成办理灵活就业参保业务1812人次，咨询该项政策的有3264人次。（丁文兵）

【芙蓉区人才一站式服务窗口开启】 为贯彻落实"长沙人才新政22条"工作部署，8月21日，区人力资源和社会保障局设立的芙蓉区人才引进一站式服务窗口正式对外开放。该平台由区人力资源和社会保障局组织业务经办人员学习人才新政及细则，并经培训考核后上岗。采取由各部门各司其职，区人力资源和社会保障局负责核定“青年人才筑梦工程”中高校毕业生租房和生活补贴、创业培训补贴、一次性开办费补贴、经营场所租金补贴、优秀青年创业项目扶持，“国际化人才汇智工程”中海外专家引智项目、留学归国人员租房和生活补贴；区经信局负责审核“军民融合高层次人才引进奖励和项目资助”中对高层次军事科研人才奖励补贴及创业团队项目资助；区总工会负责组织和选拔《长沙市“十行状元、百优工匠”竞赛》中行业（工种）技能竞赛人才。芙蓉区人才服务窗口按照“1+1+1”运转模式，参照市级人才服务窗口的标准，提供全方位服务。按照“一次性告知、一站式受理、一窗口送达”的服务原则，采取“前台受理接待、部门分类审核、对内跟进督察、对外专人服务”的模式。年内，人才服务窗口接待电话和现场咨询量9983人次，受理和初审高校毕业生租房和生活补贴申报1171人，留学归国人员租房和生活补贴申报34人，高层次人才分类认定申报2人，职业技能晋级奖励13人。发放高校毕业生租房和生活补贴843人次，金额117.81万；留学归国人员租房和生活补贴9人次，金额2.64万。

（吴彩炼）

【城乡居民基本养老保险基础养老金调整提升】 根据湖南省人力资源和社会保障厅和长沙市人力资源和社会保障局待遇调整规定，芙蓉区城乡居民基本养老保险基础养老金由每人每月155元提高至160元。调资额从2017年1月1日起补发。截至10月11日，芙蓉区城乡居民基本养老保险参保1.1万人，有3961人领取该项待遇，全区有近4000名参保人员的基础养老金调整后增加了收入。

（吴　娜）

【承办全省就业援助月活动】 1月18日，由区人力资源和社会保障局承办的2017年湖南省就业援助月启动仪式暨专场招聘会在万家丽广场举行。该次活动面向残疾人和就业困难人员，组织130家用人单位进场，有200余人在招聘现场达成就业意向。作为2017年全省就业援助月的首场活动，该场招聘会运用微博、微信公众号等互联网新媒体提前推送招聘信息，实时更新用人岗位信息，通过线上互动，融合线下公益招聘活动，实现“线上线下”联动助力就业帮扶。专项活动期间，全区各级公共就业服务机构通过走访登记、政策宣传、岗位收集、精准服务、政策援助和重点帮扶，帮助就业困难人员实现就业。2017年，全年实现新增城镇就业1.8万人，其中就业困难对象再就业2800人。

【开展“春风行动”招聘会】 2—3月，区人力资源和社会保障局利用报刊、广播、电视、网络等媒体和印发传单、张贴标语、设置宣传展台等方式，开展宣传就业创业政策。该活动期间，全区举办12场专场招聘会，组织近900家企业进场，提供就业岗位3.4万个，吸引2.5万人求职，达成就业意向2000余人。为求职者提供就业创业、维权服务，法律援助近50人。

【开展异地扶贫工作】 年内，芙蓉区人力资源和社会保障局到岳阳市平江县组织专场招聘会2场次。为湘雅爱佳人月嫂中心招聘12名适龄妇女就业。9月，在岳阳市举办的大型招聘会上，吸引3000余人进场求职，达成就业意向598人。10月，在龙山开展就业技能培训，首期家政服务培训结业了45名学员。按照长沙市对接全省51个贫困县劳务协作交流洽谈会会议精神，该局在原对接平江、保靖和龙山靛房镇的基础上，新增永顺县和古丈县，劳务协作对接区县由3个扩大到5个。年内，达成就业意向816人。

（刘　菲）

·创新创业·

【概况】 2017年，芙蓉区实现新增创业主体1.04万家，带动就业2.29万人，其中带动城镇就业1.29万人；扶持大学生创业643人；发放创业贷款1550万元。制定《芙蓉区开展创新创业带动就业评选活动方案》，开展区级补贴和创先争优活动。评选出区级创新创业带动就业示范街道2个、示范社区（村）6个、示范项目21家，拨付资金89万元。（刘　菲）

【创业主体摸底建档工作】 年内，区人社局开展新增创业主体摸底工作，并建立了创新创业工作基础台账。截至年底，全区新增个体工商户6960家、企业3450家。

【创新创业补贴申报工作】 7—8月，区人社局根据市局的工作要求，组织开展创新创业带动就业示范项目、初创企业一次性开办费和初创经营场所租金的补贴申报工作。在辖区内择优推荐36家企业，参评市局2017年度创新创业带动就业示范项目、一次性开办费补贴和经营场所补贴的发放企业。有29家企业获得市级补贴115.72万元。

【参加市级创业博览会】 9月，长沙市人力资源和社会保障局在贺龙体育场南厅举办2017年“长沙市第二届创业博览会”。区人力资源和社会保障局精选湖南润泽明天信息科技有限公司、湖南心品茶业生物科技有限公司、长沙悦影文化传播有限公司等7家优质创新企业参加博览会，现场采用多媒体介绍和实物展示的方式，展示芙蓉区的创业特色和优秀创业成果。

【创业贷款工作】 区人力资源和社会保障局通过完善目标考评、联动协调、激励保障机制，加强创业贷款担保发放回收和贴息资金的使用，并落实好创业担保贷款。全年创业贷款直接扶持创业154人，带动就业449人；贷款回收率100%。（刘　菲）

民族宗教和外事侨务

【概述】 2017年，芙蓉区民族宗教和外事侨务工作坚持以“强基础、优服务、精管理、促发展”为目标，促进民族团结进步，依法管理宗教事务，引资引智助推创建国家中心城市建设。12月12日，“民族情深与梦同行”走进龙山的爱心公益活动被《湖南日报》报道推介。12月15日，滨湖社区被评为湖南省民族团结进步创建活动示范单位。12月25日，区民宗外侨局信息工作获得全市民宗系统第一名。（吴　玥）

·民族工作·

【概况】 年内，区民宗外侨局升级少数民族服务站，解决少数民族人士在就医就学、就业创业、困难救济等领域的问题。按照民族政策法规，核实辖区内74名参加高考的少数民族考生民族成份；帮助1名少数民族同胞办理民族成份变更手续，帮助7名到长沙经商务工的少数民族同胞解决子女入学问题。在传统节日慰问困难少数民族群众和归侨侨眷71户，慰问金和物资价值5万余元。年内，成功调处火星街道紫薇路兰州拉面馆纠纷、迎宾路兰州拉面馆围挡纠纷，协调中山路兰州拉面馆门面拆迁矛盾纠纷，指导马王堆火炬村大王庙、马坡岭张公岭大王庙和东湖龙王庙的矛盾纠纷协调处理。组织召开少数民族代表人士和归侨侨眷春节茶话会，开展少数民族干警及家属联谊活动，并邀请他们加入志愿者服务队。完成芙蓉区民族联谊会第四届会员换届工作。组织辖区民族联谊会成员参加长沙市民族联谊会举办的拔河比赛、扑克比赛和党的民族政策、民族知识竞答赛等活动。参与芙蓉区创建国家食品安全城市工作，走访调研辖区34家兰州拉面馆，督促办理食品安全经营许可证22份。引导少数民族人士发挥智慧力量，在文明经营，创业致富等方面做典型树标杆。结合“连心行动”，开展党支部连社区活动，指导东湖街道滨湖社区和东沙社区建立“民族团结之家”，打造特色品牌。组织该局干部与少数民族困难人士、家庭开展“一帮一”结对帮扶。开展“民族情深·与梦同行”爱心公益活动。组织长沙市民族联谊会芙蓉区分会企业家一行人到龙山县靛房镇对口扶贫。中华龙舟赛（长沙·芙蓉站）期间，为少数民族同胞做好保障服务工作。夏季防汛期间，组织辖区内少数民族群众参与到救灾志愿团中，组织少数民族各方人士为受灾地区捐款捐物4万余元。（吴　玥）

【彭晓军为少数民族服务站授牌】 1月18日在芙蓉区2017年统一战线迎春汇报会上，长沙市民宗局副局长彭晓军为芙蓉区少数民族服务站授牌，副区长黄金国接牌，标志着芙蓉区民宗工作迎来新的篇章。区民宗外侨局坚持以少数民族同胞的信任、支持为动力，围绕“办实事，解难事，做善事”，为辖区少数民族同胞提供多项服务，创新服务方式提升服务质量，帮助少数民族群众排忧解困，获得了少数民族同胞的认可，也收到了少数民族群众赠送的锦旗和感谢信。芙蓉区少数民族服务站的成立，打造了与少数民族群众联系沟通的服务平台。

【马海龙为环卫工人提供免费早餐】 1月24日清晨，在东屯渡街道荷花路的伊品轩兰州拉面馆负责人马海龙（回族人），邀请了附近的环卫工人50人到店免费品尝兰州牛肉面，马海龙向东屯渡街道环卫所所长郭莺赠送牛肉面券300张，并慰问没能来现场的所有环卫工人，请他们随时来拉面馆免费吃碗面。甘肃临夏县回族人马海龙在长沙经营5年，得到区政府、区民宗外侨局、东屯渡街道社区的关怀与帮助，他心存感激，以实际行动树立西北少数民族的良好形象。

【“民族情深·与梦同行”爱心公益活动】 12月9—13日，芙蓉区民宗外侨局在湖南省外侨办指导下，联合湘西龙山县政协、长沙市民族联谊会芙蓉区分会以及芙蓉区驻靛房镇扶贫工作队共同在湘西龙山靛房镇开展“民族情深·与梦同行”爱心公益活动。爱心人士一行6人走访了龙山县靛房镇九年制学校、靛房镇社会福利院和龙山县特殊教育学校。他们向当地困难群众捐赠了560台助听器设备、300件冬衣以及一批文体用品，为新入学的9名贫困大学生每人提供5000元助学金。在龙山县特殊教育学校，魏基成天籁列车代表黄兆邦讲解聋哑儿童使用助听器的方法，并逐一为他们调试佩戴。在龙山县五官科医院为孩子们测试听力和免费佩戴助听器，帮助他们恢复听力。

【区民族联谊会第四届会员大会召开】 6月8日，长沙市民族联谊会芙蓉区分会召开第四届会员大会，来自全区的50多名少数民族代表、部分少数民族经商人士代表和各街道分管领导、专干80余人参会。长沙市民宗局副局长彭晓军、市民族联谊会会长姚子珩，芙蓉区委统战部部长易新宇、副区长黄金国出席会议。会议由区民宗外侨局局长张璎主持。会议期间，听取了芙蓉区民族联谊会第三届理事会工作报告；审议通过《长沙市民族联谊会芙蓉区分会第四届理事会建议人选名单》；召开第四届理事会第一次全体会议，选举产生芙蓉区民族联谊会第四届理事会会长、副会长、理事、秘书长。长沙全品文化图书传播有限公司总经理冉青当选为会长。易新宇、彭晓军在会上讲话，对发挥少数民族联谊会的作用提出了具体要求。 （吴　玥）

·宗教工作·

【概况】 2017年，区民宗外侨局贯彻落实省、市、区民族宗教工作精神，开展辖区范围内民间信仰活动场所房屋建筑、消防措施、内部管理等安全自查、排查和走访调研活动7次，并配备灭火器材。召开街道民宗工作负责人、庙宇负责人座谈会，收集相关意见和建议，促进民间信仰场所的规范管理。召开马王堆街道大王庙安全隐患督察和财务收支归口专题会议，完善大王庙的自治管理。落实区、街、社区（村）三级宗教事务管理网络和街道、社区（村）两级宗教工作责任制，区民宗外侨局坚持每季度巡查重点民间信仰场所，并下发《芙蓉区涉及宗教和民间信仰活动场所安全检查登记表》。各街道组织每月巡查，各社区（村）组织每周查看，并做好巡查记录和建立工作台账；在检查查出的房屋安全、消防安全等问题开展专项整治。以宗教活动场所安全为切入口，开展“5·12”防灾减灾日知识宣传活动，提高民众防范意识和应急处置能力。在夏季防汛期间联合街道、社区及时处置南阳街72号（原112号）基督教堂所属出租屋的危房隐患，转移安置租住户7户。 （吴　玥）

【宗教活动场所安全排查工作】 2月20—24日，区民宗局局长张璎带队，联合街道、社区工作人员开展辖区民间信仰活动场所安全隐患大排查。检查组一行人分别到东屯渡街道高岭庙、红龙大圣庙，东湖街道望明山龙王庙，东岸街道龙王庙、大观园，马坡岭街道张公岭村大王庙、老青龙王庙，马王堆街道滩头坪大王庙等民间信仰场所开展检查。重点检查了寺庙内消防设施、电器线路、房屋建筑、食品卫生等安全情况，听取相关负责人关于安全制度、宗教活动、突发状况紧急预案措施等方面的汇报，并与各场地负责人座谈、讨论，了解和掌握宗教界人士的思想动态。

【市民宗局领导到区考察宗教领域安全和民族宗教工作】 4月17日，长沙市民宗局局长刘佳勇，副局长彭晓军一行4人到芙蓉区考察宗教领域安全和民族宗教工作。芙蓉区委统战部部长易新宇陪同。刘佳勇一行实地走访了马王堆街道大王庙、浏阳河婚庆公园，听取了东屯渡街道负责人对宗教活动场所安全隐患排查及整改情况介绍。在区政府会议室召开民族宗教工作座谈。会上，区民宗局局长张璎汇报了芙蓉区民族宗教工作情况。易新宇与刘佳勇交换了相关问题意见。刘佳勇要求：思想上要更重视，民族宗教无小事；工作上标准要高，服务管理上要规范，切实保障安全稳定，不断提高民族宗教工作水平。

（吴　玥）

·外事侨务工作·

【概况】 2017年，芙蓉区参加“2017年湖南（香港）投资洽谈周”等全省性重大涉外涉侨涉港澳活动，争取境外机构、企业落户芙蓉区。整合华侨华人团体、海外协会、友好城市和国际交流组织等境外资源，共同促进湖湘文化、省内企业和优势产能“走出去”。加强与国外经济、教育等方面的对接，区民宗外侨局联合长沙市外侨办，区教育局组成“长沙市华文教育交流团”到马来西亚和泰国开展海外华文教育考察交流活动，区教育局育英小学等3所学校分别与马来西亚森美兰州芙蓉市中华小学等3所华文学校签订友好学校协议，东郡小学引进香港“阅读·梦飞翔”绘本阅读交流项目。年内开展教育文化国际交流6批次。引进香港英皇书院同学会小学第二校历史文化交流团到马王堆小学开展湖南文化游学之旅；接待玻利维亚争取社会主义运动干部考察团到定王台街道都正街开展帮助弱势群体、丰富民众文化生活等方面考察交流，接待马来西亚沙巴州亚庇市兵南邦育幼幼儿园到区开展幼儿园现代化办学、设备资讯及教学法等方面参观考察。加强与省、市外办的沟通联系，通过省外办协调九龙仓香港总部开展对香港专业服务领域的招商引资引智工作，邀请众多世界一线品牌CEO参加活动，爱马仕、Prada等著名品牌入驻长沙。完善隆平高科技园外事侨务工作网络，建立侨情相关台帐，挖掘侨务资源。开设“芙蓉区（第三期）涉外职能部门工作人员英语培训班”，提高涉外职能部门工作人员英语水平。举办全区涉外礼仪及中国传统文化培训，提升对外服务能力和水平。加强因公出国（境）审核管理，全年审核因公出国（境）4批6人次。新春期间，组织对辖区内困难归侨侨眷的走访慰问活动，送去慰问金、慰问物资和补助金。开展区民宗外侨局干部与归侨侨眷贫困人士、困难家庭“一帮一”结对帮扶活动。宣传对归侨侨眷高考的优惠政策，并按政策审核“三侨”（归侨、归侨子女、华侨子女）考生。（吴　玥）

【玻利维亚干部考察团到都正街考察交流】 3月25日，玻利维亚争取社会主义运动干部考察团一行11人，在中联部副局长兼参赞夏琦的陪同下到湖南开展为期3天的考察交流。该考察团由玻利维亚争取社会主义运动全国领导委员会副主席赫拉尔多·加西亚为团长，主要考察基层街道如何帮助弱势群体以及丰富民众文化生活等方面的工作。他们对定王台街道都正街为丰富民众文化生活所做的努力及取得的成果给予肯定。芙蓉区民宗局局长张璎、定王台街道人大工委主任杨兵陪同。

【参团到马来西亚、泰国考察海外华文教育】 5月3—10日，由长沙市政府外事侨务办处长刘卫华和芙蓉区民宗外侨局书记阳颖组团6人到马来西亚、泰国开展海外华文教育考察交流。长沙市华文教育访问团分别走访马来西亚华校教师总会（简称教总）、森美兰芙蓉中华华小、吉隆坡坤成华小二校、吉隆坡崇文华小、泰国华文教师公会等学校和机构，并与华文教育代表、华文学校教师开展了座谈交流，听取了他们对华文教育的意见和建议，共同探讨华文教育发展兴盛之路。该团访问期间，芙蓉区教育局火星小学校长常旌与森美兰芙蓉中华华小负责人签订了友好学校合作项目协议书；蓉园小学与马来西亚吉隆坡坤成华文小学二校结为姐妹校；育英学校与吉隆坡崇文华小签订了校际合作协议。中外双方学校还在学术研究、师生发展、学校管理等方面展开了交流和探讨，并同意组织中外学校师生开展学习交流。

【马来西亚育幼幼儿园负责人到区考察交流】 12月6日，马来西亚沙巴州亚庇市兵南邦区育幼幼儿园董事长洪子威，园长拿汀张素凤等一行20余人，到芙蓉区教育局幼儿园参观考察。市外事侨务办侨务工作处处长刘丛、副处长崔丽仙，区民族宗教和外事侨务局党组书记阳颖、局长张璎、副局长邹宏等陪同。该考察团参观考察了马王堆国际幼儿园和芙蓉区教育局德政园幼儿园，并召开了座谈会。马王堆幼儿园和德政园幼儿园园长分别介绍了美丽园区建设、师资队伍建设、和谐家园构建等方面的主要做法和成效。中外双方还交流了办学理念、教育管理、师资队伍等方面情况。

（吴　玥）

（责任编辑：郭　冰　谭丽霞）

湘湖街道

①	②
③	
④	
⑤	⑥

①1月13日，区四大班子成员指导湘湖特色街巷建设

②1月23日，域内市第二污水处理厂提质改造后正式运营

③2月23日，承办芙蓉区“春风行动”专场招聘会—灰汤分会场

④5月19日，组织“我是党员我带头，志愿服务我先行”活动

⑤8月21日，车站北路社区开展小小志愿者服务活动

⑥8月25日，启动“魅力芙蓉·城市双修”PPP项目开工仪式

（湖湘街道　供稿）

定王台街道

①	②
③	④
⑤	⑥

①白果园街景图
②丰泉古井社区建成“巧娘工作室”、图书阅览室
③7月31日，定王台街道开展未成年人书法比赛活动
④8月29日，市委宣传部部长高山考察定王台书市经营监管情况
⑤10月17日，定王台街道举办“歌舞庆盛会，喜迎十九大”文艺会演
⑥2017年，丰泉古井社区以公益众筹方式“共建”社区小候鸟儿童之家
（定王台街道　供稿）

韭菜园街道

①4月28日，蓉园社区召开“最美家庭”表彰大会

②8月7日，军区社区组织少年军校“我是特种兵”演示活动

③8月22日，举行“梧桐夜校”开班仪式

④8月23日，澳门“星际议政联盟”青年团到蓉园社区开展交流互鉴

⑤10月17日，省委秘书长谢建辉到区考察蓉园社区提质改造工作

⑥11月23日，举办“学习贯彻十九大，创建首善韭菜园”主题演讲比赛

（韭菜园街道　供稿）

文艺路街道

①	②
③	④
⑤	⑥

①4月11日，举办“两学一做”知识抢答赛

②4月28日，组织“学讲话，强信念，促发展”微宣讲活动

③5月23日，启动“乐先锋”党建社工服务站

④7月26日，老党员李自然为孩子们讲革命故事

⑤9月20日，组织“玩转指尖党校”活动

⑥12月27日，东广济桥社区举办党员“翰墨书豪情，喜迎十九大“活动

（文艺路街道　供稿）

朝阳街道

①3月8日，湖南省科技厅领导到湖南影像创客空间考察

②4月10日，二里牌社区组织“服务四类人群，温暖从头开始”免费理发活动

③9月11日，长沙市“第20届全国推广普通话宣传周”启动仪式在朝阳社区朝阳数码街举行

④10月17日，组织“喜迎十九大 颂歌献给党”文艺会演活动

⑤10月25日，曙光社区组织“我们的节日”敬老爱老志愿服务活动

⑥12月1日，组织“以诚修身 以信立德”诚信示范点创建活动

（朝阳街道　供稿）

五里牌街道

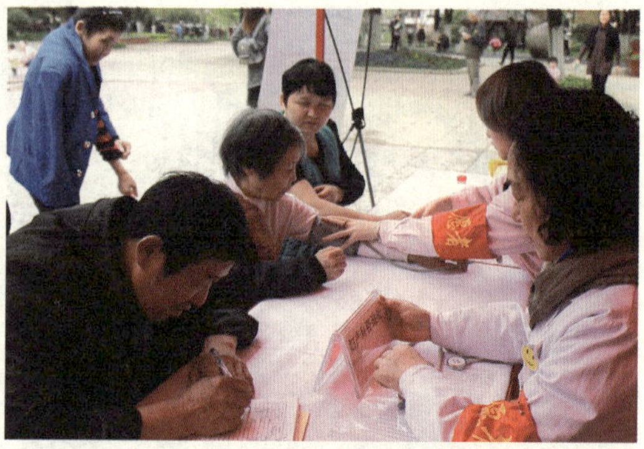

①	②
	③
	④
⑥	⑤

①1月20日，组织长沙火车站社区志愿服务队为特殊、困难群众开展献爱心、送温暖活动

②3月29日，“传承雷锋精神 圆梦微心愿”团队开展义务就诊活动

③7月3日，组织百名抗洪抢险突击队到浏阳河芙蓉区段抢险

④8月21日，在社区“小小鸟巢”组织未成年人参与“两型大课堂——我是节能小专家”活动

⑤9月20日，承办芙蓉区“科学助力成长，航模机器人秀”活动

⑥9月29日，组织民族教育宣传活动

（五里牌街道　供稿）

马王堆街道

①	②
③	④
⑤	⑥

①1月13日，区委领导观摩马王堆社区提质提档成效展

②2月21日，省环保督察组检查古汉城社区沁园夜宵街环保整治情况

③5月17日，区领导调研围而未建实体围墙整治工作

④8月9日，区领导督察社区提质提档项目

⑤9月22日，区政协领导督察九道湾社区文明创建工作

⑥12月27日，市委副书记徐宏源调研域内长沙晚报报业集团

（马王堆街道　供稿）

荷花园街道

①	②
③	④
⑤	⑥

①1月12日，中华全国总工会领导到“朝辉劳模创新工作室”调研
②1月17日，杨家山社区红色芙蓉陈列馆开馆
③3月2日，杨家山社区组织“牵手芙蓉”广场文化月月演活动
④6月27日，恒达社区举办第十三届群众文化艺术节
⑤8月26日，市委书记胡衡华督察德政园农贸市场文明创建工作
⑥8月30日，省委组织部领导到德政园社区考察城市基层党建工作

（荷花园街道　供稿）

东屯渡街道

①	②
③	④
⑤	⑥

①1 月 13 日，区特色项目观摩团考察街道项目建设

②4 月 2 日，扬帆社区组织“连心桥·关爱自闭症儿童”党员志愿服务活动

③5 月 20 日，东屯渡社区举办第四届“芙蓉杯”新节目赛

④5 月 20 日，第四届“芙蓉杯”新节目初赛在东屯渡社区举行

⑤8 月 15 日，市提质提档督察组到白沙湾社区调研社区提质提档工作

⑥12 月 15 日，嘉雨社区举办第一届艺术节暨庆元旦迎新年联欢会

（东屯渡街道　供稿）

火星街道

①	②
	③
	④
⑥	⑤

①1月13日，区领导到凌霄社区指导凌霄特色花街项目建设

②1月，在凌霄社区广场举办廉政文化主题活动

③2月28日，国家H7N9疫情防控工作联合督导组到火星农贸市场考察工作

④8月9日，组织“关注流动人口健康同行 计划生育倡导文明”活动

⑤9月11日，火星街道卫生服务中心组织“世界急救日”宣传活动

⑥12月20日，在兴和社区组织食品安全“护老行动”宣传活动

（火星街道　供稿）

东岸街道

①	②
③	④
⑤	⑥

①3月8日，东宜社区志愿者为居民提供美甲服务
②6月，望龙社区组织党员之家学习活动
③6月27日，省委组织部领导到街道红史长廊指导工作
④7月6日，街道抢险应急分队在滨河路绿化带塌陷处控制险情
⑤8月1日，隆平公园社区党员志愿者与退伍军人共庆建军90周年
⑥12月14日，举办学习中共十九大精神夜课堂活动

（东岸街道　供稿）

马坡岭街道

①	②
③	④
⑤	⑥

①5月5日，组织“健康中国 职业健康先行”志愿服务活动

②5月19日，科技活动周在马坡岭街道恒大江湾启动

③6月2日，举办第四届“芙蓉杯”新节目初赛

④7月9日，组织工作人员到宁乡道林镇靳水村走访慰问受灾困难群众

⑤9月19日，举办国学经典进社区活动

⑥11月15日，举办学习宣传中共十九大精神微宣讲比赛

（马坡岭街道　供稿）

东湖街道

①6月20日，国家信访局领导考察东湖街道“东湖夜话”工作

②11月9日，组织在浏阳河健步走活动

③11月15日，省委组织部领导到龙马社区调研基层党建工作

④11月16日，长沙市首个“党章文化园”在龙马社区建成开放

⑤12月11日，召开“东湖夜话——让东湖天更蓝水更清景更美”献计献策会

⑥12月26日，举办中共十九大精神微宣讲活动

（东湖街道　供稿）

街　　道

【概述】　芙蓉区辖域内除隆平高科技园外共划分有湘湖、定王台、韭菜园、文艺路、朝阳、五里牌、马王堆、荷花园、东屯渡、火星、东岸、马坡岭、东湖13个街道。各街道设有党工委和办事处，负责对所辖社区（村）的管理，其中湘湖街道与湘湖管理局为"两块牌子、一套班子"合署办公。2017年，各街道在区委、区政府领导下，加强党政建设，提升工作能力和管理水平，在助推经济发展，实施街域建设、强化社会管理、细化民生服务等方面做了大量工作，取得了新进展、新成效。

（年鉴编辑部）

湘湖街道

【概况】　湘湖街道办事处与湘湖管理局、三湘南湖大市场实业总公司合署办公，既具备一般街道的全部属性，又兼有企业管理的基本职能。下辖东湖、南湖、西湖、湘湖、跃进湖、车站北路6个社区和家电城、建材城、灯石城、汽配城四大专业市场以及富丽华大酒店。辖域面积2.32平方千米。域内有居民户1.43万户，户籍人口1.86万人，常住人口4.28万人。2017年，湘湖街道围绕"四个一流"目标以及"社区与企业并重发展"、"把湘湖建设成为高端城区"的任务，凝心聚力谋发展，开拓创新求变革，团结一致保稳定。年内，被评为长沙市文明单位、长沙市综治工作优秀街道。

经济发展。全年完成税收4.62亿元，完成全年任务106%，限额以上社会消费品零售总额完成30.70亿、全社会固定资产投资完成24.30亿、高新技术产业产值143.77亿。"四城一酒店"实现总收入2.56亿元，为年度总任务104%。三湘南湖大市场4个专业市场有门店近3500家，街域内还有工商企业近600家，个体工商户近2000家，商务楼宇9幢。为助推经济发展，开展域内8幢重点商务楼宇情况摸底，建立湘湖管理局税收大户动态管理及楼宇动态台账，实行重点楼宇"楼长制"，全年召开5次分行业、分楼宇的政企对接会。成立由招商办牵头打造"五级招商平台"，完成局属企业提质改造引进智慧家居品牌30余个，形成智慧家居龙头市场。全年完成15万元以上区级税收企业8家，其中超100万元企业1家。

街域建设。大汉IM时代、三玖辰坤灯饰等建筑项目完成封顶。五里牌肉联厂及周边棚改项目自管产单位完成签约，私房司法强制征收程序判决到位，项目基本实现清零扫尾。地铁三号线平稳推进；城际铁路实现通车；二污水处理厂正式运营。车站北路社区、湘湖社区PPP项目建设通过验收。提质改造二环线团结渠周边、南湖农贸市场、明苑街花卉市场等。完成晚报大道、车站北路湘湖范围内路段提质改造。全年新建和改造停车位300个。全年拆除违章建筑29处，面积近4000平方米。落实"河长制"，加强浏阳河及跃进湖环境保护防洪设施建设。完成车站北路社区和湘湖社区提质提档改建。

社会管理。开展企业安全生产主体责任年活动，全年督促5家危爆化学品店关闭迁出，实现了辖区范围内烟花爆竹销售动态清零。完成灯石城消防隐患黄牌警告摘牌工作。完成211台的黄标车整治目标。全年消除安全隐患100起，对14家企业下达责令限期整改文书和行政处罚。完成基层食药监所的阵地建设，开展

“八大”专项整治行动，立案查处10家违反食品安全法的门店。落实“五包一”措施，全年无到省市区集访、进京上访事件发生。调解各类矛盾纠纷198件，调处率和成功率100%，促成协议履行金额370万元。辖区范围内刑事发案率同比下降10.8%，其中跃进湖社区连续获得“零发案”社区。

惠民服务。探索居民自治组织机制创新，引入6家社会组织参与社区、小区管理。西湖社区获全国科普示范社区、省“五四”红旗团支部；车站北路社区获全国综合减灾示范社区、长沙市和谐示范社区；东湖社区获全国无邪教示范社区、市文明创建示范社区。全年走访慰问残疾人、低保家庭、复退军人，捐助金额19万元。向受灾地区援助物资25万元。建成600平方米的老年人日间照料中心。协调解决万象新天、梦泽园、雍景园、西南明苑小区物业纠纷。组织开展王府花园小区业委会换届选举工作。

党政工作。制定《2017年局属基层党组织抓党建工作任务清单》，全面推行“两学一做”常态化机制建设。实现机关、社区、局属企业、非公企业党组织差异化党建考核，打造党建创新服务项目——湘湖管理局党建引航中心。在57个基层党组织中广泛开展“两学一做”学习教育和主题党日活动。组建“两新”党组织2家，组织召开三湘南湖党建工作联席会。开展“精诚团结、敢于担当”为主题的专题民主生活会。以“书记讲堂”为依托全面落实书记讲党课工作措施。组织完成6个社区“两委”换届选举工作。开展签约服务进社区、企业活动，完成580平方米的街道文化活动场地建设，组织开展20余次群众文化活动。开展“连心行动”，每名干部职工完成走访15户居民群众，全年走访居民2万人次，打造“新时代回音壁”平台，解决群众诉求200余个。

局属企业管理。制定了“三联企业”考核办法，妥善安置建材城湘湖路征拆商户，以及转移安置原房屋的职工。全年安排湘湖职工子弟就业22名。提质改造了“三湘智慧城”、车饰精品街、转型提质灯石城四号楼、“五金市场”等局属企业，近40万平方米商业市场以新面貌迎接各方客商。解决家电城、汽配城等局属企业门面空租的问题。推进局属企业理顺管理体制工作，经1455名湘湖在职在编及退休职工的民主推选，产生了理顺体制代表43名。成立局属企业理顺体制专门工作机构，制定了理顺体制“三步走”工作方案。

存在问题和困难：历史遗留问题比较多，如：大昌项目，牵涉面较广，难以彻底解决。区域经济结构比较单一，企业以小微企业为主，大多处于产业链的下端，产品技术含量低、附加值低，存在“户数多、税额低、项目少、缺口大”等问题，财税指标压力大。长沙市湘湖管理局与湘湖街道办事处、湖南省三湘南湖大市场实业总公司合署办公，按“三块牌子、一套人马”模式运行，局大部分干部职工既要从事街政工作，又要从事企业管理工作，工作任务重、压力大，这种特殊体制客观上制约了湘湖发展、改革、稳定。

（宋　凯）

湘湖街道

书　　记　李明权
副 书 记　胡　锋（2017.11免）
　　　　　刘长学（2017.11任）
　　　　　陈　新（2017.09免）
　　　　　彭　鹏
　　　　　欧　转（女，2017.09任）
委　　员　赵　慧（2017.09免）
　　　　　刘青辉（2017.09任）
　　　　　彭　江
局　　长　胡　锋（2017.11免）
　　　　　刘长学（2017.11任）
副 局 长　张　斌
　　　　　吴旦伟
　　　　　冯　章
人大工委主任　彭　鹏
政协工作负责人　彭　江

【区领导观摩指导湘湖街道特色街巷建设】 1月13日，芙蓉区委书记于新凡、区长周春晖、区委副书记陈计伟、区人大常委会党组书记廖铁成、区政协主席郑明等领导，以及区相关职能部门负责人、部分街道党政主要负责人等百余人一行，到湘湖管理局观摩指导特色街巷三湘车饰街建设。观摩组一行仔细查看了三湘南湖大市场汽配城三湘车饰街特色街建设情况，听取了湘湖管理局党委书记李明权关于特色街巷建设情况的介绍，参加观摩活动的区领导对湘湖管理局发挥自身优势精心打造的三湘车饰街给予了高度肯定。

【党风廉政专题会议】 3月10日，湘湖管理局召开局党风廉政专题会议。局党委书记李明权、局全体班子成员、机关全体干部、局属各企业和社区负责人等100余人参会。会议由局长胡锋主持。

会议主题：认清形势、统一思想，切实增强全面从严治党和反腐败斗争的政治觉悟；瞄准问题、狠抓整改，全面营造团结担当、纪律严明的干事氛围；落实制度、强化措施，努力形成共谋湘湖发展的强大合力。李明权要求全局干部职工，扛起责任，真抓实干，推动全面从严治党向纵深发展，以加快建设具有“一流的干部队伍，一流的工作业绩，一流的口碑和形象，一流的企业管理”新湘湖，向中共十九大献礼。

【湘湖召开政企座谈会】 4月26日，召开“打造湘湖新坐标，开创湘湖新局面”政企座谈会。湘湖管理局、芙蓉地方税务部门、湘湖工商所等负责人以及入驻长盛30余家企业参加座谈会。会议明确抓好政策落实，全力优化政府服务，有担当、敢作为，真心实意帮助企业解决实际问题。会议要求企业认清形势、树立信心，增强发展的主动性和前瞻性，在困难面前增强定力、保持韧劲，提前谋划应对，抢抓发展机遇，牢牢把握发展的主动权。

【应急救援演练活动】6月29日，芙蓉区安委办举办的工贸企业有限空间应急救援活动在湘湖管理局辖区单位国祯环保科技有限责任公司进行。市安监局党组成员郭朋芳、芙蓉区副调研员徐德进、区安监局局长刘顺泉等领导现场指导，各街道安监站站长、全区40余家重点工贸企业负责人观摩学习。通过此次演练能进一步强化企业有限空间作业安全意识，切实提高企业职工防范自救能力，让有限空间作业人员熟悉掌握必要的安全知识、操作规程和科学正确的应急救援方法，达到有事不慌、处变不惊、积极应对、自我保护的目的，从而遏制事故多发态势。

【党建工作暨抗洪救灾表彰大会】7月18日，湘湖管理局半年度党建工作暨抗洪防汛总结表彰大会举行。芙蓉区委副书记陈计伟，区委组织部副部长、基层办主任田松柏，湘湖管理局党委书记李明权、局长胡锋、局班子成员、全体干部职工以及辖区内各基层党组织党员共300余人出席了会议。该次总结表彰大会以“干在实处、奋勇担当、湘湖撸起袖子加油干”为主题回顾上半年以党建为龙头的整体工作。会议分为“工作风采，我为湘湖做贡献”“最美声音，学‘习’讲话筑精神”“党课比拼，‘两学一做’心向党”“榜样力量，表彰先进传递力量”“背后故事，永远担当好干部”“征文比赛，激发党员正能量”“防洪抗汛第一线，众志成城筑钢堤”等环节，每个环节都充分彰显了湘湖干部的团结担当精神。

【安庆市食药监局一行考察交流食安工作】 7月21日，安徽省安庆市食药监局副局长何炳南，安庆市大观区区长潘功发、副区长许亮一行10人到湘湖管理局车站北路社区，考察和学习在明厨亮灶、小餐饮监管等方面的先进经验。芙蓉区食药监局党组书记危勇陪同考察。考察组一行了解了芙蓉区食品安全检测、监管工作情况和创建国家食品安全城市的经验和做法。考察组充分肯定了区食品安全工作的成效，并就食品安全监管建设、食品卫生等工作进行了深入交流，提出希望在今后的工作中，两地密切来往，加强交流，互相提高，共同进步，维护好群众利益，保障好人民群众“舌尖上的安全”。

【“魅力芙蓉·城市双修”PPP项目开工】 8月25日，“魅力芙蓉·城市双修”PPP项目开工仪式在湘湖管理局车站北路社区举行。长沙市委副书记徐宏源、中铁五局集团总经理徐中义及市直相关部门负责人，芙蓉区委、区政府、区政协相关领导，中铁五局相关负责人等出席了启动仪式。开工启动仪式由芙蓉区委副书记、区长周春晖主持。“魅力芙蓉·城市双修”PPP项目是芙蓉区在市委市政府统一部署、全力推进社区提质提档三年行动计划下的一项改善城市环境，提升城市品位，增进民生福祉，建设人民满意城市的品质提升工程。“魅力芙蓉·城市双修”PPP项目主动对标杭州G20标准，将“城市双修”理念融入其中，聘请国内一流设计团队参与规划设计，与中铁五局实现战略合作，创新运用PPP模式组织施工建设，以更大的投入、更新的方法，推进社区提质提档工作。

【“书香芙蓉·全民终身学习活动周”启动】 11月3日，由区教育局、区文明办、湘湖管理局承办的“书香芙蓉·全民终身学习活动周”大型活动开幕式在湘湖管理局步步高超市广场拉开序幕。中心内容是“大力发展社区教育，引领全民终身学习，全面推进学习型城区建设”。长沙市教育局副局长杨庆江，市文明办综合处处长刘爱梅，市社区大学副校长林涛，芙蓉区副区长梁汝岚等领导参加了启动仪式。活动向全体居民发起了学习倡议，倡议大家加入终身学习的队伍中来。

（宋　凯）

定王台街道

【概况】 定王台街道下辖丰泉古井、金沙里、黄泥街、宝南街、藩后街、走马楼、马王街、化龙池、浏正街9个社区。辖域总面积1.48平方千米。域内有居民户1.74万户、户籍人口6.79万人。2017年，定王台街道围绕打造“总部经济基地、湖南金融核心、长沙文化地标、群众幸福家园”的总体目标，众志成城，踏实苦干，推动各项工作再上新台阶、发展再攀新高峰，在实现“定王梦”的新长征路上迈出了坚实的步伐。

党政工作。街道按照“工委统领、区域管理、行业统筹、精准服务”的城市基层党建思路，全年召开党建专题会议18次。严抓纪律，纯净党风，出台街道加强作风建设系列文件，对社区党建工作实行月督查，季考评工作制度，开展专项检查12次，纪检发布督查通报15期，查办违纪案件7例，处理违纪党员1名。完成社区党组织换届，其中8个社区升格为党委、1个社区升格为党总支。重点打造丰泉古井社区“丰泉书房”青年党建教育基地品牌和走马楼社区“走马楼CBD先锋港”品牌，打造“街道楼宇党群服务中心”，推广“社区楼宇党群服务站”，特色党建品牌持续发挥示范作用。重点保障社区党建工作经费，探索非公党员活动经费保障机制。《长沙晚报》专版推介街道党建相关工作。

经济建设。街域内商务楼宇16幢，工商业企业4523户，个体工商门店2112处。街道助推经济发展，经济指标保持平稳增长。全年街道完成规模工业产值5.07亿元，完成限额以上批发额178.63亿元，限额以上社会消费品零售总额73.05亿元，社会固定资产投资86.83亿元，全口径税收27亿元，省外境内固定资产投资36.5亿元，省外到位资金16.5亿元，外资1.5亿美元，其他营利性服务业营业收入4.77亿元，高新产值54.7亿元，研发经费3.5亿元。

街域建设。长沙国金中心及周边提质改造项目基本完成，国金中心、湖南投资大厦实现全面招商，五一里商业街正式营业，友阿商业广场投入使用，芙蓉广场南广场进场施工，都正街项目二期附属工程实现完工。都正街有机棚改被长沙市政府推荐参加湖南省生态文明改革创新案例评选。全力推进蔡锷中路两厢棚改项目，累计签约私房1354户，签约率82.7%，腾房1168户，完成28家单位签约，签约率54.9%。

社会管理。街道确立了党政一把手亲自抓的安全工作“一岗双责”责任制，全年召开17次安全生产动员部署会。与辖区248家重点企业签订安全生产工作责任书。结合“一节两会”“职业病防治法宣传周”“安全生产月”“千人送训”等活动主题开展集中培训，日常通过微信、短信发放温馨提示7000次，发放宣传手册5000册，举办培训演练52场次。开展各类专项整治行动10次，开展“两月一行动、一月一警示”专项活动18次，开展打非治违、联合执法整治行动24次。针对企业主体安全生产责任落实不到位等情况建立四级约谈模式，约谈各类企业30次，约谈街道部门和社区10次，排查处置安全隐患200起，责令限期整改10起，重点解决了城市生活家、蚂蚁工房和联合商厦的消防问题。推行城市管理网格化管理，拆除违章广告194处，面积2.34万平方米；拆除违章建筑62处，面积5312.62平方米。改造百果园、古稻田、百联站厕3座。组织环保整治120次，处理各类信访投诉案件386次。组织大规模市容整治120次，全年执法案件处罚金额16万元。处理督办案13件。年内淘汰黄标车196台。2017年3月获评全市“城管示范街道”。综治维稳成效明显，杜绝了群访、集访事件发生。实施包案负责制，解决历史遗留问题14户。开展“敲门行动”对法轮功重点对象进行回访帮教76次。组织排查矛盾纠纷15次，调处矛盾纠纷106件。取得特护期零进京、零非访的好成绩。建立食品药品安全监管协作机制，完善食品药品安全案件有奖举报制度，持续深入推进食品安全示范城市创建工作，创建食品安全示范社区1个、食品安全示范门店3家。丰泉古井社区被评为“国家级无邪示范社区”，浏正街社区被评为“省级无邪示范社区”，街道被评为“全省社区戒毒康复工作一级站”。

文化宣传。全年承办市级精神文明创建活动5次，都正街“名师经典进基层活动”成为全国文明城市巡演巡礼重要点位之一，在中国文明网、中国未成年人网、精神文明报上稿多篇。丰泉古井社区被评为“全国文明社区”，家庭教育指导站点和心理咨询室成为“省级示范建设点”。打造长沙市市级文明创建公益广告集中示范点——芙蓉广场。开展各类特色主题群众文体活动，打造都正街群众文化活动舞台。通过“广场月月演”“文化惠民进社区”“送戏进社区”等形式举办文化活动100场次；向区委宣传部推选6个优秀艺术团队及作品，其中芙蓉京剧团原创作品《幸福一家人》获得芙蓉区“欢乐潇湘 品质长沙 幸福芙蓉”三等奖。做好宣传报道工作，全年向中央媒体提供报道11次、省级媒体报道79篇、市级媒体报道65篇、区级媒体上稿344篇。

民生服务。积极探索家庭医生制度，完成家庭医生签约2836户。加快卫计资源整合，开展健康教育活动14次。节日慰问困难群众2310户，发放物资2300份。大病救助136户次。妥善安置10名退役士兵。办理老龄证365本。全区首个老年人“日间照料中心”在马王街社区成立运营。受理“12345”工单319件，结案工单242件，退回77件，按时办结率100%。丰泉古井社区被评为“长沙市和谐示范社区”，浏正街社区被评为“长沙市和谐精品社区”。

存在的问题与不足：经济不景气，发展后劲不足，经济指标任务重、压力大，部分指标完成困难。历史遗留问题多，信访维稳、安全生产压力大。流动人口多、基础设施老化，城市管理困难重重。棚改任务艰巨，群众工作面临挑战。（曹　倩）

定王台街道

书　　记　刘　宪
副 书 记　孔　干（2017.09免）
　　　　　文升云（2017.09任）
　　　　　黎国辉
工委委员　杨　兵
　　　　　徐一斌
　　　　　袁　曦（女）
　　　　　李　睿（2017.09免）
　　　　　张文博（2017.09免）
　　　　　李　景（女，2017.09任）
主　　任　孔　干（2017.09免）
　　　　　文升云（2017.09任）
副 主 任　李　睿（2017.09免）
　　　　　吴齐成
　　　　　李　景（女，2017.09免）
　　　　　周　沁（女，2017.09任）
　　　　　冯新辉（2017.09任）
人大工委主任　杨　兵
人大工委副主任
　　　　　周　沁（女，2017.09免）
　　　　　张文博（2017.09任）
政协联络处主任　徐一斌

【都正街创建市级食品安全示范商业街】 为创建市级食品安全示范商业街，都正街40多家经营户提出“以文明促繁荣”的经营理念，突出街区食品安全、诚信经营和环境保护三大主题，重点解决街口周边摊担乱摆、垃圾乱扔、流动商贩制假售假以及商铺噪音扰民等突出问题。开展“诚实立身，信誉立业”教育，以“诚信经营星级创建”活动和“百城万店无假货”活动，进一步挖掘人文旅游资源，不断完善购物、休闲、旅游功能，加强“老长沙”系列雕塑的维护，广泛开展广场文化活动，提高文化品位。

【丰泉古井社区提质提档项目通过验收】 1月11日，长沙市社区全面提质提档工作考核组到丰泉古井社区进行考核验收。考核组一行实地查看了外围环境提质、社区绿化美化建设、基础社区建设等，详细听取了工作介绍，重点了解社区特色项目“丰泉书房”。考核组重点查看社区民政、党建、惠民项目、综治等资料。丰泉古井社区是芙蓉区全面提质提档验收的首站，考核组对丰泉古井社区全面提质提档工作给予充分肯定，认为丰泉古井社区的提质提档工作真正做到了精准提质、精细服务、精致呈现。

【走马楼社区获计划生育示范社区】 2月22日，在长沙市卫计工作会议上，定王台街道走马楼社区被评为2016年长沙市计划生育基层群众自治示范社区。走马楼社区地处五一商圈核心地带，是城市主轴中心，也是“城市会客厅”。社区流动人口0.8万人，务工人员3万人。随着城市经济发展，流动人口急剧增加，外来人员综合素质参差不齐，文化程度偏低，难以融入城市生活等等情况，使走马楼社区常住人口和流动人口的管理成为群众自治协会管理方式的难点。为了破解这一难题，走马楼社区率先创立外来人员“安居港”联合工会，帮助辖区所有群众的就医、住房、就业、子女上学等问题，从而推动外来务工人员的市民化发展和社区管理的良性群众自治、和谐共建，实现双赢。

【市领导走访慰问退役军人】 3月15日，长沙市委副书记徐宏源一行到定王台街道黄泥街社区走访慰问退役军人。随行走访的有长沙市委副秘书长谭慧慧、芙蓉区委书记于新凡、芙蓉区委副书记、副区长周春晖等。徐宏源一行到位于顺星桥巷的易建新老人家中慰问。易建新是三级伤残军人，曾参加过对越反击战，在战争中造成了严重的视力伤残。徐宏源仔细询问老人的日常起居、健康状况、经济保障等情况和生活中遇到的困难，在得知老人身体硬朗、精神很好时，连连点头称赞。徐宏源在走访慰问中向伤残军人表示，党和政府是大家的坚强后盾，只要大家勇敢克服困难、坚强面对生活，日子一定会越过越好。

【长沙国金中心建设现场办公会】 位于定王台街道域内的“国金中心”是长沙市城区一处重点建设项目。5月9日，长沙市委副书记、市长陈文浩主持召开长沙国金中心现场办公会，副市长唐向阳、廖建华，芙蓉区委书记于新凡、区长周春晖，湖南省消防总队及长沙市住建委等有关职能部门负责同志参加会议。会议首先听取了周春晖对于长沙国金中心项目在推进过程中存在消防验收、周边交通规划、广告LED屏审批、人防方案、规划验收、周边提质改造的强电下地等问题。与会的市相关部门负责人员展开了讨论并提出意见和建议，表示会全力支持国金中心项目建设。陈文浩充分肯定国金中心项目，对消防、交通、供电、人防、城管、验收等工作提出了明确要求。

【开展主题党日党员志愿服务活动】 5月19日，定王台街道党工委组织开展“我是党员我带头，芙蓉先锋在行动”主题党日活动。党员志愿者们来到常德市石门县新关镇中茅坪完小进行“心连心”结对活动。志愿者们给中茅坪完小的贫困学生们送上学习用品、并给学校捐赠了体育器材。志愿者们还给孩子们上了一节主题为《弘扬爱国情，践行价值观》的公开课，用通俗易懂的语言，给孩子们讲述如何爱国，教导孩子们要勤奋学习、尊师爱友、孝敬父母、践行社会主义核心价值观，做一名诚信、友善的少先队员。党员志愿者还走访了学校的特困学生。

【社区居委会换届选举大会】 5月25日，定王台街道9个社区居委会换届选举大会召开。选举大会由各社区负责人主持，芙蓉区、定王台街道各部门联点领导出席。定王台街道换届选举工作领导小组全体成员、社区工作人员、居委会正式候选人、全街实际登记选民1.96万人参加了选举。主持人向选民讲解选举投票细则，介绍选票和投票方法，保证合法性。区人大常委会副主任宋晋武、副区长练大智等到现场指导。各社区按照大会选举17道程序依法依规进行。工作人员集中票箱、开箱验票、分拣选票、唱票、计票，当场宣布选举得票结果，并对选票进行封存、填写选举报告单和统计表。由定王台街道党工委根据正式候选人行为监督情况、选举过程依法依规情况对选举结果进行审查，审查通过后，公布当选名单并颁发当选证书，至此新一届社区居委会正式成立。

【组织全体干部群众防汛】 6月28—30日，长沙遭受强暴雨侵袭。7月1日汛情告急，定王台街道严格落实防汛责任制，第一时间成立防汛工作组，在街道党工委、办事处的领导下，辖区内各社区书记、所属工作人员迅速奔赴社区各商区、住宅区、街巷、工程建筑场地、文博场馆等察看汛情、及时排除险情、安抚群众。街道全体干部取消休假，严格落实24小时值班制度，加强巡守值夜，为人民群众的生命财产安全保驾护航。辖区内主要商圈、街巷均无大面积积水，未发生一起安全事故。

【红网定王台街道工作站挂牌成立】 8月3日，定王台街道与湖南红网长沙分站签署合作协议，标志着红网定王台街道工作站正式挂牌成立，成为芙蓉区成立的首个街道工作站。红网长沙分站站长、总编辑谭忠欣，定王台街道党工委书记刘宪、组宣委员张文博参与挂牌仪式。谭忠欣表示：红网长沙分站定王台街道工作站的成立，顺应了传媒业迅猛发展和深刻变革的大势，是主流媒体舆论引导能力的进一步拓展、丰富和提升，也是湖南红网新媒体集团积极作为，主动担当的重要体现，希望红网定王台街道工作站能继续书写定王台街道、社区的基层感人事迹，进一步提升定王台街道的形象。

【“创新驱动发展 科学引领生活”主题科普活动】 9月18日，以“创新驱动发展 科学引领生活”为主题的2017年芙蓉区全国科普日活动在定王台街道都正街大剧场拉开序幕。该次活动由区人民政府主办，区科协、区科技局、区文明办、定王台街道承办。市科协副主席易方、市科协科普部部长张宇、副区长梁汝岚、区科技局局长吴立平、区科协主席李莉霞等领导出席。活动吸引了包括街道机关干部、辖区企业代表、居民群众在内的300人参加。辖区内重点企业：湖南惠农科技有限公司、湖南省轻工盐业集团、湖南艾博特机器人系统有限公司分别上台展示了新能源、新科技以及创新创业的成果，突显了科技服务民生、科技引领生活的理想与信念。震撼神秘的激光舞、新奇有趣的“空气炮”以及灵活动感的机器人舞蹈等节目轮番上演，以直观生动、轻松易懂、强化互动等多样化方式，让居民群众感受科技创新、科学传播和健康生活的魅力。

【市知识产权局清查定王台书市盗版书籍】 10月13日，长沙市知识产权局执法处副处长张宇一行到定王台书市清理非法盗版等相关书籍。区科技局副局长彭晓斌陪同。定王台书市有书店经销商200余户，上年书市零售、批发交易额超过60亿元，已建立起全面报备、重点审查机制。张宇实地检查了书社，随机抽查并仔细查看书籍的版权页、书页质量、封底等是否存有问题，了解书市打击非法盗版出版物等工作的开展情况，察看被没收的盗版书籍。张宇表示，对于书市的经营要给予扶持，相关部门要加强对书市经营的监管，保证书市经营秩序的规范性，确保经营业主和消费者的合法权益。

【“牵手芙蓉”共迎十九大】 10月17日，“牵手芙蓉”广场文化月月演暨“喜迎十九大·不忘初心跟党走”文艺汇演活动在定王台街道都正街剧场举行。通过舞蹈、民歌、通俗歌曲、唢呐演奏、情景歌舞剧等形式展示定王台地区的美好景象与文化底蕴，为中共十九大胜利召开营造出良好的文化氛围。活动由芙蓉区委组织部、宣传部主办，区文明办、文体新局承办，定王台街道相关工作人员及200余名社区居民参加活动。

【区领导调研楼宇经济工作】 10月22日，区委副书记、区长周春晖带队，通过实地走访、座谈交流等形式，调研定王台街道楼宇经济工作。副区长周治国、黄金国，区人大常委会副主任严国益、罗尔曼参加调研。在国金中心会议室内召开了楼宇经济工作调研会。区CBD办主任易鑫汇报全区楼宇经济工作的现状和存在的问题。长沙国金中心、湖南投资、长沙世茂环球金融中心、中油大厦、银华大厦、中天广场等楼宇负责人就招商引资、楼宇发展、停车难、基础设施改造等工作提出的相关问题。参会的各职能部门负责人现场答疑，并提出后续工作的相关意见。周春晖要求：各楼宇的“楼长”要经常积极主动地为楼宇做好帮扶，解决楼宇困难，帮助楼宇全力发展，全面打造精品优质的高端楼宇。各区直部门要加大对楼宇发展的扶持力度，不论是从资金奖励还是从服务发展上都要发力，要在服务上求发展、在服务上求品质，不断壮大楼宇经济实力，真正将定王台街道打造成楼宇经济高速发展的地标。要认真解决各楼宇发展的困难。要用最好的服务引来“金凤凰”，打造更具国际品质的高端楼宇。

【省委宣讲团与基层干部群众座谈交流】 11月13日，中共十九大代表、省委宣讲团成员、省委宣传部原常务副部长李发美到定王台街道丰泉古井社区，围绕十九大精神展开座谈交流。座谈会由芙蓉区委书记于新凡主持，长沙市委宣传部部长高山、副部长李卫政，区长周春晖、区委宣传部部长伍艳飞及定王台街道党员干部代表、群众代表50余人参加。座谈会上，李发美以“不忘初心，牢记使命”为主题，向基层干部群众讲解中共十九大主要精神，并与基层干部群众代表交流互动。于新凡要求：新时代要有新思想、新作为，要紧密团结在以习近平同志为核心的党中央的周围，抓住新时机，补短板、强弱项，以人民为中心，切实贯彻党的十九大精神，做好基层党建工作。

【上海市金融服务办一行到街道交流“打非”工作】 12月12日，上海市金融办稳定处处长赵万兵协同湖南省金融办稳定处处长喻楚其及办公室工作人员一行到定王台街道金沙里社区交流指导打非工作。会上，赵万兵、喻楚其听取了芙蓉区金融办、定王台街道办事处以及金沙里社区对于打击非法集资工作的情况汇报，他们认为要在三个方面改进工作：搞好宣传教育，通过集中开会、上门宣传、单独约谈等方式，在楼宇和企业中进行打击非法集资的宣传教育。把好企业入驻关，通过和物业公司的密切配合，将新入驻企业第一时间报街道社区，街道、社区联合工商、公安上门进行了解调查、备案，通过楼宇网格管理员的走访及时发现异常情况并报告街道社区以及派出所进行上门查询。把好监督管理关，通过扫楼行动切实摸清企业情况，发现异常情况及时查处，并联合工商、公安及时对有相关涉非嫌疑的企业进行整治。

【社区提质提档工作通过验收】 12月27日，长沙市城管执法局副局长张胜祥带领市社区全面提质提档工作考核验收组一行到定王台街道走马楼社区和金沙里社区考核验收社区提质提档工作。市考核验收组实地察看了两个社区的提质改造项目，仔细听取汇报并查阅社区党建、人居环境、公共服务、和谐稳定方面的工作资料及台账等。验收组对2个社区提质提档工作予以充分肯定。张胜祥指出，提质提档工作只有起点，没有终点，社区要结合实情，继续扎实推进工作，坚持以民生为导向，让提质提档为老百姓带来更多的实惠，让居民群众从社区提质提档中感受到更多的获得感和幸福感。 （曹 倩）

【全省首家楼宇党群服务中心成立】 定王台街道创新实施楼宇党建项目，在定王大厦22层成立全省首家“一站式”楼宇党群服务中心。在该中心建立商务楼宇党组织与社区党支部联席会议制度，开展“企业党员归队行动”，创建楼宇企业党员基本数据库，设有“服务吧”“暖心吧”“悦读吧”“学习吧” “健身吧” 等活动区域，为域内2000余家非公企业党员搭建党建平台、提供学习阵地和党务服务中心，推动入驻楼宇单位建立党组织，实现社区和楼宇党组织共驻共建共享。 （覃婷婷）

韭菜园街道

【概况】 韭菜园街道下辖蓉园、军区、汤家岭、桐荫里、八一桥5个社区。辖域面积1.98平方千米。域内有居民户1.56万户，户籍人口3.99万人，常住人口4.34万人。2017年，街道围绕“创建首善之街，打造省会窗口”的目标，扎实推进强党建、提品质、惠民生“三大工程”，努力实现党建、经济、社会事业等协调发展，被评为长沙市“2016年红旗等次乡镇平安街道”。

经济发展。2017年，域内有各类工商企业500家，其中规模以上企业38家，个体经营门店700户。商务楼宇有银华大厦、亚大时代、壹号座品、昊天大厦、信息时代、天佑大厦、瑞源大厦、粮贸大厦、物资大厦10幢。街道以“产业转型升级”为导向，以“品质提升”为目标，夯实基础，推进两型，优化营商，强化服务，解决企业困难70个，域内经济发展呈现良好态势。规模工业总产值完成0.36亿元，限上批发企业销售额67.86亿元，限上商贸业社会消费品零售总额16.02亿元，高新技术产业产值55亿元，固定资产投资31.77亿元，财政税收5.25亿元，完成112.68%，排名全区第一。

街域建设。黄土塘棚改项目进入冲刺阶段，部分回购房已开工建设。街道全力推进蓉园、汤家岭、军区社区“魅力芙蓉 城市双修”PPP项目和社区提质提档工作，桐荫里社区阵地扩容，八一桥社区办公用房迁新址，军区社区新办公用房在装修中。竹园路、蓉园路、迎宾路、车站北路等主次干道提质改造及汤家岭社区竹园路好人长廊建设相继完成。蓉园社区内的省委四、五区和军区社区内的417号大院的提质改造也基本完成。提质改造工作中凸显了军区社区提质提档庭院议事会、汤家岭社区“红色物业”、桐荫里社区“桐荫夜校”和“微信图书馆”等工作亮点。

社会管理。年内，街道把省委周边作为环境整治重点，拆除京电花园、竹园公寓等处违章建筑59处，共计2463.54平方米，新增控违5处、78平方米，拆除周边广告牌80余块、处治违停450多台次，增设黄土塘片区临时停车场缓解辖区停车难题。设立向阳湖河长公示牌，并制定河长制实施和水质治理方案。办结中央环保督察组交办案5件，办理一般程序案100余件。坚持以“预防为主”排查化解各类矛盾纠纷61件，涉案或争议金额180万元，调处率100%，无“民转刑”或重特大群体性上访事件发生。火灾和交通伤亡、省市区挂牌整治、禁毒尿检违规、法轮功等均实现“零指标”。特护维稳期成功与信访人许某某、任某某签订息访息诉协议。成立韭菜园街道退役军人服务中心，并充实辖区“红袖章”队伍，充实街道巡防队，加大巡防力度。街道累计接收社区矫正对象73人次，依法解矫58人次，在册15人无1例脱管漏管，街道在册51名帮教人员全部帮教到位，无重新犯罪。全年开展安监联合执法检查20次，下达限期整改指令书14份，查封取缔非法企业3家，收缴违法物品1家，罚款5家，行政处罚城管条线案例74件。联合共建单位蓝天救援队开展安全演练10次，为辖区企业和居民开授“安全大课堂”，普及安全生产知识。率先在湘一芙蓉中学、省委新湘幼儿园等4所学校安装“校园食品”快速检测设备，供家长、市民随时抽检校园食品，不定期检查学校及其周边餐饮单位、五小门店。

民生服务。辖区城乡居民基本养老保险参保351人，完成城镇居民养老认证135人，审核申报城镇居民养老政府代缴75人(其中低保47人、重残26人、计生特困2人)。居民医保参保6038人，缴费362万元，完成89%。累计救助未参加城镇职工医保的精神病人78人次。核实低保1046户、1589人。失业人员再就业510人，组织辖区失业人员参加各类招聘会8次。承办岳阳市平江县“搭建供需平台 春风促就业”大型招聘会。审核申报灵活就业社会保险75人。累计救助患病住院特困户73户，慈善助学13人次，慈善助老34人次，慈善助贫困户92户，办理棚户区住房补贴68户，廉租房20户，公租房5户，确认经济适用房6户。街道实施“推进社会养老服务体系建设推进年”“敬老爱老助老工程”“敬老月活动”，为辖区约1200名80周岁以上老人提供服务。计生帮扶86人，春节帮扶19人，奖励城镇低保户计生家庭22人，奖励独生子女保证对象274户，购买计划生育家庭保险274份。组织计生业务培训2次。全面清查5个社区4200多名流动人口，信息采集准确率、服务满意度均100%。生育证办理、流动人口婚育证明、电子健康卡、儿童预防接种、计生免费技术服务等完成100%。

党政工作。街道下辖党支部49个、党员1045名，发展新党员13人，培训入党积极分子19人。年内，街道党工委规范《“三重一大”集体决策制度实施办法》和《街道党工委会议制度》，定时召开“专议党建”会，对照《问题清单》和《责任清单》抓整改，以“三会一课”为基础，推进“两学一做”制度，通过“红星云”APP对党员实行动态管理，通过微信专栏、好人故事文化长廊、好人门牌等形式宣传社会正能量。打造“梧桐夜校”“好人声音进机关”“红色物业”“先锋家园”等党建品牌，开办“老党员梦工坊”创新项目。规范社区选举工作，调整社区书记1名、副书记5名，换届选举、志愿服务、文明传播等工作中充分发挥老党员的带头作用。举办的庆十九大省市书画展、演讲比赛和20余次主题党日活动等，被市级以上媒体报道16次。街道以纠“四风”和打击“雁过拔毛式腐败”为重点，制定《韭菜园街道严明工作纪律 改进工作作风若干规定》。全年召开纪检监察专题会7次，开展各类督察52次，民情走访督察280人次，发督察通报13期，与街道各部门和5个社区分别签订党风廉政建设责任书。打造蓉园路、竹园路“廉政文化特色街”、汤家岭社区廉政文化广场、“电箱上的廉文化”等廉政宣传阵地，升级蓉园社区“清风自助书吧”，开展“廉政微课堂”家风传承活动。

其他工作。年内，街道积极为新闻媒体提供素材，在芙蓉新闻网上稿361篇，芙蓉之窗上稿300篇，微信公众号推送信息506篇，星辰在线、红网和中国网等媒体报道70次，市级以上新闻媒体报道108篇，电视媒体报道9次，平面媒体报道20篇。承办“我们的节日”“好家风家训”“弘扬传统美德”“讲文明 树新风”“好人故事传播”“传承名师经典”等省、市级大型文明创建活动9次。组建20人的网评员队伍，做好重要时间、敏感事件的舆情风险评估、监控工作，协同相关部门处理舆情25条，筛选报送网络有害消息1066条。打造长沙市首个“微信图书馆”，开展“微理论 微宣讲”活动。全面清理街道16处出租物业，收回桐荫里23号老旧违章建筑，退还省政府桐荫里46号公房，完成黄土塘3号、韭菜园120号和八一路493号3处拆迁物业资金的上缴工作。完成辖区5个社区“两委”换届选举。街道工委、办事处加强对社区工作的指导，各社区圆满完成年度内的各项工作。其中蓉园社区被长沙市委、市政府和市委老干部局、市委离退休干部工作委员会分别评为“文明社区”和长沙市“发挥五老作用”示范阵地示范点，汤家岭社区被长沙市总工会和长沙市统计局分别评为“市级职工阅读学习活动优秀项目”和“市级劳动力调查优秀社区”，桐荫里社区被共青团长沙市委评为“2017 年度长沙市示范性基层团组织”。

存在的困难和问题：受地处长沙市老城区中心地段、占地面积小、人口密集、流动人口多、交通拥堵等因素制约，经济发展潜力不足。因辖区地处省委周边的地域特性和黄土塘棚户区拆迁项目扫尾清零工作的推进，信访、维稳压力重。桐荫里社区老旧房屋受环境影响存在消防安全隐患。

（董春梅）

韭菜园街道

书　　记　徐青春（2017.09 免）
　　　　　唐益人（2017.09 任）
副 书 记　王　庄（女）
　　　　　罗拾平（2017.03 免）
　　　　　吴正华（2017.03 任，2017.09 免）
　　　　　吴　彦（2017.09 任）
工委委员　张文彪
　　　　　陈　彪
　　　　　喻英杰
　　　　　卜玉龙
　　　　　杨友林
主　　任　王　庄（女）
副 主 任　杨友林
　　　　　易忠兰（女）
　　　　　汪利忠
人大工委主任　张文彪
人大工委副主任
　　　　　王　冰（2017.03 任）
政协联络处主任　陈　彪

【文明共建“1+1>2”】 2017 年，为推动街域文明创建工作深入开展，街道积极探索街域管理单位共建“1+1>2”模式。街道把辖区划分为 4 个片区，片区内划分为若干网格，片区长、网格长、城管队员、环卫工人等分工负责，社区安排值班人员和网格负责人巡查落实；街道与辖区单位签订共建门前责任书和共管协议书，采取各单位属地自管、社区协助形式，增强企事业单位对创建的认同感、责任感和使命感；在小区楼栋建立四级自管网，各社区通过固定宣传栏等形式宣传文明创建，街道、社区定时召开有居民、企事业单位代表参加的市民学校和座谈会共同筹划文明创建工作。文明共建“1+1>2”，开启了以社区党组织为核心、社区居委会为主导、辖区单位共同参与的社区事务共商共管的文明创建管理模式。

【“五防联动” 铸造平安街道】 年内，街道积极推进人防、物防、技防、意防、微防的“五防联动”模式。在辖区主次干道有密布的电子眼“智能天网”，有武警、巡防队员的“步巡”和专职巡警的“车巡”，街道设立应急突击队，每个社区有专职民警带队的“红袖章”平安志愿者巡逻小组和标准化警务室。为增强群众的自我防范意识，街道还不定期开展安全培训和演练活动，设置模拟场景让居民亲身体验。“五防联动”是辖区铸造平安街道的长效机制。

【“连心”行动】 2017 年，“连心”行动开展以来，街道先后组织召开群众工作民情恳谈会、半年工作“回头看”“连心”行动推进会、“芙蓉群工”数据平台推介暨群众工作四季度讲评会等，广泛征集群众诉求，督查群工履职，落实限时办结责任，交流工作经验，推介数据平台。为加大“连心”行动宣传的覆盖面和影响力，街道广泛收集群工队员入户走访、诉求办理前后对比、互联网＋群众工作、群体性活动、群工特色服务品牌及抗洪抢险等主题的图文制作宣传橱窗、活动展板和宣传手册，以居民可参与性为切入点，搭建“连心”服务平台，打造蓉园社区微信“帮帮帮”、汤家岭社区服务银行两个社区群工品牌，并以“群工蓝图”直观反映街道“连心”行动的特色、成效。“连心”行动中，群工队员们累计走访群众 5000 余人次，帮扶困难群众 852 人，解决诉求 242 条。

【社区提质提档工作】 2017 年，街道成立韭菜园街道魅力芙蓉·城市双修（有机棚改）PPP 项目推进工作指挥部，明确项目指挥部及各社区具体职责，多次召开调度会，组织学习《芙蓉区社区全面提质提档“芙蓉标准”体系》《芙蓉区社区全面提质提档 2017 年工作要点》《芙蓉区社区全面提质提档工作考核办法》等文件，传达区政府调度会精神，解读条例，分解任务、落实责任，推介经验，探讨军区社区 417 号大院杂物棚处理、汤家岭社区湘绣违章拆除、蓉园社区拆违矛盾处理及八一桥社区预征收摸底等难题，并结合实际情况做出工作部署：细化预征收摸底，及时处理拆违矛盾，做好相关备查档案，拓宽畅通民意渠道、打造惠民精品小区。

【送岗扶贫惠民生】 2 月 6 日，由长沙市人力资源和社会保障局主办，芙蓉区人力资源和社会保障局、岳阳市平江县人力资源和社会保障局和韭菜园街道办事处承办的 2017 年“春风行动”大型招聘会在岳阳市平江县人力资源和社会保障局办公楼前坪举行。活动现场30家用工单位提供近5000个工作岗位，街道组织的16家用工单位中的6家政协委员单位也送出岗位。招聘会搭建供需平台，服务企业用工，把拓宽群众就业渠道、送岗扶贫工作落到实处。

【知识产权宣传周活动】 4月25日，芙蓉区知识产权局与韭菜园街道联合举办的主题为“创新创造改变生活 知识产权竞争未来”的知识产权宣传周活动在长沙市近现代保护中心启动。区科协主席李丽霞、区科技局副局长彭晓斌、街道副主任汪利忠出席活动。活动包括科技达人用废弃物制作实用家居品、自己动手发明简易灭蚊器、“韭菜哥”“韭菜花”现场模拟“韭菜园街道知识产权直播间”、知识产权抢答、多位律师解读商标侵权案例、身着“机器人”服装的工作人员发放知识产权宣传册等，活动现场多家企业主动签定不侵犯知识产权承诺。

【“繁花五月 劳动最美”活动】 5月16日，由长沙市文明办、芙蓉区文明委主办，芙蓉区委宣传部、区文体新局和韭菜园街道承办的“繁花五月 劳动最美”行业创建暨芙蓉好人宣讲团主题活动——“欢乐潇湘 牵手芙蓉”广场文化月月演活动在迎宾路邮政储蓄银行前坪举行。活动包括风采艺术团的开场舞《盛世鸿姿》、古筝伴奏和插花表演、芙蓉区交警大队的交通手语操、平安银行的点钞和辨伪大比拼、南景饭店的缤纷餐巾折花、芙蓉好人宣讲团成员的宣讲、蓝天救援队的急救小课堂等。活动为岗位精英、行业能手唱响了劳动最美的赞歌。

【“主题党日”活动】 5月19日，街道组织开展了以“我是党员我带头，芙蓉先锋在行动”为主题的大型党员志愿活动。与会党员重诵入党誓词，听“习近平的重要讲话”微党课。街道党工委书记徐青春明确提出“知足、感恩、提升”要求。在“主题党日”捐赠点，通过现场募捐和党员、辖区群众用旧衣物、书籍等换花草或节能灯等形式，为山区贫困居民和留守儿童募集现金1805元、衣物800件、书籍230本、玩具40个、小家电16件。

【食品安全护苗行动】 6月8日，街道在湘一芙蓉中学周边开展“食品安全护苗行动”，专项督察“五毛食品”，全面清理标识不清、信息不全、过期食品。11月27日，区教育局联合定王台、韭菜园、文艺路街道人大工委及区卫计局、区食药监局工作人员组成的联合督察组专项检查省军区幼儿园，通过听汇报、查资料、实地查看、专项抽检的方式，督察幼儿园办园安全卫生和规范管理。

【工会联合会换届选举】 6月16日，街道工会联合会换届选举大会在街道会议室举行，街道机关、辖区规模以上企事业单位和各社区工会主席、专干会员代表40余人参加会议。大会选举产生工会联合会主席和副主席各1名、委员5名，经费审查委员会委员3名，大会回顾了工会联合会5年来的工作，并提出今后5年的工作设想，大会要求会员们继续努力、勤奋工作，以实际行动推动街道工会工作迈上新高度。

【街道开展抗洪救灾】 由于遭持续强降雨袭击，7月1日，芙蓉区启动防汛2级响应，街道成立防汛应急领导小组，200余名干部职工全部到连点社区巡查。接区防汛指挥部紧急通知，7月4日凌晨4时，街道应急抗洪抢险突击队150人赶到浏阳河畔滨河路段灌沙包、守堤。区政府副调研员虢中华、王勇现场调度。街道向社会各界发出抗洪救灾献爱心募捐倡议书。5日上午，辖区范围内的人大代表、政协委员、非公企业、社会组织、爱心人士积极参与捐赠，下午2时，街道把支援宁乡灾后重建的1134件矿泉水、450箱方便面、1008瓶84消毒液、610袋大米、600瓶食用油及其他速食食品、生活用品等送往芙蓉区政府集结。在防汛抗灾“后线”，街道计生协会设立医疗和宣传点，积极开展灾后防疫工作。7月5日，辖区6.8万平方米积水区的消毒工作全部完成。7月6日，各社区相继开展募捐活动，其中军区社区募集善款物资10万元。7月7日，街道宁乡籍干部职工组成的韭菜园街道志愿服务队把5货车捐赠物资送至宁乡市坝塘镇。

【中共十九大特护期安保信访维稳】 10月16日，街道组织召开中共十九大特护期安保信访维稳工作专题会议，研究当前维稳形势，分析存在问题，部署特护期工作重点。按照“发展是硬道理、稳定也是硬道理”的“双硬”工作标准，街道突出重点、明确责任，提高警惕，落实“五包一”方案，守住“北京无人上访，省委周边无恙，面上没有是非，网上没有舆情”的底线，确保中共十九大特护期信访维稳、安全生产、城市管理、社会舆情等万无一失。

【依法取缔夜宵摊贩】 夜宵摊贩既不符合市容环境卫生品质的提升，又存在油烟、噪音扰民的现象。7月21日、28日，街道城管办联合区城管大队特勤、城管执法中队、韭菜园派出所连续开展两次夜宵摊贩整治行动，收缴摆摊器具10余件，处罚相关责任人。8月28日，街道城管办再次联合城管执法中队约谈昊天大厦前坪6位夜宵摊主，对其宣讲相关法律法规，建议摊主们或租门店经营或另谋职业。街道依法取缔夜宵摊贩，对顶风作案的、屡教不改的、居民投诉的一经发现严格查处。

【百岁老人传厚德家风】 9月29日，街道党工委书记唐益人带队走访看望军区社区百岁老人李珍秀。李珍秀老人出生于1917年，红军遗孀，其父亲、丈夫均是茶陵当地有名的革命人物，独子陈初开是新中国军工行业贡献者。谈及家史，李珍秀老人拿出载有其父亲和丈夫革命事迹《茶陵籍革命人物志》，与唐益人一起翻看。唐益人询问老人身体状况，街道卫生服务中心的“家庭医生”为老人测量血压血糖。李珍秀表示“经历了那么多坎坷，还可以看到今天的发展，很知足”。李珍秀老人四世同堂，淡然、感恩、孝道是她的长寿秘笈。唐益人表示，百岁老人是社会、家庭和韭菜园街道的宝贵财富，社区要大力挖掘这样的“红色典范”，讲述她们的故事，弘扬孝德家风，“温暖一片人，激励几代人”。

【家庭医生签约服务】 9月30日，家庭医生义诊签约仪式在街道会议室举行，辖区100余户家庭当场签约家庭医生。家庭医生签约服务，是办事处借助街道卫生院的医疗资源，以家庭为单位与卫生院医生签约、建立起医生与家庭之间长期、稳定的基本医疗和卫生服务关系，居民体检、咨询等可以通过电话联系签约医生。家庭医生签约服务是街道探索群众“连心”工作、畅通“最后一公里”，让服务更深入基层、贴近生活的有效途径。

【学习中共十九大精神】 10月18日，街道组织辖区党员干部、居民代表在办事处会议室观看中共十九大开幕式。11月23日，街道在会议室举办“学习贯彻十九大，创建首善韭菜园” 主题演讲比赛，从18名参赛选手中评选出一等奖、二等奖、三等奖和优胜奖。12月8日，街道机关党支部40余名党员前往宁乡开展题为重走青年毛泽东游学路的“学习贯彻十九大 创建首善韭菜园”活动。通过“十九大”系列学习教育活动，坚定了党员们不忘初心，牢记使命的理想信念。

【食品药品安全督查】 10月25日，街道食安办、食药所配合省、市、区三级食品药品监督管理局对居民投诉的福禄寿公司在辖区银华大酒店会议室销售保健品问题展开专项督察。10月27—29日，街道按“四保十看四查”要求，清查辖区化妆品经营门店。11月14日，街道食药所、食安办联合各社区展开辖区餐饮单位肉及肉制品专项排查。12月14日，街道食药所、食安办联合工商所再次展开农贸市场食品安全专项整治行动，规范市场经营。12月26日，街道食安办、食药所结合节前食品消费特点，展开辖区内部分超市、农贸市场、大中型餐饮门店、食品加工场所食品安全系统检查。

【向阳湖河长制工作】 辖区的向阳湖是区城管局外包给湖南雄新有限公司进行日常维护和管理的水域。12月7日，街道在汤家岭社区召开河长制工作专题会议，传达区河长制工作精神和要求，听取相关情况汇报，研究确定下阶段工作的重点是：在应对汛期暴雨、修补周边破损、循环更新水质、维护湖边植被、禁止湖区垂钓等方面，落实工作方案、压实主体责任、完善规章制度、强化监督考核。按照区河长办要求，街道在向阳湖设立河长制公示牌，并制定河长制实施和水质治理方案，建立相关工作台账，到位责任人员，落实维护措施，全力打造“水清、河畅、岸绿、景美”的湖区环境。

【推进免费办证服务】 街道食药所、食安办根据辖区内食品药品经营门店多，从业人员多，人员流动大，健康证有效期短、从业人员必须持健康证上岗等情况，12月12日，街道食安办联合山水健康体检中心在街道办事大厅开展为辖区食品经营单位从业人员集中办健康证的便民服务活动。

（董春梅）

文艺路街道

【概况】文艺路街道下辖识字里、文艺新村、韭菜园、乔庄、东广济桥、湘府、南元宫7个社区。辖域面积0.96平方千米。域内居民户1.34万户、户籍人口4.2万人、常住人口4.1万人。2017年，全街上下凝心聚力，强党建、提品质、惠民生。年内，街道被评为市计生基层群众自治示范街道、市计划生育优秀街道、市城乡居民基本养老保险经办服务示范点、市月度劳动力调查工作考核先进街道、市乡镇街道统计站目标管理考评一类单位、市建设领域统计工作优秀单位。七色花志愿服务活动被评为全国学雷锋“四个100”最佳志愿服务项目；省计生基层群众自治示范街道、市文明标兵单位创建通过验收。

党政工作。班子履职求真务实。街道班子成员学习贯彻中共十九大精神和习近平重要讲话精神，撰写心得体会，参加专题讨论。严格按照党的组织原则和工作政策办事，严格执行班子周例会制和一把手末位表态制，凡涉及项目建设、资金使用、人事变动等“三重一大”事项，均提交班子会议集体研究决定。对于重大问题，打破分工界限一起想办法、出点子，推动了街道管理体制改革试点、PPP项目建设等重大工作顺利完成。年内，完成社区“两委”换届选举，通过严把“组织关、程序关、选人关、痕迹关、监督关”，把49名想为、敢为、勤为、善为的优秀人才选配到社区干部岗位上来。党建“龙头”引领有力。成立107个学习小组，依托开慧红色主题公园、开慧微展厅、红色影吧等阵地，开展专题讨论、庭院微党课、中共十九大精神微宣讲、尚学沙龙等交流活动。建成街道党建服务中心和廉政文化展厅，与共驻共建单位置换空间，扩容提质7个社区党建阵地。设立先锋驿站，推广“诚先锋”品牌，打造韭菜园党建示范社区；以专业社会组织为依托，做强“乐先锋”党建项目；以革命文化为内涵，建成开慧公园爱国教育基地。

经济发展。域内有商务楼宇15栋，各类企业1244家，个体工商门店1100户，街道采取多项举措助推经济发展。强化服务力度。全面走访税源百万以上企业，开展楼宇清查工作，摸清861家企业信息，清理未缴房产税企业288家。形成领导班子联系走访重点企业制度化，及时掌握信息，研究解决难题，比如采取错时分配的方式解决兴业银行省分行停车难的问题。优化经济环境。严厉打击和处置非法集资，严格监管投资、咨询类公司，对经营状态不正常的企业进行执法检查，立案9起，重点跟踪观察4家。完成11家市属企业小区社会职能分离移交协议签署，2家央企小区、2家省属小区社会化职能分离移交工作有序进行。扩大招商引资。以闲置楼宇为重点，依托楼宇招商平台整合资源，鼓励以商招商，盘活华菱大厦等闲置楼宇2万平方米，引进税源企业19家。全年完成税收15.26亿元，限额以上商贸业社会消费品零售额12.48亿元，限额以上批发企业销售额85亿元，固定资产投资额12.44亿元，高新技术总产值171.63亿元，新增四上单位19家，市外境内固投12.24亿元，省外境内到位内资4.64亿元，实际到位外资3500万美元。

街域建设。在识字里社区、东广济桥社区、乔庄社区、湘府社区实施社区全面提质提档，按照“芙蓉标准体系”指标要求，从社区党建、人居环境、公共服务、和谐稳定4个方面推进，实现硬件提质变“面子”，软件提升换“里子”，4个社区均顺利完成了验收。年内，对识字里社区、湘府社区、南元宫社区、东广济桥社区的人居环境进行立体式改造，更新升级水、电、气设施，上补屋顶渗漏，下换破损管道，外治道路硬化、墙体美化，内理绿化照明、配套设施，社区逐渐大变样。打造老文艺路、韭菜园路两条特色街，一期工程获得上级领导高度肯定；韭菜园路以“古风古韵古玩”为特点，建成一条古玩特色街。

城市管理。加强生态文明建设，开展“清霾、碧水、静音、净土”联合执法行动15次，销毁煤炉247个，处理小歌厅噪音扰民问题18起，督促22家餐饮店安装油烟净化装置。开展夜间烧烤联合执法18次，取缔烧烤摊点21处。做好中央环保督察迎检工作，对5年来所有84件信访案件组织了回头看。组织大型环保活动5次，承办省级环保讲座1次，召开居民环保座谈会9次。完成黄标车淘汰工作，对违规停车、违章占道及占道经营等行为严格执法，处置违章电动车1327台，清理影响道路交通安全的地锁300余处。拆除违建120处，面积4299.68平方米，发现新增违建3处，拆除3处。开展了老旧住宅区“深度洁净，精细管理”专项整治工作，对辖区背街小巷、集贸市场、垃圾收集点等重点区域进行了整治。

民生服务。通过加强就业宣传、网络信息推荐、特色就业服务等方式，为群众提供高质量的创业就业服务，帮助失业人员再就业595人，就业困难对象再就业245人，城镇失业率控制4%以内，零就业家庭动态清零；发放小额贷款9笔，扶持大学生创业82人，新增创业主体755户，带动城乡就业人数2028人。建成东广济桥社区老年人日间照料中心，使养老服务更加便民、利民。对餐饮门店、超市、药店、农贸市场、学校食堂进行日常检查，查处取缔不合格门店12家，责令整改62家，立案10起，处理交办投诉和群众上门投诉78件。开展“便民”服务，加强对主要指标的监控力度，做到应报尽报。加速审批多孩生育证，做到“一次登记，全程服务”。开展“暖民”服务，计生慰问金和物资10余万元，独生子女费100%到位。开展“康民”服务，做好健康教育、慢性病随访、老年康复等服务，完成适龄妇女“两癌”检查和孕妇免费筛查任务。

社会治安。全面落实“党政同责、一岗双责、齐抓共管”的责任机制，坚持“领导干部带队检查安全生产工作制度”，全年未发生一起安全生产事故。开展安全生产“大排查、大管控、大整治”、领导干部带队安全生产检查、社区提质改造施工等行动，监管率100%，下达整改指令书20份，复查通知书17份；排查安全隐患156处，整改完成155处，以驻街调解室为平台，发挥社区律师作用，采取调委会主动上门，司法所、综治办联合调解等方式，调解了各类纠纷346件，成功率100%。法治氛围不断浓厚，建成1个公共法律服务站和7个公共法律服务点，开展法律咨询服务进社区活动10余次。信访维稳扎实有效。对涉军、涉邪和涉毒等重点人员，严格落实“五包一”制度，确保重点人员稳控到位。辖区内无进京非访事件发生。

存在的不足和困难：街域面积狭小，发展空间受限，土地资源开发趋近饱和，缺少大型商务地产项目；老旧城区基础设施薄弱，电线线路老化，消防设施滞后，危旧房屋较多，存在较大安全隐患；城市管理标准提升，执法对抗性矛盾增加，宜居社区建设遗留问题较多，居民群众意见大；大量工作、人员和责任向基层下移，社会综合管理难度加大，街道事务管理和干部队伍建设面临新的挑战，需要继续攻坚克难，采取更有力的措施切实予以解决。

（彭远潺）

文艺路街道

书　　记　易德文
副 书 记　高　佳（女）
　　　　　肖　科
工委委员　杨幸子（女，2017.05免）
　　　　　李延安（2017.05任）
　　　　　李应龙
　　　　　陈超然（女）
　　　　　陈莉群（女，2017.03免）
　　　　　王　英（女）
主　　任　高　佳（女）
副 主 任　陈莉群（女，2017.03免）
　　　　　王竣甲（2017.09免）
　　　　　邱　礼（2017.05免）
　　　　　李正良（2017.05任）
　　　　　黄碧泉（女，挂职，2017.05任）
　　　　　肖劲为（2017.05任）
　　　　　苗津铭（2017.09任）
人大工委主任
　　　　　杨幸子（女，2017.05免）
　　　　　李延安（2017.05任）
人大工委副主任
　　　　　杨　媛（2017.09任）
政协联络处主任　李应龙

【社区提质提档暨重点项目启动】 2月22日，街道党工委召开社区提质提档暨重点项目启动动员大会。街道重点办成员和各社区书记、主任参加。街道党工委书记易德文、办事处主任高佳等全体班子成员出席。会议由党工委副书记肖科主持。肖科副书记先介绍了2017年文艺路街道所有的工程建设项目，以及每个项目需完成的时间节点，并宣布街道专门成立了重点办，专项负责街道社区的提质提档工作。易德文对各社区书记、主任提出要求：要理清思路，完善规划设计方案。要责任上肩，全力抓社区项目建设。要统筹调度，分工协作，充分动员辖区内的专业单位对工程进行监督。要严格考核，建立奖罚制度，有奖有罚，充分调动工作人员的积极性，全力以赴完成社区提质提档各项目标任务。

【国家食品安全示范城市创建工作部署会召开】 3月19日，街道办事处副主任王竣甲主持召开食品安全工作部署会议，食安办全体工作人员及各社区食安专干参加。会上，各社区相继汇报近期以来的食品安全工作开展情况，并对照检查摆出工作中存在的困难和问题。王竣甲肯定了各社区前段时间的工作成绩，对凸现出来的问题予以指导，并对下阶段的创建工作进行了再部署。会后，各社区食安专干立即走街串巷开展工作，对辖区禽类衍生产品和白板肉以及豆制品进行新一轮的清查，全力保障辖区居民的食品安全。

【中南大学湘雅二医院安全隐患整改推进会】 5月9日，文艺路街道安委办协调组织召开中南大学湘雅二医院安全隐患整改推进会，市消防支队、区安监局、街道办事处、文艺路派出所、南元宫社区等部门参加。会议由街道办事处主任高佳主持。文艺路街道安委办主任陈喜清通报了安全隐患现状：湘雅二医院门诊楼存在重大消防安全隐患；宿舍区1栋西侧围墙出现裂缝，向外倾斜，有垮塌的危险，存在较大安全隐患。会上，市、区各部门根据实际情况，提出系列建议并要求湘雅二医院落实安全生产主体责任，推进隐患整改工作。湘雅二医院负责人对2处安全隐患提出了相关整改措施，表示针对门诊楼消防隐患问题，尽快督促门诊楼拆除重建工作。在未拆除前，保卫办通过消防知识培训和应急预案演练，增派保安进行24小时巡逻值班，增加消防设施设备；针对宿舍区围墙开裂倾斜问题，与南元宫社区协调商定后尽快组织拆除重建。

【幸福工程救助贫困母亲活动】 5月29日，芙蓉区“定格幸福送温暖，阳光计生惠民生”暨幸福工程救助贫困母亲活动在文艺路街道浏城桥慧丰楼前坪举行。市计划生育协会常务副会长胡平，区计划生育协会会长陈碧展，区政府副区级干部王勇，区卫计局局长朱卫东出席。陈碧展为该次活动致辞。“生育关怀·二孩宝宝成长记”摄影比赛由区卫计局组织开展，通过网络投票，有20户家庭分获一、二、三等奖。出席活动的领导上台为获奖家庭颁奖并赠送《优秀摄影作品集》。

【考古鉴定“南元宫”巷墙面】 6月27日，湖南省文史馆馆员梁小进、长沙市文物考古研究所副所长黄朴华、长沙市科协主任龙志坚、芙蓉区文管所魏慧一行到文艺路街道文艺新村社区，鉴定辖区“南元宫”巷部分倒塌的墙面。文艺路街道副主任王竣甲陪同。鉴定组实地走访查看了“南元宫”巷土墙，并对墙面进行了专业鉴定。在社区会议室内，针对该土墙是否纳入文物保护范畴进行了研讨。省文史馆馆员梁小进指出，该墙为长沙民国时期城区保存至今的土筑墙，且具有一定规模，最早建成时代应在清代，具有文物价值。建议立即申报一般不可移动级文物，再进行研究，进一步确认身份，以便实施保护。黄朴华指出，该土墙作为“南元宫”选址的历史印记，具有一定的研究价值，建议多听取主管部门和专家的意见，进一步研究处理保护方案。专家组建议立即对该土墙进行现场维护，防止进一步遭受破坏。

【街道召开“七一”表彰大会】 6月29日，文艺路街道在湘雅二医院科教楼报告厅召开2017年度“七一”表彰大会。芙蓉区区级党建指导员谭自然出席会议，街道领导班子、各级党员干部及受表彰的先进集体和个人近300人参会。会议以“传承红色信仰 永葆党员本色”为主题重温入党誓词，优秀党员代表李自然接受现场采访。全体党员观看了街道特别制作的“七一”党建宣传片。街道工委副书记肖科宣读《表彰决定》，参会领导为受表彰的优秀共产党员、非公企业优秀共产党员、优秀党务工作者、先进基层党组织、共驻共建优秀党组织和“两学一做”优秀学习小组颁奖。长沙市委党校法律教研部主任伍贤华以“品读《朱子家训》注重家庭、家教与家风”为主题为与会人员讲授了党课。

【抗洪赈灾募捐活动】 长沙受强降雨影响，多地遭受洪涝灾害。7月13日，文艺路街道在办事处前坪举行抗洪赈灾募捐活动。该次募捐活动充分发扬了“一方有难，八方支援”精神，筹得赈灾款2.25万元，全部汇款至区红十字会账户上，用于灾区重建。

【举办网吧业主及志愿者培训会】 8月11日，街道组织辖区内网吧业主、志愿者开展培训，并邀请区文体新局执法局梁才兴、街道片区警长蔡广湖、街道食药监所所长刘奇根分别就文化执法、公安、食品安全领域进行系统培训。会议由街道办事处副主任王竣甲主持。梁才兴结合实际案例解说了《芙蓉区网吧志愿者工作职责》和《芙蓉区网吧管理标准》，要求志愿者们在日常巡查活动中严格督察。蔡广湖要求，网吧业主和志愿者要对照工作职责和管理标准抓好落实，实行实名制上网登记，严格禁止未成年人上网，并要求网吧业主和志愿者要及时叫醒在网吧睡觉的闲散人员，杜绝安全隐患。刘奇根就近期网吧督察中存在的食品安全问题，结合相关文明创建网吧迎检工作提出具体要求。

【争当“文明市民”宣传活动】 9月12日，《长沙市民文明手册》学习宣传暨市民素质提升活动在文艺路街道办事处会场举行。市文明办副主任丁德喜，区委宣传部长伍艳飞，市文明办创建综合处干部欧文庆，区委宣传部副部长易利平出席。活动以“手牵手共建和谐文艺，心连心同做文明市民”为主题，丁德喜、伍艳飞为文艺路街道“中国好人”孙锦秀、“长沙好人”何连喜、“长沙好人”邱声俊、“义诊教授”王湘莲授予“文明之星”称号。4位“文明之星”共同朗读了《致市民朋友的一封信》，倡导居民和孩子们一起来为城市建设贡献力量，以实际行动践行《长沙市民文明手册》。

【举办项目建设安全培训讲座】 9月24日，街道组织辖区内项目建设施工单位、监理单位及街道重点办、城管办、安监站工作人员召开项目建设安全培训讲座。该次讲座邀请区安委办主任、区安监局局长刘顺泉授课。街道各部门、各社区、项目建设施工单位、监理单位向街道安委会主任、街道办事处主任高佳递交项目建设安全生产责任书，承诺在项目建设过程中把安全生产责任严格落实到位，保证辖区安全稳定。

【街道PPP项目指挥部召开会议】 9月28日，街道PPP项目工作指挥部召开工地负责人会议。街道PPP项目指挥部指挥长、街道办事处主任高佳主持。PPP项目指挥部办公室、安全监管组、各分指挥部负责人、社区计量人员、安全员、监理单位文艺路分部负责人和技术人员、中铁五局文艺路分部主任高佳及技术人员参加会议。在会上，高佳详细说明项目进展情况，介绍施工单位及监理单位基本情况，并代表建设单位向湖南省工程建设监理公司授权。施工单位、监理单位相互交底，推动项目顺利开展，保证工程质量与安全。

【网格化综合管理工作部署会】 10月24日，街道召开网格化综合管理工作部署会，党工委书记易德文对街道网格化综合管理方案进行了详细阐述，说明了网格化综合管理的意义、划分方法、运作方式、考核办法，解答社区书记、主任对网格化管理的疑问，听取他们的意见建议，布置社区重新划分网格的任务。各社区书记、主任汇报了社区网格划分的设想，并提出相关问题的看法。办事处主任高佳强调网格划分是街道管理体制改革的基础，社区一定要把握准确数据，从三方面入手精细划分。

【主题党日宣讲中共十九大精神】 11月30日，文艺路街道党工委贯彻落实中共十九大精神学习宣传要求，以主题党日为契机，在全街党员群众中举办了一场中共十九大精神微宣讲比赛。10位草根宣讲员立足本职工作，以十九大报告的有关内容为切入点，用自己的语言聊自己的感想，生动宣讲中共十九大精神。区委组织部副部长、基层办主任田松柏，街道人大工委主任李延安、政协联络处主任李应龙和党工委委员王英担任比赛评委。比赛评选出的4位“草根宣讲员”，他们共同担负起理论下基层，把中共十九大理论成果、党的新政策送到社区、街巷、楼栋，送到广大党员群众之中的重任。　（彭远溽）

朝阳街道

【概况】 朝阳街道下辖朝阳、五一东村、向韶、曙光、二里牌、人民新村6个社区。辖域面积2.2平方千米。域内有居民户1.67万户，户籍人口4.49万人，常住人口4.3万人。2017年，朝阳街道适应新常态、践行新理念，立足实际抓党建、全力以赴稳增长、凝心聚力惠民生，各项事业在转型发展中呈现良好态势。

党政工作。推出“三化一平台”建设红旗党小组项目，以“党员教育管理APP”为抓手，致力党员学习经常化、党小组阵地规范化、党员活动特色化，为党员管理注入新活力。撰写的《树立“三种思维” 致力“三项创新” 提升城市基层党建工作水平》工作经验稿在《湘组研究》上刊发。全面提质朝阳社区阵地，建设标准化党员档案室和芙蓉先锋阵地，试点打造3个特色党小组样板，在全街灵活建立16个党小组活动基地。组织大型主题党日活动暨七一表彰，采用拍摄VCR、事迹展播、表彰先进、聆听党课等形式，激发党员的荣誉感和责任感。在“两新”党组织中成立“白领党员志愿者联盟”，引导党员在经济发展、服务群众等方面做出贡献。

经济发展。域内各类企业3000余家、商务楼宇9幢、个体工商门店1.1万家。制作朝阳街道招商手册，成立招商小分队，街道“十个一”招商工作经验在全区商贸工作大会上推介。开展楼宇大清查行动，落实楼长联点制。编制朝阳街道楼宇企业名册。举办大型银企对接座谈会，为银行和辖区企业搭建桥梁。完成区下达的经济社会发展指标和税收任务，其中社会消费品零售总额完成40.53亿元，外贸进出口额2.85亿美元，规模工业总产值3710万元，高新技术产业产值22亿元，全年完成财政税收11.11亿元，街道三项招商指标在全区排名第一。

街域建设。宇成朝阳广场项目11月份全部完工。友阿总部项目主体封顶。文化大厦二期实现正负清零。曙光集团工矿棚改项目有序推进。朝阳社区提质改造获评市级示范，提质改造经验材料《昔日朝阳沟今朝新样板》被市委专刊予以推介。积极推进老旧小区提质改造，五一东村和人民新村社区纳入首批“魅力芙蓉·城市双修”PPP提质改造范围，涉及67幢老旧房屋3000余户居民，计划通过2年时间实现全面提质提档。

社会管理。承接芙蓉区网格化工作经验推进会，展示街道网格化工作成效。结合省委周边专项整治开展城市管理大整治、大排查，全年开展综合执法32次，收缴违章灯箱广告185个、劝导处罚店外经营门店350个、整治流动摊点428个，清理废旧堆物125车。联合交警七中队打通朝阳农贸市场周边交通微循环，安装禁停标志，划分禁停区域；对人民新村识杨路进行消防通道违停强力整治，保证了主干道上畅通有序。抓好燃煤、焚烧废弃物、餐饮污染常态化整治，在中央环保督查期间，完成交办案12件，约谈单位35家，开出罚单46张，关停无证门店8家。经验文章《环保执法的边界与落点》得到市委书记易炼红的批示并在市委内参刊发。完成了主次干道公益广告的更换、开展了“欢乐元宵节同心喜乐会”等市级活动5场次，并被长沙文明网和未成网报道，五一东村社区被评为文明创建市级示范社区。街道严格压实创建责任经验文章在《精神文明报》刊发。街道实施的“1+X”矛盾纠纷大调解工作模式在全市推广，承办了芙蓉区矛盾纠纷调解推进现场会。年内成功调解各类矛盾纠纷1699件，其中疑难纠纷3件。全年无恶性治安案件和群体性事件，发案率同比下降33%。“十九大”特护期间实现了进京和到省“零上访”。“四个一”压实管理单元社会责任创新工作，入选区级微创新试点项目。全年组织开展安全生产联合集中执法行动11次，2次整治非法违法经营行动得到省市媒体报道推介。按照“创建国家食品安全城市”的目标，开展对蔬菜水果、校园周边及农贸市场的专项整治行动，出动执法人员320人次，检查食品生产、经营、餐饮服务等门店1180户，食药监所查假酒58瓶，处理投诉案50件，收缴白板肉67。5公斤，召集食品安全人员培训489人次。

民生服务。“连心”工作有序开展，街道机关94名干部结对联系1410户家庭，走访4200余次，收集意见及建议338条，开展群众连心活动6场。组织“和煦春风送岗位，就业扶贫惠民生”现场招聘会，提供就业岗位1500余个，失业人员再就业491人，就业困难对象再就业199人，新增创业主体1455户，带动城乡就业人数3000人，扶持大学生创业91人。全年发放低保金377.45万元，医疗救助191人次，助学、助贫、助老等救助金额46.92万元。全区最大的朝阳居家养老服务中心建成运营，面积1000平方米。曙光社区被评为国家级流动人口社会融合示范社区先进单位，二里牌社区创建市级基层群众自治示范社区。

存在的问题：毗邻火车站，老旧小区较多，主次干道拥堵，环境承载能力已近饱和。朝阳社区拆迁扫尾、五一东村和人民新村提质改造、辖区企业改制、人民新村和曙光社区的危房改造等历史遗留问题较多，影响街道的总体和谐。街道社情民意复杂，辖区内两劳帮教、涉毒、残疾及低保人员较多，居民生活水平和整体素质偏低，给街道和社区治理工作带来许多难题和挑战。街道辖区经济转型困难，经济指标完成面临挑战。随着电商的崛起，朝阳街道五大电脑卖场的繁荣时期已过。虽然近年来，科佳电脑城、华海3C、国储电脑城等纷纷通过创新发展谋出路，但是在实际税收指标完成上增长缓慢。在经济整体转型困难的情况下，经济下行压力大。（姚艺丹）

朝阳街道

书　　记　李学军
副 书 记　罗希蒖
　　　　　甘丽丹（女）
工委委员　肖可为
　　　　　郑德新
　　　　　刘正军
　　　　　张　萍（女，2017.05免）
　　　　　张大帅
　　　　　纪岳亮
　　　　　孔妹平（女，2017.05任）
主　　任　罗希蒖
副 主 任　刘正军
　　　　　纪岳亮
　　　　　邓　波
人大工委主任　　肖可为
人大工委副主任　张　杰
政协联络处主任　郑德新

【平安文化长廊建成】　1月3日，朝阳街道精心打造的100余米图文并茂“安全文化长廊”建成。平安文化长廊从用电、用气、交通、食品、校园、消防、建筑等方面刊载了与市民生活密切相关的安全生产常识，主题鲜明、色彩明亮、画面生动、寓意深刻，内容通俗易懂，吸引不少行人驻足观看。

【推进“三大工程”“九大行动”动员大会召开】　2月3日，街道党工委召开推进“三大工程”“九大行动”动员大会，党工委书记李学军，办事处主任罗希蒖，全体机关干部，各社区书记、主任及工作人员120人参加。会议由党工委副书记甘丽丹主持。罗希蒖传达学习区委、区政府关于推进“三大工程”“九大行动”动员大会会议精神。李学军强调：全街广泛凝聚一心一意抓经济，全力以赴促发展，全年街道的各项工作以“三大工程”“九大行动”为总抓手，努力达到各项设定目标。

【参观孝文化街活动】　2月26日，朝阳街道联合辖区志愿者联盟单位育英小学共同举办了“参观孝文化街，传承中华孝文化”活动。“孝文化一条街”惠民工程于2016年启动，该项目涵盖孝文化特色围墙装饰、孝文化宣传牌坊打造、道路平整改造、地下管网升级、绿化移栽修饰、居民楼外墙粉刷、统一门店招牌等。老街换新颜，道路宽敞整洁，环境优美宜居取代以前脏乱差，电线乱接、外墙油污、地面破损的情况。

【市综治办指导街道综治中心建设工作】　4月21日，长沙市综治办副主任肖文辉，市综治办一处处长邓铭鹏，一处副处长蒋俊东一行5人到朝阳街道督导综治中心建设工作。区政法委副书记、综治办主任李清，区综治办副主任李孝清，朝阳街道办事处主任罗希蒖及朝阳派出所相关负责人陪同。肖文辉实地查看了街道综治中心的巡防办公室、器械室、天网监控室、矛盾调解中心和流动人口管理办公室。在派出所会议室召开座谈会，会上朝阳派出所所长曹鹏飞汇报“1+X”矛盾纠纷调解创新工作和取得的成效。肖文辉对“1+X”矛盾调解创新工作、综治中心建设和网格化管理工作给予了肯定，并表示朝阳街道矛盾调解、综治中心建设、网格化管理工作走在了全市前列。综治中心建设、网格化管理、矛盾调解工作地位越来越重要，街道要发挥自身优势，做好相关工作，努力争创平安朝阳、和谐朝阳。

【举办第四届“芙蓉杯”新节目大赛初赛】　5月19日，由区委宣传部、区文体新局主办，朝阳街道承办的“喜迎十九大欢乐潇湘 品质长沙 幸福芙蓉”暨第四届“芙蓉杯”新节目大赛初赛在朝阳社区凯通国际城举行。现场200余名群众和与会嘉宾、文化志愿服务者一同观看由潇湘民乐团、长铁丹青艺术团、朝阳凯通物业等团队带来的器乐演奏《欢歌浏阳河》、合唱《微山湖》、舞蹈《出水莲》、独唱《天路》等11个艺术表演节目。该届新节目大赛，重点推介辖区范围内的外来务工人员子女，为他们搭建展示自我、提升自我的平台，增加他们适应社会发展的信心。

【开展“安全生产月”宣传咨询日系列活动】　6月16日，朝阳街道“安全生产月”宣传咨询日系列活动在国储电脑城前坪举行。街道各部门、辖区企业及居民群众200余人参加活动。该次系列宣传活动分现场咨询、专家讲座、观摩学习流程。朝阳街道还派发了非法违法行为举报宣传折页和安全隐患随手拍宣传海报，鼓励广大市民积极参与社会监督，举报非法违法行为。

【朝阳街道居家养老日间照料中心开建】　6月21日，朝阳街道居家养老日间照料中心正式开工建设。街道办事处主任罗希蒖、工委委员郑德新、居家养老机构负责人出席开工仪式。朝阳街道居家养老日间照料中心是芙蓉区首家试点的社区居家养老服务机构，由政府投资，占地面积1500平方米，建成后为社区老年人提供日间照料、临时托养、家政服务、康复护理、精神慰藉等养老服务的“家外之家”。

【谭雄伟带领朝阳街道工作人员防汛抗洪】 7月1日，长沙普降暴雨。朝阳街道和各社区防汛应急小组迅速启动“连轴转”模式。朝阳街道地处火车站周边老城区，地势低洼，排水设施不畅，内涝严重，其中曙光社区2幢D级危房和人民新村一栋D级危房在雨中受灾较重。街道社区干部在副区长谭雄伟的带领下一起劝导群众迅速转移，对一时还未转移出来被困在家的居民，工作人员按需送去物资。经过近7小时的奋战，谭雄伟与街道、社区、派出所、城管、市政和环卫人员不顾脏累，未曾停歇。截至晚上8点半，受灾群众全部安全转移并得到妥善安置，未发生伤亡事件。

【救灾捐赠】 7月4日，朝阳街道响应区委、区政府倡议，号召辖区内的爱心企业捐款捐物大力支援防汛抗洪工作。在短时间内，有30家爱心企业捐献大米、面条、食用油、方便面、矿泉水、饮料和生活用品等价值30万元的物资。截至7月5日下午3点，第一批爱心捐赠物资已装上爱心车队并紧急发送至宁乡受灾地区。

【李军龙到人民新村社区调研道路交通整治微循环工作】 10月11日，长沙市公安局交警支队支队长李军龙一行到人民新村社区调研道路交通整治微循环工作。区委政法委书记刘文立，朝阳街道主任罗希奠陪同。李军龙到人民新村识杨路、人民路等主要路段和节点，现场督察市场及周边交通秩序整治情况。李军龙要求：各单位要紧密配合，合理利用公共资源，明确任务重点，齐抓共管，确保此次道路交通综合整治行动落到实处，取得实效。

【市文广新局检查朝阳街道电脑城非法卫星电视接收设施情况】 10月12日，长沙市文广新局广电处副处长谭明辉一行，到朝阳街道检查电脑城非法卫星电视接收设施情况。区文化市场综合执法局副局长欧芳陪同。督察组走访、询问朝阳街道合峰电脑城和华海3C电脑城部分门店。谭明辉要求，中共十九大召开在即，街道和社区要扎实推进工作，严格依法打击非法生产、销售、安装、使用卫星地面接收设施行为，确保辖区政治安全和文化安全。

【重阳节敬老爱老志愿服务活动】 10月25日，曙光社区开展“重阳倍思亲，慈孝敬老情”敬老爱老志愿服务活动。曙光社区打造了“白领党员集结号”志愿服务品牌，成立“曙光社区白领党员志愿服务站”“曙光社区白领党员志愿者联盟”。活动现场，表彰了一批优秀的“白领”党员，为社区老人们系上红围巾，寓意着志愿精神薪火相传。活动中，几对金婚老人身着婚纱，在众人的见证下，携手走过红毯。

【市安委办检查指导安全生产工作】 11月10日，市安监局副局长刘金泽一行到朝阳街道检查指导2017年度安全生产工作。街道办事处主任罗希奠，副主任刘正军陪同，安监站全体人员参加。检查组听取了罗希奠关于朝阳街道2017年度安全生产工作的情况汇报。刘金泽对朝阳街道2017年度扎实组织开展安全生产工作给予了肯定，并提出：要严格落实企业安全生产主体责任。督促企业认真开展事故隐患排查，主动消除各类隐患。要扎实做好安全生产基础工作。把安全生产工作作为经济发展的前提条件，保障人、财、物的安全，深入推进标准化、网格化和信息化工作。要严格按照“全覆盖、零容忍、严执法、重实效”的总体要求，真正做到“横到边、纵到底、不留死角死面”，推动街道安全生产形势的持续稳定。

【市综治办调研指导综治中心建设工作】 11月16日，长沙市综治办副主任肖文辉一行，在芙蓉区委政法委书记刘文立，区综治办主任李清，朝阳街道党工委书记李学军，办事处主任罗希奠的陪同下，到朝阳街道检查指导街道综治中心建设及网格化管理工作的开展情况。检查组听取了朝阳街道关于综治中心建设及网格化管理工作的汇报，并实地察看了街道综治办的工作环境。肖文辉强调，综治中心是基层平安建设的重要平台，要科学整合公安、综治、司法及社区等部门资源，聚集力量，联动融合，着力形成齐抓共管的良好格局；并且要不断创新工作模式，强化运行效果形成基层综治工作的新亮点。

【开展诚信示范点创建主题活动】 12月1日，朝阳街道在华海3C广场举办“以诚修身以信立德”诚信示范点创建主题活动，商铺代表、居民代表等近100人参加。活动围绕“诚信”，由唱歌曲、诵经典等环节有序进行。活动现场，经营户代表一同上台，诵读诚信宣誓，郑重签下自己的名字为文明助力。

【中共十九大精神解读学习会】12月19日，朝阳街道召开中国共产党十九大精神解读学习会。该次学习会由长沙市委党校教授曹习华主讲，街道全体党员、机关干部、两委及公服人员近100人参会。会上，曹习华阐述十九大提出两个政治判断、确立一个重要思想、牢记一个初心和使命、开启一个新征程、部署行动纲领5个主题，深入浅出地分析中共十九大精神成果。报告会后，街道党员干部纷纷表示，该次宣讲报告内容翔实，重点突出，并与街道当前工作做了紧密结合，为今后工作指引了方向。

【纪念毛泽东诞辰124周年主题红歌会】　12月26日，朝阳街道举办“弘扬主旋律 颂歌献祖国”暨毛泽东诞辰124周年主题红歌会。活动现场，以歌颂中国共产党、歌颂祖国、歌颂社会主义的歌曲为主，齐唱、轮唱、合唱、舞蹈等多种多样的形式来表达对毛主席的缅怀之情。　　（姚艺丹）

五里牌街道

【概况】　五里牌街道街下辖五里牌、火车站、燕山街3个社区，辖域面积1.26平方千米。域内有家庭户1.21万户、户籍人口2.70万人、常住人口数2.63万人。2017年，五里牌街道以“强化项目驱动、聚力集约发展、深化精细治理、打造和谐街区”为总体目标，全街经济社会各项事业持续、平稳、健康发展。街道被评为“湖南省卫生计生依法办事示范窗口”，并连续保持“湖南省安全生产示范街道”称号。

经济发展。充分利用地缘优势，兼容并蓄，开放发展，打好“区位牌”、“资源牌”，以袁家岭、火车站两大商圈为支撑点，大力推动五一路城市综合体、佳兆业和擎天广等楼宇招商工作，积极引进优质商业项目，优化街域营商环境。域内共有国营企业27家、民营企业794家、个体工商门店4269户。全年完成财政税收5.8亿元，实现省外境内到位资金7.7亿元、市外境内资金20.34亿元、实际到位外资3815万美元，完成全社会固定资产投资53.41亿元、高新技术产业产值48亿元，规上批发额79.95万元，新增“四上”企业13家。各项经济指标任务均圆满完成。

街域建设。大力实施“项目强街”战略，把主要精力和骨干力量铺排到项目上，项目建设步伐进一步加快。友谊商店东边地块旧城改造项目480户私房户，16家自管产单位，全面签约清零，成为全区棚改项目中率先清零项目。以铁的执行力，紧急疏散朝阳一村38幢危房120余人，并完成36户签约和拆除工作。佳兆业广场项目西区塔楼施工至15层，东区裙楼施工至二层。力助新楚·擎天广场项目、湘融大厦项目的复工和启动。打造燕山街“礼德文化特色街巷”和“车站文化特色街”。完成燕山街社区周边老旧小区提质改造。完成魅力芙蓉·城市双修（有机棚改）PPP项目一期工程24幢宿舍楼的提质改造。

城市管理。加大对火车站和省委大院周边整治，开展执法行动46次，收缴店外经营、违规灯箱、流动摊贩20车，撤离经营性亭棚12处。开展八一路立面整治行动20次，拆除违规招牌、修复墙面污损共50处。集中整治辖区内主次干道两厢违法违章建筑，拆除历史违建13处、1391平方米，实现辖区违法违章建筑“基本清零”目标。淘汰黄标车140台，完成年度目标任务100%。完成中央环保督察3件交办纠纷整改清零工作。依照“先限后退”的原则，取缔存在近20年的晓园早市。街区文明形象大幅提升。

社会治理。严格落实“党政同责，一岗双责、失职追责”和“三个必须”要求，全年完成监督检查434次，完成对397家生产经营单位（门店）的全覆盖监督检查，下达责令限期整改指令文书17份，复查文书17份，依法实施行政处罚4家。全年组织“千人送训进万企”培训活动4场次，新创建安全生产标准化三级企业3家，复评企业1家，均完成目标任务。协助主管部门开展消防安全宣传培训54场、演练40场，培训教育电影放映30场、发放消防安全手册2.6万册。推进实施安全生产信息举报奖励，全年兑现安全生产信息举报奖励超过2万元。街道全年未发生安全生产责任事故，无人员伤亡，继续保持湖南省安全生产示范街道荣誉。

民生服务。打造街道日间照料服务中心和两个居家养老服务中心，服务辖区内近3000名老年人。利用辖区资源优势，设立“五里牌街道流动人口再就业指导服务站”，促进创业就业。完善升级“一站式”社区居民服务中心、党建活动室、图书阅览室、文体活动室等便民服务阵地。贯彻落实各项就业扶持政策，办理失业人员就业创业证21本，为24名就业困难人员补贴社保金额近12万元。帮助零就业家庭实现就业8人，实现零就业家庭工作动态清零。受理“12345”市民服务热线132件次，案件办理率100%，回访率100%，满意率98%。

党政工作。首创晓园党建文化主题公园，吸纳各级党组织开展重温党的历史、优秀事迹宣讲等活动100次，全年接待参观人数1500人。完成社区两委和辖区内33个党支部换届，班子队伍进一步年轻化、高学历化。全年新发展党员8名，培训入党积极分子11名。在创新“街道党工委—社区党委（党总支）—党支部（党小组）”三级垂直组织架构的基础上，拓展党组织外延，辖区内所有非公企业和社会组织中凡有3名及以上党员的，全部成立党支部，实现两新党组织全覆盖。全年举办各类教育讲座20期，开展“微党课”活动15场次，辐射党员群众2000人次。“三社联动”成立五里牌“新声音”公益宣讲联盟，开展宣传服务50次、举办“微理论微宣讲”20次。加强对社区工作的指导，年内五里牌社区被评为长沙市退休人员社会化管理示范社区、长沙市基层人社平台优秀社区、长沙市同心社区、长沙市文明社区；火车站社区被评为长沙市妇联“三八”红旗先进集体、长沙市基层群众自治示范社区。

其他工作。定期组织开展群众文化体育活动和全民健身运动，丰富居民精神文化生活，承办“我们的节日”“德耀芙蓉·道德模范在身边”“名师经典进基层”“十九大微理论微宣讲”等省市文明创建活动8次。破除社区阵地瓶颈，通过租、借、共享等途径，完成辖区内3个社区的阵地标准化建设，其中五里牌社区、燕山街社区办公用房均超过800平方米。

不足与困难：受地处长沙市老城区中心地段，占地面积小，人口密集，流动人口多，交通拥堵等因素制约，城市管理和配套与经济发展不同步，居民群众在城市管理方面的满意度有待提升。街道存在个别社区党务工作者因人员更替，导致组织专干经验不足，为民服务宗旨意识和组织观念不强，这与培养锻炼不够、激励措施有限、党员教育管理措施不力等有直接关系。（邓　洁）

五里牌街道

书　　记　石　峰
副 书 记　王宏武
　　　　　龙雅俐（女）
工委委员　张　谊
　　　　　王　敏
　　　　　杨寿军
　　　　　诸怡君（女）
　　　　　谭仕武
　　　　　钟小平（2017.05任）
主　　任　王宏武
副 主 任　谭仕武
　　　　　曾德志（2017.05免）
　　　　　钟小平（2017.05任）
　　　　　喻茂良
人大工委主任　张　谊
人大工委副主任
　　　　　刘光明（2017.03任）
政协联络处主任　王　敏

【春运服务队成立】 1月19日，五里牌街道联合广铁集团长沙车站开展“助力春运 温暖回家路”学雷锋志愿服务主题活动。该次活动成立由“张爷爷先锋工作室”、东晖小学、社区卫生服务站等辖区50名志愿者组成的春运服务队，分为便民利民服务队、秩序维护服务队、特殊帮扶服务队3支队伍，在长沙火车站入站口、售票厅和候车室等地发放文明旅游、冬季安全知识宣传手册，重点为高龄老人、幼儿、残疾人等特殊群体提供服务。

【“五里牌新声音”公益宣讲联盟成立】 2月9日，由市文明办、区文明委、区委宣传部、区文体新局主办，五里牌街道承办的“我们的中国梦——文化进万家”暨“传播党的新声音，欢歌笑语闹元宵”主题活动在华天紫东阁酒店举办。区委统战部部长易新宇，街道全体党政班子成员以及各部门、各社区工作人员近200人参加活动。易新宇为“五里牌新声音”公益宣讲联盟授牌。由街道部门、社区工作人员搭档“五里牌新声音”公益宣讲联盟成员演出了13个精彩的文艺节目。

【芙蓉区首场“春风行动”招聘会】 2月14日，由广州铁路（集团）公司长沙车站、芙蓉区人力资源和社会保障局、五里牌街道联合主办2017年长沙市“春风行动”专场招聘会在火车站广场举行。市就业服务局局长易伟军、副局长张军，区人社局局长唐宇平、书记卢涛等到现场指导。该次招聘会邀请企业100余家，有近1200名求职者参会，与用人单位达成初步用人意向500余人。

【“传承雷锋精神 圆梦微心愿”活动】 3月29日，由市、区文明主办，五里牌街道承办的“好人来了——传承雷锋精神 圆梦微心愿”组团志愿服务活动在晓园党建文化主题公园举行。市委宣传部副部长郭润葵、市文明办副主任丁德喜、志愿服务处处长袁军，区委宣传部部长伍艳飞出席活动。在“三社联动促和谐”环节，郭润葵上台为五里牌社区与培源社工共建的“左邻右里社会工作室”授牌，并集体在公园举行宣誓仪式。在“好人圆梦行动”环节，领导们和中国好人道德模范一起现场认领微心愿卡，发放心愿物资，为辖区困难居民实现微心愿。在“组团志愿服务”环节，“益起来吧”党员志愿者服务队、东华医院康复志愿服务队、怡馨家园手工志愿服务队、楚雅医院党支部志愿服务队4支队伍提供志愿宣传、义务就诊、手工教学等志愿服务。

【“全民国家安全教育日”宣传活动】 4月15日，五里牌街道在阿波罗商业广场前坪开展“全民国家安全教育日”宣传活动。省国家安全厅、市国家安全局、区国家安全办公室、街道工作人员、居民群众、学生志愿者300人参加。该次活动发放宣传资料800份。进一步扩大了国家安全意识教育的社会覆盖面，调动了辖区居民群众共同维护国家安全工作的积极性和主动性。

【社区两委换届选举工作】 4月23日，五里牌街道启动所辖五里牌、火车站、燕山街3个社区党组织换届选举工作。区委统战部部长易新宇出席，五里牌街道领导班子成员全程监督、指导联点社区选举工作。选举严格按照选举程序和要求，依法依规有序进行。通过该次换届选举，优化社区党组织班子结构，为顺利开展社区工作提供组织保障。5月25日，第九届居民委员会换届选举工作完成。该届共有主任3人，副主任3人，委员9人，平均年龄36岁。其中，党员11名，大专及以上学历14人。新一届社区居委会班子进一步年轻化、高学历化。

【抗洪抢险突击队成立】 6月30日—7月2日，长沙连续几日的强降雨，因连续雨水和长时间浸泡，浏阳河曙光垸大堤水位(41.7米)超保证水位（38.5米）3.2米，超历史最高水位（41.2米）0.5米，大堤出现20余处管涌，部分大堤发生漫堤。防汛抗洪已成为一场必须严防的“守卫战”。五里牌街道快速反应，挑选了各部门、社区男性工作人员100人组成五里牌街道抗洪抢险突击队，由5名领导班子成员分别带队，到浏阳河前线，筑起“抗洪魔、保家园”的钢铁长城。

【燕山街建筑垃圾资源化利用项目】 燕山街建筑垃圾资源化利用项目位于韶山北路与袁家岭立交交汇处，是芙蓉区的首个建工环保项目。项目施工周期3个月，处置建筑垃圾4.2万平方米，生产再生骨料2.8万吨。7月28日，副市长刘明理率队到五里牌街道调研建筑垃圾资源化利用情况。市政府副秘书长肖思源，市城管局、住建委、财政局等部门负责人，副区长练大智陪同。

【文秘综合人员、物业专职社工招聘考试】 8月6日，五里牌街道组织报考文秘综合岗位和物业专职社工的考生在会议室举行笔试科目考试。由街道党工委委员、人大工委主任张谊、纪工委书记杨寿军、办事处副主任钟小平担任监考。该次招考遵循公开、平等、竞争、择优的原则，委托第三方机构统一命题，采取闭卷的考试形式，时间为2小时。街道收到报名简历41份，经过资格审查，有28名竞聘者参加笔试科。笔试结束后，街道根据成绩排名进行面试、考察等综合考核，最终录用文秘综合人员1名和物业专职社工3名。

【市区领导督办朝阳一村38号楼危房疏散工作】 受地铁三号施工等方面原因影响导致五里牌街道朝阳一村38号栋房屋开裂，经第三方专业机构鉴定为D级危房。险情发生后，市区政府高度重视。8月28日，长沙市政府副市长廖建华委托副秘书长张跃先督办朝阳一村38号栋危房疏散工作，张跃先组织市住建委房屋安全处、市住建委房屋工程处、市安监站、市质监站、市财评中心、区轨道协调指挥部、地铁3号线建设公司、中铁十一局、中大检测等相关单位到朝阳一村38号栋现场勘察房屋开裂情况并召开紧急会议，安排和部署危房疏散工作。8月29日，区委书记于新凡督察指导朝阳一村38号栋危房排危行动，实地勘察危房现场，并对疏散工作提出指导性的意见和建议。

【承办全国科普日主题活动】 9月20日，由区人民政府主办，区科技局(科协)、区教育局、区文明办和五里牌街道火车站社区承办的2017年芙蓉区全国科普日活动之“科学助力成长航模 机器人秀”在东晖小学举行。市科协副主席王准、科普部副部长杨文，芙蓉区科技局局长吴立平、区科协主席李莉霞、五里牌街道主任王宏武出席，东辉小学师生近200人参加活动。活动通过机器人展示、人机互动、情景剧表演、知识抢答、航模展示及大手拉小手，共同放飞梦想等创新科普形式，寓教于乐，把科学教育与表演相结合。

【2017年道德模范典型推评活动】 9月28日，由区委宣传部、五里牌街道、燕山小学、晓园公园共同承办的“德耀芙蓉 道德模范在身边”2017年五里牌街道道德模范典型推评在芙蓉华天大酒店举行。中国好人叶小兰、池凤英讲述了他们的故事。五里牌新声音联盟志愿者讲述身边好人故事。五里牌街道党工委委员诸怡君为2017年道德模范典型颁奖。

【火车站周边整治行动】 国庆期间，针对火车站周边实际情况，五里牌街道以战狼出击的速度，带领干部职工开展联合整治大行动。街道组织公安、交警、城管及铁路等部门联合执法整治，以“一道二街三线”为重点，坚持从严执法、疏堵结合，全面清洗蒸菜街油污，规范整改远大路128号废品店，对金苹果西通道乱象进行突击行动，驱散摩的35台、规范店外经营65处、劝离流动摊担35个、清洗路面1000米、收缴广告招牌及小摊小贩25处。

【五里牌街道日间照料中心启动】 10月28日，由五里牌街道、常青树老年公寓、芙蓉区红十字会志愿服务队共同举办的“弘扬孝德文化，共筑银发家园”迎重阳暨日间照料中心揭牌仪式在中心多功能厅举行。省政协机关后勤服务中心主任唐鸿君，市民政局副局长范凤芝，区政府副调研员尹上敏、区民政局局长丁迎秋，街道党工委书记石峰、政协联络处主任王敏出席活动。范凤芝、尹上敏为五里牌街道日间照料中心成立揭牌。出席领导充分肯定了中心的布局和建设工作，并要求把该项得民心、暖人心的民生工程做大做强，惠及周边更多老年人。

【商场应急演练活动】 11月9日是全国消防安全日，五里牌街道组织辖区单位阿波罗商业广场开展全员应急演练活动，近2000名员工参加活动。演练现场，商场某部位出现明火，现场人员立即报告商场主要负责人和消防控制室，现场指挥组、灭火组、抢救组、疏散保卫组人员各司其职，齐心协力。2000余名员工在预定时间内全部撤离至安全区域。

【微理论微宣讲竞赛】 11月27日，五里牌街道“新时代 新声音—中共十九大精神进入社区”微理论微宣讲竞赛举行。区委组织部副部长基层办主任田松柏，宣传部副部长文明办主任易利平，宣传部副部长刘彦，街道党工委书记石峰、燕山小学校长唐冬梅作为评委出席活动。该次活动于11月初始，由3个社区、33个党支部组成，开展微宣讲预赛10余场次。

（邓　洁）

马王堆街道

【概况】 马王堆街道下辖马王堆、滩头坪、古汉城、九道湾、新桥新村5个社区和火炬村。辖域面积3.88平方千米。域内居民住户1.19万户，户籍人口2.99万人，常住人口约3.13万人。2017年，马王堆街道各项工作稳中提质，街道被评为芙蓉区农民工检测调查先进单位、芙蓉区劳动工资统计工作先进单位。

党政工作。年内，街道党建工作以“两学一做”常态化建设为主线，围绕中心工作，确定积极分子14名、发展预备党员13名，完成850名党员档案的整理工作。依法依规依程序完成马王堆社区、滩头坪社区、古汉城社区、九道湾社区、新桥新村社区的党组织调整升格、换届选举工作。结合“芙蓉先锋”开展主题党日活动8次，集中学习活动3次，完成辖域所有党员的民主评议，帮助近100名困难群体实现微心愿。创新党员学习教育新模式，充分发挥古汉城社区“同心广播站”优势，打造“回家路上陪你读书”栏目，录制以《党章》《党规》《习近平总书记系列重要讲话精神读本》、党史经典、党风廉政建设为内容的有声读物150篇，依托文明长沙、芙蓉发布及街道党建E平台微信公众号、社区的35个广播，宣传中央、省、市、区重要文件精神，被评为“文明中国2017”地方精神文明建设网络宣传十大优秀栏目。

经济发展。2017年，域内有国营企业57家、民营企业935家、个体工商门店2268户，新增“四上”入库单位14家，新增上市企业2家：绝味食品股份有限公司，湖南湘旭鸿房地产经纪股份有限公司。街道实施企业门店台账档案化管理，助推经济发展。全年完成财税收入3.4亿元，实现省外境内到位资金6.6亿元、市外境内固定资产投资15.1亿元、实际到位外资3200万美元，外贸额3307万美元。完成全社会固定资产投资38亿元、高新技术产业产值15.8亿元，规上零售额11.5亿元，规上批发额62亿元、非营利性营业收入2.5亿元、规模工业总产值1.6亿元。通过提质改造和资源整合，提升5幢重点楼宇的品质，吸引177家优质企业入驻。

街域建设。完成火炬村拆迁任务，签订强拆户补偿协议16户，按60号令火炬村安置地办证57幢。完成火炬村农安小区、“魅力芙蓉·城市双修（有机棚改）”项目一期工程2个社区17幢房子的提质改造，辖域内9块“围而未建”地块拆除，复绿改造提质达标工作及古汉路、马王堆汉文化特色街巷建设任务，其中马王堆汉文化数字体验馆通过验收，于年底投入使用。由政府投资修建的火炬中学、滨河路小学项目主体封顶，五条规划道路全面竣工，社会投资项目万科金域蓝湾二期、三期、新桥小区三期、长城万悦汇项目实施进展顺利。

社会管理。街道城管实现“单一执法”向“管理服务”的转变，建立市民投诉限时响应机制，实行网格管理，定人负责，处置完成市、区数字城管平台信息案卷7525件，解决中央环保督察组交办单18件、“12345”市民投诉30条信访投诉交办件。开展环保亮剑行动，每月开展2次以上燃煤禁烧联合整治行动，收缴煤炉40个、蜂窝煤2.5吨，完成637户油烟净化器安装工作。淘汰黄标车92辆，普查重点监管单位，查处无证经营汽修厂35家，非法危险化学物品仓库及储存二氧化硒14吨。年内拆除各类历史违章建筑、亭棚40处、整治乱摆乱卖摊点3000个、店外经营1200次，清除各类占道地锁120个，清理垃圾堆物450车，疏通下水管网3000米。以中央环保组督察为契机，打造沁园夜宵示范街。综治工作坚持维护社会和谐稳定作为首要政治责任，成立巡逻应急处突分队和“红袖章”义务巡防队，开展群防群治专项整治行动，整治赌博场所30家，销毁各类赌博机50台，清理娱乐场所4家，查出毒品370克，查出吸毒者71人，强制戒毒15人。开展“三实信息”收集，排查矛盾，调解各类矛盾纠纷100余件，调解成功率100%。结合“连心”工作和综治“大走访”活动，化解上级交办的信访重点对象13户。落实涉军群体稳控工作，杜绝非法串联、聚集、越级上访的现象。年内，出动20个检查组，4个暗访暗查组，开展联合执法21次，出动人员260人次，车辆65车次，安全监管检查各类单位企业门店346家。全年检查1220次，检查出隐患40处，整改到位37处，其中3处重点问题上报相关执法部门处理；查出重大隐患2处，分别是九道湾物流仓库发现危险化学品14吨，火炬门面仓库发现存放油漆稀释剂210桶，均上报上级执法部门稳妥处置。食品安全工作以“以人为本，食安为先”为中心，更换3个大型户外“国家食品安全示范城市”创建标语，依托“3·15”“3·31”宣传活动日和群众工作“连心”行动，发放宣传册2000份，食安创建倡议书5000份，食安宣传停车卡5000份，接受咨询600人次。开展食品安全快速检测进社区、进市场活动，年内检测240批次。开展食品安全专项整治行动、“H7N9禽流感”防控工作，出动60人次、执法车辆30台。检查学校、幼儿园食堂、经营门店、大型超市、农贸市场、生鲜超市、食品摊贩等重点监护单位213家，发现问题25件，发出责令改正通知书25份，立案3起，查封3家无证加工豆制品黑窝点，收缴白板肉1000余斤，没收不合格食品6箱，依法暂扣违规保健食品67盒。收缴的200只活禽实行无害化处理，年内街道食品安全绩效考核工作列为全区第一。

民生服务。年内，完成城乡居民养老征缴金34.15万元，资格认证1112名城乡养老金领取人员的信息，稽核终止29人待遇发放。做好失业人员认证工作，办理失业金签到人员生育补助4人，申报金额1.82万元，完成灵活就业人员养老保险和医疗参保224人。做到低保应保尽保，每月申报，年内保障803人次，低保发放29.95万元。实行低保错时年审制度，年内新增2人，发放金额815元，取消4人，取消金额1285元。做好精神障碍患者医疗救助工作，全年药物救助138人次，金额2.04万元，住院救助5人次。做好慈善精准救助困难家庭工作，全年救助困难家庭98人次，发放救助金24.18万元。传统佳节助困241人，发放慰问金19.6万元。解决城市中低收入家庭住房困难，新增经济适用房货币补贴2户16万元，廉租房实物配租2户。建立健全救灾应急预案，组建防汛抗旱救援队，组织发起捐款捐物活动，金额7.87万元送达遭受特大洪涝灾害的宁乡灾区。开展殡葬改革宣传活动，全街火化率100%。落实残疾人优惠优待政策，组织全街28名残疾人免费体检，免费办理持证的214名残疾人爱心卡，为其提供残疾康复训练及残疾就业岗位。有序实施全面两孩政策，全街常住人口符合政策生育率100%，审核确认独生子女发放764户，发放金额8.86万元，特别帮扶计生困难家庭38户，扶助金额39.6万元。爱心助孕3人次，计生技术服务免费报销手术费用111人次、5.45万元。优化生育登记流程，提供计划生育技术服务免费咨询5738人次，开办孕妇学校10次、父母学校3次。免费孕前优生检查471人，完成孕产妇产前筛查469人，高危产妇管理443人，办理出生缺陷干预手册20本。加强基本公共卫生服务项目工作，开展免费咨询义诊41次，专题讲座20次，发放健康处方3万份，播放健康知识影音2486小时。建立健康档案4.73万人，建立高血压管理卡3099份，糖尿病管理卡1364份。完成糖尿病、高血压病随访1.9万人次。为适龄儿童免费接种一类疫苗2.84万针次。为辖区1707名妇女集中查治妇女病，发放“两癌”及生殖道感染宣传资料5000份。全年街道无突发公共卫生事件发生。

存在的问题和不足：项目拆迁任务重，压力大，信访问题突出。街道社情民意复杂，居民整体素质偏低，给街道和社区治理工作带来很多挑战和困难。（欧阳金慧）

马王堆街道

书　　记　曾志伟
副 书 记　周宏彬
　　　　　陈　栋
工委委员　黄继文（女）
　　　　　朱勇智
　　　　　徐军杰
　　　　　曹　磊（2017.05免）
　　　　　黄　海（2017.05任）
　　　　　龙婧予（2017.05任）
主　　任　周宏彬
副 主 任　朱勇智
　　　　　黎卫军
　　　　　鲁海洋（2017.05免）
　　　　　张　建（2017.05任）
人大工委主任　黄继文（女）
人大工委副主任
　　　　　师璐娜（女，2017.05任）
政协联络处主任　徐军杰

【整治夜间流动摊贩】2月16日，马王堆街道城管办（食安办）牵头联合马王堆城管执法中队、食品药品监督所出动执法人员45人次、执法车6台次，重点整治随意占道经营造成城市市容和环境卫生的恶劣影响、屡教不改的流动摊贩占道经营者。整治行动依法暂扣流动摊贩小推车3辆，收缴违法设立移动灯箱7个、玉米烤箱1个，劝离制止流动摊贩22宗。

【举办大型现场招聘会】3月21日，主题为“和煦春风送岗位 就业扶贫惠民生”芙蓉区大型现场招聘会暨马王堆街道群众“职”通车大型志愿服务活动在马王堆街道滩头坪社区举行。长沙市文明办副主任丁德喜、市就业服务局局长易伟军、市文明办志愿服务处处长袁军出席活动。该次活动分为主会场和分会场。来自空乘、酒店、按摩等行业的职业技能达人现场展示了空中应急知识、礼仪、叠台布、预防职业病等技能，向现场求职人员展示“职业不分高低，身份没有尊卑，行行都能出状元，敬业就会闪光辉”的敬业奉献精神。马王堆街道“职业技能加油站”承诺定期开设不同的技能培训班，为弱势群体培育创业就业新技能。易伟军为街道授予牌匾。丁德喜为“志愿者之家”优质商户授牌。滩头坪社区与辖区内的餐饮、超市、酒店、KTV、幼儿园等20家优质商户达成合作共识成立“志愿者之家”。分会场，邀请了比亚迪、中国联通、罗莎食品、蓝思科技等103家用人单位进场招聘，为求职者提供就业岗位2500个，现场吸引火炬村、九道湾、滩头坪等社区居民群众1000人咨询，50名志愿者为求职人员发放社会保险、创业富民、就业培训、创业小额担保贷款等政策宣传1000份，接受居民群众关于养老、失业、医疗、维权、就业培训等政策咨询200人次，协助招聘单位50余人现场达成就业意向。

【户外违规广告招牌专项整治行动】 6月17—19日，马王堆街道城管办、执法中队、社区数字化组队员及专业拆除人员开展楼顶违章户外广告拆除行动。该次行动出动60人次，吊车4台次、高空作业安保装置20件和便携式氧割设备12套。拆除快乐潇湘、万象凯旋湾、红橡华园幼儿园及万科金域蓝湾等处楼盘的违章广告招牌。行动中，拆除楼顶大型钢架式违章广告招牌6处，面积1200平方米。

【开展禁毒宣传月活动】 6月29日，马王堆街道综治办联合派出所开展禁毒宣传月活动。区禁毒办副主任、区社会禁毒协会执行秘书长邓琳指导禁毒宣传工作。街道综治办对辖区的娱乐场所涉毒情况开展地毯式摸排清查，并与娱乐场所的每位员工签订禁毒承诺书。活动现场，志愿者们向围观群众发放禁毒宣传资料1万册，悬挂横幅6条，摆放展板6张，贴出海报50张。管区户籍民警杨敏向群众讲述毒品相关案例，接受群众的咨询。

【驻街企业党员志愿者奋战抗洪一线】7月2日，浏阳河水位高涨，洪峰来袭，河沿线滨河路几处危险路段严重威胁周边居民群众的生命财产安全，需及时加固增高。驻街非公企业擎天建设有限公司主动与街道防汛指挥部取得联系，出动挖机2台，货车20辆，铁锹65把，沙袋8000袋，沙石100吨，发动近50名党员志愿者及公司员工到现场参与抢险保堤，用实际行动书写党员风采。

【文明相伴主题教育实践活动】 8月29日，“喜迎党的十九大·争做美德青少年”暨芙蓉区“快乐暑假·文明相伴”主题教育实践活动在马王堆街道举行。省审计厅总审计师段培安，市文明办副主任梁飞彩、市文明办未成年人工作处处长朱治东，区委宣传部副部长、文明办主任易利平等出席活动。活动中社区青少年志愿者们用齐声诵读国学经典《大学》，表演古典舞蹈《喊月亮》、古筝合奏《凉凉》、跆拳道表演《舞跆小子》等才艺。古汉城社区为双峰县甘棠祠镇捐赠图书2210册，电脑15台。

【校园安全专项检查行动】 9月4日，马王堆街道办事处联合长沙市消防大队、马王堆派出所，街道安监站、综治办等部门，全面检查长沙市实验中学的安全生产工作。检查组重点检查学校门卫管理(包括人防、物防、技防)、校园环境卫生、学生宿舍、围墙、微型消防站建设以及学校食堂卫生情况和管理制度。检查组现场与校方沟通，指导实验中学强化安全防护措施，明确发现问题的整改措施和整改时限，为学校的正常教学活动开展提供安全保障。

【查扣一批危化物品】 9月7日，马王堆街道九道湾社区加大夜间巡查防护力度，工作人员巡逻时发现：火炬四片B区14幢有人利用夜间超工作时间卸货。通过排查问询，确定该卸货点仓库内存放大量高毒且有强刺激性的危化物品二氧化硒。工作人员立即上报。区安监局副局长刘青辉、区治安大队队长黄磊、街道主任周宏彬、安监站站长白昌恩及社区书记杜欣军评估现场情况，依法责令关闭仓库，查封扣押门面内的二氧化硒近14吨，管控工作人员6名。刘青辉现场宣传科普知识及相关文件信息和注意事项，建议居民增强安全意识，保护生命财产安全。

【街道举办首届职工运动会】 9月26日，马王堆街道在同鑫家园小区前坪举办“欢乐庆十一 喜迎十九大”首届职工运动会。该次运动会包括篮球、拔河、集体跳长绳3个项目，街道机关、社区，二级机构等11个单位代表队200余名运动员参加比赛，决出3个项目的冠、亚、季军。区总工会主席李凤英、副主席黄家旺、区文体新局局长焦英及街道领导分别为冠、亚、季军颁奖。

【接受市年度安全生产考核】 10月31日，长沙安全生产监察支队支队长陈志球带领长沙市安全生产督察考核组检查马王堆街道大同古汉城小学和大江贸易有限公司的安全生产工作。考核组详细了解大同古汉城小学的校园安全管理和大江贸易有限公司的各项安全生产管理制度、资金投入、隐患排查等情况，着重检查安全生产主体责任的2家单位的台账、资料，听取相关领导关于安全生产工作的汇报。考核人员肯定街道高度重视辖区安全生产工作的落实和档案齐全的做法及2家重点单位的各项安全生产工作的落实情况，勉励企业防范安全生产事故的发生，保证企业平安、家庭平安、社会和谐。

【海口市食安委到街道考察】 11月17日，海口市政府副秘书长、市食安办主任温海鸿一行21人考察马王堆街道沁园夜市街食品安全规范化管理工作。考察团实地参观了解芙蓉区沁园夜宵街营业场所及后厨，听取该夜市街建设模式、运行模式、明厨亮灶、原料采购、质量控制、产品包装、餐厨垃圾处理等管理措施的介绍。通过现场交流与实地观摩，促进了两地相互学习、加强沟通，共固食安防护墙、共促食安新局面。

【社区文化大讲堂和新桥培训基地揭牌】 12月1日，马王堆街道携手长沙市文联和长沙市书法家协会，成立新桥新村社区文化大讲堂、启动长沙市书协新桥培训基地。省作家协会名誉主席、市文联主席何立伟，省书法家协会副主席、市书法家协会主席孔小平，市书法家协会部分书法名家，街道机关干部和社区居民代表近100人参加揭牌仪式。何立伟和孔小平成为社区文化大讲堂和书法培训基地的导师，并颁发聘书。活动中，何立伟签名送书、讲解传统廉洁文化。孔小平组织长沙市书法家协会部分书法名家与社区居民进行书法交流。

【汉文化艺术节展示活动】 12月6日，马王堆街道举办汉文化艺术节展示活动，区领导郑明、伍艳飞等出席。该活动以“泱泱汉风 醉汉街 华夏之美新传承”为主题，把楚汉孝道文化精神在历经千年传承之后的现状带进短片中，向现场观众展示“汉文化主题街区”建设成果。

【整治保健食品营销欺诈】 12月15日，马王堆街道由食安办牵头联合工商所、派出所、食药监所经济办在全街范围内开展食品安全“护老行动”专项整治，出动执法人员25人次，检查保健食品经营户20家，依法暂扣违规的销售保健食品，责令1家未严格执行索证索票制度的企业整改。行动中，工作人员向辖区居民宣传讲解保健品相关知识，宣传“12331”投诉举报电话，鼓励居民对涉及食品、保健食品非法宣传、非法销售的行为有奖举报。

【宣传道德模范活动】 12月21日，马王堆街道开展“走近学习榜样 凝聚复兴力量”——学习宣传道德模范主题活动。活动包括舞蹈《十八洞鼓舞》、老党员刘海龙的快板《儿颂孝老爱亲》、省朗诵协会副会长袁理的学生们朗诵的《让我们相守在画中》。现场还展出大同第二小学的孩子们绘出的6米长的马王堆道德模范长卷。会场设置若干展台，展示道德模范的先进事迹，邀请长沙市首届道德模范吴耀存、第三届长沙市道德模范提名奖获得者彭水林、芙蓉区首届道德模范提名奖获得者池凤英现场讲述他们的事迹。街道在现场表彰了一批诚实守信、敬业奉献、见义勇为、助人为乐、孝老爱亲先锋模范，用道德的力量推动辖区形成知荣辱、树正气、促和谐的良好风尚。

【创建国家食品安全示范城市宣传活动】 12月21日，马王堆街道食安办、组宣办、食药监所及相关社区联合开展创建国家食品安全示范城市宣传活动。辖区各大、中、小餐饮店，食品店、农贸市场、学校（幼儿园）负责人及居民代表参加活动。活动包括宣传创建国家食品安全示范城市工作的重要性和意义、现场解答群众关心的健康饮食、营养饮食、科学饮食以及辨别假劣食、药品等问题，告知现场观众宣传食品药品“12331”投诉举报咨询热线，免费发放食安创建、食品安全相关宣传资料、印有创建LOGO的环保收纳袋100余个。（欧阳金慧）

荷花园街道

【概况】 荷花园街道下辖东方新城、杨家山、德政园、荷花园、东郡、荷晏、恒达7个社区。辖域面积2.36平方千米。域内有居民户1.36万户、户籍人口5.26万人。2017年，根据市、区关于深化城区街道管理体制改革的指示要求，结合街道的实际对办事处内设机构进行了改革。年内街道各项工作稳步推进，被评为湖南省流动人口基本公共卫生服务均等化示范街道、爱国拥军模范单位、经济社会发展综合实力十强乡镇街道、并连续保持湖南省安全生产示范街道称号，朝辉劳模工作室被评为全国示范性劳模和工匠人才创新工作室。

经济发展。街域内有4幢商务楼宇，28家金融企业、141家批发零售业、13家住宿餐饮业、6家交通运输业、62家信息技术业、40家房地产业、52家文化旅游业、88家服务业、77家教育卫生业、其他行业10家。年内，街道联点班子成员带队走访6幢重点楼宇，为重点税源、重点项目、投融资公司等10家企业解决了具体困难。核查房产税降幅较大企业8家、工商税务关系异常企业3家，清理两税、工商登记不在辖区企业14家。全年完成4.71亿元财税任务；完成固定投资31.12亿元，完成限额以上批发商贸业销售额21.6亿元，完成限额以上商贸业社会消费品零售总额12.66亿，完成高新技术产值58.09亿，完成新增现代服务业15家。依托“四联三为”百纳广场二期竣工验收，开展对外招商。

街域建设。全年拆除违章建筑50处，2788.93平方米。荷晏、杨家山、东方新城提质提档拆违工作全面铺开，拆除46处，3960.09平方米。开展人民路、东二环、万家丽路沿线立面综合整治行动，拆除主次干道违章广告招牌62处，5584平方米；拆除其他违规招牌、灯箱等100处，近1600平方米。推进魅力芙蓉·城市双修（有机棚改）PPP项目和社区提质提档，完成地下管线改造、路面铺设、外墙粉刷等工作。拆除违章建筑87处，6190.13平方米。建设荷晏社区小游园1200平方米，东方新城社区小游园1200平方米。加强社区服务阵地达标和标准化建设，荷花园、荷晏2个社区办公用房进行装修改造。恒达、东方新城2个社区办公用房进行了扩容提质。拆除荷花路与东二环交汇处芙蓉区农村合作银行综合用地围墙，改建临时停车场，新增停车位90个。拆除东方新城东门沿线违规地锁、路障30处。

社会管理。严格落实“一岗双责”，推进安全生产大检查和烟花危化“打非治违”专项行动，查处违法经营单位16家，收缴爆竹245盘、小烟花20箱，2家烟花爆竹经营门店转型退出。做实“千人红袖章”义务巡防等特色工作，强化社会联动，确保辖区安全。开展平安建设和维稳综治工作，与7个社区、165家企事业单位签订综治目标管理责任书，把责任落实到单位、人。坚持分级负责制，层层抓落实，把各类目标管理责任列入综合考核，实行重大事故一票否决。开展以“强化社会管理综合治理，推进和谐平安街道建设”为主题的综治宣传月活动，发放《共建共享平安和谐家园——致居民群众的一封公开信》2万份。7个社区都开展了平安讲座和制作安全宣传栏，悬挂横幅7条，制作手抄报9期。街道有巡防队员47名、流动人口协管员31名，随时随地开展巡查。街道实行“月讲评、季排名、年奖惩”制度，每周对巡防工作开展2次以上不定期督察，并严明奖惩。全街刑事发案478起，同比下降21.23%。落实“五包一”责任制，把不稳定因素化解在萌芽状态。在全国、省、市重要会议以及十八届六中全会、十九大召开期间，实现进京上访“零目标”。落实矛盾纠纷调解机制，全年调解纠纷案26件，简易纠纷2个，达成调解协议24宗，涉及金额31万元，调处成功率100%。

民生服务。加大社会保障力度，按政策提高低保户、特困户的补贴标准。推进慈善救助，办理城乡医疗救助11人次。提升流动人口均等化服务质量，签定流动人口家庭契约2100份，被评为湖南省流动人口基本公共卫生计生服务均等化示范街道。

党政工作。坚持以党建为引领，创新实施“大工委、红网格”管理模式，推进“两学一做”学习教育常态化制度化，实施“把支部建在小区”基层党建创新项目，打造“东方红”“红色芙蓉”党史陈列馆等党建特色品牌。围绕习近平总书记系列重要讲话精神、党的十九大精神等主题，开展街道中心组学习和专题报告会7场次，开展“微理论、微宣讲”20场次。在中国文明网、《湖南日报》《长沙晚报》等媒体宣传报道120次，在《芙蓉新闻网》《芙蓉之窗》报送信息采稿493篇，居全区第一。围绕正风肃纪、抓实党风廉政建设召开党风廉政建设大会4次，召开党风廉政建设责任制工作领导小组会议3次，专题会议4次。编制权责监督白皮书，划定54项基层权责清单，划定责任部门，并且明确要求54项权责监督指南的监督方式。全年有52篇信息和经验交流文章在《湖南日报》《三湘风纪》《长沙晚报》等省、市媒体报道和采用。街道自主查办案4件，受理上级交办、群众举报等信访问题6件。查处行政问责案6件，处理5人，其中给予党纪政纪处分4人，通报批评2家单位，诫勉谈话2人，问责2家单位5人次。提醒谈话7人，约谈2人。开展了“纠四风、治陋习”、“雁过拔毛”式腐败问题的专项整治检查。

存在问题：历史遗留问题较多，涉及面较广。土地资源开发趋近饱和，发展空间受限制。老旧小区较多，主次干道交通拥堵，居民群众在城市管理方面的满意度有待提升。社会建设创新力不

够，服务水平有待提升。（夏婉清）

荷花园街道

书　　记　唐益人（2017.09 免）
　　　　　孔　干（2017.09 任）
副 书 记　罗明立（2016.03 免）
　　　　　罗拾平（2017.03 任）
工委委员　刘光耀
　　　　　刘朝辉（女）
　　　　　刘紫陌（女）
　　　　　裴鸿志
　　　　　李　达（2017.05 任）
主　　任　陈　璞
副 主 任　李　达（2017.05 任）
　　　　　宋　曦
　　　　　莫志坚
　　　　　陆　君（女，挂职，2017.05 任）
人大工委主任　刘光耀
人大工委副主任
　　　　　冯新辉（2017.09 免）
　　　　　高　见（2017.09 任）
政协联络处主任　刘朝辉（女）

【“朝辉劳模创新工作室”获得荣誉称号】 4 月 28 日，由区委、区政府主办，区总工会承办的庆“五·一”原创诗歌朗诵会暨“最美劳动者”颁奖典礼举行，荷花园街道恒达社区“朝辉劳模创新工作室”获“最美劳动者”先进团队的称号。2011 年，以劳模刘朝辉名字命名的“朝辉劳模创新工作室”正式挂牌成立。工作室以社区居民群众满意为宗旨，创新基层治理方式，探索基层公共管理新模式。工作室成立 6 年，按照“八有”（有命名、有牌匾、有团队、有设施、有制度、有流程、有经费、有成果）的要求，转变思想观念，创新工作方法，创造性、针对性地开展基层治理工作。朝辉劳模工作室创新社会管理，提升服务居民群众的能力，打造国家级“劳模创新工作室”。

【省人大代表建议获袁隆平签名支持】 5 月 11 日，湖南省种子管理服务站调研员杨大庆陪同荷花园街道政协联络处主任、省人大代表刘朝辉到湖南省农科院“国家杂交水稻研究中心”约访中国工程院院士袁隆平，汇报了“关于拓展隆平高科技园发展空间”的建议。省人大代表刘朝辉组织调研组 4 次到隆平高科技园开展调研。该建议提出了拓展隆平园发展空间的 3 个理由：隆平园领导班子有集约高效的发展意识；隆平园招商引资对土地资源具有强烈需求；隆平园产业发展承担着资源掣肘的巨大压力。袁隆平院士认真审阅建议后，充分肯定了刘朝辉代表的建议，并在建议书上签名支持。

【学习贯彻中共十九大精神】 10 月 30 日，荷花园街道召开贯彻学习党的十九大会议精神专题会。街道办事处主任陈璞主持，街道全体机关干部职工、各社区书记和主任近 100 人参加会议。街道党工委书记孔干部署如何结合中共十九大精神进一步开展工作，并提出要求：统一思想，凝聚力量，街道全员上下一心，勇争一流，争创一类。认清形势，担当责任，党员干部必须明确自身职责，发挥先锋模范作用。推动工作，完成任务，做到各项工作明确人员、明确责任、明确时限。强调街道各项工作的开展应紧密结合十九大精神，力争取得实效。

【高层楼宇消防知识技能培训演练活动】 11 月 12 日，德政园社区联合长沙市住房保障局大楼，按照湖南省纪委、省监察厅相关领导的指示精神，邀请五里牌消防大队的专业教官开展消防培训暨应急逃生演练活动，近 200 人参与活动。教官着重讲解了高层楼宇火情高发场所、诱发火情的安全隐患、自救互助逃生技能等实用专业知识。并进行了应急逃生演练和灭火实战演练，学习根据灭火器种类分场合正确操作使用。通过普及消防安全知识，实地操作演练消防器材，提升了参演人员的消防意识与避险能力。

【承办残疾人普法知识竞赛】 11 月 14 日，由长沙市残联主办，荷花园街道承办，恒达社区执行的残疾人学法、用法、守法有奖知识抢答赛在荷花园大厦举行。长沙市残联副理事长任铁强，维权部部长樊莉红，副部长李勇，芙蓉区残联理事长聂帮府，荷花园街道办事处主任陈璞，街道党工委委员、政协联络处主任刘朝辉等出席。该次活动通过知识竞赛，普及了残疾人法律知识，增强了残疾人学法、用法、守法意识，提高残疾人维权能力，营造良好的法律学习氛围。

【“白板肉”突击整治行动】 11 月 16 日，荷花园街道食安办、食药监所执法人员在街域开展“白板肉”取缔行动。该次行动查处无合理来源、未经检验检疫的“白板肉”800 余斤，并实行了无公害处理。

【"名师经典进基层"学习活动】 11月20日，长沙市"名师经典进基层"市民学习主题活动在荷花园街道长郡芙蓉中学举行。长沙市文明办副主任丁德喜，市文明办综合处处长刘爱梅，荷花园街道党工委书记孔干，街道办事处主任陈璞等出席。湖南大学岳麓书院教授、硕士研究生导师陈力祥讲授了"传统文化视域上当代青年责任意识的培育"专题，在场400余名初一学生参加了讲座。活动旨在培育和践行社会主义核心价值观，传承和弘扬中华民族优秀传统文化和国学经典，以形式多样、群众喜闻乐见的形式，提升市民群众的文化素养，营造良好的文明风尚。

【佛山市高明区总工会代表团到"朝辉劳模创新工作室"交流】 11月28日，广东省佛山市高明区人大常委会副主任、区总工会主席张明生，高明区总工会副主席谭汝方及劳模代表19人到全国示范性劳模和工匠人才创新工作室"朝辉劳模创新工作室"交流劳模管理创新工作。芙蓉区总工会副主席黄家旺，荷花园街道人大工委主任刘光耀，政协联络处主任刘朝辉陪同。代表团一行人在荷晏连心广场、恒达花园小区、教师一村小区实地观摩交通"微循环"、社区支控中心、餐厨油烟净化治理民生项目。黄家旺详细介绍芙蓉区劳模的基本情况、推动劳模创新工作的规范保障、品牌推广等，双方开展了交流互鉴。

【《安全生产法》宣传活动】 12月5日，荷花园街道在大润发超市前坪开展主题为"实施安全生产法 人人事事保安全"的安全生产法宣传活动，荷花园街道人大工委副主任高见现场指导。通过设立安全生产宣传展板、横幅、张贴海报标语、发放《中华人民共和国安全生产法》宣传手册、冬季安全生产宣传资料、接受现场咨询等形式，向社会公众宣传普及安全生产法律法规。

【"青廉书吧"活动开启】 12月12日，荷花园街道以"青春有为，廉洁有我"为主题的"青廉说"系列活动启动仪式在荷晏社区连心广场举行。芙蓉区纪委向芙蓉区首个"青廉书吧"荷晏社区进行授牌捐赠。"青廉书吧"系列主题活动旨在通过开设"青廉说"线上线下论坛、开设"青廉课堂"、组建"青廉志愿队"参与辖区廉洁社会建设等形式，加强辖区青年的廉洁意识培养，激发青年思廉、尚廉的积极性，共同参与廉洁社会建设。

【德政园社区党员教育培训示范基地通过验收】 12月20日，长沙市委组织部党员教育中心副主任易辰俞带领验收组一行7人，现场查验荷花园街道德政园社区创市级党员教育培训示范基地工作。芙蓉区委组织部副部长、基层办主任田松柏，荷花园街道组织委员裴鸿志陪同。验收组实地察看了"和园""启园""艺园""创园"，参观"两代表一委员"民情接待站、党建服务中心、微型政治生活馆、580党员志愿服务中心、"慈娭驰乘务岗"党员志愿服务队、"两新"党组织等阵地。易辰俞指出，德政园社区从硬件条件、师资力量等方面打造党员教育培训基地，并通过"每日一文、每周一课、每月一谈"、学"习"加油站等特色工作服务党员，发挥了示范带动效应，满足广大基层党员的需求，下一步要继续开拓创新，科学合理地铺排工作，使服务效果最大化。

【未成年人思想道德建设主题教育活动】 12月25日，荷花园街道组织中、小学校在长郡芙蓉中学开展"诵童谣经典 做文明少年"芙蓉区未成年人思想道德建设主题教育活动。长沙市文明办副主任梁飞彩，芙蓉区宣传部副部长、文明办主任易利平，区教育局副局长杨红出席，街道办事处主任陈璞，党工委委员裴鸿志陪同。该次活动开展未成年人传唱童谣、诵读经典，引导未成年人传承优秀文化、弘扬了民族精神。

（夏婉清）

东屯渡街道

【概况】 东屯渡街道下辖东屯渡、芙蓉、扬帆、嘉雨、白沙湾、金科6个社区和1个直属企业（建筑公司）。辖域面积2.66平方千米。域内居民户数1.9万户，户籍人口数1.41万户，常住人口数4.7万人。2017年，街道发挥党建工作龙头作用，经济发展质量不断优化，城市品质不断提升，民生事业发展，辖区安全稳定，居民群众获得感和幸福感不断增强。街道被评为省级创建无邪教示范街道、长沙市城乡居民基本养老保险经办示范点。

经济发展。年内，域内有各类企业1373个、商务楼宇3幢、个体工商门店5304家。街道推动传统商贸业转型，重点发展现代金融、文化创意、旅游休闲产业，挖掘培养“月子会所‘颐媛佳月’旗舰店”等服务业企业。通过盘活闲置楼宇资源，扩大招商和对外征引，撬动街道税收增长点。打击非法集资与传销活动，确保辖区健康的投资环境和商业氛围。全年完成区政府下达的各项经济以及税收目标任务：限额以上批发企业商品销售额7.57亿元，为计划任务的255%；限额以上社会消费品零售总额10.24亿元，为计划任务的114%；全社会固定资产投资26.86亿元，为计划任务的107%；市外境内固定资产投资22.78亿元，为计划任务的107%；实际到位外资3356万美元，为计划任务的104%。

街域建设。年内，街道以社区提质提档为契机，加强对域内各小区市政、园林、市容环境的全面提质，完成了八方小区提质改造、婚庆路（支十五路）提质改造、支三十七路提质改造、特色街巷白沙湾路、迪马还绿工程以及支三十七路、支四十路的建设工作，打通产业带周边交通微循环。完成白沙湾社区和扬帆社区的提质改造。街域内有旺旺医院二期医疗大楼、浏阳河产业带二期重点在建项目2个。完成产业带辣妈公寓主体施工并招商。做好长房置换、雄天等项目建设的前期工作。完成东屯渡社区、扬帆社区、金科社区办公用房装修改造工程，打造扬帆社区和金科社区2家居家养老日间照料中心。

社会管理。落实城市管理网格化。各主次干道门店三包责任书签订率100%。处置案件5400条、各类群众投诉和上级督办案件400件，处置率100%。全年调处各类矛盾纠纷77件，调处成功率100%。做好全国“两会”、中华龙舟赛（长沙·芙蓉站）比赛、“一带一路”国际合作高峰论坛、省党代会、国家环保督查组督察、中共十九大召开等特护期维稳工作。街道被评为省级“创建无邪教示范街道”。围绕“安全生产主体责任年”要求，开展“千人送训进万企”活动5次，组织各社区安全培训9次、场外宣传3次。全年通过信息员及微信群反馈、处理各类隐患80余条。全年开展安全生产专项检查行动55次、联合执法行动15次，报告和移送安全隐患4处，关闭烟花爆竹门店3家，实现辖区内无烟花爆竹经营门店的目标。街道“安全生产知识微课堂”举措，被《中国安全生产报》《长沙晚报》、红网等媒体专题报道。落实长沙市创建国家食品安全示范城市各项指标，对辖内600家小卖部、400家餐馆和30家机关学校食堂开展食品卫生安全大检查。组织从业人员体检18批次，办理健康证3000本。组织食品安全培训42批次、2000人次。开展食品安全宣传活动36次，发放宣传资料2万份。全年食品安全事故零发案。

民生服务。年内，街道被评为“长沙市城乡居民基本养老保险经办示范点”，扬帆社区被评为“长沙市退休人员社会化管理示范社区”，芙蓉社区被评为“湖南省充分就业星级社区”，芙蓉社区“邻里帮帮帮”自治服务品牌被评为“芙蓉区2017年度十佳社区自治服务品牌”，东屯渡社区成功申报“市级精品社区”金科社区成功申报“区级两型示范社区”。街道全年受理“12345市民热线”案卷170件，办结率100%。全年组织各社区开展居民教育活动6场、大型户外宣传活动5次、健康知识和优生优育讲座20场，发放宣传资料2万份、避孕药具2000余套。加大“全面二孩”政策法规宣传，为139对夫妇提供免费优生检测、为137名孕妇提供免费产前筛查。全年签约家庭3000户，建立居民健康档案4.58万份、妇女防癌检查4221人。金科社区、芙蓉社区创建“长沙市计划生育基层群众自治示范社区”。街道探索分级诊疗服务被人民网专题报道。

党政工作。年内，街道召开党工委“专议党建”会议6次，开展党建专项督察10次，落实50项党建任务清单。创立“三网融合”基层党建书记项目。推进“两学一做”学习教育，开展专题学习讨论4次，查摆、整改问题6000个。完成迎国检验收及省级文明单位复检验收，白沙湾社区、嘉雨社区被评为“长沙市文明创建示范社区”。白沙湾社区作为全区换届试点社区，率先于4月27日完成“两委”换届选举工作。5月25日，街道6个社区全部完成“两委”换届选举工作。芙蓉社区“邻里帮帮团”、嘉雨社区“嘉人榜”、扬帆社区“红星党建360”、金科社区“亲情服务站”，东屯渡社区“先锋盾”、白沙湾社区“廉心·连心”6个品牌各具特色，开展党员志愿服务活动40次，服务党员群众5000余人次。建立东屯渡社区、金科社区党支部活动室，并在金科社区打造了浏阳河人文风情展厅、党的十九大精神宣传走廊，成立以退伍军人党员为核心的老兵工作室。全年评选出季度优秀党员36名，表彰优秀党员、党务工作者83名，报道防汛抗洪先进事迹和个人20余次。党管武装工作成效显著，切实提升全街武装工作水平。党工委理论中心组组织反腐倡廉专题学习2次、开展党风党纪教育2次、书记上廉政党课2次。全年举办廉政主题活动2次，在《三湘风纪》《长沙晚报》等媒体平台发布报道3篇。开展“小官大贪”、涉砂涉矿等经营性活动等专项整治，及时下发督察通报。与276名党员干部签订廉洁自律承诺书。全年开展明察暗访20余次，下发作风建设督查通报11期。严格执纪问责，全年办案7件，党纪处分5人，政纪处分2人。全年办结上级交办信访案9件。

其他工作。街道485名干部职工开展“连心行动”7715户，走访2.92万人次，收集并处理意见建议281条。街道“连心”行动被《长沙晚报》推介。成立环境安全隐患排查和环境信访积案大化解整治工作小组，组织开展大型专项执法行动9次，办结中央环保督察组交办的18件群众投诉案件。处置圭塘河钢便桥险情，保障辖区安全。在中华龙舟赛（长沙·芙蓉站）期间，保障浏阳河西岸沿线观赛区安全。处置高层安置房遗留问题，做好物业管理工作，推进60号令农民安置房房产权证办理工作。

存在的困难和问题：经济发展遇瓶颈。辖区内主要以居民安置房和商品房为主，缺乏支柱性产业，经济结构单一。街道面临着税源项目逐步枯竭、房地产行业疲软、空间布局有限等多重经济发展困境。街道辖内农科村村改居虽然已经完成，但部分群众在省、市、区集访，综治维稳压力大。城市治理难度大。街道环卫清扫工作面临整治规模大、清理难度高、环卫资金紧等问题。

（孙如阳）

东屯渡街道

书　　记　聂海宗
副 书 记　罗加祥（2017.09免）
　　　　　虞　正
　　　　　周　南（2017.09任）
工委委员　苏　力
　　　　　彭伊娜（女）
　　　　　刘化祥
　　　　　罗　迪
　　　　　肖泽圣
主　　任　罗加祥（2017.09免）
　　　　　虞　正（2017.09任）
副 主 任　罗　迪
　　　　　刘梦春（2017.02任）
　　　　　王竣甲（2017.09任）
　　　　　龚　班（2017.09免）
　　　　　余世文
人大工委主任　苏　力
人大工委副主任　唐　灿（女）
政协联络处主任　彭伊娜（女）

【区领导走访慰问“中国好人”】1月6日，区委宣传部部长伍艳飞，副部长、文明办主任易利平一行到东屯渡街道走访慰问“中国好人”、芙蓉区十佳道德模范刘头仔。“中国好人”刘头仔工作务实、成绩突出，经常深入群众了解困难，关注社区的治安状况，把居民当作自己的亲人。伍艳飞对刘头仔践行社会主义核心价值观、用善行义举传播时代文明的精神给予肯定，并鼓励他继续发挥示范引领作用，带动更多身边人做好事、献爱心，为提升公民道德和城市文明水平作出贡献。

【区领导观摩考察街道特色项目】1月13日，芙蓉区委、区人大、区政府、区政协及区直机关各部门负责人132人组成特色项目观摩团，在区委书记于新凡带领下到东屯渡街道，考察观摩街道特色项目建设情况。于新凡一行人查看东屯渡街道社区卫生服务中心项目、芙蓉社区提质提档改造工程、特色街巷工程及东屯渡、扬帆、金科3个社区办公服务用房装修改造工程等项目的建设完成过程、主要做法以及成功经验，并肯定街道长期以来项目建设以及拆迁安置工作等方面取得的成绩。街道党工委书记聂海宗表示，街道全体干部职工会延续认真务实的工作态度，保持扎实严谨的工作作风，全身心地投入到项目建设各项工作中去，保证完成好浏阳河产业带二期工程和湖南旺旺医院二期医疗大楼工程项目建设。

【贵阳市乌当区基层卫生专家团到街道考察交流】 5月12日，贵阳市乌当区基层卫生专家团一行到东屯渡街道社区卫生服务中心考察交流。芙蓉区卫计局副局长刘金龙，街道人大工委主任苏力、办事处副主任龚班陪同。参观过程中，东屯渡街道社区卫生服务中心主任杨福泉，从该中心的日常管理、业务开展情况以及服务能力建设等方面向考察团作了详细介绍。双方就基本公共卫生服务项目管理服务模式以及医疗服务能力建设等问题进行深入交流。专家团的各卫生院院长也分别与社区卫生服务中心各科室工作人员开展了相互交流与探讨。

【程水泉督察街道防汛值班工作】7月2日，长沙市人大常委会主任程水泉到东屯渡街道防汛指挥部督察防汛值班工作。街道党工委书记聂海宗向其详细介绍了街道防汛值班情况。7月1日长沙市启动防汛二级预警后，联点区领导和区直部门第一时间来到联点街道，调度指导防汛相关工作，增加防汛力量，力争防汛工作万无一失。程水泉要求：东屯渡街道防汛指挥部要充分发挥指挥部职能，合理调度工作、安排人员，达到政令畅通，指挥有力，保证一方平安稳定。

【市领导督察街道防汛抗洪工作】7月4日，副市长刘明理、市城管执法局局长邓鹏宇、区委书记于新凡、区长周春晖一行到东屯渡街道圭塘河钢便桥防汛指挥部，督察街道防汛抗灾工作。街道党工委书记聂海宗，办事处主任罗加祥，党工委副书记虞正陪同并介绍了防汛抗灾情况。刘明理查看了圭塘河钢便桥的最新水位以及防洪子堤的修建情况。他要求，街道要进一步落实防汛抗灾工作责任制，各负其责、各司其职、各尽其力，坚持24小时巡堤查险，将各项防汛抗灾措施落实到位。尤其要注重灾后工作，做好灾后的卫生防疫、环境治理，确保社会秩序正常运行，人民群众生活安康。

【“七一”表彰大会】7月14日，东屯渡街道召开庆祝建党96周年暨2017年“七一”表彰大会。街道全体党政班子成员、全体机关党支部党员、各社区两委成员、党支部书记、党小组长、非公支部书记、获奖代表180余人参加会议。会议由街道党工委副书记、办事处主任罗加祥主持。会上，全体党员重温入党誓词。街道党工委副书记虞正宣读了《关于表彰东屯渡街道第二季度优秀共产党员的决定》和《关于表彰2017年度东屯渡街道优秀党员、优秀党务工作者、先进基层党组织、共驻共建先进党组织的决定》，对东屯渡街道第二季度9名优秀党员、63名“两学一做”优秀个人以及15个“两学一做”先进集体进行了表彰及颁奖。

【街道安全生产微课堂开讲】8月24日，东屯渡街道第二期安全生产微课堂开讲。有530人通过观看、收听直播的方式参与该次安全培训。微课堂邀请到安全监管专家黄一迅主讲“落实企业安全生产主体责任，全面加强安全生产监管”。学员们在直播微信群中及时提问，专家讲即时解答。安全生产微信课堂以微信为载体，并凭借其操作灵活、传播面广、不受时限等特点，利用微信直播语音功能和图片功能，开展安全生产知识普及和培训活动。

【统计宣传月活动】9月7日，东屯渡街道在万家丽国际购物中心前坪举办了“长沙统计·伴我前行”长沙统计宣传季暨芙蓉统计宣传月活动。湖南省统计宣传中心主任周碧红，长沙市统计局副局长张罗先、宣传处处长夏晓辉、副处长刘旭，芙蓉区副区长谭雄伟，区政府副调研员蒋虎韬，区统计局全体干部职工，街道办事处主任罗加祥，副主任余世文、街道经济办工作人员以及全区其他街道统计工作人员参加活动。该次活动有统计知识大寻宝、有奖问答等环节，并设立了统计知识展板以及宣传折页。

【取缔液化气黑站点专项行动】9月22—24日，东屯渡街道安监站联合东屯渡派出所、扬帆社区，组织专人在扬帆小区内查获违规改装满载液化气罐的面包车。行动中，抓获违法改装、无证经营嫌疑人1名；收缴液化气钢瓶51个，全部移交燃气热力局；改装车辆由市交通局执法大队扣留。整治小组在扬帆社区开展液化气违规使用专项检查，并及时排查、消除安全隐患。（孙如阳）

火星街道

【概况】火星街道下辖凌霄、月桂、紫薇、曾家坪、陶家山、兴和6个社区，面积2.76平方公里。域内有居民户1.08万户，户籍人口3.06万人，常住人口近3万人。2017年，火星街道围绕打造“四个芙蓉”的战略目标，各项工作继续保持了争先创优的良好发展态势，确保了辖区经济社会的全面发展。

经济发展。辖区内有规模以上商贸企业33家、服务业1312家、个体工商户3875家、商务楼宇5幢。街道通过“五发力”，即“在统筹调度上聚焦发力、在定税征税上聚焦发力、在优化环境上聚焦发力、在招商引资上聚焦发力、在部门联动上精准发力”，推动辖区经济发展。成立协税办、招商办，完善统计站。全年完成财税指标3.4亿元，超额完成2400万元；服务业新增单位14个，完成年计划的116%；营业收入1.9亿元，完成年计划的100%；限上商贸企业社会消费品零售额完成22亿元；全社会固定资产投资完成42亿元，完成年计划的111%。全年引进年纳税额100万以上（区级15万以上）企业6家，引进税额2000万元，完成文创大楼招商，企业入驻率90%以上。完成东盈商业中心的前期招商引资。全年完成市内境外投资16.6亿元，完成年计划的110.35%；到位资金5.66亿元，完成年计划的107.57%；引进外资3400万美元，完成年计划的106.25%；外贸进出口500万元，完成年计划的100%。

街域建设。火星棚改征收项目，完成与7家单位自管产、256户私房签订补偿协议。集中拆除万家丽路沿线84处、5000余平方米违规广告牌，修复立面。背街小巷实施“白改黑”工程，完成凌霄路特色街巷建设。提质和交通微循环建设马王堆陶瓷建材城、陶家山汽配城、新合二四六村等5个老旧农安小区，总投资8000万元，改造楼宇247幢，面积8.6万平方米。推进双新小学、火星中心农贸市场、陶家山社区及环卫所建设。建成紫薇站厕、汽配城1号厕。加强安全生产隐患排查和审批气站的日常监管，被评为“省安全生产示范街道”。打造“两网两轮”城管创新项目，在原智慧平台指挥中心基础设施上，安装9个电子显示屏、4个操控台，接入天网视频探头280余个，基本实现城管工作“全天候、全覆盖”。全面提质月桂、兴和、陶家山3个社区，紫薇路特色街巷建设筹划完成设计和审批工作。建成投资1600万元的凌霄花街造绿复绿项目。改造整治火星中心农贸市场及周边，修复破损围墙、路面、公共坪地及设施，完成社区提质改造及塑料厂南坪绿化工作。完成文明创建迎国检工作，整改市区督察通报72条，开展市区级活动25次，被中国文明网报道9次。

社会管理。完成月桂、紫薇、陶家山、曾家坪、兴和社区警务室建设，建立社区、楼栋、单元三级综治组织网络，创建“长沙市平安街道”，被评为“中华龙舟赛先进单位”，连续2年被评为“长沙市综治先进街道”。化解矛盾纠纷率95%，全区民调排名第三名。完善“党政同责”工作机制、“一岗双责”考核机制、“三个必须”监管机制，制定《街道领导干部联点安全隐患单位的工作方案》，建立115人安全信息员队伍和15个“微型消防站”，关停劝离危化品经营门店8家，联合执法行动3次，发现隐患29处，创建“安全生产标准化企业”1家，被评为区“安全生产工作先进单位”。创建“示范性基层食品药品监管所”，建立食品安全监管体系，开展对白板肉的“利剑行动”专项整治78次、食品安全宣传45次、教育培训25次，创建1个市级“示范社区”、1条市级“示范商业街”、2个市级“示范店”。加强辖区内中小学幼儿园校园监管，开展食品安全监管进校园等活动4次。开展“国家级示范流动人口计生协会和流动人口社会融合示范社区”创建工作，计划生育出生率98%，计生奖扶政策兑现率100%。强化服刑人员的管控力度，提质提档社区戒毒（康复）工作站建设，完善公共法律服务体系，开展各类矛盾纠纷的预防、摸排和化解工作25次。

民生服务。年内，建成芙蓉区首家创业就业服务网站“长沙市火星创业就业网”。完成“就业援助春风行动”“基地或创业联盟建设”，实现新增就业1800人，新增创业主体620户，与用人单位达成协议512人，实现再就业152人，扶持大学生创业39人。贯彻落实养老保险新政，落实困难人群的参保缴费工作，把符合条件的扶助对象及城乡低保人员100%纳入城乡居民养老保险系统。享受低保家庭107户、救助对象166人，全年发放低保金98.2万元、医疗救助金17.68万元、慈善救助金82.6万元。全年审批居民住房保障5户。加强日常低保人员动态管理和低保评议队伍建设，制定和完善跟踪服务分片责任制，为残疾人开设招聘专场，对低保对象、特困人员、残疾人家庭提供及时救助。新增月桂、紫薇2个社区日间照料中心，为80岁以上老人购买意外伤害保险，为65岁以上的75名享受政府购买服务的失能、低保老人提供配套服务。在6个社区增设室外全民健身器材，在凌霄、曾家坪社区设立“文体活动中心”，在省核矿局院内建成市级“全民健身活动中心”，开展全民健身及月月演活动12次，开展中小学周边文化市场、网吧及歌舞厅整治行动11次。以中医药服务为特色，社区卫生服务中心创成“全国中医药先进单位”。开展疾病防控进社区活动6次、两孩政策宣传3次。

党政工作。制定《党员年度学习计划》《后备干部队伍考核评价机制》《‘两推一选’社区直选、党员干部教育培训制度》。全年开展“三会一课”“民主生活会”“组织生活会”30次，培育党员782人次。完善中心组学习制度，侧重舆情信息收集和报送工作，及时传达学习“十九大”精神及工作成果6次，挖掘学习典型6人。创成市级“同心社区”1个、区级“同心社区”2个，指定7名党建指导员对20个非公经济组织开展工作指导。强化工作督察，推进“两学一做”，开展“党在我心中”等主题活动9次、志愿活动18次。对830名党员实施动态管理，把新发展的10名党员纳入管理体制，10名入党积极分子列为发展对象，对42名基层党组织书记进行绩效考核，6个社区配备6名基层专职党建干事，开展党建业务知识培训、观摩15次。建成“三心级”党代表工作室、党员档案室和党建工作展厅，建成6个社区党建活动室和党员服务中心，在20个非公企业和4个社会组织党组织及4家街属企业成立28个党建网格服务阵地，在居民楼宇党员家中建立6个党员“舒心吧”。建立“先锋邻帮邻”基层党建创新2017书记项目，推广“四个一”党建观摩项目，着力打造“三员党支部”“红色联盟”等6个社区自治服务品牌。建立《基层党建述职评议考核制度》《基层党建工作问责和考核制度》《班子‘一岗双责’考核机制》和《基层干部违纪违法处置办法》。完成社区“两委”换届，选举产生新一届党组织书记6名，专职副书记6名，委员18名。推行“县级领导联社区、科级干部联楼宇、普通干部联群众”三级网络，区直单位、学校、街道415名干部结对联系6623户家庭，走访3.39万次。坚持每月每名干部上门收集群众意见，建立居民意见台账。全年召开民情恳谈会6次，收集意见518条。针对社区、街道不能解决的诉求25条，通过街道上报区群工办予以解决。建立困难诉求首接负责制，组织召开群众工作通报会10次，通报各类矛盾纠纷35件。落实“两个责任”。建立“廉洁火星”微信公众号；出刊《廉洁火星》4期；开展“雁过拔毛”式腐败问题专项整治5次，查处违纪案1件，查处1人，受理群众举报信访件1宗。

存在的困难和不足：由于地理位置缺乏优势，街道一直存在外部环境薄弱、商务资源匮乏等问题，辖区范围内没有规模工业企业，工业经济基础薄弱，且辖区的格局直接制约了工业经济的发展，对于提高工业总产值有较大困难。辖区流动人口较多，而公安派出所警力严重不足，导致治安管理和社会管理难度较大。

（刘夏娃）

火星街道

书　　记　刘长学
副 书 记　文升云（2017.09免）
　　　　　吴正华（2017.09任）
　　　　　刘　彦（女，2017.05免）
　　　　　易　幸（2017.05任）
工委委员　李泰辉
　　　　　邓文斌
　　　　　宋　闵（女）
　　　　　黎念光
　　　　　欧阳静（女，2017.05任）
　　　　　徐　铁（2016.10任）
主　　任　文升云（2017.09免）
　　　　　吴正华（2017.09任）
副 主 任　黎念光
　　　　　徐　铁
　　　　　谢　意
人大工委主任　李泰辉
人大工委副主任　任正勇
政协联络处主任　邓文斌

【区领导现场指导凌霄社区特色街巷建设】 1月13日，区委书记于新凡，区长周春晖，区委副书记陈计伟，区人大常委会主任廖铁成，区政协主席郑明等四套班子成员，以及区相关职能部门负责人、部分街道党政主要负责人100余人，到火星街道凌霄社区观摩指导火星街道凌霄特色花街建设项目。观摩组一行查看了凌霄路特色花街建设情况，听取了街道党工委书记刘长学、办事处主任文升云关于特色街巷的建设情况介绍，并详细查看了相关资料。该次凌霄特色花街建设的范围为西起东二环，东至马王堆路以西的凌霄路全段，全长590米、宽24米。街道把凌霄花街的特色定位为从复兴凌霄路整体机能出发，优化功能空间，提升整体品质，打造以‘凌霄花’为主题的新中式风格的休闲文化街，彰显街区活力。项目于2016年11月进场施工，完成了外墙油漆饰面1.8万平方米，制作特色鲜明的广告招牌850平方米；建成新中式围墙5段，凌霄藤座4架，人行道铺设1500米。计划2018年3月完成全部工程。于新凡指出，“特色街巷建设”是区委、区政府为了改善辖区居民生活品质而实施的一项“民心工程”“惠民工程”，全体参建人员要以让群众满意、为群众造福为工作目标，努力把工作做细、做实、做好，使辖区居民的获得感和幸福感不断提升。

【“火星人”广场文化活动】1月，火星街道以“新年迎星廉”广场文化活动为平台，让年味更增“廉”味。活动中，社区群众文艺团队表演了歌舞《清风颂》《万事如意》等文艺节目。由党风政风监督员、城管队员、卫生服务中心医务人员、学生组成的4支代表队登上舞台，表达了各自的“2017年星廉新愿”。舞台之外，2位书法家铺红纸、研笔墨，尽情挥毫。“火星”人的饺子以芹菜、白菜、韭菜馅为主，寓意“清清白白，长治久安”。现场还举办了廉洁灯谜竞猜活动，展示灯谜100条。广大干部群众驻足竞猜，在欢场笑语中接受廉洁文化熏陶。

【人大代表走访慰问辖区困难群众】1月24日，火星街道区五届人大代表向志辉在街道党工委书记刘长学、月桂社区书记粟艳玉的陪同下，到辖区困难老党员、困难群众家中进行慰问。向志辉上门慰问了5户，送上慰问金2万元、米油等物资20件；火星街道其他区五届人大代表杨湘伟、李凯利等也分别到紫薇、凌霄社区的困难户家中走访慰问。

【国家H7N9疫情防控联合工作组督导火星农贸市场】2月28日，国家食品药品监督管理总局副局长孙咸泽带领国家H7N9疫情防控工作联合督导组到域内的火星农贸市场检查指导工作。湖南省卫生计生委主任陈小春、长沙市卫生计生委主任周敏、芙蓉区政府副区长黄金国以及火星街道办事处主任文升云等陪同检查。国家H7N9疫情防控工作联合督导组一行到火星农贸市场，现场检查了解相关工作情况。在市场禽类经营摊位，督导组详细询问了市场方负责人H7N9疫情防控以及活禽市场管理情况，了解市场销售白条鸡等禽类肉制品进货来源，查看经营进货票证、消毒记录以及市场方与经营户签署的食品安全承诺书，询问市场活禽交易场所清洁、消毒、休市制度等情况。督导组一行参观了火星食药监所火星农贸市场快速检测室，了解快速检测室运作情况和检测能力，并现场观摩快速检测操作全过程。孙威泽对芙蓉区推进农贸市场快速检测工作给予肯定。他提出了详细防控建议：要强化对H7N9疫情的联防联控，加强信息共享与部门协作，有效开展监测排查和应急处置。要加强源头管理，努力降低疫情风险，实现动物疫情监测全覆盖。要强化宣传的精准度，提高群众自我防范意识，耐心做好相关解释工作，及时为群众答疑解惑。

【推进“文明就业之家”创建活动】4月27日，由长沙市文明办、芙蓉区文明委主办，区人力资源和社会保障局、区审计局联合火星街道办事处承办的“风采火星”文明创建系列工程之一的曾家坪社区“爱心帮扶表彰、诚信经营示范”活动在建安新商汇前坪举行。整场活动由3个环节组成：由受表彰的文明就业者和2016年度优秀创业企业、文明就业者代表与创业者代表发表感言、给爱心人士授“荣誉”素带；通过道德文化教育演讲、给文明诚信经营单位授牌、文明诚信经营单位按手模以示“文明诚信经营”公约标志、文明诚信单位代表宣读倡议书；“文明就业之家”授牌仪式，旨在要求用工单位和就业者依法从业、依规办事、依德做人，规范经营、文明共建。

【街道组织防汛抗洪】6—7月，长沙汛情告急。为保证居民群众的生命财产安全，火星街道办事处全体工作人员在党工委书记刘长学的带领下，24小时轮流在堤上开展地毯式巡查，维护大堤安全度汛。火星街道紫薇社区动员驻区单位、非公党支部、支部党员、楼栋组长齐心协力共抗天灾，并支援兄弟街道防汛工作。7月3日，湖南省皮革研究所班子成员在所长陈红斌的带领下，给在浏阳河大堤上的街道工作人员送来了方便面、饼干、矿泉水等慰问物资。

【生育健康宣传活动】年内，火星街道计生协会把“人口流动健康同行，计划生育倡导文明”作为计生宣传活动的核心主题，把流动人口健康教育确定为宣传活动的重要内容，组织印制发放流动人口健康知识宣传资料千余份，张贴流动人口宣传海报上百余张，并在流动人口集中的陶家山好润佳超市前坪、凌霄广场、紫薇古汉大厦前坪、曾家坪服装城等地方开展流动人口免费体检活动，以及面对面宣传流动人口基本公共卫生计生服务政策，开展义诊活动。由医师组成的医务志愿队，在现场为群众测量血压、听诊心率、检查病情、开具医嘱，耐心回答群众提出的生殖健康和科学孕育等问题，还为他们发放优生优育、生殖保健、避孕节育等宣传资料和药具药品。街道计生协会还组织辖区单位和各社区的骨干会员，计生干部，居民群众，为活动创作、收集了一批卫生计生书法作品。

【“世界急救日”宣传活动】9月8日，火星街道红十字会与计生协会于在卫生服务中心开展自救逃生演练和意外伤止血、包扎自救互救演练。活动现场，卫生服务中心的医生为居民讲解了各类灾害来临时的急救技巧及注意事项，演练心肺复苏等卫生救护知识。现场操作提高了社区居民的自救互救、应急避险意识和自救互救技能。

【街道安全生产示范创建工作通过验收】 10月28日，湖南省安监局政策法规处处长谭德明，长沙市安监局政策法规处处长欧阳军在区安监局负责人的陪同下，到火星街道检查验收“省级安全生产示范街道”的创建工作。检查组一行按照考核细则，仔细查看了街道的安全生产台账、监督执法、工作会议记录、隐患排查及处理等相关资料。通过随机抽查，实地走访了湖南兴湘国际商务大酒店、紫薇社区，对制度落实情况、安全标准化达标情况、相关责任人的履职情况等进行详细了解和检查。

【食品安全“护老行动”专项整治】12月20日，火星街道联合工商所、派出所、食药监所经济办联合开展食品安全“护老行动”专项整治，以打击保健食品营销欺诈行为。该次整治行动检查保健食品经营户30家，出动执法人员18人次，依法暂扣违规销售保健食品一批，对未严格执行索证索票制度的企业下达责令整改通知书2家。工作人员还向辖区居民宣传讲解保健品相关知识，告知“12331”投诉举报电话，鼓励居民对涉及食品、保健食品非法宣传、非法销售的行为进行有奖举报。（刘夏娃）

东岸街道

【概况】 东岸街道下辖东屯、杉木2个村和东宜、隆平公园、望龙3个社区。辖域面积4.45平方千米。域内居民3640户，户籍人口数1.03万人，常住人口近3万人。2017年，街道围绕夯实党建基础、推进项目建设、促进产业转型、优化民生服务，强化社会治理，完成了各项目标任务。

经济发展。辖域内有商务楼宇2幢，各类企业795家，个体工商门店3000余家。开展农业普查、劳动力抽样调查、城镇住户统计调查工作。引进龙芙置业、盛鹏建设、品名装饰等12家税源单位。年内，实现国地两税收入2.46亿元，完成全社会固定资产投资49亿，完成限额以上商贸社会消费品零售额总额8.53亿，完成限上批发企业销售额1.24亿元，服务业其他营利性营业收入2131.7万元。规模工业总产值完成9.5亿，科技高薪产值完成5.2亿。招商引资省外境内到位10.71亿元，市外境内固投任务完成21.76亿，实际到位外资2900万美元，外贸进出口额任务完成14万美元。

街域建设。启动滨河路五标、杉木村黑臭水体整治、东屯路和东岸城中村改造、望龙城中村改造、温州商贸城建设6个重点项目。其中滨河路五标、杉木村黑臭水体整治、东屯路、东岸城中村改造4个项目完成签约并实现结算，拆除房屋200栋，腾地26.67公顷。推进马坡岭小学、河山小学、龙湖.碧桂园等项目建设，张公岭消防站项目拆迁工作完成，5号保障住房完成扫尾工作。杉木村黑臭水体整治项目竣工并通过验收。

社会管理。办结“中央环保督察”投诉6件。解决了辖区振升铝材企业废气污染、杉木村油烟排放超标问题。关停、清退辖区废品收购店50余家。淘汰黄标车605台。按照区城管局要求开展“五乱”整治、“三清”行动，依托城管数字化平台建立了城管问题处置“清零快车”，处置各类问题5000余件，拆违2.3万平方米。落实“河长制”“路长制”。文明创建市容市貌日常维护工作，通过了市级抽查和国检复查。对辖区网吧、文印店、户外广告设施、庙宇等重点场所开展定期检查，消除隐患、处置风险隐患29件，上报舆情700条，处置舆情21件。

安全维稳。全年接待来访群众412人次，处置上级交办的群众来信信访142件，调处化解各类矛盾纠纷26件起，涉及金额200万元。化解积案4件，依法打击1人，信访总量同比下降。

辖区治安发案率下降3.2%。市对各街道治安工作的民意调查，居民满意度在全区排名居中。党的十九大期间实现零进京零非访。街道安监站全年检查生产经营单位190余家，排查整改安全隐患19处，“打非治违”行政处罚案件24件。宣传国家食品安全城市创建工作，支持率和满意率90%和75%以上。开展食品安全专项整治行动20次，查处黑作坊14家，立案查处4家。全年辖区未发生重大安全责任事故，被评为市“安全生产示范街道”。完成了首届中华龙舟赛（长沙·芙蓉站）、市第三届环保演出和骑行活动、“浏阳河上”情景演出等重大活动的安保工作。

民生服务。东宜社区完成了提质改造工作，被评为市级“示范社区”。筹建黄泥塘社区，成立社区筹备工作小组，完成了办公用房和装饰装修工作。辖区内嘉盛和园站厕建设竣工并通过验收。完成了东岸社区卫生服务中心建设，计划在2018年投入使用。街道老年人日间照料中心投入试运营。完成杉木村、东屯村、望龙社区、隆平公园社区60号令村民安置房产权证办理工作完成。开展“连心行动”走访居民户5000余次，解决群众诉求91件，完成承诺办实事23件。在全年各个传统节日慰问群众500户，发放慰问金13万元，物资700件。举办失地农民专场招聘会，开展叉车、育婴师等“订单式”就业培训15场次。7月汛期，出动5000人次，成功化解9处管涌险情，保证东岸垸大堤安全渡汛。

党政工作。党工委建立“专议党建”制度，定期听取党建工作汇报，定期召开专题会议专议党建。对下属单位开展党建督查8次，发现整改问题。完成换届选举工作，选举新一届社区（村）“两委”成员35名，选举中未发生违规违纪现象。开展了基层党组织书记述职、民主评议党员、农村党员冬春训、党员领导干部民主生活会、发展新党员、党报党刊征订、党员积分制管理、党费收缴、党员教育管理APP系统的信息录入及更新等日常党建工作。开展辖区小微企业和小规模社会组织全面摸底，对暂不具备组建条件的“两新”组织增派7名党建指导员。按照“两学一做”常态化要求，明确主题，完成4次专题讨论。在中共十九大召开重要节点，开设“书记讲党课”4场次，“干部夜课堂”3期，知识竞赛1场，参训党员干部1800人次。落实“芙蓉先锋”主题党日制度，把每月主题党日活动融入“三会一课”，丰富了形式和内容，全年开展活动60场，参加党员4000人次。推进“基层党建创新2017书记项目”建设，在东屯村建设“蜂巢驿站”，让党员亮身份、做义工，开展“蜂巢分享会”，形成党建宣传教育的新阵地。以“寻找东岸红色记忆”贯穿年度党建主题，“红史长廊”建设在央视新闻联播报道。“无职党员设岗定责”活动持续开展，举办了第二届“东岸女神评选”、乡贤文化交流会等18次大型志愿服务主题活动，其中省级活动1次，市级7次。在《湖南宣传》《长沙组工通讯》发表署名文章2篇。街道相关工作在《湖南日报》（含新湖南）、《长沙晚报》等省市媒体报道50次。开展了严肃政治纪律、杜绝信谣传谣专项整治工作、民生资金专项整治工作、公职人员及配偶子女参与经营性活动整治工作、党员干部酒驾、醉驾专项整治自查自纠工作。全年开展廉政谈话128人次、任前谈话46人次、诫勉谈话4人次、下发通报21期，对于发现的问题通报批评20余人次和3个单位，责令主动辞职1人。配合上级纪委严查违纪问题，立案查处党员违纪问题4个。重点抓好望龙社区积案化解工作，召开专题会议10余次，核查信访举报问题。查处了6宗侵占集体资产行为，处理了8名党员的违纪违规问题。配合区纪委、区委巡察组对街道存在的问题进行全面排查清理整顿。

存在的困难和问题：党工委主体作用有缺失。抓基层党建力度不够、举措不实。少数基层党组织缺乏战斗力。个别社区（村）两委班子在群众中公信力低，话语权不足。少数党员党性意识弱化、宗旨意识淡薄。面对拆迁拆违等问题，个人利益至上；面对歪风邪气不敢抵制，正气不足。辖区城市化进程速度还不快，水平还不高。辖区路网，配套基础设施未能达到城区标准，影响城市整体水平的提升。街道财税造血功能不足，楼宇经济匮乏，税收贡献率低下，人口综合素质有待提高。（刘　树）

东岸街道

书　　记　韦进文（2017.09免）
　　　　　罗加祥（2017.09任）
副 书 记　邓　勇
　　　　　廖　勇
工委委员　卜小平
　　　　　郭　浩

谭干华
王　晶（女）
匡　艺（女，2017.05 任）
主　　任　邓　勇
副 主 任　郭　浩
赵惠敏
胡志文
人大工委主任　卜小平
政协联络处主任　谭干华

【“爱在浏阳河”公益活动启动】　3月30日，“弘扬中华文化 传承孝德精髓”暨“爱在浏阳河”公益活动启动仪式在东岸街道东宜社区举行。活动以“孝”文化为核心，把校园文化与社区文化深度结合，围绕“学孝训”“展孝心”“承孝德”主题，对传统节日知识、节日文化进行时代化解读、形象化展示、故事化表达，达到潜移默化地影响人、教育人的目的。省文明办未成年人工作处处长史锋现场为志愿服务队授旗，市文明办未成年人工作处处长朱治东，区委宣传部副部长、文明办主任易利平等参加活动。

【整治废品回收站点】　5月9日，由东岸街道安委办牵头，街道城管办、综治办、城管中队、东岸工商所、东岸派出所协作开展废品站点联合取缔整治行动。重点对辖区内杉木村、东屯村的无照经营的废品回收站开展整治，责令经营者立即停止废品收购行为并现场搬离，并及时清理易燃易爆等危险物品，防止各类安全事故发生。专项整治行动持续到5月12日，对50家废品回收站进行整治并下达限期搬离通知书。街道安委会将组织各村（社区）把辖区内的废品站全部清除，营造安全温馨的生活环境。

【党史专家到街道授课】　6月13日，东岸街道干部培训“夜课堂”暨“微理论、微宣讲”活动在街道机关大礼堂举行。党史专家、湖南省政府参事张志初应邀讲授《浅谈十八届六中全会精神》专题党课，东岸街道党员干部400人参加学习。张志初授课围绕习近平系列重要讲话和《准则》《条例》，从“怎么看、怎么学、怎么做”方面解读中共十八届六中全会主要精神。

【温州商贸城项目建设启动】　8月29日，东岸街道召开温州商贸城项目征地工作大会，正式启动温州商贸城项目征拆工作。区国土分局副局长罗教论、区征地办副主任张第，街道办事处主任邓勇、副主任胡志文以及项目征地范围内拆迁群众代表200人参加。温州商贸城项目占地11.27公顷，是芙蓉区重点工程项目，对东岸城市化进程和东片整体形象的提升具有重大意义。项目指挥部完成筹建，各项前期准备工作正在推进中。

【周春晖调研老年人日间照料中心】　9月18日，区委副书记、区长周春晖到东岸街道老年人日间照料中心调研指导建设和运行情况。周春晖一行实地查看了日照中心内部休息室、娱乐室等设施情况及室外绿化活动场地建设情况，他指出：要因地制宜地研究本街道老年人的服务需求，用优质服务赢得老年人认可，不断增强老年人日间照料服务中心的吸引力和凝聚力。东岸街道老年人日间照料中心投入试运行阶段，基本完成中心内部设施建设，室外老年人活动场地建设已做好设计方案，在年内完成该项目建设。

【开展“名师经典进基层”活动】　9月26日，长沙市“名师经典进基层”市民学习活动在望龙社区举行。市文明办副主任丁德喜、市文明办综合处处长刘爱梅出席活动。东岸街道相关负责人以及望龙社区全体党员、周边群众100人参加活动。活动现场，知名哲学专家、博士生导师高恒天为党员群众讲授了“孔子的光荣与梦想”。活动还设置了党员先进事迹朗诵、文化经典知识竞猜等环节，把“名师经典进基层”活动与群众喜闻乐见的文化教育活动结合起来，共同营造良好的文明风尚，推动文明城市建设。

【学习中共十九大精神】　10月30日，东岸街道在机关五会议室召开学习传达党的十九大精神大会。街道全体班子成员、全体机关干部、各社区（村）主要负责人参加会议。街道党工委书罗加祥带领与会人员学习习近平作的政治报告、《中国共产党党章（修正案）》及中央纪委工作报告等内容，传达省、市、区各级对学习贯彻中共十九大精神的具体要求，并对街道当前的工作作了安排部署。

【市领导调研戏剧艺术中心筹建工作】　11月3日，长沙市委宣传部部长高山、副部长赵柏林，市文广新局局长杨长江到东岸街道域内长沙戏剧艺术中心调研指导工作。区领导周春晖、伍艳飞等陪同调研。高山一行实地查看了艺术中心建设用地，现场听汇报、问意见，详细了解艺术中心项目的规划、选址和相关筹备情况。高山要求，长沙市戏剧艺术中心项目是长沙市重点规划建设的文体项目，要全力以赴抓好项目建设，科学细致谋划、攻坚克难抓建设，协调配合做好土地、资金等方面的要素保障，力争项目早落地、早建设，早日为市民提供高品质的文化场所。（刘　树）

马坡岭街道

【概况】　马坡岭街道下辖锦林、新安、安子岭 3 个社区，西龙、张公岭 2 个村。辖域面积 8.45 平方千米。域内有居民户 5937 户，户籍人口 1.54 万人，常住人口 3.45 万人。2017 年，街道以党建兴街、经济强街、生态绿街为宗旨，振奋精神，团结拼搏，攻坚克难，真抓实干，经济保持稳健增长，社会各项事业得到长足发展。街道被评为长沙市计划生育基层群众自治示范乡（镇街）、长沙市无偿献血先进单位、全省计划生育基层群众自治示范乡镇街道、长沙市“五四”红旗团委、长沙市文明单位。

经济发展。街道按照“一带两路三圈”蓝图构造，重点发展现代服务业，完善楼盘基础配套设施。辖区内有各类工商企业 480 家，商务楼宇 3 幢，个体经营门店 595 个。街道全年规模工业总产值 7.45 亿元，固定资产投资 54.64 亿元，社会消费品零售总额 6.29 亿元，限上批发企业销售额 10 亿元。全年引进内资 14.7 亿元，完成率 101.8%；引进外资 2900 万美元，完成率 100%。全年完成财税收入 2.87 亿元。

街域建设。推进项目建设。街道在建项目 5 个：新安小学、远大路提质改造，龟山路、辉煌国际二期，二号安置点。在拆项目 6 个：21 号地块项目，征地面积 2.6 公顷，主屋 28 幢，签订协议 27 幢。68.45 亩项目，主屋 63 幢，签订协议 61 幢；龟山路补征项目，征地 0.27 公顷，主屋 10 幢，签订补偿协议 9 幢；桐西小学国有用地项目，老 203 用房签订协议，职工宿舍 17 户，已签约 15 户；新安城中村改造项目，征地 11 公顷，主屋 57 幢，签订补偿款协议 54 幢。上述项目中，1.15 公顷项目组级设施补偿已经发放到组，东辅道和二号点扩征项目现在已经进场施工，龟山路和桐西路项目均已张榜，龟山路项目已经签订 1 户拆迁协议。完成各个项目的资金结算，解决 26 人收土转户问题，完成 1 户代征手续。协调处理 60 号令生产安置用地问题，办好 60 号令安置房产权登记，发放 112 户户籍证。完成农安小区提质提档工作。建成马坡岭街道特色街巷工程，对高家坡路南侧进行绿化提质改造，新建西龙苑北侧两出口、锦林社区果林场小区长星路树达学院入口处特色牌楼。续建市级义务植树基地 1 个、区级义务植树基地 2 个。年内吸收义务植树 8 万人次、合计植树 24 万株。对营盘路至隆园五路的京珠辅道边坡实行绿化，面积 0.7 公顷。完成罗溪港、砂咀子生态修复以及西龙小游园的修建。

社会管理。为规范城镇化建设，改变城中村落后面貌，拆除主屋 86 幢，迁坟 115 家，签定青苗补偿 3.73 公顷，签定 3 家企业补偿协议。完善智慧城管建设，全年处理数字化案卷 9568 件，关停废品收购站点 36 家、收缴违章搭建亭棚 200 套。净化社会环境，全年清理、清运各类建筑垃圾、工业垃圾、废土堆物等 800 吨，清理生活垃圾 500 吨。组织大型拆违行动 42 次，拆除违章建筑 67 处，面积 1.45 万平方米；拆除违章广告牌 106 处 2375 平方米。完成了中央环保督察组处置交办案 7 件。7 月成功抵御“百年一遇”洪水，处置险情 2 处。9 月成立河长制办公室，对街道管辖范围内的 4 条河渠设立了河段长并明确责任划分。

民生服务。街道举办大型春风行动招聘会，实现再就业 386 人，其中 4050 困难人员实现就业 146 人，动态管理零就业家庭中 11 户，农村劳动力转移就业培训 116 人，受理 211 人就业失业登记证的办理和网络管理。为 222 名持证人员办理了灵活就业社保补贴，完成 60 万小额担保贷款，新增创业主体 704 家，带动城乡就业人数 1590 人，大学生创业 33 人。完成新型农村社会养老保险基金和居民医疗保险基金的征缴工作，建立患重大疾病、高龄、特困退休人员档案，为麻纺厂、3614 厂、石棉瓦厂、省劳动人事学校、省建三公司以及征地拆迁退休的 2100 名退休人员建立了信息档案并进行人脸活体建模认证，为 1023 名失业人员进行人脸视频认证。筹集民政专项资金、城建投资金等 17.32 万元，惠及困难群众 690 人。为辖区孤寡老人、失能老人、残障老人申请政府购买居家养老服务；为辖区内 55 周岁以上老年人购买老年人意外险745人，为60周岁以上老年人新办爱心卡183张，补办16张。举办殡改宣传活动1次，发放宣传资料1000份。安子岭社区和锦林社区分别与社工组织签订合作协议，三社联动工作有序进行。为42名优抚对象发放各类优抚金，“八一”期间慰问对象69人，走访退役军人239人，慰问生活困难退役军人16人。“12345”市民热线工单225件，办结率100%，满意率100%。廉租房申报审批1户，申报经济适用房货币补贴1户。开展计生普查服务，发放宣传资料、计生药具、接待咨询，育龄妇女孕检率、妇科普查率98%。组织开展两次无偿献血，241名爱心自愿者无偿献血，10名自愿者签订了骨髓捐献意愿书。坚持禁毒工作常态化。年内开展8次禁毒宣传活动，化解重点信访对象5人，依法打击处理2人。接待来访群众400人次，受理群众各类诉求60起。调解矛盾纠纷41起，接收社区矫正对象50名，解除38名矫正对象。开展法律宣传活动6次，500人接受教育。集中开展打非治违行动，共检查企业838家次，查处企业非法违法行为300件，出具限期整改意见书28份，现场处置措施2份，关停重大安全隐患企业4家。签订安全生产责任书220份，为社区居民送“安全生产大礼包”1073份。域内650家餐饮单位、食品流通单位建立了“一店一档”台账。全年收缴肉类制品4000公斤，取缔关停10家黑作坊，年度内未发生食安事故。

党政工作。街道党工委下辖党支部18个(其中非公党支部11个)，党员613名，全年发展党员9名，转正党员7人，组织培训入党积极分子26名。结合农安小区改造和社区提质提档，在西龙村打造室外党建宣传阵地“连心广场”，在安子岭社区打造党员活动室、党建宣传墙等阵地。在锦林社区建设学“习”讲话橱窗和宣传长廊，形成“一街多品”特色阵地。推进“两学一做”常态化制度化，开展学习廖俊波、中共十九大精神宣讲等专题活动12次，结合每月20日“主题党日”活动，在全街开展“书记党课大比拼”“寻找最美芙蓉先锋”等主题活动10次。“连心行动”中全街217名党员联系2911户群众家庭，收集并解决问题107个。在6—7月特大抗洪行动中500名党员志愿者投身抢险一线，救援困难群众200人并封堵多处险情。按照“两推一选”的要求，对全街5个村（社区）党组织和村委会开展换届选举工作，4月24日全部完成。经过换届选举，新一届村(社区)支委班子的文化程度、年龄结构、女性委员职数均有较大的改善。

其他工作。关爱外来务工人员，组织开展“红红火火过大年，欢欢喜喜庆元宵”活动，营造学雷锋志愿服务浓厚氛围。举办“砥砺奋进的五年”微宣讲活动以“学习党的十九大”微宣讲比赛，全街广泛开展“文明从排队礼让开始”主题实践活动，该活动得到了湖南电视台、红网、《长沙晚报》、《潇湘晨报》等媒体报道。街道以“读书型社区”为主题，以“书香街巷”为主线，沿长星路建设了1000米的学习示范长廊，在社区阵地周边打造了学“习”讲话橱窗和核心价值观宣传长廊，浓厚学习氛围。

存在的问题和不足：街道地处城乡接合部地段，城乡环境基础薄弱。因拆迁历史遗留问题，导致信访维稳压力增大。街道经济总量还不够大，没有较好的商贸楼宇招商引资基础，重点企业外迁，税源培植困难，产业布局未形成。（罗　娟）

马坡岭街道

书　　记　陈高峰
副 书 记　石　磊
　　　　　何益波
工委委员　朱向东
　　　　　胡　超
　　　　　岳安龙
　　　　　欧阳静（女，2017.05免）
　　　　　杨秋发
　　　　　张　弛（女，2017.05任）
主　　任　石　磊
副 主 任　胡　超
　　　　　张富强
　　　　　傅建良（2017.02任）
　　　　　张友如
人大工委主任　朱向东
人大工委副主任
　　　　　文斯一（女，2017.05任）
政协联络处主任　岳安龙

【安子岭社区揭牌成立】　2月14日，马坡岭街道安子岭社区正式揭牌成立。区委党校校长贺达斌，街道党工委书记陈高峰，街道办事处主任石磊共同为社区揭牌。街道全体党政领导班子成员，驻社区企业负责人应邀参加揭牌仪式。安子岭社区地处红旗路（星沙大道）和远大二路交汇处的才子佳郡、东业上城两个楼盘。社区总面积1.15万平方米，居民人口约1.4万人。陈高峰要求，社区要以党建为统领，把社区居民的福祉作为社区工作的出发点和落脚点，广泛了解社情民意，全力打造社区工作特色，实现社区和谐稳定，居民安居乐业。

【区领导带队检查施工工地】 3月31日，区委副书记、区长周春晖带领副调研员张勇到马坡岭街道芙蓉生态新城二号安置小区施工工地检查安全生产工作，街道党工委书记陈高峰、办事处主任石磊等陪同。周春晖仔细查看了生态新城二号安置小区施工工地现场，听取湖南建工集团工程施工负责人关于总体工程进展情况汇报，详细询问湖南建工集团和街道抓安全生产的情况，并督促相关企业和人员吸取湖南建坤混凝土公司"3·30"事故的教训，严格落实企业安全生产主体责任，严把建筑施工质量关，确保建成群众满意的惠民安民工程。

【庆祝建党96周年暨基层党建工作推进会召开】 7月15日，马坡岭街道召开庆祝建党96周年暨基层党建工作推进会。区党建指导员肖萍及马坡岭街道全体党政成员、街道全体机关干部、村和社区"两委"成员及党员代表、全体党小组长、非公支部书记、人大代表、政协委员、大工委成员单位及新发展党员和受表彰的党员参加大会。会议中播放了党建宣传片《风正潮平好扬帆 浏阳河畔党旗红》。新发展党员举行了入党宣誓。街道工委委员、人大工委主任朱向东宣读了表彰决定。一批先进基层组织和先进个人接受表彰。会上，街道党工委副书记何益波带领参会人员共同学习了《求是》杂志的评论员文章《反对不思进取不接地气不抓落实不敢担当》，要求全体党员干部认真学习廖俊波对党忠诚、心系群众、勇于担当的精神，对照自身，查找不足，把思进取、接地气、抓落实、敢担当落实到具体行动上。街道党工委书记陈高峰向获奖的党组织和党员表示了祝贺，并提出了要求。

【"黑作坊""黑窝点"专项整治行动】 8月10日，马坡岭街道联合公安、环保、食药监等相关部门，组成联合执法队伍开展了食品生产加工"黑作坊""黑窝点"清理整治专项行动。突击检查辖区内罗溪港、双杨渠、细垅托、砂咀子港4个地点的6家"黑作坊"。该6家"黑作坊"是马坡岭街道食安办工作人员在日常巡查中发现的，均没有相关生产经营证照，生产条件简陋、卫生状况较差、存在较大食品安全隐患。检查组当即责令该6家"黑作坊"停业，现场收缴猪头、猪皮235千克，猪骨头400千克，猪脚半成品24箱，猪油17桶、每桶约15千克，收缴半成品1.8吨，并依法处理"黑作坊"的违法行为。

【桐西小学建设项目征收工作启动】 9月13日，位于域内的桐西小学建设项目征收工作启动会议在街道办事处召开。区政府副调研员张勇出席会议，区建设局、征收办、法制办、国土分局、规划分局、城建投、民政局、住保局、审计局、教育局及马坡岭街道主要负责人参加。会议安排部署了项目征收工作，明确职能分工、目标任务和时序安排。张勇强调，各部门要高度协调，密切配合，形成强大合力，确保项目平稳有序推进。

【"两节"前安全生产大检查工作】 9月29日，马坡岭街道办事处主任石磊带队检查辖区内重点企业安全生产工作。石磊一行走访了辖区的危化企业西龙助剂化工厂、工贸企业品悟包装有限公司。在检查过程中，发现品悟包装公司消防通道摆放货物较多，存在消防安全隐患，检查人员要求该公司立即整改。该公司负责人调派车辆清运了其堆放货物。石磊要求，对辖区内不按安全规定生产的企业一律顶格处理，严密防范各类生产安全事故发生。

【"喜迎十九大 做红色传人"活动】 9月29日，"喜迎十九大做红色传人"——庆祝中华人民共和国成立68周年活动"向国旗敬礼"暨"牵手芙蓉"广场文化月月演主题活动在马坡岭街道汇一城广场举行。活动由市文明办、区文明委主办，区委宣传部（文明办）、区文体新局承办。市委宣传部副部长、市文明办主任郭润葵，市文明办副主任梁飞彩，市文明办未成处处长朱治东，区委宣传部部长伍艳飞，副部长、文明办主任易利平出席活动。活动现场通过沙画演绎"十大不文明行为"，告诫人们要遵守基本的文明共识，自觉表现文明担当。邀请了长沙市委讲师团教授汤文辉为孩子们讲述革命故事，回忆革命峥嵘岁月，学生代表为老兵献上鲜花，表达了对革命先辈的敬仰之情。活动还为6名"志愿服务之星"颁发荣誉证书，希望通过树立先进典型来教导未成年人加强思想教育，争做热心助人的好少年。活动现场启动了“喜迎十九大 做红色传人”签名寄语主题教育实践活动，现场领导共同点亮启动球，在签名墙签名寄语，表达对祖国的祝福和新的希冀。

（罗　娟）

东湖街道

【概况】 东湖街道下辖东湖村和合平新村、姚托湾、韶光、龙马、东沙、滨湖6个社区。辖域面积9.91平方千米。域内有居民户1.01万户，户籍人口3万人，常住人口近3.6万。2017年，东湖街道以“种业总部基地、休闲文化乐土、宜居生态家园”为定位，依托“隆平稻圣之家、种业硅谷之核、九曲浏河之心”区域品牌，整合资源禀赋，谋划种业产业，精心城市管理，狠抓民生提质，各项工作取得新的进展。年内，街道被评为长沙市计划生育协会优秀单位、长沙市两型示范单位、长沙市统计观摩优秀街道、长沙市中小微创新创业优秀服务平台。

经济发展。域内有个体门店1900家，工商注册企业有500家，优秀种业企业等重点税源企业单位20家。为提升东湖发展速度，策划包装“隆平小镇”农业种业特色小镇项目，3次召开产业发展研讨会，邀请湖南省农科院、湖南农业大学相关负责人开展座谈，协商区域土地合作开发事宜。加强与区发改局、商务局、金融办、税务等部门的联系和接洽，推行小分队上门招商，为企业提供“一站式”办理服务。全年实现税收6620万元，规模工业总产值2.85亿元，限额以上商贸业社会消费品零售总额2.85亿元，限额以上批发企业销售额6.61亿元，全年招商实现固定投资26亿元，高新技术产值3.75亿元，引进市外境内固定资产投资8.47亿元，省外境内到位资金年度任务2.53亿元，实际到位外资任务2900万美元，新增区级税收15万以上企业4家。

街域建设。推动浏阳河文化旅游产业带基础设施建设，增加停车位30个，增加绿地面积1800平方米。完成柳子明公园建设项目招标，规划设计均达到行业先进标准。启动红旗水库项目建设。完成合平路二期项目、合平村城中村改造用地项目拆迁工作，倒房21幢。完成芙蓉区社会福利中心、隆平高科技园项目拆迁扫尾工作。东湖路、合平路、四号安置小区项目顺利开工。长沙市河东地区第一个两型宣教基地成功落地龙马社区，引领区域“两型”发展。完成龙马社区丰润、丰裕小区人居环境提质改造工程。开展造绿复绿行动，新增和提质绿地面积7.46公顷。组织开展“美丽阳台（庭院）”活动，美化人居环境。

社会管理。推行城市管理网格化，针对全街6个社区建立12个三级工作网格，有网格工作人员108名，实现城市管理不留死角。推进城乡环境卫生整洁“百日会战”行动，加大人民东路、远大二路、红旗路主次干道及门店管控力度，督促落实门前三包责任制，开展针对流动摊担、店外经营、违章搭建的专项整治行动，拆除各类违章建筑170处，面积1.4万平方米。配合中央环保督察工作，及时整改督察组交办件6件。以文明创建“百日提升行动”为契机，化解农大生鲜市场、农科院农贸市场等7个重点难点问题，提升东湖人居环境品质。启动油烟、扬尘、噪音专项整治，整治移动音箱8台次，处理违规施工6起，紧急处置户外焚烧125处。落实河长制工作，加快黑臭水体治理，加强河道巡查及日常监管，组织河道清理活动21次，清除沿岸排污口3个，完成围山圳，姚托撇洪渠生态修复工程，完成泉坝垅水库雨污分流工程，启动双桥港截污工程。推进“平安芙蓉”建设，“群防”“技防”双管齐下，降低辖区发案率。推进“平安校园”建设，整治周边餐饮门店60次，检查网吧、KTV等文化场所50次。开展信访积案化解“百日攻坚”专项行动，化解“唐长芝”等信访积案，及时调处基层矛盾115件，实现全年进京零非访。实施“七五”普法，组织禁毒法制宣传、反邪教等讲座16次，提升全民法治意识。全年开展安全生产培训12次，开展安全生产大检查50次，查处隐患企业9家，排除重大安全隐患7宗。开展食品安全“八大专项”整治行动，开展各类食品安全整治行动14次，取缔食品加工黑作坊7家、私屠滥宰窝点1家，整改各类问题餐饮门店70余家。

民生服务。完成全街政务服务大厅便民服务设施改造升级，改善服务环境。全年发放低保救助金69.7万元，慰问困难群众691人次，低保金、慰问金及时、足额发放。完善创业就业帮扶机制，举办“春风行动”专场招聘会，提供就业岗1500个，新增创业主体452户。完成东湖街道老年人日间照料中心建设，居家养老服务中心迎市民政局第三方考评，居家养老服务水平获评审专家一致认可。创新科普方式，举办“科技活动周”主题活动，建设水塔科普公园、东沙社区430科普驿站、韶光社区科普e站等科普阵地。推动学习型街道建设，全街开展各类教育培训活动250场，完善“自发课堂”“雏鹰课堂”等常年开展项目。组织“悦读时光”“农民工读书节”“百姓大舞台，有才你就来”等活动，引导推介“艾沙”志愿服务、“大学生社团活动中心”工作品牌，打造“一社区一品牌”街道特色。推进卫计信息精准化，发放各类卫生计生宣传册1.5万册，开展义诊咨询活动12次，打造龙马社区“五个一”生态健康圈和东沙社区残疾人无障碍社区。

党政工作。打造以“东湖好声音——党的声音进万家”为主导的“党建+”系列工程，续办“东湖夜话”“工作微信群”，设“民情信息员”，办“微党课”。“东湖夜话”连续举办190期。创建工作微信群120个。开展“微党课”150次，覆盖人群4000人次。聘请信息员130人，收集传播各类信息700余条。打造龙马社区“党建+”微基地群，推出长沙首个党章文化园，建成廉政文化园、习近平用典墙、党群服务中心、党建文化墙、古塔书吧。建成韶光社区防空洞学习教育基地。加强党风廉政建设，队伍建设纵深推进。“两个责任”层层压实。制定街道党政领导班子党风廉政建设责任分解表，明确落实党工委主体责任和纪工委的监督责任，开展“雁过拔毛”和“纠四风、治陋习”专项整治，着力形成不敢腐、不能腐、不想腐的有效机制。编写廉政教育书籍——《清廉雅韵》，开展君子文化诗词大会系列活动，营造“思廉、倡廉、崇廉”的文明氛围。提升为民服务水平。完成东湖村“两委”换届试点工作，7个社区（村）完成换届选举，优化“两委”班子结构，推进社区自治工作。规范政务服务工作，全年“12345”热线接单43件，其中退回工单13件，办理结案30件，不予立案18件。注重走访排查，响应区委群众工作“连心”行动，走访群众3407户，解决群众难题200项。接受人大、政协监督，全年7次组织人大代表、政协委员开展座谈，推进学习型政协建设。推动“两代表、一委员”进村进社，构建社情民意直通车。加强与民主党派、工商联和无党派人士的团结合作。

存在的问题与不足：经济发展正处瓶颈。东湖街道作为一个“年轻”的街道，基础差、底子薄，辖区产业以种业科研为主，驻街单位有湖南省农科院、中科院亚热带研究所、湖南农业大学及湖南生物机电职业技术学院等。由于辖区大部分土地皆为上述单位所有，街道在发展上面临无地可用的困境。加之近年高校对相关产业发展更加谨慎，街道与高校院所之间的合作开发与腾地协商日趋困难，从而难以推动新的产业项目在辖区落地，经济发展难以推动。　（王　骁）

东湖街道

书　　记　尹卫东
副 书 记　张　敏
　　　　　贾　茜（女）
工委委员　胡云飞
　　　　　刘　胜
　　　　　张　鹏
　　　　　徐　文
　　　　　陈云蓉（女）
　　　　　林　灿
主　　任　张　敏
副 主 任　刘　胜
　　　　　林　灿
　　　　　刘光明（2017.03 免）
　　　　　王　术（2017.05 任）
人大工委主任　胡云飞
人大工委副主任
　　　　　陈先征（2017.09 任）
政协联络处主任　张　鹏

【东湖微信群创新工作方式】　年内，东湖街道为传递基层声音、提升工作效率、拓展干群议事渠道，根据工作需要建立流动党员微信群、食品安全群、网吧业主群、侨胞群、安全信息群、美丽公益联盟等120个微信群，覆盖辖区40%的居民群众。在微信群的管理上采取分组建群、广泛覆盖、干群共管的原则，推动街道干群议事、政策宣传、党员学习等工作。创新“微学习”：以“互联网+学习”为依托，在党员微信群里开设“微课堂”，打造指尖上的党员学习教育平台，把“大教育”分解为“小课堂”，方便党员利用碎片时间学习。开展“微议事”：群主把对应工作人员、人大代表、政协委员、有威望的人士、及相关群众等加进“东湖夜话”微信群。在议事前，首先公示选定议题，然后再由各方提出建议，经过讨论形成统一意见，更好地利用民智。做好“微服务”：街道在全街微信群中广泛推介“党建网约车”公众号。群众动动手指通过在微信上“下单”发布心愿或投诉建议等信息“订单”。街道、社区在后台进行“派单”，相关部门与党员“抢单”。党员认领服务结束后，群众再对党员服务情况进行评价与反馈，形成一条完整通畅的群众服务体系。7月9日，《人民日报》以“掌上集结抗洪能量”为题报道东湖街道利用工作微信群创新防汛调处工作机制。

【街道社区荣誉】 2017年东湖街道所辖社区立足街区环境基础，发挥自身示范创建优势，在各项工作中均获得相关荣誉。其中，韶光社区被评为湖南省级充分就业星级社区、长沙市文明社区、长沙市基层人社优秀平台、长沙市残疾人五星级明星社区、长沙市社区老年教育示范基地、长沙市区域环境噪声治理示范社区。龙马社区被评为省级“全民健康生活方式行动健康社区”“计划生育基层群众自治示范社区”“两型示范单位”、市级同心示范社区、“全面提质提档工作先进社区”“和谐示范社区”“残疾人工作五星级社区”、芙蓉区“两学一做”红旗党组织等。滨湖社区获得湖南省民族团结进步创建示范单位、长沙市创新创业带动就业示范单位、芙蓉区社区自治服务品牌等。东沙社区被评为长沙市科普示范社区、长沙市示范性社区学习中心、长沙市同心示范社区、长沙市绿色示范社区。

【“春风行动”东湖招聘会】 3月3日，东湖街道在合平新村举办“春风行动”专场招聘会。区人力资源和社会保障局局长唐宇平、副局长卢涛，科室相关负责人及东湖街道党工委委员张鹏参加活动。招聘会中，100余家企业提供了近2000个招聘岗位，涉及电焊、机修、喷漆、销售、会计、行政管理、平面设计师等行业。活动吸引了近2000名求职群众来到现场咨询登记，最终750人与用工单位达成意向登记。东湖街道和各村社区还为现场登记但未在招聘会当天达成用人意向的群众建立求职档案，解决辖区群众的就业需求。

【校园消防安全疏散演练活动】 5月12日，东湖街道联合湖南农业大学子弟小学开展共建平安校园消防安全疏散演练活动。活动现场，鸣放警报声，学校各班老师迅速到达指定岗位，在带班老师、农大保卫处和民警的指引下，同学们用毛巾捂住口鼻，弯腰猫步，按照预案逃生路线迅速而有序地撤离“火灾”现场，快速疏散到安全地带，整个疏散活动用时2分钟。全校师生经过有序的消防演习后，保卫处工作人员从预防火灾、如何报火警、火场自救及逃生方法等方面详细说明消防安全基本常识，并现场演示灭火器的正确使用方法。

【“科技活动周”主题活动】 5月23日，“科技活动周”主题活动暨两型创新创业分享会在东湖街道文化站举行。湖南生物机电职业技术学院副院长刘晓魁、芙蓉区科技局局长吴立平、区经信局局长孔飚出席活动，现场200余名群众参与。该次活动突出“创新发展 圆梦芙蓉”主题，具体分为：以提高各类重点人群科学素质为目标，开展科技创新经验交流会；围绕大数据、机器人、智能科技等前沿科技成果开展的科技作品展示；以推进大学创新创业为目标举行的创客基地授牌仪式。活动现场，与会领导专门为湖南生物机电职业技术学院创客基地授牌，并实地参观湖南生物机电职业技术学院创业实训基地暨省科普基地。

【国家信访局调研街道“东湖夜话”工作】 6月20日，国务院副秘书长、国家信访局党组书记、局长舒晓琴带队调研东湖街道“东湖夜话”工作，省委常委、长沙市委书记易炼红，副省长向力力，市领导钟钢、夏建平、唐向阳，区领导于新凡、周春晖、陈计伟等陪同调研。舒晓琴一行实地查看了“东湖夜话”场地，通过观看相关视频和文字资料，听取区、街主要负责人介绍，详细了解“东湖夜话”的开展情况。在街道信访办公室，舒晓琴同街道信访办工作的同志亲切交谈，询问街道信访调解工作的详细情况，并查阅信访接待调解卷宗。调研中，舒晓琴对“东湖夜话”拉近干群关系的新方法、新形式作了高度评价，并肯定芙蓉区信访问题源头化解工作，希冀坚持用好经验做法，高效化解基层矛盾纠纷，继续扎实开展基层信访工作，架好干群沟通桥梁。

【东湖街道防汛救灾】 6月24日，东湖街道建立防汛防涝调处工作机制，明确责任分工，具体到人，通过微信群、QQ群发布防汛动态，实现街道、社区、村信息互通互联。全天候巡查浏阳河堤，重点排查辖区危房、低洼地用房，提前向危房、低洼地人群发放紧急通知并帮助撤离，防护工作提前铺排，力求汛期伤亡率降至为零。7月1—3日，东湖街道先后3次驰援东岸浏阳河大堤，抽调300位志愿者，装填运输防洪沙袋近1.9万个，搬运量237.5吨，出动人员1200人次，及时转移安置居民群众200人。7月3日始，直至洪水退去，东湖街道加强对接上级部门，连同区卫计局、区疾控中心对东湖村3家仓库、14户受灾户，姚托湾低洼处经营门店进行防疫消毒，并向受灾区域发放疫病防治宣传手册500份，抽取受灾区域地下水检测，保障居民用水安全。

【庆中共十九大召开文艺晚会】　10月24日，东湖街道联合湖南农业大学离退休处举办“欢庆十九大 金秋颂中华”文艺晚会。湖南农业大学党委书记周清明、党委副书记卢向阳、副校长段美娟出席。晚会邀请湖南农业大学离退处的教师及学校在职的老教师、周边社区的老年人近1000人观看。20余名表演者包括湖南农业大学离退休处的80多岁的老人和湖南农业大学在读学生。晚会以“欢庆十九大”为主线，表演舞蹈、情景剧、小品、歌曲等节目。老年大学的交谊舞班、民族舞班演绎了《最美夕阳红》《遵义会议放光辉》等舞蹈。晚会在大合唱《歌唱祖国》中结束。

【省级创新创业带动就业示范街道通过验收】　10月27日，长沙市就业服务局副局长喻佳，人力资源和社会保障就业促进处副处长陈代源，主任刘星志在芙蓉区人力资源和社会保障局局长唐宇平，区就业中心主任邓捷的陪同下验收审核东湖街道创建湖南省创新创业带动就业示范街道工作。街道副主任张鹏、社会事务办主任宋瑚向市、区领导详细介绍东湖街道的创新创业工作开展情况和创建省级示范典型的工作。经市区领导的严格检查后，东湖街道创省级创新创业带动就业典型示范单位顺利通过了验收。

【党章文化园建成开放】　11月16日，东湖街道党章文化园建成开放。党章文化园作为以党章为引领的系统性工程，由党章文化墙、党的十九大精神主题文化墙、党建文化墙，廉政文化园、古塔书吧、习近平经典、党群服务中心7个部分组成。通过墙面装饰、主题设计、功能性改造等方式，利用周边老旧空白墙体、现有老式建筑、公共文化空间打造成具有各自主题内涵的学习宣传阵地。

（王　骁）

（责任编辑：段觉高）

社　　区

【概述】 2017年，芙蓉区域内共有78个社区（含6个村），分属所在街道管理。年内，各社区党组织和居委会进一步做好社区治安管理、环境卫生保洁、社会民生保障、精神文明建设等各项常规工作，构建了安定和谐的社会环境，为全区经济建设和各项工作的开展夯实了基层基础。年内，按照区有关部门的安排，有24余个社区（或小区）完成提质提档改造工作，社区基础设施进一步完善，人居环境更为舒适。年内，按区委、区政府部署，各社区“两委”（党委或党总支、居民委员会）进行了换届选举，新一届两委班子成员在中共十九大精神引领下，以“听民意、察民情、聚民智、解民忧”的服务理念开展工作，朝着“五零”（服务零距离、安全零事故、环境零污染、治安零发案、居民零上访）目标前进。（苏　洁）

社区服务

【概况】 2017年，芙蓉区开展市级精品示范服务品牌、区级两型社区、自治服务品牌创建活动。申报市级示范社区4个、精品社区4个、社区服务品牌5个。打造走马楼、荷晏、识字里3个社区作为社区提质提档工作示范观摩社区，完成24个社区提质提档改造工作。8月30日举行了芙蓉区社会组织孵化基地启动暨揭牌仪式，在定王台街道金沙里社区成立芙蓉区社会组织孵化中心，培育孵化社会组织。（苏　洁）

【党员“优化服务 争当先锋”主题实践活动】 为深入推进“两学一做”学习教育常态化、制度化，进一步强化党员身份意识、服务意识和先锋意识，发挥党员的模范作用，火星街道曾家坪社区党总支部组织党员开展“优化服务争当先锋”主题实践活动。要求社区服务窗口服务党员亮出身份、树立形象、担当责任、以饱满的热情迎接居民群众，立足本职岗位争当先锋。对社区内行动不便的老人，直接上门入户解决问题。如：家住新合六村的李爷爷家住顶楼，由于没有电梯，上下楼不便，社区工作人员上门入户，他可以坐在家里等待办理。社区还推行“一站式”服务、预约服务，社区居民可以通过电话或网上咨询有关事项，不用跑腿解决问题。党员自觉佩戴“曾家坪社区党员志愿者”袖章，并把党员服务卡送到居民手中，有事可直接与其联系，随时办理。该项工作得到了社区居民的好评。（刘夏娃）

【关爱特殊人群送温暖活动】 1月20日，五里牌街道火车站社区志愿服务队到长沙火车站，为特殊困难群体开展献爱心、送温暖活动。晚上8点，由社区工作人员、辖区非公党组织党员、青少年志愿者等30人组成的志愿服务队，在长沙火车站广场为特殊、困难群体免费发放“暖心”大衣、发放棉被、无偿理发等。该次活动共帮助特殊、困难人员100余名，免费提供“暖心”大衣45件、棉被50床，为9名流浪人员免费剪发。（邓　洁）

【社区“桐心公益站”成立】 8月4日，韭菜园街道桐荫里社区“桐心公益站”成立。社区与辖区单位联合组织志愿者服务活动。活动现场，竖立了一颗3米高的“梧桐树”，树叶用写着居民心愿的纸条折成，志愿者按亮“树叶”下的小灯，由现场居民认领属于自己的心愿。活动中区统计局志愿队为独自抚养读高中的女儿的林晓送上1000元助学金，并表示继续与林晓结对帮扶。湘一芙蓉中学美术老师李志明还与年近八旬、想学画的社区居民葛光老人结对帮扶；协雅医疗美容院党支部把街道“七一”奖励的2600元现金捐给社区的“雷锋超市”，为葛光老人免费提供助听器一台；长沙地铁公司、平安银行等单位也为社区的“雷锋超市”捐赠物资。活动还为志愿者发放“桐心卡”，志愿者为居民提供服务可在卡上积分，凭积分卡可以享受社区免费或优惠服务。（董春梅）

【社区居民与施工单位共议社区提质提档工作】 9月26日，朝阳街道人民新村社区召开“魅力芙蓉 城市双修”（PPP项目）施工单位和社区居民议事会。街道党工委负责人、社区居民代表和施工、监理单位负责人出席会议。会上，社区书记就全面提质提档方案及施工进度作了介绍并发放了相关资料，对该次改造细节，包括楼宇修缮、粉刷，道路改造，园林绿化的提质以及增建居民文化休闲场所进行了详细讲解。参会的居民代表充分发表了自己的看法并就一些具体施工部位提出想法和建议。施工方代表就具体实施工作安排作了说明，要求社区各住户积极配合，力争提质提档工作顺利完成。会议通过交流、磋商、达成共识，一致表示要齐心协力，建设好新的家园，让社区居民有更多的幸福感。（姚艺丹）

【办理健康证便民服务活动】 11月3日，马王堆街道食安办联合健康体检中心在滩头坪社区为街域内的食品经营单位从业人员集中办理《健康证》便民服务活动。为保证活动能够覆盖域内所有所有食品经营单位，街道通知各社区（村）开展从业人员健康证持证情况摸底调查，并把集中体检时间、地点告知各经营单位。活动中，对前来办证人员进行了体检、拍照、注册登记等操作程序。街道食安办与相关社区（村）工作人员现场讲解健康证办理流程，并发放创建国家食品安全城市宣传资料，宣传食品安全相关知识。（欧阳金慧）

【残疾人“两补”年审】 为规范残疾人“两项补贴”发放，12月1日，韭菜园街道桐荫里社区开展残疾人“两项补贴”审核工作。具体审核要求如下：完善社区内享受补贴残疾人的电子台账，审核其身份证、户口本原件、残疾证原件及户籍所在地。审核三、四级残疾人是不是列入低保对象，审核非本社区居民的低保对象，查验低保证明原件。低保发放原则上账号不变，若要更换，须提交本人银行卡复印件，本人签字确认。对未参加半年审的签名或失联的对象，视同自动放弃。对于因病住院和行动不便的残疾人，可由家属拍摄该残疾人手持当日《长沙晚报》的照片发给社区工作人员，代办残疾人“两项补贴”审核工作。12月15日完成该项工作。（董春梅）

【企业组织党员进社区服务】 12月5日，朝阳街道向韶社区内的长沙大厦楼宇管理部门在事先调查的基础上，组织在职党员进社区为居民进行维修水电的志愿服务。根据党员的自身特长，结合社区楼栋老化、许多居民家中电路裸露、老化，造成生活不便并存在多种安全隐患的问题，志愿者带上维修工具，在社区52幢104房的独居老人陈爷爷家对电路进行检查维修，还对其他4家独居老人住户检查维修，对其他2幢楼的楼道电路进行维修。该次活动拉近了企业和社区以及居民之间的距离。（姚艺丹）

社区治安

【概况】 2017年，按统一安排部署，全区23个社区开展平安法治社区提质提档工作，全面加强治安防控体系，综治信息系统，社区矛盾纠纷多元化解机制建设。全面落实“六个一”（即：一支法治宣传、法律服务队伍，一套居民学法制度，一个法律图书专柜或图书角，每季度组织一堂法律课，每季度开展一次法治宣传活动，每季度展出一期法治板墙报）要求，开展法治宣传教育活动，着力提升社区公共事务管理法治化水平，推进社区公共法律服务体系建设。以提高家庭成员的法律、道德水平为重点，以创建健康、文明、祥和的家庭为目标，以争创“五好文明家庭”“最美家庭”等活动为载体，各街道（局）、社区（村）围绕“平安家庭”建设“六有、六无”标准（“六有”：即家庭成员有平安创建意识、有学法守法意识、有安全防范意识、有诚实守信意识、有健康文明意识、有和睦相处意识；“六无”：即无家庭暴力、无非法宗教活动、无邻里纠纷、无涉黄涉赌涉毒行为、无传销行为、无其他违法犯罪行为），组织“平安家庭”竞赛活动，全区评选10户“平安家庭”。

（黄 琦）

【部门联合执法整治市场行动】8月5日，湘湖街道湘湖社区结合文明城市创建活动，组织社区工作人员，联合工商、税务、城管、公安、食药监等部门在佳和苑小区周边的集贸市场开展整治卫生差、秩序乱、经营证照不齐等乱象。执法人员实施定期或突击检查，对经营门店门、摊点开展宣传教育、规范市场秩序，对业主违规行为给于惩戒。通过1个月的整治，该市场经营秩序明显好转。

（宋 凯）

【专项整治“五小”门店】年内，韭菜园街道桐荫里、军区、汤家岭3个社区联合街道食药监所和城管执法队，相继开展“五小门店”和食品经营场所专项整治行动，重点检查索证索票、台账登记、产品包装、标识标签、冷藏条件和超范围经营、占道经营、乱搭乱建等情况，与门店负责人签订责任书、落实食品安全管理和城管监察责任。针对基础设施差、整治困难的“五小门店”，执法队员现场与其协商，制定整改措施。对“麻雀”门店、“袖珍”门店，军区社区实施“一点一档”工程，由社区工作人员建立台账资料，评估安全信任等级，登记门店的名称、地址、经营者姓名、联系电话、身份证号码、经营种类、营业执照、门店业主及联系方式等，做到保持联系，随时监管。

（董春梅）

【“银发先锋自治队”】五里牌街道火车站社区内由8名退休老党员组成的“银发先锋自治队”，他们平均年龄72岁，在社区开展志愿服务活动。自2012年以来，“银发先锋”队员们不忘入党时的初心，满怀为人民服务的激情，为社区安全贡献余热。坚持每天早晚，年逾古稀、头有银丝白发的老人手持小喇叭，分别穿梭在社区内的大街小巷开展治安宣传。他们用话筒喊话，提醒居民关好水电、门窗，加强安全防范意识，发现安全隐患立即向社区值班人员反映。老人们坚持不懈，为社区安全作出了贡献，居民称“银发先锋自治队”是社区的“守护神”。

（邓 洁）

【查处社区非法加工黑作坊】8月2日，马王堆街道根据前期摸底调查，联合食药监所、派出所、城管队集中查处暗藏在辖区火炬村一片出租屋内的无证加工分装冒牌螺蛳肉、去骨鸭掌“黑作坊”。该加工场所条件不符合《中华人民共和国食品安全法》的相关要求，涉嫌制假售假级商标侵权，且负责人不能提供相关证照及食品从业人员健康证。执法人员现场收缴成品螺蛳肉、去骨鸭掌20箱近1000千克，喷印机（日期）1台、包装袋封口机2台、印有某知名品牌的水产品包装袋2捆、用于浸泡鸭掌、螺蛳肉化工原料1袋，并对无证生产加工的违法行为立案查处。（欧阳金慧）

【开展安全知识培训活动】8月21日，火星街道兴和社区邀请长沙佳平防火中心教员徐子琪在社区开展“千人送训进万企”安全知识培训活动。域内26家重点单位和5家危化企业负责人参加了培训。培训课上，徐子琪从相关法律法规、高层建筑消防安全的日常管理、常用消防设施器材的使用方法、火场自救逃生、自救互救方法等方面就如何做好消防安全管理工作做了细致讲解。该次送训活动，有益于提高企业安全管理人员的责任意识和管理水平。

（刘夏娃）

【禁毒宣传活动】11月10日，五里牌街道火车站社区在域内的金苹果大市场前坪开展“珍爱生活 远离毒品 健康社区”的禁毒宣传活动。街道综治办工作人员、公安派出所民警、社区工作人员以及金苹果市场管理负责人参加活动。活动通过向现场居民群众讲解禁毒知识、摆设展板、扫二维码关注禁毒公正号、发放禁毒知识手册等方式，重点对青少年开展拒毒、防毒宣传教育，告诫社区青少年要从小做起，拒绝一切毒品。也呼吁社区居民和家庭成员关爱生命呵护家庭，当好禁毒的宣传员、战斗员和帮教员，共同抵御毒品侵害。（邓 洁）

社区就业

【概况】2017年，芙蓉区的区、街道、社区（村）三级公共就业服务机构认真履职，拓展服务项目、丰富服务内容，为求职者提供政策咨询、信息发布、就业培训、职业指导、职业介绍、就业援助等公共就业服务，进一步健全城乡困难群体就业动态管理和援助制度，做好做实就业工作台账。

湘湖街道以“天天都是优质服务日”为遵旨，以辖区居民需求为导向，在社区成立“外来务工残疾人之家”“王鑫磊就业联盟”开展人性化的服务。火星街道大力开展精细化管理和争优创先活动，建立激励创业机制，组织开展“一社区一特色”双创就业活动，在“双创”建设、精准帮扶方面取得成效。区失地中心围绕失地农民就业这一核心主题，开展多种形式就业培训、技能培训，搭建供需平台，有效解决辖区内失地农民就业问题。全区人社基层平台以一流的工作质量，为广大求职者提供规范、便捷、高效的服务。年内，创省级充分就业星级社区7个，并得到市人力资源和社会保障局领导的肯定。

（刘 菲）

【“春风行动”招聘会】 2月28日，东岸街道在东宜社区举办“东风行动”专场招聘会。85家用工企业把2000余个岗位送到社区居民的家门口。该次现场招聘会，在线上、线下以及流动“求职超市”同时举办。求职者可通过微信、微博与QQ链接获取岗位信息。招聘中为失地农民提供了“零门槛专区”：招聘岗位大多只有年龄要求，未设文化程度、工作经历等应聘门槛。吸引了700余名求职者参加，150余人达成就业意向。

（刘 树）

【失地农民就业招聘会】 7月27日，东屯渡街道金科社区筹备已久的失地农民工招聘会如期举行。金科社区属于典型的农安小区，不少失地农民、外来流动人员有强烈的求职欲望。为做到有的放矢，社区通过对百余家招聘企业有针对性的筛选，最后确定27家企业参加招聘会。活动之前，社区通过手机短信、张贴公告和走访困难群体等方式进行宣传告知。会上，27家企业和周边的餐饮门店提供了工作岗位，求职者与用工单位达成意向协议。（孙如阳）

【落实灵活就业社会保险补贴】 10—12月，韭菜园街道桐荫里社区开展灵活就业社保补贴发放工作。社区通过开设服务窗口、设立咨询电话等方式，为灵活就业人员和高校毕业生提供政策咨询、受理社会保险补贴申请、补贴查询等服务。该项惠民政策的落实，使社区居民感受到党和政府对灵活就业人员的关照，社会反响良好。

（董春梅）

【开办就业技能培训班】 10月18日，芙蓉区失地农民创业就业服务中心和东岸街道东宜社区联手举办了第七期叉车技能培训班结业典礼和第一期初级育婴师的就业技能培训开班典礼。东岸街道加大对失地农民就业帮扶力度，契合市场用工新需求，对需求量大的工种进行集中培训，并与用工量大的企业、项目达成培训就业协议，参与培训的学员通过培训取得合格考证后，可直接到协议企业上岗。该项举措缓解了企业用工难、失地农民就业难的“两难”局面。 （刘 树）

社区生活

【概况】 2017年，芙蓉区各街道、社区通过引导社区居民参与社区日常文化活动，搭建邻里交流活动平台，构建邻里互助网络，树立互相关怀、互助自助的信念，形成相识、相知、相助、团结、文明、和谐的新型邻里关系。依据社区自身实际和居民喜好，发挥居民的特长和创造力，举办各类具有特色的传统文化活动，为居民开展传统文化活动提供展示平台，丰富居民文化生活。组织社区志愿者开展志愿服务活动，为社区困难群体提供各种服务、开展社区环境清洁行动、举办计生安全等，提升居民文明素质和家园意识，自觉形成良好公共行为，大力弘扬奉献、友爱、互助、进步的志愿者精神。借助社区宣传栏、宣传单、社区QQ群、短信、上门宣传等方式，做好宣传，发动社区居民积极参与。芙蓉区探索以居家养老为基础、以社区养老为依托、以机构养老为补充的养老新模式，推进日间照料中心建设工作。引进了睦邻养老、万众和公司、朝夕养老、侨亚养老、常青树养老、吉祥养老6家社会机构参与全区各街道日间照料中心服务活动。全年新增养老床位263张，新建街道日间照料中心11间，启动芙蓉区福利中心建设，构建了芙蓉区居家养老服务新体系。 （苏 洁）

【社区“庭院议事会”】 韭菜园街道军区社区通过召开“庭院议事会”的形式收集居民对社区提质改造的意见。8月20日的议事会上，社区负责人介绍了改造方案和施工细节，居民对道路“白改黑”（水泥路面改沥青路面）、实用景观灯、休闲场所、外墙粉刷、护窗改造等开展了热议，提出各自的看法和建议。12月5日，就增设的凉亭取名等事项再次召开“庭院议事会”，居民们通过热议，把增设的凉亭取名为“颐清亭”。家庭议事会的形式，在社区提档工作中发挥了民主自治功能，调动了居民参入的积极性，推进了施工进度，也提升了居民的满意度。

（董春梅）

【楼宇里的“好人故事”】 年内，韭菜园街道桐荫里社区为辖区楼宇打造577快“好人门牌”，在小区居民中传播让好人好事。“好人门牌”标示了好人所居住的楼层，门牌右下角还有二维码标识。人们用手机轻扫二维码，一个身边好人的故事便会伴随着社区朗读者的甜美声音传出。“好人故事”由8名90后大学生志愿者写作和配音。这些“好人”中有倾力相助居民困难的“小巷总理”，有轻伤不下火线的基层民警，也有近30年坚持照顾邻居空巢老人的老邻居。“好人故事”在社区微信公众号“桐荫里民声”中传送，使凡人善举成为社区居民学习和仿效的榜样。

（董春梅）

【“关注菜农 亲如一家”活动】 2月28日，文艺路街道识在识字里社区举办“关注菜农 亲如一家”大型公益义卖暨睦邻企业联盟爱心认购活动。由于冬季寒冷和运输困难，宁乡市沩山镇农民生产的高山萝卜滞销。文艺路街道党工委为此发出认购活动倡议，街道睦邻企业、街道七色花志愿者团队以及识字里等社区居民积极响应。活动现场，40余家企业以及300名市民认购了由宁乡市沩山镇农民运来的10吨滞销萝卜，解决了菜农们的燃眉之急。（刘远潺）

【组织女性健步走活动】 “三八”妇女节期间，朝阳街道向韶社区和长沙铁道老年体协联合开展以“低碳生活 健康环保”为理念，组织200余名女性到橘子洲景区开展徒步快走活动。该次活动，还通过收捡矿泉水瓶、废纸、白色垃圾，发放宣传册、环保袋等行动，号召大家关注环保，以实际行动传递传递文明生活、爱护环境的理念。

（姚艺丹）

【义务植树活动】 为迎接第39个植树节，助力“绿色城市”市民共建行动，3月12日，湘湖街道东湖社区联合湘爱会、长郡中学启动“星城添新绿、环保任先锋”，开展2017年义务植树公益活动。辖区内在职党员志愿者、联点干部、长郡中学、大同二小学师生及家长、社区党员共计70余人，参加环保科技植树基地的植树活动。

（宋　凯）

【节能环保宣传活动】 6月16日，火星街道在月桂社区举办“节能有我、崇尚低碳、绿色共享”节能宣传活动，区“两型办”派员参加。活动以“建设两型社会、崇尚低碳生活”为主题，开展多种形式的宣传。火星小学小志愿者代表集体宣誓：“节能环保，从我做起，倡导绿色生活”。还有把“绿”带回家“两型超市”活动、“小小两型”演说家、低碳“小达人”创意秀、“两型”社会知识问答等节目。其中，火星小学小志愿者展示利用废旧材料制作的“两型”节能手工艺品、月桂幼儿园小朋友展示的环保时装秀等节目，在寓教于乐中传递环保理念。活动现场悬挂有节能宣传横幅、摆放了展板，还发放了“两型”知识宣传手册。

（刘夏娃）

社区卫生

【概况】 2017年，芙蓉区规划的13家社区卫生服务中心，已完成建设12家。12个卫生服务中心均推出“健康套餐式服务”，落实14项基本公共卫生服务和免费计划生育服务，持续提升基本医疗服务。年内，全区取得了“一升两降”成果，即社区卫生服务机构就诊人次明显上升，门诊次均费用和门诊次均药费明显下降。由政府办的10所社区卫生服务中心全面实施国家基本药物制度，实行基本药物零差率销售。完善中医药服务网络。全区12家社区卫生服务中心按照标准设立中医馆，配备中药饮片不少于300种，并按照中医药技术操作规范开展6类以上中医药适宜技术。全区48家社区卫生服务站和村卫生室，配备了中医或能西会中的医师（乡村医生），开展4类以上中医药适宜诊疗。年内，火星、朝阳社区卫生服务中心被评为“国家示范社区卫生服务中心”。定王台、马王堆、火星社区卫生服务中心创建成为“湖南省群众满意社区卫生服务机构”。

2017年，芙蓉区病媒生物防制总投入157.4万元，建设病媒生物防制设施建设示范社区11个，顺利完成病媒生物基础设施建设，其中投饵盒660个、诱蝇笼1320个、灭蚊灯110盏。全年投入10万作为病媒生物防灾防涝专项费用，为全区杀灭蚊蝇、鼠、蟑，以及受灾居民发放灾后“四害”防制家庭套装共1950套。全年创建省级文明单位1个，市级文明单位1个和市级文明卫生社区1个。

（苏　洁　孙　业）

【爱心义诊进社区】 2月14日，朝阳街道二里牌社区联合志愿者联盟单位的湖南中医药大学，举办“爱心义诊进社区 呵护健康暖人心”活动。该活动面向社区高龄老人、残疾人、特困居民等看病、买药困难的弱势群体，以主动送医上门的方式提供服务。医生为老人免费测量血压、血糖，根据个人的身体健康状况在相应位置进行按摩、拔罐等康复理疗，并对老人们的健康提出合理的生活建议。面对老人们的提问，医生耐心细致做解答。现场还发放了健康科普宣传资料。（姚艺丹）

【免费妇科疾病普查普治活动】 7月3日—8月4日，朝阳街道曙光社区联合街道卫生服务中心为辖区内的常住和流动育龄妇女开展免费妇科疾病普查普治活动。活动中，社区卫计专干在活动深入到社区居民家中，发放活动通知，利用微信公众号、微信群进行通告，还张贴了宣传海报。该次普检内容包括内外生殖器检查、白带常规检查、乳透、B超级CT防癌检查等项目。活动现场还设置有咨询服务台，摆放有女性健康知识小册子提供书面服务。

（姚艺丹）

【灾后消毒清洗工作】 7月初，连续多日的强降雨暂停，社区内涝逐渐消退。朝阳街道各社区联合环卫所共同开展“灾后一消毒二清洗，远离病毒”工作。为保证辖区居民和门店经营户的安全，防止传染病流行，朝阳街道各社区迅速召集所有工作人员，统一调度，分成5个小组开展清洗消毒工作。其中，由2个小组的工作人员全面清扫有渍涝沉积的居民区和经营户；由2个小组的工作人员携带消毒药物和器械对内外地面彻底消毒；一个小组的工作人员为辖区居民户和经营门店发放消毒液，并在人口密集区域张贴防病海报、发放宣传资料，让群众及时掌握环境消毒、食品卫生等灾后防病知识。（姚艺丹）

【美洁家园迎元旦活动】 12月28日，朝阳街道五一东村社区开展“美洁家园迎元旦”党员志愿者服务活动。活动中，社区工作人员带领30名党员志愿者清扫辖区范围内的道路垃圾堆，清洗楼宇墙面牛皮癣，整理维护小花园、绿化带，摆放整齐主次干道乱停乱放的共享单车。该次活动，为迎新年营造了节日气氛，环境也得到整洁美化。　（姚艺丹）

【眼疾康复服务进社区】 7月28日，芙蓉区残联与马王堆街道九道湾社区携手爱尔眼科医院举办“情暖芙蓉 共享光明”眼疾康复救助活动，共有70余名社区居民参加。活动中，社区工作人员对有需求的居民的基本情况做好登记，爱尔眼科的医生们用专业的眼科仪器和设备，为每位居民详细检查。对有白内障的患者，专家认真询问患者病情并对患者讲解发病原因，介绍如何彻底治疗，宣传白内障患者手术治疗的补助政策。活动让居民感受了社区的关心与爱护。　（欧阳金惠）

【食品安全知识讲座】 11月24日，芙蓉区食药监局和荷花园街道东方新城社区联合举办食品安全讲座。邀请专职讲师卢梅芳为居民讲解食品安全知识。卢梅芳详细介绍了如何预防冬季易发疾病机营养膳食搭配方面的知识，对部分日常生活中消费量大的食品做了预警提示和预防中毒等方面的知识。该次活动，使人们对食品安全有了新的认识，对共建食品安全环境有促进作用。

（夏婉清）

社区教育

【概况】 2017年，芙蓉区贯彻落实国家相关部委《关于进一步推进社区教育发展意见》，丰富社区教育的内容和形式，满足居民日益增长的学习需求，深化发展内涵，社区教育得到稳步发展。年内，区教育局联合有关部门举办举办了以“大力发展社区教育，全面推进学习型城市建设”为主题的全民终身学习活动周，组织各种讲座、报告会70场次，组织宣传或展示活动阵地25处，发放学习宣传资料近1万份。东湖街道韶光社区被评为长沙市首批老年教育示范基地；湘湖街道东湖、跃进湖社区和东湖街道东沙社区被评为芙蓉区第二轮标准化学习社区和长沙市示范性社区学习中心。荷花园街道德政园社区的“心灵氧吧”、文艺路街道文艺新村社区的“五彩公益课堂”、东湖街道韶光社区的“银发周末大课堂”获芙蓉区第二轮社区教育特色品牌。社区教育特色项目呈现一街一品、一街多品的格局。年内，全区在“长沙终身教育学习网”新增注册人数2329人。该网站发布了关于芙蓉区社区教育成果的报道25篇。（黄　波）

【“安全培训进企业”活动】 8月21日，火星街道举办“安全培训进企业”宣传教育活动，邀请长沙佳平防火中心教员徐子琪讲解安全生产的相关法规和相关知识。街域内各社区内的26家重点单位和5家危化企业负责人参加活动。徐子琪讲解了相关法律法规、高层建筑消防安全日常管理、常用消防设施器材使用方法、火场自救逃生、自救互救方法等内容。该次活动，有助于提高企业管理者的安全意识和安全生产管理水平，对社区构建平安和谐的人居环境具有重要意义。（刘夏娃）

【“小儿推拿进社区”传教活动】 6月17日，马坡岭街道锦林举办公益早教活动，传授小儿推拿知识和技巧。活动中有26户家长携小孩参加。其中，宝宝最小的只有5个月，最大的3岁半。活动特邀早教育儿专家为家长们讲解不同阶段孩子的发育特点和心理需求，并着重介绍了小儿推拿知识和技巧。在现场，老师们为小宝宝做了简单的体验，并针对常见症状一对一给孩子进行按摩，手把手教家长们推拿手法。推拿老师强调：关爱儿童成长，是每位家长义不容辞的责任，要掌握一些必要的小儿推拿手法让宝宝少吃药少打针快乐成长。

（罗　娟）

【未成年人应急救援培训】 8月8日，朝阳街道人民新村社区联合区红十字会志愿服务队，开展“关爱未成年人 暑期应急救护培训活动。在培训活动中，红十字会老师介绍了红十字会的起源、青少年如何防拐等五防安全知识以及心肺复苏、紧急包扎等一系列自救、互救知识。培训采用了现场模拟的形式，孩子们可以亲自参与、体验。进一步理解应急救护知识，掌握基本操作要领。

（姚艺丹）

【未成年人国防教育活动】 12月8日，东屯渡街道芙蓉社区联合辖区内的小星星幼儿园全体师生、家长及“邻里帮帮”志愿者在万家丽国际购物中心广场开展“我是小小特种兵”国防亲子军事演习活动。活动中，幼儿“新兵”和家长“老兵”组成的“尖刀一连”“冲锋二连”“铁拳三连”“战狼四连” “猛虎五连” “雄鹰六连” “兄弟七连” “火凤八连”等八个方阵整齐列队入场。在军事训练环节中，孩子们与家长共同开展“匍匐前进”“海上冲刺”“两栖坦克”“铁甲战车”“运送弹药”等项目的军事演练。该次活动的目的，是让小朋友们从小领会中国的“强国梦”和“强军梦”，培养他们的爱国主义精神。

（孙如阳）

【禁毒宣传教育活动】 11月8日，马王堆街道在火炬村文化广场开展“珍爱生命 远离毒品”宣传《中华人民共和国禁毒法》活动。辖区居民及幼儿园50多名师生参加。活动中，红袖章志愿者向向居民发放禁毒宣传资料，现场讲解答疑，宣传防毒、禁毒知识，提醒广大居民群众强化禁毒意识，告诫大家要“珍爱生命，远离毒品”。

（欧阳金惠）

【西湖社区少儿图书馆开放】 8月13日，湘湖街道西湖社区少儿图书馆正式对少年儿童开放。西湖社区少儿图书馆为长沙首个社区少儿图书馆，面积150余平方米，分为经典区、实践区和网上阅读区，藏有各类少儿图书5万册。每周六、周日、寒暑假和节假日免费向孩子们开放。

（苏　洁）

社区文体

【概况】 2017年，芙蓉区各街道、社区（村）提质街道综合文化站和社区文化活动中心等基层文体阵地，用活辖区文体资源，组织辖区居民群众因地制宜开展健康向上的文化体育活动，提高全民文化体育的幸福感和参入度。年内，完成安子岭、恒达、金科、南湖、兴和5各市级示范性社区综合文化服务中心的提质改造，新建了白沙湾社区24小时自助图书馆和5个建筑工地“流动爱心图书馆”，建成马王堆街道全民健身中心，完成健身器材安装61处。各街道、社区结合区域文化特色，举办“请来都正街” “品味桐荫里”等50余场群众文化活动；组织文艺团队参加“欢乐潇湘 品质长沙 幸福芙蓉”群众文艺汇演暨第四届“芙蓉杯”新节目大赛，其中在街道举办初赛13场；举办音乐类、舞蹈类、综合类比赛20场次，共选拔56支团队、83个文艺节目进入决赛。全年文艺创作质量进一步提高：《相亲》获“欢乐潇湘”群众文化活动省级银奖、《我有一个梦》《乐动青春》获“欢乐潇湘”群众文化活动市级银奖、《鸡飞狗跳》《云朵上的羌寨》获全市广场舞大赛银奖，7 名优秀选手参入市新人新歌大赛获两银一铜。全年组织街道、社区文体专干开展业务培训 4 期，制订文艺团队星级评定细则，给予文艺团队扶持经费近 30 万元，促进了文艺队伍的专业素养和能力的提升。（刘　翀）

【暑期武术培训活动】7 月 25 日，湘湖街道南湖社区联合长沙超峰武术馆开展以“传承武术精神 弘扬民族文化”为主题的暑假武术培训活动。辖区内的 20 余名孩子怀着对“中国功夫”的热爱来到社区参加培训。孩子们全身心投入，落实每一个动作，各显招式，各有收获。（宋　凯）

【社区版“朗读者”】9 月 9 日，韭菜园街道军区社区举办以“对党说出我的爱”为主题的朗读演讲活动。受邀参加活动的知名朗诵表演艺术家如风现场指导，他们边讲述边示范朗读的表演技巧，强调既要讲究停连虚实，也要留意节奏语速。活动中，年过七旬的社区老党员甘再纯讲述了他作为社区的热心肠，为居民帮困解难的经历，社区 110 指挥中心的党员们朗读了一段革命诗篇。社区举办活动的目的是引导居民们关注热点、传承经典、提升文化底蕴，增强文化自信。（董春梅）

【社区趣味运动会】11 月 26 日，五里牌街道火车站社区在东晖小学田径场开展“快乐运动 乐享生活 开启新征程 创造新成绩”主题趣味运动会。辖区 200 多居民群众参加活动。运动会共设“快乐传递”“快乐投篮”“你比我猜”“背螃蟹过河”“滚铁环”“赶球跑”等 7 个项目。该次运动会有 84 人获得优胜奖。（邓　洁）

【“家·文化”新年联欢会】12 月 15 日，东屯渡街道嘉雨社区举办以“家·文化”为主题的新年联欢会。区人大副主任罗尔曼及街道党工委领导人出席活动。活动有文艺节目表演，有爱心资助、党的声音进万家、健康理念进家庭、健康家庭评选、猜灯谜，还有送对联和发放绿色植物等环节。该次活动，为群众文化生活添彩，提前营造了新年气氛。（孙如阳）

【社区“红歌大家唱”歌咏比赛】12 月 17 日，荷花园街道德政园社区举办“红歌大家唱”歌咏比赛活动。选手们用独唱、小合唱、美声、说唱等表演形式，唱响了《五星红旗》《唱支山歌给党听》《我的祖国》《红星闪闪》等红色革命歌曲。该次传唱红歌比赛，主题鲜明，吸取了“红色营养”，传递了“红色正能量”。（夏婉清）

【社区微信图书馆开发】韭菜园街道桐荫里社区与农工党合作购置一批新图书，利用微信平台的便利，打造了长沙市首个社区微信图书馆。邀请清华大学计算机专业毕业生设计微信图书入库系统，通过手机完成图书名目入库和管理。8 月 1 日，该社区图书馆正式上线，市民只需手机安装“图书微管家”，即可用手机查询该社区图书馆的图书目录，完成借阅。社区微信图书馆还邀请青少年做图书管理员，图书整理工作均由孩子们和幼儿园老师协助下完成。图书馆每天对青少年免费开放。微信公众号图书管理系统，提高了图书阅览室的管理效率和促进全民阅读率的提升。（董春梅）

（责任编辑：段觉高）

人　物

官春云

官春云，1938年2月21日出生，蒙古族，湖北荆州市人，中国工程院院士，湖南农业大学教授，博士生导师，国家教学名师。曾任湖南农业大学校长、作物基因工程湖南省重点实验室主任、第十二届国际油菜会议科学委员会主席。现任南方稻田作物多熟制现代化生产协同创新中心主任，国家油料改良中心湖南分中心主任，国际油菜咨询委员会(GCIRC)委员，农业部油料作物专家指导组副组长，中国作物学会常务理事，湖南省科协副主席等职。官春云是油菜遗传育种和栽培专家。现任国际油菜咨询委员会委员，第十二届国际油菜会议科学委员会主席等职。他从1959年始致力于作物栽培和育种的教学科研工作，在油菜高产优质高效栽培、育种理论和应用研究方面做出了突出贡献：提出的油菜器官分化和产量形成基本规律，成为油菜栽培理论的精髓；提出的油菜冬发栽培理论和技术体系，促进了长江中游地区油菜增产；提出油菜光温生态的4种类型和地理分布，对生产有重要指导意义；提出油菜化学杀雄利用杂种优势的理论和方法被广泛应用；提出油菜优质高产育种的新方法，主持育成品种15个，推广面积1000万公顷，其中8个为国家重点推广的品种；育成3个转基因油菜新品系（抗虫品系T5、不育系15、恢复系742），完成遗传稳定性和安全性研究；主持发表国内第一张油菜分子标记遗传图谱，并对抗菌核病基因进行QTL定位；此外确认新疆野生油菜是Sinapis arvensis L.分布在中国的一个野生种，是一个新的种质资源。官春云热爱祖国，事业心和学术责任心强，分别承担了国家973计划、863计划、948计划及国家自然科学基金、国家发改委高科技产业化、科技支撑计划和农业部农业科技跨越计划、国家高新技术产业化等项目50余项，获得国家科技进步二、三等奖各2项、湖南省科学技术杰出贡献奖1项、省部级科技成果20余项；获得专利38项；出版专著7本（主编），发表论文200余篇；育成油菜品种26个，推广面积近2000万公顷。

邓梦曦

邓梦曦，女，1987年9月出生，中共党员，研究生学历，芙蓉区人民法院政工室科员，2009年参加工作。她入职后一直在基层人民法院，面对繁杂的工作任务始终保持着严谨的工作态度，踏实的工作作风和高昂的工作热情。从事法院人事工作的她严格按照政策规定和工作程序办理，准确采集、更新在岗人员信息，及时办理调入、调出、退休等人员变动情况的工资核销和社保关系转移或终止手续，多年来从未出现延误情况。担任法院党建专干期间，她态度端正，严格按照区委组织部和区直机关工委的要求积极协调法院各支部开展党建工作，工作之余不断提升自身政治素养。怀孕期间坚持白天上班，晚上和周末参加区党校中青班暨青年训练营学习。2017 年她被最高人民法院评选为“全国法院先进个人”，芙蓉区人民政府记三等功。

戴建林

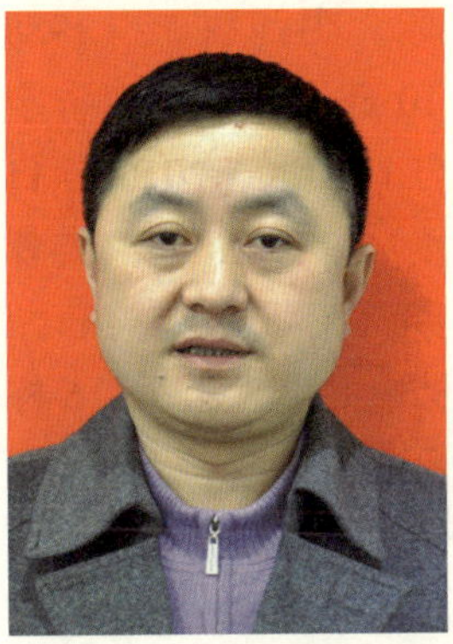

戴建林，1970 年 5 月出生，研究生学历，中共党员，1992 年参加工作，在芙蓉区环卫局任汽车队长、副局长，芙蓉区市政局党组书记、局长。为做好芙蓉区城区防内涝工作，他按照市、区防汛工作要求，出台防汛工作方案，划分局属各科室人员责任路段，组织安排汛期值班，协同各街道开展易积水主次干道及街巷支路巡查工作。他带领干部职工完成道路排水管网疏浚任务，解决了东岸建材市场易积水点难题，组织实施辖区积水点改造 12 处。2017 年长沙抗洪抢险期间，他带领防汛抢险应急分队，安排好排水救援车辆、设备和材料，分片巡路和守点，重点对省委大院周边、长沙车站广场、芙蓉广场、京珠高速辅道等易积水地点和路段开展排水抢险，保证车辆通行顺畅和人民群众生命财产安全。

侯远龙

侯远龙，1966年6月出生，中共党员，1989 年 6 月毕业于湖南农业大学，获得农学学士学位，曾任湖南农业大学第十九届学生代表大会代表和第十二届团代会代表。1989 年 7 月在长沙市郊区马王堆乡人民政府参加工作，历任马王堆农技站站长、综治办副主任、农艺师。1996 年区划调整后，侯远龙历任马王堆街道综治办副主任、主任、司法所所长兼街道人民调解委员会主任，被聘为长沙市司法局人民调解专家库“专家”。侯远龙在担任马王堆街道人民调解委员会主任期间，分别主持调解和指导调解各类民间纠纷 3000 余件，涉及省市群体上访案件 26 件，涉及人员 1200 余次。涉及人身死亡赔偿案件 210 件，其中涉及突发事件案件 96 件。涉及民工工资案件 28 件，涉及民工 4000 余人，涉及历史积案 5 件，涉及人民法院判决后不服又上访的案件 4 件。调解总涉案金额 1.5 亿元，实际赔偿 1300 万元。受理和调解率 100%，成功到 99%。侯远龙曾被评为全国模范人民调解员。

谢建秋

谢建秋，1959 年 8 月出生，中共党员，初中学历，芙蓉区园林局维护科高级绿化工。1978 年参加工作，一直兢兢业业，任劳任怨，常年奋斗在一线 40 年。他怀着一颗赤诚之心，坚守在岗位上发光发热，做好传、帮、带的工作，用耐心、细致教育徒弟，带出一批业务骨干。谢建秋带领园林工人，把芙蓉路、五一路、车站北路、韶山路湖南省委大院通道、凌霄路、马王堆路、嘉雨路等路段打造成了芙蓉区的精品路段，平均每年修剪行道树 2000 余株。2017 年 12 月，谢建秋在全市“星城杯”绿化精品工程和绿化“好工匠”行业竞赛中被授予绿化“工好匠”称号。

刘英杰

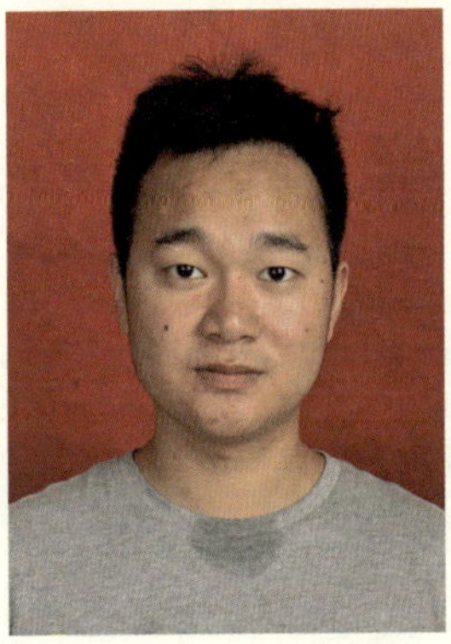

刘英杰，男，中共党员，1994 年 12 月出生，湖南司法警官职业学院学生，毕业后在湖南省邵阳监狱七监区工作。2016 年 6 月 5 日凌晨 0 点 30 分，刘英杰与叶华堂吃完饭行至远大一路马王堆陶瓷城南门，一女子在远大路马王堆陶瓷城大门口呼救，

刘英杰听到喊声，立即追赶上去，将夺包男子扑倒在地，歹徒反应过来开始强烈反抗，刘英杰英勇无畏同犯罪分子展开搏斗，歹徒被制服，叶华堂及时赶到，2人一同将歹徒扭送至火星派出所。2016年6月6日，《潇湘晨报》以“男子深夜抢包，警院小伙狂追300米制服”为题进行了报道。人民网、中华网、新浪网、红网等各大网站媒体相继转发。6月12日，中央电视台国际频道以“警院小伙奋勇擒贼”为题对2人进行了电视连线专访。2017年2月，芙蓉区社会管理综合治理委员会授予刘英杰“勇斗歹徒”见义勇为先进个人称号。

叶华堂

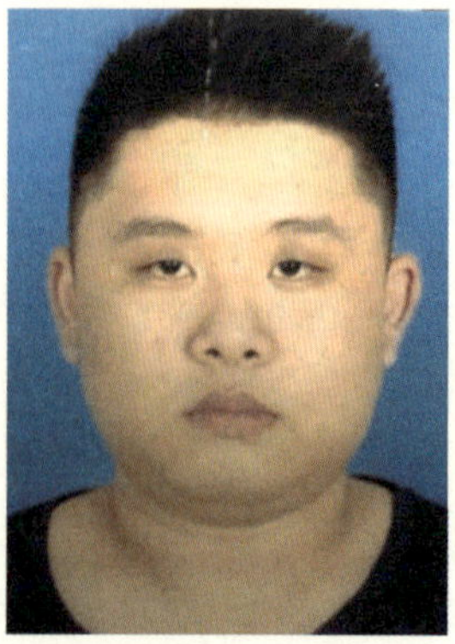

叶华堂，男，汉族，广东省阳春人，1995年生，湖南司法警官职业学院学生。2016年6月5日凌晨0点30分，叶华堂与刘英杰吃完饭行至远大一路马王堆陶瓷城南门，一女子在远大路马王堆陶瓷城大门口呼救，刘英杰听到喊声，立即追赶上去，将夺包男子扑倒在地，歹徒反应过来开始强烈反抗，刘英杰英勇无畏同犯罪分子展开搏斗，歹徒被制服，叶华堂及时赶到2人一同将歹徒扭送至火星派出所。2017年2月，芙蓉区社会管理综合治理委员会授予叶华堂“勇斗歹徒”见义勇为先进个人称号。

喻志星

喻志星，1959年6月出生，湖南省农业科学院工会专职副主席。2016年3月26日上午11时许，东湖渔场方向一堆人在鱼塘边手忙脚乱，求救声不断；一位老人在鱼塘里挣扎，离岸越来越远。在附近与战友聚会的喻志星闻讯跑去，脱掉上衣，扎进水里，游向老人。他从背后慢慢托起老人，以踏水仰泳的姿势将其带向岸边。上岸后，为老人做必要的溺水急救，等待救护车的到来。2017年2月，芙蓉区社会管理综合治理委员会授予喻志星“舍身勇救落水老人”见义勇为先进个人称号。

谭　标

谭标，男，汉族，1988年8月10日出生，湖南省宁乡县双江口镇人。2016年11月3日凌晨3点20分，芙蓉区远大路马王堆东方芙蓉园小区5栋电井突发电火，5栋租户谭标发现火情后，立即开门叫醒室友，并拨打119电话报警。深夜时分，大多数住户都还在熟睡之中，他逐门逐户敲打住户房门，积极引导居民疏散。在疏散了30多户居民之后，因吸入大量的有毒烟雾加上体力不支，谭标晕倒在15楼楼道里。随后，谭标被紧急送往附近医院抢救，期间两次被下达病危通知书，经过救治转危为安。2016年谭标被评为年度湖南省见义勇为先进个人，并获二等功。2017年2月，芙蓉区社会管理综合治理委员会授予谭标“面对火海 勇唤邻里”见义勇为先进个人称号。

郭开明

郭开明，1928年6月5日出生于山西省孝义县阳泉曲乡西上庄村，1946年7月在山西省孝义县参加游击队，任战士、通讯员；1947年在山西吕梁区党委任通讯员；1948年在山西晋中区党委任警卫员；1948年8月加入中国共产党；1949年1月在山西晋中南下工作团任警卫员，同年8月任长沙市人民政府阎子祥市长警卫员；1950年在长沙市人民政府办公室任人事秘书兼机要秘书；1956年任长沙市东区监

委副书记；1959 年任长沙市东区人民法院院长；1960 年任长沙市东区区委副书记，1968 年任长沙市东区革委会副主任；1973 年任长沙市东区区委、革委会副书记、副主任；1984 年任长沙市东区第八届人大常委会主任，1987 年任长沙市东区第九届人大常委会主任，1991 年 8 月离休（享受副市长级待遇）。

郭开明在党的培养和教导下，由一名普通的农家子弟成长问一名领导干部，他的一生是革命的一生、战斗的一生。参加革命几十年来，多次变动工作岗位，他都愉快服从组织安排。作为党的一名干部，他坚决执行党的路线、方针、政策，始终保持这共产党员的优秀品质，对待工作兢兢业业、勤勤恳恳、任劳任怨，从不计较个人得失。特别是 1984 年到区人大常委会任主任后，以对党和人民高度负责的精神，在本职岗位上尽职尽责，充分发扬民主，严格依法办事，为党的事业做出了积极贡献。作为一名老党员，他有着很强的党性观念，一贯忠于党和人民。他政治坚定，具有强烈的革命事业心和政治责任感，始终以党的事业为重；他模范第遵守党章和党内政治生活准则，原则性强，作风扎实，为人正派；他密切联系群众，谦虚谨慎，艰苦朴素，严于律己，率先垂范；他一生简朴，为政清廉；他离休后，还始终关心着党的事业，关心着人民代表大会制度建设，始终保持了一名共产党员的政治本色。

郭开明因病医治无效，于 2017 年 9 月 13 日 13 时 05 分在湖南省中医附一医院逝世，享年 90 岁。

（责任编辑：苏　洁）

图 20　东屯渡桥

统计资料

·表14·

芙蓉区国民经济及社会发展主要指标一览表

指标名称	单位	2017年	2017年比2016年增长±%
一、地区生产总值	亿元	1301.59	9.0
其中：第一产业	亿元	0.08	−45.2
第二产业	亿元	179.07	2.2
第三产业	亿元	1122.44	10.2
二、年末常住人口数	万人	59.54	3.4
三、工业总产值	亿元	486.08	1.0
其中：规模以上工业总产值	亿元	432.08	−1.3
四、社会消费品零售总额	亿元	855.86	9.2
五、全社会固定资产投资	亿元	586.79	13.5
六、城镇居民人均可支配收入	元	50185	8.2
七、一般公共预算收入	亿元	116.67	4.9
其中：地方一般公共预算收入	亿元	33.30	−3.4
八、实际到位省外境内资金	亿元	112.56	17.5
九、实际利用外资	亿美元	6.87	7.9
十、人口自然增长率	‰	8	——
十一、辖区内城镇登记失业率	%	2.4	——
十二、小学生入学率	%	100	——

注：本提要中部分2017年的统计数据已根据相应统计制度变化后的要求相衔接

·表15·

芙蓉区工业经济主要指标一览表

指标名称	单位	现价工业总产值	2017年比2016年增长±%
		2017年	
一、工业总产值	万元	4860844	1.0
#规模以上工业总产值	万元	4320842	-1.3
二、工业增加值	万元		
#规模以上工业增加值	万元	909063	0.7
三、高新技术产品总产值	万元	9842111	8.4
四、高新技术产品增加值	万元	3917882	8.0

·表16·

芙蓉区规模工业产值（按经济类型分类）一览表

指标名称	单位	2017年	2017年比2016年增长±%
合计：	万元	4320842	-1.3
一、按经济类型分			
1. 国有及国有控股企业	万元	3666	10.3
2. 集体企业	万元	75355	7.1
3. 股份制企业	万元	4086083	-1. 4
4、外商及港澳台投资企业	万元	155738	-1..5
二、按轻重工业分			
1. 轻工业	万元	2148743	-0.9
2. 重工业	万元	2172099	-1.7

·表17·

芙蓉区全社会固定资产投资一览表

指标名称	计算单位	2017年	2016年	2017年比2016年增长±%
一、固定资产投资	万元	5867885	5169943	13.5
其中：公有制经济类型	万元	1812973	1898453	-4.5
其中：固定资产投资（5000万以上项目）	万元	2415515	1735240	39.2
固定资产投资（5000万以下项目）	万元	1925265	2204760	-12.7
房地产投资	万元	1527105	1229943	24.2
二、工业技术改造	万元	78127	269141	-71
三、现代服务业投资	亿元	472.39	398.22	18.6
四、商品房销售面积	万平方米	90.50	136.20	-33.6
五、全区重点项目个数	个	101	89	13.5
六、重点项目投资总额	万元	3432290	2608278	31.6

·表18·

芙蓉区固定资产投资基本情况一览表

指标名称	计算单位	2017年
一、施工项目个数	个	851
其中：基本建设	个	321
改建和技术改造	个	492
房地产开发	个	38
二、竣工项目个数	个	655
其中：基本建设	个	69
改建和技术改造	个	569
房地产开发	个	17
三、全部房屋施工面积	万平方米	735.47
四、全部房屋竣工面积	万平方米	130.97
五、新增固定资产	万元	4199590

·表19·

芙蓉区建筑业基本情况一览表

指标名称	计算单位	2017年
一、资质建筑企业个数	个	88
二、资质建筑企业计算劳动生产率平均人数	人	88257
三、资质建筑业总产值	万元	2294172
四、全部建筑企业增加值	万元	631710
五、资质建筑企业利润	万元	101526
六、资质建筑企业全员劳动生产率	元/人	259942
七、资质建筑企业本年施工面积	万平方米	1161.18
八、资质建筑企业本年竣工面积	万平方米	412.79

注：该表数据为总承包和专业承包企业数据，不包括劳务分包企业数据

·表20·

芙蓉区社会消费品零售总额一览表

指 标名称	单位	2017年	2017年比2016年增长±%
总　计	万元	8558594.3	9.2
一、按销售单位所在地分	万元		
城镇	万元	8558594.3	9.2
其中：城区	万元	8558594.3	9.2
二、按行业分组	万元		
1.批发业	万元	1946819.2	8.9

·续表20·

指　标名称	单位	2017年	2017年比2016年增长±%
限额以上	万元	811317.6	9.1
限额以下	万元	1135501.6	8.8
2. 零售业	万元	5681808.2	9.6
限额以上	万元	2186883.8	10.9
限额以下	万元	3494924.4	8.8
3. 住宿业	万元	130701.1	7.7
限额以上	万元	55181.4	6.3
限额以下	万元	75519.7	8.8
4. 餐饮业	万元	799265.8	7.5
限额以上	万元	91984.7	–1.6
限额以下	万元	707281.1	8.8

·表21·

芙蓉区城市居民生活状况一览表

指标名称	单位	2017年	2016年	2017年比2016年增长±%
一、城镇居民人均可支配收入	元	50185	46382	8.2
二、城镇居民消费性支出	元	37913	34684	9.4
1. 人均食品类消费支出	元	10185	9062	12.4
2. 人均衣着类支出	元	2568	2279	12.7
3. 人均生活用品及服务支出	元	2730	2467	10.7
4. 人均医疗保健支出	元	1411	1347	4.8
5. 人均交通和通信支出	元	3393	3210	5.7
6. 人均教育文化娱乐服务支出	元	6850	6247	9.7
7. 人均居住支出	元	9707	8970	8.2
8. 人均杂项商品和服务支出	元	1067	1065	0.2
三、城镇居民家庭恩格尔系数	%	27.0	26.2	2.7
四、城镇居民人均使用面积	平方米	32	32	— 0.2

注：部分数据采用2017年统计口径

·表22·

芙蓉区地方财政收入和支出情况一览表

指　标名称	单位	2017年	2016年	2017年比2016年增长±%
一、财政总收入	万元	1166688	1112180	4.9
其中：公共财政收入	万元	333048	370642	–10.14

·续表 22·

指标名称	单位	2017 年	2016 年	2017 年比 2016 年增长 ±%
税收上划	万元	657779	649966	1.2
二、公共财政支出	万元	539258	539801	-0.1
其中：一般公共服务	万元	57395	54479	5.35
教育	万元	86232	82286	4.8
科学技术	万元	11364	7640	48.74
文化体育与传媒	万元	3083	2741	12.48
社会保障和就业	万元	64292	49542	29.77
医疗卫生和计划生育	万元	18685	14099	32.53
城乡社区事务	万元	228092	263663	-13.49

·表 23·

芙蓉区招商引资情况一览表

指标名称	单位	2017 年	2016 年	2017 年比 2016 年增长 ±%
一、招商项目个数	个	402	267	50.6
其中：外资项目	个	8	7	14.3
内资项目	个	394	260	51.5
二、招商引资完成情况				
1. 直接利用外资	万美元	68701	63701	7.9
2. 实际引进省外境内资金	万元	1125573	958000	17.5
3. 市外境内资金形成固定资产	万元	3000793	2620000	14.5

·表 24·

芙蓉区环境保护基本情况一览表

指标名称	单位	2017 年
一、城市污水集中处理率	%	99
二、城市生活垃圾无害化处理率	%	100
三、重点工业企业污染治理情况		
1. 工业废水排放达标率	%	99.5
2. 工业二氧化硫排放达标率	%	100
3. 工业烟尘排放达标率	%	100
4. 工业粉尘排放达标率	%	100
5. 工业固废综合利用率	%	90
四、建成烟尘控制区个数	个	6
五、建成烟尘控制区面积	平方公里	42.8
六、建成环境噪声达标区个数	个	6
七、建成环境噪声达标区面积	平方公里	28.7

·表 25·

芙蓉区教育事业基本情况一览表

指标名称	单位	2017 年
一、学校数	个	37
其中：小学	个	33
中学	个	4
二、在校学生人数	人	46323
其中：小学	人	38271
中学	人	8052
三、小学生入学率	%	100
四、小学生普及率	%	100
五、小学生巩固率	%	100
六、普通初中入学率	%	100
七、教职工数	人	2506
八、适龄人口入学率	%	100
九、在校学生辍学率	%	0
十、小学毕业生升学率	%	100
十一、初中毕业生升学率	%	99.13

·表 26·

芙蓉区社会保障基本情况一览表

指标名称	单 位	2017 年
一、城镇新增就业人员	人	17356
二、失业人员再就业	人	6531
三、年末城镇登记失业率	%	2.4%
四、新增失业保险职工人数	人	399
五、领取失业保险金人数	人	924
六、新增养老保险人数	人	499
七、新增基本医疗保险人数	人	570
八、基本养老保险发放率	%	100%

·表 27·

芙蓉区社区服务及社会福利事业基本情况一览表

项　　目	单位	2017 年
一、城市社区服务设施	处	74
二、基层社区服务中心	个	74
三、敬老院床位数	床	128
四、敬老院供养人数	人	58
五、接受社会捐赠	万元	1400
六、全年共发放低保金	万元	1386.3
七、全年领取最低生活保障救济人次	人次	36384

·续表 27·

项　　目	单位	2017 年
八、城镇居民得到政府最低生活保障	人	2759
九、城镇各种社区服务设施	个	1140
其中：综合性社区服务中心	个	74

·表 28·

芙蓉区城市环境卫生基本情况一览表

项　　目	单位	2017 年
一、完成工作量		
1. 收运垃圾	吨	284254
2. 清扫面积	万平方米	765.18
二、环卫专用设备		
1. 垃圾运输车	台	62
2. 真空吸粪车	台	1
3. 洒水车	台	102
4. 机扫车	台	38
5. 融雪车	台	1
三、环卫设备		
1. 公共厕所	座	92
2. 垃圾站	个	89

·表 29·

芙蓉区文化事业发展情况一览表

指标名称	单　位	2017 年
一、艺术表演团体	个	162
二、文化馆	个	1
三、公共图书馆	个	1
四、博物馆	个	1
五、健身设施	处	312

·表 30·

芙蓉区医疗卫生基本情况一览表

指 标 名 称	计算单位	2017 年
一　医疗卫生机构数	个	292
其中：社区卫生服务中心	个	12
社区卫生服务站	个	36
二、医疗卫生人员数	人	11862
三、年末医疗卫生机构床位数	张	8724
四、五岁以下儿童死亡率	‰	2.43
五岁以下儿童死亡数	人	10

（区统计局）

（责任编辑：苏　洁）

文件选编

中共长沙市芙蓉区委员会 长沙市芙蓉区人民政府 关于创建国家中心城市，推进“三大工程”，打造“四个芙蓉”的实施意见

芙蓉发〔2017〕1号

（2017年1月23日）

2017年是新一届区委、区人大、区政府、区政协全面施政履职的第一年。区委、区政府决定在全区深入实施以强党建、提品质、惠民生为主题的“三大工程”，协调推进“九大行动”，推动党的建设和经济社会事业协调发展。为确保各项工作任务稳步推进，特制订本实施意见。

一、指导思想

高举中国特色社会主义伟大旗帜，以马克思列宁主义、毛泽东思想、邓小平理论、“三个代表”重要思想、科学发展观为指导，认真贯彻党的十八大、十八届三中、四中、五中、六中全会精神和习近平总书记系列重要讲话精神，坚持稳中求进工作总基调，聚焦长沙市创建国家中心城市实现基本现代化总体目标，实施“四化四统筹”发展战略，推进全面从严治党，提升各领域发展品质，增进民生福祉，加快打造财富芙蓉、智慧芙蓉、魅力芙蓉、幸福芙蓉，以一流的工作业绩向党的十九大献礼。

二、主要任务

（一）“强党建”工程

坚持党要管党、从严治党，深入开展全面从严治党“先锋”行动、基层党建“堡垒”行动、群众工作“连心”行动，让全面从严治党延伸到每一个支部和每一个党员。

1．全面从严治党“先锋”行动。认真贯彻十八届六中全会精神，落实《关于新形势下党内政治生活的若干准则》《党内监督条例》，推进全面从严治党向纵深发展。夯实管党治党主体责任，把落实责任作为检验党组织和党组织书记工作的试金石。坚定理想信念，持之以恒开展“两学一做”学习教育。严肃认真开展党内组织生活，坚持民主集中制，用好批评和自我批评武器。树立正确的选人用人导向，为敢于担当的干部担当，为敢于负责的干部负责。加强纪律建设，推进党风廉政建设和反腐败斗争，深入开展“纠‘四风’、治陋习”和“雁过拔毛”式腐败问题专项整治，实践好监督执纪“四种形态”。坚守意识形态主阵地，建设广泛的爱国统一战线，融洽党群干群关系，凝聚强大发展合力。

2．基层党建“堡垒”行动。强化各级党组织书记抓党建的第一责任意识和第一政绩意识，建立党（工）委“专议党建”制度。实施“基层党建创新2017书记项目”，在智慧党建、非公党建、楼宇党建等领域打造更多品牌。扩大基层党组织覆盖面，加大在社会团体、民办非企业单位、社会中介组织、社区社会组织中建立党组织的力度。强化对基层党建的全方位保障，加大经费投入，加快基层党建服务中心和党建文化阵地建设，突出社区带头人和基层党务骨干队伍建设，将政策和资源进一步向基层倾斜。

3．群众工作“连心”行动。坚持群众路线，落实县级领导联系街道、社区（村）相关安排，强化干群走访机制、社情民意征集机制、诉求分析研判机制、社会管理服务机制、矛盾纠纷调处机制，构建常态化的群众工作格局。动员全区干部对普通群众家庭进行全面联户走访，当好政策理论“宣传员”，暖心政策连到家；当好社情民意“信息员”，交心平台连到家；当好矛盾纠纷“调解员”，热心调处连到家；当好群众诉求“办事员”，用心办事连到家；当好党员群众“服务员”，贴心服务连到家。

（二）“提品质”工程

深入开展产业品质“提升”行动、城市建设“攻坚”行动、城市管理“提质”行动，用“芙蓉品质”代表和引领“长沙品质”。

1．产业品质“提升”行动。推进产业结构转型升级，提高发展质量和效益，GDP增长9%左右，一般公共预算收入增长6%左右。增强第三产业主导地位，创建高水准的现代服务业集聚示范区。大力发展互联网经济，推动互联网金融和电子商务协调发展。积极引进省级金融机构，扩大传统金融领域的比较优势。以国金中心、世茂广场等一批城市综合体投入使用为契机，发展更大体量的楼宇经济带，壮大更多门类的专业楼宇，培育具有更强支撑能力的亿元楼宇集群。升级发展现代商贸业，协调发展各大商圈。推进隆平高科技园开发建设，大力发展总部经济和楼宇工业，进一步扩大现代服务业、高新技术产业在园区经济中的比重。加强招商引资领域的创新，突出招大引强选优，引进国际国内名企、名店、名牌落户，积极抢占产业制高点。

2．城市建设“攻坚”行动。围绕“一带两区”总体框架，推进高水平的城市规划建设。铺排重点项目116个，推动一河两岸协调发展。以世界级名河展示区为目标，加快浏阳河文旅产业带建设，放大浏阳河品牌影响力。以全域CBD为目标，以一批棚改项目征收扫尾为契机，以一批商务楼宇加快建设为带动，全面提升CBD外在形象和内在功能。以城市副中心为目标，加快隆平新区开发建设，推进全面城市化。加强基础设施建设，进一步加密东片路网，实施中心城区基础设施提质改造，全面提升承载功能。

3．城市管理“提质”行动。深化更高水准的全国文明城市创建，加快社区全面提质提档，对主次干道、背街小巷、传统楼宇、专业市场等实施全方位提质。推进特色街巷建设，形成“一街多品”特色街巷群。加强市政设施维护管养，确保各类市政设施高效稳定运行。推进新三年大造绿，新增和提质绿地37公顷以上。加强清扫保洁，提升环卫机械化作业率。落实环保三年行动计划，做好中央环保督察迎检工作，加强对大气、水、噪声、土壤等领域的污染整治，提升宜居品质。开展“城市病”集中整治，提升常态化管理水平。

（三）“惠民生”工程

以落实市政府铺排的十件民生实事为重点，推进社会事业“惠民”行动、社会保障“利民”行动、社会治理“安民”行动，建设富裕安康、文明祥和的幸福家园。

1．社会事业“惠民”行动。贯彻幸福教育理念，协调发展各类教育，加快东片教育资源布局，推行高中教育免费入学，促进教育事业高位均衡。加大科普力度，加强知识产权申请、授权和科技成果转化。促进卫计系统深度融合，推进东片综合性医院建设，有效防控重大疫病，积极创建全国基层中医药工作先进单位。繁荣文化事业，扶持发展丰富多彩的群众文化活动，推进文体活动中心、隆平水稻博物馆展厅和基层综合性文化服务中心建设，壮大基层文化活动阵地。发展全民健身运动，积极承办中华龙舟大赛等体育赛事。

2．社会保障“利民”行动。精准对接多元化的民生需求，提升社会保障的针对性、契合度和满意率。推进大众创业、万众创新，实现更加充分的就业，千方百计增加居民收入。围绕扩面挖潜，狠抓社保征缴，扩大参保覆盖面。大力发展养老事业，加快社会福利中心建设，实现街道日间照料中心全覆盖。对老弱病残等特殊群体实行更加精准的救济帮扶，统筹推进低保、住保、救济、慈善和残疾人事业，实现社会保障应保尽保、分类施保。积极稳妥地推进社区、村换届选举，创建一批市级示范社区、精品社区。

3. 社会治理“安民”行动。加强和创新社会治理，构建和谐稳定和公平正义的社会环境。扎实开展“七五”普法，培育学法、懂法、守法、用法的法治氛围。加强治安防控，依法惩治各类违法犯罪。加大信访和矛盾调处力度，运用法律手段遏制“非访”乱象，推进积案化解，妥善解决各类历史遗留问题。严格落实安全生产责任，重点抓好危化、消防、交通、建筑、特种设备等领域的安全监管，争创省级安全生产示范区。推进食药监管重心下移、关口前置，扎实推进国家食品安全示范城市创建。加强对人民武装的领导，深化国防教育和征兵工作。统筹推进反恐防暴、人民防空、应急处突等领域的安全防控，筑牢宽领域全覆盖的安全防线。

三、保障措施

推进“三大工程”“九大行动”，是2017年的工作主题，全区上下要全方位加强保障，确保各项工作落到实处。

（一）统一思想认识。推进“三大工程”，“强党建”工程是基础，“提品质”工程是关键，“惠民生”工程是核心，“九大行动”是“三大工程”的具体化。推进“三大工程”“九大行动”，是助推长沙市创建国家中心城市的需要，是落实“四化四统筹”发展战略的需要，是加快打造“四个芙蓉”的需要。全区上下要把思想统一到区委、区政府决策部署上来，充分认识到“三大工程”“九大行动”的重要性、紧迫性，将其作为本区域本部门的首要任务来抓。

（二）加强组织领导。区委书记于新凡，区委副书记、区长周春晖负责“三大工程”“九大行动”的统筹领导；区委副书记陈计伟负责总体组织调度，并牵头负责全面从严治党“先锋”行动；区委常委、组织部长周虔牵头负责基层党建“堡垒”行动；区委常委、区委办主任许凡牵头负责群众工作“连心”行动；区委常委、常务副区长谭雄伟，副区长黄金国牵头负责产业品质“提升”行动；副区长佘国宏牵头负责城市建设“攻坚”行动；副区长练大智牵头负责城市管理“提质”行动；副区长梁汝岚牵头负责社会事业“惠民”行动；区委常委、常务副区长谭雄伟，副区长彭尚松牵头负责社会保障“利民”行动；区委常委、政法委书记刘文立牵头负责社会治理“安民”行动。相关区领导和全区各级各部门根据责任分工和工作要求，积极配合，主动作为，形成强大的推动力和凝聚力。

（三）推进改革创新。以推进供给侧结构性改革为主线，抓好关键节点、重点领域的改革，继续打好“三去一降一补”攻坚战。主动对接落实中央、省、市部署的一批重点改革任务，突出抓好相对集中行政许可权制度改革、投融资和财税体制改革、社会治理体制改革、生态文明体制改革等，圆满完成年度改革清单，全面释放改革红利。

（四）坚持依法行政。运用法治思维和法治方式推动发展，严格按照权力清单、责任清单、负面清单行使权力，建设法治政府。坚持依法决策，把公众参与、专家论证、风险评估、合法性审查和集体决定作为重大决策的必经程序。推进政务公开制度化、标准化、信息化建设，让权力在阳光下运行。加强制度体系建设，强化对重大事项、关键环节、重点岗位的监督制约。坚持严格执法、规范执法、公正执法、文明执法，及时查处各类违法行为，杜绝行政违法行为。

（五）落实工作责任。全区各级各部门要认真研究本实施意见，结合工作实际编制更加深化细化的实施方案，各单位实施方案于2月底前报区委办。相关区领导要精心组织、定期调度，研究解决工作推进中出现的困难和问题。将工作落实情况纳入绩效考核体系，区委督查室、政府督查室、绩效办要加强对工作落实情况的督查考核，定期通报，奖优罚劣，凝聚“三大工程”“九大行动”全速推进的强大正能量。

中共长沙市芙蓉区委员会办公室关于推进“两学一做”学习教育常态化制度化的实施方案

芙办发〔2017〕20号
（2017年5月19日）

为贯彻《中共中央办公厅印发〈关于推进“两学一做”学习教育常态化制度化的意见〉的通知》（中办发〔2017〕23号）、《中共湖南省委办公厅印发〈关于推进“两学一做”学习教育常态化制度化的实施方案〉的通知》（湘办发〔2017〕16号）和《中共长沙市委办公厅印发〈关于推进“两学一做”学习教育常态化制度化的实施方案〉的通知》（长办发〔2017〕14号）精神，结合我区实际，现提出如下实施方案。

一、充分认识重大意义

开展“两学一做”学习教育，是坚持思想建党、组织建党、制度治党紧密结合的有力抓手，是不断加强党的思想政治建设的有效途径，为新形势下落实全面从严治党要求积累了成功经验。推进“两学一做”学习教育常态化制度化，对于进一步筑牢同以习近平同志为核心的党中央保持高度一致的思想根基，更好地发挥党的政治优势；对于深化全面从严治党，严格和规范党内政治生活，保持党的先进性和纯洁性，增强党的生机活力；对于凝聚全区各级党组织和广大党员干部，服务改革发展稳定大局，大力实施“四化四统筹”发展战略，着力建设代表国家中心城市发展水平、具有国际品质和湖湘文化特色的精品之区，具有重大而深远的意义。全区各级党组织和广大党员要从政治和全局的高度来深刻领会和准确把握，把思想和行动统一到党中央决策部署上来，切实增强做好推进“两学一做”学习教育常态化制度化工作的政治自觉和行动自觉。

二、切实坚持基本原则

推进“两学一做”学习教育常态化制度化，要深入总结成功实践，坚持全覆盖、常态化、重创新、求实效，持续推动全面从严治党从“关键少数”向基层延伸。工作中，要坚持以下基本原则：

——注重以上率下。以领导机关和领导干部带头学习、严格落实组织生活制度、加强思想作风建设、强化担当作为的实际行动，为全区各级党组织和广大党员作出示范。

——激发基层活力。以落实“三会一课”等基本制度为抓手，充分发挥党支部主体作用，把对党员的要求和关注党员的需求有机结合起来，最大限度激发教育管理党员的内生动力。

——强化分类指导。针对不同层级不同领域不同行业实际，确定学习重点，坚持学做结合，开展实践活动，体现工作要求上的具体化、精准化、差异化。

——突出问题导向。认真查找分析、明确整改方向，着力解决自身存在的突出问题，推动各级党组织和党员依靠自身力量修正错误、改进提高。

——坚持常抓不懈。综合运用督导考核、典型带动和信息化手段，持续推进学习教育，防止和克服紧一阵松一阵、表面化形式化、学习教育与思想工作实际“两张皮”等不良倾向。

三、准确把握目标要求

推进“两学一做”学习教育常态化制度化，要把思想教育作为首要任务，坚持用党章党规规范党组织和党员行为，用习近平总书记系列重要讲话精神武装头脑、指导实践、推动工作。一要在增强“四个意识”、践行“四个合格”上下功夫。要深入学习贯彻习近平总书记系列重要讲话精神和治国理政新思想新理念新战略，切实增强党组织和党员政治意识、大局意识、核心意识、看齐意识，引导广大党员干部自觉践行“四讲四有”标准，做到政治合格、执行纪律合格、品德合格、发挥作用合格。二要在增强党内政治生活的“四性”、提高“四自”能力上下功夫。要弘扬批评与自我批评这一优良传统，大力加强党内政治文化建设，聚焦解决党内政治生活和党内监督的突出问题，切实增强党内政治生活的政治性、时代性、原则性、战斗性，不断提升党自我净化、自我完善、自我革新、自我提高的能力。三要在落实“三个基本”、实现“三个确保”上下功夫。基层党组织要以“三会一课”为基本制度，以党支部为基本单位，把“两学一做”作为党员教育的基本内容，长期坚持、形成常态。要通过着力构建“两学一做”学习教育的常态长效机制，确保党的组织充分履行职能、发挥核心作用，确保党员领导干部忠诚干净担当、发挥表率作用，确保广大党员党性坚强、发挥先锋模范作用，为统筹推进“五位一体”总体布局和协调推进“四个全面”战略布局，为推进“三大工程”，加快打造财富芙蓉、智慧芙蓉、魅力芙蓉、幸福芙蓉提供坚强组织保证。

四、落地落实主要举措

全区各级党组织要切实贯彻执行中央和省市区委关于“两学一做”学习教育的有关要求，在真“学”实“做”即“改”上深化拓展，在制度建设上精准发力，推动“两学一做”融入日常、抓在经常、形成长效，重点抓好以下几个方面工作：

（一）牢牢抓住“关键少数”，充分发挥领导机关和领导干部示范带头作用。推进“两学一做”学习教育常态化制度化，各级领导机关、领导干部必须要有更高标准、更严要求。要坚持领导带头、以上率下，从区委常委会和区委常委同志做起，推动领导机关和领导干部学在先、做在前，树标杆、作示范。党员领导干部要坚持把“两学一做”作为锤炼党性的基本功、必修课，加强思想锻炼和政治锤炼，为党员群众带好头、作表率。要带头强化政治学习，坚持理论联系实际，弘扬优良学风，深入学习党章党规和习近平总书记系列重要讲话，切实增强“四个意识”、坚定“四个自信”，真正做到思想认同、政治看齐、行动紧跟。要将“两学”内容纳入党校主体班次学习重点，推动党员领导干部学深一层。要带头严格组织生活，严格执行双重组织生活制度，带头弘扬批评与自我批评优良传统，坚持以普通党员身份参加支部的“三会一课”、组织生活会、民主评议、主题党日活动以及专题学习讨论，认真严肃地过好组织生活。要带头改进工作作风，严格落实中央八项规定、省委九项规定精神，执行市委“两规定一办法”，深入践行群众路线，自觉同特权思想和特权现象作斗争，严格要求自己和身边工作人员，注重家庭、家教、家风，保持清正廉洁的政治本色。要带头奋力担当作为，对照合格党员、合格领导干部标准和“三严三实”要求，时刻检视差距和不足，在践行宗旨、攻坚克难中履职尽责、担当负责、奋发有为，努力创造经得起实践、人民、历史检验的业绩。各级党组织要大力支持和保护担当者，为敢于担当的干部担当，为敢于负责的干部负责。

（二）精心安排学习内容，着力提高党委（党组）中心组学习质量。各党（工）委（党组）要认真落实《中国共产党党委（党组）理论学习中心组学习规则》，把学党章党规、学习近平总书记系列重要讲话作为理论学习中心组学习的主要内容，把党的十九大精神、《关于新形势下党内政治生活的若干准则》《中国共产党党内监督条例》作为学习重点，按年度作出学习安排，加强研讨式、互动式、调研式学习，保证学习时间和质量，全年集体学习不少于4次。要坚持读原著、学原文、悟原理，系统安排专题学习讨论，联系实际学、带着问题学、不断跟进学，做到学而信、学而思、学而行。党员领导干部要根据自身实际制定个人学习计划，每年完成规定的学习任务，带头撰写学习心得、调研报告或理论文章，积极参加学习讲坛、读书会、报告会等活动，充分利用网络平台开展学习，党（工）委（党组）主要负责同志每年至少作1次专题辅导报告。

（三）全面推进学习小组建设，切实运用习近平总书记系列重要讲话精神武装头脑、指导实践。各级党组织要坚持把学习宣传贯彻习近平总书记系列重要讲话精神作为重大政治任务，大力宣传阐释以习近平同志为核心的党中央治国理政新理念新思想新战略，切实加强重大理论和现实问题的深入研究，不断增强全区党员干部的“四个自信”，着力用党的理论创新成果武装头脑、指导实践、推动工作。要开展切实有效的学习小组活动，丰富学习的方法和途径，采取集体研讨、个人自学、专题调研、专家辅导等多种方式，继续深入学习习近平总书记系列重要讲话精神。要采取党员学“习”会、学“习”加油站等平台，推动建立一批学习小组基地、打造一批学习小组载体、创建一批学习小组品牌、推介一批学习小组典型，进一步浓厚学习氛围，检验学习效果。要通过党员群众喜闻乐见、寓教于乐的形式，开展2017年芙蓉区“学习声音”展播、“学讲话 强信念 促发展”主题演讲比赛和“学习讲话　芙蓉担当”征文比赛系列活动，充分调动党员干部学习的积极性、主动性、创造性，做到“想学、乐学、学到位”。

（四）严格落实“三会一课”制度，切实严肃党内政治生活。党支部要充分发挥教育管理党员的主体作用，组织党员按期参加党员大会、党小组会和上党课，定期召开支部委员会会议，经常性开展“两学一做”学习教育。“三会一课”要以“两学”为主要内容，突出政治学习和教育，突出党性锻炼，针对党员思想工作实际确定主题和具体方式，做到形式多样、氛围庄重，防止表面化、形式化、娱乐化、庸俗化。党支部每次确定1个主题，组织党员开展学习讨论，全年不少于4次，研讨主题由各级党组织根据实际确定，引导党员“践行‘四讲四有’、做到‘四个合格’”。要依托主题党建文化基地、网络平台和新媒体资源等，探索开展开放式组织生活，丰富学习内容，提高学习实效。要坚持党员领导干部讲党课制度，依托市、区“两学一做”学习教育宣讲团，继续开展“百名党员讲师下基层、百堂精品党课进支部”活动，推动支部书记、先进典型、专家学者讲党课，党员领导干部每年至少为基层党员讲1次党课，支部书记至少要在本支部讲1次党课，鼓励普通党员讲微党课。要全面推行党性教育报告员制度，分层级、分领域选聘报告员，分专题、分对象推出精品党课。要采取微党课+微基地、1030微党课等方式，增强党课的吸引力和感染力，防止照本宣科。要认真落实“三会一课”纪实管理，建立健全工作台账，党支部每年初制定“三会一课”计划，报上一级党组织备案并向支部党员公布，每半年向上一级党组织报告情况，对没有正当理由长期不参加“三会一课”的党员进行批评教育、促其改正。上级党组织要对党支部执行“三会一课”情况进行指导检查，对不经常、不认真、不严肃的，要批评指正；情况严重的，要采取整顿等措施，进行组织处理。

（五）全面推行“芙蓉先锋”主题党日，不断提升党组织凝聚力影响力。各级党组织要按照《关于在全区基层党组织推行“芙蓉先锋”主题党日制度的通知》要求并结合实际，将每月20日作为主题党日，组织党员集中开展活动。基层党组织要将“三会一课”、组织生活会、民主评议党员等党内基本组织生活作为主题党日的基本内容深度融合，把“重诵入党誓词”“重读入党志愿书”“重温入党过程”作为“主题党日”的重要程序实化固化。要重点围绕集中交纳党费、加强理论武装、强化党性锻炼、严肃组织生活、民主议事决策、服务党员群众和落实党内关怀等7个方面的主要内容开展活动。基层党组织要充分运用红色资源、主题党建文化基地、爱国主义和警示教育基地、扶贫联系点和网络平台，通过党员故事会、党员“政治生日”等，不断丰富主题党日内容和形式。服务行业、窗口单位等不便于集中开展党员活动的党支部，可采取分期分批等方式开展。国有企业、非公有制经济组织和社会组织党组织要因岗制宜，按照小型、分散、灵活原则开展。流动党员可以通过QQ、微信或视频等方式参加。区属各党（工）委要建立主题党日活动预告、报备制度，实行纪实和痕迹管理，并结合实际制定主题党日实施办法和年度计划，层层压实责任，精心谋划实施。区属各党（工）委每年至少要统一组织开展一次全街性或全系统性的主题党日活动。各基层党组织要在3天内将主题党日开展情况上报党（工）委，区属各党（工）委要在一周内上报区委组织部。

（六）全面推进“五化”建设，建强建优基层支部。要把党支部建设作为最重要的基本建设，牢固树立党的一切工作到支部的鲜明导向，探索推行以支部建设标准化、组织生活正常化、管理服务精细化、工作制度体系化、阵地建设规范化为主要内容的基层党组织“五化”建设。针对农村、街道社区、国有企业、党政机关、学校、非公有制经济组织和社会组织等不同类型党组织，分类明确“五化”建设重点内容和具体办法。要以楼宇、园区、商圈及互联网企业、新兴精神生产群体为重点，合理设置党组织，加强小区（社区）党支部建设，不断扩大党的组织覆盖和工作覆盖，为全面推进基层党组织“五化”建设创造条件。要建立经常性督导机制，进一步规范党支部书记“双述双评”制度，持续整顿软弱涣散基层党组织，切实加强党支部书记和支委委员培训，重点培训换届后新任党支部书记，不折不扣落实活动场所、运转经费、报酬待遇、服务群众专项经费等保障措施，为党支部开展工作和活动提供必要保证。要打造一批“五化”建设示范点，力争经过2年时间，率先在全省实现基层党组织“五化”建设全面达标。

（七）持续推进制度建设，有效提升党员日常管理的科学化水平。要把制度建设作为加强党员日常管理的基础工作来抓，使各种制度机制彼此衔接、环环相扣，真正发挥制度机制的整体合力，做到用制度管长远、管根本。继续落实好流动党员管理办法，按照流出地党组织跟踪管理、流入地党组织主体管理、有关部门党组织协同管理、街道社区党组织托底管理的原则，做到党员流动到哪里，管理服务就覆盖到哪里。进一步完善党员组织关系接转和党员档案管理相关办法，规范街道党员档案室建设，运行党员档案管理信息化系统。规范党员积分管理，通过分类确定标准、量化积分考核，提高党员日常管理精细化水平。优化升级“芙蓉党建”APP功能，建立数字化党建综合管理服务平台，适时分析研判党员队伍年龄结构、学历层次、职业分布等状况，着力加强党员队伍建设。持续推行组织生活痕迹化管理，对组织生活、党费收缴、党员发展、党支部换届选举等制度落实情况全过程纪实管理，着力解决组织生活坚持难、考核难等问题。

（八）经常引导“对标立靶”，完善查找解决问题的长效机制。要把查找解决问题作为“两学一做”学习教育的规定要求，各级党组织和党员个人要紧密结合自身实际，对照党章党规，对照习近平总书记系列重要讲话，对照先进典型，引导党员干部以“四个合格”为参照系，列出“不在组织、不像党员、不起作用、不守规矩”等不合格表现的负面清单，不等不拖，即知即改。党员要查找分析理想信念是否坚定、对党是否忠诚老实、大是大非面前是否旗帜鲜明、是否做到在思想上政治上行动上同以习近平同志为核心的党中央保持高度一致，着力解决党的意识不强、组织观念不强、发挥作用不够等问题。各党（工）委（党组）要查找分析是否落实全面从严治党主体责任，是否坚决执行党的理论和路线方针政策，是否认真坚持民主集中制，着力解决党的领导弱化、党的建设缺失、管党治党宽松软等问题。党支部要查找分析组织生活是否经常、认真、严肃，党员教育管理监督是否严格、规范，团结教育服务群众是否有力、到位，着力解决政治功能不强、组织软弱涣散、从严治党缺位等问题。要把党的组织生活作为查找解决问题的重要途径，严格落实民主生活会、组织生活会、谈心谈话、民主评议党员等基本制度，广泛听取党员群众的意见和反映，严肃认真开展批评和自我批评，稳慎处置不合格党员。党（工）委（党组）主要负责同志要在民主生活会上通报班子成员受到谈话函询情况；被谈话函询的党员领导干部，存在错误的应当作出深刻检查，受到提醒的应当作出整改表态，没有问题的说明谈话函询情况即可。各级党组织要把本地区本部门本单位严重违纪违法干部忏悔录作为反面教材，组织党员开展专题讨论，以案说纪、以案说法，扎实开展警示教育。

（九）抓好重点任务落实，推动解决基层党建难点问题。各级党组织每年要定期梳理分析工作短板，研究确定若干重点任务，逐项明确具体措施和完成时限，采取专项整治等办法，集中力量攻坚克难，争取每年解决几个突出问题。要继续抓好中央去年部署开展的基层党建7项重点任务的深化落实，建立健全防止党员失联长效机制、党代表和党员违纪违法通报和及时处理机制、基层党组织按期换届提醒督促和责任追究机制等3项长效机制，着力解决机关党建“灯下黑”和“两张皮”的问题，继续推进非公有制经济组织和社会组织党建工作“两个覆盖”。要把建立完善党员电子身份信息和整顿改进人才市场流动党员管理列为今年基层党建的重点任务。要针对发生在群众身边的不正之风和腐败问题，拿出过硬措施，强化综合治理，严格规范“两委”选举，完善基层民主管理，加强对农村党员干部的管理监督；要加强乡村文明建设，重点整治婚丧喜庆大操大办、打牌赌博、封建迷信等不良现象，净化社会风气；要加大对“村霸”和宗族恶势力的整治力度，加大对“微腐败”和“蝇贪”的查处力度，严惩各种违纪违法行为，着力解决基层干部乱作为、不作为、侵犯群众利益、贪腐谋私等问题，增强群众的获得感和对党组织的信任度。

（十）注重“学”“做”深度融合，持续开展主题实践活动。各级党组织要推动“两学一做”学习教育与中心工作、重点任务深度融合，以“岗位作贡献、合格见行动、凝心聚力创建国家中心城市实现基本现代化”主题实践活动为统揽，针对不同领域不同行业实际，联系不同群体党员特点，确定可持续开展、行之有效的主题实践活动，引导党员在本职岗位上建功立业，在为民服务中展示先锋形象。农村要重点围绕脱贫攻坚、美丽乡村建设、弘扬文明新风等方面，街道社区要重点围绕服务社区群众、完善基层治理体系、维护和谐稳定等方面，国有企业要重点围绕提高管理水平、促进改革发展、做大做强做优等方面，非公有制经济组织和社会组织要重点围绕诚信守法生产经营、履行社会责任等方面，党政机关要重点围绕履职尽责、简政放权、公正执法、改进作风等方面，学校要重点围绕坚持正确办学方向、落实立德树人任务等方面，科研、文化、卫生等单位要重点围绕爱岗敬业、锐意创新、刻苦钻研等方面，窗口单位和服务行业要重点围绕提升业务技能、提供优质服务等方面，园区要重点围绕服务招商引资、推动项目建设等方面，流动党员要重点围绕带头创新创业、带动群众致富、反哺家乡等方面开展实践活动。要深入开展群众工作“连心”行动，全面打通联系服务群众的“最后一公里”“最后一步路”。要积极开展设岗定责、承诺践诺、亮党员身份、在职党员到社区报到、结对共建、志愿服务、认领“微心愿”等活动，推行佩戴党徽、摆放党员标志工作牌、悬挂党员户标牌、发放党员服务卡、成立党员突击队、一站式服务、全程代办等有效做法，为党员发挥先锋模范作用搭建实践平台。

五、切实加强组织领导

全区各级党组织要把推进“两学一做”学习教育常态化制度化作为全面从严治党的战略性、基础性工程，列为重大政治任务、重大政治建设、重大政治考量，精心组织推动，抓常抓细抓长、抓紧抓实抓好，以钉钉子精神抓好落实落地。

（一）*层层压实责任*。全区“两学一做”学习教育常态化制度化工作在区委领导下进行，由区“两学一做”学习教育协调小组牵头组织实施，区纪委、区委办、区委组织部、区委宣传部、区委党校按照各自职责分工共同做好相关工作。区直机关工委、区非公有制经济组织和社会组织工委、区委离退休干部工委、区教育局、区卫计局以及相关行业系统主管部门要切实履行好督促指导职责。各党（工）委（党组）要切实履行主体责任，每年初专门研究部署，年底结合总结、述职进行专项检查和评估，一级抓一级，层层抓落实；主要负责同志要亲自抓谋划、抓推动、抓落实，班子成员要落实“一岗双责”，结合分管工作加强指导。基层党委要对所辖党支部进行全程指导，党委成员至少联系1个党支部，帮助固化学习教育成果。

（二）*注重舆论宣传*。要按照“具体化、接地气、有实效”的要求，通过在芙蓉新闻网、芙蓉手机报和芙蓉发布微信公众号等媒体平台开辟专栏，及时宣传“两学一做”学习教育的好做法好经验，加强理论阐释，在全社会营造推进“两学一做”学习教育常态化制度化的良好氛围。要注重发现、培育和宣传先进典型，结合纪念建党96周年和迎接宣传贯彻党的十九大，大力宣传践行“两学一做”优秀党员先进事迹，树立时代楷模，引导党员干部见贤思齐。要注重舆论引导，综合运用典型宣传、经验总结、言论评论、专题专访以及案例分析、反面典型曝光等方式，充分发挥舆论的正向引导和监督警示作用。

（三）*强化督导考核*。要把推进学习教育常态化制度化纳入党建工作考核的重要内容，作为评判党组织和党组织书记履行管党治党责任情况的重要依据，注重从党支部工作成效和党员作用发挥看效果、让党员群众作评价。要强化督促检查，通过听取汇报、专项调研、列席会议、调阅资料、集中督查和随机抽查等方式，从严指导把关，各党（工）委（党组）要抽出专门力量加强对所辖党支部的督导检查，每年开展的督导不少于2次。要严格责任追究，对工作落实不力、虚以应付、搞形式走过场的，要及时通报批评、限期整改，对情节严重的，要从严追责问责。

长沙市芙蓉区人民政府
关于芙蓉区行政审批局与原涉改职能部门职责划分

芙政发〔2017〕8 号

（2017 年 6 月 24 日）

根据中央编办、国务院法制办《关于进一步做好相对集中行政许可权改革试点工作的通知》（中央编办发〔2016〕20 号）、湖南省人民政府《关于长沙市芙蓉区推进相对集中行政许可权改革试点工作的批复》（湘政函〔2017〕46 号）和长沙市机构编制委员会《关于设立长沙市芙蓉区行政审批局的通知》（长编委发〔2017〕25）文件精神，同意芙蓉区设立行政审批局，为区政府工作部门。

为在全区建立高效便民的行政审批服务体系，完善相应的工作机制，区行政审批局严格依据《中华人民共和国行政许可法》《湖南省行政程序规定》和相关法律法规、规章制度，负责行使发改、教育、住房城乡建设、民政、财政、司法、人力资源和社会保障、文化、体育、新闻出版、农业林业水利、商务旅游、卫生计生、城市管理行政执法、安全生产监管、食品药品监管、经济和信息化、交通运输、人民防空、市政工程、民族宗教、外事侨务、史志档案等方面的行政许可和行政备案的办理，实行“一枚印章管审批”，并进行现场查勘，对行政审批服务大厅进行管理。

原涉改职能部门负责对被许可人从事行政许可事项的活动进行监督检查，配合区行政审批局对相关申请材料开展针对实质内容核实的现场查勘、技术论证等工作，并做好与上级业务主管部门的衔接沟通工作，以及行业的日常监督管理工作。

·表 31·　芙蓉区行政审批局相对集中行使职权目录（行政许可类）

序号	项目名称	原实施单位
1	工程建设项目招标方式、招标组织形式和招标范围核准	区发展和改革局
2	权限内重大和限制类企业投资项目核准	
3	民办学校（幼儿园）设立、变更许可	区教育局
4	教师资格认定（幼儿园、小学、初级中学）	
5	区投区建项目的建设工程初步设计审批（重要节点及跨区市政工程除外）	区城乡建设局
6	建筑工程施工许可	
7	社会组织登记	区民政局
8	养老机构设立许可	
9	会计代理记账机构资格审批	区财政局
10	特殊工时制度审批	区人力资源和社会保障局
11	职业介绍服务许可	

·续表 31·

序号	项目名称	原实施单位
12	入河湖排污口的设置和扩大审核	区农业林业水利局
13	动物防疫条件许可	
14	动物诊疗许可	
15	拖拉机牌证照核发	
16	兽药经营许可证核发	
17	举办健身气功活动及设立站点审批	
18	高危险性体育项目经营许可	
19	设立图书、报纸、期刊、电子出版物、音像制品经营单位设立、变更（限零售）的行政许可	区文化体育新闻出版局
20	歌舞娱乐场所的设立、变更许可	
21	游艺娱乐场所的设立、变更许可	
22	文艺表演团体设立的行政许可	
23	营业性演出活动的行政许可	
24	区（县）级文物保护单位修缮方案审批	
25	一般不可移动文物修缮方案审批	
26	区（县）级文物保护单位保护范围内进行建设项目审核	
27	区（县）级文物保护单位建设控制地带内建设项目审批	
28	医疗机构设置审批、执业登记及校验许可	区卫生和计划生育局
29	母婴保健技术服务机构执业许可	
30	公共场所卫生许可证签发	
31	医师执业注册	
32	执业护士首次执业、变更执业、延续执业注册	
33	供水单位卫生许可	
34	母婴保健技术服务人员资格、执业许可	
35	再生育许可	
36	放射诊疗许可	
37	放射工作人员证核发	
38	计划生育技术服务机构、服务人员执业许可及校验	

·续表 31·

序号	项目名称	原实施单位
39	临时占用街道两侧和公共场地许可	区城市管理和行政执法局
40	临时占用、挖掘城市道路审批	
41	临时占用城市绿地（不含公园）许可	区城市管理和行政执法局
42	依附于城市道路建设各种管线、杆线等设施审批	
43	关闭、闲置、拆除存放生活垃圾的设施、场所核准	
44	建设工地围挡广告设置审批	
45	建筑垃圾消纳场设置许可	
46	砍伐、修剪城市树木审批	
47	危险化学品经营许可（限县级发证机关发证）	区安全生产监督管理局
48	烟花爆竹经营（零售）许可	
49	第三类医疗器械经营（零售）许可	区食品药品监督管理局
50	药品经营（零售）许可（仅限单体零售药店）	
51	食品经营许可（含餐饮许可和流通许可）	
52	食品小作坊许可	
53	小餐饮经营许可	
54	迁移、拆除、改造、报废人防工程审批	区人民防空办公室
55	拆除、迁移防空警报通信设施审批	
56	道路货物运输经营许可（普通货物）	区交通运输局
57	机动车维修经营许可（三类）	

·表 32· 芙蓉区行政审批局相对集中行使职权目录（行政备案类）

序号	项目名称	原实施单位
1	非重大和限制类企业投资项目备案	区发展和改革局
2	政府投资项目招标文件备案	
3	代建项目招标文件和代建合同审查备案	
4	民办教育机构招生简章和广告备案	区教育局

·续表 32·

序号	项目名称	原实施单位
5	招标公告、招标文件、中标通知书备案	区城乡建设局
6	建设工程项目施工图审查备案	
7	建筑节能专项验收备案	
8	商品房租赁登记备案	
9	区投区建项目的建筑工程施工合同（含劳务合同）备案	
10	建设工程竣工验收备案	
11	房屋安全鉴定备案	
12	慈善募捐活动备案	区民政局
13	社会福利机构变更主要负责人备案	
14	村民委员会、社区居民委员会的设立、撤销、规模调整备案	
15	基金会组织机构代码、印章式样、银行账号、税务登记证件、修改章程核准备案	
16	民办非企业单位印章式样、银行账号、章程核准备案	
17	社会团体换届、提前或延期换届、修改章程、负责人情况核准备案	
18	社会团体印章式样和银行账号备案	
19	街道人民调解委员会的设立及其组成人员备案	区司法局
20	基层法律服务辅助工作人员的聘用、变更情况备案	
21	辞退基层法律服务工作者备案	
22	基层法律服务工作者年度考核结果、奖励、处分情况备案	
23	政府采购合同备案	区财政局
24	由财政部门监管的国有资产评估项目备案	
25	工资集体协商协议审查备案	区人力资源和社会保障局
26	集体合同及专项集体合同审查备案	
27	职工医保异地就医备案	
28	企业年金方案备案	
29	除跨区县外的水务工程开工备案	区农业林业水利局
30	区县监管的水务工程招投标备案	
31	执业兽医师注册（助理兽医师备案）	
32	畜禽养殖场、养殖小区备案	

·续表 32·

序号	项目名称	原实施单位
33	零售商促销活动备案	区商务和旅游局
34	单用途商业预付发卡企业（仅限于一般企业）备案	
35	旅行社分社及服务网点设立备案、变更和撤销备案	
36	对外贸易经营者备案登记	
37	再生资源回收经营者设立备案	
38	图书、报纸、期刊、电子出版物、音像制品出租经营单位备案	区文化体育新闻出版局
39	体育经营活动场所备案	
40	个体演员、个体演出经纪人的备案	
41	文艺表演团体变更名称、住所、法定代表人或者主要负责人等许可证载明事项的备案	区文化体育新闻出版局
42	设立从事美术品经营活动的经营单位备案	
43	设立演出场所经营单位备案	
44	计划生育手术并发症人员扶助工作备案	区卫生和计划生育局
45	对各类计划生育统计调查方案备案	
46	人口计生奖励扶助名单备案	
47	组织义诊活动备案	
48	对医疗机构抗菌药物供应目录，定期调整抗菌药物供应目录品种结构，每半年将抗菌药物临时采购情况的备案	
49	B 超备案	
50	重大危险源备案	区安全生产监督管理局
51	职业病危害项目申报备案	
52	第二、三类易制毒化学品经营备案	
53	应急预案备案	
54	职业病危害因素检测、评价结果报告	
55	第二类医疗器械经营企业备案	区食品药品监督管理局
56	网络食品经营备案	
57	企业技术改造项目备案	区经济和信息化局
58	使用非财政性资金建设的信息工程设计和施工方案备案	

·续表32·

序号	项目名称	原实施单位
59	机动车维修经营者变更名称、法定代表人、地址等事项的备案	区交通运输局
60	道路货物运输和货运站经营者变更名称、地址等事项的备案	
61	从事货运代理（代办）等货运相关服务的经营者的备案	
62	举行大型民间信仰活动备案	区民族宗教和外事侨务局
63	县（市）级宗教团体和辖区内宗教场所举办教职人员和教徒培训班备案	
64	举办宗教活动备案	
65	宗教教职人员省内跨行政区域主持或参与主持宗教活动备案	
66	宗教教职人员认定、注销及宗教活动场所主要教职人员任职、离任备案	
67	保障性住房租赁合同备案	区住房保障局
68	保障性住房调换房源备案	
69	自建自用公共租赁住房定向配租分配方案备案	
70	建设单位竣工申请联合验收排水入网证明登记备案	区市政工程管理局
71	对档案中介服务机构的登记备案	区史志档案局

（责任编辑：苏　洁）

附　　录

芙蓉专稿

芙蓉区应对资源空间短板的策略研究

芙蓉区委书记　于新凡

芙蓉区最大的短板在于资源有限、空间不足。芙蓉区区域面积仅42.8平方公里，在全国943个城区中排名倒数第41位，在257个省会城区中排名倒数第24位（含直辖市）或倒数第12位（不含直辖市），在中部地区41个省会城区中排名倒数第4位。从长沙6个城区来看，芙蓉区区域面积约为天心区的30.3%、开福区的22.8%、雨花区的14%、岳麓区的7.8%、望城区的4.5%。近年来，随着城市化进程不断加快和人口持续增长，芙蓉区在资源空间方面的制约效应愈发明显，产业容量、承载功能、城市品质等方面的问题日渐突出。因此，有必要对芙蓉区资源空间短板问题进行深入研究，并提出对策措施。

一、资源空间短板给芙蓉区发展带来的一系列问题

土地资源是最重要的生产要素之一，且在各种生产要素中处于基础地位。当这一重要生产要素成为发展瓶颈，必然导致一系列问题。具体表现为：

一是项目资源少。项目是吸纳投资、发展产业、促进增长的主要载体，而土地是承载项目的基本条件。1996年长沙实施行政区划调整，芙蓉区面积相比原东区扩大3倍多，资源空间的放大带来项目资源的迅速扩张。“十五”时期，芙蓉区固定资产投资年均增幅达74.9%，2002年、2003年高达98.3%和107.6%。随着资源红利消退，固定资产投资在“十一五”时期年均增幅急剧收窄至9.7%，远低于全市29.3%的平均增速；“十二五”时期回升至22.3%，但仍低于其他城区。造成这一局面的主要原因就是资源空间问题。

二是产业容量小。企业生存发展需要空间，但芙蓉区无法满足所有企业尤其是优质企业的空间需求。“十二五”时期，芙蓉区一度连续数年用于产业发展的土地供应量为零。其后果是：一批优质项目经过长期谈判，最终由于难以满足供地需求而无法落地，这一问题在隆平高科技园尤为突出；一批优质企业尤其是一批省级金融机构扩大经营需要进一步增加办公面积或建设专用楼宇时，芙蓉区无法满足其需求而外迁。近年来外迁企业名单中不乏国家开发银行、中信银行、龙骧集团等纳税大户，导致的财税减收高达数十亿计。

三是开发成本高。资源的稀缺性必然导致资源开发成本上升。芙蓉区可供开发的资源主要集中在中心城区的棚户区以及浏阳河以东的部分集体土地。芙蓉区是全省棚改成本最高的区域。2009年实施的东牌楼棚改项目每亩征拆成本高达2700万元，当前刚刚完成征拆的友谊东棚改项目每亩征拆成本高达4000万

元。就集体土地而言，火炬村作为芙蓉区面积最大的城中村改造项目，征拆成本每亩近300万元，远高于其他城区。征拆成本居高不下，一方面导致项目实施风险增大，难以实现资金平衡；另一方面，征拆成本必然转移到地价以及后续开发成本之中，弱化了投资吸引力。

二、近年来采取的应对措施

近年来，芙蓉区积极应对资源空间瓶颈制约，坚持集约发展，实施"腾笼换鸟、空间换地、电商换市"战略，推进楼宇经济、精品园区、特色街区建设，探索用最小的空间资源获得生产力的最大化，在很大程度上缓解了资源空间不足导致的一系列问题。

1. 发展楼宇经济，提升资源效率。近年来，芙蓉区投入棚改资金130多亿元推进芙蓉区CBD开发建设，一批棚改项目相继付诸实施，置换土地资源1500余亩，拉动各领域投资500多亿元。以湖南第一高楼长沙国金中心、第二高楼世茂广场等为代表的一批城市综合体加快建设，近年间商务楼宇总量从约300万平方米增加至约1000万平方米，形成了五一大道、芙蓉中路、韶山路等楼宇经济带，实现了空间资源在体量上的扩大，在质量上的提高，有效缓解了资源供求矛盾。聚集了以一批世界500强区域总部为代表的优质企业，培育了一批税收亿元楼宇，楼宇经济税收占全区税收总额的比重突破七成。推动传统楼宇向专业楼宇转型，打造了金融、律政、文创等一批专业楼宇，实现一栋楼就是一个产业链、一栋楼就是一个产业集群。

2. 建设精品园区，发展高端产业。按照"一带两区"总体布局，打造芙蓉CBD、隆平新区、浏阳河文旅产业带三大精品园区，着力发展以高辐射力、高附加值、高新技术为主要特征的高端产业，提升单位面积产出。坚持三产立区，以芙蓉CBD为主阵地的第三产业对经济总量增长的贡献率达96.1%。优先发展金融产业，聚集了70多家省级金融机构。强力推进隆平新区征拆安置，近年来完成腾地12000余亩，现代都市型经济已全面取代农村经济。围绕"中国种业硅谷"总体定位强势推进隆平新区开发建设，将楼宇经济发展思路延伸至隆平高科技园，在园区大力发展以楼宇经济为载体的总部经济；依托国家杂交水稻工程技术研究中心等32家省级以上科研院所推进科技创新，种业已形成全球核心竞争力；园区2016年亩均税收达28万元，发展集约度在全省省级园区中位居第一。加快建设浏阳河文旅产业带，18公里风光带、隆平水稻博物馆等竣工开放，成功举办中华龙舟大赛、浏阳河文化艺术节、大型实景情境剧"浏阳河上"等节会活动，浏阳河品牌影响力进一步放大，产业支撑能力不断提升。

3. 建设特色街区，实现多元发展。实施"提品质"工程，以城市品质的提升带动产业承载力的提升。推进"魅力芙蓉·城市双修"项目建设，对浏阳河以西61个社区实施全面提质提档。布局26条特色街巷，着力构建"一街多品"特色街巷群，涌现出以老长沙民居风貌为特色的都正街、以民国公馆院落为特色的白果园、以马王堆古汉文化为特色的汉街、以文博收藏为特色的韭菜园古玩街等一批主题鲜明的特色街巷。依托特色街巷建设，促进消费产业转型升级，精心打造五一商圈、火车站商圈等一批精品商圈，培育浏阳河婚庆园、曙光798等一批特色消费街区，实现高端消费和大众消费、传统消费和特色消费的协调发展。

总体来看，芙蓉区的应对措施取得了积极成效，资源空间问题得到一定缓解，仅用全市约1/300的土地，创造了长沙约1/8的经济总量，实现高强度的集约发展。

三、下一阶段的发展对策建议

解决芙蓉区的资源空间问题，没有一劳永逸的解决方案，而是一个动态和长期的过程。党的十九大报告有10处提到资源问题，将节约利用资源上升为基本国策，提出要优化存量资源配置，形成节约资源和保护环境的空间格局、产业结构、生产方式、生活方式。这为芙蓉区破解资源空间问题提供了钥匙。未来一段时期，芙蓉区要着重做好"扬长""补短""拔高"三篇文章。所谓"扬长"，就是要始终坚持三产立区、楼宇强区，强化楼宇经济和总部经济的集群优势，打造千亿级现代服务业示范区；所谓"补短"，就是要着眼资源短板，坚持深度开发、集约发展，在有限的空间里精雕细琢，实现更高强度的发展；所谓"拔高"，就是要坚持高端化发展方向，抢占产业制高点。

1. 优化功能布局。牢固树立规划先行理念，用集约化、精细化理念指导城市规划建设，将节约利用资源的基本国策贯穿于城市规划建设的全过程。围绕"一带两区"总体格局，结合长沙新一轮城市控规修编，进一步优化功能布局，实现产业发展、生活居住、公共配套等资源占比的平衡。精心梳理和整合存量资源，按照"应改尽改"的要求规划布局"涉铁棚改"、老旧小区棚改、单位大院棚改；按照率先实现全面城市化的要求，优化隆平新区建设规划，规划打造成为宜业宜居、产城融合、发展高效的新城区；充分挖掘浏阳河品牌影响力，推进一河两岸深度融合、协调发展，实现空间资源的极致优化利用，使每一寸土地都用在最合理的位置，每一寸土地都能够产生最大效应。加强水电气路等基础设施建设，尤其是提升交通承载能力，为高强度开发提供可能。在基础设施承载功能允许范围内，适当调高项目容积率、建筑密度等指标，鼓励发展高层楼宇、高层厂房、高层安置等节地开发模式，将全市总体开发规模向中心城区倾斜。

2. 提升城市品质。城市品质代表着城市软实力，是更具吸引力的资源，要坚持品质发展之路，筑好巢，引金凤。推进更高水准的文明城市建设，以人的文明素质的提升带动城市品质的提升。深入挖掘湖湘文化底蕴，着力塑造城市个性，恢复城市记忆，避免同质化发展倾向。盘活存量土地和低效运行土地，强力推进棚改、“有机棚改”、零星棚改、城中村改造和集体土地征拆，探索与驻区大院单位的合作开发，提高土地供应能力。加强地上、地下空间的综合利用，提高复合利用率，使土地资源走出平面整合，走向立体开发。加速推进“魅力芙蓉·城市双修”项目建设，对市政设施、建筑立面、街景绿化、城市家具、城市亮化、雨污分流、弱电整治、水改气改、交通微循环、停车场和社区休闲场所改造等全面改造升级。推进城市管理网格化、精细化、数字化，促进市政、园林、环卫、环保、交通等工作协调发展，通过更加科学精细的城市管理，坚决整治各类“城市病”。系统性提升城市现代化水平，构建传统与现代、品位与品质、精神与物质、文化与体验有机融合、相得益彰的国际大都市品质风貌。

3. 聚焦产业高端。严格控制土地使用方向，把有限的资源用到刀刃上，用到高端产业上，加快构建现代化产业体系，提升单位面积产出。加强高端资源供应，提升对高端产业的承载力，加大甲级写字楼、专业特色楼宇、5A 智能大厦的比重，推进存量楼宇改造升级，更好满足总部型企业入驻需求。推进隆平现代产业园建设，为总部型企业量身定制办公楼，精准匹配高端产业发展需求。在招商选资、招大引强、招财引税上做文章，把有限的资源投向高端服务业，打造千亿级现代服务业示范区，巩固提升全省金融、商务、消费中心地位。实施“小分队”招商机制，面向发达地区派驻专职招商人员，精准招引国内外企业研发总部、营运中心、销售中心入驻，集聚一批国内外贸易组织、贸易促进机构，引进培育一批国际化企业。适度剥离非省会功能和低端业态，加快淘汰落后产能，通过政策杠杆、经济手段清退低端业态，尤其是要稳步推进数十家传统市场的提质改造，实施新一轮“腾笼换鸟”。

4. 突出产业特色。避免同质化竞争，尤其是避免以资源消耗为代价的同质化竞争，以人无我有、人有我优、人优我特的特色产业，抢占市场先机。坚持三产立区，强化芙蓉 CBD 核心功能，加快建设国金中心、世茂广场、擎天广场、佳兆业广场等超高层楼宇，形成 50 层以上的超高层楼宇集群。推进楼宇业态提质升级，促进优势产业集聚发展，培育更多门类的专业楼宇和特色楼宇，打造财税亿元楼宇、十亿元楼宇集群。牢牢把握当前正在推向市场的约 200 万平方米高端楼宇资源，着力招引总部型企业，壮大总部企业集群。依托金融业发展优势，协调推进传统金融和金融创新，打造以金融为代表的高端现代服务业集群。推进地铁商圈建设，提质升级五一商圈、袁家岭商圈、火车站商圈、万家丽商圈，协调发展传统商贸和电子商务，打造更有竞争力的消费产业集群。充分放大马王堆、浏阳河、杂交水稻等世界级品牌影响力，把相关产业链做特、做精、做强、做大。紧扣“中国种业硅谷”定位，发挥袁隆平院士在种业领域的强大号召力，以华智水稻、隆平高科等龙头项目和企业为引领，着力引进种子科研、生产、销售等方面的总部型企业，强化在种业领域的全球核心竞争力。不断完善浏阳河两岸文化、旅游、婚庆、楼宇等功能，打通制约两岸融合发展的基础设施瓶颈，依托中华龙舟大赛、《浏阳河上》实景情境剧等品牌节会，打造世界级名河展示区、文化旅游业体验区。依托遍布全区的各类特色街巷，深入挖掘街巷文化，扶持发展具有本土气息和现代风貌的特色产业，把特色街巷建设成果转化为特色产业街区，形成百花齐放的特色产业格局。

5. 强化服务保障。牢牢把握长沙“人才新政 22 条”政策机遇，坚持引资、引才、引智一起抓，着力引进各行各业领军人物。推进产学研金深度结合，加强与高校、科研院所联合人才培养，为经济发展提供更多专业化人才后备资源。深入实施“芙蓉英才星城圆梦”推进计划，营造有利于人才聚集和成长的环境，既要引得来人才，也要留得住人才，建设创新创业人才高地。优化产业扶持政策，统筹资金设立“产业扶持资金池”，推进产业政策梳理整合，将分散在各个部门的产业发展资金整合起来，集中力量扶持一批科技含量高、生产效率高、发展前景好的企业。拓宽融资渠道，将金融产业优势转化为融资渠道优势，推行贷款贴息政策措施，为产业发展提供源头活水。努力营造“亲”“清”的政商关系，不断优化发展环境。按照“两高、两少、两尊重”，即高效服务、高度透明，少审批、少收费，尊重市场规律、尊重群众创造原则的要求，大力推进简政放权，不断深化行政审批制度改革，推动政府职能深刻转变。探索推进相对集中行政执法权改革试点，加强事前、事中、事后监管，进一步优化发展软环境。

主动对标国际静安　着力发展楼宇经济
——芙蓉区赴上海市静安区考察学习情况报告

芙蓉区委副书记、区长　周春晖

遵照市委市政府领导提出的“芙蓉区要对标国际国内一流城市、一流城区，率先打造具有国家中心城市水准的精品城区”“芙蓉区要主动对标一线城区，全面提升经济发展水平”等指示要求，2017 年 4 月 5 日至 7 日，区委副书记、区长周春晖同志带领区直部门和各街道（局）主要负责人，采取现场参观、座谈交流等形式，重点考察学习静安区在产业发展特别是楼宇经济方面的先进理念和有益经验。

一、静安区区域经济的基本情况

静安区是上海七个中心城区之一，由原闸北、静安两区“撤二建一”而来，因千年古刹静安寺而得名。新静安区区域面积 37 平方公里，下辖 13 个街道、1 个镇、273 个居（村）委，常住人口 110 万。芙蓉区与静安区同为中心城区，在区域面积、产业结构、经济支撑等方面存在较高的相似度。2016 年两区主要经济指标对比分析见下表：

指标 城市	地区生产总值（亿元）	一般公共预算收入（亿元）	一般公共预算收入占 GDP 比重（%）	固定资产投资（亿元）	社会消费品零售总额（亿元）
芙蓉区	1159.8	111.2	9.6	501.5	788.5
静安区	1568	648.2	14.6	310	622

通过考察学习，了解到静安区经济发展的主要特点为：

1. 以一轴三带为布局。静安区第十三个五年规划纲要中明确提出“一轴三带”的主体框架。“一轴”：打造一条贯通南北、共享互融的复合发展轴。形成贯通南北、高效便捷的大通道，实现区域交通连接、资源联动、产业互补、文化融合、品质协调。“三带”：南京西路两侧高端商务商业集聚带，凸显“国际化、高端化、品质化”特征，重点发展以高端商务商业为代表的产业体系，建设现代化的都市生活区；苏州河两岸人文休闲创业集聚带，凸显“水脉、文脉、绿脉、人脉”，突出文化创意、商务商贸、休闲旅游、生态宜居四大功能；中环两翼产城融合发展集聚带，凸显“创新创意、产城融合”特征，推动产业园区、商业街区、大学校区、居住社区等联动发展。2016 年，南京西路两侧高端商务商业集聚带全年实现税收总收入 286.7 亿元，同比增长 30.3%；苏州河两岸人文休闲创业集聚带全年实现税收总收入 83.2 亿元，同比增长 13.4%；中环两翼产城融合发展集聚带全年实现税收总收入 83.2 亿元，同比增长 23.1%。

2. 以三大经济为引领。分别是金融经济、总部经济、楼宇经济。金融经济：区内集聚了摩根大通、国泰君安、光大证券、新湖期货等一批国内外知名金融机构，涵盖了投资、保险、证券期货、融资租赁和第三方支付等多个行业门类。2016 年，引进各类金融机构 36 个，金融服务业实现税收总收入同比增长 63. 3 %。总部经济：外资品牌和总部企业已经成为区域重点产业发展的重要支撑，推动行业龙头企业和总部型企业的入驻，形成“产业引资—产业集聚—产业链形成”的良性循环。2016 年，引进跨国公司地区总部 6 家，全区跨国公司地区总部累计达 64 家，外商直接投资合同金额 12 亿美元，涉外经济实现税收总收入 321.3 亿元，同比增长 19.9%。楼宇经济：静安区商务楼宇总建筑面积 500 万平方米，拥有重点楼宇 200 栋，税收过亿元楼宇 63 栋（其中月亿楼 7 栋）。2016 年楼宇经济实现税收总收入 402.3 亿元，占全区税收总收入的 62.1%。2016 年我区楼宇经济比较分析见下表：

指标 城市	商务楼宇总建筑面积（万平方米）	税收过亿元楼宇（幢）	楼宇经济税收贡献率（%）
芙蓉区	737	7	60%
静安区	500	63	62.1%

3. 以五大产业为重点。静安区现代服务业发展已经形成了五大重点产业，即商贸服务、金融服务、专业服务（人力资源、检测认证、管理咨询、法律服务、会计审计等行业）、文化创意、信息服务（云计算、大数据等新兴产业）。2016 年静安区第三产业占比达 97%，五大重点产业实现税收总收入 467 亿元，同比增长 21.8%，占全区税收总收入的 72.1%。芙蓉区第三产业占比 84.5%，实现税收 77.3 亿，增长 6.3%。

二、静安区发展楼宇经济的主要做法

实地考察了上海市第一个亿元楼宇——位于南京西路铜仁路口的嘉里中心。嘉里中心是一个集写字楼、酒店和商铺的综合性楼宇，项目包括酒店、办公楼、商场、住宅及服务式公寓。总建造面积 45 万平方米，含超甲级写字楼（3 栋）、五星级酒店、会展中心等，于 2012 年正式建成。实地参观后与静安区主要负责同志进行了座谈交流。静安区发展楼宇经济的主要做法有：

1. 坚持规划先行。静安区在发展楼宇经济过程中突出科学规划的指导作用，从招商选资的源头上进行管控，坚持开放的视野和国际化理念，鼓励实力雄厚、声誉良好、眼光长远的国际知名开发商参与静安的地块开发，建设高品质楼宇。同时，把楼宇提质和城市面貌提质有机结合起来，采取对业主奖励容积率、增加公共面积的形式，对老旧楼宇进行提质改造。

2. 实施精准招商。静安区立足楼宇功能定位，坚持“人无我有、人有我强”的理念，推进楼宇精准招商，持续引进一批国际一线品牌入驻。充分发挥园区、社会中介、楼宇业主、物业公司在招商引资中的重要作用，整合优质企业的信息，制定产业引导目录，积极引导和鼓励社会力量参与招商引资，形成更大范围、更高层次的招商合力。

3. 提升服务质量。建立楼宇信息平台，整合服务、监控、预警功能，对重点企业的租金续交、税收分布等情况进行比较分析，对各街道楼宇服务情况进行评比考核。在上海首创“白领食堂”，为驻楼企业员工提供午餐，并将建立白领午餐单位列入区政府重点工作和民生实事项目。大力实施“百人团队服务百家企业”、专人对接亿元楼宇、区四大家领导定期走访企业等制度，优化对驻楼企业的服务，对企业生产经营进行精准帮扶，营造良好的服务环境。

三、对我区发展楼宇经济的主要启示

在静安区的考察学习中，通过对标找差距、对表抓落实，进一步坚定芙蓉区发展楼宇经济的信心和决心。我区将按照“心中有楼、政策进楼、服务上楼、企业满楼”的总体思路，全力推动楼宇经济取得新发展、再上新台阶。此次考察学习带来的主要启示有三个方面：

1. 在规划布局上做到精心谋划。通过与静安区在楼宇经济发展上的对标比较，我们发现，科学规划、合理布局是静安区发展楼宇经济的“先手棋”，这对于寸土寸金的芙蓉区来说，规划的意义不言而喻，发展楼宇经济，首先要从规划布局上下手。对于新建楼宇，要从土地出让、开发商选择、产权明确等方面实行源头引导和管控，确保规划科学合理有序。对于已建楼宇，要抓好四个方面工作：一是传统楼宇改造。制定 3–5 年楼宇改造计划，优先选择主观意愿强烈、拥有单一产权、税收贡献率较大的老旧楼宇进行提质改造试点。今年要重点完成银华大厦等重点楼宇的提质改造，完善楼宇功能和周边配套，实现传统楼宇的靓丽“蝶变”。二是示范楼宇打造。示范楼宇是楼宇经济中的“尖子生”，芙蓉区在发展楼宇经济中要大力培育“尖子”，让示范楼宇形成示范效应。目前，中石油大厦已经具备创建示范楼宇的基础和优势，CBD办和相关职能部门要积极对接、积极谋划，尽早实现示范楼宇挂牌。同时，要对潜在的、具备条件打造示范的楼宇要加大培育力度。三是专业楼宇打造。芙蓉区已成功打造了文化创意大楼、律政服务大楼、总部金融大楼等一批专业特色楼宇。下一步，要聚焦“一栋楼就是一个产业、一栋楼就是一条产业链”的思路，引导区内现有的企业向同类行业、功能相近的楼宇集聚，将其作为专业特色楼宇进行打造。四是亿元楼宇打造。亿元楼宇是楼宇经济中的核心竞争力，要发挥楼宇经济的优势，就要让楼宇经济涌现财富效应，特别是要涌现更多税收过亿元的楼宇。要明确目标定位，每年有计划地推进。对于有发展潜力的“准亿元楼宇”要加大政策扶持力度，力争到2020年新培育亿元楼宇5栋以上，楼宇经济税收100亿元左右。

2. 在要素保障上做到精准到位。完备的要素保障是助推楼宇经济发展的重要基础，包括顶层设计、楼宇平台、配套设施、楼宇服务等，都是完善要素保障的关键点。一是要完善组织架构。建立完善楼宇经济领导小组——重点楼宇“楼长制”——楼宇服务中心——各街道楼宇服务站的管理体系。推行楼宇联席会议制度，定期调度楼宇经济发展情况。由县级领导担任重点楼宇“楼长”，负责楼宇的招商选资、配套服务与提质改造。楼宇服务中心和各街道楼宇服务站要为楼宇企业提供一条龙、全方位、零距离的服务。二是要搭建信息平台。建立区楼宇信息服务平台，实现全区一个平台、一张网络、一套数据，做到对驻楼企业的基本信息精准掌握、及时更新、全面共享。依托楼宇信息平台及时处理楼宇提质改造、招商引资等方面的问题。三是要完善楼宇配套。从点滴小事入手，改善和优化楼内楼外两个环境。加强楼宇周边环境的建设和整治，将楼宇周边环境建设纳入城市建设和改造规划。重点抓好楼宇周边环境卫生，建立常态长效机制，确保楼宇周边环境整洁。四是要提升服务水平。区楼宇服务中心和各街道楼宇服务站要整合统计、工商、国地税等相关部门职能和信息资源，为楼宇企业在工商、税务等方面提供“一站式服务”。公共配套服务要由区级统筹归口，落实到具体人。对于停车难、电梯慢等方面问题，要实行销号管理，一件一件落实解决。

3. 在工作落实上做到精益求精。要把从静安考察学习到的先进经验做法为我所用，关键在落实，根本在落实。要以“慢不得”的危机感、“坐不住”的紧迫感、“等不及”的责任感和认真较真、精益求精的“工匠精神”推动工作落实。一是要推动政策落实。今年芙蓉区专题召开了加快现代服务业暨楼宇经济发展工作大会，出台了《关于促进产业发展的扶持办法》《招商引资工作考核管理办法》《长沙市芙蓉区楼宇经济工作联席会议制度》《长沙市芙蓉区县级领导联系重点楼宇工作方案》等系列政策措施。要创新手段和形式，把政策宣传好、执行好、兑现好，确保楼宇企业知晓政策、活用政策。二是要推进精准招商。对标学习静安区招商引资的先进做法，大力开展以商招商、二次招商。各街道要落实招商主体责任，配齐配强招商人员队伍。牢固树立“一栋楼就是一个街道、就是一个园区、就是一个完整的产业”的理念，把宝贵的楼宇资源让给成长性更高、发展前景更好的企业。加大对烂尾楼、闲置楼的盘活力度，积极引导楼宇业主打造特色和卖点。对于空置率大幅降低、税收贡献率提升的楼宇，在政策上、资金上给予倾斜和支持。为避免区县间在招商方面进行恶性竞争，上海在市级层面有重大金融机构或行业龙头企业市内迁动，原区级税收部分长年留在原区县或设置缓冲年限。建议市政府出台并督促执行这一相关政策。三是要加强宣传推介。借鉴静安区发布“国际静安、圆梦福地”宣传片等成功做法，加快制定符合自身定位的区域宣传口号。要通过电视、广播、网络、报纸等新闻媒体，对楼宇经济发展进行专题宣传，提高重点楼宇的知名度，营造良好的发展环境。四是要加大考核力度。充分发挥绩效考核“指挥棒”作用，采取“季度讲评、半年观摩、年度考核”的形式，将楼宇经济纳入全区季度重点工作讲评，每半年组织对各街道重点楼宇进行一次集体观摩，严格落实年度绩效考核，严格兑现奖惩。

2017年长沙市政府工作报告明确提出：要举全市之力打造“百亿级”“千亿级”现代服务业集聚区。楼宇经济作为现代服务业的重要支点，将迎来重大机遇。特此，请求在全市推广我区发展楼宇经济的相关经验，并在推动芙蓉区楼宇经济发展上给予支持。

城东往事

【马日事变后农军围攻长沙与秋收起义】 习近平总书记告诉我们："中国共产党的历史是中国近现代以来历史最为可歌可泣的篇章"。抹去历史的尘埃，1927年日历展现在眼前：4月12日，蒋介石在上海发动反革命政变。5月21日，国民党右派何键在长沙发动马日事变，把屠刀指向共产党人和革命群众。面对反革命的血腥镇压，革命者从地上爬起来，揩干净身上的血迹，掩埋好同伴的尸首，又继续战斗。

马日事变后农军围攻长沙，随即又参加秋收起义，进行武装反抗，就是一段可歌可泣的历史。

打响了武装反抗的第一枪

1927年5月21日晚，驻守在长沙小吴门外的独立33团，团长许克祥在何键的策划下公开叛变，率叛军围攻和捣毁省总工会、省农协等70多个革命机关，杀害共产党员和国民党左派人士与革命群众100多人，逮捕40多人，被临时扣押者不计其数。叛军还打开监狱，将收监的土豪劣绅全部释放。反革命屠杀不限于长沙，在事变发生半个月内，长沙及附近各县被杀革命群众就在1万人以上。

马日事变后，共产党人以革命的武装讨阀反革命。公开出面组织工农武装的是省农协代理委员长柳直荀。事变发生的当晚，他正在省农协机关主持召开会议，研究应变措施。被叛军突然包围后，他临危不惧，率农民自卫军英勇抵抗，杀伤许多叛军，直至天亮前，仍沉着组织队员翻墙突围，自己则爬上西厢屋顶，跳入小巷辗转至湘潭。23日，在湘潭县城主持召开了湘潭各界及长沙等地代表参加的军事会议，决定成立湖南工农义勇军总司令部，统一指挥军事行动，并被推举为湖南工农义勇军总司令。会议要求各地立即动员和集中工农武装，约期分路进攻并夺取长沙。湘潭军事会议是在危急关头为挽救革命具有决策意义的会议，它果断地决定了武装反抗的方针，实现了由工农武装自卫到武装反击的重大转变。它建立了武装反击的军事领导机构，发出了电报，对动员和组织全省工农武装反击许克祥叛军起到了实际领导作用，表现了全省共产党人和革命群众誓与国民党右派斗争到底的决心和勇气。

在各地工农武装迅速组织起来时，湖南工农义勇军总司令部于5月28日在株洲开会，确定各路工农武装于29日出发，31日会师长沙。各路工农武装分四路集中向长沙进攻。第一路由湘潭、湘乡和宁乡三县的工农武装组成中路军，先在姜畲集结。第二路由醴陵、株洲、攸县农军及安源路矿工人纠察队组成。第三路由长沙东乡和浏阳的工农武装组成，长沙市浏城桥外粑粑街（今芙蓉区复兴街）第3乡农军1000余人作内应。第四路由长沙西乡各地农军组成。河西农民协会委员长易子义组织3000多农军，集结于白若铺齐天庙，长沙近郊农民协会委员长滕代远汇集湖南第一纱厂和谷山等地工农自卫军四五千人。除了四路军外，还有衡山、华容、岳阳等地农军及新化锡矿山工人纠察队数千人，也向长沙靠近，各路工农义军集结后，按预定目标和日期向长沙进军，初步构成对长沙的战略包围。但10万农军围攻长沙，只是计划，实际到达长沙和近郊的不到1万人，中路主力也只有1万余人，总共加起来不过两万人。衡山虽然动员了上万人，实际只派出300人来支援。在进军途中，湘潭、湘乡农军与许克祥叛军发生激战，因缺乏指挥人才，被敌打散。醴陵、株洲农军在易家湾与敌激战，击毙敌一机枪连长，战斗中突然接到停止进攻的命令，只好撤退。各路农军同样接到停止进攻的命令，唯有浏阳农军，在县委书记潘心源的带领下，因未接到退兵命令，仍然向长沙进军，分兵两路，一路从东打到韭菜园、小吴门一带，另一路从南打到南门口和浏阳门外，击毙敌军官3人，敌兵数人。此时，在农军即将夺取长沙之时，浏阳农军也接到撤退令，农军围攻长沙的壮举虽然最后悲壮地失败了，却是共产党人打响了武装反抗的第一枪。

升起了秋收起义的信号弹

马日事变后农军围攻长沙，是当时中共湖南临时省委组织的一次反击国民党右派的军事行动，并未得到当时党中央的批准。在武汉的共产国际代表鲍罗廷和以陈独秀为代表的中共中央，对长沙的反革命政变和工农武装围攻长沙之举，采取了右倾投降主义的指导方针，认为必须让步，绝对不能以武力对付，下达了"应当等一等进攻，先团结力量，等国民政府来解决"的命令。临时省委负责人彭公达及柳直荀等都以为中央有锦囊妙计，惟恐捣乱大局，负不起责，只好遵照中央批示传令撤退，正如时任浏阳县委书记、义勇军党代表潘心源，在写给党中央的《湘东各县工作报告》中所说："农民军围攻长沙，虽然失败，但其伟大意义决不因失败而减少，确实是对许克祥屠杀工农的答复，它确实是对可耻的机会主义反响的呼声，它确实是成为湖南革命退兵时之英勇的一战，洗去了不少耻辱。”

首先它升起了秋收起义的信号弹。农军围攻长沙，可以看作是秋收起义的前哨战，是用革命的武装反抗反革命屠杀进行了第一次尝试和演习。它的失败，并没有动摇共产党人的信仰。相反，正是在这次围攻中，逐步认识到革命武装的重要性，并逐步产生和形成了“枪杆子里面出政权”的理念，从而继续开展武装斗争，在农军围攻长沙3个月后，就爆发了在中国共产党历史上占有里程碑意义的秋收起义，从这一史实，我们说农军围攻长沙，是秋收起义的信号弹，前哨战，一点也不为过。

第二是为秋收起义聚焦了中坚力量。农军围攻长沙是试金石。真正的革命者，英勇奋战，不怕流血牺牲。而投机者，或者逃跑，甚至叛变。当湘潭军事会议决定围攻长沙时，宝庆地委书记彭党如命令农运特派员刘惊焘、邬建农和农协秘书雷逸安等率领地区和东乡农民自卫军前往湘乡永丰待命，当部队行至湘邵边境太乙乡时，该乡农民自卫军大队长尹伊重突然叛变，将农军领导人刘惊焘、邬建农、雷逸安同志惨杀于团山。还有一些农军在战斗中做了逃兵……大浪淘沙，真正的革命者，经受了血与火的考验，浏阳工农义勇军党代表潘心源、平江工农义勇军大队长余贲民、赣西农民自卫军总指挥王兴亚，还有耒阳等地的邝鄘、李灿、龙超清等都是真正的共产党人，农军的杰出领导人，3个月后，都成为毛泽东发动秋收起义的骨干力量。

第三，打出了工农武装的独立旗号。大革命时，孙中山先生领导的国民党，实行联俄联共扶助工农三大政策，推进国民革命。1927年，蒋介石发动“四·一二”政变后，国民党的旗帜已成为军阀的旗帜，只有共产党的旗帜才是人民的旗帜，革命的旗帜，长沙马日事变后农军围攻长沙，省农协代理委员长柳直荀组织工农义军，打出了共产党人武装反抗的旗帜，这为秋收起义打什么旗帜作了理论和实践的准备，中共湖南省委和毛泽东鲜明地提出：“起义必须彻底抛弃国民党的旗帜，完全由共产党领导”。从这个意义上说，马日事变后农军围攻长沙，为秋收起义在思想上、组织上、策略上作好了准备。

萌发了建立农村革命的根据地

马日事变后农军围攻长沙，最终虽然失败了，但对秋收起义后建立农村包围城市的革命根据地具有积极的启蒙意义和萌发作用。

首先是带动了乡间游击活动。工农义勇军围攻长沙失败后，并没有消失，而是纷纷转入地下，或来到边远的农村，继续坚持斗争，开展游击活动。在长沙城周围，共产党人滕代远、叶松林、孙福生等人在围攻失败后，仍组织河东、河西工农义勇军举行多次暴动。浏阳在县委书记潘心源领导下，武装暴动从未停止过，6月中旬，柳直荀偕同毛泽东、彭公达、王则鸣等临时省委领导人，到衡山等地考察，报告马日事变及农军围攻长沙的经过，发动和部署继续开展武装反抗的游击活动，尤其在湘赣边区的浏阳、平江、醴陵、攸县、茶陵、安源、安福、铜鼓、萍乡、修水一带，工农革命军的斗争更是十分活跃，不时开展暴动，为2个多月后在武汉召开的中央八·七会议，决定秋收等起义提供了事实依据：既然湘赣两省还有那么多工农武装在开展武装斗争，只要把这些力量聚焦起来，就一定是一股强大的力量，就一定能动摇反动派的统治，这样秋收起义的决策就水到渠成了。事实也确实如此，当中央决定秋收起义时，已经转入地下的工农义勇军一呼百应，安源的工人武装，平江、浏阳、醴陵的农民自卫军一下集合了5000人，组成了工农革命军第一军第一师，成为秋收起义的主力军。泥木工人出身的长沙总工会组织部长袁福清，湖南区委委员杨福涛，马日事变后在湘阴白沙乡组织农民自卫军，围攻长沙失败后，将武器藏在鲁班庙的夹墙里，听说要发动秋收起义，立即组织人员取出枪支重组农民自卫军策应。杨福涛还将藏在长沙泥木工人俱乐部的42支枪，128把梭标取出，派人送往浏阳、平江……

第二，开始了建立农村革命根据地的雏形。马日事变后农军围攻长沙失败后，农军为什么要撤退到农村去、到边远地区去，当时党内认识还只是停留在就事论事层面上，农村地广人稀，敌人难于寻找，反动派兵力不足，主要驻守在城市。农军退守农村后，仍可以打游击，不断组织暴动，这给人以启示，在革命力量还不是很强大的时候，只有农村才能站住脚跟，开始有了建立农村根据地的雏形思想。所以，农军围攻长沙失败后一是退却到浏阳、平江大山区，二是退却到萍乡、安源矿区，那里敌人力量相对薄弱，利于农军的休整和继续开展斗争。但是否在这些地区建立根据地，当时还不是很坚定。所以发动秋收起义的第一个目标还是武装夺取长沙城。结果长沙周围各县党组织虽然尽了最大努力，组织了种种起义，都不成功，加之行动仓促，队伍未经训练，经不起敌人的反扑，未能形成对长沙城的包围形势，各路武装纷纷受挫。1927年9月14日，在紧急关头，毛泽东在浏阳上坪主持工农革命军第一军第一师第三团干部会议，决定放弃攻打长沙的军事计划，部队先退萍乡再说，秋收起义失利，为3个月前农军围攻长沙败退，形成的建立农村根据地的初步思想再次交了学费，坚定了在中国建立走农村包围城市的道路。9月20日，工农革命军1500多人在浏阳文家市里仁学校操坪举行会师大会，毛泽东在会上作了重要讲话，他满怀信心地说：现代中国没有枪杆子不行，有了枪杆子才能打倒反动派，我们当前力量还小，还不能去攻打敌人重点把守的大城市，应当先到敌人统治薄弱的农村保存力量，发动农民革命。我们现在好比一块小石头，蒋介石反动派好比一口大水缸，但总有一天，我们这块小石头，一定要打烂蒋介石那口大水缸！会后，毛泽东、卢德铭率领工农革命军踏上了沿湘赣边界山区，建立农村革命根据地的新征途。

（2017年9月19日，在湖南浏阳市召开全国毛泽东与秋收起义学术研讨会入选论文　作者　张定浙）

（责任编辑：苏　洁）

图21　浏阳河西岸古渡口南面建筑

索　　引

说明：

一、本索引把年鉴的条目（大事记除外）用主题分析方法，按汉语拼音字母顺序排列。

二、类目、分目、子目标题用黑体字表明。

三、索引名称的阿拉伯数字表示内容所在的页码，拉丁字母（a、b、c）表示栏别（从左至右分1、2、3栏）。

G

R

S

Z

图书在版编目（CIP）数据

芙蓉年鉴．2018 / 长沙市芙蓉区年鉴编纂委员会编．—
北京：方志出版社，2019.1
ISNB 978-7-5144-3614-3

Ⅰ．①芙… Ⅱ．①长… Ⅲ．①区（城市）—长沙—
2018—年鉴 Ⅳ．① Z526.44

中国版本图书馆 CIP 数据核字（2019）第 023977 号

芙蓉年鉴（2018）

编　　者：长沙市芙蓉区年鉴编纂委员会
责任编辑：高孟君

出 版 人：冀祥德
出 版 者：方志出版社
地址　北京市朝阳区潘家园东里 9 号（国家方志馆 4 层）
邮编　100021
网址　http://www.fzph.org
发　　行：方志出版社图书经销中心
电话（010）67110500
经　　销：各地新华书店
印　　刷：长沙市雅捷印务有限公司

开　　本：889 × 1194　　1/16
印　　张：27.125
字　　数：834 千字
版　　次：2019 年 1 月第 1 版　　2019 年 1 月第 1 次印刷
印　　数：001 ～ 600 册

ISBN 978-7-5144-3614-3　　定价：150.00 元